地势坤，君子以厚德载物。

史

（六）列传·下

记

[西汉] 司马迁 著

俞樟华 译

北京联合出版公司
Beijing United Publishing Co.,Ltd.

目录

史记卷九十九
列传第三十九

刘敬　叔孙通

刘敬，是齐国人。汉五年，他戍守陇西，路过洛阳，高祖正在那里。娄敬卸下车前横木，穿着他的羊皮袄，去见齐人虞将军说："我希望见到皇上谈一些事。"虞将军想给他一件华丽的衣服，娄敬说："我穿着丝帛衣服，就穿着丝帛衣服求见；穿着粗布短衣，就穿着粗布短衣求见：怎么都不敢换衣服。"于是虞将军入内禀告皇上。皇上召娄敬进入见面，赐他食物。

过了一会儿皇上问娄敬要说什么，娄敬说道："陛下定都洛阳，难道想与周朝比谁兴隆吗？"皇上说："对。"娄敬说："陛下取得天下与周不同。周的祖先从后稷开始，被尧帝封在邰地，积德行善十几代。公刘为躲避夏桀的祸乱迁居到豳地。太王因狄人侵伐，离开豳地，拄着马鞭只身迁居到岐地，国中的人争相跟随他。等到文王做了西伯，决断虞、芮两国的争端，才开始接受天命，吕望、伯夷从海边来归附他。武王讨伐殷纣时，八百诸侯不约而

刘敬者，齐人也。汉五年，戍陇西，过洛阳，高帝在焉。娄敬脱挽辂，衣其羊裘，见齐人虞将军曰："臣愿见上言便事。"虞将军欲与之鲜衣，娄敬曰："臣衣帛，衣帛见；衣褐，衣褐见：终不敢易衣。"于是虞将军入言上。上召入见，赐食。

已而问娄敬，娄敬说曰："陛下都洛阳，岂欲与周室比隆哉？"上曰："然。"娄敬曰："陛下取天下与周室异。周之先自后稷，尧封之邰，积德累善十有余世。公刘避桀居豳。太王以狄伐故，去豳，杖马棰居岐，国人争随之。及文王为西伯，断虞、芮之讼，始受命，吕望、伯夷自海滨来归之。武王伐纣，不期而会孟津之上

八百诸侯，皆曰：‘纣可伐矣。’遂灭殷。成王即位，周公之属傅相焉，乃营成周洛邑，以此为天下之中也，诸侯四方纳贡职，道里均矣。有德则易以王，无德则易以亡。凡居此者，欲令周务以德致人，不欲依阻险，令后世骄奢以虐民也。及周之盛时，天下和洽，四夷乡风慕义，怀德附离，而并事天子，不屯一卒，不战一士，八夷大国之民莫不宾服，效其贡职。及周之衰也，分而为两，天下莫朝，周不能制也。非其德薄也，而形势弱也。今陛下起丰沛，收卒三千人，以之径往而卷蜀汉，定三秦，与项羽战荥阳，争成皋之口，大战七十，小战四十，使天下之民肝脑涂地，父子暴骨中野，不可胜数，哭泣之声未绝，伤痍者未起，而欲比隆于成康之时，臣窃以为不侔也。且夫秦地被山带河，四塞以为固，卒然有急，百万之众可具也。因秦之故，资甚美膏腴之地，此所谓天府者也。陛下入关而都之，山东虽乱，秦之故地可全而有也。

同聚集在孟津结盟，都说殷纣可以讨伐了，于是灭了殷商。成王即位，周公等人辅佐他，才在洛邑营建成周，把它作为天下的中心，四方诸侯来向天子朝贡，路程都是均等的。有德就很容易统治天下，无德就很容易失去天下。凡是在这里建都的人，都想像周朝一样致力于用德政感召人民，不想依靠险要的地形，使后世君主骄纵奢侈来虐待人民。周朝鼎盛时，天下和谐融洽，四夷归顺，仰慕周朝的仁义，感怀周朝的德政，都诚心归附周天子，不驻一卒防守，不用一兵出战，八方大国的人民没有不臣服的，都向天子纳贡。等到周朝衰微时，分为东、西两周，天下没有谁再来朝拜，周王室不能控制他们。不是周朝的德行浅薄，而是形势衰弱了。如今陛下从丰邑沛县起事，收聚士卒三千人，率领他们径直前去席卷蜀、汉地区，平定三秦，与项羽在荥阳交战，争夺成皋要塞，大战七十次，小战四十次，使天下百姓肝脑涂地，父子暴尸野外，多得不可胜数，哭泣之声不绝于耳，伤残的人还不能起身，就想与成王、康王时的兴盛相比，我私下认为比不上。况且秦地有高山被覆、黄河环绕，四方边塞作为险阻，突然有危急情况，百万之众可备一战。凭借秦朝原有的一切，拥有肥美的膏腴之地，这就是所说的天府之国。陛下入关在这里建都，崤山以东地区即使发生战乱，秦国原有的土地也是可以保全而拥有的。与别人搏斗，不扼住对手咽喉，袭击他的后背，就不能完全战胜他。如今陛下入关建都，控制秦国原先的地区，这也就是扼住天下咽喉并袭击其后背了。"

高帝询问群臣的意见，群臣都是山东地区的人，争相说周朝在洛阳称王几百年，秦朝在关中传了两代就灭亡了，不如在周朝都城建都。皇上犹豫不决。等到留侯明确阐述入关建都的有利之处后，当天就乘车西行定都关中。

于是高祖说："最早进言建都秦地的人是娄敬，'娄'就是'刘'。"赐他姓刘，任命为郎中，他被称为奉春君。

汉七年，韩王信反叛，高帝亲自前去攻打他。大军到达晋阳，听说韩信与匈奴想一起攻打汉朝，高祖大怒，派人出使匈奴。匈奴把他们的壮士和肥壮的牛马都藏匿起来，只能见到老弱之人和瘦弱的牲畜。派去的使者回来了十批，都说可以攻打匈奴。皇上又派刘敬去出使匈奴，返回报告说："两国相互攻打，此时应该夸耀自己的长处才是。如今我前去匈奴，只见到瘦弱的牲畜和老弱之人，这一定是想故意显露自己的短处，埋伏奇兵来争取胜利。我认为不可以攻打匈奴。"这时汉军已经越过句注山，二十多万大军也已经出发。皇帝发怒，

夫与人斗，不扼其亢，拊其背，未能全其胜也。今陛下入关而都，案秦之故地，此亦扼天下之亢而拊其背也。"

高帝问群臣，群臣皆山东人，争言周王数百年，秦二世即亡，不如都周。上疑未能决。及留侯明言入关便，即日车驾西都关中。

于是上曰："本言都秦地者娄敬，'娄'者乃'刘'也。"赐姓刘氏，拜为郎中，号为奉春君。

汉七年，韩王信反，高帝自往击之。至晋阳，闻信与匈奴欲共击汉，上大怒，使人使匈奴。匈奴匿其壮士肥牛马，但见老弱及羸畜。使者十辈来，皆言匈奴可击。上使刘敬复往使匈奴，还报曰："两国相击，此宜夸矜见所长。今臣往，徒见羸瘠老弱，此必欲见短，伏奇兵以争利。愚以为匈奴不可击也。"是时汉兵已逾句注，二十余万兵已业行。上怒，骂刘敬曰："齐虏！以口舌得官，

今乃妄言沮吾军。"械系敬广武。遂往，至平城，匈奴果出奇兵围高帝白登，七日然后得解。高帝至广武，赦敬，曰："吾不用公言，以困平城。吾皆已斩前使十辈言可击者矣。"乃封敬二千户，为关内侯，号为建信侯。

高帝罢平城归，韩王信亡入胡。当是时，冒顿为单于，兵强，控弦三十万，数苦北边。上患之，问刘敬。刘敬曰："天下初定，士卒罢于兵，未可以武服也。冒顿杀父代立，妻群母，以力为威，未可以仁义说也。独可以计久远子孙为臣耳，然恐陛下不能为。"上曰："诚可，何为不能！顾为奈何？"刘敬对曰："陛下诚能以适长公主妻之，厚奉遗之，彼知汉适女送厚，蛮夷必慕，以为阏氏，生子必为太子，代单于。何者？贪汉重币。陛下以岁时汉所余彼所鲜数问遗，因使辩士风谕以礼节。冒顿在，固为子婿；死，则外孙为单于。岂尝闻外孙敢与大父抗礼者哉？兵可无战以

骂刘敬说："齐地蠢人！凭借口舌获得官位，如今竟敢妄言阻止我进军。"就把刘敬戴上刑具关押在广武县。于是率军前行，到达平城，匈奴果然出奇兵把高帝围困在白登山上，七天后才得以脱险。高帝到达广武，赦免刘敬，说："我没有采用您的意见，所以被困在平城。我已经把前面十批说可以攻打匈奴的使者都斩了。"于是赐刘敬二千户，为关内侯，称号建信侯。

高帝撤兵从平城返回，韩王信逃入匈奴。当时，冒顿是单于，兵力强大，能射箭的战士有三十万，屡次侵扰北部边境。皇上为此事忧虑，询问刘敬。刘敬说："天下刚刚平定，士卒疲于征战，不可以用武力征服匈奴。冒顿杀死父亲自立为单于，把父亲的很多妻妾纳为自己的妻子，用武力树立威严，不能用仁义去说服他。只能从长计议让他的子孙向汉朝称臣，但我担心陛下不能这样做。"皇上说："如果可行，为什么不能做！只是该怎么做呢？"刘敬回答说："陛下如果真能把嫡长公主嫁给冒顿为妻，送给他丰厚的礼物，他知道是汉朝嫡长公主，又送来丰厚的礼物，蛮夷之人一定爱慕并立公主为正妻，生下的儿子一定为太子，即位为单于。为什么呢？因为匈奴贪图汉朝的丰厚财物。陛下用每年汉朝有余而匈奴稀有的东西抚问赠送，顺便派能言善辩的人用礼节委婉地劝告开

导他们。冒顿在世，他就是陛下女婿；他死后，就是陛下的外孙做单于。哪里听过外孙敢与外祖父分庭抗礼的呢？军队可以不用出战就使匈奴逐渐臣服。如果陛下不能派遣长公主去，而让宗室女子或后宫女子假冒公主，他也会知道，不肯尊敬亲近她，那就没有好处了。"高帝说："好。"想派遣长公主。吕后日夜哭泣，说："我只有太子和一个女儿，为什么要把她丢弃到匈奴那边去呢！"皇上最终未能派出长公主，而找了个平民家的女子称为长公主，将她嫁给单于为妻。派刘敬去缔结和亲盟约。

刘敬从匈奴回来，顺势进言说："匈奴河套以南是白羊国、楼烦国，距离长安最近的有七百里，轻装骑兵一天一夜可以到达秦中。秦中刚被攻破，百姓稀少，土地肥沃，可以用百姓充实这个地方。诸侯当初刚起兵时，如果不是齐国的田氏各族，楚国的昭、屈、景三大家族参与，也不可能成气候。如今陛下虽然建都关中，但实际上缺少人口。北边接近匈奴敌寇，东边有六国的旧贵族，宗族势力强大，一旦有变动，陛下也不能高枕无忧。我希望陛下把齐国田氏各族，楚国的昭、屈、景三大家族，燕国、赵国、韩国、魏国的后裔，以及豪杰名族迁居到关中。平时无事时，可以防备匈奴；诸侯有变故，也足以率领

渐臣也。若陛下不能遣长公主，而令宗室及后宫诈称公主，彼亦知，不肯贵近，无益也。"高帝曰："善。"欲遣长公主。吕后日夜泣，曰："妾唯太子、一女，奈何弃之匈奴！"上竟不能遣长公主，而取家人子名为长公主，妻单于。使刘敬往结和亲约。

刘敬从匈奴来，因言"匈奴河南白羊、楼烦王，去长安近者七百里，轻骑一日一夜可以至秦中。秦中新破，少民，地肥饶，可益实。夫诸侯初起时，非齐诸田，楚昭、屈、景莫能兴。今陛下虽都关中，实少人。北近胡寇，东有六国之族，宗强，一日有变，陛下亦未得高枕而卧也。臣愿陛下徙齐诸田，楚昭、屈、景，燕、赵、韩、魏后，及豪桀名家居关中。无事，可以备胡；诸侯有变，亦足率以东伐。此强本弱末之术也"。上曰："善。"乃使刘敬徙所

言关中十余万口。

叔孙通

叔孙通者，薛人也。秦时以文学征，待诏博士。数岁，陈胜起山东，使者以闻，二世召博士诸儒生问曰："楚戍卒攻蕲入陈，于公如何？"博士诸生三十余人前曰："人臣无将，将即反，罪死无赦。愿陛下急发兵击之。"二世怒，作色。叔孙通前曰："诸生言皆非也。夫天下合为一家，毁郡县城，铄其兵，示天下不复用。且明主在其上，法令具于下，使人人奉职，四方辐辏，安敢有反者！此特群盗鼠窃狗盗耳，何足置之齿牙间。郡守尉今捕论，何足忧？"二世喜曰："善。"尽问诸生，诸生或言反，或言盗。于是二世令御史案诸生言反者下吏，非所宜言。诸言盗者皆罢之。乃赐叔孙通帛二十四，衣一袭，拜为博士。叔孙通已出官，反舍，诸生曰："先生何言之谀也？"通曰："公不知也，我几不脱于虎

他们向东讨伐。这是强固根本削弱枝节的方法啊。"高祖说："好。"于是派刘敬把他所说的十几万人口迁到了关中。

叔孙通，是薛县人。他在秦朝时因为熟悉文献被征召，担任待诏博士。几年后，陈胜在山东起事，使者将这件事禀报朝廷，秦二世召来博士和儒生们问道："楚地戍边的士卒攻下蕲县进入陈县，各位说说应该怎么办？"博士和儒生们三十多人上前说："做臣子不能聚众，聚众就是造反，罪当处死不能赦免。希望陛下赶快发兵攻打他们。"二世发怒，变了脸色。叔孙通上前说："儒生们都说得不对。天下已合为一家，摧毁了郡县城池，销熔了他们的兵器，表示天下不再用兵。况且在上面有圣明的君主，在下面有完备的法令，使得人人遵法守职，四方归附，哪里有敢造反的人！这只是一群鼠窃狗盗般的盗贼罢了，哪里值得挂在嘴上。郡守和县尉如今已抓捕他们问罪，有什么可担忧的呢？"二世高兴地说："说得好。"又挨个儿问了一遍儒生们，儒生们有说是造反的，有说是盗贼的。于是二世命令御史审问说是造反的儒生，将他们下交官吏治罪，表示这不是应该说的话。那些说是盗贼的人全部被赦免。于是赏赐给叔孙通丝帛二十四，衣服一套，任命他为博士。叔孙通出宫

后，返回住处，儒生们说："先生为什么说阿谀的话？"叔孙通说："你们不知道啊，我几乎无法逃脱虎口！"于是逃走了，到了薛县，薛县已经投降楚军了。等到项梁到了薛县，叔孙通追随了他。项梁在定陶战败，叔孙通又追随怀王。怀王被尊为义帝，迁居长沙，叔孙通留下来侍奉项王。汉二年，汉王率领五路诸侯攻入彭城，叔孙通投降了汉王。汉王兵败西去，叔孙通就追随了汉王。

叔孙通穿儒服，汉王憎恶他；于是他换了衣服，穿短衣，按楚地习俗那样，汉王很高兴。

叔孙通归降汉王时，随从的儒生弟子有一百多人，然而叔孙通从不说推荐他们的话，专门称赞那些原来做过强盗的壮士并推荐他们。弟子们都私下骂道："我们侍奉先生多年，有幸得以跟随他归降汉王，如今他却不推荐我们，专门引荐奸猾之徒，这是为什么呢？"叔孙通听说这话后，就对他们说："汉王正冒着利箭坚石争夺天下，各位儒生难道能战斗吗？因此我先推荐能斩将搴旗的壮士。各位暂且等待，我不会忘记你们的。"汉王任叔孙通为博士，称为稷嗣君。

汉五年，汉王已经统一天下，诸侯在定陶共同尊奉汉王为皇帝，叔孙通拟定称帝的礼仪名号。高祖将秦朝严苛的礼仪法

口！"乃亡去，之薛，薛已降楚矣。及项梁之薛，叔孙通从之。败于定陶，从怀王。怀王为义帝，徙长沙，叔孙通留事项王。汉二年，汉王从五诸侯入彭城，叔孙通降汉王。汉王败而西，因竟从汉。

叔孙通儒服，汉王憎之；乃变其服，服短衣，楚制，汉王喜。

叔孙通之降汉，从儒生弟子百余人，然通无所言进，专言诸故群盗壮士进之。弟子皆窃骂曰："事先生数岁，幸得从降汉，今不能进臣等，专言大猾，何也？"叔孙通闻之，乃谓曰："汉王方蒙矢石争天下，诸生宁能斗乎？故先言斩将搴旗之士。诸生且待我，我不忘矣。"汉王拜叔孙通为博士，号稷嗣君。

汉五年，已并天下，诸侯共尊汉王为皇帝于定陶，叔孙通就其仪号。高帝悉去秦苛仪

法，为简易。群臣饮酒争功，醉或妄呼，拔剑击柱，高帝患之。叔孙通知上益厌之也，说上曰："夫儒者难与进取，可与守成。臣愿征鲁诸生，与臣弟子共起朝仪。"高帝曰："得无难乎？"叔孙通曰："五帝异乐，三王不同礼。礼者，因时世人情为之节文者也。故夏、殷、周之礼所因损益可知者，谓不相复也。臣愿颇采古礼与秦仪杂就之。"上曰："可试为之，令易知，度吾所能行为之。"

于是叔孙通使征鲁诸生三十余人。鲁有两生不肯行，曰："公所事者且十主，皆面谀以得亲贵。今天下初定，死者未葬，伤者未起，又欲起礼乐。礼乐所由起，积德百年而后可兴也。吾不忍为公所为。公所为不合古，吾不行。公往矣，无污我！"叔孙通笑曰："若真鄙儒也，不知时变。"

制全部废除，使之简单易行。群臣饮酒争论功劳，喝醉后有的狂呼大叫，有的拔剑砍击庭柱，高帝为此事忧虑。叔孙通知道皇上越来越厌恶这种事，就劝说高祖道："那些儒生很难为您争取天下，却可以与您一起保守成业。我希望征召鲁地的儒生，让他们和我的弟子们共同起草朝廷的礼仪。"高祖说："不会很难吧？"叔孙通说："五帝有不同的乐制，三王有不同的礼制。礼，就是根据当世的人情所制定出的节制或修饰的规则。所以夏、商、周三代的礼制所因袭、删减、增加的内容都是可以知道的，就是说每个朝代都是不相重复的。我希望采用一些古礼，再和秦朝礼仪杂糅起来制订新的礼制。"高祖说："可以试着去做这件事，但要使它容易明白，估计着我能做到的制订。"

于是叔孙通出使去征召鲁地的三十多名儒生。鲁地有两名儒生不肯前往，说："您所侍奉的君主将近十位，都是靠当面阿谀奉承而获得亲近富贵的。如今天下刚刚平定，死去的人还没有安葬，受伤的人还没有痊愈，又想制定礼乐。礼乐的兴起，需要积累百年功德，然后才能兴办。我们不忍心做您所做的事。您所做的事不合古制，我们不去。您走吧，不要玷污我们！"叔孙通笑着说："你们真是鄙陋的儒生啊，不懂随时势变化。"

叔孙通便与所征召的三十人西去，和皇上左右有学问的人以及叔孙通的弟子一百多人在野外拉绳扎草，代表尊卑位次来演习。演习一个多月，叔孙通说："皇上可以试着观看了。"皇上观看后，让大臣们来行礼，说："我能做到这些。"于是命令群臣练习，十月举行大朝会。

汉七年，长乐宫建成，诸侯及群臣都来朝拜，参加十月岁首的典礼。礼仪是：在天亮之前，谒者主持礼仪，引导大臣依次进入殿门，廷中陈列战车、骑兵、步兵、士卒守卫宫殿，摆好兵器、竖立旗帜。传呼喊"趋"，殿下郎中官员沿着台阶站在两侧，台阶两侧站几百人。功臣、诸侯、各位将军、军吏按次序站在西边，面向东；文官从丞相以下都站在东边，面向西。大行令安排九名礼宾官，依次传呼。这时皇帝坐辇车从寝宫出来，百官手持旗帜传呼警戒，引导诸侯王以下至六百石级的官吏依次毕恭毕敬地向皇帝祝贺。自诸侯王以下所有官员没有谁不惊恐肃穆。到礼仪完毕，又按礼制摆设酒宴。在殿上侍坐的众大臣都俯身低头，依尊卑次序起身向皇上祝寿。斟酒九次后，谒者宣布"酒宴结束"。御史执行法规，不符合礼仪规定的人就被带走。整个朝会和酒宴中，没有谁敢喧哗和失礼。于是高祖说："我到今天才知道做皇帝的尊贵。"于是任叔孙通为

遂与所征三十人西，及上左右为学者与其弟子百余人为绵蕞野外。习之月余，叔孙通曰："上可试观。"上既观，使行礼，曰："吾能为此。"乃令群臣习肄，会十月。

汉七年，长乐宫成，诸侯群臣皆朝十月。仪：先平明，谒者治礼，引以次入殿门，廷中陈车骑步卒卫官，设兵张旗志。传言"趋"，殿下郎中侠陛，陛数百人。功臣列侯诸将军军吏以次陈西方，东乡；文官丞相以下陈东方，西乡。大行设九宾，胪传。于是皇帝辇出房，百官执职传警，引诸侯王以下至吏六百石以次奉贺。自诸侯王以下莫不振恐肃敬。至礼毕，复置法酒。诸侍坐殿上皆伏抑首，以尊卑次起上寿。觞九行，谒者言："罢酒。"御史执法举不如仪者辄引去。竟朝置酒，无敢谨哗失礼者。于是高帝曰："吾乃今日知为皇帝之贵也。"乃拜叔孙通为太常，赐金五百斤。

叔孙通因进曰:"诸弟子儒生随臣久矣,与臣共为仪,愿陛下官之。"高帝悉以为郎。叔孙通出,皆以五百斤金赐诸生。诸生乃皆喜曰:"叔孙生诚圣人也,知当世之要务。"

汉九年,高帝徙叔孙通为太子太傅。汉十二年,高祖欲以赵王如意易太子,叔孙通谏上曰:"昔者晋献公以骊姬之故废太子,立奚齐,晋国乱者数十年,为天下笑。秦以不蚤定扶苏,令赵高得以诈立胡亥,自使灭祀,此陛下所亲见。今太子仁孝,天下皆闻之;吕后与陛下攻苦食啖,其可背哉!陛下必欲废適而立少,臣愿先伏诛,以颈血污地。"高帝曰:"公罢矣,吾直戏耳。"叔孙通曰:"太子天下本,本一摇天下振动,奈何以天下为戏!"高帝曰:"吾听公言。"及上置酒,见留侯所招客从太子入见,上乃遂无易太子志矣。

高帝崩,孝惠即位,乃谓叔孙生曰:"先帝园陵寝庙,群臣莫习。"徙为太常,定宗

太常,赐黄金五百斤。

叔孙通乘机进言说:"众弟子和儒生跟随我很久了,与我共同制订礼仪,希望陛下授予他们官职。"高帝全部任他们做郎官。叔孙通出宫后,把五百斤黄金全都赐给儒生们。儒生们于是都高兴地说:"叔孙生真是圣人啊,知道当世的紧要事务。"

汉九年,高帝迁升叔孙通为太子太傅。汉十二年,高祖想让赵王如意替代太子,叔孙通劝谏高祖说:"从前晋献公因为骊姬废掉太子,改立奚齐,使晋国乱了几十年,被天下人耻笑。秦始皇因为不早立扶苏,使赵高得以用欺诈手段立了胡亥,自己使宗庙祭祀断绝,这是陛下亲眼所见的。如今太子仁义孝顺,天下人都听过他的名声;吕后与陛下饱尝艰苦,吃粗茶淡饭,她是可以背弃的吗!陛下一定要废掉嫡长子而立小儿子,我情愿先受死,让我脖子中的血流在地上。"高祖说:"您别说了,我只是开玩笑罢了。"叔孙通说:"太子是天下的根本,根本一动摇天下就会震动,怎么能拿天下开玩笑呢!"高祖说:"我听您的话。"等到皇上设酒宴,看到留侯所招来的门客跟随太子入宫进见,皇上便没有了改立太子的念头了。

高祖驾崩,孝惠帝即位,于是对叔孙通说:"先帝园陵寝庙的礼制,群臣中没有人知道。"就迁任他为太常,让他制订

有关宗庙的礼仪法度。叔孙通又陆续制订了汉朝各种礼法，都是他任太常时所论说著述的。

孝惠帝因为要去东边的长乐宫朝见太后，有时也要随便走走，每次都要清道戒严烦扰他人，就修了条复道，正好修筑在武库南面。叔孙通向皇帝奏事，借机请求单独见皇帝说："陛下为什么擅自把复道修筑在高寝旁边，是要在月出之时着衣冠游高庙吗？高庙，是汉朝太祖宗庙，怎么能让后世子孙在宗庙上空的复道上行走呢？"孝惠帝非常害怕，说："赶紧毁掉。"叔孙通说："作为人主不能有错误的举措。如今已经修建，百姓都知道此事了，如今再毁掉它，那就表示您有错误的举措。希望陛下在渭水以北建造高祖的原庙，月出之时着衣冠到那里出游，还要多建、扩大宗庙，这是大孝的根本啊。"皇上于是下诏给相关官员修建原庙。各处原庙的修建，就是从复道这件事开始的。

孝惠帝曾在春天出游到离宫，叔孙通说："古代曾有在春天向宗庙进献果品的礼仪，如今正是樱桃成熟的时节，可以进献樱桃，希望陛下出游时，能顺便摘取樱桃进献宗庙。"皇上就答应了他。各种向宗庙进献果品的礼仪就从此开始实行了。

太史公说：俗话说："价值千金的裘

庙仪法。及稍定汉诸仪法，皆叔孙生为太常所论著也。

孝惠帝为东朝长乐宫，及间往，数跸烦人，乃作复道，方筑武库南。叔孙生奏事，因请间曰："陛下何自筑复道高寝，衣冠月出游高庙？高庙，汉太祖，奈何令后世子孙乘宗庙道上行哉？"孝惠帝大惧，曰："急坏之。"叔孙生曰："人主无过举。今已作，百姓皆知之，今坏此，则示有过举。愿陛下为原庙渭北，衣冠月出游之，益广多宗庙，大孝之本也。"上乃诏有司立原庙。原庙起，以复道故。

孝惠帝曾春出游离宫，叔孙生曰："古者有春尝果，方今樱桃孰，可献，愿陛下出，因取樱桃献宗庙。"上乃许之。诸果献由此兴。

太史公曰：语曰："千金

之裘，非一狐之腋也；台榭之
榱，非一木之枝也；三代之
际，非一士之智也。"信哉！
夫高祖起微细，定海内，谋计
用兵，可谓尽之矣。然而刘敬
脱挽辂一说，建万世之安，智
岂可专邪！叔孙通希世度务制
礼，进退与时变化，卒为汉家
儒宗。"大直若诎，道固委蛇"，
盖谓是乎？

皮衣，不能只依靠一只狐狸的腋下毛皮；
楼台亭榭的椽子，不能只依靠一棵树上的
枝干；夏、商、周三代盛世，不能只依
靠一个贤士的才智。"确实如此啊！高祖
由低微的平民起事，平定海内，谋划计策、
发动战事，可谓竭尽所能了。然而刘敬卸
下车前横木一说话，就建立了万世安宁的
功业，智慧难道是一个人专有的吗！叔孙
通迎合世俗着力于制订礼仪，他的进退顺
应时势变化，最终成为汉家儒宗。"最正
直的东西看起来像是弯曲的，道理固然在
这曲折之中"，大概说的就是这些事吧？

季布　栾布

季布，是楚国人。他好讲义气，在楚国颇有名气。项籍派他领兵，多次使汉王陷入窘境。等到项羽被灭，高祖悬赏千金捉拿季布，如果有人敢藏匿他，论罪要灭三族。季布藏匿在濮阳的周姓人家。周氏说："汉王悬赏捉拿将军很紧急，将要追踪搜查到我家，将军能够听我的，我才敢献出计策；如果不能，我情愿先自刎。"季布答应了他。于是周氏让季布剃掉头发，给脖子上套上铁箍，穿上粗布衣服，将他安置在载货大车中，连同周家的几十名家僮，送到鲁地卖给了朱家。朱家心中知道是季布，于是买下来将他安置在田里耕作，告诫他的儿子说："田中事务听这个奴仆的，一定要与他一同吃饭。"朱家于是乘轻便马车去洛阳，拜见汝阴侯滕公。滕公留下朱家喝了几天的酒。朱家乘机对滕公说："季布有什么大罪，皇上捉拿他这么急？"滕公说："季布多次为项羽困住皇上，皇上怨恨他，所以一定要抓到他。"朱

季布

季布者，楚人也。为气任侠，有名于楚。项籍使将兵，数窘汉王。及项羽灭，高祖购求布千金，敢有舍匿，罪及三族。季布匿濮阳周氏。周氏曰："汉购将军急，迹且至臣家，将军能听臣，臣敢献计；即不能，愿先自到。"季布许之。乃髡钳季布，衣褐衣，置广柳车中，并与其家僮数十人，之鲁朱家所卖之。朱家心知是季布，乃买而置之田，诫其子曰："田事听此奴，必与同食。"朱家乃乘轺车之洛阳，见汝阴侯滕公。滕公留朱家饮数日。因谓滕公曰："季布何大罪，而上求之急也？"滕公曰："布数为项羽窘上，上怨之，故必欲得之。"朱家曰："君视季布何如人也？"曰："贤者也。"

朱家曰："臣各为其主用，季布为项籍用，职耳。项氏臣可尽诛耶？今上始得天下，独以己之私怨求一人，何示天下之不广也！且以季布之贤而汉求之急如此，此不北走胡即南走越耳。夫忌壮士以资敌国，此伍子胥所以鞭荆平王之墓也。君何不从容为上言邪？"汝阴侯滕公心知朱家大侠，意季布匿其所，乃许曰："诺。"待间，果言如朱家指。上乃赦季布。当是时，诸公皆多季布能摧刚为柔，朱家亦以此名闻当世。季布召见，谢，上拜为郎中。

孝惠时，为中郎将。单于尝为书嫚吕后，不逊，吕后大怒，召诸将议之。上将军樊哙曰："臣愿得十万众，横行匈奴中。"诸将皆阿吕后意，曰："然。"季布曰："樊哙可斩也！夫高帝将兵四十余万众，困于平城，今哙奈何以十万众横行匈奴中，面欺！且秦以事于胡，陈胜等起。于今创痍未瘳，哙又面谀，

家说："您看季布是什么样的人？"滕公说："是个贤人。"朱家说："做臣子的各为其君主所用，季布为项籍所用，只是尽职责罢了。项氏的臣子难道可以全部杀掉吗？如今皇上刚获得天下，仅凭自己的私怨去抓捕一个人，何必向天下人显示自己没有器量呢！况且以季布的贤能汉王如此急迫地抓捕他，他不是向北逃到匈奴也会向南逃到越地去。这种忌恨壮士帮助敌国的行为，就是伍子胥鞭打楚平王尸体的原因。您为什么不找机会对皇上说明呢？"汝阴侯滕公心知朱家是位大侠士，料想季布藏匿在他家里，于是答应说："好。"等到有机会，滕公果然按朱家的意思向皇上进言。皇上于是赦免了季布。当时，众人多有赞赏季布能变刚强为柔顺，朱家也因此闻名当世。季布被皇上召见，谢罪后，皇上任命他为郎中。

孝惠帝时，季布担任中郎将。匈奴单于曾写信侮辱吕后，言辞不逊，吕后大怒，召集众将领商议这事。上将军樊哙说："我愿率领十万兵马，去匈奴之地驰骋征战。"众将领都迎合吕后心意，说："好。"季布说："可以斩了樊哙！高帝领兵四十多万人被困在平城，如今樊哙怎么能带十万兵马就去匈奴之地驰骋征战呢，这是当面欺君！况且正因秦朝对胡人用兵，陈胜等人才起义。直到现在战争的创伤还没有愈

合，樊哙又当面阿谀，想动摇天下。"这时殿上大臣都惊恐，太后退朝，便不再商议攻打匈奴的事。

季布担任河东郡守，孝文帝时，有人说他是个贤能的人，孝文帝召见他，想任命他为御史大夫。又有人说他勇敢，喝酒后人们难以接近。季布到达京城，留居馆邸一个月，文帝见过他后便让他回去。季布因此进谏说："我没有功劳却受到您的恩宠，在河东担任郡守。陛下无故召见我，这一定是有人夸赞我来欺骗陛下。如今我到达京城，没有接受任何事，就让我离开，这一定是有人在陛下面前诋毁我。陛下因为一个人的夸赞就召见我，因为一个人的诋毁就让我离开，我担心天下有识之士听说此事后便能窥探出陛下为人处世的深浅了。"文帝默不作声，觉得惭愧，过了很久才说："河东是我的大腿臂膀一样重要的郡，所以特地召见你来。"季布辞别后回到河东郡守的任上。

楚人曹丘生，是个能言善辩之士，多次拿金钱求交权贵。他为贵人赵同等人做事，与窦长君交好。季布听说此事后，寄了书信劝谏窦长君说："我听说曹丘生不是有德行的长者，您不要与他交往。"等到曹丘生回乡，想让窦长君写信把他推荐给季布。窦长君说："季将军不喜欢你，你不要去了。"曹丘生坚持请窦长君写推

欲摇动天下。"是时殿上皆恐，太后罢朝，遂不复议击匈奴事。

季布为河东守，孝文时，人有言其贤者，孝文召，欲以为御史大夫。复有言其勇，使酒难近。至，留邸一月，见罢。季布因进曰："臣无功窃宠，待罪河东。陛下无故召臣，此人必有以臣欺陛下者。今臣至，无所受事，罢去，此人必有以毁臣者。夫陛下以一人之誉而召臣，一人之毁而去臣，臣恐天下有识闻之有以窥陛下也。"上默然惭，良久曰："河东吾股肱郡，故特召君耳。"布辞之官。

楚人曹丘生，辩士，数招权顾金钱。事贵人赵同等，与窦长君善。季布闻之，寄书谏窦长君曰："吾闻曹丘生非长者，勿与通。"及曹丘生归，欲得书请季布。窦长君曰："季将军不说足下，足下无往。"固请书，遂行。使人

先发书，季布果大怒，待曹丘。曹丘至，即揖季布曰："楚人谚曰：'得黄金百，不如得季布一诺。'足下何以得此声于梁楚间哉？且仆楚人，足下亦楚人也。仆游扬足下之名于天下，顾不重邪？何足下距仆之深也！"季布乃大说，引入，留数月，为上客，厚送之。季布名所以益闻者，曹丘扬之也。

季布弟季心，气盖关中，遇人恭谨，为任侠，方数千里，士皆争为之死。尝杀人，亡之吴，从袁丝匿。长事袁丝，弟畜灌夫、籍福之属。尝为中司马，中尉郅都不敢不加礼。少年多时时窃籍其名以行。当是时，季心以勇，布以诺，著闻关中。

季布母弟丁公，为楚将。丁公为项羽逐窘高祖彭城西，短兵接，高祖急，顾丁公曰："两贤岂相厄哉！"于是丁公引兵而还，汉王遂解去。及项王灭，丁公谒见高祖。高祖以丁公徇军中，曰："丁公为项

荐信，然后就起身了。曹丘生派人先给季布送到信，季布果然大怒，等待着曹丘生。曹丘生到达，立即向季布作揖说："楚地人有句谚语说：'获得黄金百斤，不如得到季布一个承诺。'您为什么能在梁国、楚国之间获得这样好的名声呢？而且我是楚人，您也是楚人。我周游天下弘扬您的名声，难道我不重要吗？为什么您这么坚决地拒绝我呢！"季布于是非常高兴，请他进去，留他住了几个月，待他为贵宾，赠送他丰厚的礼物。季布的名声更大，是曹丘生宣传的结果。

季布的弟弟是季心，季心的豪气威震关中，他待人恭谨，行侠仗义，方圆几千里的侠士都争相为他效命。他曾经因杀人逃亡到吴地，藏匿在袁丝家里。他用对待长者的礼节侍奉袁丝，像对待弟弟一样对待灌夫、籍福等人。他曾经担任中司马，中尉郅都不敢不以礼相待。很多少年常借他的名声在外行事。当时，季心因为勇敢，季布因为守信，两兄弟闻名关中。

季布母亲的弟弟丁公，做过楚军将领。丁公曾经为项羽在彭城以西追逐高祖，使高祖陷入窘境，短兵相接，高祖在危急时刻，回头对丁公说："两个贤人难道要互相为难吗！"于是丁公领兵而回，汉王最终得以脱身而去。等到项王被灭，丁公拜谒高祖。高祖将丁公在军中示众，说："丁公

做项王的臣子不忠诚，使项王失去天下的人就是丁公。"于是斩了丁公，说："这是让后世做臣子的人不要效仿丁公！"

栾布，是梁国人。当初梁王彭越是平民时，曾与栾布交游。栾布穷困，在齐地受雇用，为酒家做酒保。几年后，彭越离家到钜野一带做强盗，而栾布被人劫持出卖，在燕地做奴隶。栾布替他的主家报仇，燕国将领臧荼推举他做了都尉。臧荼后来做了燕王，任命栾布为将领。等到臧荼反叛，汉朝攻打燕王时，俘虏了栾布。梁王彭越听说此事后，就向高祖进言，请求赎回栾布，任命他为梁国大夫。

栾布出使齐国，还没返回时，汉朝召见彭越，以谋反之罪责罚他，夷灭他的三族。不久砍下彭越的人头悬挂在洛阳城下，颁布诏令说："有敢收殓或探视的，立即抓捕他。"栾布从齐国返回，在彭越的人头下奏事，祭奠他并哭泣。官吏抓住栾布上报给高祖，高祖召见栾布，骂道："你与彭越一起谋反了吗？我下令禁止人们收殓他，唯独你祭奠哭泣他，很明显你与彭越一起谋反。赶快烹杀他！"侍从正拖着栾布走向汤镬时，栾布回头说："希望让我说一句话再去死。"皇上说："什么话？"栾布说："当年皇上被困在彭城，在荥阳、成皋一带战败时，项王之所以无法向西前

王臣不忠，使项王失天下者，乃丁公也。"遂斩丁公，曰："使后世为人臣者无效丁公！"

栾布

栾布者，梁人也。始梁王彭越为家人时，尝与布游。穷困，赁佣于齐，为酒人保。数岁，彭越去之钜野中为盗，而布为人所略卖，为奴于燕。为其家主报仇，燕将臧荼举以为都尉。臧荼后为燕王，以布为将。及臧荼反，汉击燕，虏布。梁王彭越闻之，乃言上，请赎布以为梁大夫。

使于齐，未还，汉召彭越，责以谋反，夷三族。已而枭彭越头于雒阳，下诏曰："有敢收视者，辄捕之。"布从齐还，奏事彭越头下，祠而哭之。吏捕布以闻，上召布，骂曰："若与彭越反邪？吾禁人勿收，若独祠而哭之，与越反明矣。趣亨之。"方提趣汤，布顾曰："愿一言而死。"上曰："何言？"布曰："方上之困于彭城，败荥阳、成皋间，项王所以不能遂西，徒以彭王居梁地，与汉合从苦楚也。当是之时，彭王

一顾,与楚则汉破,与汉而楚破。且垓下之会,微彭王,项氏不亡。天下已定,彭王剖符受封,亦欲传之万世。今陛下一征兵于梁,彭王病不行,而陛下疑以为反。反形未见,以苛小案诛灭之,臣恐功臣人人自危也。今彭王已死,臣生不如死,请就亨。"于是上乃释布罪,拜为都尉。

孝文时,为燕相,至将军。布乃称曰:"穷困不能辱身下志,非人也;富贵不能快意,非贤也。"于是尝有德者厚报之,有怨者必以法灭之。吴、楚反时,以军功封俞侯,复为燕相。燕、齐之间皆为栾布立社,号曰栾公社。

景帝中五年薨。子贲嗣,为太常,牺牲不如令,国除。

太史公曰:以项羽之气,而季布以勇显于楚,身屦军搴

进,只因彭王据守在梁地,与汉军联合以困扰楚军啊。当时,彭王一回头,与楚军联合那么汉军必败,与汉军联合那么楚军必败。况且垓下之战,没有彭王,项氏不会灭亡。天下平定后,彭王剖分符节接受封赐,也想把爵位传到万世。如今陛下只因一次到梁国征兵,彭王因病不能前来,就怀疑他谋反。谋反的形迹没有显露,就苛求小事诛杀他,我担心功臣人人都会感到自己危险了。如今彭王已死,我活着不如死去,请烹杀我吧。"于是皇上就赦免了栾布的罪,拜他为都尉。

孝文帝时,栾布担任燕国国相,官至将军。栾布却说:"贫穷没落时不能委屈自己的,不算是个人;富贵时不能顺从自己心意的,不是贤能的人。"于是对那些曾经对他有恩的人就优厚地报答对方,对有些有仇的人一定用法律诛杀他。吴、楚等七国反叛时,栾布凭借军功被封为俞侯,又担任过燕国国相。在燕国、齐国一带,很多地方都有为栾布建造的祠庙,称为"栾公社"。

栾布在孝景帝中元五年去世。他的儿子栾贲继承爵位,担任太常,因祭祀所用牺牲不合规定,封国被废除。

太史公说:以项羽的气概,季布却能凭借勇敢在楚地显名,他多次亲自跑到敌

军中拔取敌人旗帜，可谓是壮士。然而直到被施以刑罚，给人做奴仆也不肯死去时，又是何等卑微啊！他一定是自负有才能，所以受到侮辱却不以为耻，想施展他没能发挥的才能，所以最终成为汉朝名将。贤者真的很看重自己的死亡。至于奴婢、姬妾这些因激愤而自杀的卑贱之人，并不是勇敢，而是他们没有什么志向要实现罢了。栾布哭彭越，走向汤镬视如归途，他是真正知道自己的境况，不看重自己的生命。即使是以前上古的烈士，又怎么能超过他呢！

旗者数矣，可谓壮士。然至被刑戮，为人奴而不死，何其下也！彼必自负其材，故受辱而不羞，欲有所用其未足也，故终为汉名将。贤者诚重其死。夫婢妾贱人感慨而自杀者，非能勇也，其计画无复之耳。栾布哭彭越，趣汤如归者，彼诚知所处，不自重其死。虽往古烈士，何以加哉！

史记卷一百零一
列传第四十一

袁盎 晁错

袁盎，是楚国人，字丝。他的父亲以前聚众做强盗，迁居到安陵。高后当政时，袁盎曾经做过吕禄的舍人。等到孝文帝即位，袁盎的哥哥袁哙保举袁盎做了中郎。

绛侯做丞相，罢朝之后疾步走出，非常得意。文帝待他非常恭敬，常常亲自送他。袁盎进言说："陛下认为丞相是什么样的人？"皇上说："国家重臣。"袁盎说："绛侯是所谓的功臣，并非国家的重臣。国家的重臣是人主在时与人主共治国事，不因人主的灭亡而不执行政令。当吕后执政时，吕氏众人掌权，擅自争相称王，刘氏天下就像丝带一样快要断绝。这时绛侯做太尉，掌管兵权，无法匡正社稷。吕后驾崩后，大臣互相商议共同反叛吕氏众人，太尉主掌兵权，恰好赶上他取得成功，这是所谓的功臣，并非国家的重臣。丞相如果有傲视人主的神色，陛下谦让，臣下和君主之间礼节相失，我私下认为陛下这样做不对。"以后上朝时，文帝的神色越

袁盎者，楚人也，字丝。父故为群盗，徙处安陵。高后时，盎尝为吕禄舍人。及孝文帝即位，盎兄哙任盎为中郎。

绛侯为丞相，朝罢趋出，意得甚。上礼之恭，常自送之。袁盎进曰："陛下以丞相何如人？"上曰："社稷臣。"盎曰："绛侯所谓功臣，非社稷臣。社稷臣主在与在，主亡与亡。方吕后时，诸吕用事，擅相王，刘氏不绝如带。是时绛侯为太尉，主兵柄，弗能正。吕后崩，大臣相与共畔诸吕，太尉主兵，适会其成功，所谓功臣，非社稷臣。丞相如有骄主色，陛下谦让，臣主失礼，窃为陛下不取也。"后朝，上益庄，丞相益畏。已而绛侯望袁盎曰："吾与而兄善，今儿廷毁我！"盎

遂不谢。

及绛侯免相之国，国人上书告以为反，征系清室，宗室诸公莫敢为言，唯袁盎明绛侯无罪。绛侯得释，盎颇有力。绛侯乃大与盎结交。

淮南厉王朝，杀辟阳侯，居处骄甚。袁盎谏曰："诸侯大骄必生患，可适削地。"上弗用。淮南王益横。及棘蒲侯柴武太子谋反事觉，治，连淮南王，淮南王征，上因迁之蜀，辒车传送。袁盎时为中郎将，乃谏曰："陛下素骄淮南王，弗稍禁，以至此，今又暴摧折之。淮南王为人刚，如有遇雾露行道死，陛下竟为以天下之大弗能容，有杀弟之名，奈何？"上弗听，遂行之。

淮南王至雍，病死，闻，上辍食，哭甚哀。盎入，顿首请罪。上曰："以不用公言至此。"盎曰："上自宽，此往事，岂可悔哉！且陛下有高世之行

来越庄严，丞相也越来越敬畏。之后，绛侯怨恨袁盎说："我与你的哥哥交好，如今你却在朝廷上诋毁我！"袁盎也不认错。

等到绛侯被免去丞相之职去了封国，封国中有人上书告发他谋反，绛侯被征召入京囚禁在狱中，皇室宗亲没有谁敢为他求情，唯独袁盎证明绛侯无罪。绛侯得以释放，袁盎出了很大的力。绛侯于是与袁盎有了很深的交情。

淮南厉王入京朝见，杀死了辟阳侯，行为处事非常骄横。袁盎劝谏说："诸侯太过骄横必生祸端，可适当削减他们的封地。"皇上没有采纳他的建议。淮南王更加骄横。等到棘蒲侯柴武太子谋反的事被发觉，治罪，牵连淮南王，淮南王被征召，皇上趁机将他迁到蜀地，用囚车传送。袁盎当时做中郎将，就劝谏说："陛下平时骄纵淮南王，不加一点管制，以至于到如今的地步，现在又突然惩办他。淮南王为人刚直，如果在路上遇到霜露风寒而死，陛下将会被认为坐拥天下之大却不能容人，有杀害弟弟的名声，那可怎么办呢？"皇上不听，还是那样做了。

淮南王到达雍地，生病而死，消息传到朝廷，文帝停止进食，哭得很悲哀。袁盎入宫，磕头请罪。文帝说："因为没有听您的话才到这个地步。"袁盎说："请皇上宽心，这事已经过去了，难道还能改

变吗！况且陛下有三种高出世人的行为，这件事不足以毁坏您的名声。"文帝说："我高于世人的三种行为是什么事？"袁盎说："陛下居住在代国时，太后曾经生病，三年时间，陛下不曾合眼，卧不解衣，汤药不是陛下亲口所尝过的不敢进奉给太后。以前曾参作为平民尚且难以做到这样，如今陛下作为君王亲自践行，比起曾参已经孝顺很多了。吕氏众人当权时，大臣专制，然而陛下从代国乘六乘传车奔驰到祸福难料的京城，即使孟贲、夏育那样的勇士也比不上陛下。陛下到达代国在京城的府邸，面向西两次辞让天子之位，面向南三次辞让天子之位。许由也才辞让天下一次，而陛下辞让了五次，超过许由四次了。况且陛下迁淮南王，是想以此锻炼他的心志，使他改过自新，相关官员保护得不周到，所以他才病死。"这时文帝才感到宽心一些，说："现在怎么办呢？"袁盎说："淮南王有三个儿子，全靠陛下安排了。"于是文帝立淮南王的三个儿子都为王。袁盎由此在朝中名声大振。

袁盎经常称引大道理说得慷慨激昂。宦官赵同受到皇帝宠幸，常常陷害袁盎，袁盎为此感到忧虑。袁盎兄长的儿子袁种是常侍骑，手持符节在皇帝身边保护，他劝说袁盎道："您与他相斗，就在朝廷上羞辱他，让他的诋毁不起作用。"孝文帝

者三，此不足以毁名。"上曰："吾高世行三者何事？"盎曰："陛下居代时，太后尝病，三年，陛下不交睫，不解衣，汤药非陛下口所尝弗进。夫曾参以布衣犹难之，今陛下亲以王者修之，过曾参孝远矣。夫诸吕用事，大臣专制，然陛下从代乘六乘传驰不测之渊，虽贲、育之勇不及陛下。陛下至代邸，西向让天子位者再，南面让天子位者三。夫许由一让，而陛下五以天下让，过许由四矣。且陛下迁淮南王，欲以苦其志，使改过，有司卫不谨，故病死。"于是上乃解，曰："将奈何？"盎曰："淮南王有三子，唯在陛下耳。"于是文帝立其三子皆为王。盎由此名重朝廷。

袁盎常引大体忼慨。宦者赵同以数幸，常害袁盎，袁盎患之。盎兄子种为常侍骑，持节夹乘，说盎曰："君与斗，廷辱之，使其毁不用。"孝文帝出，赵同参乘，袁盎伏车前

曰："臣闻天子所与共六尺舆者,皆天下豪英。今汉虽乏人,陛下独奈何与刀锯余人载!"于是上笑,下赵同。赵同泣下车。

文帝从霸陵上,欲西驰下峻阪。袁盎骑,并车揽辔。上曰："将军怯邪?"盎曰:"臣闻千金之子坐不垂堂,百金之子不骑衡,圣主不乘危而徼幸。今陛下骋六䭲,驰下峻山,如有马惊车败,陛下纵自轻,奈高庙、太后何?"上乃止。

上幸上林,皇后、慎夫人从。其在禁中,常同席坐。及坐,郎署长布席,袁盎引却慎夫人坐。慎夫人怒,不肯坐。上亦怒,起,入禁中。盎因前说曰:"臣闻尊卑有序则上下和。今陛下既已立后,慎夫人乃妾,妾主岂可与同坐哉!适所以失尊卑矣。且陛下幸之,即厚赐之。陛下所以为慎夫人,适所以祸之。陛下独不见'人彘'乎?"于是上乃说,召语慎夫人。慎夫人赐盎金五十斤。

外出,赵同陪同乘车,袁盎伏在车前说:"臣听说陪同天子共乘六尺车舆的,都是天下的豪杰英雄。如今汉朝虽然缺乏人才,陛下为何单独与受过刀锯之刑的残缺之人同乘一车呢!"于是皇上大笑,让赵同下车。赵同哭着下了车。

文帝从霸陵上山,想从西面的陡坡奔驰而下。袁盎骑马,与文帝车舆并行,拉着马的缰绳。文帝说:"将军怕了吗?"袁盎说:"臣听说家有千金的人不在屋檐下坐着,家有百金的人不倚靠楼台的栏杆,圣明的君主不会心存侥幸去冒险。如今陛下驾着六匹马拉的车驰下高山,如果马匹受惊车辆毁坏,陛下纵使看轻自己,让宗庙、太后怎么办呢?"文帝就停下了。

文帝驾临上林苑,皇后、慎夫人随从。她们在宫中,常常同席而坐。到就座时,郎署长布置座席,袁盎拉慎夫人退后就座。慎夫人发怒,不肯就座。文帝也发怒,起身回到宫中。袁盎趁机上前劝说道:"臣听说尊卑有序,上下才能和睦。如今陛下已经立了皇后,慎夫人乃是妾,妾与主上怎么能同席而坐呢!这正有失尊卑之体。再说陛下宠爱她,就丰厚地赏赐她。陛下是为了慎夫人好,但恰恰会因此害了她。陛下难道不知道'人彘'吗?"于是文帝才心情愉悦,叫来慎夫人将这话告诉了她。慎夫人赏赐给袁盎黄金五十斤。

然而袁盎也因多次直言进谏，不能长期待在朝中，被调任为陇西都尉。他爱护士兵，士兵都争相为他效死。他后来升为齐国丞相。又调任吴国丞相，辞行时，袁种对袁盎说："吴王骄横久了，国中有很多奸诈的人。如果您想弹劾惩治他们，那么他们不是上书诬告您，就是用利剑刺杀您。南方低洼潮湿，您每日饮酒，不要做别的事，时常劝说吴王不要反叛就可以了。这样才能侥幸得以摆脱祸患。"袁盎采纳了袁种的计策，吴王对待袁盎很好。

袁盎告假回家，路上碰到丞相申屠嘉，下车拜谒，丞相从车上向袁盎答谢。袁盎回家后，在他的属吏面前感到羞愧，就到丞相府拜谒，求见丞相。丞相过了很久才接见他。袁盎就跪着说："希望屏退众人单独交谈。"丞相说："如果您所谈的是公事，请到相府衙门与长史掾吏商议，我将把意见上奏给皇上；如果是私事，我不接受私人的谈话。"袁盎就跪着劝说道："您做丞相，自己估计与陈平、绛侯相比怎么样？"丞相说："我不如他们。"袁盎说："好，您自称不如他们。陈平、绛侯辅佐帮助高帝平定天下，做到将相，诛灭吕氏众人，保全刘氏天下；您只是能拉强弩的士兵，后来迁任队长，积累功劳做到淮阳太守，并非出有奇计或在攻城野战时立有战功。再说陛下从代国来，每次上朝，

然袁盎亦以数直谏，不得久居中，调为陇西都尉。仁爱士卒，士卒皆争为死。迁为齐相。徙为吴相，辞行，种谓盎曰："吴王骄日久，国多奸。今苟欲劾治，彼不上书告君，即利剑刺君矣。南方卑湿，君能日饮，毋何，时说王曰毋反而已。如此幸得脱。"盎用种之计，吴王厚遇盎。

盎告归，道逢丞相申屠嘉，下车拜谒，丞相从车上谢袁盎。袁盎还，愧其吏，乃之丞相舍上谒，求见丞相。丞相良久而见之。盎因跪曰："愿请间。"丞相曰："使君所言公事，之曹与长史掾议，吾且奏之；即私邪，吾不受私语。"袁盎即跪说曰："君为丞相，自度孰与陈平、绛侯？"丞相曰："吾不如。"袁盎曰："善，君即自谓不如。夫陈平、绛侯辅翼高帝，定天下，为将相，而诛诸吕，存刘氏；君乃为材官蹶张，迁为队率，积功至淮阳守，非有奇计攻城野战之功。且陛下从代来，每朝，郎官上书疏，

未尝不止辇受其言,言不可用
置之,言可受采之,未尝不称
善。何也?则欲以致天下贤士
大夫。上日闻所不闻,明所不知,
日益圣智;君今自闭钳天下之
口而日益愚。夫以圣主责愚相,
君受祸不久矣。"丞相乃再拜
曰:"嘉鄙野人,乃不知,将
军幸教。"引入与坐,为上客。

盎素不好晁错,晁错所居
坐,盎去;盎坐,错亦去:两
人未尝同堂语。及孝文帝崩,
孝景帝即位,晁错为御史大夫,
使吏案袁盎受吴王财物,抵罪,
诏赦以为庶人。

吴楚反闻,晁错谓丞史
曰:"夫袁盎多受吴王金钱,
专为蔽匿,言不反。今果反,
欲请治盎,宜知计谋。"丞史
曰:"事未发,治之有绝。今
兵西乡,治之何益!且袁盎不
宜有谋。"晁错犹与未决。人
有告袁盎者,袁盎恐,夜见窦婴,
为言吴所以反者,愿至上前口
对状。窦婴入言上,上乃召袁

郎官呈上奏疏,未曾不停下车辇听取他们
的进言,不想采纳就搁置一旁,可以采纳
就采纳,然后未曾不称道赞许。这是为什
么呢?就是想以此招致天下的贤人。皇上
每天听到以前所不曾听过的事,明白以前
所不曾知晓的道理,日益圣明睿智;您如
今却封闭天下人的嘴而日益愚昧。圣明的
君主要求愚昧的丞相,您离遭受祸患不远
了。"丞相于是拜了两拜说:"我是个粗
鄙野人,不明智,幸得将军赐教。"就把
袁盎引入内室同坐,视他为上宾。

袁盎一向不喜欢晁错,座中有晁错,
袁盎就离开;座中有袁盎,晁错也离开。
两人未曾同堂说过话。到孝文帝驾崩,孝
景帝即位后,晁错担任御史大夫,派官吏
核查袁盎收受吴王的财物,按罪责予以袁
盎惩罚,皇帝下诏赦免袁盎的罪,贬他为
庶人。

吴国、楚国叛乱的消息传到朝中后,
晁错对丞史说:"袁盎收受了吴王很多
金钱,专门为他封锁消息,说他不会反叛。
如今他果然反叛,请求朝廷惩治袁盎明明
预先知道反叛计谋但不揭发之罪。"丞史
说:"事情还没有暴露,惩治他有可能阻
止反叛。如今叛军向西进发,惩治他有什
么好处呢!再说袁盎不应当有奸谋。"晁
错犹豫不决。有人把此事告诉了袁盎,袁
盎惊恐,在夜里求见窦婴,向他说明吴王

反叛的原因，希望到皇上面前亲口对质。窦婴入宫禀报，景帝于是召袁盎入宫觐见。晁错也在景帝面前，袁盎请求景帝屏蔽他人单独接见自己，晁错退下，心中很怨恨袁盎。袁盎详细禀报说："吴王反叛的情况，是出于晁错的缘故，只有赶紧杀了晁错向吴王认错，吴王才可能罢休。"这些话全部记载在《吴王濞列传》中。景帝派袁盎担任太常，窦婴担任大将军。两人一向交好。在吴王反叛时，诸陵中的长者和长安城中的贤人士大夫争相依附这两人，每天跟在他们后面的车有几百辆。

　　等到晁错被诛杀后，袁盎以太常的身份出使吴国。吴王想让他担任将军，袁盎不肯。就想杀他，派一名都尉率领五百人将袁盎围困在军中。袁盎担任吴相时，有个从史曾偷偷爱上了袁盎的婢女，袁盎知道此事后，没有揭发，待他跟从前一样。有人告诉从史说："袁盎知道你与婢女私通。"从史于是逃回家去。袁盎亲自驱车追他，就把婢女赐给了他，仍然让他当从史。等到袁盎出使吴国被困，从史恰好做监守袁盎的校尉司马，就用自己身上的全部财物行装换了二石味道浓厚的酒，适逢天寒，士兵饥渴，饮酒大醉。西南角的守卒都醉倒了，司马就夜间领袁盎起身，说："您可以走了，吴王准备明天一早杀了您。"袁盎不信，说："您是干什么的？"司马

盎入见。晁错在前，及盎请辟人赐间，错去，固恨甚。袁盎具言："吴所以反状，以错故，独急斩错以谢吴，吴兵乃可罢。"其语具在吴事中。使袁盎为太常，窦婴为大将军。两人素相与善。逮吴反，诸陵长者、长安中贤大夫争附两人，车随者日数百乘。

　　及晁错已诛，袁盎以太常使吴。吴王欲使将，不肯。欲杀之，使一都尉以五百人围守盎军中。袁盎自其为吴相时，有从史尝盗爱盎侍儿，盎知之，弗泄，遇之如故。人有告从史，言："君知尔与侍者通。"乃亡归。袁盎驱自追之，遂以侍者赐之，复为从史。及袁盎使吴见守，从史适为守盎校尉司马，乃悉以其装赍置二石醇醪，会天寒，士卒饥渴，饮酒醉。西南陬卒皆卧，司马夜引袁盎起，曰："君可以去矣，吴王期旦日斩君。"盎弗信，曰："公何为者？"司马曰："臣

故为从史盗君侍儿者。"盎乃惊谢曰:"公幸有亲,吾不足以累公。"司马曰:"君弟去,臣亦且亡,辟吾亲,君何患!"及以刀决张,道从醉卒隧直出。司马与分背,袁盎解节毛怀之,杖,步行七八里,明,见梁骑,骑驰去,遂归报。

吴楚已破,上更以元王子平陆侯礼为楚王,袁盎为楚相。尝上书有所言,不用。袁盎病免居家,与闾里浮沉,相随行,斗鸡走狗。雒阳剧孟尝过袁盎,盎善待之。安陵富人有谓盎曰:"吾闻剧孟博徒,将军何自通之?"盎曰:"剧孟虽博徒,然母死,客送葬车千余乘,此亦有过人者。且缓急人所有。夫一旦有急叩门,不以亲为解,不以存亡为辞,天下所望者,独季心、剧孟耳。今公常从数骑,一旦有缓急,宁足恃乎!"骂富人,弗与通。诸公闻之,皆多袁盎。

袁盎虽家居,景帝时时使

说:"我是从前与您的婢女私通的从史。"袁盎这才吃惊地道谢说:"所幸的是您双亲还在,不值得因为我连累您。"司马说:"您只管走,我也将会逃走,藏起我的双亲,您担心什么呢!"于是用刀把军营帐幕割开,带着袁盎从醉卧的士兵所围挡的道路中走出去。司马与袁盎分头走,袁盎解下节旄揣在怀中,只拄着杖,步行了七八里,天亮时,遇见梁国骑兵,就骑马奔驰而去,最终返回朝廷奏报了这些情况。

吴楚叛军被击败后,皇上改封楚元王的儿子平陆侯刘礼为楚王,袁盎为楚国国相。袁盎曾经上书有所进言,没有被采用。袁盎因病被免官闲居在家,与乡人混在一起,每天和他们相处,斗鸡赛狗。洛阳人剧孟曾拜访袁盎,袁盎善待他。安陵有个富人对袁盎说:"我听说剧孟是个赌徒,将军为何与他来往呢?"袁盎说:"剧孟虽然是赌徒,然而他母亲死后,客人来送葬的车子有一千多辆,他也是有过人之处的。再说紧急的事情人人都有。一旦有人带着急事来拜访,不以双亲在而推辞解脱,不以个人存亡为托辞,天下人能仰仗的,只有季心、剧孟。如今您一直有几名骑兵跟随,可一旦出现危急的事情,他们值得依靠吗!"袁盎痛骂富人,不与他往来。众人听说此事后,都称赞袁盎。

袁盎虽然闲居在家,景帝时时派人向

他询问谋略。梁王想请求做景帝的继承人，袁盎劝说景帝，此后梁王不再提及此事。梁王因此怨恨袁盎，曾经派人刺杀他。刺客来到关中，打听袁盎为人，众人都对他赞不绝口。于是刺客去见袁盎说："我接受梁王的金钱来刺杀您，您是好人，我不忍刺杀您。但在我之后来刺杀您的人还有十多批，要防备他们！"袁盎心中不高兴，家中又出现很多怪事，他就到棓生那里去占卜问卦。返回时，梁国后派来的刺客果然在安陵城门外拦截并刺杀了袁盎。

晁错是颍川人。他曾经在轵县张恢先生那里学习申不害和商鞅的刑名学说，与洛阳人宋孟和刘礼是同一个老师。他凭借文学才能做了太常掌故。

晁错为人严峻刚正。孝文帝时，天下没有研究《尚书》的人，只听说济南伏生是原来秦朝的博士，研究《尚书》，已经九十多岁了，年老无法被征召来，皇上于是下诏让太常派人前去向他学习。太常派晁错去伏生那里学习《尚书》。回来后，顺便向皇上报告了有利朝政的事情，并引用《尚书》经义解说。文帝下诏任命晁错为太子舍人、门大夫、家令。他凭借能言善辩获得太子宠幸，太子在家称他为"智囊"。孝文帝时他多次上书说削减诸侯势力的事，以及法令可以修订的地方。上书

人问筹策。梁王欲求为嗣，袁盎进说，其后语塞。梁王以此怨盎，曾使人刺盎。刺者至关中，问袁盎，诸君誉之皆不容口。乃见袁盎曰："臣受梁王金来刺君，君长者，不忍刺君。然后刺君者十余曹，备之！"袁盎心不乐，家又多怪，乃之棓生所问占。还，梁刺客后曹辈果遮刺杀盎安陵郭门外。

晁错

晁错者，颍川人也。学申、商刑名于轵张恢先所，与雒阳宋孟及刘礼同师。以文学为太常掌故。

错为人陗直刻深。孝文帝时，天下无治《尚书》者，独闻济南伏生故秦博士，治《尚书》，年九十余，老不可征，乃诏太常使人往受之。太常遣错受《尚书》伏生所。还，因上便宜事，以《书》称说。诏以为太子舍人、门大夫、家令。以其辩得幸太子，太子家号曰"智囊"。数上书孝文时，言削诸侯事，及法令可更定者。书数十上，孝文不听，然奇其

材，迁为中大夫。当是时，太子善错计策，袁盎诸大功臣多不好错。

景帝即位，以错为内史。错常数请间，言事辄听，宠幸倾九卿，法令多所更定。丞相申屠嘉心弗便，力未有以伤。内史府居太上庙壖中，门东出，不便，错乃穿两门南出，凿庙壖垣。丞相嘉闻，大怒，欲因此过为奏请诛错。错闻之，即夜请间，具为上言之。丞相奏事，因言错擅凿庙垣为门，请下廷尉诛。上曰：“此非庙垣，乃壖中垣，不致于法。”丞相谢。罢朝，怒谓长史曰：“吾当先斩以闻，乃先请，为儿所卖，固误。”丞相遂发病死。错以此愈贵。

迁为御史大夫，请诸侯之罪过，削其地，收其枝郡。奏上，上令公卿列侯宗室集议，莫敢难，独窦婴争之，由此与错有郤。错所更令三十章，诸侯皆

几十次，孝文帝没有听从，但对他的才能感到惊奇，迁升他为中大夫。当时，太子喜欢晁错的计策，但袁盎等很多大功臣不喜欢晁错。

景帝即位，任命晁错为内史。晁错常常请求景帝单独谈论政事，他进言之事景帝总是听从，宠幸他超过了九卿，法令大多由他所修订。丞相申屠嘉心中不满，但没有能力伤害他。内史府建在太上庙围墙里的空地上，门朝东开，出入不便，晁错就向南开了两个门出入，凿开了太上庙空地处的围墙。丞相申屠嘉听说后，非常愤怒，想借这个错误上奏皇帝请求他诛杀晁错。晁错听说后，当即连夜请求单独觐见，向景帝详细说明此事。丞相上朝奏事，便说晁错擅自凿开太上庙围墙做门，请求把他下交廷尉诛杀。景帝说：“这不是太上庙的围墙，而是庙外空地上的围墙，不需用法律制裁。”丞相谢罪。退朝后，他生气地对长史说：“我就应该先斩了他再呈报皇上，却先奏请，结果被小儿出卖，本来就是我做错了。”丞相就发病而死。晁错因此更加显贵。

晁错被升任御史大夫后，查处诸侯的罪过，削减他们的封地，收回各诸侯国边境上的郡。奏书呈上后，景帝让公卿、列侯和皇室集中商议，没有人敢反对，只有窦婴与他争辩，由此与晁错有了矛盾。晁

错修改了三十章律令，诸侯哗然，都痛恨晁错。晁错的父亲听说此事后从颍川赶来，对晁错说："皇上刚刚即位，你主政，却侵夺削弱诸侯的势力，疏远人家骨肉，大多议论的人都怨恨你，为什么呢？"晁错说："本来就会这样。但不这样做的话，天子不受尊崇，宗庙不得安宁。"晁错的父亲说："刘氏安宁了，晁氏就危险了，我要离开你回去了！"便饮药而死，说："我不忍见到祸患殃及我。"死后十多天，吴、楚等七国果然打着诛杀晁错的旗号反叛。后来窦婴、袁盎进言劝说，景帝下令让晁错身穿朝服在东市被处斩。

晁错被处死后，谒者仆射邓公做校尉，攻打吴楚叛军时他担任将领。回朝后，上书言说军事，谒见景帝。皇上问道："你从军中来，听说晁错死了，吴楚罢兵了没有？"邓公说："吴王准备谋反有几十年了，对被削夺封地很愤怒，他以诛杀晁错为名，但他的目标并不是晁错啊。况且臣担心天下之士都将噤声，不敢再进言了！"景帝说："为什么呢？"邓公说："晁错担心诸侯强大无法控制，所以请求削减诸侯封地以稳固京师，这是有利万世的好事啊。计划刚开始实行，他就受到诛杀，对内杜绝忠臣之口，对外为诸侯报仇，臣私下认为陛下这样做不对。"于是景帝沉默很久，说："您的话对，我也在悔恨此事。"

喧哗，疾晁错。错父闻之，从颍川来，谓错曰："上初即位，公为政用事，侵削诸侯，别疏人骨肉，人口议多怨公者，何也？"晁错曰："固也。不如此，天子不尊，宗庙不安。"错父曰："刘氏安矣，而晁氏危矣，吾去公归矣！"遂饮药死，曰："吾不忍见祸及吾身。"死十余日，吴楚七国果反，以诛错为名。及窦婴、袁盎进说，上令晁错衣朝衣斩东市。

晁错已死，谒者仆射邓公为校尉，击吴楚军为将。还，上书言军事，谒见上。上问曰："道军所来，闻晁错死，吴楚罢不？"邓公曰："吴王为反数十年矣，发怒削地，以诛错为名，其意非在错也。且臣恐天下之士噤口，不敢复言也！"上曰："何哉？"邓公曰："夫晁错患诸侯强大不可制，故请削地以尊京师，万世之利也。计画始行，卒受大戮，内杜忠臣之口，外为诸侯报仇，臣窃为陛下不取也。"于是景帝默然良久，曰："公言善，吾亦恨之。"乃拜邓公为城阳中尉。

邓公,成固人也,多奇计。建元中,上招贤良,公卿言邓公,时邓公免,起家为九卿。一年,复谢病免归。其子章以修黄老言显于诸公间。

太史公曰:袁盎虽不好学,亦善傅会,仁心为质,引义忼慨。遭孝文初立,资适逢世。时以变易,乃吴楚一说,说虽行哉,然复不遂。好声矜贤,竟以名败。晁错为家令时,数言事不用;后擅权,多所变更。诸侯发难,不急匡救,欲报私仇,反以亡躯。语曰"变古乱常,不死则亡",岂错等谓邪!

就拜邓公为城阳中尉。

邓公是成固人,常有神奇的计谋。建元年间,皇上招纳贤良,公卿都举荐邓公,当时邓公被免官,从家中被起用做了九卿。一年后,又称病免官回家。他的儿子邓章因研习黄老学说而显扬于王公贵人之间。

太史公说:袁盎虽然不好学,也擅长穿凿附会,却有仁心为本质,称说大义慷慨激昂。赶上孝文帝刚刚即位,他的天资正逢其时。时局不断变化,等到吴楚反叛,他建议诛杀晁错,建议虽然被实行,然而他也不再被朝廷所用。他爱好声名,恃才傲物,最终因追求名声而败亡。晁错做太子家令时,多次上书言事不被采用;后来擅权,修订了许多法令。诸侯起兵发难,他不急于匡正挽救,却想着报私仇,反而因此丧命。俗话说"变更古制,扰乱常规,不是身死,就是逃亡",不就是说的晁错这类人吗!

史记卷一百零二
列传第四十二

张释之　冯唐

廷尉张释之，是堵阳人，字季。他有兄长张仲，他们住在一起。他凭借家中有钱做了骑郎，为孝文帝做事，十年内得不到升迁，没有名声。张释之说："长时间仕宦一直在耗费哥哥的钱财，我不安心。"便想辞官回家。中郎将袁盎知道他贤能，对他的离去很惋惜，就请求让他补任谒者。张释之朝见文帝后，就上前陈说有利朝政的事情。文帝说："说些现实点的事情，不要高谈阔论，说些当下就可以施行的。"于是张释之说了秦汉之际的事，讲了很久关于秦朝之所以灭亡和汉朝之所以兴盛的事。文帝称赞他说得好，就任张释之为谒者仆射。

张释之随从皇上出行，登临虎圈。皇上询问上林尉各种禽兽簿册登记的情况，问了十几个问题，上林尉左顾右盼，全都回答不上来。看管虎圈的啬夫在旁边替上林尉回答了皇上所问禽兽簿册登记的情况，答得很详细，想以此突显他的才能，炫耀

张释之

张廷尉释之者，堵阳人也，字季。有兄仲同居。以訾为骑郎，事孝文帝，十岁不得调，无所知名。释之曰："久宦减仲之产，不遂。"欲自免归。中郎将袁盎知其贤，惜其去，乃请徙释之补谒者。释之既朝毕，因前言便宜事。文帝曰："卑之，毋甚高论，令今可施行也。"于是释之言秦汉之间事，秦所以失而汉所以兴者久之。文帝称善，乃拜释之为谒者仆射。

释之从行，登虎圈。上问上林尉诸禽兽簿，十余问，尉左右视，尽不能对。虎圈啬夫从旁代尉对上所问禽兽簿甚悉，欲以观其能口对响应无穷者。文帝曰："吏不当若是邪？

尉无赖！"乃诏释之拜啬夫为上林令。释之久之前曰："陛下以绛侯周勃何如人也？"上曰："长者也。"又复问："东阳侯张相如何如人也？"上复曰："长者。"释之曰："夫绛侯、东阳侯称为长者，此两人言事曾不能出口，岂敩此啬夫谍谍利口捷给哉！且秦以任刀笔之吏，吏争以亟疾苛察相高，然其敝徒文具耳，无恻隐之实。以故不闻其过，陵迟而至于二世，天下土崩。今陛下以啬夫口辩而超迁之，臣恐天下随风靡靡，争为口辩而无其实。且下之化上疾于景响，举错不可不审也。"文帝曰："善。"乃止不拜啬夫。

上就车，召释之参乘，徐行，问释之秦之敝。具以质言。至官，上拜释之为公车令。

顷之，太子与梁王共车入朝，不下司马门，于是释之追止太子、梁王无得入殿门。遂劾不下公门不敬，奏之。薄太

他回答问题能全部响应的能力。文帝说："官吏不应该像这样吗？上林尉不可靠！"于是下诏让张释之任命啬夫为上林令。张释之过了很久上前说："陛下认为绛侯周勃是怎样的人呢？"文帝说："是厚道人。"又问："东阳侯张相如是怎样的人呢？"文帝又说："是厚道人。"张释之说："绛侯、东阳侯都被称为厚道人，这两人议论事情时都不善于言谈，难道要让他们也学这个喋喋不休、伶牙俐齿的啬夫吗！再说秦朝重用刀笔吏，导致官吏比着崇尚办事迅疾、苛刻督责，然而这样的弊病就是只有表面形式，实质上没有一点宽容仁慈。因此始皇听不到自己的过失，国势日渐衰微，到二世时，天下土崩瓦解。如今陛下因啬夫能言善辩就越级提拔他，臣担心天下人都会追逐这种风气，争相施展口舌之能而不追求实际。况且上行下效，快得犹如影之随形、响之应声一样，决定不可以不审慎啊。"文帝说："说得好。"于是作罢，不再任命啬夫为上林令。

文帝上车，召张释之陪乘，缓缓前行，问张释之秦朝的弊病。他都做了实在的回答。到了宫中，文帝任命张释之为公车令。

不久，太子与梁王共乘一车入朝，在司马门前不下车，于是张释之追上去阻止太子、梁王进入殿门。就弹劾了他们在司马门前不下车的不敬之罪，上奏给文帝。

薄太后听说此事，文帝摘下冠冕谢罪说：“我教导儿子不严。”薄太后就派使者带着诏书赦免太子、梁王，然后二人才得以入宫。文帝由此认为张释之与众不同，拜他为中大夫。

后闻之，文帝免冠谢曰：“教儿子不谨。”薄太后乃使使承诏赦太子、梁王，然后得入。文帝由是奇释之，拜为中大夫。

不久，张释之官至中郎将。他随从文帝出行来到霸陵，他们站上霸陵北侧边缘眺望。当时慎夫人也跟随着，文帝指示通往新丰的道路给慎夫人看，说：“这是通往邯郸的路。”让慎夫人鼓瑟，文帝亲自和着瑟的曲调唱歌，内心凄惨悲伤，回头对群臣说：“唉！用北山的石头做椁，用切碎的纻麻绵絮充塞于石椁缝隙，再用漆涂在上面，难道还能打开吗！”左右的人都说：“不能。”张释之上前进言说：“假使其中有引起人贪欲的东西，即使封锢南山为椁也还是会有缝隙；假使其中没有引起人贪欲的东西，即使没有石椁，又有什么可担心的呢！”文帝称赞他说得对。之后拜张释之为廷尉。

顷之，至中郎将。从行至霸陵，居北临厕。是时慎夫人从，上指示慎夫人新丰道，曰：“此走邯郸道也。”使慎夫人鼓瑟，上自倚瑟而歌，意惨凄悲怀，顾谓群臣曰：“嗟乎！以北山石为椁，用纻絮斫陈，蕠漆其间，岂可动哉！”左右皆曰：“善。”释之前进曰：“使其中有可欲者，虽锢南山犹有郄；使其中无可欲者，虽无石椁，又何戚焉！”文帝称善。其后拜释之为廷尉。

不久，文帝出行经过中渭桥，有一人从桥下跑出来，文帝驾车的马受了惊吓。于是派骑兵抓捕那个人，把他交给廷尉。张释之审讯了他。那个人说：“我是长安县来的乡下人，听到清道戒严的命令，就藏到了桥下。过了很久，我以为皇上的队伍已经过去了，就出来了，看见皇上的车驾，就跑走了。”廷尉上奏应判的罪名说，一

顷之，上行出中渭桥，有一人从桥下走出，乘舆马惊。于是使骑捕，属之廷尉。释之治问。曰：“县人来，闻跸，匿桥下。久之，以为行已过，即出，见乘舆车骑，即走耳。”廷尉奏当，一人犯跸，当罚金。文帝怒曰：“此人亲

惊吾马，吾马赖柔和，令他马，固不败伤我乎？而廷尉乃当之罚金！”释之曰："法者天子所与天下公共也。今法如此而更重之，是法不信于民也。且方其时，上使立诛之则已。今既下廷尉，廷尉，天下之平也，一倾而天下用法皆为轻重，民安所措其手足？唯陛下察之。”良久，上曰："廷尉当是也。”

其后有人盗高庙坐前玉环，捕得，文帝怒，下廷尉治。释之案律盗宗庙服御物者为奏，奏当弃市。上大怒曰："人之无道，乃盗先帝庙器，吾属廷尉者，欲致之族，而君以法奏之，非吾所以共承宗庙意也。”释之免冠顿首谢曰："法如是足也。且罪等，然以逆顺为差。今盗宗庙器而族之，有如万分之一，假令愚民取长陵一抔土，陛下何以加其法乎？”久之，文帝与太后言之，乃许廷尉当。是时，中尉条侯周亚夫与梁相山都侯王恬开见释之持

人触犯清道禁令，应处以罚金。文帝发怒说："这人惊了我的马，幸亏我的马驯良温和，如果是别的马，能不摔伤我吗？而廷尉只是判处他罚金！”张释之说："法律是天子和天下人应当共同遵守的。如今法律规定如此，却要加重处罚，这是让法律不能取信于民。再说，当时皇上派人将他立刻杀了也就罢了。如今既然下交给廷尉处置，廷尉是天下公正执法的表率，稍有偏失，天下执法者就会任意减轻或加重量刑，百姓岂不是要手足无措了吗？希望陛下明察此事。”过了许久，文帝说："廷尉判罚得对。”

之后有人偷高祖庙中座前的玉环，被抓到了，文帝发怒，将他交给廷尉治罪。张释之依据法律规定按照偷盗宗庙服饰器具之罪上奏，说应当斩首示众。文帝大怒，说："那人胡作非为无法无天，竟然偷先帝宗庙中的器物，我下交给廷尉审理，是想用灭族的判罚处置他，而你却按照法律判罚并上奏，这不是我恭敬奉承宗庙的本意。”张释之摘下帽子磕头谢罪说："按法律这样处罚就足够了。况且同样都是死罪，但以罪责轻重而论是有差别的。如今偷盗宗庙器具就处以灭族之罪，万一有个愚蠢的人挖了长陵的一抔土，陛下该用什么刑罚处置他呢？”过了很久，文帝告诉了太后此事，才同意了廷尉的判决。当时，

中尉条侯周亚夫与梁国丞相山都侯王恬开看到张释之执法论事公正，就与他结为亲密的朋友。廷尉张释之由此受到天下人的称赞。

后来文帝驾崩，景帝即位，张释之害怕，称病在家。想辞去官职，担心被杀；想谒见景帝当面谢罪，又不知该怎么办。最后用了王生的办法，去见景帝谢罪，景帝没有责怪他。

王生，善于研究黄老学说，是位处士。他曾经被召至朝中，三公九卿齐聚站立，王生是老年人，说"我的袜带松了"，回头对张释之说："给我系好袜带！"张释之跪着给他系好袜带。此事之后，有人对王生说："为什么唯独在朝廷上羞辱张廷尉，让他跪着给您系袜带呢？"王生说："我年老而且地位卑下，估计自己不能给张廷尉什么好处了。张廷尉是当今天下名臣，我故意暂且羞辱廷尉，让他跪着系袜带，其实是想以此提升他的名望。"诸公听说后，都称赞王生贤德而更加敬重张释之了。

张释之为景帝效力一年多，做了淮南王的丞相，还是出于以前得罪过景帝的缘故。很久之后，张释之去世了。他的儿子叫张挚，字长公，官至大夫，后来被免官。因为他不能迎合当时的权贵显要，所以终身没有再做官。

议平，乃结为亲友。张廷尉由此天下称之。

后文帝崩，景帝立，释之恐，称病。欲免去，惧大诛至；欲见谢，则未知何如。用王生计，卒见谢，景帝不过也。

王生者，善为黄老言，处士也。尝召居廷中，三公九卿尽会立，王生老人，曰"吾袜解"，顾谓张廷尉："为我结袜！"释之跪而结之。既已，人或谓王生曰："独奈何廷辱张廷尉，使跪结袜？"王生曰："吾老且贱，自度终无益于张廷尉。张廷尉方今天下名臣，吾故聊辱廷尉，使跪结袜，欲以重之。"诸公闻之，贤王生而重张廷尉。

张廷尉事景帝岁余，为淮南王相，犹尚以前过也。久之，释之卒。其子曰张挚，字长公，官至大夫，免。以不能取容当世，故终身不仕。

冯唐

冯唐者，其大父赵人。父徙代。汉兴徙安陵。唐以孝著，为中郎署长，事文帝。文帝辇过，问唐曰："父老何自为郎？家安在？"唐具以实对。文帝曰："吾居代时，吾尚食监高袪数为我言赵将李齐之贤，战于钜鹿下。今吾每饭，意未尝不在钜鹿也。父知之乎？"唐对曰："尚不如廉颇、李牧之为将也。"上曰："何以？"唐曰："臣大父在赵时，为官率将，善李牧。臣父故为代相，善赵将李齐，知其为人也。"上既闻廉颇、李牧为人，良说，而搏髀曰："嗟乎！吾独不得廉颇、李牧时为吾将，吾岂忧匈奴哉！"唐曰："主臣！陛下虽得廉颇、李牧，弗能用也。"上怒，起，入禁中。良久，召唐让曰："公奈何众辱我，独无间处乎？"唐谢曰："鄙人不知忌讳。"

当是之时，匈奴新大入朝那，杀北地都尉卬。上以胡寇为意，乃卒复问唐曰："公何以知吾不能用廉颇、李牧也？"

冯唐，他的祖父是赵国人。他的父亲迁居到代地。汉朝建立后又迁徙到安陵。冯唐以孝行著称，担任中郎署长，为文帝效力。文帝乘辇经过郎署，询问冯唐："老人家为何还在做郎官？家住哪里？"冯唐都如实回答。文帝说："我居住代地时，我的尚食监高袪多次为我讲赵将李齐的贤能，说他战于钜鹿之下。如今我每次吃饭，心思未尝不在钜鹿。老人家知道这个人吗？"冯唐回答说："他为将的才能还不如廉颇、李牧。"文帝说："怎么讲呢？"冯唐说："我的祖父在赵国时，做过官率将，与李牧交好。我的父亲从前做代相，与赵将李齐交好，知道他的为人。"文帝听到廉颇、李牧的事，非常高兴，拍着大腿说："唉！我偏偏得不到廉颇、李牧做我的将领，有了他们，难道我还会担忧匈奴吗！"冯唐说："主公！陛下即使得到廉颇、李牧，也不会任用他们。"文帝发怒，起身进入禁中。过了很长时间，召见冯唐并责备他说："你为什么当众侮辱我，难道就不能私下告诉我吗？"冯唐道歉说："我这个粗鄙之人不知道忌讳。"

当时，匈奴刚大举入侵朝那，杀了北地都尉孙卬。文帝因匈奴侵犯而忧虑，最终还是问冯唐说："您怎么知道我不能任用廉颇、李牧呢？"冯唐回答说："臣听说上古的君王派遣将领时，跪坐着推车，说国门之内的事，寡人决断；国门之外的事，由将军裁定。军功和爵位赏赐都在外面由将军决定，归来再上奏朝廷。这并非虚言啊。我祖父说，李牧做赵国将领守边塞时，军市的租税都用来犒赏士兵，赏赐之事全由在外的将军决定，朝廷不曾从中干预。委托重任给他并要求他成功，所以李牧才得以充分发挥他的才能，他派出精挑细选的战车一千三百辆，善射箭的骑兵一万三千人，能建立功勋的士兵十万人，用这些向北驱逐单于，击破东胡，消灭澹林，向西抑制强大的秦国，向南支援韩、魏两国。当时，赵国几乎成为霸主。这之后赵王迁即位，他的母亲是个卖唱的女子。赵王迁即位后，就听信郭开的谗言，最终杀了李牧，让颜聚代替他。因此赵国兵败，被秦国消灭。如今臣私下听说魏尚做云中太守，他把军市的税收全用来犒赏士兵，拿出自己的俸钱，五天杀一头牛，款待宾客、军吏和舍人，因此匈奴远远避开，不敢靠近云中边塞。匈奴曾一度来犯，魏尚率领车骑攻打他们，杀敌很多。那些士兵都是平民家庭出身，从田间出来从军的，哪里知道'尺籍''伍符'这些东西呢！他们终日奋力作战，斩杀敌方首级，抓捕俘虏，到幕府上报功劳，只要一句话不合实际情况，法官就用法令制裁他们。应得的奖赏不能兑

唐对曰："臣闻上古王者之遣将也，跪而推毂，曰闻以内者，寡人制之；阃以外者，将军制之。军功爵赏皆决于外，归而奏之。此非虚言也。臣大父言，李牧为赵将居边，军市之租皆自用飨士，赏赐决于外，不从中扰也。委任而责成功，故李牧乃得尽其智能，遣选车千三百乘，彀骑万三千，百金之士十万，是以北逐单于，破东胡，灭澹林，西抑强秦，南支韩、魏。当是之时，赵几霸。其后会赵王迁立，其母倡也。王迁立，乃用郭开谗，卒诛李牧，令颜聚代之。是以兵破士北，为秦所禽灭。今臣窃闻魏尚为云中守，其军市租尽以飨士卒，出私养钱，五日一椎牛，飨宾客军吏舍人，是以匈奴远避，不近云中之塞。虏曾一入，尚率车骑击之，所杀甚众。夫士卒尽家人子，起田中从军，安知尺籍伍符！终日力战，斩首捕虏，上功莫府，一言不相应，文吏以法绳之。其赏不行而吏奉法必用。臣愚，以为陛下法太明，赏太轻，罚太重。且

云中守魏尚坐上功首虏差六级，陛下下之吏，削其爵，罚作之。由此言之，陛下虽得廉颇、李牧，弗能用也。臣诚愚，触忌讳，死罪死罪！"文帝说。是日令冯唐持节赦魏尚，复以为云中守，而拜唐为车骑都尉，主中尉及郡国车士。

七年，景帝立，以唐为楚相，免。武帝立，求贤良，举冯唐。唐时年九十余，不能复为官，乃以唐子冯遂为郎。遂字王孙，亦奇士，与馀善。

太史公曰：张季之言长者，守法不阿意；冯公之论将率，有味哉！有味哉！语曰"不知其人，视其友"。二君之所称诵，可著廊庙。《书》曰："不偏不党，王道荡荡；不党不偏，王道便便。"张季、冯公近之矣。

现，有问题法官却严格依法追究。臣愚蠢，认为陛下的法令太严明，奖赏太轻，惩罚太重。况且云中太守魏尚因上报杀敌俘虏人数差六人，陛下就把他下交给法官，削夺其爵位，判处一年刑期。由此说来，陛下即使得到廉颇、李牧，也不能重用。我确实愚蠢，触犯忌讳，死罪死罪！"文帝很高兴。当天就派冯唐持节赦免魏尚，让魏尚重新担任云中太守，并拜冯唐为车骑都尉，掌管中尉和各郡国的战车兵士。

后元七年，景帝即位，让冯唐做楚国丞相，后来冯唐被免官。武帝即位，访求贤良，冯唐得到举荐。冯唐此时已经九十多岁，不能再做官了，就让冯唐的儿子冯遂做郎官。冯遂字王孙，也是个不平凡的人，与我交好。

太史公说：张释之所说的长者，遵守法度不迎合皇帝的心意；冯唐所谈论将帅的话，有意思啊！有意思啊！俗话说"不了解那个人，就看看他所结交的朋友"。二位先生称颂的人，都可以写在朝堂上。《尚书》说："不偏私，不结党，道路就是顺畅的；不结党，不偏私，道路就是平直的。"张释之、冯唐接近于这种境界了。

史记卷一百零三
列传第四十三

石奋　石建　石庆　卫绾　直不疑　周仁　**张欧**

石奋　石建

万石君名奋，他的父亲是赵国人，姓石。赵国被灭后，他家迁居到温县。高祖东进攻打项籍，经过河内，当时石奋十五岁，担任小吏，侍奉高祖。高祖与他谈话，喜欢他恭敬的态度，就问道："你家中有什么人？"石奋回答说："我只有母亲，不幸失明了。家中贫穷。有个姐姐，会弹琴。"高祖说："你愿意跟随我吗？"石奋说："愿竭尽全力。"于是高祖召他的姐姐入宫做了美人，让石奋做了中涓，处理文书和谒见的事，把他的家迁徙到长安城中的戚里，这是出于他的姐姐做了美人的缘故。到孝文帝在位时，石奋累积功劳升官到大中大夫。他没有文才学识，但恭敬谨慎无人能比。

文帝在位时，东阳侯张相如做太子太傅，被免职。文帝挑选可以做太子太傅的人，大家都推举石奋，石奋就做了太子太傅。等到孝景帝即位，让他担任九卿。因为他在身边过于恭敬守法，景帝不舒服，就调

万石君名奋，其父赵人也，姓石氏。赵亡，徙居温。高祖东击项籍，过河内，时奋年十五，为小吏，侍高祖。高祖与语，爱其恭敬，问曰："若何有？"对曰："奋独有母，不幸失明。家贫。有姊，能鼓琴。"高祖曰："若能从我乎？"曰："愿尽力。"于是高祖召其姊为美人，以奋为中涓，受书谒，徙其家长安中戚里，以姊为美人故也。其官至孝文时，积功劳至大中大夫。无文学，恭谨无与比。

文帝时，东阳侯张相如为太子太傅，免。选可为傅者，皆推奋，奋为太子太傅。及孝景即位，以为九卿。迫近，惮之，徙奋为诸侯相。奋长子建，次

子甲，次子乙，次子庆，皆以驯行孝谨，官皆至二千石。于是景帝曰："石君及四子皆二千石，人臣尊宠乃集其门。"号奋为万石君。

孝景帝季年，万石君以上大夫禄归老于家，以岁时为朝臣。过宫门阙，万石君必下车趋，见路马必式焉。子孙为小吏，来归谒，万石君必朝服见之，不名。子孙有过失，不谯让，为便坐，对案不食。然后诸子相责，因长老肉袒固谢罪，改之，乃许。子孙胜冠者在侧，虽燕居必冠，申申如也。僮仆䜣䜣如也，唯谨。上时赐食于家，必稽首俯伏而食之，如在上前。其执丧，哀戚甚悼。子孙遵教，亦如之。万石君家以孝谨闻乎郡国，虽齐鲁诸儒质行，皆自以为不及也。

建元二年，郎中令王臧以文学获罪。皇太后以为儒者文

石奋做了诸侯国的丞相。石奋有长子石建，二子石甲，三子石乙，四子石庆，他们因温顺、孝顺恭谨，都做到了二千石级别的官。于是景帝说："石君和他的四个儿子都官至二千石，身为人臣所拥有的尊荣恩宠竟集于他们一家。"称呼石奋为万石君。

孝景帝晚年，万石君享受上大夫的俸禄告老回家，在举行朝会时作为朝臣参加。经过皇宫门口时，万石君一定要下车快走，见到皇帝的车驾必定要手扶在车前横木上表示恭敬。他的子孙做小吏，回家见他，万石君也必定穿上朝服见他们，不直呼他们的名字。子孙有过失，不斥责他们，而是坐到侧旁的座位上，对着案桌不吃饭。然后子孙们就互相责备，通过年长者出面求情，子孙袒露着上身坚持谢罪，改正错误，万石君才答应他们的请求。有成年的子孙在身边时，他即使闲居在家，也一定穿戴帽子，表现出整齐严肃的样子。他的僮仆也和颜悦色，特别小心谨慎。皇上时常赐给他家食物，他必定叩头跪拜后才吃，就像在皇上面前一样。他办理丧事，非常悲哀伤心。子孙遵从他的教诲，也像他那样去做。万石君家族以孝顺谨慎闻名于各郡国，即使是齐鲁之地品行质朴的儒生们，也都自认为比不上他们。

建元二年，郎中令王臧因推崇儒学获罪。皇太后认为儒生言语多有文饰而缺少

质朴，如今万石君家人不言不语却能身体力行，就任命万石君的长子石建为郎中令，小儿子石庆为内史。

石建年老白了头，万石君还身体无恙。石建做郎中令，每五天休假一天回家拜谒父亲，进入侍者的小屋，私下问侍者父亲的情况，取走父亲的内衣和溺器，亲自洗涤，再交给侍者，不敢让万石君知道，他经常这么做。石建做郎中令，有事要进言，屏退旁人畅所欲言，言语恳切迅疾；到上朝谒见时，却像不会说话一样。因此皇上就亲近尊敬他，对他以礼相待。

万石君迁居到陵里。内史石庆喝醉酒回家，进入外门时没有下车。万石君听说此事后就不吃饭了。石庆惊恐，袒露着上身去请罪，没有获得原谅。全宗族的人以及兄长石建都袒露着上身请罪，万石君责备说："内史是尊贵的人，进入闾里，乡里年长年老的人都躲开回避，内史却坐在车中自由自在，本来就应该这样嘛！"说完就喝令石庆离开。以后石庆以及家中众子弟进入里门，都是快步走回家。

万石君在元朔五年去世。长子郎中令石建哭泣悲伤，扶着拐杖才能走路。一年多后，石建也死了。万石君的子孙都很孝顺，而石建是最孝顺的，甚至超过了万石君。

石建做郎中令，上书奏事，奏章批复下来，石建读后，说："写错了！'马'字

多质少，今万石君家不言而躬行，乃以长子建为郎中令，少子庆为内史。

建老白首，万石君尚无恙。建为郎中令，每五日洗沐归谒亲，入子舍，窃问侍者，取亲中裙厕牏，身自浣涤，复与侍者，不敢令万石君知，以为常。建为郎中令，事有可言，屏人恣言，极切；至廷见，如不能言者。是以上乃亲尊礼之。

万石君徙居陵里。内史庆醉归，入外门不下车。万石君闻之，不食。庆恐，肉袒请罪，不许。举宗及兄建肉袒，万石君让曰："内史贵人，入闾里，里中长老皆走匿，而内史坐车中自如，固当！"乃谢罢庆。庆及诸子弟入里门，趋至家。

万石君以元朔五年中卒。长子郎中令建哭泣哀思，扶杖乃能行。岁余，建亦死。诸子孙咸孝，然建最甚，甚于万石君。

建为郎中令，书奏事，事下，建读之，曰："误书！'马'

者与尾当五，今乃四，不足一。上谴死矣！"甚惶恐。其为谨慎，虽他皆如是。

下面的四点加上弯曲的马尾应该是五笔，现在才写了四笔，少写了一笔。皇上会把我处死的！"非常惶恐。他做事谨慎，即使是做其他事时也是这样。

石庆

万石君少子庆为太仆，御出，上问车中几马，庆以策数马毕，举手曰："六马。"庆于诸子中最为简易矣，然犹如此。为齐相，举齐国皆慕其家行，不言而齐国大治，为立石相祠。

万石君的小儿子石庆做太仆，为皇上驾车外出，皇上问驾车的马有几匹，石庆用马鞭点着数之后，举手说："六匹。"石庆在几个儿子中是做事最粗疏的，然而还是如此谨慎。他做齐国丞相，齐国上下都敬慕他家的品行，不用发布政令就将齐国治理得很安定，齐国人为他立了石相祠。

元狩元年，上立太子，选群臣可为傅者，庆自沛守为太子太傅，七岁迁为御史大夫。

元狩元年，皇上册立太子，选拔群臣中可以担任太傅的人，石庆从沛郡太守的任上被调任为太子太傅，七年后升任御史大夫。

元鼎五年秋，丞相有罪，罢。制诏御史："万石君先帝尊之，子孙孝，其以御史大夫庆为丞相，封为牧丘侯。"是时汉方南诛两越，东击朝鲜，北逐匈奴，西伐大宛，中国多事。天子巡狩海内，修上古神祠，封禅，兴礼乐。公家用少，桑弘羊等致利，王温舒之属峻法，兒宽等推文学至九卿，更进用事，事不关决于丞相，丞相醇谨而已。在位九岁，无能有所匡言。

元鼎五年秋天，丞相获罪，被罢官。皇上下诏御史说："万石君，先帝很尊重他，他的子孙孝顺，任命御史大夫石庆为丞相，封为牧丘侯。"当时汉朝正南诛两越，东击朝鲜，北逐匈奴，西伐大宛，国家多战事。天子巡狩海内，修复上古神祠，举行封禅大典，大兴礼乐。国家财政缺乏，桑弘羊等人谋取财利，王温舒之流实行峻法，兒宽等人推崇儒学，官至九卿，他们交相主持政事，国家政事不取决于丞相，丞相只是忠厚谨慎地听命。他在位九年，没有任何匡正时局的进言。他曾经想请求惩治皇上的近臣所忠、九卿咸宣，不仅没能使他们服罪，反而使自己被惩处，缴纳赎金才得以免罪。

元封四年，关东流民有二百万人，没有户籍的有四十万人，公卿大臣商议想请求皇上把流民迁徙到边境去，以安置他们。皇上认为丞相年老谨慎，不能与他商议，就赐丞相告假回家，而查办御史大夫以下商议提出这种请求的人。丞相惭愧自己不能任职，便上书说："我有幸得以身居相位，然而才能低劣无法辅佐陛下治理国家，城郭仓库空虚，很多百姓流离失所，我罪当斩首，皇上不忍心依法惩治我。我愿意归还丞相侯印，请求告老还乡，给贤能的人让路。"天子说："粮仓既然已经空虚，百姓流亡，而您却想请求迁徙他们，国家震荡不安，人心浮动危及社稷，而您却辞去相位，您想把危难推给什么人呢？"下诏书责备石庆，石庆非常惭愧，才又起复处理政事。

石庆为人心思缜密，做事谨慎，然而没有什么大的谋略，不能为百姓进言。三年多后，太初二年，丞相石庆去世，谥号为恬侯。石庆居中的儿子是石德，石庆喜爱器重他，皇上让石德做石庆的继承人，继承侯爵。石德后来做了太常，犯法应当被处死，缴纳赎金被贬为庶人。石庆刚做丞相时，他的子孙做官升到二千石的有

尝欲请治上近臣所忠、九卿咸宣罪，不能服，反受其过，赎罪。

元封四年中，关东流民二百万口，无名数者四十万，公卿议欲请徙流民于边以適之。上以为丞相老谨，不能与其议，乃赐丞相告归，而案御史大夫以下议为请者。丞相惭不任职，乃上书曰："庆幸得待罪丞相，罢驽无以辅治，城郭仓库空虚，民多流亡，罪当伏斧质，上不忍致法。愿归丞相侯印，乞骸骨归，避贤者路。"天子曰："仓廪既空，民贫流亡，而君欲请徙之，摇荡不安，动危之，而辞位，君欲安归难乎？"以书让庆，庆甚惭，遂复视事。

庆文深审谨，然无他大略，为百姓言。后三岁余，太初二年中，丞相庆卒，谥为恬侯。庆中子德，庆爱用之，上以德为嗣，代侯。后为太常，坐法当死，赎免为庶人。庆方为丞相，诸子孙为吏更至二千石者十三人。及庆死后，稍以罪去，孝

谨益衰矣。

卫绾

建陵侯卫绾者，代大陵人也。绾以戏车为郎，事文帝，功次迁为中郎将，醇谨无他。孝景为太子时，召上左右饮，而绾称病不行。文帝且崩时，属孝景曰："绾长者，善遇之。"及文帝崩，景帝立，岁余不噍呵绾，绾日以谨力。

景帝幸上林，诏中郎将参乘，还而问曰："君知所以得参乘乎？"绾曰："臣从车士幸得以功次迁为中郎将，不自知也。"上问曰："吾为太子时召君，君不肯来，何也？"对曰："死罪，实病！"上赐之剑。绾曰："先帝赐臣剑，凡六剑，不敢奉诏。"上曰："剑，人之所施易，独至今乎？"绾曰："具在。"上使取六剑，剑尚盛，未尝服也。郎官有谴，常蒙其罪，不与他将争；有功，常让他将。上以为廉，忠实无他肠，乃拜绾为河间王太傅。吴楚反，诏绾为将，

十三人。等到石庆死后，这些人逐渐因犯罪而被免职，孝顺谨慎的家风更加衰落了。

建陵侯卫绾，是代郡大陵人。卫绾凭借戏车的技术做了郎官，效力于文帝，按功劳逐级升迁为中郎将，他除了忠厚谨慎，没有其他的长处。孝景帝做太子时，宴请皇上身边的亲近大臣饮酒，卫绾却称病不去。文帝将要驾崩时，嘱咐景帝说："卫绾是个忠厚的长者，要善待他。"等到文帝驾崩，景帝即位，一年多没有斥责过卫绾，卫绾每天都谨慎尽力地做事。

景帝到上林苑，诏令中郎将卫绾做参乘，返回时问道："您知道您为什么能做参乘吗？"卫绾说："臣从车士有幸得以按功劳依次升任到中郎将，但我自己也不知道为什么。"景帝问道："我做太子时请您宴饮，您不肯来，为什么呢？"卫绾回答说："臣死罪，确实病了！"景帝赐给他一把剑。卫绾说："先帝曾赐给臣六把剑，不敢再接受陛下赏赐的剑。"景帝说："剑是人之所好，往往用来送人或交换他物，难道你还能保存到现在吗？"卫绾说："全都在。"景帝派他取来那六把剑，剑还在鞘中，未曾使用过。属下的郎官犯了错，卫绾常常代他们受过，不与其他人争辩；有了功劳，常常让给他人。景帝认为他廉正、忠实，没有坏心思，就任

命卫绾为河间王的太傅。吴楚等七国反叛时，诏令卫绾为将军，他率领河间的军队攻击吴楚叛军有功，拜他为中尉。三年后，他因立有军功，在孝景帝前元六年被封为建陵侯。

第二年，皇上废黜太子，诛杀栗卿等人。皇上认为卫绾是忠厚长者，不够心狠，就赐卫绾告假回家，而派郅都逮捕惩治栗氏。案子办完后，皇上立胶东王为太子，召见卫绾，拜他为太子太傅。过了很久，迁升他为御史大夫。五年后，卫绾代替桃侯刘舍做丞相。他上朝奏事时只上奏职分以内的事，然而从他最初做官直到做丞相，终究没有什么可称道或可指责之处。天子认为他敦厚，可以辅佐少主，就尊重宠信他，赏赐给他的东西很多。

卫绾做丞相三年，景帝驾崩，武帝即位。建元年间，丞相因景帝卧病时各官署的囚犯大多是无辜受冤的人，而他不称职，被免去官职。之后卫绾去世，儿子卫信继承爵位。后因助祭酎金不合规定失去了侯爵。

塞侯直不疑是南阳人。他做郎官，为文帝做事。他同舍的人告假回家，误拿了同舍郎官的金子离开，过了不久金子的主人发觉，就胡猜是直不疑拿的，直不疑向他道歉承认有这事，买金子偿还给他。而等告假回家的人回来归还了金子，那个先

将河间兵击吴楚有功，拜为中尉。三岁，以军功，孝景前六年中封绾为建陵侯。

其明年，上废太子，诛栗卿之属。上以为绾长者，不忍，乃赐绾告归，而使郅都治捕栗氏。既已，上立胶东王为太子，召绾，拜为太子太傅。久之，迁为御史大夫。五岁，代桃侯舍为丞相。朝奏事如职所奏，然自初官以至丞相，终无可言。天子以为敦厚，可相少主，尊宠之，赏赐甚多。

为丞相三岁，景帝崩，武帝立。建元年中，丞相以景帝疾时诸官囚多坐不辜者，而君不任职，免之。其后绾卒，子信代。坐酎金失侯。

直不疑

塞侯直不疑者，南阳人也。为郎，事文帝。其同舍有告归，误持同舍郎金去，已而金主觉，妄意不疑，不疑谢有之，买金偿。而告归者来而归金，而前郎亡金者大惭，以此称为

长者。文帝称举，稍迁至太中大夫。朝廷见，人或毁曰："不疑状貌甚美，然独无奈其善盗嫂何也！"不疑闻，曰："我乃无兄。"然终不自明也。

吴楚反时，不疑以二千石将兵击之。景帝后元年，拜为御史大夫。天子修吴楚时功，乃封不疑为塞侯。武帝建元年中，与丞相绾俱以过免。

不疑学《老子》言。其所临，为官如故，唯恐人知其为吏迹也。不好立名称，称为长者。不疑卒，子相如代。孙望，坐酎金失侯。

周仁

郎中令周文者，名仁，其先故任城人也。以医见。景帝为太子时，拜为舍人，积功稍迁，孝文帝时至太中大夫。景帝初即位，拜仁为郎中令。

仁为人阴重不泄，常衣敝补衣溺裤，期为不洁清，以是得幸。景帝入卧内，于后宫秘

前丢失金子的郎官感到非常惭愧，因此人们称赞直不疑是忠厚长者。文帝称道提拔他，他逐步迁升至太中大夫。上朝廷见时，有人诋毁他说："直不疑相貌很美，但奈何他最会和嫂子私通，这是为什么呢！"直不疑听说后，说："我就没有兄长。"然而始终不自我辩白。

吴楚等七国反叛时，直不疑以二千石的官职领兵攻打叛军。景帝后元元年，任命他为御史大夫。天子表彰平定吴楚叛乱的人的功劳时，就封直不疑为塞侯。武帝建元年间，直不疑与丞相卫绾都因过失被免去官职。

直不疑学习《老子》的言论。他所到之处，做官都不改前任做法，唯恐别人知道他做官时的事迹。他不喜欢树立名声，却被人称为长者。直不疑去世后，他的儿子直相如继承侯爵。他的孙子直望，因助祭酎金不合规定而失去侯爵。

郎中令周文，名仁，他的祖先原来是任城人。周仁凭借医术得以谒见天子。景帝做太子时，任命他为舍人，积累功劳逐渐升迁，孝文帝时做官到太中大夫。景帝刚即位，任命周仁为郎中令。

周仁为人稳重，不泄露别人的事情，他常常穿着破旧有补丁的衣裳和弄脏的裤子，故意显得很不干净，以此获得景帝的

宠信。景帝进入卧室内，在后宫与嫔妃嬉戏玩耍时，周仁时常在旁边。等到景帝驾崩，周仁还做郎中令，他始终无所进言。皇上有时向他询问别人的情况，周仁说："皇上亲自考察他吧。"然而也不说谁的坏话。因此景帝多次驾临他家。他家后来迁徙到阳陵。皇上赏赐他很多财物，他却经常推让，不敢接受。诸侯群臣赠送的物品，他始终没有接受。

武帝即位，认为他是先帝时的大臣，尊重他。周仁于是因病被免职，享受二千石的俸禄归乡养老，他的子孙都做了大官。

御史大夫张叔，名欧，是安丘侯张说的庶子。孝文帝时以研究法家学说侍奉太子。然而张欧虽然研究法家学说，他自身却是个忠厚的长者。景帝时很受尊重，常位居九卿。到武帝元朔四年，韩安国被免职，下诏任命张欧为御史大夫。张欧自做官以来，未曾说过要查办别人，而是专门以诚恳忠厚的态度做官。属官都认为他是忠厚长者，也不敢过分欺骗他。皇上把要审理的案件都交给他，有可退回重审的，就退回；不可退回的，因事不得已，他就流着泪亲自看着封好文书。他就像这样爱护别人。

他年老病重，请求免官。于是天子也就颁布诏书，答应他的请求，让他享受上大夫的俸禄归家养老。他家在阳陵，子孙

戏，仁常在旁。至景帝崩，仁尚为郎中令，终无所言。上时问人，仁曰："上自察之。"然亦无所毁。以此景帝再自幸其家。家徙阳陵。上所赐甚多，然常让，不敢受也。诸侯群臣赂遗，终无所受。

武帝立，以为先帝臣，重之。仁乃病免，以二千石禄归老，子孙咸至大官矣。

张欧

御史大夫张叔者，名欧，安丘侯说之庶子也。孝文时以治刑名言事太子。然欧虽治刑名家，其人长者。景帝时尊重，常为九卿。至武帝元朔四年，韩安国免，诏拜欧为御史大夫。自欧为吏，未尝言案人，专以诚长者处官。官属以为长者，亦不敢大欺。上具狱，事有可却，却之；不可者，不得已，为涕泣，面对而封之。其爱人如此。

老病笃，请免。于是天子亦策罢，以上大夫禄归老于家。家于阳陵，子孙咸至大官矣。

全部做了大官。

太史公曰：仲尼有言曰"君子欲讷于言而敏于行"，其万石、建陵、张叔之谓邪？是以其教不肃而成，不严而治。塞侯微巧，而周文处谄，君子讥之，为其近于佞也。然斯可谓笃行君子矣！

太史公说：仲尼说过"君子言语要迟钝，而行动要敏捷"，这说的就是万石君、建陵侯、张叔吧？因此他们的教化不过分严肃却能成功，不严厉却将国家治理得很好。塞侯巧诈，而周文处事谄媚，君子讥讽他们，是因为他们近于佞臣。但他们也可以说是行为敦厚的君子了！

史记卷一百零四
列传第四十四

田叔　田仁

田叔，是赵国陉城人。他的先祖是齐国田氏的后裔。田叔喜好剑术，在乐巨公的住处学习黄老学说。田叔为人严谨廉洁而乐观，喜欢与名士前辈交游。赵国人把他举荐给赵国国相赵午，赵午在赵王张敖那里称赞他，赵王任命他为郎中。过了几年，他严肃公正廉洁，赵王认为他贤能，还没来得及迁升他。

正值陈豨在代地谋反，汉七年，高祖前去征讨陈豨，路过赵国，赵王张敖亲自端着食盘进献食物，礼节非常恭谨，高祖傲慢地叉开双腿坐着大骂他。这时赵国国相赵午等几十人都非常恼怒，对赵王张敖说："大王侍奉皇上礼节够周全了，如今他竟然这样对待您，臣等请求造反为乱。"赵王咬破手指流着血，说："我的先人失去了国家，没有陛下，我们死后尸体生蛆都无人看管。你们怎么能说出这样的话！不要再说这些了！"于是贯高等人说："大王是忠厚的长者，不违背恩德。"就私下

田叔

田叔者，赵陉城人也。其先，齐田氏苗裔也。叔喜剑，学黄老术于乐巨公所。叔为人刻廉自喜，喜游诸公。赵人举之赵相赵午，午言之赵王张敖所，赵王以为郎中。数岁，切直廉平，赵王贤之，未及迁。

会陈豨反代，汉七年，高祖往诛之，过赵，赵王张敖自持案进食，礼恭甚，高祖箕踞骂之。是时赵相赵午等数十人皆怒，谓张王曰："王事上礼备矣，今遇王如是，臣等请为乱。"赵王啮指出血，曰："先人失国，微陛下，臣等当虫出。公等奈何言若是！毋复出口矣！"于是贯高等曰："王长者，不倍德。"卒私相与谋弑上。会事发觉，汉下诏捕赵王

及群臣反者。于是赵午等皆自杀，唯贯高就系。是时汉下诏书："赵有敢随王者罪三族。"唯孟舒、田叔等十余人赭衣自髡钳，称王家奴，随赵王敖至长安。贯高事明白，赵王敖得出，废为宣平侯，乃进言田叔等十余人。上尽召见，与语，汉廷臣毋能出其右者，上说，尽拜为郡守、诸侯相。叔为汉中守十余年，会高后崩，诸吕作乱，大臣诛之，立孝文帝。

孝文帝既立，召田叔问之曰："公知天下长者乎？"对曰："臣何足以知！"上曰："公，长者也，宜知之。"叔顿首曰："故云中守孟舒，长者也。"是时孟舒坐虏大入塞盗劫，云中尤甚，免。上曰："先帝置孟舒云中十余年矣，虏曾一入，孟舒不能坚守，毋故士卒战死者数百人。长者固杀人乎？公何以言孟舒为长者也？"叔叩头对曰："是乃孟舒所以为长者也。夫贯高等谋

相互谋划弑杀高祖。到事情被发觉时，汉朝下令逮捕赵王以及谋反的大臣。于是赵午等人都自杀了，只有贯高自愿被捕。这时汉朝下诏书说："赵国有敢追随赵王的论罪灭三族。"只有孟舒、田叔等十多人穿着赤褐色的囚衣，自行剃掉头发，颈上戴着刑具，自称是赵王的家奴，跟随赵王张敖到了长安。贯高谋反的事情查清后，赵王张敖得以出狱，被废黜为宣平侯，就推荐称赞田叔等十多人。高祖全部召见他们，与他们谈话，汉朝众臣没有谁能比得上他们，高祖十分高兴，将他们全部拜为郡守或诸侯国相。田叔做汉中郡守十多年，赶上高后驾崩，吕氏众人作乱，大臣诛灭了他们，拥立孝文帝。

孝文帝即位后，召见田叔，问他说："先生知道谁是天下忠厚的长者吗？"田叔回答："臣哪里能够知道呢！"文帝说："先生就是长者，您应当知道。"田叔磕头说："以前的云中郡守孟舒是个长者。"这时孟舒因匈奴大举侵入边塞劫掠而抵御不力获罪，使云中郡受害尤为严重，被免职。文帝说："先帝安置孟舒在云中郡十多年了，匈奴才入侵一次，孟舒就无法坚守，无缘无故让几百名士兵战死。长者该杀人吗？先生为什么说孟舒是长者呢？"田叔叩头回答说："这就是孟舒是长者的原因。贯高等人谋反，皇上明确下诏，赵国有敢

追随赵王张敖的，罪及三族。然而孟舒自己剃掉头发，颈戴刑具，追随赵王张敖去他所去之处，想为他去死，哪里知道自己会做云中郡守呢！汉与楚对抗，士兵疲劳困苦。匈奴冒顿刚征服北夷，又来为害汉朝边塞，孟舒知道士兵疲劳困苦，不忍说出口，士兵争相登城拼死作战，像儿子为父亲、弟弟为兄长一样战斗，因此战死几百人。孟舒哪里是故意驱使他们作战呢！这正是孟舒是长者的原因。"于是皇上说："孟舒真贤能啊！"又召见孟舒，任命他为云中郡守。

几年后，田叔因犯法失去了官职。梁孝王派人刺杀从前的吴国国相袁盎，景帝召见田叔去调查梁国的事，田叔查清了案件的全部事实，回朝禀报。景帝说："梁王参与这件事了吗？"田叔回答说："我死罪！梁王参与了这件事。"景帝说："那事情到底是怎么回事？"田叔说："皇上不要过问梁王的事。"景帝问："为什么呢？"田叔说："如今梁王如果不伏诛，就是汉朝的刑法不能施行；如果他伏法，太后就会食不甘味，卧不安席，这样忧虑的就是陛下了。"景帝认为他很贤能，让他做了鲁国国相。

鲁国国相刚到任，百姓自发向国相进言，指责鲁王夺取了他们一百多人的财物。田叔抓住他们中为首的二十人，各打五十

反，上下明诏，赵有敢随张王，罪三族。然孟舒自髡钳，随张王敖之所在，欲以身死之，岂自知为云中守哉！汉与楚相距，士卒罢敝。匈奴冒顿新服北夷，来为边害，孟舒知士卒罢敝，不忍出言，士争临城死敌，如子为父，弟为兄，以故死者数百人。孟舒岂故驱战之哉！是乃孟舒所以为长者也。"于是上曰："贤哉孟舒！"复召孟舒以为云中守。

后数岁，叔坐法失官。梁孝王使人杀故吴相袁盎，景帝召田叔案梁，具得其事，还报。景帝曰："梁有之乎？"叔对曰："死罪！有之。"上曰："其事安在？"田叔曰："上毋以梁事为也。"上曰："何也？"曰："今梁王不伏诛，是汉法不行也；如其伏法，而太后食不甘味，卧不安席，此忧在陛下也。"景帝大贤之，以为鲁相。

鲁相初到，民自言相，讼王取其财物百余人。田叔取其渠率二十人，各笞五十，余各

搏二十,怒之曰:"王非若主邪?何自敢言若主!"鲁王闻之大惭,发中府钱,使相偿之。相曰:"王自夺之,使相偿之,是王为恶而相为善也。相毋与偿之。"于是王乃尽偿之。

鲁王好猎,相常从入苑中,王辄休相就馆舍,相出,常暴坐待王苑外。王数使人请相休,终不休,曰:"我王暴露苑中,我独何为就舍!"鲁王以故不大出游。

数年,叔以官卒,鲁以百金祠,少子仁不受也,曰:"不以百金伤先人名。"

田仁

仁以壮健为卫将军舍人,数从击匈奴。卫将军进言仁,仁为郎中。数岁,为二千石丞相长史,失官。其后使刺举三河。上东巡,仁奏事有辞,上说,拜为京辅都尉。月余,上迁拜为司直。数岁,坐太子事。时左丞相自将兵,令司直田仁主闭守城门,坐纵太子,下吏诛死。

大板,其余人各打手心二十下,怒斥他们:"鲁王不是你们的君主吗?你们怎么敢诽谤自己的君主呢!"鲁王听说后非常惭愧,就散发内府的钱,让田叔偿还他们。田叔说:"大王自己夺取的,让国相偿还他们,这是大王做坏事而国相做好事。我不能参与偿还之事。"于是鲁王就亲自将财物全部还给了他们。

鲁王喜欢打猎,国相经常跟他进入苑囿,鲁王总是让国相到馆舍中休息,国相出来,经常在林苑外露天处坐着等待鲁王。鲁王多次派人请国相去休息,国相始终不去休息,说:"我的大王还在林苑中晒着,我怎么能独自到馆舍中去呢!"鲁王因此就不常外出游猎了。

几年后,田叔在国相的任上死去,鲁王用百金给他做祭礼,田叔小儿子田仁不肯接受,说:"不能因百金损害先人的名声。"

田仁因身体健壮做了卫将军的门客,多次跟随攻打匈奴。卫将军推荐称赞田仁,田仁做了郎中。几年后,做了二千石级别的丞相长史,之后失去了官职。后来朝廷派他视察纠举河南、河东、河内三郡。武帝东巡,田仁奏事言辞精妙,武帝非常高兴,任命他为京辅都尉。一个多月后,武帝迁升他为司直。几年后,田仁因太子谋反的事受到牵连。当时左丞相亲自领兵,命令司直田仁负责关闭守卫城门，因使太子逃脱获罪，下交给官吏论罪处死。一说田仁发兵出城，长陵令车千秋上书告发田仁叛变，田仁被灭族处死。陉城如今在中山国。

太史公说：孔子称赞说"住在这个国家，一定要打听它的政治"，这话说的是田叔吧！有节义且不忘贤德，彰明君主的美德以补救他的过失。田仁与我交好，所以我一并叙述了他。

褚先生说：我做郎官时，听说田仁从前与任安交好。任安是荥阳人。年少丧父，生活贫困，为别人驾车来到了长安，就留下来了，他想求着当个小吏，没有机会，就上报家中人口，在武功安家落户。武功是扶风西边的小县，谷口靠山处有通往蜀地的栈道。任安认为武功是个小县，没有豪门大族，容易得到高名，就在这里住下，代替别人做求盗亭父。他后来做了亭长。县中百姓都出城打猎，任安经常替人们分配麋鹿、雉鸡和野兔，合理安排老人、小孩和壮丁到或难或易的地方，众人都很高兴，说："没关系，任少卿分辨事情公平有智谋。"第二天百姓又集合开会，参与聚会的有几百人。任少卿说："某人的儿子甲为什么不来呢？"众人都惊讶于他识人的快速。自此之后他被任命为乡三老，

仁发兵，长陵令车千秋上变仁，仁族死。陉城今在中山国。

太史公曰：孔子称曰"居是国必闻其政"，田叔之谓乎！义不忘贤，明主之美以救过。仁与余善，余故并论之。

褚先生曰：臣为郎时，闻之曰田仁故与任安相善。任安，荥阳人也。少孤贫困，为人将车之长安，留，求事为小吏，未有因缘也，因占著名数，家于武功。扶风西界小邑也，谷口蜀划道近山。安以为武功小邑，无豪，易高也，安留，代人为求盗亭父。后为亭长。邑中人民俱出猎，任安常为人分麋鹿雉兔，部署老小当壮剧易处，众人皆喜，曰："无伤也，任少卿分别平，有智略。"明日复合会，会者数百人。任少卿曰："某子甲何为不来乎？"诸人皆怪其见之疾也。其后除为三老，举为亲民，出为三百

石长，治民。坐上行出游共帐不办，斥免。

乃为卫将军舍人，与田仁会，俱为舍人，居门下，同心相爱。此二人家贫，无钱用以事将军家监，家监使养恶啮马。两人同床卧，仁窃言曰："不知人哉家监也！"任安曰："将军尚不知人，何乃家监也！"卫将军从此两人过平阳主，主家令两人与骑奴同席而食，此二子拔刀列断席别坐。主家皆怪而恶之，莫敢呵。

其后有诏募择卫将军舍人以为郎，将军取舍人中富给者，令具鞍马绛衣玉具剑，欲入奏之。会贤大夫少府赵禹来过卫将军，将军呼所举舍人以示赵禹。赵禹以次问之，十余人无一人习事有智略者。赵禹曰："吾闻之，将门之下必有将类。传曰'不知其君视其所使，不知其子视其所友'。今有诏举将军舍人者，欲以观将军而能得贤者文武之士也。今徒取富人子上之，又无智略，如木偶

被举荐为治民的官吏，出任三百石级别的长官，治理百姓。后来，他因为皇上巡行出游时没有置办帷帐获罪，被罢免官职。

于是任安做了卫将军的门客，与田仁一起，同为门客，住在将军府中，他们志同道合，相互友爱。这二人家贫，没有钱来奉迎将军的家臣，家臣让他们喂养咬人的烈马。两人同床而卧，田仁偷偷地说："这个家臣不识人啊！"任安就说："将军尚且不识人，何况是家臣呢！"卫将军让这两人跟随他去拜访平阳公主，公主的管家让这两人与骑马随从的奴仆同席吃饭，这二人拔出刀割开席子与骑奴分开坐。公主家的人都惊奇并厌恶他们，但没有人敢大声呵斥。

后来皇帝下诏征募选拔卫将军的门客担任郎官，将军挑选了门客中富裕的人，让他们备全鞍马、绛衣和用玉装饰的剑，想入宫禀告陛下。恰逢贤大夫少府赵禹前来拜访卫将军，将军召集所举荐的门客给赵禹看。赵禹依次考问他们，十多人中竟无一人通晓事理有智谋。赵禹说："我听说，将门之下必有将才之类的人物。传说'不了解国君就看看他任用的人，不了解一个人就看看他结交的朋友'。如今皇上下诏举用将军的门客，是想以此看看将军并且想获得贤人和文武之士。如今将军只选取富人子弟上奏给皇上，他们又没有智

谋，只不过就是木偶人穿着锦绣衣服，该怎么办呢？"于是赵禹召集卫将军的全部门客一百多人，依次考问他们，发现了田仁、任安，说："唯独这两人可用，其余的人没有可用的。"卫将军见这两人贫穷，内心不满。赵禹走后，对两人说："各自准备好鞍马和新绛衣。"两人回答说："家中贫困，无法筹办。"将军发怒说："如今您二位自己家中贫穷，为何说这些话呢？愤愤不平的样子好像有恩于我一样，为什么呢？"将军不得已，写了籍册上奏给武帝。武帝下诏召见卫将军的门客，二人前去觐见，武帝下诏询问他们的才能谋略，他们互相推举对方。田仁回答说："手执鼓槌，立足军门，使士大夫忘死战斗，我比不上任安。"任安回答说："决断嫌疑，判定是非，辨别下属官员，使百姓没有怨恨之心，我比不上田仁。"武帝大笑说："好。"就让任安监护北军，让田仁到黄河边上监护边塞屯田生产谷物之事。这两人立马名扬天下。

之后朝廷任用任安为益州刺史，任用田仁为丞相长史。

田仁上书说："天下各郡守大多行为不轨而谋私利，三河地区尤为严重，我请求首先查办纠举三河地区。三河地区的郡守都在朝内倚靠皇上所宠信的近臣，与三公有亲属关系，无所忌惮，应该首先查办

人衣之绮绣耳，将奈之何？"于是赵禹悉召卫将军舍人百余人，以次问之，得田仁、任安，曰："独此两人可耳，余无可用者。"卫将军见此两人贫，意不平。赵禹去，谓两人曰："各自具鞍马新绛衣。"两人对曰："家贫无用具也。"将军怒曰："今两君家自为贫，何为出此言？鞅鞅如有移德于我者，何也？"将军不得已，上籍以闻。有诏召见卫将军舍人，此二人前见，诏问能略，相推第也。田仁对曰："提桴鼓立军门，使士大夫乐死战斗，仁不及任安。"任安对曰："夫决嫌疑，定是非，辩治官，使百姓无怨心，安不及仁也。"武帝大笑曰："善。"使任安护北军，使田仁护边田谷于河上。此两人立名天下。

其后用任安为益州刺史，以田仁为丞相长史。

田仁上书言："天下郡太守多为奸利，三河尤甚，臣请先刺举三河。三河太守皆内倚中贵人，与三公有亲属，无所畏惮，宜先正三河以警天下奸

吏。"是时河南、河内太守皆御史大夫杜父兄子弟也，河东太守石丞相子孙也。是时石氏九人为二千石，方盛贵。田仁数上书言之。杜大夫及石氏使人谢，谓田少卿曰："吾非敢有语言也，愿少卿无相诬污也。"仁已刺三河，三河太守皆下吏诛死。仁还奏事，武帝说，以仁为能不畏强御，拜仁为丞相司直，威振天下。

其后逢太子有兵事，丞相自将兵，使司直主城门。司直以为太子骨肉之亲，父子之间不甚欲近，去之诸陵过。是时武帝在甘泉，使御史大夫暴君下责丞相"何为纵太子"，丞相对言"使司直部守城门，而开太子"。上书以闻，请捕系司直。司直下吏，诛死。

是时任安为北军使者护军，太子立车北军南门外，召任安，与节令发兵。安拜受节，入，闭门不出。武帝闻之，以为任安为详邪，不傅事，何也？任安答辱北军钱官小吏，小吏上书言之，以为受太子节，言"幸与我其鲜好者"。书上闻，

三河地区以警告天下营私的官吏。"当时的河南、河内太守都是御史大夫杜周的亲属，河东太守是丞相石庆的子孙。当时石家有九人担任二千石级别的官员，正兴旺显贵。田仁多次上书言及此事。杜大夫及石家派人去道歉，对田少卿说："我并非敢说什么，希望少卿不要诬告玷污我们。"田仁察视三河地区后，三河地区的郡守都被下交司法官处死。田仁回朝奏事，武帝高兴，认为田仁有才能，不畏惧强权，就任命田仁为丞相司直，声威震动天下。

此后遇上太子兵变之事，丞相亲自领兵，派司直掌管城门。司直认为太子是皇上的骨肉至亲，父子之间的冲突他不想过多地卷入进去，就离开城门到各个陵寝去。这时武帝在甘泉宫，派御史大夫暴胜之前来责问丞相"为何放走太子"，丞相回答说"派司直带人守卫城门，他开门放走了太子"。上书给武帝后，他请求逮捕囚禁司直。司直被下交司法官论罪处死。

这时任安担任北军使者护军，太子在北军的南门外停下车，召见任安，给他符节命他发兵。任安跪拜接受符节，进入军门后，就闭门不出。武帝听说此事后，认为任安是假装受节，没参与谋反，为什么呢？任安答打羞辱北军掌管钱财的小吏，小吏上书告发他，说他接受了太子符节，说"希望以后给我些好东西"。奏书呈报

给朝廷，武帝说："这是老官吏了，看到太子起兵谋反，想坐观成败，看谁胜利就去依附谁，有二心。任安犯有很多该判处死刑的罪，我常让他活下来，如今他心怀欺诈，有不忠之心。"就把任安下交官吏处死。

月圆后就会亏缺，事物兴盛之后就会衰退，这是天地间的法则。知道前进却不知道后退，长期占据富贵之位，灾殃就会积累成祸难。所以范蠡才会离开越国，推辞不接受官位，名声流传后世，万年后也不会被人遗忘，谁能比得了呢！后来者一定要以此为戒。

武帝曰："是老吏也，见兵事起，欲坐观成败，见胜者欲合从之，有两心。安有当死之罪甚众，吾常活之，今怀诈，有不忠之心。"下安吏，诛死。

夫月满则亏，物盛则衰，天地之常也。知进而不知退，久乘富贵，祸积为祟。故范蠡之去越，辞不受官位，名传后世，万岁不忘，岂可及哉！后进者慎戒之。

田仁

史记卷一百零五
列传第四十五

扁鹊秦越人　太仓公淳于意

扁鹊，是勃海郡郑县人，姓秦，名越人。他年少时在舍馆做主事。舍馆的客人长桑君经过，扁鹊唯独认为他是个奇人，时常恭敬地对待他。长桑君也知道扁鹊并非常人。出入舍馆十多年后，才叫扁鹊私下里来坐坐，悄悄对他说："我有秘方，现在年老了，想传给你，你不要泄露出去。"扁鹊说："遵命。"于是拿出他怀中的药给扁鹊说："用草木上的露水送服此药，三十天后就能通晓事物了。"于是取出他的全部秘方和书，都给了扁鹊。然后长桑君忽然不见了，他大概不是凡人。扁鹊按他的话服药三十天后，能看见墙另一边的人。以此来诊视疾病，能看清五脏内所有的症结，只是以诊脉为名。他有时在齐国行医，有时在赵国行医。在赵国时名叫扁鹊。

晋昭公在位的时候，诸大夫势强而国君衰弱，赵简子身为大夫，却专擅国事。赵简子生病，五天不省人事，大夫们都很忧惧，于是召来扁鹊。扁鹊入室诊视病

扁鹊者，勃海郡郑人也，姓秦氏，名越人。少时为人舍长。舍客长桑君过，扁鹊独奇之，常谨遇之。长桑君亦知扁鹊非常人也。出入十余年，乃呼扁鹊私坐，间与语曰："我有禁方，年老，欲传与公，公毋泄。"扁鹊曰："敬诺。"乃出其怀中药予扁鹊："饮是以上池之水，三十日当知物矣。"乃悉取其禁方书尽与扁鹊。忽然不见，殆非人也。扁鹊以其言饮药三十日，视见垣一方人。以此视病，尽见五藏症结，特以诊脉为名耳。为医或在齐，或在赵。在赵者名扁鹊。

当晋昭公时，诸大夫强而公族弱，赵简子为大夫，专国事。简子疾，五日不知人，大夫皆惧，于是召扁鹊。扁鹊入视病，

出，董安于问扁鹊，扁鹊曰：
"血脉治也，而何怪！昔秦穆
公尝如此，七日而寤。寤之日，
告公孙支与子舆曰：'我之帝
所甚乐。吾所以久者，适有所
学也。帝告我："晋国且大乱，
五世不安。其后将霸，未老而
死。霸者之子且令而国男女无
别。"'公孙支书而藏之，秦
策于是出。夫献公之乱，文公
之霸，而襄公败秦师于殽而归
纵淫，此子之所闻。今主君之
病与之同，不出三日必间，间
必有言也。"

　　居二日半，简子寤，语诸
大夫曰："我之帝所甚乐，与
百神游于钧天，广乐九奏万舞，
不类三代之乐，其声动心。有
一熊欲援我，帝命我射之，中熊，
熊死。有罴来，我又射之，中罴，
罴死。帝甚喜，赐我二笥，皆
有副。吾见儿在帝侧，帝属我
一翟犬，曰：'及而子之壮也
以赐之。'帝告我：'晋国
且世衰，七世而亡。嬴姓将大
败周人于范魁之西，而亦不能
有也。'"董安于受言，书而

症，出来后，董安于询问扁鹊，扁鹊说：
"血脉平顺，你们何必惊怪！从前秦穆公
也曾这样，七天才醒。醒来那天，告诉公
孙支与子舆说：'我到天帝那里了，非常
快乐。我之所以去那么久，是因为正好有
想学的东西。天帝告诉我："晋国将要大
乱，五代不安宁。这以后将有人称霸，霸
主未老而死。霸主的儿子将使国家男女没
有分别。"'公孙支把这些话记下收藏起来，
在秦国史册上记载的事就是这样来的。晋
献公的混乱，晋文公的称霸，晋襄公在崤
山打败秦国，返回后放纵淫乱，这些是你
听说过的。现在主君的病与秦穆公的病相
同，不出三天必定痊愈，痊愈后必定有话
要说。"

　　过了两天半，赵简子苏醒了，告诉诸
大夫说："我到天帝那里了，非常快乐，
与百神在天的中央游玩，用各种乐器演奏
着许多仙乐，跳着各种各样的舞蹈，不像
三代的音乐，乐声动人心魄。有一只熊想
抓我，天帝命我射它，射中了，熊死了。
有只罴走来，我又射它，射中了罴，罴死
了。天帝很是高兴，赐我两个笥，都有饰品。
我见我儿子在天帝身旁，天帝将一只翟犬
托付给我说：'等你的儿子长大成人时赐
给他。'天帝告诉我：'晋国将要世代衰落，
七代就要灭亡。嬴姓的人将在范魁西边大
败周人，但也不能拥有它的政权。'"董

安于听了这些话，记录并收藏了起来。把扁鹊的话告诉了赵简子，赵简子赏赐扁鹊田地四万亩。

后来扁鹊路过虢国。虢太子死了，扁鹊到达虢国宫门前，询问喜好方术的中庶子说："太子患的是什么病，为什么国中举行驱除邪恶的祭祀超过了其他许多事？"中庶子说："太子的病是血气不正常运行，阴阳交错而不能发泄，暴发于体表，实则为内脏已经受损。人的精气神不能制止邪气，邪气蓄积却不能疏泄，因此阳脉弛缓而阴脉急迫，所以突然昏厥而死。"扁鹊说："他什么时候死的？"中庶子回答说："从鸡鸣到现在。"说："入殓了吗？"说："没有，他死还不到半天呢。""请禀报说我是齐国勃海郡的秦越人，家住在鄚县，未曾得以仰望君王的神采并到其面前谒见侍奉。听说太子不幸去世，我能让他复活。"中庶子说："先生该不是胡说吧？怎么说太子可以复活呢？我听说上古之时，有个叫俞跗的医生，治病不用汤药、酒剂、砭石、导引、按摩、药熨，一诊治便知道疾病的所在，顺着五脏的腧穴，就割开皮肤剖开肌肉，疏通经脉，结扎筋腱，按治髓脑，触动膏肓，疏理横膈膜，清洗肠胃，洗涤五脏，修练精气，改变形容。先生的医术如果能像这样，那么太子就可复生了；医术如果不能这样却想想让太子复

藏之。以扁鹊言告简子，简子赐扁鹊田四万亩。

其后扁鹊过虢。虢太子死，扁鹊至虢宫门下，问中庶子喜方者曰："太子何病，国中治穰过于众事？"中庶子曰："太子病血气不时，交错而不得泄，暴发于外，则为中害。精神不能止邪气，邪气畜积而不得泄，是以阳缓而阴急，故暴蹶而死。"扁鹊曰："其死何如时？"曰："鸡鸣至今。"曰："收乎？"曰："未也，其死未能半日也。""言臣齐勃海秦越人也，家在于鄚，未尝得望精光，侍谒于前也。闻太子不幸而死，臣能生之。"中庶子曰："先生得无诞之乎？何以言太子可生也？臣闻上古之时，医有俞跗，治病不以汤液醴酒，镵石挢引，案扤毒熨，一拨见病之应，因五藏之输，乃割皮解肌，诀脉结筋，搦髓脑，揲荒爪幕，湔浣肠胃，漱涤五藏，练精易形。先生之方能若是，则太子可生也；不能若是而欲生之，曾不可以告咳婴之儿。"终日，扁

鹊仰天叹曰："夫子之为方也，若以管窥天，以郄视文。越人之为方也，不待切脉、望色、听声、写形，言病之所在。闻病之阳，论得其阴；闻病之阴，论得其阳。病应见于大表，不出千里，决者至众，不可曲止也。子以吾言为不诚，试入诊太子，当闻其耳鸣而鼻张，循其两股以至于阴，当尚温也。"

中庶子闻扁鹊言，目眩然而不瞚，舌挢然而不下，乃以扁鹊言入报虢君。虢君闻之大惊，出见扁鹊于中阙，曰："窃闻高义之日久矣，然未尝得拜谒于前也。先生过小国，幸而举之，偏国寡臣幸甚。有先生则活，无先生则弃捐填沟壑，长终而不得反。"言未卒，因嘘唏服臆，魂精泄横，流涕长潸，忽忽承映，悲不能自止，容貌变更。扁鹊曰："若太子病，所谓'尸蹶'者也。夫以阳入阴中，动胃缠缘，中经维络，

生，用这样的话欺骗刚会笑的婴儿都简直不可能。"两人谈了整整一天，扁鹊仰天长叹说："你所说的治疗方法，犹如管中窥天，缝隙中看花纹一样。我的治疗方法，不用给病人切脉、望色、听声、察看体态，就能说出病之所在。得知疾病外在的表现，就能论证内在的病因；得知疾病内在的病因，就能论证外在的表现。人体疾病的症状会表现在体表，不出千里，就可据此诊断病人，我决断的方法很多，不能只停在一个角度看问题。你如果认为我的话不真实，你试着进去诊视太子，应当会听到他耳朵有鸣响而且鼻翼翕动，顺着两腿摸到阴部，应当尚有余温。"

中庶子听了扁鹊的话，眼睛眩然而不能眨，舌头翘起而不能放下，于是进去把扁鹊的话报告了虢君。虢君听后大惊，走出内廷在中门会见扁鹊说："我私下听说您高尚的品德已经很久了，然而未曾得以到您面前拜谒。先生路过小国，承蒙您来救助，我这偏远小国真是太幸运了。有先生，太子就能活，没有先生，太子就只能被抛弃尸身填塞沟壑，永远死去而不能复活。"话没说完，就唏嘘抽泣，忧伤气郁，精神散乱恍惚，泪流不止，泪珠滚滚沾在睫毛上，悲伤不能自制，容貌变更。扁鹊说："您的太子得的病，就是所谓的'尸厥'啊。由于阳气进入阴脉，脉气缠绕冲动了

胃，经脉受损，脉络被阻，分别下于三焦、膀胱，因此阳脉下坠，阴气上升，阴阳两气交会，相互闭塞而不通，阴气逆而上行，阳气向内运行，阳气陡然在下在内鼓动却不上升，在上在外的阳气阻绝，不能被阴气遣使，在上有隔绝了阳气的脉络，在下有破坏了阴气的筋纽，破阴绝阳，使气血衰败，血脉混乱，所以形体安静得像死去了的样子。太子还没有死啊。由阳入阴中而阻隔脏气的可以治愈，以阴入阳中而阻隔脏气的必死。这几种情形，都会在五脏厥逆时突然发作。精良的医生能治愈它，拙劣的医生会因疑惑使病人陷入危险。"

扁鹊就派弟子子阳磨砺针石，取三阳五会穴下针。过了一会儿，太子苏醒。又让子豹准备能入体五分的熨药，以八减方的药剂混合煎煮，交替在两肋下熨敷。太子能够坐起来。进一步调和阴阳，仅服用汤药两旬，身体就恢复到原来的样子了。因此天下人都认为扁鹊能使人死而复生。扁鹊说："我并非能让死人复生，这是他自己该活着，我能使他恢复健康罢了。"

扁鹊路过齐国，齐桓侯把他当客人招待。扁鹊入朝拜见齐桓侯，说："您有疾病在皮肤和肌肉之间，不治将会深入体内。"桓侯说："我没有病。"扁鹊退出，桓侯对左右人说："医生喜好功利，想拿没病的人显示自己治疗的功劳。"五天后，

别下于三焦、膀胱，是以阳脉下遂，阴脉上争，会气闭而不通，阴上而阳内行，下内鼓而不起，上外绝而不为使，上有绝阳之络，下有破阴之纽，破阴绝阳，色废脉乱，故形静如死状。太子未死也。夫以阳入阴支兰藏者生，以阴入阳支兰藏者死。凡此数事，皆五藏蹶中之时暴作也。良工取之，拙者疑殆。"

扁鹊乃使弟子子阳厉针砥石，以取外三阳五会。有间，太子苏。乃使子豹为五分之熨，以八减之齐和煮之，以更熨两胁下。太子起坐。更适阴阳，但服汤二旬而复故。故天下尽以扁鹊为能生死人。扁鹊曰："越人非能生死人也，此自当生者，越人能使之起耳。"

扁鹊过齐，齐桓侯客之。入朝见，曰："君有疾在腠理，不治将深。"桓侯曰："寡人无疾。"扁鹊出，桓侯谓左右曰："医之好利也，欲以不疾者为功。"后五日，扁鹊复见，

曰："君有疾在血脉，不治恐深。"桓侯曰："寡人无疾。"扁鹊出，桓侯不悦。后五日，扁鹊复见，曰："君有疾在肠胃间，不治将深。"桓侯不应。扁鹊出，桓侯不悦。后五日，扁鹊复见，望见桓侯而退走。桓侯使人问其故。扁鹊曰："疾之居腠理也，汤熨之所及也；在血脉，针石之所及也；其在肠胃，酒醪之所及也；其在骨髓，虽司命无奈之何。今在骨髓，臣是以无请也。"后五日，桓侯体病，使人召扁鹊，扁鹊已逃去。桓侯遂死。

使圣人预知微，能使良医得蚤从事，则疾可已，身可活也。人之所病，病疾多；而医之所病，病道少。故病有六不治：骄恣不论于理，一不治也；轻身重财，二不治也；衣食不能适，三不治也；阴阳并，藏气不定，四不治也；形羸不能服药，五不治也；信巫不信医，六不治也。有此一者，则重难治也。

扁鹊名闻天下。过邯郸，

扁鹊又去拜见齐桓侯说："您有疾病，在血脉之中了，不治恐怕会深入体内。"桓侯说："我没有病。"扁鹊退出，桓侯不高兴。五天后，扁鹊又去拜见齐桓侯说："您有疾病，在肠胃之间，不治将更加深入。"桓侯不理会。扁鹊退出，桓侯不高兴。五天后，扁鹊又去拜见，望见桓侯就退出去跑了。桓侯派人问他跑开的缘故。扁鹊说："疾病在皮肉之间，是汤药、熨药的效力所能到达的；疾病在血脉之间，是针刺和砭石的效力所能到达的；疾病在肠胃之间，是酒药的效力所能到达的；疾病在骨髓之中，即使是司命也无可奈何。如今您病在骨髓，我因此没有请求为您治病。"五天后，桓侯身体患病，派人召见扁鹊，扁鹊已经逃走了。桓侯于是病死了。

假使圣人预先知道细微的病症，能够使医术精良的医生得以及早治疗，那么疾病就能治好，身体可以存活。人们所担忧的，是疾病太多；而医生所担忧的，是治病的方法太少。所以疾病有六种不能医治的情形：为人傲慢放纵不讲理，是一不治；轻视身体而看重钱财，是二不治；衣着饮食不能调节适当，是三不治；阴阳错乱，脏气不定，是四不治；形体羸弱不能服药的，是五不治；迷信巫术而不信医术，是六不治。有其中一种情形，那就很难医治了。

扁鹊闻名天下。路过邯郸，听说当地

人尊重妇女，就做治疗妇人疾病的医生；路过洛阳，听说周人敬爱老人，就做医治耳、眼、痹病的医生；来到咸阳，听说秦人疼爱小孩，就做医治小儿病的医生：他根据各地习俗来改变自己行医范围。秦国的太医令李醯自知医术不如扁鹊，派人刺杀了扁鹊。至今天下谈论诊脉方法的人，都遵从扁鹊。

太仓公，是齐国太仓的长官，临淄人，姓淳于，名意。他年少时就喜好医术。高后八年，又拜同郡元里的公乘阳庆为师学习医术。阳庆七十多岁，没有孩子，就让淳于意把他原来学的医方全部抛弃，然后把自己掌握的秘方全都给了他，并传授给他黄帝、扁鹊的脉书，观察面部五色诊病的方法，预知病人的死生，决断疑难病症，判定能否医治，以及药物理论，非常精辟。淳于意学了三年后，为人治病，决断死生，多能应验。然而他到处到诸侯间游历，不以家为家，有时不替人治病，有病的人家大多怨恨他。

文帝四年间，有人上书朝廷控告淳于意，按刑律论罪应当向西用传车把他押解到长安去。淳于意有五个女儿，跟随在后面哭泣。淳于意发怒，骂道："生孩子不生男孩，紧急关头就没有可用的人！"于是最小的女儿缇萦伤感于父亲的话，就跟

闻贵妇人，即为带下医；过雒阳，闻周人爱老人，即为耳目痹医；来入咸阳，闻秦人爱小儿，即为小儿医：随俗为变。秦太医令李醯自知伎不如扁鹊也，使人刺杀之。至今天下言脉者，由扁鹊也。

太仓公淳于意

太仓公者，齐太仓长，临菑人也，姓淳于氏，名意。少而喜医方术。高后八年，更受师同郡元里公乘阳庆。庆年七十余，无子，使意尽去其故方，更悉以禁方予之，传黄帝、扁鹊之脉书，五色诊病，知人死生，决嫌疑，定可治，及药论，甚精。受之三年，为人治病，决死生多验。然左右行游诸侯，不以家为家，或不为人治病，病家多怨之者。

文帝四年中，人上书言意，以刑罪当传西之长安。意有五女，随而泣。意怒，骂曰："生子不生男，缓急无可使者！"于是少女缇萦伤父之言，乃随父西。上书曰："妾父为

吏，齐中称其廉平，今坐法当刑。妾切痛死者不可复生而刑者不可复续，虽欲改过自新，其道莫由，终不可得。妾愿入身为官婢，以赎父刑罪，使得改行自新也。"书闻，上悲其意，此岁中亦除肉刑法。

意家居，诏召问所为治病死生验者几何人，主名为谁。

诏问故太仓长臣意："方伎所长，及所能治病者？有其书无有？皆安受学？受学几何岁？尝有所验，何县里人也？何病？医药已，其病之状皆何如？具悉而对。"臣意对曰：

自意少时，喜医药，医药方试之多不验者。至高后八年，得见师临菑元里公乘阳庆。庆年七十余，意得见事之。谓意曰："尽去而方书，非是也。庆有古先道遗传黄帝、扁鹊之脉书，五色诊病，知人生死，决嫌疑，定可治，及药论书，甚精。我家给富，心爱公，欲

随父亲西行。她上书说："我的父亲是个官吏，齐国人称赞他廉洁公正，如今他犯法应当受刑。我深切痛心被处死的人不能复生，而受刑致残的人不能再复原，即使想改过自新，也无路可行，最终不能如愿。我愿没入官府做奴婢，来赎父亲的刑罚罪行，使他得以有改过自新的机会。"上书报告给文帝后，皇上悲悯她的心意赦免了淳于意，这年也废除了肉刑的法令。

淳于意住在家中，下诏书召来他询问他所治的病例中，决断死生应验的有多少人，他们名叫什么。

下诏书询问原太仓长淳于意："医术有什么特长，以及能治愈什么病？有没有医书？都是向谁学的医？学了多少年？曾经医治好的那些人，是哪个县的人？得的是什么病？医治服药后，病人的症状怎样？全都要详细地回答。"淳于意回答说：

从我年少时，就喜好医药，用学到的医术方剂试着给人看病大多没有效验。到高后八年，我得以遇见老师临淄元里的公乘阳庆。阳庆七十多岁，我得以拜见侍奉他。他对我说："抛开你所学的全部医书，那些都不正确。我有古代先辈医家遗传下来的黄帝、扁鹊的脉书，观察面部五色诊病的方法，预知病人的生死，决断疑难病症，判定能否医治，以及药物理论的书籍，

非常精辟。我家中富足，内心也喜爱你，想把我所有的秘方和书全都教给你。"我当即说："我太幸运了，这不是我敢奢望的。"我立即离席再次拜谢老师，学习他的脉书上下经、五色诊、奇咳术、揆度阴阳外变、药论、石神、接阴阳等秘藏医书，学习时诵读、解析、检验它们，用了约一年的时间。第二年就试着行医检验它，虽然有效，然而尚未精到。我一共向他奉教了三年，就尝试着自己为人治病，诊视病情决断死生，都有灵验，医术精良。如今阳庆已经死了十来年，我跟着他学习三年，如今我三十九岁了。

齐国有个名叫成的侍御史自己说得了头痛病，我诊他的脉，告诉他说："您的病情严重，不可以说啊。"就出去了，只告诉成的弟弟昌说："这是疽病，内部发作于肠胃之间，他五天后应当会臃肿，八天后就会吐脓血而死。"成的病是饮酒后行房事所得。成果真如期而死。我之所以知道成的病，是因为我切他的脉时，切得肝脏有脉气。肝脏脉气重浊而平静，这是内关之病。脉法说："脉长而像弓弦，不能随四季变化而更替，其病主要在于肝脏。脉虽长却均匀和谐，就是肝的经脉有病，如果出现时疏时密、躁动有力的代脉，就是肝的络脉有病。"肝的经脉有病而脉象均和，他的病得之于筋髓。他的脉象时疏

尽以我禁方书悉教公。"臣意即曰："幸甚，非意之所敢望也。"臣意即避席再拜谒，受其脉书上下经、五色诊、奇咳术、揆度阴阳外变、药论、石神、接阴阳禁书，受读解验之，可一年所。明岁即验之，有验，然尚未精也。要事之三年所，即尝已为人治诊病，决死生，有验，精良。今庆已死十年所，臣意年尽三年，年三十九岁也。

齐侍御史成自言病头痛，臣意诊其脉，告曰："君之病恶，不可言也。"即出，独告成弟昌曰："此病疽也，内发于肠胃之间，后五日当臃肿，后八日呕脓死。"成之病得之饮酒且内。成即如期死。所以知成之病者，臣意切其脉，得肝气。肝气浊而静，此内关之病也。脉法曰："脉长而弦，不得代四时者，其病主在于肝。和即经主病也，代则络脉有过。"经主病和者，其病得之筋髓里。其代绝而脉贲者，病得之酒且内。所以知其后五日而臃

肿，八日呕脓死者，切其脉时，少阳初代。代者经病，病去过人，人则去。络脉主病，当其时，少阳初关一分，故中热而脓未发也。及五分，则至少阳之界，及八日，则呕脓死，故上二分而脓发，至界而臑肿，尽泄而死。热上则熏阳明，烂流络，流络动则脉结发，脉结发则烂解，故络交。热气已上行，至头而动，故头痛。

齐王中子诸婴儿小子病，召臣意诊切其脉，告曰："气鬲病。病使人烦懑，食不下，时呕沫。病得之心忧，数忔食饮。"臣意即为之作下气汤以饮之，一日气下，二日能食，三日即病愈。所以知小子之病者，诊其脉，心气也，浊躁而经也，此络阳病也。脉法曰"脉来数疾去难而不一者，病主在心"。周身热，脉盛者，为重阳。重阳者，逿心主。故烦懑食不下，则络脉有过，络脉有过，则血

时密、忽而停止忽而贲涌有力，他的病得之于饮酒后行房事。所以我知道他五天后会臑肿，八天后会吐脓血而死，切他的脉时，少阳经络开始出现代脉。代脉是经脉有病，病情发展扩及全身，人就会死去。络脉患病，正当那时，左手关部一分处出现代脉，这是热积郁体内而脓血没出。到了关上五分处，就到了少阳经脉的边界，到了八天后，就会吐脓而死，所以到了关上二分处会出现脓疮，到达少阳经脉的边界就会臑肿，这以后疮破脓泄而死。内热则熏灼阳明经脉，灼伤络脉分支，络脉分支病变就会经脉郁结发肿，经脉郁结发病就会糜烂离解，所以络脉之间交互阻塞。热邪既已上行，到达头部就会侵扰，因而会头痛。

齐王排行中间的孩子中最小的男孩生病，召我诊脉，我告诉他说："这是气鬲病。这个病使人烦闷，吃不下饭，时常呕出涎沫。这病是因为内心忧郁，常常厌食。"我当即为他调制下气汤来喝，过了一天鬲气下消，过了两天就能吃饭，三天就病愈了。我之所以知道男孩的病，是因为诊脉时，诊到心病的脉气，脉气浊重急躁而交织，这是阳络病。脉法说"脉达于手指时壮盛迅速，离开指下时艰涩而前后不一，病在心脏"。周身发热，脉象旺盛，称为重阳。重阳就是病情激荡，扰动内心。所以心中烦闷吃不下饭，就会络脉有病，络脉有病

就会血从上出，血从上出就会死亡。这是内心悲伤所生的病，得之于忧郁。

齐国有个名叫循的郎中令生病，许多医生都以为是逆气从下厥起，向上逆行进入胸腹之中，用针刺治疗他。我诊视他后，说："这是涌疝，使人不能大小便。"循说："我不能大小便已经有三天了。"我用火齐汤给他服用，只服一剂就能大小便，再服一剂大小便非常通畅，服第三剂后就痊愈了。此病得之于房事。我之所以知道循的病，是因为切他的脉时，他的右手寸口脉气急迫，脉象中切不出五脏患有病症，右手寸口脉气壮盛而快。脉快是中焦、下焦热邪涌动，左手脉快是热邪往下流，右手脉快是热邪上涌，都没有五脏病气的反应，所以说是"涌疝"。中焦积热，所以尿是红色的。

齐国有个名叫信的中御府长患病，我入室给他诊脉，告诉他说："这是热病的脉气。然而因为暑气热而出汗，脉象就稍微衰弱，不会死。"又说："这病得之于在流水中洗浴而严重受寒，洗完后身体就发热。"信说："嗯，是这样！去年冬天，我替大王出使楚国，到达莒县阳周水边，而莒县的桥梁破坏得很厉害，我就揽住车辕不想渡河，马儿受惊，当即就坠入河中，我身子没入水中，差点死去，小吏马上跑来救我，我从水中出来，衣服全湿了，

上出，血上出者死。此悲心所生也，病得之忧也。

齐郎中令循病，众医皆以为蹶入中，而刺之。臣意诊之，曰："涌疝也，令人不得前后溲。"循曰："不得前后溲三日矣。"臣意饮以火齐汤，一饮得前溲，再饮大溲，三饮而疾愈。病得之内。所以知循病者，切其脉时，右口气急，脉无五藏气，右口脉大而数。数者，中下热而涌，左为下，右为上，皆无五藏应，故曰涌疝。中热，故溺赤也。

齐中御府长信病，臣意入诊其脉，告曰："热病气也。然暑汗，脉少衰，不死。"曰："此病得之当浴流水而寒甚，已则热。"信曰："唯，然！往冬时，为王使于楚，至莒县阳周水，而莒桥梁颇坏，信则揽车辕未欲渡也，马惊，即堕，信身入水中，几死，吏即来救信，出之水中，衣尽濡，有间而身寒，已热如火，至今不可以见

寒。"臣意即为之液汤火齐逐热，一饮汗尽，再饮热去，三饮病已。即使服药，出入二十日，身无病者。所以知信之病者，切其脉时，并阴。脉法曰："热病阴阳交者死。"切之不交，并阴。并阴者，脉顺清而愈，其热虽未尽，犹活也。肾气有时间浊，在太阴脉口而希，是水气也。肾固主水，故以此知之。失治一时，即转为寒热。

齐王太后病，召臣意入诊脉，曰："风瘅客脬，难于大小溲，溺赤。"臣意饮以火齐汤，一饮即前后溲，再饮病已，溺如故。病得之流汗出滫。滫者，去衣而汗晞也。所以知齐王太后病者，臣意诊其脉，切其太阴之口，湿然风气也。脉法曰："沉之而大坚，浮之而大紧者，病主在肾。"肾切之而相反也，脉大而躁。大者，膀胱气也；躁者，中有热而溺赤。

齐章武里曹山跗病，臣意

身体寒冷了一阵，过后全身发热如火，至今不能受到寒气。"我当即为他调制液汤火齐驱除热邪，服一剂汗就出尽了，再服一剂热邪退去，服三剂病就止住了。就让他继续服药，前后二十天，身上就没病了。我之所以知道信的病，是因为给他切脉时，他属于并阴脉。脉法说："内热、外热错乱交杂的死亡。"我切他的脉时没有相交，属并阴脉。并阴脉，脉象顺的能用清法治愈，他的热邪虽然没有完全消尽，但仍能救活。他的肾气有时重浊，在太阴脉口可以切到但很稀疏，这是水气。肾本就主水，所以因此知道他的病情。如果一时失于治疗，这个病就会转为寒热病。

齐王太后有病，召我入宫诊脉，我说："这是风热侵袭膀胱，大小便困难，尿为红色。"我用火齐汤给她喝下，服一剂就能大小便，服两剂病就好了，尿色和原来一样。此病得之于出汗时排小便。病是脱掉衣服汗被风吹干得的。我之所以知道齐王太后的病，是因为我切她的脉时，切到太阴脉口湿润，这是受风的脉气。脉法说："用力较重切脉时，脉象大而坚实有力，轻轻切脉时，脉象大而紧张有力，病主要在肾脏。"我在肾部切脉时情况相反，脉大而躁动。脉大是显示膀胱有病，脉躁是显示中焦有热而尿色赤红。

齐国章武里的曹山跗有病，我诊他的

脉，说："这是肺消瘅，加之以寒热病。"我当即告诉他的家人说："死症，不治之症。看他的需要来养护他，这病不必再医治了。"脉法说："三天后会发狂，胡乱起身行走，想跑；五天后就死。"后来他果真如期而死。曹山跗的病得之于非常愤怒后行房事。我之所以知道曹山跗的病，是因为我切他的脉时，从脉象发现他有肺气热。脉法说："脉状不平也不鼓动，身形羸弱。"这是五脏从上到下有几处患病的结果，所以切他的脉时，脉状不平且有代脉的现象。脉状不平，是血气不归于肝；代脉，时而杂乱并起，时而躁动，时而宏大。这是肝、肺两络脉断绝，所以是不治之症。我之所以说加之以寒热，是因为他精神涣散躯体如尸。精神涣散躯体如尸的人，身形羸弱；身形羸弱的人，不能用艾灸、针刺及服烈药来医治。我未去诊治时，齐国太医先诊治山跗的病，在他足少阳脉口施灸，而且让他服半夏丸，病人当即下泄，腹中虚弱；又在他的少阴脉施灸，这是重伤他的肝筋阳气，如此重伤病人的元气，所以说加之以寒热病。我之所以说他三天后会发狂，是因为肝的络脉横过乳下与阳明经相连结，所以络脉断绝，使阳明经脉大开，阳明经脉受伤，人就会发狂乱跑。五天后必死，是因为肝和心相隔五分，所以说元气五天耗尽，元气耗尽人就死了。

诊其脉，曰："肺消瘅也，加以寒热。"即告其人曰："死不治。适其共养，此不当医治。"法曰："后三日而当狂，妄起行，欲走；后五日死。"即如期死。山跗病得之盛怒而以接内。所以知山跗之病者，臣意切其脉，肺气热也。脉法曰："不平不鼓，形弊。"此五藏高之远数以经病也，故切之时不平而代。不平者，血不居其处；代者，时参击并至，乍躁乍大也。此两络脉绝，故死不治。所以加寒热者，言其人尸夺。尸夺者，形弊；形弊者，不当关灸、镵石及饮毒药也。臣意未往诊时，齐太医先诊山跗病，灸其足少阳脉口，而饮之半夏丸，病者即泄注，腹中虚；又灸其少阴脉，是坏肝刚绝深，如是重损病者气，以故加寒热。所以后三日而当狂者，肝一络连属结绝乳下阳明，故络绝，开阳明脉，阳明脉伤，即当狂走。后五日死者，肝与心相去五分，故曰五日尽，尽即死矣。

齐中尉潘满如病少腹痛，臣意诊其脉，曰："遗积瘕也。"臣意即谓齐太仆臣饶、内史臣繇曰："中尉不复自止于内，则三十日死。"后二十余日，溲血死。病得之酒且内。所以知潘满如病者，臣意切其脉深小弱，其卒然合合也，是脾气也。右脉口气至紧小，见瘕气也。以次相乘，故三十日死。三阴俱抟者，如法；不俱抟者，决在急期；一抟一代者，近也。故其三阴抟，溲血如前止。

阳虚侯相赵章病，召臣意。众医皆以为寒中，臣意诊其脉，曰迵风。迵风者，饮食下嗌而辄出不留。法曰"五日死"，而后十日乃死。病得之酒。所以知赵章之病者，臣意切其脉，脉来滑，是内风气也。饮食下嗌而辄出不留者，法五日死，皆为前分界法。后十日乃死，所以过期者，其人嗜粥，故中藏实，中藏实，故过期。师言曰："安谷者过期，不安谷者不及期。"

齐国中尉潘满如患小腹疼痛的病，我诊他的脉，说："这是腹中气体遗留，积聚成了瘕症。"我当即对齐国太仆饶、内史繇说："中尉再不自觉停止房事，那么三十天内会死去。"二十多天后，小便出血而死。此病得之于饮酒后行房事。我之所以知道潘满如的病，是因为给他切脉时，脉象深沉小弱，它们突然合在一起，是脾脏有病的脉气。右手寸口脉象紧小，显示出瘕病的脉气。按五脏次序相乘，所以三十天内会死。太阴、少阴、厥阴三种阴脉一齐出现，如以上所说；不一齐出现，决断生死的时间会更短；交会的阴脉和代脉交替出现，死期更近。所以他的三种阴脉一齐出现，就像前面说的那样尿血而死。

阳虚侯的丞相赵章有病，召见我。许多医生都认为是寒气入侵于内里，我诊他的脉说："这是迵风病。"迵风病，饮食下咽后总又吐出来，食物不留在胃中。按医理说"五天会死"，而他十天后才死。此病得之于饮酒。我之所以知道赵章的病，是因为我切他脉时，脉来得很滑，这是体内有风气的脉象。饮食下咽后总又吐出来，胃中不能容留，医理说五天会死，这是前面说的分界法。十天后才死，之所以过了期限，是因为病人喜好喝粥，因此胃中充实，胃中充实所以过了期限才死。老师说过："胃中容留食物的过了期限才死，胃中不容留食物的等不到预算的期限就会死。"

济北王患病，召我给他诊脉，我说："这是风蹶使胸中胀满。"就替他调制药酒，喝完三石，他的病就好了。这病来自他出汗时卧伏在地上。我之所以知道济北王的病，是因为我切他的脉时，脉象有风邪，心脉重浊。病理是"病邪侵入体表，体表阳气耗尽而阴气侵入"。阴气侵入扩张，就使寒气上逆而热气下沉，所以胸中胀满。出汗时卧伏在地上的人，切他的脉时，脉气阴寒。脉气阴寒，病邪必然侵入内里，出汗时应使阴寒随之流出体外。

齐国北宫司空名叫出於的夫人有病，许多医生都认为是风气侵入体中，病主要在肺部，针刺她的足少阳经脉。我诊她的脉，说："是疝气病，影响到膀胱，大小便困难，且尿色赤红。这种病遇到寒气就会遗尿，让人腹部肿胀。"这病得之于她想解小便又不能解，又接着行房事。我之所以知道出於夫人的病，是因为我切她脉时，大而坚实有力，但脉来艰难，这是蹶阴肝经有变动。脉来艰难，是疝气影响膀胱。腹部之所以肿胀，是因蹶阴络脉结聚于小腹。蹶阴脉有病则络脉结聚的部位也会变动，变动就会腹部肿胀。我就在她的足蹶阴脉施灸，左右各灸一穴，就不再遗尿而尿清，小腹的疼痛也止住了。再用火齐汤给她服用，三天疝气消散，病就痊愈了。

济北王病，召臣意诊其脉，曰："风蹶胸满。"即为药酒，尽三石，病已。得之汗出伏地。所以知济北王病者，臣意切其脉时，风气也，心脉浊。病法"过入其阳，阳气尽而阴气入"。阴气入张，则寒气上而热气下，故胸满。汗出伏地者，切其脉，气阴。阴气者，病必入中，出及瀺水也。

齐北宫司空命妇出於病，众医皆以为风入中，病主在肺，刺其足少阳脉。臣意诊其脉，曰："病气疝，客于膀胱，难于前后溲，而溺赤。病见寒气则遗溺，使人腹肿。"出於病得之欲溺不得，因以接内。所以知出於病者，切其脉大而实，其来难，是蹶阴之动也。脉来难者，疝气之客于膀胱也。腹之所以肿者，言蹶阴之络结小腹也。蹶阴有过则脉结动，动则腹肿。臣意即灸其足蹶阴之脉，左右各一所，即不遗溺而溲清，小腹痛止。即更为火齐汤以饮之，三日而疝气散，即愈。

故济北王阿母自言足热而懑，臣意告曰："热蹶也。"则刺其足心各三所，案之无出血，病旋已。病得之饮酒大醉。

济北王召臣意诊脉诸女子侍者，至女子竖，竖无病。臣意告永巷长曰："竖伤脾，不可劳，法当春呕血死。"臣意言王曰："才人女子竖何能？"王曰："是好为方，多伎能，为所是案法新，往年市之民所，四百七十万，曹偶四人。"王曰："得毋有病乎？"臣意对曰："竖病重，在死法中。"王召视之，其颜色不变，以为不然，不卖诸侯所。至春，竖奉剑从王之厕，王去，竖后，王令人召之，即仆于厕，呕血死。病得之流汗。流汗者，法病内重，毛发而色泽，脉不衰，此亦内关之病也。

齐中大夫病龋齿，臣意灸其左手阳明脉，即为苦参汤，日嗽三升，出入五六日，病已。得之风，及卧开口，食而不嗽。

菑川王美人怀子而不乳，

原济北王的乳母自己说她脚热而胸闷，我告诉她说："这是热蹶病。"就针刺她的左右足心各三穴，按住穴孔不让血流出，病很快就好了。这病得之于喝酒大醉。

济北王召我给他的侍女们诊脉，诊到名叫竖的女子时，竖没有病状。我告诉永巷长说："竖伤了脾脏，不能劳累，按病理到春天时会吐血而死。"我问济北王说："女才人竖有什么才能？"济北王说："她喜好方技，有多种技能，能在旧方技中创出新意来，去年从民间买的，花四百七十万钱，是四个侍女的身价。"济北王说："她是不是有病？"我回答说："竖病得很重，按病理来说会死。"济北王召来她审视，她的脸色没有变化，就认为我说得不对，没有把她卖给其他诸侯。到了春天，竖捧着剑随济北王去厕所，济北王离开，竖在后面，济北王派人去叫她，她脸向前倒在厕所里，吐血而死。这病得之于流汗。流汗，按照病理说是病重在内里，毛发和面色润泽，脉象不衰减，这也是内关的病。

齐国中大夫患龋齿病，我在他的左手阳明经脉施灸，当即为他调制苦参汤，每天用三升漱口，前后五六天，病就好了。这病得之于风气，以及睡觉时张口，饭后不漱口。

淄川王的美人怀孕难产，前来召我。

我就前往，让她服用一撮莨菪药末，用酒送服，旋即就生产了。我又诊她的脉，脉象急躁。脉躁说明还有余病，就让她服了一剂消石，阴部流出五六块像豆子一样的血块。

齐国丞相门客的奴仆随从主人上朝入宫，我看他在宫门外吃东西，望见他的脸色有病气。我当即告诉了一个名叫平的宦官。平喜好诊脉，跟我学习，我就把门客奴仆的病指导他看，告诉他说："他是损伤脾脏的容色，当到明年春天，胸膈会阻塞不通，不能饮食，按病理到夏天将会泄血而死。"宦官平就前往告诉丞相说："您门客的奴仆有病，病得很重，死期指日可待。"丞相说："你怎么知道的？"平说："您上朝入宫时，您门客的奴仆在宫门外吃东西，我与仓公站在那里，他就指给我说，病像这样是要死的。"丞相就召来门客对他说："您的奴仆有病吗？"门客说："奴仆没有病，身上没有痛处。"到了春天奴仆果然发病，到了四月，泄血而死。我之所以知道奴仆的病，是因为他的脾气遍传五脏，伤脾的色泽交错出现在脸上的某些部位，所以伤脾的脸色，望上去是枯黄色的，细看如同青中透灰的死草色。许多医生不知道，就以为体内有蛔虫，不知道是伤了脾。之所以到春天病重而死，是因为脾病脸色发黄，黄色是土色，脾土不能胜

来召臣意。臣意往，饮以莨菪药一撮，以酒饮之，旋乳。臣意复诊其脉，而脉躁。躁者有余病，即饮以消石一齐，出血，血如豆比五六枚。

齐丞相舍人奴从朝入宫，臣意见之食闺门外，望其色有病气。臣意即告宦者平。平好为脉，学臣意所，臣意即示之舍人奴病，告之曰："此伤脾气也，当至春鬲塞不通，不能食饮，法至夏泄血死。"宦者平即往告相曰："君之舍人奴有病，病重，死期有日。"相君曰："卿何以知之？"曰："君朝时入宫，君之舍人奴尽食闺门外，平与仓公立，即示平曰，病如是者死。"相即召舍人而谓之曰："公奴有病不？"舍人曰："奴无病，身无痛者。"至春果病，至四月，泄血死。所以知奴病者，脾气周乘五藏，伤部而交，故伤脾之色也，望之杀然黄，察之如死青之兹。众医不知，以为大虫，不知伤脾。所以至春死病者，胃气黄，黄者土气也，土不胜木，故至春死。所以至夏死者，脉

法曰："病重而脉顺清者曰内关。"内关之病，人不知其所痛，心急然无苦。若加以一病，死中春；一愈顺，及一时。其所以四月死者，诊其人时愈顺。愈顺者，人尚肥也。奴之病得之流汗数出，灸于火而以出见大风也。

蓄川王病，召臣意诊脉，曰："蹶上为重，头痛身热，使人烦懑。"臣意即以寒水拊其头，刺足阳明脉，左右各三所，病旋已。病得之沐发未干而卧。诊如前，所以蹶，头热至肩。

齐王黄姬兄黄长卿家有酒召客，召臣意。诸客坐，未上食。臣意望见王后弟宋建，告曰："君有病，往四五日，君要胁痛不可俯仰，又不得小溲。不亟治，病即入濡肾。及其未舍五藏，急治之。病方今客肾濡，此所谓'肾痹'也。"宋建曰："然，建故有要脊痛。往四五日，天雨，黄氏诸倩见建家京下方石，即弄之，建亦欲效之，效之不能起，即复置之。

肝木，所以到春天而死。他之所以到夏天而死，是因为脉法说："病重而脉象顺的是内关病。"内关之病，病人不知他痛在哪里，心急但没有痛苦。如果加上任何一种病，就会死在仲春；稍一顺情愉悦，就能拖延一季。他之所以四月才死，是因为我诊那人的脉时，他能顺情愉悦。顺情愉悦的人，人还算肥胖。奴仆的病得之于流汗太多，被火烘烤后又外出受到风邪。

淄川王有病，召我诊脉，我说："这是热邪上逆使上部症状严重的蹶病，头痛而身热，使人烦懑。"我就用冷水拊他的头，针刺他的足阳明经脉，左右各三穴，病旋即就好了。此病得之于洗完头发没干就去睡觉。诊断如前，之所以热邪上逆，是因为头热逆行到肩部。

齐王黄姬的哥哥黄长卿家设酒宴请客，邀请我。各位客人入座，没上酒食。我望见王后的弟弟宋建，告诉他说："您有病，四五天前，您腰胁疼得不能俯仰，又不能小便。不赶紧治疗，病将会侵入肾脏。趁病邪未进入五脏，赶紧治疗它。病邪如今刚影响膀胱，这就是所谓'肾痹'了。"宋建说："你说得对，我原来有腰脊痛。四五天前，天下雨，黄氏的女婿们看到我家仓廪下的方石，就摆弄它，我也想效法他们，效法他们却举不起来，就又把它放下了。到了黄昏，腰脊疼痛，不能小便，至今未愈。"宋建的病得之于喜好举重物。我之所以知道宋建的病，是因为我看他的脸色，太阳穴处色泽发干，肾部上及腰以下四分处色泽干枯，所以知道他四五天前就发病了。我就为他调制柔汤让他服用，十八天他的病就痊愈了。

济北王的侍者韩女有腰背疼的病，恶寒发热，许多医生都以为是寒热病。我诊脉后，说："这是内寒，月经不通。"就用药为她熏灸，马上月经就来了，病好了。这病得之于想要男人却不可得。我之所以知道韩女的病，是因为诊她的脉时，一切就切到肾脉有病气，脉象涩滞不连续。脉象涩滞不连续的，脉来得艰难，但坚实有力，所以说月经不通。肝脉弦劲而长，超出左手寸口位置，所以说是想要男人却不可得。

临淄汜里一个名叫薄吾的女子病得很重，许多医生都认为是严重的寒热病，会死，无法治疗。我诊她的脉，说："这是蛲瘕病。"蛲瘕致病，让人腹部大，上面的皮肤黄而粗糙，触按腹部病人感到难受。我让她饮服一撮芫花，随即泄出蛲虫约几升，病就好了，三十天身体恢复到和病前一样。蛲虫病得之于寒湿气，寒湿气郁积很深，不能发散，就化为虫。我之所以知道薄吾的病，是因为诊她的脉时，循按尺部脉位，她的尺部脉象紧而粗大，而毛色

暮，要脊痛，不得溺，至今不愈。"建病得之好持重。所以知建病者，臣意见其色，太阳色干，肾部上及界要以下者枯四分所，故以往四五日知其发也。臣意即为柔汤使服之，十八日所而病愈。

济北王侍者韩女病要背痛，寒热，众医皆以为寒热也。臣意诊脉，曰："内寒，月事不下也。"即窜以药，旋下，病已。病得之欲男子而不可得也。所以知韩女之病者，诊其脉时，切之，肾脉也，啬而不属。啬而不属者，其来难，坚，故曰月不下。肝脉弦，出左口，故曰欲男子不可得也。

临菑汜里女子薄吾病甚，众医皆以为寒热笃，当死，不治。臣意诊其脉，曰："蛲瘕。"蛲瘕为病，腹大，上肤黄粗，循之戚戚然。臣意饮以芫华一撮，即出蛲可数升，病已，三十日如故。病蛲得之于寒湿，寒湿气宛笃不发，化为虫。臣意所以知薄吾病者，切其脉，循其尺，其尺索刺粗，而毛美奉发，是虫气也。其色泽者，

中藏无邪气及重病。

齐淳于司马病，臣意切其脉，告曰："当病迵风。迵风之状，饮食下嗌辄后之。病得之饱食而疾走。"淳于司马曰："我之王家食马肝，食饱甚，见酒来，即走去，驱疾至舍，即泄数十出。"臣意告曰："为火齐米汁饮之，七八日而当愈。"时医秦信在旁，臣意去，信谓左右阁都尉曰："意以淳于司马病为何？"曰："以为迵风，可治。"信即笑曰："是不知也。淳于司马病，法当后九日死。"即后九日不死，其家复召臣意。臣意往问之，尽如意诊。臣即为一火齐米汁，使服之，七八日病已。所以知之者，诊其脉时，切之，尽如法。其病顺，故不死。

齐中郎破石病，臣意诊其脉，告曰："肺伤，不治，当后十日丁亥溲血死。"即后十一日，溲血而死。破石之病，得之堕马僵石上。所以知破石之病者，切其脉，得肺阴气，其来散，数道至而不一也。色

美好，发如蜷蟠，这是有虫的病状。她的面色有光泽，是内脏中没有邪气和重病。

齐国淳于司马有病，我切他的脉，告诉他说："应当是迵风病。迵风病的症状是，饮食下咽后总又吐出。这病得之于吃饱饭后快步走。"淳于司马说："我到君王家吃马肝，吃得很饱，看见酒被端上来，就跑开了，骑着快马回家，随即下泻了几十次。"我告诉他说："调制火齐米汁饮服，七八天后应当痊愈。"当时医生秦信在旁，我离开后，秦信对左右阁的都尉说："淳于意认为淳于司马得的是什么病？"回答说："以为是迵风病，可以医治。"秦信就笑着说："这是不知道啊。淳于司马的病，依病理九天后应该会死。"九天后没有死，司马家又请我去。我前去询问病情，全像我所诊断的。我就调制了一服火齐米汁，让他服下，七八天病就好了。我之所以知道他的病，是因为诊他的脉时，一切，他的脉象完全符合正常法则。他的病情与脉象相顺应，所以不会死。

齐国中郎破石有病，我诊他的脉，告诉他说："肺脏损伤，不可医治，会在十天后的丁亥日尿血而死。"十一天后，破石尿血死去。破石的病，得之于坠马落在了坚硬的石头上。我之所以知道破石的病，是因为切他的脉时，切得他的肺阴脉的脉气，脉象来得浮散，好像从几条脉道而来

又不一致。面色赤红，又是心脉压制肺脉。我之所以知道他是坠马，是因为切脉切得反阴脉。反阴脉进入虚里，侵袭肺脉。肺脉出现浮脉，原应面色苍白却变红，是心脉侵袭肺的表现。他之所以没有如期而死，是因为老师说："病人胃中能容留食物的过期才死，胃中不能容留食物的拖不到预算的期限。"这人喜欢吃黍米，黍能补肺气，所以超过了死期。他之所以尿血，是因为诊脉法说："病人调养时喜欢安静的就会气血下行而死，调养时喜欢活动的就会气血上逆而死。"这人喜欢安静，不躁动，又长时间安坐，伏在几案上睡觉，所以血从下部泄出。

齐王有个名叫遂的侍医得病，自炼五石散服用。我前去拜访他，遂对我说："我有病，希望您为我诊治。"我当即为他诊治，告诉他说："您患的是内脏有热邪的病。药理说：'内热不能小便的，不能服用五石散。'石作为药药力猛烈，您服用它将多次不能小便，快别再服了。看面色将要生疮肿。"遂说："扁鹊说：'阴石可治阴虚有热的病，阳石可治阳虚有寒的病。'药石的方剂中都有阴阳寒热的分别，所以内脏有热，就用阴石柔剂治疗；内脏有寒，就用阳石刚剂治疗。"我说："您所说的差太远了。扁鹊虽然说过这样的话，然而必须审慎诊断，确立标准，订立规矩，斟

又乘之。所以知其堕马者，切之得番阴脉。番阴脉入虚里，乘肺脉。肺脉散者，固色变也乘之。所以不中期死者，师言曰："病者安谷即过期，不安谷则不及期。"其人嗜黍，黍主肺，故过期。所以溲血者，诊脉法曰："病养喜阴处者顺死，养喜阳处者逆死。"其人喜自静，不躁，又久安坐，伏几而寐，故血下泄。

齐王侍医遂病，自练五石服之。臣意往过之，遂谓意曰："不肖有病，幸诊遂也。"臣意即诊之，告曰："公病中热。论曰：'中热不溲者，不可服五石。'石之为药精悍，公服之不得数溲，亟勿服。色将发臃。"遂曰："扁鹊曰：'阴石以治阴病，阳石以治阳病。'夫药石者有阴阳水火之齐，故中热，即为阴石柔齐治之；中寒，即为阳石刚齐治之。"臣意曰："公所论远矣。扁鹊虽言若是，然必审诊，起度量，

立规矩，称权衡，合色脉、表里、有余不足、顺逆之法，参其人动静与息相应，乃可以论。论曰：'阳疾处内，阴形应外者，不加悍药及镵石。'夫悍药入中，则邪气辟矣，而宛气愈深。诊法曰：'二阴应外，一阳接内者，不可以刚药。'刚药入则动阳，阴病益衰，阳病益箸，邪气流行，为重困于俞，忿发为疽。"意告之后百余日，果为疽发乳上，入缺盆，死。此谓论之大体也，必有经纪。拙工有一不习，文理阴阳失矣。

齐王故为阳虚侯时，病甚，众医皆以为蹶。臣意诊脉，以为痹，根在右胁下，大如覆杯，令人喘，逆气不能食。臣意即以火齐粥且饮，六日气下；即令更服丸药，出入六日，病已。病得之内。诊之时不能识其经解，大识其病所在。

臣意尝诊安阳武都里成开方，开方自言以为不病，臣意谓之病苦沓风，三岁四支不能

酌权衡，结合色与脉、表与里、有余与不足、顺与逆的原则，参照病人的动静和呼吸是否协调，才可以下结论。药理说：'阳热病处于体内，体表反应阴冷症状的，不能施加猛烈的药及砭石。'猛烈的药进入体内，则邪气就会聚集了，而郁积的热毒就会更深。诊法说：'二成少阴表现在外，一成少阳郁积于内，不可以用猛烈的药。'猛烈的药进入体内就会催动阳气，阴虚病症就会更加衰败，阳气病症更加显著，邪气流动行走，重重团聚在腧穴，最后激发为疽。"我告诉他后过了一百多天，他果然在乳上发了疽，侵入锁骨上窝后，就死了。这就是说理论只概括大体情形，一定有它的规律。拙劣的医生如有一处没学到，就会使辨识阴阳条理有所偏失了。

齐王原先做阳虚侯时，病重，许多医生都认为是蹶病。我诊脉后认为是痹症，病根在右胁下，大如倒置的杯子，让人气喘，逆气上升，吃不下饭。我就调制火齐粥让他暂且饮服，六天后逆气下行；又让他改服丸药，前后六天，病就好了。这病得之于行房事不当。我给他诊脉时不能辨识哪根经脉有病，只是大体知道他的病所在的部位。

我曾经替安阳武都里的成开方诊治，成开方自称认为没有得病，我对他说将被沓风病所苦，三年后四肢不能受自己支配，

使人喑哑，喑哑就会死去。如今听说他四肢不能动弹，喑哑却没死。这病得之于多次饮酒后受了风邪。我之所以知道成开方的病，是因为切脉时他的脉象符合奇咳术的说法"脏气相反的会死"。切他的脉得到肾气反冲肺气的脉象，病理说"三年会死"。

安陵阪里的公乘项处得病，我替他诊脉，说："这是牡疝病。"牡疝病发生在胸膈下，上连肺脏。这种病得自于房事。我对他说："千万不做操劳用力的事，做操劳用力的事就一定会吐血而死。"项处后来踢球，腰部寒冷，出汗很多，当即吐血。我又给他诊断，说："您会在明天黄昏时死去。"到时他就死了。这种病得自于房事。我之所以知道项处的病，是切他的脉得到反阳脉。反阳的脉气进入虚里，项处第二天就会死。一是出现了反阳脉，一是上连于肺，这就是牡疝。

臣淳于意说：其他所诊断、预期、决断生死及所治愈的病很多，时间很久就忘了，不能完全记住，不敢用那些来回答。

皇上问淳于意："你所诊治的病，病名大多相同但诊断结果各异，有的人死了，有的人没死，为什么呢？"淳于意回答说："病名大多是相类似的，无法能全部知道，所以古代圣人创立脉法，用以确

自用，使人喑，喑即死。今闻其四支不能用，喑而未死也。病得之数饮酒以见大风气。所以知成开方病者，诊之，其脉法奇咳言曰"藏气相反者死"。切之，得肾反肺，法曰"三岁死"也。

安陵阪里公乘项处病，臣意诊脉，曰："牡疝。"牡疝在鬲下，上连肺。病得之内。臣意谓之："慎毋为劳力事，为劳力事则必呕血死。"处后蹴踘，要蹷寒，汗出多，即呕血。臣意复诊之，曰："当旦日日夕死。"即死。病得之内。所以知项处病者，切其脉得番阳。番阳入虚里，处旦日死。一番一络者，牡疝也。

臣意曰：他所诊期决死生及所治已病众多，久颇忘之，不能尽识，不敢以对。

问臣意："所诊治病，病名多同而诊异，或死或不死，何也？"对曰："病名多相类，不可知，故古圣人为之脉法，以起度量，立规矩，县权

衡，案绳墨，调阴阳，别人之脉各名之，与天地相应，参合于人，故乃别百病以异之，有数者能异之，无数者同之。然脉法不可胜验，诊疾人以度异之，乃可别同名，命病主在所居。今臣意所诊者，皆有诊籍。所以别之者，臣意所受师方适成，师死，以故表籍所诊，期决死生，观所失所得者合脉法，以故至今知之。"

问臣意曰："所期病决死生，或不应期，何故？"对曰："此皆饮食喜怒不节，或不当饮药，或不当针灸，以故不中期死也。"

问臣意："意方能知病死生，论药用所宜，诸侯王大臣有尝问意者不？及文王病时，不求意诊治，何故？"对曰："赵王、胶西王、济南王、吴王皆使人来召臣意，臣意不敢往。文王病时，臣意家贫，欲为人治病，诚恐吏以除拘臣意也，故移名数左右，不修家

定标准，订立规矩，斟酌权衡，依照规则，调和阴阳，区别人的脉象后各自命名，与天地相对应，参照人体状况，所以才能区别各种疾病，使它们有所不同，医术高明的人能指出不同的症状，医术不高的人看到的病是相同的。然而脉法不能完全应验，诊治病人要用分度脉的方法区别，才能区别同名的疾病，说出病因主要在什么部位。如今我所诊治的病人，都有诊治记录。我之所以能区别疾病，是因为我从师学医刚刚学成，老师就死了，因此记明所诊治的情形，以便预期决断死生时间，来检验诊病时的失误或正确是否与脉法相对应，所以至今能知晓这些。"

皇上问淳于意："你预测病人的病症，决断死生，有的不应验，是什么原因？"回答说："这都是因为病人饮食、喜怒不加节制，或不适当地服药，或不适当地针灸，所以没有在预测的日期死去。"

皇上问淳于意："你刚能诊治疾病预知生死，论述药物的适宜症状，诸侯王大臣有曾经向你询问的吗？齐文王生病时，没有求你诊治，是什么原因？"淳于意回答道："赵王、胶西王、济南王、吴王都派人来请我，我不敢前往。齐文王生病的时候，我家中贫穷，想为人治病，真怕被官吏委任为侍医而受到束缚，所以我把户籍迁到左右亲戚邻居名下，不治理家

产，外出到国中行医游学，访求医术精妙的人事奉他们跟着他们学习了很长时间，我从师几人，全部学到了他们主要的本领，完全领会了他们医方医书中的意思，并做了分析评定。我住在阳虚侯的封国，因而侍奉他。阳虚侯入朝，我跟随他到了长安，所以得以诊治安陵的项处等人的疾病。"

皇上问淳于意："你知道齐文王得病不起这事的原因吗？"淳于意回答说："我没有亲眼看到齐文王的病状，但私下听说齐文王患有喘病，头疼，眼睛看不清。我在心里推测，认为这不是病。而是因为身体肥胖而聚积了精气，身体得不到运动，骨骼不能支撑起肉躯，所以气喘，不用医治。脉法说：'二十岁脉气旺，应做跑步运动，三十岁应当快步行走，四十岁应当安坐，五十岁应当安卧，六十岁以上应当元气深藏。'齐文王未满二十岁，脉气正旺，应当多加跑动却懒于活动，不顺应天道四时规律。后来听说医生用灸法为他治疗，病情严重，这是论断病情上的错误。据我分析，我认为他是体内正气上争而邪气侵入，这并非是年少就能恢复的，所以他死了。所谓调治脉气，应当调节饮食，选择晴天，驾车或是步行，开阔胸志，使筋骨、肌肉和血脉互相适应，以疏泄体内积聚的精气。所以二十岁，就是所谓的'气血质实'，按医理不应用砭灸的方法治疗，砭灸会导

生，出行游国中，问善为方数者事之久矣，见事数师，悉受其要事，尽其方书，意及解论之。身居阳虚侯国，因事侯。侯入朝，臣意从之长安，以故得诊安陵项处等病也。"

问臣意："知文王所以得病不起之状？"臣意对曰："不见文王病，然窃闻文王病喘，头痛，目不明。臣意心论之，以为非病也。以为肥而蓄精，身体不得摇，骨肉不相任，故喘，不当医治。脉法曰：'年二十脉气当趋，年三十当疾步，年四十当安坐，年五十当安卧，年六十已上气当大董。'文王年未满二十，方脉气之趋也而徐之，不应天道四时。后闻医灸之即笃，此论病之过也。臣意论之，以为神气争而邪气入，非年少所能复之也，以故死。所谓气者，当调饮食，择晏日，车步广志，以适筋骨肉血脉，以泻气。故年二十，是谓'易贸'，法不当砭灸，砭灸至气逐。"

致气血奔逐不定。”

问臣意：“师庆安受之？闻于齐诸侯不？”对曰：“不知庆所师受。庆家富，善为医，不肯为人治病，当以此故不闻。庆又告臣意曰：‘慎毋令我子孙知若学我方也。’”

问臣意：“师庆何见于意而爱意，欲悉教意方？”对曰：“臣意不闻师庆为方善也。意所以知庆者，意少时好诸方事，臣意试其方，皆多验，精良。臣意闻菑川唐里公孙光善为古传方，臣意即往谒之。得见事之，受方化阴阳及传语法，臣意悉受书之。臣意欲尽受他精方，公孙光曰：‘吾方尽矣，不为爱公所。吾身已衰，无所复事之。是吾年少所受妙方也，悉与公，毋以教人。’臣意曰：‘得见事侍公前，悉得禁方，幸甚。意死不敢妄传人。’居有间，公孙光闲处，臣意深论方，见言百世为之精也。师光喜曰：‘公必为国工。吾有所善者皆疏，同产处临菑，善为方，吾不若，其方甚奇，非

皇上问淳于意：“你的老师阳庆是跟谁学习的？齐国诸侯都知道他吗？”淳于意回答说：“我不知道阳庆是跟哪个老师学习的。阳庆家中富足，精通医术，却不肯为人治病，应当是这个缘故他才不出名。阳庆又告诉我说：‘千万别让我的子孙知道你曾经向我学习医术。’”

皇上问淳于意：“你的老师阳庆是怎么看中并喜欢你，想把全部秘方医术传给你的？”淳于意回答说：“我没有听说过老师阳庆精通医术。我之所以知道阳庆，是因为我年少时喜好各家的医术医方，我试着使用那些医方，大多有应验，精良。我听说淄川唐里的公孙光擅长使用古代流传的医方，我就前去拜谒他。拜谒他后就侍奉他，学习他调理阴阳的医方以及口头流传的医理，我全部受教并记录下来。我想全部学到他精妙的医方，公孙光说：‘我的医方没有了，我对你不会有所吝惜。我身体已经衰老，你不必再侍奉我了。这是我年少时所学到的妙方，全教给你了，不要用来教给别人。’我说：‘我得以在您的面前侍奉，得到全部秘方，非常荣幸。我死也不敢胡乱传给他人。’过了些日子，公孙光闲居在家，我就深入论述医方，他见我对历代医方的论述是精当的。老师公孙光高兴地说：‘你一定会成为国

医。我所擅长的医术都荒疏了，我的同母兄弟住在临淄，精于医术，我不如他，他的医方很是奇妙，不为世人所知。我中年时，曾经想学习他的医方，杨中倩不肯，说："你不是能学习医术的人。"必须我和您一起前往拜见他，他就会知道您喜好医术了。他人也老了，他家中富足。'当时我还没去，恰逢阳庆的儿子阳殷来献马，通过老师公孙光将马进献给齐王，我因此得以与阳殷交好。公孙光又把我托付给阳殷说：'淳于意喜好医术，您务必要谨慎待他，他这人倾慕圣人之道，有儒家的德行。'就写信把我托付给阳庆，因此我知道了阳庆。我侍奉阳庆恭敬谨慎，所以他喜爱我。"

皇上问淳于意："官吏百姓曾有人向你学习医术，又全部学到你的医术了吗？是哪个县里的人？"淳于意回答说："临淄人宋邑。宋邑学医，我教他诊断五脏之脉，学了一年多。济北王派太医高期、王禹来学习，我教给他们经脉上下分布的情况以及异常络脉的连结位置，我们时常讨论腧穴所处的位置，以及经络之气运行时上下出入及邪正逆顺的情况，根据病症情况选用针石，确定砭灸的穴位，学了一年多。淄川王时常派太仓马长冯信校正医方，我教给他按摩的逆顺手法，讨论用药方法，判定药性和配伍调制汤剂的方法。高永侯的家丞杜信，喜好诊脉，前来学习，我教

世之所闻也。吾年中时，尝欲受其方，杨中倩不肯，曰："若非其人也。"胥与公往见之，当知公喜方也。其人亦老矣，其家给富。'时者未往，会庆子男殷来献马，因师光奏马王所，意以故得与殷善。光又属意于殷曰：'意好数，公必谨遇之，其人圣儒。'即为书以意属阳庆，以故知庆。臣意事庆谨，以故爱意也。"

问臣意曰："吏民尝有事学意方，及毕尽得意方不？何县里人？"对曰："临菑人宋邑。邑学，臣意教以五诊，岁余。济北王遣太医高期、王禹学，臣意教以经脉高下及奇络结，当论俞所居，及气当上下出入邪正逆顺，以宜镵石，定砭灸处，岁余。菑川王时遣太仓马长冯信正方，臣意教以案法逆顺，论药法，定五味及和齐汤法。高永侯家丞杜信，喜脉，来学，臣意教以上下经脉、五诊二岁余。临菑召里唐安来学，

臣意教以五诊、上下经脉、奇咳、四时应阴阳重，未成，除为齐王侍医。"

给他经脉上下分布的情况和诊断五脏之脉，学了两年多。临淄召里的唐安前来学习，我教他诊断五脏之脉和上下经脉的位置，奇咳术，以及四时和阴阳相应各有偏重的道理，他没有学成，就被任命为齐王的侍医。"

问臣意："诊病决死生，能全无失乎？"臣意对曰："意治病人，必先切其脉，乃治之。败逆者不可治，其顺者乃治之。心不精脉，所期死生视可治，时时失之，臣意不能全也。"

皇上问淳于意："你诊治疾病，决断死生，能完全没有失误吗？"淳于意回答说："我医治病人，必定会先切对方的脉，才给他治疗。脉象衰败与病情违逆的不能治疗，脉象和病情相顺应的才治疗他。如果不精心诊脉，所预测的死生结果以及诊断能否治愈，往往会有所失误，我不能完全没有失误。"

太史公曰：女无美恶，居宫见妒；士无贤不肖，入朝见疑。故扁鹊以其伎见殃，仓公乃匿迹自隐而当刑。缇萦通尺牍，父得以后宁。故老子曰："美好者不祥之器。"岂谓扁鹊等邪？若仓公者，可谓近之矣。

太史公说：女子无论美与丑，住进宫中就会遭到嫉妒；士人无论贤与不肖，进入朝廷就会受到猜疑。所以扁鹊因为他的医术遭殃，仓公于是隐匿自己的踪迹，却被判处刑罚。缇萦上书给皇上，父亲才得以有后来的安宁。所以老子说："美好的东西都是不祥之物。"难道说的是扁鹊等人吗？像仓公这样的人，可以说和这话很接近了。

史记卷一百零六
列传第四十六

吴王刘濞

　　吴王刘濞，是高帝哥哥刘仲的儿子。高帝平定天下已有七年，封刘仲为代王。而匈奴攻打代国，刘仲无法坚守，丢弃封国逃跑，从小道跑到洛阳，向天子自首。天子因他是骨肉兄弟的缘故，不忍心用法律制裁他，只废掉他的王号贬他为邰阳侯。高帝十一年秋天，淮南王英布造反，向东兼并荆地，劫持荆国的军队，向西渡过淮水，攻击楚国，高帝亲自领军前往讨伐他。刘仲的儿子沛侯刘濞年方二十，有勇气和力量，以骑将的身份随从高帝在蕲县西边的会甄击破英布的军队，英布逃走。荆王刘贾被英布所杀，没有后嗣。皇上担忧吴地、会稽一带的人浮躁强悍，没有强势的王来震慑他们，皇子们年少，就把刘濞封在沛地做吴王，统辖三郡五十三城。拜任官职接受印信后，高帝召见刘濞给他相面，对刘濞说："你的形状容貌有反叛之相。"高祖心中暗自后悔，但已经拜他为王，就拍拍他的后背，告诫他说："汉朝五十年后在东南方会发生叛乱，难道是你吗？然

　　吴王濞者，高帝兄刘仲之子也。高帝已定天下七年，立刘仲为代王。而匈奴攻代，刘仲不能坚守，弃国亡，间行走雒阳，自归天子。天子为骨肉故，不忍致法，废以为邰阳侯。高帝十一年秋，淮南王英布反，东并荆地，劫其国兵，西度淮，击楚，高帝自将往诛之。刘仲子沛侯濞年二十，有气力，以骑将从破布军蕲西会甄，布走。荆王刘贾为布所杀，无后。上患吴、会稽轻悍，无壮王以填之，诸子少，乃立濞于沛为吴王，王三郡五十三城。已拜受印，高帝召濞相之，谓曰："若状有反相。"心独悔，业已拜，因拊其背，告曰："汉后五十年东南有乱者，岂若邪？然天下同姓为一家也，慎无反！"濞顿首曰："不敢。"

而天下同姓是一家人，千万不要反叛！”

刘濞磕头说：“不敢。”

会孝惠、高后时，天下初定，郡国诸侯各务自拊循其民。吴有豫章郡铜山，濞则招致天下亡命者盗铸钱，煮海水为盐，以故无赋，国用富饶。

孝文时，吴太子入见，得侍皇太子饮博。吴太子师傅皆楚人，轻悍，又素骄。博，争道，不恭，皇太子引博局提吴太子，杀之。于是遣其丧归葬。至吴，吴王愠曰：“天下同宗，死长安即葬长安，何必来葬为！”复遣丧之长安葬。吴王由此稍失藩臣之礼，称病不朝。京师知其子故称病不朝，验问实不病，诸吴使来，辄系责治之。吴王恐，为谋滋甚。及后使人为秋请，上复责问吴使者，使者对曰：“王实不病，汉系治使者数辈，以故遂称病。且夫‘察见渊中鱼，不祥’。今王始诈病，及觉，见责急，愈益闭，恐上诛之，计乃无聊。唯上弃之而与更始。”于是天子乃赦吴使者归之，而赐吴王几杖，老，不朝。吴得释其罪，谋亦益解。

到孝惠帝、高后时期，天下刚刚平定，郡国诸侯各自致力于安抚自己的百姓。吴国拥有豫章郡的铜矿山，刘濞就招引天下的亡命之徒私铸钱币，煮海水制盐，因此不征赋税，国家也财用富足。

孝文帝时，吴王太子入京朝见，得以陪侍皇太子饮酒下棋。吴太子的师傅都是楚地人，浮躁强悍，又一向骄纵。下棋时，争抢步骤，很不恭敬，皇太子拿起棋盘掷击吴太子，杀死了他。于是把他的灵柩送回吴国安葬。到了吴国，吴王怨怒说：“天下同姓一家，死在长安就葬在长安，何必送回来安葬呢！”又把灵柩送到长安下葬。吴王由此逐渐违忤藩臣之礼，称病不去朝见。朝廷知道他因儿子的缘故称病不去朝见，查验询问确实没病，各位吴国使臣一来，动辄拘禁责问惩治他们。吴王惊恐，策划谋反更加积极了。等到后来吴王派人代行秋季朝见礼节，皇上又责问吴国使者，使者回答说：“吴王确实没病，汉朝扣禁惩治好几批使者，因此便称病。况且‘能看清深渊中的鱼，不吉祥’。如今吴王开始假称有病，等到被朝廷发觉，遭到严厉的责问，就越想隐藏自己的行为，害怕皇上杀他，这计谋也是出于无奈。希望皇上捐弃前嫌给他重新开始的机会。”于是天子就赦免吴国使者让他们回去，并赐给吴王凭几、手杖，让他因年老不必朝见。吴王得以解除罪责，谋反的事情也就渐渐懈怠了。然而他所在的封国因盛产铜盐，百姓不用缴纳赋税。士兵服役发给代役金，而且给价公平。每年在一定的时候去慰问有才之士，赏赐闾里。其他郡国官吏想来吴国抓捕逃亡的人，吴王就庇护他们不予交出。如此持续了四十多年，因此吴王能驱使他的百姓了。

晁错当太子家令，获得太子宠幸，多次怂恿太子说吴王有过错应当削减他的封地。晁错多次上书劝说孝文帝，文帝宽厚，不忍惩罚，因此吴王日益骄横。等到孝景帝即位，晁错担任御史大夫，劝皇上说："从前高帝刚平定天下时，兄弟少，儿子弱小，大封同姓为王，所以他的庶子悼惠王统治齐地七十多座城，庶弟元王统治楚地四十多座城，哥哥的儿子刘濞统治吴地五十多座城：分封了这三个人，就分去了一半的天下。如今吴王因为以前与太子有嫌隙，假称有病不来朝见，按照古法应当诛杀。文帝不忍心，就赐给他凭几、手杖，对他恩德极厚，他应当改过自新。他却更加骄横自满，依靠铜矿私铸钱币，煮海水制盐，引诱天下逃亡的人，阴谋作乱。如今削夺他也会造反，不削夺他也会造反。削夺他，他就造反得更快，祸患小；不削

然其居国以铜盐故，百姓无赋。卒践更，辄与平贾。岁时存问茂材，赏赐闾里。佗郡国吏欲来捕亡人者，讼共禁弗予。如此者四十余年，以故能使其众。

晁错为太子家令，得幸太子，数从容言吴过可削。数上书说孝文帝，文帝宽，不忍罚，以此吴日益横。及孝景帝即位，错为御史大夫，说上曰："昔高帝初定天下，昆弟少，诸子弱，大封同姓，故王孽子悼惠王王齐七十余城，庶弟元王王楚四十余城，兄子濞王吴五十余城：封三庶孽，分天下半。今吴王前有太子之郄，诈称病不朝，于古法当诛。文帝弗忍，因赐几杖，德至厚，当改过自新。乃益骄溢，即山铸钱，煮海水为盐，诱天下亡人，谋作乱。今削之亦反，不削之亦反。削之，其反亟，祸小；不削，反迟，祸大。"三年冬，

楚王朝，晁错因言楚王戊往年为薄太后服，私奸服舍，请诛之。诏赦，罚削东海郡。因削吴之豫章郡、会稽郡。及前二年赵王有罪，削其河间郡。胶西王卬以卖爵有奸，削其六县。

汉廷臣方议削吴。吴王濞恐削地无已，因以此发谋，欲举事。念诸侯无足与计谋者，闻胶西王勇，好气，喜兵，诸齐皆惮畏，于是乃使中大夫应高诱胶西王。无文书，口报曰："吴王不肖，有宿夕之忧，不敢自外，使喻其欢心。"王曰："何以教之？"高曰："今者主上兴于奸，饰于邪臣，好小善，听谗贼，擅变更律令，侵夺诸侯之地，征求滋多，诛罚良善，日以益甚。里语有之：'舐糠及米。'吴与胶西，知名诸侯也，一时见察，恐不得安肆矣。吴王身有内病，不能朝请二十余年，尝患见疑，无以自白，今胁肩累足，犹惧不见释。窃闻大王以爵事有適，所闻诸侯削地，罪不至此，此恐不得

夺他，造反得晚，祸患大。"景帝三年冬天，楚王朝见，晁错乘机说楚王刘戊往年给薄太后服丧时，在服丧的房间里行淫乱之事，请求杀了他。景帝下诏赦免了他的死罪，只惩罚削夺了他的东海郡。趁机削夺了吴国的豫章郡、会稽郡。加上前两年赵王有罪，削夺了他的河间郡。胶西王刘卬因售卖爵位时作奸，削夺了他的六个县。

汉朝大臣正商议削夺吴王封地。吴王刘濞担心削地没有止境，就因此制定谋略，想起事反叛。想到诸侯中没有能一同谋划的人，听说胶西王勇敢有气力，好争气斗胜，喜欢兵事，齐地的各诸侯王都畏惧他，于是派中大夫应高去拉拢胶西王。没有文书，只是口头通报说："吴王不才，有短期的担心，不敢把自己当外人，所以使您明白他的好意。"胶西王说："有何指教？"应高说："如今主上任用奸臣，被奸邪所蒙蔽，喜好小的好处，听信谗言，擅自变更律令，侵夺诸侯的土地，强征索求越来越多，诛罚良善，日益严重。俗语说：'舐完米糠就会舐到米。'吴王和胶西王，都是有名的诸侯，一旦被察觉，恐怕不得安宁自由了。吴王身患内疾，不能朝见皇帝已经有二十多年，曾经担忧被怀疑，无法自我辩白，如今耸肩叠足，尚且担心不被原谅。私下听说大王因为售卖爵位之事被罚，听说诸侯只被削夺封地，所犯之罪都

不该这样处罚，这恐怕不是削地就能罢休的。"胶西王说："是的，有这事。你将怎么办呢？"应高说："憎恶相同的就互相帮助，爱好相同的就互相关心，情感相同就互相成全，欲望相同就共同追求，利益相同就同生共死。如今吴王自以为与大王有相同的担忧，希望借此时机顺应事理，牺牲生命为天下除害，估计也可以吧？"胶西王惊骇地说："我怎敢这样做呢？如今主上虽然威逼急迫，我本来就有死罪啊，怎能不拥戴他呢？"应高说："御史大夫晁错迷惑天子，侵夺诸侯，蒙蔽忠臣，阻塞贤良，朝廷大臣都有愤恨怨怒之心，诸侯都有背叛之意，人臣所做的事已经达到极点了。彗星出现，蝗灾多次发生，这是万世难逢的时机，而忧愁劳苦正是圣人产生的原因。所以吴王想对内以讨伐晁错为名，在外追随大王车后，驰骋天下，使敌人投降，指着的地方被攻下，天下没有人敢不臣服。大王如果真能一句话答应我，那么吴王就率领楚王夺取函谷关，守住荥阳敖仓的粮食，抗拒汉兵。修筑军队行营，等待大王。大王有幸驾临此地，那么天下就可并吞，两主分割而治，不也可以吗？"胶西王说："好。"应高返回报告吴王，吴王还是担心胶西王不参与，就亲自做使者，出使到胶西，当面与胶西王结盟。

胶西群臣中有人听说胶西王想谋反，

削地而已。"王曰："然，有之。子将奈何？"高曰："同恶相助，同好相留，同情相成，同欲相趋，同利相死。今吴王自以为与大王同忧，愿因时循理，弃躯以除患害于天下，亿亦可乎？"王瞿然骇曰："寡人何敢如是？今主上虽急，固有死耳，安得不戴？"高曰："御史大夫晁错，荧惑天子，侵夺诸侯，蔽忠塞贤，朝廷疾怨，诸侯皆有倍畔之意，人事极矣。彗星出，蝗虫数起，此万世一时，而愁劳圣人之所以起也。故吴王欲内以晁错为讨，外随大王后车，彷徉天下，所乡者降，所指者下，天下莫敢不服。大王诚幸而许之一言，则吴王率楚王略函谷关，守荥阳敖仓之粟，距汉兵。治次舍，须大王。大王有幸而临之，则天下可并，两主分割，不亦可乎？"王曰："善。"高归报吴王，吴王犹恐其不与，乃身自为使，使于胶西，面结之。

胶西群臣或闻王谋，谏

曰："承一帝，至乐也。今大王与吴西乡，弟令事成，两主分争，患乃始结。诸侯之地不足为汉郡什二，而为畔逆以忧太后，非长策也。"王弗听。遂发使约齐、菑川、胶东、济南、济北，皆许诺，而曰"城阳景王有义，攻诸吕，勿与，事定分之耳"。

诸侯既新削罚，振恐，多怨晁错。及削吴会稽、豫章郡书至，则吴王先起兵，胶西正月丙午，诛汉吏二千石以下，胶东、菑川、济南、楚、赵亦然，遂发兵西。齐王后悔，饮药自杀，畔约。济北王城坏未完，其郎中令劫守其王，不得发兵。胶西为渠率，胶东、菑川、济南共攻围临菑。赵王遂亦反，阴使匈奴与连兵。

七国之发也，吴王悉其士卒，下令国中曰："寡人年六十二，身自将。少子年十四，亦为士卒先。诸年上与寡人比，下与少子等者，皆发。"发二十余人。南使闽越、东越，东越亦发兵从。

劝谏说："侍奉一个皇帝，是最快乐的事。如今大王与吴王向西进军，假使事情成功，两主分权定会相争，祸殃就开始埋下了。诸侯土地还不足汉朝各郡的十分之二，却做叛逆之事使太后担忧，这不是长久之计啊。"胶西王不听。于是发动使者与齐王、淄川王、胶东王、济南王、济北王约定，他们都答应了，并且说"城阳景王有义，攻杀吕氏众人，不要让他们家参与，事成之后分他些土地就可以了"。

诸侯刚受到削地的惩罚，都震惊恐惧，大多怨恨晁错。等到削减吴国会稽郡、豫章郡的文书到达，吴王就先起兵了，胶西王在正月丙午日杀了汉朝二千石以下的官吏，胶东王、淄川王、济南王、楚王、赵王也都如此，于是发兵西进。齐王后悔了，喝药自杀，违背盟约。济北王的城墙损坏没有完工，他的郎中令劫持并看守着他，使他不能发兵。胶西王为首领，胶东王、淄川王、济南王共同围攻临淄。赵王刘遂也反叛了，暗中派使者与匈奴联合军队。

七国发难，吴王征调他全部的士兵，下令国中说："我六十二岁，亲自领兵。小儿子十四岁，也身先士卒。各位与我一样年长、与我的小儿子一样年轻的人，都要出征。"征发了二十多万人。向南派使者去闽越、东越，东越也发兵跟从。

孝景帝三年正月甲子，他们先从广陵起兵。向西渡过淮水，便与楚军会合。他们派使者送给诸侯信说："吴王刘濞敬问胶西王、胶东王、淄川王、济南王、赵王、楚王、淮南王、衡山王、庐江王、已故长沙王的儿子：感谢教导我！因为汉朝有奸臣，无功于天下，侵夺诸侯的封地，派去的使者被官吏弹劾囚禁审讯惩治，汉朝专以侮辱诸侯为能事，不以诸侯王的礼仪对待刘氏骨肉，抛弃先帝的功臣，进用奸邪的人，惑乱天下，想危害国家。陛下多病，神志失常，不能明察。我想举兵征讨他们，我敬听各位指教。敝国虽然狭小，土地方圆三千里；人口虽然少，却可准备五十万精兵。我平素结交南越三十多年，他们的君主都不推辞，分派他们的士兵来跟随我，又可得到三十多万人。我虽然不贤能，愿意亲身追随各位侯王。南越与长沙接壤，他们可跟随长沙王的儿子平定长沙以北，然后向西进攻蜀地和汉中。告知越王、楚王、淮南的淮南王、衡山王、庐江王，与我西进；齐地诸王与赵王平定河间、河内，有的攻入临晋关，有的与我到洛阳会合；燕王、赵王本来与匈奴王有约定，燕王向北平定代郡、云中郡，然后统领匈奴军队进入萧关，直取长安，纠正天子的错误，以安定高祖的宗庙。希望各位侯王勉力去做。楚元王的儿子，淮南的淮

孝景帝三年正月甲子，初起兵于广陵。西涉淮，因并楚兵。发使遗诸侯书曰："吴王刘濞敬问胶西王、胶东王、菑川王、济南王、赵王、楚王、淮南王、衡山王、庐江王、故长沙王子：幸教寡人！以汉有贼臣，无功天下，侵夺诸侯地，使吏劾系讯治，以僇辱之为故，不以诸侯人君礼遇刘氏骨肉，绝先帝功臣，进任奸宄，诖乱天下，欲危社稷。陛下多病志失，不能省察。欲举兵诛之，谨闻教。敝国虽狭，地方三千里；人虽少，精兵可具五十万。寡人素事南越三十余年，其王君皆不辞分其卒以随寡人，又可得三十余万。寡人虽不肖，愿以身从诸王。越直长沙者，因王子定长沙以北，西走蜀、汉中。告越、楚王、淮南三王，与寡人西面；齐诸王与赵王定河间、河内，或入临晋关，或与寡人会雒阳；燕王、赵王固与胡王有约，燕王北定代、云中，抟胡众入萧关，走长安，匡正天子，以安高庙。愿王勉之。楚元王子、淮南三王或不沐洗十余年，

怨入骨髓，欲一有所出之久矣，寡人未得诸王之意，未敢听。今诸王苟能存亡继绝，振弱伐暴，以安刘氏，社稷之所愿也。敝国虽贫，寡人节衣食之用，积金钱，修兵革，聚谷食，夜以继日，三十余年矣，凡为此，愿诸王勉用之。能斩捕大将者，赐金五千斤，封万户；列将，三千斤，封五千户；裨将，二千斤，封二千户；二千石，千斤，封千户；千石，五百斤，封五百户：皆为列侯。其以军若城邑降者，卒万人，邑万户，如得大将；人户五千，如得列将；人户三千，如得裨将；人户千，如得二千石；其小吏皆以差次受爵金。佗封赐皆倍军法。其有故爵邑者，更益勿因。愿诸王明以令士大夫，弗敢欺也。寡人金钱在天下者往往而有，非必取于吴，诸王日夜用之弗能尽。有当赐者告寡人，寡人且往遗之。敬以闻。"

南王、衡山王、庐江王有的十多年没有沐浴了，怨恨已经深入骨髓，想一有机会就发泄出来已经很久了，我不知各位王的心意，不敢听从。如今各位王如果能保存将亡的国家，延续将要断绝的祭祀，延续将亡的后代，振弱伐暴，以安定刘氏，这是国家的愿望啊。敝国虽然贫穷，但我节省衣食费用，积攒金钱，修治兵革，积聚粮食，夜以继日，三十多年了，都是为了现在，希望诸王勉力利用这些条件。能斩杀捕获大将的，赐金五千斤，封邑万户；斩杀捕获将军的，赐金三千斤，封邑五千户；斩杀捕获副将的，赐金二千斤，封邑二千户；斩杀捕获二千石级官员的，赐金千斤，封邑千户；斩杀捕获一千石级官员的，赐金五百斤，封邑五百户：都封为列侯。若有带着军队或城邑来投降的，士兵有一万人，城邑有一万户，如同斩获大将；士兵有五千人，城邑有五千户，如同斩获将军；士兵有三千人，城邑有三千户，如同斩获副将；士兵有一千人，城邑有一千户，如同斩获二千石级官员；那些投降的小官吏也按照职位差别接受封爵赏金。其他封赐都比汉朝规定多一倍。那些原有爵位城邑的人，只会增加不会维持原状。希望诸王明白地申令士大夫们，不要有所欺骗。我的金钱天下到处都有，并非一定到吴国来取，诸王日夜使用也不能用完。有应当赏赐的人告诉我，我将前去赠送给他。恭敬地使诸王了解这些。"

七国反叛的书信被上报给天子，天子于是派太尉条侯周亚夫率领三十六个将军，前往攻打吴、楚两国；派曲周侯郦寄攻打赵国；派将军栾布攻打齐国；派大将军窦婴屯兵荥阳，监视齐、赵两国的军队。

吴楚反叛的书信被上报了，汉朝军队还未出动，窦婴也没出发，向皇上举荐原吴国国相袁盎。袁盎当时闲居在家，皇上下诏召他入宫觐见。皇上正与晁错筹算军队和军粮之事，皇上问袁盎说："您曾经做吴国国相，知道吴国臣子田禄伯的为人吗？如今吴楚反叛，您认为该如何办？"袁盎回答说："不值得忧虑，现在就可以击破了。"皇上说："吴王靠着铜矿私铸钱币，煮海水制盐，引诱天下豪杰，到头发白了才举事。像这样，他的计谋不是百般周全，怎么会发难呢？为什么说他无所作为呢？"袁盎回答说："吴国有铜盐之利那确实是有的，但怎么能得到豪杰而引诱他们呢！果真让吴王得到豪杰，也应该是辅佐吴王做道义之事，不是去反叛啊。吴王所引诱的都是无赖子弟、亡命之徒以及铸钱的奸邪之人，所以互相勾结反叛。"晁错说："袁盎分析得对。"皇上问道："该用什么对策呢？"袁盎回答说："希望屏退左右之人。"皇上屏退了身边的人，只

七国反书闻天子，天子乃遣太尉条侯周亚夫将三十六将军，往击吴、楚；遣曲周侯郦寄击赵；将军栾布击齐；大将军窦婴屯荥阳，监齐赵兵。

吴、楚反书闻，兵未发，窦婴未行，言故吴相袁盎。盎时家居，诏召入见。上方与晁错调兵笇军食，上问袁盎曰："君尝为吴相，知吴臣田禄伯为人乎？今吴、楚反，于公何如？"对曰："不足忧也，今破矣。"上曰："吴王即山铸钱，煮海水为盐，诱天下豪桀，白头举事。若此，其计不百全，岂发乎？何以言其无能为也？"袁盎对曰："吴有铜盐利则有之，安得豪桀而诱之！诚令吴得豪桀，亦且辅王为义，不反矣。吴所诱皆无赖子弟、亡命、铸钱奸人，故相率以反。"晁错曰："袁盎策之善。"上问曰："计安出？"盎对曰："愿屏左右。"上屏人，独错在。盎曰："臣所言，人臣不得知也。"乃屏错。错趋避东厢，

恨甚。上卒问盎，盎对曰："吴、楚相遗书，曰'高帝王子弟各有分地，今贼臣晁错擅適过诸侯，削夺之地'。故以反为名，西共诛晁错，复故地而罢。方今计独斩晁错，发使赦吴、楚七国，复其故削地，则兵可无血刃而俱罢。"于是上嘿然良久，曰："顾诚何如，吾不爱一人以谢天下。"盎曰："臣愚计无出此，愿上孰计之。"乃拜盎为太常，吴王弟子德侯为宗正。盎装治行。后十余日，上使中尉召错，绐载行东市。错衣朝衣斩东市。则遣袁盎奉宗庙，宗正辅亲戚，使告吴如盎策。至吴，吴、楚兵已攻梁壁矣。宗正以亲故，先入见，谕吴王使拜受诏。吴王闻袁盎来，亦知其欲说己，笑而应曰："我已为东帝，尚何谁拜？"不肯见盎而留之军中，欲劫使将。盎不肯，使人围守，且杀之，盎得夜出，步亡去，走梁军，遂归报。

有晁错还在。袁盎说："我说的话，为人臣的也不能知道。"于是屏退了晁错。晁错急忙回避到东厢房，非常恼恨。皇上最后还是问了袁盎，袁盎回答道："吴楚互相送信，说'高帝封子弟为王，各有分封的土地，如今贼臣晁错擅自贬谪责罚诸侯，削夺诸侯封地'。所以以此为造反的借口，向西进兵共同诛杀晁错，恢复原有封地才会罢休。如今之计只有斩了晁错，派使者赦免吴、楚等七国的罪过，恢复他们原来被削夺的封地，那么就能兵不血刃使各方罢手。"于是皇上静默很久，说："不过我能怎么办呢，只有不爱惜一人来向天下谢罪了。"袁盎说："我的愚笨的计策没有超出这个的了，希望皇上深思熟虑。"于是皇上任命袁盎为太常，任命吴王弟弟的儿子德侯为宗正。袁盎整装出发。十多天后，皇上派中尉召见晁错，骗他乘车巡行东市。晁错穿着朝服在东市被斩杀。随后便派袁盎以侍奉宗庙的太常身份，宗正以亲戚之意辅助，按照袁盎的计策出使告知吴王。到了吴国，吴楚的军队已进攻梁国营垒了。宗正出于是亲戚的缘故，先入营拜见吴王，晓谕吴王让他跪拜受诏。吴王听说袁盎前来，也知道他想劝说自己，笑着回答说："我已成为东帝，还跪拜谁呢？"不肯见袁盎并将他扣留在军中，想裹挟他做将军。袁盎不答应，就派人包围看守着他，想要杀了他，袁盎得以趁夜色逃走，步行逃跑到梁国军营，而后回朝报告。

条侯率领六匹马拉的传车会师荥阳。到达洛阳，见到剧孟，高兴地说："七国反叛，我乘传车到此，自己也没料到会安全抵达。又以为诸侯已经得到了剧孟，剧孟如今没有异动。我据守荥阳，荥阳以东没有值得担忧的了。"到达淮阳，询问父亲绛侯从前的门客邓都尉说："有什么好的计策？"门客说："吴兵锐气正盛，难以与其争锋。楚兵轻躁，不能持久。如今为将军谋划，不如领兵到东北的昌邑驻扎，把梁国暴露给吴军，吴军必定用全部精锐攻打它。将军深挖沟渠，高筑营垒，派轻兵断绝淮河泗水交汇处，阻塞吴军的粮道。那时吴梁相持疲敝而粮草耗尽，然后以全盛强势的军队制衡那些疲敝至极的军队，必然能击破吴军了。"条侯说："好。"于是听从了他的计策，便在昌邑南边坚守，派轻兵断绝吴军粮道。

吴王刚发兵时，吴国臣子田禄伯担任大将军。田禄伯说："军队聚集起来向西进发，没有其他出奇制胜之道，难以成功。我希望率领五万人，另外沿长江、淮河而上，收服淮南、长沙，攻入武关，与大王会合，这也是一条奇计。"吴王太子劝谏说："父王以反叛为名，这样的军队难以依靠他人，他人也可能反叛父王，怎么办？

条侯将乘六乘传，会兵荥阳。至雒阳，见剧孟，喜曰："七国反，吾乘传至此，不自意全。又以为诸侯已得剧孟，剧孟今无动。吾据荥阳，以东无足忧者。"至淮阳，问父绛侯故客邓都尉曰："策安出？"客曰："吴兵锐甚，难与争锋。楚兵轻，不能久。方今为将军计，莫若引兵东北壁昌邑，以梁委吴，吴必尽锐攻之。将军深沟高垒，使轻兵绝淮泗口，塞吴饷道。彼吴梁相敝而粮食竭，乃以全强制其罢极，破吴必矣。"条侯曰："善。"从其策，遂坚壁昌邑南，轻兵绝吴饷道。

吴王之初发也，吴臣田禄伯为大将军。田禄伯曰："兵屯聚而西，无佗奇道，难以就功。臣愿得五万人，别循江淮而上，收淮南、长沙，入武关，与大王会，此亦一奇也。"吴王太子谏曰："王以反为名，此兵难以借人，借人亦且反王，奈何？且擅兵而别，多佗利害，未可知也，徒自损耳。”吴王即不许田禄伯。

吴少将桓将军说王曰：“吴多步兵，步兵利险；汉多车骑，车骑利平地。愿大王所过城邑不下，直弃去，疾西据雒阳武库，食敖仓粟，阻山河之险以令诸侯，虽毋入关，天下固已定矣。即大王徐行，留下城邑，汉军车骑至，驰入梁楚之郊，事败矣。”吴王问诸老将，老将曰：“此少年推锋之计可耳，安知大虑乎！”于是王不用桓将军计。

吴王专并将其兵，未度淮，诸宾客皆得为将、校尉、候、司马，独周丘不得用。周丘者，下邳人，亡命吴，酤酒无行，吴王濞薄之，弗任。周丘上谒，说王曰：“臣以无能，不得待罪行间。臣非敢求有所将，愿得王一汉节，必有以报王。”王乃予之。周丘得节，夜驰入下邳。下邳时闻吴反，皆城守。至传舍，召令。令入户，使从者以罪斩令。遂召昆弟所

况且擅自领兵单独行动，有许多其他的利害，也不可知，徒然损害自己罢了。”吴王也就没有答应田禄伯。

吴国一个年轻的桓将军劝说吴王道：“吴国多是步兵，步兵在险要之处作战有利；汉军多是战车骑兵，战车骑兵在平坦之地作战有利。希望大王不必攻下所经过的城邑，径直放弃离开，迅速向西占据洛阳武器库，吃敖仓的粮食，倚靠山河的险要来号令诸侯，即使不能入关，天下也已经平定了。如果大王缓慢行军，滞留下来攻占城邑，汉军的战车骑兵赶到，驰入梁国和楚国的郊野，事情就失败了。”吴王询问各位老将，老将说：“这作为少年推进争锋之计还可以，他哪里知道深远的计谋呢！”于是吴王没有采用桓将军的计策。

吴王专断地集中率领他的军队，还没渡过淮水，各位宾客都得以任命为将军、校尉、候、司马，唯独周丘没被任用。周丘是下邳人，逃亡到吴国，嗜酒没有德行，吴王刘濞鄙薄他，没有任用他。周丘谒见吴王，劝说吴王道：“我因为无能，不能在军中任职。我不敢请求率领军队，希望获得大王一个汉节，我必定有可以报答大王的地方。”吴王就给他了汉节。周丘得到汉节，连夜驰入下邳。下邳当时听说吴王反叛，都据城自守。周丘到达传舍，召见县令。县令进门，周丘就让随从人员找

罪名杀了他。周丘便召集来他兄弟所交好的豪绅官吏说："吴王的军队将要到达，到达后，屠杀下邳城不过是一顿饭的时间。如今先投降，家族一定能得到保全，有才能的人还可以封侯。"这些人出去后相互转告，下邳人都投降了。周丘一夜之间获得三万人，派人报告吴王，就率领他的军队向北攻占城邑。等到了城阳，聚集的军队已经有十多万人，击败城阳中尉军。他后来听说吴王败逃，自己估计无人能与他共同成就大事，就领兵返回下邳。还没到，后背毒疮发作而死。

二月时，吴王的军队已经被击破后败逃，于是天子发布诏书诏令将军说："听说行善的人，上天赐福给他作为报答；作恶的人，上天降灾殃给他作为报应。高皇帝亲自表彰功德，建立诸侯，幽王、悼惠王封爵断绝，没有后代继王位，孝文皇帝哀怜他们，给他们恩惠，封幽王的儿子刘遂、悼惠王的儿子刘卬等为王，让他们奉祀先王的宗庙，做汉朝的藩国，恩德与天地相配，光明和日月同光。吴王刘濞背德弃义，诱惑接受天下的亡命之徒，搅乱天下币制，称病不朝有二十多年，主管官员多次请求惩治刘濞的罪行，孝文皇帝宽释了他，想让他改过从善。如今他竟然与楚王刘戊、赵王刘遂、胶西王刘卬、济南王刘辟光、淄川王刘贤、胶东王刘雄渠约定一起反叛，

善豪吏告曰："吴反兵且至，至，屠下邳不过食顷。今先下，家室必完，能者封侯矣。"出乃相告，下邳皆下。周丘一夜得三万人，使人报吴王，遂将其兵北略城邑。比至城阳，兵十余万，破城阳中尉军。闻吴王败走，自度无与共成功，即引兵归下邳。未至，疽发背死。

二月中，吴王兵既破，败走，于是天子制诏将军曰："盖闻为善者，天报之以福；为非者，天报之以殃。高皇帝亲表功德，建立诸侯，幽王、悼惠王绝无后，孝文皇帝哀怜加惠，王幽王子遂、悼惠王子卬等，令奉其先王宗庙，为汉藩国，德配天地，明并日月。吴王濞倍德反义，诱受天下亡命罪人，乱天下币，称病不朝二十余年，有司数请濞罪，孝文皇帝宽之，欲其改行为善。今乃与楚王戊、赵王遂、胶西王卬、济南王辟光、菑川王贤、胶东王雄渠约从反，为逆无道，起兵以危宗庙，贼杀

大臣及汉使者，迫劫万民，夭杀无罪，烧残民家，掘其丘冢，甚为暴虐。今卬等又重逆无道，烧宗庙，卤御物，朕甚痛之。朕素服避正殿，将军其劝士大夫击反虏。击反虏者，深入多杀为功，斩首捕虏比三百石以上者皆杀之，无有所置。敢有议诏及不如诏者，皆要斩。"

初，吴王之度淮，与楚王遂西败棘壁，乘胜前，锐甚。梁孝王恐，遣六将军击吴，又败梁两将，士卒皆还走梁。梁数使使报条侯求救，条侯不许。又使使恶条侯于上，上使人告条侯救梁，复守便宜不行。梁使韩安国及楚死事相弟张羽为将军，乃得颇败吴兵。吴兵欲西，梁城守坚，不敢西，即走条侯军，会下邑。欲战，条侯壁，不肯战。吴粮绝，卒饥，数挑战，遂夜奔条侯壁，惊东南。条侯使备西北，果从西北入。吴大败，士卒多饥死，乃畔散。于是吴王乃与其麾下壮士数千人夜亡去，度江走丹徒，保东越。东越兵可万余人，乃使人收聚亡

大逆不道，起兵以危害宗庙，残杀大臣以及汉廷的使者，胁迫万民，滥杀无辜，烧毁民宅，掘其坟冢，非常暴虐。如今刘卬等人更加大逆不道，烧毁宗庙，抄掠宗庙中的御用器物，我很是痛恨他们。我身穿素衣避开正殿，将军要劝勉将士们攻击叛贼。攻击叛贼时，深入敌军多杀敌人才是有功，斩敌首级，抓捕到三百石以上级别的官员就都杀掉他们，不要释放。敢有议论诏书以及不按诏书去做的，都处以腰斩。"

当初，吴王渡过淮河，与楚王向西击败棘壁守军，乘胜向前，锐气极盛。梁孝王恐惧，派六位将军攻打吴王，吴王又打败梁王的两位将军，士兵都逃回梁国。梁王多次派使者上报给条侯求救，条侯不去救援。梁王又派使者向皇上说条侯的坏话，皇上派人告诉条侯援救梁国，条侯还是坚守有利形势不肯出兵。梁王派韩安国和为国事而被杀的楚国国相的弟弟张羽做将军，才得以稍微挫败吴国军队。吴军想西进，梁军据城坚守，吴军不敢西进，就跑到条侯驻军的地方，两军在下邑相遇。吴军想要交战，条侯坚壁不出，不肯交战。吴军粮草断绝，士兵饥饿，多次挑战无果，就在夜间奔袭条侯的营垒，惊扰东南方向。条侯派人防备西北方向，吴军果然从西北方侵入。吴军大败，士兵大多被饿死，就叛逃四散。于是吴王就与他麾下的几千壮

士连夜逃走，渡过长江逃到丹徒，受到东越保护。东越的军队有一万多人，于是派人收聚逃散的士兵。汉朝派人以厚利诱惑东越，东越就哄骗吴王，让吴王出去慰劳军队，便派人用戟刺杀吴王，装起他的头，驾着传车去呈报给汉廷。吴王的儿子刘子华、刘子驹逃到闽越。吴王抛弃他的军队逃跑，军队就溃散了，大多慢慢投降了太尉、梁军。楚王刘戊兵败，自杀而死。

胶西王、胶东王、淄川王围攻齐国临淄时，三个月没能攻下。汉军到达，胶西王、胶东王、淄川王各自领兵撤退。胶西王于是赤背光脚，坐在草席上，只喝水，向太后谢罪。胶西王太子刘德说："汉军远道而来，我看他们已经疲惫，可以攻袭，希望收集大王的余兵攻打他们，攻打他们如果不能取胜，就逃入大海，也不算晚。"胶西王说："我的士兵都已溃散，不能发动使用了。"没有听从。汉朝将军弓高侯韩颓当送给胶西王的信中说："奉诏诛杀不义的人，投降的人赦免其罪，恢复他原来的职位；不投降的人就消灭他。大王要何去何从，我好采取相应的行动。"胶西王到汉军营垒前袒臂叩头，拜谒说："我刘卬奉法不严，惊扰百姓，才烦劳将军远道而来到这个穷国，请求判处我碎尸万段。"弓高侯手执金鼓来见他，说："大王为战事所苦，希望听听大王发兵的缘

卒。汉使人以利啗东越，东越即绐吴王，吴王出劳军，即使人锹杀吴王，盛其头，驰传以闻。吴王子子华、子驹亡走闽越。吴王之弃其军亡也，军遂溃，往往稍降太尉、梁军。楚王戊军败，自杀。

三王之围齐临菑也，三月不能下。汉兵至，胶西、胶东、菑川王各引兵归。胶西王乃袒跣，席稿，饮水，谢太后。王太子德曰："汉兵远，臣观之已罢，可袭，愿收大王余兵击之，击之不胜，乃逃入海，未晚也。"王曰："吾士卒皆已坏，不可发用。"弗听。汉将弓高侯颓当遗王书曰："奉诏诛不义，降者赦其罪，复故；不降者灭之。王何处，须以从事。"王肉袒叩头汉军壁，谒曰："臣卬奉法不谨，惊骇百姓，乃苦将军远道至于穷国，敢请菹醢之罪。"弓高侯执金鼓见之，曰："王苦军事，愿闻王发兵状。"王顿首膝行对曰："今者，晁错天子用事臣，变更高皇帝

法令，侵夺诸侯地。卬等以为不义，恐其败乱天下，七国发兵，且以诛错。今闻错已诛，卬等谨以罢兵归。"将军曰："王苟以错不善，何不以闻？及未有诏虎符，擅发兵击义国。以此观之，意非欲诛错也。"乃出诏书为王读之。读之讫，曰："王其自图。"王曰："如卬等死有余罪。"遂自杀。太后、太子皆死。胶东、菑川、济南王皆死，国除，纳于汉。郦将军围赵，十月而下之，赵王自杀。济北王以劫故，得不诛，徙王菑川。

初，吴王首反，并将楚兵，连齐赵。正月起兵，三月皆破，独赵后下。复置元王少子平陆侯礼为楚王，续元王后。徙汝南王非王吴故地，为江都王。

太史公曰：吴王之王，由父省也。能薄赋敛，使其众，以擅山海利。逆乱之萌，自其子兴。争技发难，卒亡其本；

由。"胶西王叩头膝行回答说："当时晁错是天子的主政大臣，变更高皇帝的法令，侵夺诸侯封地。我等认为这是不道义的，担心他会败乱天下，七国发兵，将要诛杀晁错。如今听说晁错已经被诛杀，我们就罢兵返回。"将军说："大王如果认为晁错不对，为何不上报天子？没有诏令虎符，却擅自发兵攻击仁义之国。以此看来，你们的本意并不是想诛杀晁错。"于是拿出诏书向胶西王宣读。宣读完毕后，说："大王自己考虑吧。"胶西王说："像我们这样的人死有余辜。"于是自杀了。胶西太后、太子都死了。胶东王、淄川王、济南王都死了，封国被废除，归入汉朝。郦将军围攻赵国十个月才攻克，赵王自杀。济北王因为被劫持，得以不被诛杀，被迁封为淄川王。

当初，吴王首先反叛，并统领楚军，联合齐国、赵国。正月起兵，三月都被击破，只有赵国最后被攻下。朝廷又封立楚元王的小儿子平陆侯刘礼为楚王，接续元王的后嗣。迁徙汝南王刘非统治吴国故地，成为江都王。

太史公说：吴王之所以称王，是由于父亲被贬谪。他能减轻赋税，指使他的民众，是因他占有铜山海盐的便利。叛逆作乱念头的萌发，是从他的儿子被打死兴起的。因下棋争执而发难，最后身死国灭；亲近越人谋害同宗，最终灭亡。晁错为国家深谋远虑，灾祸反而降临到他的身上。袁盎善于权术游说，起初受宠，后来受辱。所以古代诸侯的土地不超过百里，山海不拿来分封。"不要亲近夷狄，以致疏远宗亲"，大概说的就是吴王吧？"不要做主谋，这样反而身受灾祸"，难道说的不是袁盎、晁错吗？

亲越谋宗，竟以夷陨。晁错为国远虑，祸反近身。袁盎权说，初宠后辱。故古者诸侯地不过百里，山海不以封。"毋亲夷狄，以疏其属"，盖谓吴邪？"毋为权首，反受其咎"，岂盎、错邪？

史记卷一百零七
列传第四十七

魏其侯窦婴　武安侯田蚡　灌夫

魏其侯窦婴，是孝文帝皇后堂兄的儿子。他的父辈世代是观津人。他喜好宾客。孝文帝时，窦婴担任吴国国相，因病免职。孝景帝刚即位时，窦婴担任詹事。

梁孝王，是孝景帝的弟弟，他的母亲窦太后宠爱他。梁孝王入朝，以兄弟的身份参宴饮酒。当时皇上还没有被立太子，酒兴正酣时，皇上随便地说："我死之后就把帝位传给梁王。"窦太后很高兴。窦婴举起一卮酒进献给皇上，说："天下是高祖的天下，父子相传，这是汉朝的规定，皇上凭什么擅自传位给梁王！"太后由此憎恨窦婴。窦婴也看轻他的官位，就借口生病辞职。太后也开除了窦婴出入宫门的名籍，不允许他入宫参加春秋两季的朝会。

孝景帝三年，吴、楚等七国反叛，皇上观察到宗室以及窦氏的人没有谁像窦婴一样贤能，于是召见窦婴。窦婴入宫觐见，坚决推辞，借口有病，不能胜任。窦太后也感到惭愧。于是皇上说："天下正有急

魏其侯窦婴

魏其侯窦婴者，孝文后从兄子也。父世观津人。喜宾客。孝文时，婴为吴相，病免。孝景初即位，为詹事。

梁孝王者，孝景弟也，其母窦太后爱之。梁孝王朝，因昆弟燕饮。是时上未立太子，酒酣，从容言曰："千秋之后传梁王。"太后欢。窦婴引卮酒进上，曰："天下者，高祖天下，父子相传，此汉之约也，上何以得擅传梁王！"太后由此憎窦婴。窦婴亦薄其官，因病免。太后除窦婴门籍，不得入朝请。

孝景三年，吴楚反，上察宗室诸窦毋如窦婴贤，乃召婴。婴入见，固辞谢病不足任。太后亦惭。于是上曰："天下方有急，王孙宁可以让邪？"乃

拜婴为大将军，赐金千斤。婴乃言袁盎、栾布诸名将贤士在家者进之。所赐金，陈之廊庑下，军吏过，辄令财取为用，金无入家者。窦婴守荥阳，监齐、赵兵。七国兵已尽破，封婴为魏其侯。诸游士宾客争归魏其侯。孝景时每朝议大事，条侯、魏其侯，诸列侯莫敢与亢礼。

孝景四年，立栗太子，使魏其侯为太子傅。孝景七年，栗太子废，魏其数争不能得。魏其谢病，屏居蓝田南山之下数月，诸宾客辩士说之，莫能来。梁人高遂乃说魏其曰："能富贵将军者，上也；能亲将军者，太后也。今将军傅太子，太子废而不能争；争不能得，又弗能死。自引谢病，拥赵女，屏闲处而不朝。相提而论，是自明扬主上之过。有如两宫螫将军，则妻子毋类矣。"魏其侯然之，乃遂起，朝请如故。

桃侯免相，窦太后数言魏其侯。孝景帝曰："太后岂以

难，王孙怎么可以有所推辞呢？"于是任命窦婴为大将军，赐金千斤。窦婴于是把袁盎、栾布等各位闲居在家的名将和贤士推荐给皇上。皇上所赏赐的黄金，窦婴都摆列在廊下，军官小吏经过时，就让他们酌量取用，所赐黄金没有拿到家里的。窦婴守卫荥阳，监督齐、赵两国兵马。七国叛军全部被击败后，朝廷封窦婴为魏其侯。许多游士宾客争相归附魏其侯。孝景帝时每次朝议国家大事，条侯、魏其侯地位最高，其他各位列侯没有谁敢与他们俩相抗衡的。

孝景帝四年，立栗太子，派魏其侯担任太子太傅。孝景帝七年，栗太子被废，魏其侯多次争辩都没有效果。魏其侯称病，隐居在蓝田南山之下几个月，各位宾客辩士去劝说他，没人能劝他回京。梁地人高遂便劝说魏其侯道："能使将军富贵的是皇上，能使将军成为朝廷亲信的是太后。如今将军担任太子的师傅，太子被废却不能力争；力争却没有结果，又不能死去。自己称病引退，拥抱赵国美女，隐避闲居而不参加朝会。前后相参照观看，这是您自己表明要张扬皇上的过失。假如皇上和太后都迁怒于将军，那么您的妻子儿女都将会被杀害了。"魏其侯认为他说得对，于是就复出，和过去一样上朝。

桃侯被免去丞相职务时，窦太后多次推荐魏其侯。孝景帝说："太后难道以为

我有所吝惜，不让魏其侯做丞相吗？魏其侯这人，沾沾自喜，多轻率行事。难以出任丞相，担当重任。"最终没有任用他，而是任用建陵侯卫绾为丞相。

武安侯田蚡，是孝景帝皇后同母弟弟，生在长陵。魏其侯担任大将军后，正值显赫之时，田蚡担任郎官，并不显贵，他在魏其侯府中往来侍酒，跪拜起立像子孙辈一样。到孝景帝晚年，田蚡日益显贵受宠，担任太中大夫。田蚡能言善辩有口才，学习《槃盂》等书籍，王太后认为他贤能。孝景帝驾崩，当日太子登位继立，王太后摄政，她所镇压、安抚时局的策略，大多采用田蚡门下宾客的计策。田蚡和他的弟弟田胜，都因为是太后的弟弟，在汉景帝后元三年获封：田蚡被封为武安侯，田胜被封为周阳侯。

武安侯刚掌权想当丞相，所以对他的宾客非常谦卑，推荐闲居在家里的名士出来做官，使他们显贵，想以此压倒魏其侯等将相的势力。建元元年，丞相卫绾因病免职，皇上商议设置丞相、太尉。籍福劝说武安侯道："魏其侯显贵已经很久了，天下士人一向归附于他。如今将军刚刚发迹，不如魏其侯，即使皇上任命将军为丞相，一定要让给魏其侯。魏其侯担任丞相，将军一定会出任太尉。太尉和丞相一样尊

为臣有爱，不相魏其？魏其者，沾沾自喜耳，多易。难以为相持重。"遂不用，用建陵侯卫绾为丞相。

武安侯田蚡

武安侯田蚡者，孝景后同母弟也，生长陵。魏其已为大将军后，方盛，蚡为诸郎，未贵，往来侍酒魏其，跪起如子姓。及孝景晚节，蚡益贵幸，为太中大夫。蚡辩有口，学《槃盂》诸书，王太后贤之。孝景崩，即日太子立，称制，所镇抚多有田蚡宾客计策。蚡、弟田胜，皆以太后弟，孝景后三年封：蚡为武安侯，胜为周阳侯。

武安侯新欲用事为相，卑下宾客，进名士家居者贵之，欲以倾魏其诸将相。建元元年，丞相绾病免，上议置丞相、太尉。籍福说武安侯曰："魏其贵久矣，天下士素归之。今将军初兴，未如魏其，即上以将军为丞相，必让魏其。魏其为丞相，将军必为太尉。太尉、丞相尊等耳，又有让贤名。"武安侯乃微言

太后风上，于是乃以魏其侯为丞相，武安侯为太尉。籍福贺魏其侯，因吊曰："君侯资性喜善疾恶，方今善人誉君侯，故至丞相；然君侯且疾恶，恶人众，亦且毁君侯。君侯能兼容，则幸久；不能，今以毁去矣。"魏其不听。

魏其、武安俱好儒术，推毂赵绾为御史大夫，王臧为郎中令。迎鲁申公，欲设明堂，令列侯就国，除关，以礼为服制，以兴太平。举適诸窦宗室毋节行者，除其属籍。时诸外家为列侯，列侯多尚公主，皆不欲就国，以故毁日至窦太后。太后好黄老之言，而魏其、武安、赵绾、王臧等务隆推儒术，贬道家言，是以窦太后滋不说魏其等。及建元二年，御史大夫赵绾请无奏事东宫。窦太后大怒，乃罢逐赵绾、王臧等，而免丞相、太尉，以柏至侯许昌为丞相，武强侯庄青翟为御史大夫。魏其、武安由此以侯家居。

贵，又有让位贤者的好名声。"武安侯于是委婉地告诉太后暗示皇上，于是皇上就任魏其侯为丞相，武安侯为太尉。籍福祝贺魏其侯，就提醒他说："您的天性喜善恨恶，当今有好人称赞您，所以您当了丞相；然而您也憎恨坏人，坏人很多，他们也会毁谤您。您能兼容并蓄，就能有幸保持长久；如果不能，现在就会受到毁谤而去位。"魏其侯没有听进去。

魏其侯、武安侯都爱好儒学，推荐赵绾担任御史大夫，王臧担任郎中令。把鲁申公迎到京师，想设立明堂，命令列侯回到封国，废除关禁，按照礼法制定吉凶的服饰和制度，以此来彰显太平盛世。检举谴责窦氏家族和皇族中品德不好的人，开除他们的族籍。这时诸多外戚都是列侯，列侯大多娶公主为妻，都不想去封国，因此毁谤魏其侯等人的言语每天都传到窦太后那里。太后喜好黄老之道，而魏其侯、武安侯、赵绾、王臧等人则致力于推崇儒学，贬低道家学说，因此窦太后更加不喜欢魏其侯等人。到了建元二年，御史大夫赵绾请求皇上不要把政事禀奏给太后。窦太后非常愤怒，于是罢免驱逐了赵绾、王臧等人，而且免去丞相、太尉之职，任命柏至侯许昌为丞相，武强侯庄青翟担任御史大夫。魏其侯、武安侯由此以列侯身份闲居在家。

武安侯虽然不任职，但因为王太后的缘故，仍然受到皇上宠信，多次议论政事都能奏效，天下趋炎附势的官吏和士人，都离开魏其侯而归附武安侯。武安侯日益骄横。建元六年，窦太后驾崩，丞相许昌、御史大夫庄青翟因丧事兴办不周被免官。朝廷任用武安侯田蚡为丞相，任用大司农韩安国为御史大夫。天下士人以及郡守、诸侯王就更加依附武安侯了。

武安侯身材矮小，其貌不扬，但出身很尊贵。他又以为诸侯王大多年长，皇上刚即位，年纪很轻，田蚡作为皇上的心腹至亲担任朝廷丞相，如果不狠狠地压制他们，以礼法使他们屈服，天下人就不会敬畏。当时，丞相入朝奏事，往往一坐就是大半天，他所说的话皇帝都听从。他所推荐的人有的从闲居在家一下子提拔到二千石级，他把皇帝的权力转到自己手中。皇上于是说：“您想任命的官吏已经任命完了吗？我也想任命几个官吏。”他曾经请求把考工官署的土地划给自己扩建住宅，皇上发怒说：“您为什么不把武器库也取走！”这以后他才有所收敛。他曾经召集客人宴饮，让他的兄长盖侯向南坐，自己向东坐，认为汉朝的丞相尊贵，不可出于兄长的缘故就委屈自己。武安侯由此日益骄横，修建的住宅超过了所有贵族的府第。田地园林极其肥沃，而派到各郡县去购买器物的

武安侯虽不任职，以王太后故，亲幸，数言事多效，天下吏士趋势利者，皆去魏其归武安。武安日益横。建元六年，窦太后崩，丞相昌、御史大夫青翟坐丧事不办，免。以武安侯蚡为丞相，以大司农韩安国为御史大夫。天下士郡诸侯愈益附武安。

武安者，貌侵，生贵甚。又以为诸侯王多长，上初即位，富于春秋，蚡以肺腑为京师相，非痛折节以礼诎之，天下不肃。当是时，丞相入奏事，坐语移日，所言皆听。荐人或起家至二千石，权移主上。上乃曰：“君除吏已尽未？吾亦欲除吏。”尝请考工地益宅，上怒曰：“君何不遂取武库！”是后乃退。尝召客饮，坐其兄盖侯南乡，自坐东乡，以为汉相尊，不可以兄故私桡。武安由此滋骄，治宅甲诸第。田园极膏腴，而市买郡县器物相属于道。前堂罗钟鼓，立曲旃；后房妇女以百数。诸侯奉金玉狗马玩好，不可胜数。

魏其失窦太后，益疏不用，无势，诸客稍稍自引而怠傲，唯灌将军独不失故。魏其日默默不得志，而独厚遇灌将军。

灌夫

灌将军夫者，颍阴人也。夫父张孟，尝为颍阴侯婴舍人，得幸，因进之，至二千石，故蒙灌氏姓为灌孟。吴楚反时，颍阴侯灌何为将军，属太尉，请灌孟为校尉。夫以千人与父俱。灌孟年老，颍阴侯强请之，郁郁不得意，故战常陷坚，遂死吴军中。军法，父子俱从军，有死事，得与丧归。灌夫不肯随丧归，奋曰："愿取吴王若将军头，以报父之仇。"于是灌夫被甲持戟，募军中壮士所善愿从者数十人。及出壁门，莫敢前。独二人及从奴十数骑驰入吴军，至吴将麾下，所杀伤数十人。不得前，复驰还，走入汉壁，皆亡其奴，独与一骑归。夫身中大创十余，适有

人在大道上络绎不绝。前堂摆设钟鼓，竖立曲柄长幡；后房的美女数以百计。诸侯奉送给他的金玉、狗马和玩好之物不可胜数。

魏其侯失去窦太后以后，更加被疏远而不受皇帝重用，没有了权势，各位宾客渐渐自己离去而对他懈怠傲慢，唯独灌将军没有改变原来的态度。魏其侯终日默默不得志，却唯独厚待灌将军。

灌将军夫，是颍阴人。灌夫的父亲是张孟，曾经做过颍阴侯灌婴的家臣，受到灌婴的宠信，因而推荐他，使他官至二千石级，所以冒用灌氏的姓叫灌孟。吴、楚等七国反叛时，颍阴侯灌何任将军，隶属太尉，他请求任用灌孟为校尉。灌夫率领一千人与父亲一起出征。灌孟年老，颍阴侯勉强推荐他，因此灌孟郁郁不得志，所以作战时他经常攻打敌人坚固的阵地，最终战死于吴军中。军法规定：父子一起从军的，有一个战死，另一个可以护送灵柩回去。灌夫不肯随灵柩回去，慷慨激昂地说："希望取得吴王或吴国将军的头，以报杀父之仇。"于是灌夫披甲持戟，招募军中与自己交好又愿意跟从他的壮士几十人。等出了营门，没有人敢再前进。只有两人和随从的奴仆共十几个骑兵飞奔驰入吴军中，一直到吴军将领旗下，杀死杀伤吴军几十人。不能再继续前进了，又疾驰

返回汉军营地，他的奴仆全都战死，唯独他与一个骑兵返回。灌夫身受十多处重伤，恰好有名贵的良药，所以才得以不死。灌夫的创伤稍有好转，又再次请求将军说："我更知道吴军营垒中的路径曲折，请让我再次前往。"将军认为他有胆有义，担心灌夫战死，就告诉太尉，太尉于是坚决地阻止了他。吴军已破，灌夫因此名闻天下。

颍阴侯把灌夫的事告诉了皇上，皇上就任命灌夫为中郎将。过了几个月，灌夫因犯法而失去官职。后来他家居长安，长安城中的诸多公卿没有不称赞他的。孝景帝时，他做官至代国国相。孝景帝驾崩，当今皇上刚刚即位，认为淮阳是天下的交通要道，是劲兵驻扎之处，所以调任灌夫为淮阳太守。建元元年，灌夫入朝做了太仆。建元二年，灌夫与长乐卫尉窦甫饮酒，其间因礼数不合适而发生争执，灌夫喝醉，打了窦甫。窦甫是窦太后的兄弟。皇上担心太后杀了灌夫，就调任他为燕国国相。几年以后，他因犯法而丢了官职，闲居在长安家中。

灌夫为人刚强直爽，喜欢借酒发脾气，不喜欢当面奉承别人。对皇亲国戚以及有权势的人，凡是地位在自己之上的，他不想礼貌尊敬地对待，一定要凌辱他们；对地位在自己之下的许多士人，越是贫贱的，他就越是恭敬，并平等相待。在大庭广众

万金良药，故得无死。夫创少瘳，又复请将军曰："吾益知吴壁中曲折，请复往。"将军壮义之，恐亡夫，乃言太尉，太尉乃固止之。吴已破，灌夫以此名闻天下。

颍阴侯言之上，上以夫为中郎将。数月，坐法去。后家居长安，长安中诸公莫弗称之。孝景时，至代相。孝景崩，今上初即位，以为淮阳天下交，劲兵处，故徙夫为淮阳太守。建元元年，入为太仆。二年，夫与长乐卫尉窦甫饮，轻重不得，夫醉，抶甫。甫，窦太后昆弟也。上恐太后诛夫，徙为燕相。数岁，坐法去官，家居长安。

灌夫为人刚直，使酒，不好面谀。贵戚诸有势在己之右，不欲加礼，必陵之；诸士在己之左，愈贫贱，尤益敬，与钧。稠人广众，荐宠下辈。士亦以此多之。夫不喜文学，好任侠，

已然诺。诸所与交通，无非豪桀大猾。家累数千万，食客日数十百人。陂池田园，宗族宾客为权利，横于颍川。颍川儿乃歌之曰："颍水清，灌氏宁；颍水浊，灌氏族。"

灌夫家居虽富，然失势，卿相侍中宾客益衰。及魏其侯失势，亦欲倚灌夫引绳批根生平慕之后弃之者。灌夫亦倚魏其而通列侯宗室为名高。两人相为引重，其游如父子然。相得欢甚，无厌，恨相知晚也。

灌夫有服，过丞相。丞相从容曰："吾欲与仲孺过魏其侯，会仲孺有服。"灌夫曰："将军乃肯幸临况魏其侯，夫安敢以服为解！请语魏其侯帐具，将军旦日蚤临。"武安许诺。灌夫具语魏其侯如所谓武安侯。魏其与其夫人益市牛酒，夜洒扫，早帐具至旦。平明，令门下候伺。至日中，丞相不来。魏其谓灌夫曰："丞

之下，他常推荐夸奖那些比自己地位低的人。士人也因此推重他。灌夫不喜欢文学，任侠好义，已经许下的诺言，就一定办到。凡是与他交往的人，无不是豪杰或者大奸巨猾。家中积累的资产有几千万，每天的食客就有几十上百人。他为了修建蓄水灌溉的田地，与宗族和宾客扩张权势，在颍川一带横行。颍川的儿童便作歌唱道："颍水清澈，灌氏安宁；颍水混浊，灌氏灭族。"

灌夫闲居在家虽然富有，却失去了权势，卿相、侍中及宾客逐渐减少。等到魏其侯失去权势，也想依靠灌夫去报复那些平日仰慕自己、失势后又抛弃了自己的人。灌夫也依靠魏其侯去交结列侯宗室以抬高自己的名声。两人互相援引推重，他们交游如同父子一样亲密。他们相处甚欢，不觉满足，只恨相知太晚。

灌夫在服丧期间拜访丞相。丞相随意地说："我想与你去拜访魏其侯，恰巧你在服丧期间。"灌夫说："将军竟肯屈驾光临魏其侯，我怎敢因服丧而推辞呢！请让我告诉魏其侯准备帷帐，备办酒宴，将军明天早点光临。"武安侯答应了。灌夫详细地告诉了魏其侯，就像他对武安侯所说的那样。魏其侯与他的夫人特地买了很多肉和酒，连夜打扫房间，早早地设置帷帐，备办酒宴，一直忙到天亮。天刚亮，就让家中管事的人在门前伺候。到了中午，丞

相还没有来。魏其侯对灌夫说："丞相难道忘了此事吗？"灌夫不高兴，说："我在服丧期间应他之约，他应该会来。"于是驾车，亲自前去迎接丞相。丞相前一天只不过是戏言答应了灌夫，实在无意要前往。等到灌夫来到门口，丞相还在躺着。于是灌夫进入请求会见，说："幸蒙将军昨天答应拜访魏其侯，魏其侯夫妇置备了酒食，从早晨等到现在，没敢吃一点东西。"武安侯装作惊讶地道歉说："我昨日喝醉，恍惚忘了跟您说的话。"于是驾车前往，但又走得很慢，灌夫更加恼怒。等到饮酒正酣时，灌夫起身邀请丞相跳舞，丞相不起身，灌夫就在座位上讽刺他。魏其侯便扶着灌夫离开，向丞相致歉。丞相一直喝到夜晚，尽兴了才离去。

丞相曾派籍福去索取魏其侯在城南的田地。魏其侯大为怨恨地说："我虽然被废弃不用，将军虽然显贵，怎么可以仗势夺他人之物呢？"没有答应。灌夫听说后，恼怒，骂籍福。籍福不愿两人有嫌隙，就自己编了好话向丞相致歉说："魏其侯年老将死，应该忍耐，姑且等待吧。"不久武安侯听说魏其侯、灌夫实际上恼怒，不给田地，也恼怒地说："魏其侯的儿子曾经杀人，我救了他的命。我对待魏其侯没有不听从的，为什么吝惜几顷田地呢？再说灌夫为什么要参与呢？我不敢再索取这块田地

相岂忘之哉？"灌夫不怿，曰："夫以服请，宜往。"乃驾，自往迎丞相。丞相特前戏许灌夫，殊无意往。及夫至门，丞相尚卧。于是夫入见，曰："将军昨日幸许过魏其，魏其夫妻治具，自旦至今，未敢尝食。"武安鄂谢曰："吾昨日醉，忽忘与仲孺言。"乃驾往，又徐行，灌夫愈益怒。及饮酒酣，夫起舞属丞相，丞相不起，夫从坐上语侵之。魏其乃扶灌夫去，谢丞相。丞相卒饮至夜，极欢而去。

丞相尝使籍福请魏其城南田。魏其大望曰："老仆虽弃，将军虽贵，宁可以势夺乎！"不许。灌夫闻，怒，骂籍福。籍福恶两人有郤，乃谩自好谢丞相曰："魏其老且死，易忍，且待之。"已而武安闻魏其、灌夫实怒不予田，亦怒曰："魏其子尝杀人，蚡活之。蚡事魏其无所不可，何爱数顷田？且灌夫何与也？吾不敢复求田。"武安由此大怨灌夫、魏其。

灌夫

元光四年春，丞相言灌夫家在颍川，横甚，民苦之，请案。上曰："此丞相事，何请。"灌夫亦持丞相阴事，为奸利，受淮南王金与语言。宾客居间，遂止，俱解。

夏，丞相取燕王女为夫人，有太后诏，召列侯宗室皆往贺。魏其侯过灌夫，欲与俱。夫谢曰："夫数以酒失得过丞相，丞相今者又与夫有郤。"魏其曰："事已解。"强与俱。饮酒酣，武安起为寿，坐皆避席伏。已魏其侯为寿，独故人避席耳，余半膝席。灌夫不悦。起行酒，至武安，武安膝席曰："不能满觞。"夫怒，因嘻笑曰："将军贵人也，属之！"时武安不肯。行酒次至临汝侯，临汝侯方与程不识耳语，又不避席。夫无所发怒，乃骂临汝侯曰："生平毁程不识不直一钱，今日长者为寿，乃效女儿呫嗫耳语！"武安谓灌夫曰："程李俱东西宫卫尉，今众辱程将军，仲孺独不为李将军地

了。"武安侯由此非常怨恨灌夫、魏其侯。

元光四年春天，丞相对皇上说灌夫家住颍川，十分骄横，百姓深受其苦，请求朝廷查办。皇上说："这是丞相的事，何必请示。"灌夫也抓住丞相的隐私丑事，诸如以非法手段谋取私利，接受淮南王的金钱并说了不该说的话。宾客从中调解，才停止互相攻击，彼此和解。

夏天，丞相娶燕王的女儿为夫人，太后有诏令，叫列侯宗室都去祝贺。魏其侯拜访灌夫，想与他一起去。灌夫推辞说："我多次因醉酒失礼得罪丞相，丞相如今又与我有嫌隙。"魏其侯说："事情都已经和解了。"硬拉着他一起去。饮酒正酣时，武安侯起身敬酒祝寿，在座的宾客都离开席位伏在地上。一会儿魏其侯敬酒祝寿，只有他的老朋友离开了席位，剩下一半的人都照常跪在席子上。灌夫不高兴。起身敬酒，轮到武安侯时，武安侯跪在席子上说："不能喝满杯。"灌夫恼怒，于是苦笑着说："将军是个贵人，喝完吧！"当时武安侯不肯。轮到敬临汝侯酒了，临汝侯正和程不识贴在耳边谈话，又不离开席位。灌夫无处发怒，就骂临汝侯说："平时诋毁程不识不值一钱，今天长辈给你敬酒祝寿，你却学女子咬耳小声说话！"武安侯对灌夫说："程将军和李将军都是东西两宫的卫尉，如今当众羞辱程将军，你

难道不给李将军留有余地吗？"灌夫说："今天斩我的头，砍我的胸，我都不在乎，还在乎什么程将军、李将军！"在座的宾客便起身上厕所，慢慢都离开了。魏其侯离开时，招呼着让灌夫也离开。武安侯便发怒说："这是我纵容灌夫的过错。"就令骑士扣留灌夫。灌夫想出去却不能出去。籍福起身替他道歉，并按着灌夫的脖子让他道歉。灌夫更加恼怒，不肯道歉。武安侯便指挥骑士捆绑灌夫押到传舍去，召来长史说："今天召集宗室宴饮，是有诏令的。"弹劾灌夫，说他辱骂宾客，犯有不敬之罪，将他囚禁在居室。于是追查他以前的事，派遣差吏分头追捕灌氏的所有分支亲属，都判了斩首示众。魏其侯大为惭愧，出钱让宾客向丞相求情，没有谁能解决。武安侯的属吏都是武安侯的耳目，所有灌氏的人都逃跑、躲藏了起来，灌夫被拘禁，于是不能向皇上告发武安侯的隐私丑事。

魏其侯挺身而出营救灌夫。他的夫人劝谏他说："灌将军得罪丞相，与太后家作对，难道可以营救吗？"魏其侯说："侯爵是由我得来的，再由我把它丢掉，没什么遗憾的。再说总不能让灌仲孺独自去死，而让我单独活着。"于是瞒着家人，偷偷出来上书给皇上。皇上立即把他召入宫，他就把灌夫醉酒后做的事详细地说了一遍，认为不足以判处死刑。皇上认为他说得对，

乎？"灌夫曰："今日斩头陷匈，何知程李乎！"坐乃起更衣，稍稍去。魏其侯去，麾灌夫出。武安遂怒曰："此吾骄灌夫罪。"乃令骑留灌夫。灌夫欲出不得。籍福起为谢，案灌夫项令谢。夫愈怒，不肯谢。武安乃麾骑缚夫置传舍，召长史曰："今日召宗室，有诏。"劾灌夫骂坐不敬，系居室。遂按其前事，遣吏分曹逐捕诸灌氏支属，皆得弃市罪。魏其侯大愧，为资使宾客请，莫能解。武安吏皆为耳目，诸灌氏皆亡匿，夫系，遂不得告言武安阴事。

魏其锐身为救灌夫。夫人谏魏其曰："灌将军得罪丞相，与太后家忤，宁可救邪？"魏其侯曰："侯自我得之，自我捐之，无所恨。且终不令灌仲孺独死，婴独生。"乃匿其家，窃出上书。立召入，具言灌夫醉饱事，不足诛。上然之，赐魏其食，曰："东朝廷辩之。"

魏其之东朝，盛推灌夫之善，言其醉饱得过，乃丞相以他事诬罪之。武安又盛毁灌夫所为横恣，罪逆不道。魏其度不可奈何，因言丞相短。武安曰："天下幸而安乐无事，蚡得为肺腑，所好音乐、狗马、田宅。蚡所爱倡优巧匠之属，不如魏其、灌夫日夜招聚天下豪桀壮士与论议，腹诽而心谤，不仰视天而俯画地，辟倪两宫间，幸天下有变，而欲有大功。臣乃不知魏其等所为。"于是上问朝臣："两人孰是？"御史大夫韩安国曰："魏其言灌夫父死事，身荷戟驰入不测之吴军，身被数十创，名冠三军，此天下壮士，非有大恶，争杯酒，不足引他过以诛也。魏其言是也。丞相亦言灌夫通奸猾，侵细民，家累巨万，横恣颍川，凌轹宗室，侵犯骨肉，此所谓'枝大于本，胫大于股，不折必披'，丞相言亦是。唯明主裁之。"主爵都尉汲黯是魏其。内史郑当时是魏其，后不

赏赐给魏其侯食物说："到东宫去公开辩论这件事。"

魏其侯来到东宫，盛赞灌夫的长处，说他醉酒而获罪，而丞相却拿其他事来诬陷加罪于他。武安侯又极力诋毁灌夫的所作所为横行恣意，大逆不道。魏其侯思忖无可奈何，就说丞相的短处。武安侯说："天下有幸安乐无事，我得以做皇上的心腹，爱好的也就是音乐、狗马、田宅。所喜欢的不过是优伶巧匠之类的人，不像魏其侯、灌夫日夜招聚天下豪杰壮士与他们一起议论国家大事，内心不满心中诽谤，不是抬头观察天象，就是俯身在地上画，窥测于东西两宫之间，希望天下有变，而想立功成大事。我却不知道魏其侯等人要做什么。"于是皇上询问朝臣："他们两人谁说得对？"御史大夫韩安国说："魏其侯说灌夫的父亲为国而死，灌夫亲自手持戈戟驰入生死难测的吴军，身受创伤几十处，名冠三军，这是天下的勇士，并非大恶之人，因杯中之酒而引发争执，不足以援引其他的罪名来诛杀他。魏其侯的话是对的。丞相也说灌夫结交大奸巨猾的人，欺凌百姓，积累家财以亿计，在颍川恣意横行，凌辱宗室，侵犯皇亲，这是所谓的'树枝比树干大，小腿比大腿粗，不折断必定会分裂'，丞相所说的也是对的。希望明主自己裁决此事。"主爵都尉汲黯认为魏

其侯对。内史郑当时认为魏其侯对，但后来不敢坚持自己的意见。其余的人都不敢回答。皇上怒斥内史道："你平时多次说到魏其侯、武安侯的长处和短处，今天当廷辩论，畏首畏尾地像驾在车辕下的马驹，我要一起杀了你们这些人。"随即罢朝，起身进入宫内，侍候太后进食。太后也已经派人去朝堂上打探消息，有人把详细情况都告诉了太后。太后非常愤怒，不吃饭，说："如今我还活着，别人就作践我的弟弟，要是我百年之后，都会把他当鱼肉宰割了。再说皇帝怎么能做个石头人呢！现在幸亏皇帝还在，他们也就随声附和，假设皇帝百年之后，这些人怎么能还有可以信赖的呢？"皇上道歉说："都是皇族外戚，所以当朝辩论此事。不然的话，此事只要一个狱吏就可以解决了。"这时郎中令石建向皇上分别说了魏其侯和武安侯两人的事。

武安侯已经罢朝，出了停车门，招呼御史大夫韩安国同乘一车，恼怒地说："我与你共同对付一个老秃翁，你为何首鼠两端呢？"韩御史沉默很久，对丞相说："你怎么不自爱自重呢？魏其侯毁谤你，你应当摘下冠冕，解下印绶归还给朝廷，说'我作为皇帝的心腹，侥幸为官，本来是不称职的，魏其侯的话都是对的'。这样，皇上必定称赞你谦让有礼，不废掉你。魏其侯必定内心惭愧，闭门咬舌自杀。如今人家

敢坚对。余皆莫敢对。上怒内史曰："公平生数言魏其、武安长短，今日廷论，局趣效辕下驹，吾并斩若属矣。"即罢起入，上食太后。太后亦已使人候伺，具以告太后。太后怒，不食，曰："今我在也，而人皆藉吾弟，令我百岁后，皆鱼肉之矣。且帝宁能为石人邪！此特帝在，即录录，设百岁后，是属宁有可信者乎？"上谢曰："俱宗室外家，故廷辩之。不然，此一狱吏所决耳。"是时郎中令石建为上分别言两人事。

武安已罢朝，出止车门，召韩御史大夫载，怒曰："与长孺共一老秃翁，何为首鼠两端？"韩御史良久谓丞相曰："君何不自喜？夫魏其毁君，君当免冠解印绶归，曰'臣以肺腑幸得待罪，固非其任，魏其言皆是'。如此，上必多君有让，不废君。魏其必内愧，杜门齰舌自杀。今人毁

君，君亦毁人，譬如賈豎女子争言，何其無大體也！"武安謝罪曰："争時急，不知出此。"

于是上使御史簿責魏其所言灌夫頗不讎，欺謾。劾系都司空。孝景時，魏其常受遺詔，曰"事有不便，以便宜論上"。及系，灌夫罪至族，事日急，諸公莫敢復明言于上。魏其乃使昆弟子上書言之，幸得復召見。書奏上，而案尚書，大行無遺詔。詔書獨藏魏其家，家丞封。乃劾魏其矯先帝詔，罪當弃市。五年十月，悉論灌夫及家屬。魏其良久乃聞，聞即恚，病痱，不食欲死。或聞上無意殺魏其，魏其復食，治病，議定不死矣。乃有蜚語為惡言聞上，故以十二月晦論弃市渭城。

其春，武安侯病，專呼服謝罪。使巫視鬼者視之，見魏其、灌夫共守，欲殺之。竟死。子

毁谤你，你也毁谤人家，就像商人、女子吵嘴一样，多么不识大体啊！"武安侯谢罪说："争辩时太焦急，没想到应该这么做。"

于是皇上派御史按文簿记载的追查魏其侯所说的灌夫的情况，有很多不相符的地方，犯欺君之罪。魏其侯被弹劾关押在都司空。孝景帝时，魏其侯曾经受有遗诏，遗诏上说"事情有不方便的地方，可以用灵活方便的办法论事上奏"。等到自己被关押，灌夫定罪要被灭族，事情一天比一天紧急，群臣谁也不敢再向皇上说明这事。魏其侯于是让侄子上书皇上奏明遗诏之事，希望再次获得皇上的召见。奏书送呈皇上，可是查阅尚书保管的档案，却没有景帝临终遗诏。诏书只封藏在魏其侯家中，由家臣盖印加封。于是大臣弹劾魏其侯伪造先帝遗诏，按罪应当斩首示众。元光五年十月，灌夫及他的家属全都被处决了。魏其侯过了很久才听说这个消息，听后非常怨愤，患了中风病，想绝食而死。有人听说皇上无意杀魏其侯，魏其侯又开始吃饭、治病，朝议决定不处死刑了。后来竟然传出了流言蜚语，制造出许多毁谤魏其侯的话被皇上听到，所以皇上在十二月的最后一天将魏其侯判罪，在渭城斩首示众。

这年春天，武安侯生病，嘴里只是叫喊服罪谢罪的话。让能看见鬼的巫师来诊视，巫师看见魏其侯和灌夫的鬼魂一起看

守着武安侯，要杀死他。最终就这样死了。他的儿子田恬继承了爵位。元朔三年，武安侯因穿短衣进入宫殿，犯了不敬之罪，封国被废除。

淮南王刘安谋反的事被发觉，被朝廷治罪。淮南王上次来朝时，武安侯担任太尉，当时他到霸上迎接淮南王，对淮南王说："皇上没有太子，大王最贤明，又是高祖的孙子，如果皇上驾崩，不是大王即位，又会是谁呢！"淮南王非常高兴，给了他许多金银财宝。皇上自魏其侯事发时就不认为武安侯是对的，当时只是碍于太后的缘故。等到听说淮南王送给武安侯金银财宝的事，皇上说："假使武安侯还活着，该被灭族了！"

太史公说：魏其侯、武安侯都以外戚的身份显贵，灌夫因一时下定决心冒险而名声显赫。魏其侯因平定吴、楚等七国叛乱而被举用，武安侯的显贵，则是利用了皇上刚即位而太后掌权的机会。然而魏其侯果真是不懂时势的变化，灌夫不学无术又不谦逊，二人互相翼护，最终酿成祸乱。武安侯倚仗显贵的地位而喜好玩弄权术，因一杯酒的怨恨，陷害两位贤者。呜呼哀哉！迁怒于别人，自己的性命也不长久。百姓不拥戴你，最终被恶言相向。呜呼哀哉！祸患就是这样来的啊！

恬嗣。元朔三年，武安侯坐衣襜褕入宫，不敬。

淮南王安谋反觉，治。王前朝，武安侯为太尉，时迎王至霸上，谓王曰："上未有太子，大王最贤，高祖孙，即宫车晏驾，非大王立当谁哉！"淮南王大喜，厚遗金财物。上自魏其时不直武安，特为太后故耳。及闻淮南王金事，上曰："使武安侯在者，族矣。"

太史公曰：魏其、武安皆以外戚重，灌夫用一时决策而名显。魏其之举以吴楚，武安之贵在日月之际。然魏其诚不知时变，灌夫无术而不逊，两人相翼，乃成祸乱。武安负贵而好权，杯酒责望，陷彼两贤。呜呼哀哉！迁怒及人，命亦不延。众庶不载，竟被恶言。呜呼哀哉！祸所从来矣！

韩长孺

御史大夫韩安国，是梁国成安县人，后来迁居到睢阳。他曾在驺县田生之处学习《韩非子》以及杂家学说。事奉梁孝王，担任中大夫。吴、楚等七国反叛时，梁孝王派韩安国及张羽担任将军，在东界抵御吴军。张羽奋力作战，韩安国稳固后防，因此吴军无法越过梁国防线。吴、楚等七国叛军被击破后，韩安国、张羽的名声自此显扬。

梁孝王是汉景帝的同母弟弟，窦太后宠爱他，允许他自行设置梁国国相和二千石级官员，他出入游玩时的排场，比拟于天子。天子听说后，心中很不高兴。窦太后知道景帝不满，就迁怒于梁国派来的使者，不肯接见他们，而责备梁王的所作所为。韩安国身为梁国使者，就去见大长公主，哭着说："为什么梁王行人子之孝、尽人臣之忠，而太后竟然不能明察呢？从前吴、楚、齐、赵等七国反叛时，函谷关以东的诸侯都联合起来向西进军，只有梁国与皇上关系最亲，处境也最艰难。梁王

御史大夫韩安国者，梁成安人也，后徙睢阳。尝受《韩子》、杂家说于驺田生所。事梁孝王，为中大夫。吴、楚反时，孝王使安国及张羽为将，扞吴兵于东界。张羽力战，安国持重，以故吴不能过梁。吴、楚已破，安国、张羽名由此显。

梁孝王，景帝母弟，窦太后爱之，令得自请置相、二千石，出入游戏，僭于天子。天子闻之，心弗善也。太后知帝不善，乃怒梁使者，弗见，案责王所为。韩安国为梁使，见大长公主而泣曰："何梁王为人子之孝、为人臣之忠，而太后曾弗省也？夫前日吴、楚、齐、赵七国反时，自关以东皆合从西乡，惟梁最亲，为艰难。梁王念太后、帝在中，而诸侯扰乱，

一言泣数行下，跪送臣等六人将兵击却吴、楚，吴、楚以故兵不敢西，而卒破亡，梁王之力也。今太后以小节苛礼责望梁王。梁王父兄皆帝王，所见者大，故出称跸，入言警，车旗皆帝所赐也，即欲以侘鄙县，驱驰国中，以夸诸侯，令天下尽知太后、帝爱之也。今梁使来，辄案责之。梁王恐，日夜涕泣思慕，不知所为。何梁王之为子孝、为臣忠，而太后弗恤也？"大长公主具以告太后，太后喜曰："为言之帝。"言之，帝心乃解，而免冠谢太后曰："兄弟不能相教，乃为太后遗忧。"悉见梁使，厚赐之。其后梁王益亲欢。太后、长公主更赐安国可直千余金。名由此显，结于汉。

其后安国坐法抵罪，蒙狱吏田甲辱安国。安国曰："死灰独不复然乎？"田甲曰："然即溺之。"居无何，梁内史缺，

想到太后与皇上在关中，而诸侯作乱，一谈这事潸然落泪，跪送我等六人率军击退吴楚叛军，吴楚叛军也因此不敢向西进犯并最终被灭，这都是梁王之力啊。如今太后因为一些苛细的礼节责怪抱怨梁王。梁王的父亲兄长都是帝王，见到的都是大场面，所以出行时开路清道，禁止他人通行，回宫后加强戒备，梁王的车马、旗帜都是皇帝所赐，他就是想借此在边远的小县炫耀，在国中往来驰骋，以夸耀于诸侯，让天下人都知道太后和皇上宠爱他。如今梁国使者到来，总是被查问责备。梁王惊恐，日夜哭泣思慕，不知如何是好。为什么梁王行人子之孝、尽臣子之忠，而太后却不加体恤呢？"大长公主将这些话全都告诉了太后，太后高兴地说："我要替他把这些话告诉皇帝。"转告之后，景帝的心结才解开，而且摘下冠冕向太后致歉说："我们兄弟之间不能相互劝教，才给太后徒增忧愁。"于是接见了梁国的全部使者，丰厚赏赐了他们。这之后梁王更加被亲近宠爱了。太后、长公主又赏赐韩安国价值约千余金的财物。韩安国的名声由此显扬，与朝廷建立了联系。

此后韩安国因为犯法被判罪，蒙县的狱吏田甲侮辱韩安国。韩安国说："死灰难道就不会复燃吗？"田甲说："复燃就撒尿浇灭它。"过了不久，梁国内史的

职位空缺，汉朝廷派使者任命韩安国为梁国内史，他从囚徒中被起用，担任二千石级官员。田甲逃走了。韩安国说："田甲不回来就任，我就灭他的全族。"田甲便脱衣肉袒前去谢罪。韩安国笑着说："你可以撒尿了！像你们这等人值得我惩治吗？"但最终善待田甲。

梁国内史空缺时，梁孝王刚得到齐人公孙诡，很喜欢他，想请他担任内史。窦太后听说后，就诏令梁孝王任命韩安国为内史。

公孙诡、羊胜劝说梁孝王向景帝请求做太子及增加他封地的事，唯恐汉朝大臣不听，就暗中派人刺杀汉朝当权的谋臣。等到杀了原吴国国相袁盎，景帝便听说了公孙诡、羊胜等人的谋划，于是派使者去抓捕公孙诡和羊胜，一定要抓到他们。汉朝派十批使者到达梁国，自梁国国相以下在全国大搜捕，一个多月还是没有抓到。内史韩安国听说公孙诡、羊胜藏匿在梁孝王宫中，韩安国入宫觐见孝王，哭着说："主上受辱，我应当死。大王没有优良的臣子，所以事情才紊乱到如此地步。如今公孙诡、羊胜没有抓到，请让我辞去官职，赐我一死。"孝王道："何必这样呢？"韩安国泪下数行，说："大王自己忖度与皇帝的关系，相比太上皇与高皇帝及皇帝与临江王的关系，哪个更亲密呢？"孝王

汉使使者拜安国为梁内史，起徒中为二千石。田甲亡走。安国曰："甲不就官，我灭而宗。"甲因肉袒谢。安国笑曰："可溺矣！公等足与治乎？"卒善遇之。

梁内史之缺也，孝王新得齐人公孙诡，说之，欲请以为内史。窦太后闻，乃诏王以安国为内史。

公孙诡、羊胜说孝王求为帝太子及益地事，恐汉大臣不听，乃阴使人刺汉用事谋臣。及杀故吴相袁盎，景帝遂闻诡、胜等计画，乃遣使捕诡、胜，必得。汉使十辈至梁，相以下举国大索，月余不得。内史安国闻诡、胜匿孝王所，安国入见王而泣曰："主辱臣死。大王无良臣，故事纷纷至此。今诡、胜不得，请辞赐死。"王曰："何至此？"安国泣数行下，曰："大王自度于皇帝，孰与太上皇之与高皇帝及皇帝之与临江王亲？"孝王曰："弗如也。"安国曰："夫太上、临江亲父子之间，然而高帝曰'提三尺

剑取天下者朕也’，故太上皇终不得制事，居于栎阳。临江王，適长太子也，以一言过，废王临江；用宫垣事，卒自杀中尉府。何者？治天下终不以私乱公。语曰：‘虽有亲父，安知其不为虎？虽有亲兄，安知其不为狼？’今大王列在诸侯，悦一邪臣浮说，犯上禁，桡明法。天子以太后故，不忍致法于王。太后日夜涕泣，幸大王自改，而大王终不觉寤。有如太后宫车即晏驾，大王尚谁攀乎？”语未卒，孝王泣数行下，谢安国曰：“吾今出诡、胜。”诡、胜自杀。汉使还报，梁事皆得释，安国之力也。于是景帝、太后益重安国。孝王卒，共王即位，安国坐法失官，居家。

建元中，武安侯田蚡为汉太尉，亲贵用事，安国以五百金物遗蚡。蚡言安国太后，天子亦素闻其贤，即召以为北地

说：“我不如他们亲密。”韩安国说：“太上皇、临江王与高皇帝、皇帝之间都是父子之亲，然而高帝说‘手提三尺剑夺取天下的人是我’，所以太上皇最终不能过问政事，居住在栎阳宫。临江王是嫡长子身份的太子，只因他母亲一句话的过错，就被废黜降为临江王；又因建宫室时侵占了祖庙墙内空地，最终在中尉府中自杀。为什么呢？因为治理天下终究不能以私乱公。俗话说：‘虽是亲生父亲，怎么知道他不会变成老虎呢？虽说是亲兄弟，怎么知道他不会变成狼呢？’如今大王位列诸侯，却听信一个邪恶臣子的虚浮妄言，违反皇上的禁令，阻挠彰明法纪。天子出于太后的缘故，不忍心用法令治罪于大王。太后日夜哭泣，希望大王能自行改过，大王却始终不醒悟。假如有一天太后突然逝世，大王还能攀附谁呢？”话没说完，孝王泪下数行，向韩安国道歉说：“我如今就交出公孙诡、羊胜。”公孙诡、羊胜自杀。汉廷的使者回京禀报，梁国的事件都得以解决，这是韩安国之力啊。于是景帝、太后更加看重韩安国。孝王去世，共王即位，韩安国因犯法失去官职，闲居在家。

建元年间，武安侯田蚡担任汉朝太尉，受到亲近而显贵，执掌大权，韩安国拿出价值五百金的东西送给田蚡。田蚡向太后说到韩安国，天子平时也听说过韩安

国的贤能，就把他召来任命他为北地都尉，后迁升他为大司农。闽越、南越互相攻伐，韩安国和大行王恢领兵出征。还没到越地，越人杀了他们的国王投降汉朝，汉朝也就罢兵。建元六年，武安侯为丞相，韩安国为御史大夫。

匈奴前来请求和亲，天子下交群臣商议。大行王恢是燕地人，多次出任边郡官吏，熟知匈奴的情况。他议论说："汉朝与匈奴和亲，大约不过几年匈奴就又背弃和约。不如不要答应，发兵攻打它。"韩安国说："行军千里去打仗，对军队没有好处。如今匈奴依仗兵马充足，怀有禽兽之心，迁徙如群鸟飞翔，很难制服他们。得到他们的土地也不能算是开疆拓土，拥有他们的百姓也不能算强大。自上古时期他们就不属于汉朝子民。汉朝去几千里以外争夺利益，就会人马疲惫，敌人就会以全盛的优势来攻击我们的弱点。况且强弩之末，连鲁缟也射不穿；劲风之末，风力不能飘起鸿毛。并非开始时力不强劲，而是到了最后力量衰竭了。远征匈奴有诸多不便，不如和亲。"群臣中议论的人多数附和韩安国，于是皇上应允和亲。

第二年，也就是元光元年，雁门马邑的豪绅聂翁壹通过大行王恢向皇上进言说："匈奴刚与汉和亲，亲近信任边民，可以拿财利去引诱他们。"就暗中派聂翁

都尉，迁为大司农。闽越、南越相攻，安国及大行王恢将兵。未至越，越杀其王降，汉兵亦罢。建元六年，武安侯为丞相，安国为御史大夫。

匈奴来请和亲，天子下议。大行王恢，燕人也，数为边吏，习知胡事。议曰："汉与匈奴和亲，率不过数岁即复倍约。不如勿许，兴兵击之。"安国曰："千里而战，兵不获利。今匈奴负戎马之足，怀禽兽之心，迁徙鸟举，难得而制也。得其地不足以为广，有其众不足以为强。自上古不属为人。汉数千里争利，则人马罢，虏以全制其敝。且强弩之极，矢不能穿鲁缟；冲风之末，力不能漂鸿毛。非初不劲，末力衰也。击之不便，不如和亲。"群臣议者多附安国，于是上许和亲。

其明年，则元光元年，雁门马邑豪聂翁壹因大行王恢言上曰："匈奴初和亲，亲信边，可诱以利。"阴使聂翁壹为间，

亡入匈奴，谓单于曰："吾能斩马邑令丞吏，以城降，财物可尽得。"单于爱信之，以为然，许聂翁壹。聂翁壹乃还，诈斩死罪囚，县其头马邑城，示单于使者为信。曰："马邑长吏已死，可急来。"于是单于穿塞将十余万骑，入武州塞。

当是时，汉伏兵车骑材官三十余万，匿马邑旁谷中。卫尉李广为骁骑将军，太仆公孙贺为轻车将军，大行王恢为将屯将军，太中大夫李息为材官将军。御史大夫韩安国为护军将军，诸将皆属护军。约单于入马邑而汉兵纵发。王恢、李息、李广别从代主击其辎重。于是单于入汉长城武州塞，未至马邑百余里，行掠卤，徒见畜牧于野，不见一人。单于怪之，攻烽燧，得武州尉史。欲刺，问尉史，尉史曰："汉兵数十万伏马邑下。"单于顾谓左右曰："几为汉所卖！"乃引兵还。出塞，曰："吾得尉史，乃天也。"命尉史为"天王"。

壹为间谍，逃入匈奴，对单于说："我能斩杀马邑城的县令、县丞等官吏，率全城来投降您，财物可全部得到。"单于宠爱并信任他，认为他说得对，就答应了聂翁壹。聂翁壹便返回，斩了死囚的人头，假装是马邑官吏的人头，把他们的人头悬挂在马邑城上，以展示给单于的使者让他们相信。聂翁壹说："马邑长官已经死了，可快快过来。"于是单于率领十多万骑兵穿过边塞，进入武州塞。

当时，汉朝埋伏了战车、骑兵、步兵三十多万，隐藏于马邑城旁的山谷中。卫尉李广担任骁骑将军，太仆公孙贺担任轻车将军，大行王恢担任将屯将军，太中大夫李息担任材官将军。御史大夫韩安国担任护军将军，诸将都隶属于护军将军。约定单于进入马邑城后，汉军就纵兵出击。王恢、李息、李广另外从代郡主攻匈奴的辎重车辆。这时单于进入汉长城武州塞，没到马邑，还有一百多里，将要抢夺劫掠，可是只看见牲畜被放牧于荒野，却不见一个人。单于对此觉得奇怪，就攻打烽燧，抓到武州尉史。想审问尉史打探情况，尉史说："汉兵有几十万人埋伏在马邑城下。"单于回头对左右侍从说："几乎被汉人所出卖！"于是领兵撤退。出了边塞，单于说："我得到尉史，这是天意啊。"称尉史为"天王"。塞下传报说单于已经领兵撤退。汉军追到边塞，估计追不上，就罢兵了。王恢等人的军队三万人，听说单于没有与汉军交战，估计前去攻打匈奴的辎重车辆，一定会与单于的精兵交战，汉军势必会失败，于是权衡利害后决定罢兵，都无功而返。

天子恼怒王恢不出击单于的辎重车辆，擅自引兵退却。王恢说："当初约定匈奴进入马邑城，军队与单于接战，而后我攻击他们的辎重，这样才有利可得。如今单于听到消息，没到马邑就撤军，我凭三万人马敌不过他们，只会招致耻辱。我当然知道回师就会被斩，但这样可以保全陛下的三万人马。"于是皇上把王恢下交廷尉治罪。廷尉判王恢避敌观望，应当斩首。王恢私下拿千金贿赂丞相田蚡。田蚡不敢向皇上求情，就对太后说道："王恢首先策划马邑诱敌的事，如今没有成功却诛杀王恢，这是为匈奴报仇啊。"皇上朝见太后时，太后把丞相的话告诉了皇上。皇上说："首先策划马邑之事的人就是王恢，所以调动天下几十万兵马，听从他的话，诱击匈奴。况且纵使单于抓不到，王恢所率部队能攻击单于的辎重车辆，也能大有收获，以安慰士大夫之心。如今不杀王恢，无以谢天下。"于是王恢听说这话后，就自杀了。

韩安国为人多有大谋略，他的才智

塞下传言单于已引去。汉兵追至塞，度弗及，即罢。王恢等兵三万，闻单于不与汉合，度往击辎重，必与单于精兵战，汉兵势必败，则以便宜罢兵，皆无功。

天子怒王恢不出击单于辎重，擅引兵罢也。恢曰："始约虏入马邑城，兵与单于接，而臣击其辎重，可得利。今单于闻，不至而还，臣以三万人众不敌，祗取辱耳。臣固知还而斩，然得完陛下士三万人。"于是下恢廷尉。廷尉当恢逗桡，当斩。恢私行千金丞相蚡。蚡不敢言上，而言于太后曰："王恢首造马邑事，今不成而诛恢，是为匈奴报仇也。"上朝太后，太后以丞相言告上。上曰："首为马邑事者，恢也，故发天下兵数十万，从其言，为此。且纵单于不可得，恢所部击其辎重，犹颇可得，以慰士大夫心。今不诛恢，无以谢天下。"于是恢闻之，乃自杀。

安国为人多大略，智足以

当世取合，而出于忠厚焉。贪嗜于财，然所推举皆廉士贤于己者也。于梁举壶遂、臧固、郅他，皆天下名士，士亦以此称慕之，唯天子以为国器。安国为御史大夫四岁余，丞相田蚡死，安国行丞相事，奉引堕车蹇。天子议置相，欲用安国，使使视之，蹇甚，乃更以平棘侯薛泽为丞相。安国病免数月，蹇愈，上复以安国为中尉。岁余，徙为卫尉。

车骑将军卫青击匈奴，出上谷，破胡茏城。将军李广为匈奴所得，复失之；公孙敖大亡卒：皆当斩，赎为庶人。明年，匈奴大入边，杀辽西太守，及入雁门，所杀略数千人。车骑将军卫青击之，出雁门。卫尉安国为材官将军，屯于渔阳。安国捕生虏，言匈奴远去。即上书言方田作时，请且罢军屯。罢军屯月余，匈奴大入上谷、渔阳。安国壁乃有七百余人，出与战，不胜，复入壁。匈奴虏略千余人及畜产而去。天子闻之，怒，使使责让安国，徙

足以与世俗相合，而为人忠厚。他贪嗜钱财，然而他所推举的都是清廉、比他自己贤能的人。他在梁国举荐了壶遂、臧固、郅他，都是天下名士，士人也因此称道仰慕他，就是天子也认为他是国家栋梁。韩安国担任御史大夫四年多，丞相田蚡去世，韩安国代行丞相职务，他给天子导引车驾时坠下车，跌伤了脚。天子商议任命丞相，想任韩安国为丞相，派使者去探视他，他的脚跛得厉害，就改任平棘侯薛泽为丞相。韩安国因病免职几个月，跛脚痊愈，皇上又任命韩安国为中尉。一年多后，迁升为卫尉。

车骑将军卫青攻打匈奴，兵出上谷，在茏城击败匈奴。将军李广被匈奴俘虏，又逃脱了；公孙敖损失了大量士兵：二人都应当处斩，最后缴纳赎金贬为庶人。第二年，匈奴大举侵入边境，杀了辽西太守，待侵入雁门，杀死掳掠几千人。车骑将军卫青攻打他们，兵出雁门。卫尉韩安国担任材官将军，在渔阳屯兵。韩安国捉到俘虏，俘虏说匈奴远去了。他就上书说正是农耕时节，请求暂且停止屯兵。停止屯兵一个多月，匈奴大举入侵上谷、渔阳。韩安国的军营只有七百多人，出击与匈奴交战，没能取胜，又撤回军营。匈奴掳掠一千多人及牲畜后离去。天子听说这件事大怒，派使者责备韩安国，让韩安国再往

东迁移，在右北平屯兵。这时被俘虏的匈奴人说要侵入东方。

韩安国当初担任御史大夫和护军将军，后来渐渐被排斥疏远，贬官降职；而新得宠的年轻将军卫青等有军功，更加显贵。韩安国被疏远后，也就默默无闻了；他领军驻防又被匈奴欺凌，损失伤亡很多，心中很惭愧。希望能够罢兵回朝，却被调往更东边的地方驻守，心中失意而闷闷不乐。几个月后，得病呕血而死。韩安国在元朔二年去世。

太史公说：我与壶遂审定律历，观察韩长孺的德义，想到壶遂的深沉中含藏忠厚。世人说梁国多仁德之人，不是虚言啊！壶遂官职做到了詹事，天子正要依仗他来做汉朝的丞相，偏巧壶遂去世了。不然的话，壶遂为人廉洁、行为端正，这真是谦恭谨慎的君子啊。

安国益东，屯右北平。是时匈奴虏言当入东方。

安国始为御史大夫及护军，后稍斥疏，下迁；而新幸壮将军卫青等有功，益贵。安国既疏远，默默也；将屯又为匈奴所欺，失亡多，甚自愧。幸得罢归，乃益东徙屯，意忽忽不乐。数月，病欧血死。安国以元朔二年中卒。

太史公曰：余与壶遂定律历，观韩长孺之义，壶遂之深中隐厚。世之言梁多长者，不虚哉！壶遂官至詹事，天子方倚以为汉相，会遂卒。不然，壶遂之内廉行修，斯鞠躬君子也。

李广　李陵

李广

李将军李广，是陇西成纪人。他的先祖叫李信，在秦朝时任将军，就是追捕俘虏燕国太子丹的那位将军。他的故乡在槐里，后来迁到成纪。李广家世代传习射箭之术。孝文帝十四年，匈奴大举入侵萧关，李广以良家子弟的身份从军攻打匈奴，因为他擅长骑马射箭，斩杀敌人很多，做了汉朝的中郎。李广的堂弟李蔡也做了中郎，二人都担任武骑常侍，俸禄八百石。李广曾经随从皇上出行，有冲锋陷阵、抵御敌人，以及格杀猛兽的事迹，而文帝说："可惜啊，你没有遇到好时机！如果让你生在高帝的年代，封个万户侯还在话下吗！"

到孝景帝刚即位时，李广担任陇西都尉，迁封为骑郎将。吴、楚起兵时，李广担任骁骑都尉，跟随太尉周亚夫反击吴、楚叛军，他夺取了叛军的军旗，在昌邑城下显功扬名。因梁王私自把将军印授给李广，回朝后，朝廷没有赏赐他。他被调任为上谷太守，匈奴每天都来交战。典属国

李将军广者，陇西成纪人也。其先曰李信，秦时为将，逐得燕太子丹者也。故槐里，徙成纪。广家世世受射。孝文帝十四年，匈奴大入萧关，而广以良家子从军击胡，用善骑射，杀首虏多，为汉中郎。广从弟李蔡亦为郎，皆为武骑常侍，秩八百石。尝从行，有所冲陷折关及格猛兽，而文帝曰："惜乎，子不遇时！如令子当高帝时，万户侯岂足道哉！"

及孝景初立，广为陇西都尉，徙为骑郎将。吴、楚军时，广为骁骑都尉，从太尉亚夫击吴、楚军，取旗，显功名昌邑下。以梁王授广将军印，还，赏不行。徙为上谷太守，匈奴日以合战。典属国公孙昆邪为上泣曰：

"李广才气，天下无双，自负其能，数与虏敌战，恐亡之。"于是乃徙为上郡太守。后广转为边郡太守，徙上郡。尝为陇西、北地、雁门、代郡、云中太守，皆为力战为名。

匈奴大入上郡，天子使中贵人从广勒习兵击匈奴。中贵人将骑数十纵，见匈奴三人，与战。三人还射，伤中贵人，杀其骑且尽。中贵人走广，广曰："是必射雕者也。"广乃遂从百骑往驰三人。三人亡马步行，行数十里。广令其骑张左右翼，而广身自射彼三人者，杀其二人，生得一人，果匈奴射雕者也。已缚之上马，望匈奴有数千骑，见广，以为诱骑，皆惊，上山陈。广之百骑皆大恐，欲驰还走。广曰："吾去大军数十里，今如此以百骑走，匈奴追射我立尽。今我留，匈奴必以我为大军之诱，必不敢击我。"广令诸骑曰："前！"前未到匈奴陈二里所，止，令曰："皆下马解鞍！"其骑曰："虏多且近，即有急，奈何？"广曰："彼虏以我为走，今皆

公孙昆邪哭着对皇上说："李广才气天下无双，他自恃有本领，多次与匈奴正面交战，我担心他会战没。"于是调任他为上郡太守。后来李广转任边境各郡的太守，又调任上郡太守。他曾经担任陇西、北地、雁门、代郡、云中太守，都以奋力作战而闻名。

匈奴大举入侵上郡，天子派一位身边宠信的近臣跟随李广学习带兵攻打匈奴。近臣率领几十名骑兵纵马驰骋，遇见三个匈奴人，与之交战。三个匈奴人转身射箭，射伤了近臣，几乎杀光了他的那些骑兵。近臣逃到李广那里，李广说："那必定是匈奴的射雕手。"李广于是带上一百名骑兵前去追击那三人。那三人失去马匹而步行，步行了几十里。李广令他的骑兵张开左右两翼包抄，而李广亲自去射杀那三人，杀死其中二人，活捉一人，果然是匈奴的射雕手。把那人绑上马后，望见有几千名匈奴骑兵，他们看到李广，以为是诱敌的骑兵，都惊慌失措，跑上山摆好了阵势。李广的一百名骑兵也都大为惊恐，想驰马返回逃跑。李广说："我们离开大军几十里，如今这种情况，凭一百名骑兵逃跑，匈奴追击射杀，我们会立刻被杀光的。如今我们停留不走，匈奴必定以为我们是大军的诱敌之兵，一定不敢攻打我们。"李广命令众骑兵说："前进！"前进到离匈奴阵地二里的地方，停下来，下令说："全

都下马解下马鞍！"他的骑兵说："敌军人数多而且离得近，如果有紧急情况怎么办？"李广说："那些敌人以为我们会逃跑，如今我们全都解下马鞍来表示不跑，这样就能让他们坚定地以为我们是诱敌之兵。"于是匈奴骑兵最终不敢来攻击。有个骑白马的匈奴将领出阵来监督他的士兵，李广上马与十几名骑兵奔驰射杀了那名骑白马的匈奴将军，而后又返回到自己的骑兵中，解下马鞍，命令士兵全都放开马，躺卧下去。这时正值日暮黄昏，匈奴兵始终觉得此事奇怪，不敢攻击。半夜时，匈奴兵也以为汉朝有伏兵在旁边，想在夜间偷袭，匈奴就都领兵而去。第二天早晨，李广才回到他的大军中。大军不知道李广去向，所以没有前去接应。

过了很久，孝景帝驾崩，武帝即位，左右大臣都认为李广是名将，于是李广以上郡太守的身份做了未央宫卫尉，而程不识也做了长乐宫卫尉。程不识从前与李广一起作为边郡太守领兵屯驻。等到出兵攻打匈奴时，李广行军没有严格的队列和阵势，靠近水草丰茂的地方屯兵，停宿的地方，人人都感到便利，晚上也不打更自卫，幕府简化各种文书簿籍，但在远处布置了哨兵，未曾遇到过危险。程不识整肃队伍的编制、行伍队列和阵营，夜间打更，官兵处理军中簿籍要到天明，军队得不到

解鞍以示不走，用坚其意。"于是胡骑遂不敢击。有白马将出护其兵，李广上马，与十余骑奔射杀胡白马将，而复还至其骑中，解鞍，令士皆纵马卧。是时会暮，胡兵终怪之，不敢击。夜半时，胡兵亦以为汉有伏军于旁欲夜取之，胡皆引兵而去。平旦，李广乃归其大军。大军不知广所之，故弗从。

居久之，孝景崩，武帝立，左右以为广名将也，于是广以上郡太守为未央卫尉，而程不识亦为长乐卫尉。程不识故与李广俱以边太守将军屯。及出击胡，而广行无部伍行阵，就善水草屯，舍止，人人自便，不击刀斗以自卫，莫府省约文书籍事，然亦远斥候，未尝遇害。程不识正部曲行伍营陈，击刀斗，士吏治军簿至明，军不得休息，然亦未尝遇害。不识曰：

李广

"李广军极简易，然虏卒犯之，无以禁也；而其士卒亦佚乐，咸乐为之死。我军虽烦扰，然虏亦不得犯我。"是时汉边郡李广、程不识皆为名将，然匈奴畏李广之略，士卒亦多乐从李广而苦程不识。程不识孝景时以数直谏为太中大夫，为人廉，谨于文法。

后汉以马邑城诱单于，使大军伏马邑旁谷，而广为骁骑将军，领属护军将军。是时单于觉之，去，汉军皆无功。其后四岁，广以卫尉为将军，出雁门击匈奴。匈奴兵多，破败广军，生得广。单于素闻广贤，令曰："得李广必生致之。"胡骑得广，广时伤病，置广两马间，络而盛卧广。行十余里，广详死，睨其旁有一胡儿骑善马，广暂腾而上胡儿马，因推堕儿，取其弓，鞭马南驰数十里，复得其余军，因引而入塞。匈奴捕者骑数百追之，广行取胡儿弓，射杀追骑，以故得脱。于是至汉，汉下广吏。吏当广所失亡多，为虏所生得，当斩，

休息，但也未曾遇到过危险。程不识说："李广的军队极其简便易行，然而敌军如果突然进犯他，他就无法阻挡了；他的士兵也倒安逸快乐，全都乐于为他拼死。我军虽然烦劳忙碌，然而敌军也不敢来侵犯我。"这时汉朝边郡的李广、程不识都是名将，然而匈奴害怕李广的谋略，士兵也大多乐于跟随李广而苦于跟随程不识。程不识在孝景帝时由于多次直言进谏被封为太中大夫，他为人廉正，谨慎处理文书法令。

后来，汉朝用马邑城引诱单于，派大军埋伏在马邑城旁的山谷中，李广担任骁骑将军，属护军将军统领。这时单于察觉了汉朝的意图，就逃跑了，汉军都没有功劳。这以后四年，李广从卫尉升任为将军，出兵雁门攻打匈奴。匈奴兵多，击败李广的军队，生擒李广。单于一直听说李广贤能，下令说："抓到李广一定要活着送来。"匈奴骑兵俘获李广，李广当时受伤有病，就把李广放在两马之间，他被装在绳编的网兜里躺着。走了十多里，李广佯装死去，斜眼看到他旁边有个匈奴人骑着一匹好马，李广突然纵身跳上那匈奴人的马，顺势把那人推下马，夺了他的弓，策马向南奔驰了几十里，又找到了他的残部，趁机领兵进入边塞。匈奴派出几百名骑兵去追捕他，李广边逃边拿起那匈奴人的弓箭射杀追来的骑兵，因此得以逃脱。于是回到汉朝，

朝廷把李广下交给法官处理。法官判李广损失伤亡太多，又被匈奴所生擒，应当斩首，后来他缴纳赎金被贬为庶人。

转眼间，李广在家已闲居几年。李广与已故颍阴侯的孙子一起隐居在蓝田，常去南山射猎。他曾经在一天夜里带着一名骑士外出，与别人在田间饮酒。回来到达霸陵亭时，霸陵尉喝醉了，大声呵斥，禁止李广通行。李广的随从说："这是前任李将军。"霸陵尉说："当今将军尚且不得夜间通行，何况是前任呢！"便扣留了李广，让他留宿在霸陵亭下。过了不久，匈奴入侵杀了辽西太守，打败韩将军，后来韩将军被调任到右北平。于是天子就召见李广，任命他为右北平太守。李广随即请求派霸陵尉一起赴任，到了军中就把他杀了。

李广据守右北平，匈奴听说后，称他为"汉朝的飞将军"，躲避他好几年，不敢侵入右北平。

李广外出打猎，看见草中石头，以为是老虎，就去射它，射中石头，箭头都射进去了，走近一看原来是石头。接着重新再射，始终不能再射进石头了。李广听说他所在的郡有老虎，他曾经亲自去射杀老虎。等他据守右北平时，有次去射虎，老虎腾空跃起伤了李广，李广也最终射杀了老虎。

赎为庶人。

顷之，家居数岁。广家与故颍阴侯孙屏野居蓝田南山中射猎。尝夜从一骑出，从人田间饮。还至霸陵亭，霸陵尉醉，呵止广。广骑曰："故李将军。"尉曰："今将军尚不得夜行，何乃故也！"止广宿亭下。居无何，匈奴入杀辽西太守，败韩将军，后韩将军徙右北平。于是天子乃召拜广为右北平太守。广即请霸陵尉与俱，至军而斩之。

广居右北平，匈奴闻之，号曰"汉之飞将军"，避之，数岁不敢入右北平。

广出猎，见草中石，以为虎而射之，中石没镞，视之，石也。因复更射之，终不能复入石矣。广所居郡闻有虎，尝自射之。及居右北平射虎，虎腾伤广，广亦竟射杀之。

广廉，得赏赐辄分其麾下，饮食与士共之。终广之身，为二千石四十余年，家无余财，终不言家产事。广为人长，猿臂，其善射亦天性也，虽其子孙他人学者，莫能及广。广讷口少言，与人居则画地为军陈，射阔狭以饮。专以射为戏，竟死。广之将兵，乏绝之处，见水，士卒不尽饮，广不近水，士卒不尽食，广不尝食。宽缓不苛，士以此爱乐为用。其射，见敌急，非在数十步之内，度不中不发，发即应弦而倒。用此，其将兵数困辱，其射猛兽亦为所伤云。

李广清廉，得到赏赐动辄分给他的部下，饮食总与士兵在一起。终其一生，担任二千石级官职四十多年，家中没有多余的财物，始终也不谈及置办家产之事。李广身材高大，长臂如猿，他擅长射箭也是因为有天赋，即使他的子孙或外人向他学习，也没人能赶上他。李广嘴笨说话少，与别人在一起时就在地上画军阵，然后比赛射军阵图，射中窄的行列为胜，射中宽的或没射中都为败，败的人罚酒。他专以射箭为游戏，一直到死。李广领兵，遇到缺粮断水的地方，见到水，士兵没有全部喝到水，李广不去靠近水，士兵没有全部吃到饭，李广不吃一口饭。他对士兵宽容和缓，从不苛刻，士兵因此爱戴他，乐于替他效力。他射箭时，见敌人急冲而来，如果不在几十步之内，估计射不中就不发箭，只要一发箭，敌人便应声而倒。正因如此他领兵多次狼狈被困，他射杀猛兽有时也被猛兽所伤。

居顷之，石建卒，于是上召广代建为郎中令。元朔六年，广复为后将军，从大将军军出定襄，击匈奴。诸将多中首虏率，以功为侯者，而广军无功。后二岁，广以郎中令将四千骑出右北平，博望侯张骞将万骑与广俱，异道。行可数百里，匈

过了不久，石建去世，于是皇上召见李广接替石建任郎中令。元朔六年，李广又担任后将军，跟随大将军的军队兵出定襄，攻打匈奴。许多将领因斩杀敌人首级符合规定数额，凭战功被封为侯，而李广的军队却没有战功。过了两年，李广以郎中令的身份率领四千骑兵出右北平，博望侯张骞率领一万骑兵与李广一同出征，兵

分两路。行军大约几百里，匈奴左贤王率领四万骑兵包围了李广。李广的士兵都很惊恐，李广就派他的儿子李敢骑马前往匈奴军中奔驰。李敢独自与几十名骑兵驰往，直穿匈奴骑兵阵，又从其左右两翼突围而归，报告李广说："匈奴敌兵很容易对付。"士兵这才安心。李广布成圆形阵势，朝向外面，匈奴猛攻汉军，箭如雨下。汉军死者过半，汉军的箭也快用光了。李广就命令士兵拉满弓不要发箭，而李广亲自用大黄弩弓射匈奴的副将，杀了几人，匈奴军才渐渐散开。正值日暮黄昏，军吏士兵都面无人色，而李广却神态自若，更加注意整顿军队。军中从此都很佩服他的勇敢。第二天，又奋力作战，而博望侯的军队也赶到了，匈奴军才解围退去。汉军疲惫，没能追击。这时李广的军队几乎全军覆没，只好收兵回朝。按汉朝法律，博望侯行军迟缓，延误军期，应处死刑，缴纳赎金贬为庶人。李广军功过相抵，没有封赏。

当初，李广的堂弟李蔡与李广一起侍奉孝文帝。景帝时，李蔡累积功劳已做到两千石级的官员。孝武帝时，李蔡官至代国国相。李蔡在元朔五年被任命为轻车将军，跟随大将军攻打右贤王，立有军功，达到斩杀敌人首级的规定，封为乐安侯。元狩二年中，代公孙弘担任丞相。李蔡的才干在下中等，名声在李广之下，和

奴左贤王将四万骑围广。广军士皆恐，广乃使其子敢往驰之。敢独与数十骑驰，直贯胡骑，出其左右而还，告广曰："胡虏易与耳。"军士乃安。广为圜陈外向，胡急击之，矢下如雨。汉兵死者过半，汉矢且尽。广乃令士持满毋发，而广身自以大黄射其裨将，杀数人，胡虏益解。会日暮，吏士皆无人色，而广意气自如，益治军。军中自是服其勇也。明日，复力战，而博望侯军亦至，匈奴军乃解去。汉军罢，弗能追。是时广军几没，罢归。汉法，博望侯留迟后期，当死，赎为庶人。广军功自如，无赏。

初，广之从弟李蔡与广俱事孝文帝。景帝时，蔡积功劳至二千石。孝武帝时，至代相。以元朔五年为轻车将军，从大将军击右贤王，有功中率，封为乐安侯。元狩二年中，代公孙弘为丞相。蔡为人在下中，名声出广下甚远，然广不得爵

邑，官不过九卿，而蔡为列侯，位至三公。诸广之军吏及士卒或取封侯。广尝与望气王朔燕语，曰："自汉击匈奴而广未尝不在其中，而诸部校尉以下，才能不及中人，然以击胡军功取侯者数十人，而广不为后人，然无尺寸之功以得封邑者，何也？岂吾相不当侯邪？且固命也？"朔曰："将军自念，岂尝有所恨乎？"广曰："吾尝为陇西守，羌尝反，吾诱而降，降者八百余人，吾诈而同日杀之。至今大恨独此耳。"朔曰："祸莫大于杀已降，此乃将军所以不得侯者也。"

后二岁，大将军、骠骑将军大出击匈奴，广数自请行。天子以为老，弗许；良久乃许之，以为前将军。是岁，元狩四年也。

广既从大将军青击匈奴，既出塞，青捕虏知单于所居，乃自以精兵走之，而令广并于右将军军，出东道。东道少回远，而大军行水草少，其势不

李广相差很远，然而李广没有得到爵位和封邑，官位不过九卿，而李蔡却被封为列侯，位居三公。李广属下的许多军吏及士兵也获封侯爵。李广曾经与星象家王朔私下闲谈，说："自汉朝攻打匈奴以来，我李广未曾不参与其中，而各部队校尉以下军官，才能不及平常人，却因攻打匈奴获得军功得以封侯的有几十人，而我李广不在人后，却无尺寸之功来取得封邑，这是为什么呢？难道是我的骨相就不该封侯吗？还是本来就命该如此呢？"王朔说："将军自己回想一下，难道曾有悔恨的事吗？"李广说："我之前担任陇西太守时，羌人曾反叛，我诱骗他们投降，投降的有八百多人，我用欺诈手段在一天中把他们都杀了。至今让我最悔恨的只有这事。"王朔说："祸患没有比杀死已投降的人更大的了，这就是将军不能封侯的原因了。"

两年后，大将军、骠骑将军大举出击匈奴，李广几次亲自请求随行。天子认为他年老，没有答应；过了很久才答应他，任命他为前将军。这年是元狩四年。

李广跟随大将军卫青攻打匈奴，出塞之后，卫青捉到俘虏，得知单于所居之地，就亲自率领精兵追击单于，而命令李广与右将军的军队合并，兵出东道。东道有些迂回绕远，而且大军所行之处水草稀少，

势必不能并行前进。李广亲自请求说："我的职务是前将军，如今大将军却命令改从东道出兵，况且我从年少时就与匈奴作战，如今才得以与单于对敌，我希望做前锋，先与单于决一死战。"大将军卫青曾暗中受到皇上的告诫，认为李广年老，运气不好，不要让他与单于对敌，恐怕不能实现俘获单于的想法。而这时公孙敖刚失去侯爵，担任中将军跟随大将军，大将军也想让公孙敖和自己一起对抗单于，所以把前将军李广调开。李广当时也知道内情，所以坚持向大将军请求。大将军没有听从，命令长史写文书送到李广的幕府，说："赶快到右将军部队中去，按照文书行事。"李广不向大将军辞行就起程了，心中非常恼怒地前往军部，领兵与右将军赵食其会师，兵出东道。大军没有向导，有时迷失道路，落在大将军后面。大将军与单于交战，单于遁逃，大将军没能追上只好回军。向南越过大漠，遇到了前将军和右将军。李广见到大将军之后，就回到自己军中。大将军派长史带着干粮和酒送给李广，顺便向李广和赵食其询问迷失道路的情况，卫青想上书禀报天子行军曲折的原委。李广没有回答，大将军派长史急切责令李广幕府的人员受审对质。李广说："各校尉无罪，是我自己迷失道路。我现在亲自去受审对质。"

屯行。广自请曰："臣部为前将军，今大将军乃徙令臣出东道，且臣结发而与匈奴战，今乃一得当单于，臣愿居前，先死单于。"大将军青亦阴受上诫，以为李广老，数奇，毋令当单于，恐不得所欲。而是时公孙敖新失侯，为中将军从大将军，大将军亦欲使敖与俱当单于，故徙前将军广。广时知之，固自辞于大将军。大将军不听，令长史封书与广之莫府，曰："急诣部，如书。"广不谢大将军而起行，意甚愠怒而就部，引兵与右将军食其合军出东道。军亡导，或失道，后大将军。大将军与单于接战，单于遁走，弗能得而还。南绝幕，遇前将军、右将军。广已见大将军，还入军。大将军使长史持糒醪遗广，因问广、食其失道状，青欲上书报天子军曲折。广未对，大将军使长史急责广之幕府对簿。广曰："诸校尉无罪，乃我自失道。吾今自上簿至莫府。"

广谓其麾下曰："广结发与匈奴大小七十余战，今幸从大将军出接单于兵，而大将军又徙广部行回远，而又迷失道，岂非天哉！且广年六十余矣，终不能复对刀笔之吏。"遂引刀自刭。广军士大夫一军皆哭，百姓闻之，知与不知，无老壮皆为垂涕。而右将军独下吏，当死，赎为庶人。

广子三人，曰当户、椒、敢，为郎。天子与韩嫣戏，嫣少不逊，当户击嫣，嫣走。于是天子以为勇。当户早死，拜椒为代郡太守，皆先广死。当户有遗腹子名陵。广死军时，敢从骠骑将军。广死明年，李蔡以丞相坐侵孝景园墙地，当下吏治，蔡亦自杀，不对狱，国除。李敢以校尉从骠骑将军击胡左贤王，力战，夺左贤王鼓旗，斩首多，赐爵关内侯，食邑二百户，代广为郎中令。顷之，怨大将军青之恨其父，乃击伤大将军，大将军匿讳之。居无何，敢从上雍，至甘泉宫猎。骠骑将军去病与青有亲，射杀敢。去病

李广对他的部下说："我从年少时起与匈奴打过大小七十多仗，如今有幸跟随大将军出征与单于军队交战，而大将军又调我的部队去走迂回绕远的路，而我又迷失道路，这难道不是天意吗！况且我已经六十多岁了，终究不能再去受那些刀笔小吏的侮辱。"于是拔刀自刎。李广军中的士大夫以及所有将士都为之痛哭，百姓听说这个消息后，无论认识与不认识李广的，不分老少都为之垂泪。而右将军独自被下交法官，判处死刑，后缴纳赎金被贬为庶人。

李广有三个儿子，叫李当户、李椒、李敢，都担任郎官。有次天子与韩嫣玩耍，韩嫣稍有不逊，李当户就去打韩嫣，韩嫣逃走。于是天子认为他很勇敢。李当户早死，朝廷任命李椒为代郡太守，二人都先李广而死。李当户有个遗腹子叫李陵。李广死在军中时，李敢正跟随骠骑将军。李广死后第二年，李蔡因以丞相之位侵占孝景帝陵园前的空地而获罪，应当下交法官治罪，李蔡也自杀了，不愿受审对质，封国被废除。李敢以校尉的身份跟随骠骑将军攻打匈奴左贤王，奋力作战，夺得左贤王的鼓旗，杀敌很多，因而赐封关内侯爵位，食邑二百户，代替李广担任郎中令。不久，李敢怨恨大将军卫青让他父亲含恨而死，就打伤大将军，大将军隐瞒了此事。过了不久，李敢随从皇上去雍地，到甘泉宫打

猎。骠骑将军霍去病与卫青是亲戚，就射杀了李敢。霍去病当时正显贵受宠，皇上就隐瞒真相说李敢是被鹿撞死的。过了一年多，霍去病死了。而李敢有个女儿是太子的侍妾，很受宠爱，李敢的儿子李禹也受宠于太子，但他贪财好利，李氏就日渐败落衰微了。

李陵成年之后，被选为建章监，监管所有骑兵。他擅长射箭，爱护士兵。天子认为李氏世代为将，就派他率领八百骑兵。他曾经深入匈奴境内二千多里，穿过居延海视察地形，没有遇见敌人就返回了。后来他被任命为骑都尉，统领丹阳的五千楚兵，在酒泉、张掖教习射箭，以屯兵防备匈奴。

几年后，天汉二年秋天，贰师将军李广利率领三万骑兵在祁连山攻打匈奴右贤王，而派李陵率领他的步兵射手五千人，兵出居延以北一千多里，想以此分散匈奴兵力，不让他们专门去追击贰师将军。李陵到预定的日期返回，单于却率兵八万围攻李陵的军队。李陵军只有五千人，箭都射光了，士兵死伤过半，而他们所杀死杀伤的匈奴也有一万多人。他们边退边战，接连战斗了八天，退到离居延一百多里的地方，匈奴拦住狭窄的山谷，截断他们的退路。李陵军队缺乏粮食而且等不到救兵，

时方贵幸，上讳云鹿触杀之。居岁余，去病死。而敢有女为太子中人，爱幸，敢男禹有宠于太子，然好利，李氏陵迟衰微矣。

李陵

李陵既壮，选为建章监，监诸骑。善射，爱士卒。天子以为李氏世将，而使将八百骑。尝深入匈奴二千余里，过居延视地形，无所见虏而还。拜为骑都尉，将丹阳楚人五千人，教射酒泉、张掖以屯卫胡。

数岁，天汉二年秋，贰师将军李广利将三万骑击匈奴右贤王于祁连天山，而使陵将其射士步兵五千人出居延北可千余里，欲以分匈奴兵，毋令专走贰师也。陵既至期还，而单于以兵八万围击陵军。陵军五千人，兵矢既尽，士死者过半，而所杀伤匈奴亦万余人。且引且战，连斗八日，还未到居延百余里，匈奴遮狭绝道。陵食乏而救兵不到，虏急击招降陵。

陵曰："无面目报陛下。"遂降匈奴。其兵尽没，余亡散得归汉者四百余人。

单于既得陵，素闻其家声，及战又壮，乃以其女妻陵而贵之。汉闻，族陵母妻子。自是之后，李氏名败，而陇西之士居门下者皆用为耻焉。

太史公曰：传曰："其身正，不令而行；其身不正，虽令不从。"其李将军之谓也？余睹李将军悛悛如鄙人，口不能道辞。及死之日，天下知与不知，皆为尽哀。彼其忠实心诚信于士大夫也！谚曰："桃李不言，下自成蹊。"此言虽小，可以谕大也。

匈奴加紧攻打，想招降李陵。李陵说："我没脸面回报陛下了。"于是投降匈奴。他的军队全军覆没，其余逃散得以返回汉朝的只有四百多人。

单于获得李陵后，平日听说过李陵家的名声，加上李陵打仗又很勇猛，就把自己的女儿嫁给李陵，使他显贵。汉朝听说后，就杀了李陵母亲妻儿全家。自此之后，李氏名声败落，而陇西曾做李氏门下宾客的士人都以此为耻。

太史公说：典籍中说："自身端正，不发命令别人就会遵行；自身不端正，即使发了命令也没有人听从。"这难道说的不是李将军吗？我见到的李将军老实厚道，像个乡下人，不善言辞。等到他死的那天，天下人无论知道还是不知道他的，都为他感到哀痛。他那忠厚诚实的品格确实获得了士大夫的信赖呀！谚语说："桃树李树不说话，但下面自会出现一条小路。"这话虽说的是小事，但也可以用来说明大道理啊。

史记卷一百一十
列传第五十

匈奴列传

匈奴，他们的先祖是夏后氏的后裔，叫淳维。唐尧、虞舜以前就有山戎、猃狁、荤粥，居住在北方的蛮荒之地，随畜牧的需要而迁徙、移居。他们的牲畜较多的是马、牛、羊，他们特有的牲畜有骆驼、驴、骡子、駃騠、騊駼、驒騱。他们追逐水草而迁徙，没有城郭和经常居住的地方，他们不耕田种地，却也各有分地。他们没有文字和书籍，以言语为约束。儿童能骑羊，拉弓射杀鸟鼠；稍微长大点就能射杀狐狸和野兔，用这些作他们的食物。成年男子都能拉弓，全是铁甲骑兵。他们的风俗，平时没有战事时就随意游牧，以射猎飞禽走兽为生计，形势紧急人人熟悉攻战可以侵伐，这是他们的天性。他们的长兵器有弓和箭，短兵器有刀和短矛。有利就前进，无利就撤退，不以逃跑为羞耻。只要有利可图，便不顾礼义。自君王以下，全都吃畜肉，穿牲畜的皮革，披着旃裘。强壮的人吃肥美食物，老年人则吃他们剩余的食物。他们看重壮健的人，轻视老弱的人。父亲死后，儿子

匈奴，其先祖夏后氏之苗裔也，曰淳维。唐虞以上有山戎、猃狁、荤粥，居于北蛮，随畜牧而转移。其畜之所多则马、牛、羊，其奇畜则橐驼、驴、骡、駃騠、騊駼、驒騱。逐水草迁徙，毋城郭常处耕田之业，然亦各有分地。毋文书，以言语为约束。儿能骑羊，引弓射鸟鼠；少长则射狐兔，用为食。士力能毋弓，尽为甲骑。其俗，宽则随畜，因射猎禽兽为生业，急则人习战攻以侵伐，其天性也。其长兵则弓矢，短兵则刀铤。利则进，不利则退，不羞遁走。苟利所在，不知礼义。自君王以下，咸食畜肉，衣其皮革，被旃裘。壮者食肥美，老者食其余。贵壮健，贱老弱。父死，妻其后母；兄弟死，皆取其妻妻之。其俗有名不讳，而无姓字。

夏道衰，而公刘失其稷官，变于西戎，邑于豳。其后三百有余岁，戎狄攻大王亶父，亶父亡走岐下，而豳人悉从亶父而邑焉，作周。其后百有余岁，周西伯昌伐畎夷氏。后十有余年，武王伐纣而营雒邑，复居于酆鄗。放逐戎夷泾、洛之北，以时入贡，命曰"荒服"。其后二百有余年，周道衰，而穆王伐犬戎，得四白狼、四白鹿以归。自是之后，荒服不至。于是周遂作《甫刑》之辟。穆王之后二百有余年，周幽王用宠姬褒姒之故，与申侯有郤。申侯怒而与犬戎共攻杀周幽王于骊山之下，遂取周之焦获，而居于泾、渭之间，侵暴中国。秦襄公救周，于是周平王去酆鄗而东徙雒邑。当是之时，秦襄公伐戎至岐，始列为诸侯。是后六十有五年，而山戎越燕而伐齐，齐釐公与战于齐郊。其后四十四年，而山戎伐燕。燕告急于齐，齐桓公

可娶后母为妻；兄弟死后，活着的兄弟都可娶他妻子为妻。匈奴人的风俗是有名，但不用避讳，没有姓和字。

夏朝统治衰微时，公刘失去了他的稷官之职，在西戎改变习俗，在豳地建立都邑。这之后三百多年，戎狄攻打太王亶父，亶父逃到岐山脚下，而豳地百姓全都跟随亶父来到此地修建城邑，建立周国。这之后一百多年，周西伯昌攻打畎夷氏。此后十多年，武王伐纣，周人营造洛邑，又回到酆鄗居住。他们把戎夷放逐到泾水、洛水以北，让他们按时向周朝进贡，称为"荒服"。这之后二百多年，周朝统治衰微，周穆王攻打犬戎，获得四头白狼和四只白鹿回来。自此以后，荒服不来进贡。于是周朝就制定了《甫刑》之法。周穆王之后二百多年，周幽王因宠姬褒姒的缘故，与申侯有了嫌隙。申侯发怒，就与犬戎共同在骊山之下攻杀周幽王，于是攻取了周朝的焦获，犬戎就居住在泾水和渭水之间，侵犯掠夺中原。秦襄公援救周朝，于是周平王离开酆鄗而东迁到洛邑。当时，秦襄公攻打戎夷到达岐山，开始列为诸侯。此后六十五年，山戎越过燕国而攻打齐国，齐釐公与他们在齐国郊野交战。这以后四十四年，山戎攻打燕国。燕国向齐国告急，齐桓公北伐山戎，山戎败走。这以后二十多年，戎狄到达洛邑，攻打周襄王，

周襄王逃到郑国的氾邑。当初，周襄王想攻打郑国，所以娶了戎狄的女子作为王后，与戎狄之兵共同伐郑。不久襄王废黜狄后，狄后怨恨。襄王后母叫惠后，有个儿子叫子带，想立他为王，于是惠后与狄后、子带为内应，为戎狄打开城门，戎狄因此得以进城，赶走周襄王，而立子带为天子。于是戎狄有的就居住到了陆浑，向东直达卫国，侵犯暴虐中原。中原人痛恨他们，所以诗人作歌道"打击戎狄""攻伐猃狁，直到大原""出动战车，马匹很多，在北方筑城"。周襄王在外居住四年后，才派使者向晋国告急。晋文公刚即位，想要建立霸业，就发兵攻打并驱逐了戎狄，诛杀子带，迎回周襄王，让他居住在洛邑。

当时，秦、晋是强国。晋文公攘除戎狄，居住在河西的圁水、洛水之间，称为赤翟、白翟。秦穆公得到由余，使西戎八国臣服于秦国，所以自陇地以西有绵诸、绲戎、翟、豲等戎族，岐山、梁山、泾水、漆水以北则有义渠、大荔、乌氏、朐衍等戎族。而晋国北部则有林胡、楼烦等戎族，燕国北部则有东胡、山戎。各自分散居住在溪谷之中，各有自己的君长，经常一百多个戎

北伐山戎，山戎走。其后二十有余年，而戎狄至雒邑，伐周襄王，襄王奔于郑之氾邑。初，周襄王欲伐郑，故娶戎狄女为后，与戎狄兵共伐郑。已而黜狄后，狄后怨。而襄王后母曰惠后，有子子带，欲立之，于是惠后与狄后、子带为内应，开戎狄，戎狄以故得入，破逐周襄王，而立子带为天子。于是戎狄或居于陆浑，东至于卫，侵盗暴虐中国。中国疾之，故诗人歌之曰"戎狄是应""薄伐猃狁，至于大原""出舆彭彭，城彼朔方"。周襄王既居外四年，乃使使告急于晋。晋文公初立，欲修霸业，乃兴师伐逐戎翟，诛子带，迎内周襄王，居于雒邑。

当是之时，秦、晋为强国。晋文公攘戎翟，居于河西圁、洛之间，号曰赤翟、白翟。秦穆公得由余，西戎八国服于秦，故自陇以西有绵诸、绲戎、翟、豲之戎，岐、梁山、泾、漆之北有义渠、大荔、乌氏、朐衍之戎。而晋北有林胡、楼烦之戎，燕北有东胡、山戎。各分散居

溪谷，自有君长，往往而聚者百有余戎，然莫能相一。

自是之后百有余年，晋悼公使魏绛和戎翟，戎翟朝晋。后百有余年，赵襄子逾句注而破并代以临胡貉。其后既与韩、魏共灭智伯，分晋地而有之，则赵有代、句注之北，魏有河西、上郡，以与戎界边。其后义渠之戎筑城郭以自守，而秦稍蚕食，至于惠王，遂拔义渠二十五城。惠王击魏，魏尽入西河及上郡于秦。秦昭王时，义渠戎王与宣太后乱，有二子。宣太后诈而杀义渠戎王于甘泉，遂起兵伐残义渠。于是秦有陇西、北地、上郡，筑长城以拒胡。而赵武灵王亦变俗胡服，习骑射，北破林胡、楼烦；筑长城，自代并阴山下，至高阙为塞，而置云中、雁门、代郡。其后燕有贤将秦开，为质于胡，胡甚信之。归而袭破走东胡，东胡却千余里。与荆轲刺秦王秦舞阳者，开之孙也。燕亦筑长城，自造阳至襄平。置上谷、渔阳、右北平、辽西、辽东郡以拒胡。当是之时，冠带战国七，而三

族部落聚居在一起，然而没有哪个部落能统一。

自此以后一百多年，晋悼公派魏绛与戎狄讲和，戎狄朝见晋国。这以后一百多年，赵襄子越过句注山，攻破并合并了代地，兵临胡貉。这以后赵襄子与韩、魏共同灭了智伯，瓜分并占有了晋国的土地，这样赵国就占有了代地和句注山以北的土地，魏国便占有河西和上郡，与戎夷边界接壤。这以后义渠的戎人修筑城郭以自卫防守，而秦国逐渐蚕食了他们，到秦惠王时，就攻取了义渠二十五城。惠王攻打魏国，魏国把西河及上郡之地都给了秦国。秦昭王时，义渠戎王与宣太后淫乱，生有二子。宣太后用欺诈手段在甘泉宫杀了义渠戎王，于是起兵攻灭了义渠。这时秦国已经占有陇西、北地、上郡的土地，修筑长城以抵御匈奴。而赵武灵王也改变风俗，穿起胡服，练习骑马射箭，向北攻破林胡、楼烦；修筑长城，从代地沿着阴山修下去，直到高阙，建立边塞，而设置云中郡、雁门郡和代郡。这以后燕国有位贤将秦开，在胡人那里做人质，胡人非常信任他。他回国后袭击并赶走了东胡，东胡退却了一千多里。与荆轲同去刺杀秦王的秦舞阳，就是秦开的孙子。燕国也修筑长城，从造阳修到襄平。设置上谷郡、渔阳郡、右北平郡、辽西郡、辽东郡来抵御胡人。当时，具有文

明礼俗且互相争战的国家有七个，而其中三个与匈奴交界。这以后赵国将军李牧在时，匈奴不敢进入赵国边境。后来秦灭六国，始皇帝派蒙恬率领十万大军北击胡人，将河南的土地全部收回。依靠黄河作为边塞，临近黄河筑起四十四座县城，迁徙因犯罪而被罚戍边的人充实到这些县城。又修通直道，从九原到云阳，利用山边、险堑、溪谷等可修缮的地方筑起城墙，起于临洮，直到辽东，长达一万多里。又渡过黄河占据阳山、北假一带。

当时，东胡强大而月氏兴盛。匈奴单于名叫头曼，头曼不敌秦朝，向北迁徙。十多年后，蒙恬死去，诸侯背叛秦朝，中原混乱，诸多秦朝时被迁谪去戍边的人也都离开了，于是匈奴得到休养，又渐渐渡过黄河，在黄河以中原旧有的关塞为界。

单于有个太子名叫冒顿。后来单于有个所爱的阏氏，生了个小儿子，单于便想废掉冒顿而立小儿子为王，于是派冒顿去月氏做人质。冒顿到月氏做了人质后，头曼却急着攻打月氏。月氏想杀掉冒顿，冒顿偷了月氏的良马，骑着它逃回匈奴。头曼认为他勇猛，令他率领一万骑兵。冒顿就制造了一种响箭，训练他的部下练习骑马射箭，下令说："凡是我的响箭所射的目标，有人不跟着全力去射的，就斩了他。"

国边于匈奴。其后赵将李牧时，匈奴不敢入赵边。后秦灭六国，而始皇帝使蒙恬将十万之众北击胡，悉收河南地。因河为塞，筑四十四县城临河，徙适戍以充之。而通直道，自九原至云阳，因边山险堑溪谷可缮者治之，起临洮至辽东万余里。又度河据阳山、北假中。

当是之时，东胡强而月氏盛。匈奴单于曰头曼，头曼不胜秦，北徙。十余年而蒙恬死，诸侯畔秦，中国扰乱，诸秦所徙适戍边者皆复去，于是匈奴得宽，复稍度河南，与中国界于故塞。

单于有太子名冒顿。后有所爱阏氏，生少子，而单于欲废冒顿而立少子，乃使冒顿质于月氏。冒顿既质于月氏，而头曼急击月氏。月氏欲杀冒顿，冒顿盗其善马，骑之亡归。头曼以为壮，令将万骑。冒顿乃作为鸣镝，习勒其骑射，令曰："鸣镝所射而不悉射者，斩之。"行猎鸟兽，有不射鸣镝所射者，辄斩之。已而冒顿以鸣镝自射其善马，左右或不敢射者，冒顿立斩不射善马者。居顷之，复以鸣镝自射其爱妻，左右或颇恐，不敢射，冒顿又复斩之。居顷之，冒顿出猎，以鸣镝射单于善马，左右皆射之。于是冒顿知其左右皆可用。从其父单于头曼猎，以鸣镝射头曼，其左右亦皆随鸣镝而射杀单于头曼，遂尽诛其后母与弟及大臣不听从者。冒顿自立为单于。

冒顿既立，是时东胡强盛，闻冒顿杀父自立，乃使使谓冒顿，欲得头曼时有千里马。冒顿问群臣，群臣皆曰："千里马，匈奴宝马也，勿与。"冒顿曰："奈何与人邻国而爱一马乎？"遂与之千里马。居顷之，东胡以为冒顿畏之，乃使使谓冒顿，欲得单于一阏氏。冒顿复问左右，左右皆怒曰："东胡无道，乃求阏氏！请击之。"冒顿曰："奈何与人邻国爱一女子乎？"遂取所爱阏氏予东胡。东胡王愈益骄，西侵。与匈奴间，中有弃地，莫居，千

他带着部下外出射猎鸟兽，有人不射响箭所射的目标，就当即斩杀了这人。不久冒顿用响箭射自己的良马，身边的人有不敢射的，冒顿立即斩了不射良马的人。过了不久，他又用响箭射自己的爱妻，身边有的人很是惊恐，不敢射，冒顿又斩了他们。过了不久，冒顿外出打猎，用响箭射单于的良马，左右的人都跟着射。于是冒顿知道他身边的人都可任用。他跟随他的父亲头曼单于打猎，他用响箭射击头曼，他身边的人也都跟着响箭射杀了头曼单于，于是将他的后母和弟弟以及不听从他的大臣全部诛杀。冒顿自立为单于。

冒顿当了单于后，这时东胡强盛，听说冒顿杀死父亲自立为单于，就派使者对冒顿说，想得到头曼单于的千里马。冒顿问群臣，群臣都说："千里马，是匈奴的宝马，不要给。"冒顿说："怎么能与人家做邻国却吝惜一匹马呢？"于是把千里马给了东胡。过了不久，东胡以为冒顿畏惧他们，就派使者对冒顿说，想得到单于的一位阏氏。冒顿又问左右的人，左右的人都发怒说："东胡无道，敢要阏氏！请攻打他们。"冒顿说："怎么能与人家做邻国却吝惜一个女子呢？"于是把自己喜爱的阏氏送给了东胡。东胡王日益骄横，向西侵犯。东胡与匈奴之间，有一片荒地，没有人居住，有一千多里，双方各在自己

的边界修起屯所。东胡派使者对冒顿说："匈奴与我们交界的屯所以外的荒地，匈奴不能去，我想占有它。"冒顿问群臣，群臣中有人说："这是荒弃之地，给他们也可以，不给也可以。"于是冒顿非常愤怒，说："土地，是国之根本，怎么能给他们呢！"把那些说给土地的大臣都斩了。冒顿上马，命令国中如有后退的斩，于是向东袭击东胡。东胡最初轻视冒顿，没有做防备。等到冒顿领兵到达，袭击东胡，东胡大败，灭了东胡王，而且掳走了东胡百姓和牲畜财产。返回后，又向西打跑了月氏，向南吞并了楼烦、白羊河南王。冒顿全部收复了秦朝派蒙恬所夺去的匈奴的土地，与汉朝以原来的河南塞为界，直到朝那、肤施，于是侵入燕国和代地。这时汉兵与项羽相互对峙，中原被连年争战搞得兵疲民乏，所以冒顿得以自强，拉弓射箭的兵士有三十多万。

自淳维到头曼有一千多年，匈奴势力时大时小，经常离散分化，已经很长时间了，他们的世系无法依次排列出来。然而到冒顿时，匈奴势力最为强大，北方夷狄全部臣服于匈奴，而在南方与中原成为敌国，他们的世系及官职名号才得以被记录下来。

匈奴设置左右贤王，左右谷蠡王，左右大将，左右大都尉，左右大当户，左右

余里，各居其边为瓯脱。东胡使使谓冒顿曰："匈奴所与我界瓯脱外弃地，匈奴非能至也，吾欲有之。"冒顿问群臣，群臣或曰："此弃地，予之亦可，勿予亦可。"于是冒顿大怒曰："地者，国之本也，奈何予之！"诸言予之者，皆斩之。冒顿上马，令国中有后者斩，遂东袭击东胡。东胡初轻冒顿，不为备。及冒顿以兵至，击，大破灭东胡王，而虏其民人及畜产。既归，西击走月氏，南并楼烦、白羊河南王。悉复收秦所使蒙恬所夺匈奴地者，与汉关故河南塞，至朝那、肤施，遂侵燕、代。是时汉兵与项羽相距，中国罢于兵革，以故冒顿得自强，控弦之士三十余万。

自淳维以至头曼千有余岁，时大时小，别散分离，尚矣，其世传不可得而次云。然至冒顿而匈奴最强大，尽服从北夷，而南与中国为敌国，其世传国官号乃可得而记云。

置左右贤王，左右谷蠡王，左右大将，左右大都尉，左右

大当户,左右骨都侯。匈奴谓贤曰"屠耆",故常以太子为左屠耆王。自如左右贤王以下至当户,大者万骑,小者数千,凡二十四长,立号曰"万骑"。诸大臣皆世官。呼衍氏、兰氏,其后有须卜氏,此三姓其贵种也。诸左方王将居东方,直上谷以往者,东接秽貉、朝鲜;右方王将居西方,直上郡以西,接月氏、氐、羌;而单于之庭直代、云中:各有分地,逐水草移徙。而左右贤王、左右谷蠡王最为大国,左右骨都侯辅政。诸二十四长亦各自置千长、百长、什长、裨小王、相封、都尉、当户、且渠之属。

岁正月,诸长小会单于庭,祠。五月,大会茏城,祭其先、天地、鬼神。秋,马肥,大会蹛林,课校人畜计。其法,拔刃尺者死,坐盗者没入其家;有罪,小者轧,大者死。狱久者不过十日,一国之囚不过数人。而单于朝出营,拜日之始生,夕拜月。其坐,长左而北乡。日上戊己。其送死,有棺椁、金银、衣裘,而无封树丧

骨都侯。匈奴把贤称为"屠耆",所以经常让太子做左屠耆王。自左右贤王以下到当户,官大的拥有上万名骑兵,官小的有几千名骑兵,共有二十四个长官,确立名号为"万骑"。各大臣都是世袭的。呼衍氏、兰氏,之后又有须卜氏,这三姓是匈奴贵族。各位左方的王和将居住在东方,直到上谷郡以东之地,东与秽貉、朝鲜接壤;右方的王和将居住在西方,直到上郡以西之地,与月氏、氐、羌接壤;而单于的王庭所在地则直对着代郡和云中郡:他们各有分地,随着水草迁徙。而左右贤王和左右谷蠡王最大,左右骨都侯辅佐政事。二十四位长官也各自设置千长、百长、什长、裨小王、相封、都尉、当户、且渠等属官。

每年正月,各位长官在单于王庭举行小聚会,并进行祭祀。五月,在茏城大聚会,祭祀他们的祖先、天地和鬼神。秋天,马儿肥壮了,在蹛林举行大会,考核和核算人口和牲畜的数目。他们的法令规定,想杀人的将刀剑拔出鞘外一尺就判处死刑,犯盗窃罪的没收其家产;犯罪轻的判处轧碎骨节的刑罚,犯重罪的要被处死。坐牢最长不超过十天,一个国家的囚犯没有几个人。单于早晨走出营房,朝拜初升的太阳,傍晚朝拜月亮。他们就坐时,长官

坐在左边，且面朝北方。他们崇尚戊日和己日。他们送葬死者，有棺椁、金银和衣裘，但不起坟立碑也不穿丧服；单于死后，他所亲近和宠幸的大臣姬妾跟随殉葬的，多达几十上百人。他们兴兵举事要观察星星和月亮，月亮圆满就去攻战，月亏就退兵。他们攻战时，谁斩杀或俘获敌人就赐一壶酒，他们缴获的战利品分给他们，他们抓到的人也给他们充作奴婢。所以他们攻战时，人人自发追逐利益，善于诱敌然后冲击敌人。所以他们见到敌人就会上前逐利，如同飞鸟翔集；他们受困兵败时，军队就会瓦解，如同云雾一样消散。作战时谁能将战死的同伴尸体运回来，就可得到死者全部家财。

后来冒顿向北征服了浑庾、屈射、丁零、鬲昆、薪犁等国，于是匈奴的贵族大臣都服从他，认为冒顿单于是贤能的。

这时汉朝刚刚平定中原，把韩王信迁到了代地，建都马邑。匈奴大举进攻包围马邑，韩王信投降匈奴。匈奴得到韩王信，乘机领兵南下越过句注山，攻打太原，直到晋阳城下。高帝亲自领兵前去迎击匈奴。恰好遇上冬天大寒下雪的天气，十分之二三的士兵冻掉手指，于是冒顿佯装败逃，引诱汉军。汉军追击冒顿，冒顿隐藏起他的精兵，只让老弱残兵暴露在外面。于是汉朝出动全部的兵力，多是步

服；近幸臣妾从死者，多至数十百人。举事而候星月，月盛壮则攻战，月亏则退兵。其攻战，斩首虏赐一卮酒，而所得卤获因以予之，得人以为奴婢。故其战，人人自为趣利，善为诱兵以冒敌。故其见敌则逐利，如鸟之集；其困败，则瓦解云散矣。战而扶舆死者，尽得死者家财。

后北服浑庾、屈射、丁零、鬲昆、薪犁之国。于是匈奴贵人大臣皆服，以冒顿单于为贤。

是时汉初定中国，徙韩王信于代，都马邑。匈奴大攻围马邑，韩王信降匈奴。匈奴得信，因引兵南逾句注，攻太原，至晋阳下。高帝自将兵往击之。会冬大寒雨雪，卒之堕指者十二三，于是冒顿详败走，诱汉兵。汉兵逐击冒顿，冒顿匿其精兵，见其羸弱。于是汉悉兵，多步兵，三十二万，北逐

之。高帝先至平城，步兵未尽到，冒顿纵精兵四十万骑围高帝于白登，七日，汉兵中外不得相救饷。匈奴骑，其西方尽白马，东方尽青骓马，北方尽乌骊马，南方尽骍马。高帝乃使使间厚遗阏氏，阏氏乃谓冒顿曰："两主不相困。今得汉地，而单于终非能居之地。且汉王亦有神，单于察之。"冒顿与韩王信之将王黄、赵利期，而黄、利兵又不来，疑其与汉有谋，亦取阏氏之言，乃解围之一角。于是高帝令士皆持满傅矢外乡，从解角直出，竟与大军合，而冒顿遂引兵而去。汉亦引兵而罢，使刘敬结和亲之约。

是后韩王信为匈奴将，及赵利、王黄等数倍约，侵盗代、云中。居无几何，陈豨反，又与韩信合谋击代。汉使樊哙往击之，复拔代、雁门、云中郡县，不出塞。是时匈奴以汉将众往降，故冒顿常往来侵盗代地。于是汉患之，高帝乃使刘敬奉宗室女公主为单于阏氏，

兵，共三十二万人，向北追击匈奴。高帝首先到达平城，步兵还没有全到，冒顿发动四十万精锐骑兵，在白登山包围了高帝，围困了七天，汉军内外相互得不到军粮救济。匈奴的骑兵，在西方的全是白马，东方的全是青马，北方全都是黑马，南方全是赤黄马。高帝于是派使者暗中送给阏氏丰厚的礼物，阏氏就对冒顿说："两国的君主不能互相困困。如今就算获得汉朝的土地，单于也终究不能在那里居住。况且汉王也有神的帮助，请单于明察此事。"冒顿与韩王信的将军王黄、赵利约定日期，而王黄、赵利的军队又没按时来，冒顿怀疑他们与汉朝有预谋，也就采纳了阏氏的话，解除了包围圈的一角。于是高帝命令士兵都拉满弓，搭上箭，面向外，从解围的一角径直走出，最终与大军会合，而冒顿就领兵离开。汉朝也领兵撤退，派刘敬到匈奴那里与他们缔结和亲约定。

此后韩王信做了匈奴的将军，他与赵利、王黄等人多次违背盟约，侵掠代郡和云中郡。过了没多久，陈豨谋反，又与韩信合谋攻打代地。汉朝派樊哙前去攻打他们，又攻占了代郡、雁门、云中等地郡县，不出塞。这时匈奴通过一些汉朝的将军前来投降，所以冒顿经常往来侵掠代地。汉朝对此感到忧虑，高帝就派刘敬把汉朝皇室的女儿作为公主送给单于做阏氏，每

年送给匈奴一定数量的棉絮、缯、酒、米和食物，约为兄弟，实行和亲政策，冒顿才渐渐停止侵略活动。后来燕王卢绾谋反，率领他的徒党几千人投降匈奴，往来侵害上谷以东地区。

高祖驾崩，孝惠帝、吕太后在位时，汉朝刚刚安定，所以匈奴骄横猖狂。冒顿就写信给高后，口出狂言。高后想攻打匈奴，各将领说："凭高祖的贤能武略，尚且被困在平城。"于是高后才作罢，又与匈奴和亲。

到孝文帝刚即位时，重提和亲之事。孝文帝三年五月，匈奴右贤王进入河南地区居住，侵掠上郡边塞小城的蛮夷，杀害抢掠百姓。于是孝文帝诏令丞相灌婴发动战车和骑兵八万五千，前往高奴攻打右贤王。右贤王逃出边塞。文帝亲临太原。这时济北王谋反，文帝回京，撤回了丞相去攻打匈奴的军队。

第二年，单于送给汉朝书信说："上天所立的匈奴大单于敬问皇帝平安无恙。前些时候皇帝说的和亲之事，与信中所说相合，双方都高兴。汉朝边境的官吏侵侮右贤王，右贤王没有请示我，听信后义卢侯难氏等人的计谋，与汉朝官吏相对抗，断绝两方君主的和约，离间兄弟之情。皇帝责备的书信再次送来，我派出使者送信报告情况，使者还没回来，汉朝使者也不

岁奉匈奴絮缯酒米食物各有数，约为昆弟以和亲，冒顿乃少止。后燕王卢绾反，率其党数千人降匈奴，往来苦上谷以东。

高祖崩，孝惠、吕太后时，汉初定，故匈奴以骄。冒顿乃为书遗高后，妄言。高后欲击之，诸将曰："以高帝贤武，然尚困于平城。"于是高后乃止，复与匈奴和亲。

至孝文帝初立，复修和亲之事。其三年五月，匈奴右贤王入居河南地，侵盗上郡葆塞蛮夷，杀略人民。于是孝文帝诏丞相灌婴发车骑八万五千，诣高奴，击右贤王。右贤王走出塞。文帝幸太原。是时济北王反，文帝归，罢丞相击胡之兵。

其明年，单于遗汉书曰："天所立匈奴大单于敬问皇帝无恙。前时皇帝言和亲事，称书意，合欢。汉边吏侵侮右贤王，右贤王不请，听后义卢侯难氏等计，与汉吏相距，绝二主之约，离兄弟之亲。皇帝让书再至，发使以书报，不来，汉使不至，汉以其故不和，邻国不附。

今以小吏之败约故，罚右贤王，使之西求月氏击之。以天之福，吏卒良，马强力，以夷灭月氏，尽斩杀降下之。定楼兰、乌孙、呼揭及其旁二十六国，皆以为匈奴。诸引弓之民，并为一家。北州已定，愿寝兵休士卒养马，除前事，复故约，以安边民，以应始古，使少者得成其长，老者安其处，世世平乐。未得皇帝之志也，故使郎中係雩浅奉书请献，橐他一匹、骑马二匹、驾二驷。皇帝即不欲匈奴近塞，则且诏吏民远舍。使者至，即遣之。"以六月中来至薪望之地。书至，汉议击与和亲孰便。公卿皆曰："单于新破月氏，乘胜，不可击。且得匈奴地，泽卤，非可居也。和亲甚便。"汉许之。

孝文皇帝前六年，汉遗匈奴书曰："皇帝敬问匈奴大单于无恙。使郎中係雩浅遗朕书曰：'右贤王不请，听后义卢

来匈奴，汉朝出于这个缘故不愿和解，我们邻国也不能归附。如今因为小吏毁坏和约，我惩罚了右贤王，派他到西边寻找并攻打月氏。依靠上天的福祐，官吏士卒精良，战马强壮有力，得以消灭月氏，斩杀降服月氏部落并占领了他们的土地。平定了楼兰、乌孙、呼揭及其周边二十六国，他们都已经归附匈奴。那些弯弓射箭的人，合并为一家。北方已经平定，希望停止战争，休养士兵，喂养马匹，摒弃前事，恢复原先的和约，以安边民，顺应匈奴与汉人自古以来的友好关系，使年少的人得以长大成人，年老的人得以安定生活，世世和平安乐。还不知道皇帝的心意，所以派郎中係雩浅奉上书信请示，献上骆驼一匹、战马两匹、驾车之马八匹。皇帝如果不想匈奴靠近汉朝边塞，那我就姑且诏令官吏百姓远离边塞居住。使者到达后，就请派他回来。"在六月中旬匈奴使者来到薪望之地。书信送达后，汉朝商议攻打与和亲哪个有利。公卿大臣都说："单于刚攻破月氏，正乘着胜利的有利之势，不可攻打。况且得到匈奴的土地，也都是盐碱地，不能居住。和亲非常有利。"汉朝答应了匈奴的请求。

孝文皇帝前元六年，汉朝送给匈奴的信中说："皇帝敬问匈奴大单于平安无恙。派郎中係雩浅送给我的信中说：'右贤王没有请示单于，听信后义卢侯难氏等人的

计谋，断绝两方君主的和约，离间兄弟之情，汉朝出于这个缘故不愿和解，我们邻国也不能归附。如今因小吏毁坏和约，我惩罚右贤王，派他去西边攻打月氏，全部平定了那里。希望停止战争，休养士兵，喂养马匹，摒弃前事，恢复原先的和约，以安边民，使年少的人得以长大成人，年老的人得以安定生活，世世和平安乐。'我很赞许这种做法，这是古代圣明君主的心意啊。汉朝与匈奴约为兄弟，所以馈赠给单于的礼物非常丰厚。违背和约，离间兄弟之情的，经常是匈奴。然而右贤王的事已在大赦之前，单于不要深究此事。单于如果与信中之意相称，明确告知各位官吏，让他们不要违背和约，有诚信，我将谨慎地像单于信中所说的那样对待此事。使者说单于亲自领军攻伐别国，立有功劳，很是为兵事所苦。礼服绣袷绮衣、绣袷长襦、锦袷袍各一件，比余一件，黄金装饰的腰带一条，黄金带钩一件，绣品十匹，锦缎三十匹，赤绨、绿缯各四十匹，派中大夫意、谒者令肩赠送单于。"

此后不久，冒顿死去，他的儿子稽粥即位，号称老上单于。老上单于稽粥刚刚即位，孝文皇帝又派皇族公主去做单于的阏氏，派宦官燕国人中行说辅佐公主。中行说不想前往，汉朝强派他去。中行说说："一定要让我前去，我将成为汉朝的祸患。"

侯难氏等计，绝二主之约，离兄弟之亲，汉以故不和，邻国不附。今以小吏败约故，罚右贤王使西击月氏，尽定之。愿寝兵休士卒养马，除前事，复故约，以安边民，使少者得成其长，老者安其处，世世平乐。'朕甚嘉之，此古圣主之意也。汉与匈奴约为兄弟，所以遗单于甚厚。倍约离兄弟之亲者，常在匈奴。然右贤王事已在赦前，单于勿深诛。单于若称书意，明告诸吏，使无负约，有信，敬如单于书。使者言单于自将伐国有功，甚苦兵事。服绣袷绮衣、绣袷长襦、锦袷袍各一，比余一，黄金饰具带一，黄金胥纰一，绣十匹，锦三十匹，赤绨、绿缯各四十匹，使中大夫意、谒者令肩遗单于。"

后顷之，冒顿死，子稽粥立，号曰老上单于。老上稽粥单于初立，孝文皇帝复遣宗室女公主为单于阏氏，使宦者燕人中行说傅公主。说不欲行，汉强使之。说曰："必我行也，为汉患者。"中行说既至,因降单于,单于甚亲幸之。

初,匈奴好汉缯絮食物,中行说曰:"匈奴人众不能当汉之一郡,然所以强者,以衣食异,无仰于汉也。今单于变俗,好汉物,汉物不过什二,则匈奴尽归于汉矣。其得汉缯絮,以驰草棘中,衣裤皆裂敝,以示不如旃裘之完善也;得汉食物,皆去之,以示不如湩酪之便美也。"于是说教单于左右疏记,以计课其人众畜物。

汉遗单于书,牍以尺一寸,辞曰"皇帝敬问匈奴大单于无恙",所遗物及言语云云。中行说令单于遗汉书以尺二寸牍,及印封皆令广大长,倨傲其辞曰"天地所生日月所置匈奴大单于敬问汉皇帝无恙",所以遗物言语亦云云。

汉使或言曰:"匈奴俗贱老。"中行说穷汉使曰:"而汉俗屯戍从军当发者,其老亲岂有不自脱温厚肥美以赍送饮食行戍乎?"汉使曰:"然。"

中行说到达后,就投降了单于,单于非常亲近宠幸他。

当初,匈奴喜欢汉朝缯絮和食物,中行说说:"匈奴人口总数抵不上汉朝的一个郡,然而之所以强盛,是因为衣食与汉人不同,不用仰赖汉朝。如今单于改变风俗而喜欢汉朝之物,汉朝拿出的东西不过是其总数的十分之二,那么匈奴就完全归属汉朝了。请把从汉朝得到的缯絮做成衣裤,穿上它在草丛荆棘中骑马奔驰,使衣裤全都开裂损坏,以表示汉朝的缯絮不如匈奴的旃裘完美;把从汉朝得到的食物都丢掉,以表示它们不如匈奴的乳酪味美。"于是中行说教单于左右的人分条记事的方法,以统计核算他们的人口和牲畜的数目。

汉朝送给单于的信,写在一尺一寸的木牍上,写的是"皇帝敬问匈奴大单于平安无恙",并写上所赠之物和要说的话等等。中行说让单于把送给汉朝的信写在一尺二寸的木牍上,印章和封泥的尺寸都加长加宽加大,傲慢地写上"天地所生日月所置的匈奴大单于敬问汉朝皇帝平安无恙",并写上所赠之物和要说的话等等。

汉朝使者中有人说:"匈奴的风俗是轻视老人。"中行说诘难汉朝使者说:"你们汉朝的风俗,那些被派去屯守戍边将要出发的从军者,他们年老的父母是不是会拿出自己暖和的衣物和肥美的食物,来赠送给戍边者作为吃穿？"汉朝使者说：
"是。"中行说说："匈奴很明确，征战
之事非常重要，那些年老体弱的人不能战
斗，所以把那些肥美的食物给壮健的人吃
喝，这大概是为了自我守卫，这样父子才
能得以长久地相互保护，怎么能说匈奴轻
视老人呢？"汉朝使者说："匈奴父子竟
然同在一个毡房睡觉。父亲死后，儿子竟
然以后母为妻；兄弟死后，活着的兄弟都
可以娶死者的妻子为妻。匈奴没有冠带服
饰，缺少朝廷礼仪。"中行说说："匈奴
的风俗，人们吃牲畜的肉，喝它们的乳汁，
穿它们的皮革；牲畜吃草饮水，随时转移。
所以他们在紧急之时，就人人都会骑马射
箭，在形势不紧张时人们都安乐无事，他
们所受的约束少，易于施行。君臣关系简
易，一国的国政犹如一个人的身体。父子
兄弟死后，娶他们的妻子为妻，是担心种
族的消失。所以匈奴即使杂乱，但一定立
本族子孙。如今中原人虽然佯装正派，不
娶自己父兄的妻子，但亲属关系却日益疏
远，相互残杀，甚至改易姓名，都是因此
而出现的。况且礼义的弊端，是使上下交
相怨恨，营造宫室极尽奢华，必然使民力
耗尽。人们努力耕田种桑，以求得衣食，
修筑城郭以自我防备，所以汉朝的百姓在
紧急之时不练习攻战本领，形势不紧张时
又疲于耕作。可叹身居土石房屋的汉人啊，

中行说曰："匈奴明以战攻为
事，其老弱不能斗，故以其肥
美饮食壮健者，盖以自为守
卫，如此父子各得久相保，何
以言匈奴轻老也？"汉使曰：
"匈奴父子乃同穹庐而卧。父
死，妻其后母；兄弟死，尽取
其妻妻之。无冠带之饰，阙庭
之礼。"中行说曰："匈奴之俗，
人食畜肉，饮其汁，衣其皮；
畜食草饮水，随时转移。故其
急则人习骑射，宽则人乐无事，
其约束轻，易行也。君臣简易，
一国之政犹一身也。父子兄弟
死，取其妻妻之，恶种姓之失也。
故匈奴虽乱，必立宗种。今中
国虽详不取其父兄之妻，亲属
益疏则相杀，至乃易姓，皆从
此类。且礼义之敝，上下交怨望，
而室屋之极，生力必屈。夫力
耕桑以求衣食，筑城郭以自备，
故其民急则不习战功，缓则罢
于作业。嗟土室之人，顾无多
辞令，喋喋而佔佔，冠固何当？"

自是之后，汉使欲辩论者，中行说辄曰："汉使无多言，顾汉所输匈奴缯絮米蘖，令其量中，必善美而已矣，何以为言乎？且所给备善则已；不备，苦恶，则候秋孰，以骑驰蹂而稼穑耳。"日夜教单于候利害处。

汉孝文皇帝十四年，匈奴单于十四万骑入朝那、萧关，杀北地都尉卬，虏人民畜产甚多，遂至彭阳。使奇兵入烧回中宫，候骑至雍甘泉。于是文帝以中尉周舍、郎中令张武为将军，发车千乘，骑十万，军长安旁以备胡寇。而拜昌侯卢卿为上郡将军，甯侯魏遫为北地将军，隆虑侯周灶为陇西将军，东阳侯张相如为大将军，成侯董赤为前将军，大发车骑往击胡。单于留塞内月余乃去，汉逐出塞即还，不能有所杀。匈奴日已骄，岁入边，杀略人民畜产甚多，云中、辽东最甚，至代郡万余人。汉患之，乃使

别再多说，如果还要喋喋不休，窃窃私语，就算头戴高帽，又能怎样呢？"

自此之后，汉朝使者有想辩论的，中行说就会说："汉朝使者不用多说，只要想着汉朝所输送给匈奴的缯絮、米和酒曲，使其数量足够，一定是质量最好的就可以了，何必要说话呢？况且所送之物要是齐全美好便罢了；如果不齐备且粗劣，那么等到庄稼秋熟时，匈奴就要骑马前来践踏你们的庄稼了。"中行说日夜教单于探察汉朝的有利和不利的地方。

汉孝文帝十四年，匈奴单于率领十四万骑兵入侵朝那、萧关，杀死北地都尉孙卬，掳掠很多百姓和牲畜，于是到达彭阳。匈奴派奇兵攻入并烧毁了回中宫，侦察骑兵已到雍地的甘泉宫。于是文帝任命中尉周舍、郎中令张武为将军，发动战车千乘，骑兵十万，驻军长安旁边来防备匈奴的侵扰。又任命昌侯卢卿为上郡将军，甯侯魏遫为北地将军，隆虑侯周灶为陇西将军，东阳侯张相如为大将军，成侯董赤为前将军，大举发动战车和骑兵前往攻打匈奴。单于逗留塞内一个多月才离去，汉朝兵马将他们逐出塞外就返回了，没能斩杀多少敌人。匈奴日益骄横，每年都侵入境内，残杀掳掠很多百姓和牲畜，云中郡和辽东郡最为严重，同代郡共一万多人被杀被掠。汉朝忧虑此事，就派使者送给匈奴

书信。单于也派当户回信答谢，两国又谈起和亲之事。

孝文帝后元二年，朝廷派使者送给匈奴的信中写道："皇帝敬问匈奴大单于平安无恙。派当户且居雕渠难、郎中韩辽送给我两匹马，已经到达，恭敬地接受。先帝规定：长城以北，是引弓之国，受命于单于；长城以内，是戴冠束带者的家室，我也要控制它。让万民耕田、织布、射猎以获得衣食，使父子不相分离，君臣相安，全都没有暴虐叛逆之事。如今听说邪恶之民贪图攻掠小利，背信弃义，断绝和约，忘却万民的生命，离间两方君主的友谊，然而这些事已经是以前的事情了。您来信说：'两国已经和亲，两方君主欢悦，停止战争，休养士兵，喂养马匹，世世昌盛和乐，安定和睦，重新开始。'我非常赞许这句话。圣人每天都有新的进步，改作更始，使老者得以安养，年幼者得以长大成人，各自保全生命而终享天年。我与单于全都遵循此道，顺应天意，体恤万民，代代相传，延续无穷，天下的人莫不获得利益。汉朝与匈奴是势力相当的邻国，匈奴地处北方，气候寒冷，肃杀之气早早降下，所以我诏令官吏每年送给单于一定数量的秫蘖、金帛、丝絮及其他物品。如今天下大安，万民安宁，我与单于是百姓的父母。我追念往事，不过是些微末小事，加上谋

使遗匈奴书。单于亦使当户报谢，复言和亲事。

孝文帝后二年，使使遗匈奴书曰："皇帝敬问匈奴大单于无恙。使当户且居雕渠难、郎中韩辽遗朕马二匹，已至，敬受。先帝制：长城以北引弓之国，受命单于；长城以内冠带之室，朕亦制之。使万民耕织射猎衣食，父子无离，臣主相安，俱无暴逆。今闻渫恶民贪降其进取之利，倍义绝约，忘万民之命，离两主之欢，然其事已在前矣。书曰：'二国已和亲，两主欢说，寝兵休卒养马，世世昌乐，阗然更始。'朕甚嘉之。圣人者日新，改作更始，使老者得息，幼者得长，各保其首领而终其天年。朕与单于俱由此道，顺天恤民，世世相传，施之无穷，天下莫不咸便。汉与匈奴邻国之敌，匈奴处北地，寒，杀气早降，故诏吏遗单于秫蘖金帛丝絮佗物岁有数。今天下大安，万民熙熙，朕与单于为之父母。朕追念前事，薄物细故，谋臣计失，皆不足以离兄弟之欢。朕闻天不

颇覆，地不偏载。朕与单于皆捐往细故，俱蹈大道，堕坏前恶，以图长久，使两国之民若一家子。元元万民，下及鱼鳖，上及飞鸟，跂行喙息蠕动之类，莫不就安利而辟危殆。故来者不止，天之道也。俱去前事：朕释逃虏民，单于无言章尼等。朕闻古之帝王，约分明而无食言。单于留志，天下大安，和亲之后，汉过不先。单于其察之。"

单于既约和亲，于是制诏御史曰："匈奴大单于遗朕书，言和亲已定，亡人不足以益众广地，匈奴无入塞，汉无出塞，犯今约者杀之，可以久亲，后无咎，俱便。朕已许之。其布告天下，使明知之。"

后四岁，老上稽粥单于死，子军臣立为单于。既立，孝文皇帝复与匈奴和亲。而中行说复事之。

军臣单于立四岁，匈奴复绝和亲，大入上郡、云中各

臣计策有失，都不足以离间兄弟的友情。我听说天不会只覆盖一方，地不会只承载一处。我与单于都应捐弃以往的微末的小事，一起遵循世间大道，消除从前的不愉快，以图长久，使两国子民如同一家儿女。元元万民，下及鱼鳖，上及飞鸟，地上爬行、喘息、蠕动的各类生命，没有不寻找安全有利的环境而躲避危险的。所以来者不予制止，这是上天之道。往事一概不究：我不再追查逃往匈奴的汉人，单于也不要再追究逃往汉朝的章尼等人。我听说古代的帝王，条约分明而从不食言。单于留心盟约，天下大安，和亲之后，汉朝不会首先负约。请单于详细地考虑此事。"

单于与汉朝约定和亲后，文帝就诏令御史说："匈奴大单于送给我的信说和亲已定，逃亡的人不够用来增加民众和扩张土地，匈奴人不要侵入边塞，汉朝人不要走出边塞，违犯现在约定的处死，这样可以长久地保持亲近关系，往后不再有祸患，双方都受益。我已经答应了匈奴。应布告天下，让百姓都知道此事。"

文帝后元四年，老上稽粥单于去世，他的儿子军臣单于继位。军臣单于继位后，文帝又与匈奴和亲。而中行说又侍奉军臣单于。

军臣单于即位四年后，匈奴又断绝了和亲，大举向上郡、云中郡各派三万骑兵

入侵，残杀和掳掠很多汉人以及财物后离去。于是汉朝派三位将军驻军北地、代国句注和赵国飞狐口，沿边塞各处也派兵坚守以防备匈奴入侵。又安置三位将军，驻军长安西边的细柳、渭水北岸的棘门和霸上以防备匈奴。匈奴骑兵侵入代地句注边境，烽火把信息通报到甘泉和长安。几个月后，汉军到达边境，匈奴已经离开边境很远了，汉朝也就罢兵。一年多后，孝文帝驾崩，孝景帝即位，而赵王刘遂竟暗中派人与匈奴勾结。吴、楚等七国造反，匈奴想与赵王合谋入侵边境。汉军围困并攻破赵王，匈奴也作罢。自此以后，孝景帝又与匈奴和亲，互通关市，送给匈奴礼物，遣嫁公主，按以前的和约行事。终景帝一朝，匈奴时有小的侵扰边境活动，但没有大的侵掠行动。

当今皇帝即位，申明和亲的约定，厚待匈奴，互通关市，送给匈奴丰厚财物。匈奴自单于以下全都亲近汉朝，往来于长城边塞。

汉朝派马邑下人聂翁壹故意触犯禁令，把货物运出边塞与匈奴交易，佯称出卖马邑城以引诱单于。单于相信此事，又贪图马邑的财物，就以十万骑兵侵入武州边塞。汉朝在马邑城旁边埋伏了三十多万大军，御史大夫韩安国为护军将军，护卫四位将军伏击单于。单于侵入汉朝边塞后，没到

三万骑，所杀略甚众而去。于是汉使三将军军屯北地、代屯句注、赵屯飞狐口，缘边亦各坚守以备胡寇。又置三将军，军长安西细柳、渭北棘门、霸上以备胡。胡骑入代句注边，烽火通于甘泉、长安。数月，汉兵至边，匈奴亦去远塞，汉兵亦罢。后岁余，孝文帝崩，孝景帝立，而赵王遂乃阴使人于匈奴。吴、楚反，欲与赵合谋入边。汉围破赵，匈奴亦止。自是之后，孝景帝复与匈奴和亲，通关市，给遗匈奴，遣公主，如故约。终孝景时，时小入盗边，无大寇。

今帝即位，明和亲约束，厚遇，通关市，饶给之。匈奴自单于以下皆亲汉，往来长城下。

汉使马邑下人聂翁壹奸兰出物与匈奴交，详为卖马邑城以诱单于。单于信之，而贪马邑财物，乃以十万骑入武州塞。汉伏兵三十余万马邑旁，御史大夫韩安国为护，护四将军以伏单于。单于既入汉塞，未

至马邑百余里，见畜布野而无人牧者，怪之，乃攻亭。是时雁门尉史行徼，见寇，葆此亭，知汉兵谋，单于得，欲杀之，尉史乃告单于汉兵所居。单于大惊曰："吾固疑之。"乃引兵还。出曰："吾得尉史，天也，天使若言。"以尉史为"天王"。汉兵约单于入马邑而纵，单于不至，以故汉兵无所得。汉将军王恢部出代击胡辎重，闻单于还，兵多，不敢出。汉以恢本造兵谋而不进，斩恢。自是之后，匈奴绝和亲，攻当路塞，往往入盗于汉边，不可胜数。然匈奴贪，尚乐关市，嗜汉财物，汉亦尚关市不绝以中之。

自马邑军后五年之秋，汉使四将军各万骑击胡关市下。将军卫青出上谷，至茏城，得胡首虏七百人。公孙贺出云中，无所得。公孙敖出代郡，为胡所败七千余人。李广出雁门，为胡所败，而匈奴生得广，广后得亡归。汉囚敖、广，敖、

马邑城，尚有一百多里的时候，看见城外牲畜遍野却没有放牧的人，对此感到奇怪，就去攻打汉朝的哨所。这时雁门尉史正在巡察，见到敌军侵入，就去保卫那个哨所，他知道汉军的谋划，单于抓了他，想杀了他，尉史就告诉了单于汉军的埋伏地点。单于大惊说："我本来就怀疑此事。"于是领兵而还。出了边塞说："我得到尉史是天意，是上天让你说出内情。"就封尉史为"天王"。汉军约定等单于进入马邑城后就纵兵攻击，单于没有到来，所以汉军一无所得。汉朝将军王恢计划出代郡袭击匈奴的辎重车辆，听说单于引兵而还，兵力众多，便不敢出击。汉朝以为王恢本是这次军事行动的策划者，却不敢进攻，就斩了王恢。自此以后，匈奴断绝和亲，攻打直通要道的边塞，往往侵入汉朝边境抢掠，不可胜数。然而匈奴贪婪，乐于互通关市，喜欢汉朝的财物，汉朝也还与匈奴继续互通关市而不断绝，以迎合他们的心意。

自马邑军事行动之后的第五年秋天，汉朝派四位将军各率领一万骑兵到关市之下攻打匈奴。将军卫青兵出上谷，到达茏城，斩杀并俘虏匈奴七百人。公孙贺兵出云中，一无所获。公孙敖兵出代郡，被匈奴打败，损失七千多人。李广兵出雁门，被匈奴打败，而匈奴活捉李广，李广后来得以逃回汉朝。汉朝囚禁了公孙敖、李广，公孙敖、

李广缴纳赎金被贬为庶人。这年冬天，匈奴几次入侵边境抢掠，渔阳受害最为严重。汉朝派将军韩安国屯兵渔阳以防备匈奴。

第二年秋天，匈奴率两万骑兵侵入汉朝，杀死辽西太守，掠走两千多人。匈奴又侵入并打败渔阳太守的一千多人的军队，围困汉朝将军韩安国，此时韩安国的一千多名骑兵也将要被全部歼灭了，恰巧燕王救兵赶到，匈奴才离去。匈奴又侵入雁门，杀掠一千多人。于是汉朝便派将军卫青率领三万骑兵兵出雁门，李息兵出代郡，攻打匈奴。斩杀并俘虏匈奴几千人。第二年，卫青又兵出云中以西，直到陇西，在河南地区攻打匈奴所属的楼烦、白羊王，斩杀并俘虏匈奴几千人，缴获牛羊一百多万头。于是汉朝便夺取了河南地区，修筑朔方城，又修缮从前秦朝时蒙恬所筑的关塞，依靠黄河作为坚固的防线。汉朝也放弃了上谷郡靠近匈奴的偏远的造阳县给匈奴。这年是汉武帝元朔二年。

后一年的冬天，匈奴军臣单于死去。军臣单于的弟弟左谷蠡王伊稚斜自立为单于，攻破了军臣单于的太子於单。於单逃走投降汉朝，汉朝封於单为涉安侯，几个月后他就死了。

伊稚斜单于即位后，这年夏天，匈奴几万骑兵侵入代郡，杀死代郡太守恭友，掠走一千多人。这年秋天，匈奴又侵入雁

广赎为庶人。其冬，匈奴数入盗边，渔阳尤甚。汉使将军韩安国屯渔阳备胡。

其明年秋，匈奴二万骑入汉，杀辽西太守，略二千余人。胡又入败渔阳太守军千余人，围汉将军安国，安国时千余骑亦且尽，会燕救至，匈奴乃去。匈奴又入雁门，杀略千余人。于是汉使将军卫青将三万骑出雁门，李息出代郡，击胡。得首虏数千人。其明年，卫青复出云中以西至陇西，击胡之楼烦、白羊王于河南，得胡首虏数千，牛羊百余万。于是汉遂取河南地，筑朔方，复缮故秦时蒙恬所为塞，因河为固。汉亦弃上谷之什辟县造阳地以予胡。是岁，汉之元朔二年也。

其后冬，匈奴军臣单于死。军臣单于弟左谷蠡王伊稚斜自立为单于，攻破军臣单于太子於单。於单亡降汉，汉封於单为涉安侯，数月而死。

伊稚斜单于既立，其夏，匈奴数万骑入杀代郡太守恭友，略千余人。其秋，匈奴又入雁门，

杀略千余人。其明年,匈奴又复入代郡、定襄、上郡,各三万骑,杀略数千人。匈奴右贤王怨汉夺之河南地而筑朔方,数为寇,盗边,及入河南,侵扰朔方,杀略吏民甚众。

其明年春,汉以卫青为大将军,将六将军、十余万人,出朔方、高阙击胡。右贤王以为汉兵不能至,饮酒醉,汉兵出塞六七百里,夜围右贤王。右贤王大惊,脱身逃走,诸精骑往往随后去。汉得右贤王众男女万五千人,裨小王十余人。其秋,匈奴万骑入杀代郡都尉朱英,略千余人。

其明年春,汉复遣大将军卫青将六将军、兵十余万骑,乃再出定襄数百里击匈奴,得首虏前后凡万九千余级,而汉亦亡两将军,军三千余骑。右将军建得以身脱,而前将军翕侯赵信兵不利,降匈奴。赵信者,故胡小王,降汉,汉封为翕侯,以前将军与右将军并军分行,独遇单于兵,故尽没。单于既得翕侯,以为自次王,用其姊妻之,与谋汉。信教单于益北

门,杀死掳掠一千多人。第二年,匈奴又再次侵入代郡、定襄、上郡各三万骑兵,杀死掳掠几千人。匈奴右贤王怨恨汉朝夺走河南地区,又修筑朔方城,因而多次侵扰,到边境抢掠,并侵入河南地区,侵扰朔方,杀掠很多官吏和百姓。

第二年春天,汉朝任命卫青为大将军,统领六位将军,共十多万人,兵出朔方、高阙攻打匈奴。右贤王以为汉兵不能到,便饮酒大醉,汉兵走出塞外六七百里,在夜间包围了右贤王。右贤王大惊,脱身逃走,各路精锐骑兵也都跟着离去。汉朝俘虏右贤王部下男女一万五千人,裨小王十多人。这年秋天,匈奴一万骑兵攻入代郡,杀死都尉朱英,掠走一千多人。

第二年春天,汉朝又派大将军卫青统领六位将军、十多万骑兵,再次兵出定襄几百里攻打匈奴,前后共斩杀和俘虏敌人一万九千多人,而汉朝也损失了两位将军和三千多骑兵。右将军苏建得以只身逃脱,而前将军翕侯赵信出兵不利,投降匈奴。赵信本是匈奴小王,投降汉朝,汉朝封他为翕侯,因前将军与右将军军队合并而与大军分开行军,孤军深入遭遇到了单于的军队,所以全军覆没。单于擒获翕侯后,封他为自次王,并将自己的姐姐嫁给他为妻,与他谋划攻打汉朝。赵信教单于向更

北的地方迁移，越过沙漠，以引诱拖垮汉军，等待汉军极度疲劳时再攻打他们，但不要靠近边塞。单于听从了他的计策。第二年，匈奴一万骑兵侵入上谷，杀死几百人。

第二年春天，汉朝派骠骑将军霍去病率领一万骑兵兵出陇西，越过焉支山一千多里去攻打匈奴，斩杀和俘虏匈奴一万八千多人，打败休屠王，夺得祭天金人。这年夏天，骠骑将军又与合骑侯率领几万骑兵兵出陇西、北地二千里，攻打匈奴。经过居延，攻打祁连山，斩杀和俘虏匈奴三万多人，裨小王以下有七十多人。这时匈奴也来入侵代郡、雁门，杀死掳掠几百人。汉朝派博望侯和将军李广兵出右北平，攻打匈奴左贤王。左贤王围困李将军，汉兵大约四千人，都将被全部消灭，但他们所杀匈奴人数也超过汉军伤亡人数。恰好这时博望侯的救兵赶到，李将军得以脱身。汉军伤亡几千人，合骑侯延误了骠骑将军所定日期，他与博望侯都应当被处死，后来缴纳赎金被贬为庶人。

这年秋天，单于恼怒浑邪王、休屠王居住在西方却被汉朝斩杀和俘虏了几万人，想召见并诛杀他们。浑邪王与休屠王惊恐，密谋投降汉朝，汉朝派骠骑将军前去迎接他们。浑邪王杀了休屠王，并率领军队投降汉朝。他们总共四万多人，号称十万。这时汉朝已经得到了浑邪王，那么

绝幕，以诱罢汉兵，徼极而取之，无近塞。单于从其计。其明年，胡骑万人入上谷，杀数百人。

其明年春，汉使骠骑将军去病将万骑出陇西，过焉支山千余里，击匈奴，得胡首虏骑万八千余级，破得休屠王祭天金人。其夏，骠骑将军复与合骑侯数万骑出陇西、北地二千里，击匈奴。过居延，攻祁连山，得胡首虏三万余人，裨小王以下七十余人。是时匈奴亦来入代郡、雁门，杀略数百人。汉使博望侯及李将军广出右北平，击匈奴左贤王。左贤王围李将军，卒可四千人，且尽，杀虏亦过当。会博望侯军救至，李将军得脱。汉失亡数千人，合骑侯后骠骑将军期，及与博望侯皆当死，赎为庶人。

其秋，单于怒浑邪王、休屠王居西方为汉所杀虏数万人，欲召诛之。浑邪王与休屠王恐，谋降汉，汉使骠骑将军往迎之。浑邪王杀休屠王，并将其众降汉。凡四万余人，号十万。于是汉已得浑邪王，则陇西、北

地、河西益少胡寇，徙关东贫民处所夺匈奴河南新秦中以实之，而减北地以西戍卒半。其明年，匈奴入右北平、定襄各数万骑，杀略千余人而去。

其明年春，汉谋曰："翕侯信为单于计，居幕北，以为汉兵不能至。"乃粟马，发十万骑，负私从马凡十四万匹，粮重不与焉。令大将军青、骠骑将军去病中分军，大将军出定襄，骠骑将军出代，咸约绝幕击匈奴。单于闻之，远其辎重，以精兵待于幕北。与汉大将军接战一日，会暮，大风起，汉兵纵左右翼围单于。单于自度战不能如汉兵，单于遂独身与壮骑数百溃汉围西北遁走。汉兵夜追不得。行斩捕匈奴首虏万九千级，北至阗颜山赵信城而还。

单于之遁走，其兵往往与汉兵相乱而随单于。单于久不与其大众相得，其右谷蠡王以为单于死，乃自立为单于。真单于复得其众，而右谷蠡王乃去其单于号，复为右谷蠡王。

陇西、北地、河西受匈奴侵扰的事也就越来越少了，就迁徙关东的贫民住到从匈奴那里夺回的河南、新秦中地区，以充实那里，而且将北地以西的戍卒减少一半。第二年，匈奴分别派几万骑兵侵入右北平、定襄，杀掠一千多人而去。

第二年春天，汉朝谋划说："翕侯赵信替单于献计，居住在大漠以北，认为汉兵不能到达。"于是用粟米喂马，发动十万骑兵，加上自愿负担衣粮马匹应募从军的骑兵共十四万人，粮草辎重不算在内。命令大将军卫青、骠骑将军霍去病各领一半军队，大将军兵出定襄，骠骑将军兵出代郡，约定都越过大漠攻打匈奴。单于听说此事，将辎重运到远处，率领精兵守在大漠以北。与汉大将军交战一天，正逢日暮，大风骤起，汉军从左右两翼出兵包围单于。单于自己估量无法战胜汉军，就独身与几百名精壮骑兵冲破汉军包围圈，向西北逃跑。汉军连夜追击，没有抓到他。行军中斩杀和俘虏匈奴一万九千人，向北到达阗颜山赵信城而还。

单于逃跑时，他的士兵总与汉军混在一起，他们都追赶着单于。单于一直没有与他的部众会合，匈奴的右谷蠡王以为单于已经死了，于是自立为单于。真单于又得到了他的部众，而右谷蠡王就去掉了自己的单于封号，又做了右谷蠡王。

汉朝骠骑将军兵出代郡两千多里，与左贤王交战，汉军斩杀和俘虏匈奴共七万多人，左贤王和他的部将全都逃跑。骠骑将军便在狼居胥山祭天，在姑衍山祭地，兵临翰海而还。

此后，匈奴向远处逃去，而大漠以南没有匈奴的王庭。汉朝渡过黄河，自朔方以西到令居，常常在那里修通渠道，开垦田地，有官吏士兵五六万人，渐渐蚕食领土，地界接近匈奴旧地以北。

当初，汉朝两位将军大举出兵围攻单于，斩杀和俘虏敌军八九万人，而汉朝士兵伤亡也有几万，汉朝的马匹也死了十多万。匈奴虽然疲敝，向远方逃去，然而汉朝也因为马匹少，无力再次追击。匈奴采用赵信之计，向汉朝派遣使者，说好话请求和亲。天子下交群臣商议，有人赞同和亲，有人却认为应趁势让匈奴臣服于汉。丞相长史任敞说："匈奴刚刚被打败，处于困境，应当让他们做外臣，每年按时到边境来朝贡。"汉朝派任敞出使匈奴去见单于。单于听了任敞的计划，非常愤怒，扣留他不让返回。从前汉朝也招降过匈奴使者，单于也动辄扣留汉朝使者相抵。汉朝正重新收集兵马，赶上骠骑将军霍去病去世，于是汉朝很长时间没有北上攻打匈奴。

几年后，伊稚斜单于即位十三年后死去，他的儿子乌维被立为单于。这年是汉

汉骠骑将军之出代二千余里，与左贤王接战，汉兵得胡首虏凡七万余级，左贤王将皆遁走。骠骑封于狼居胥山，禅姑衍，临翰海而还。

是后匈奴远遁，而幕南无王庭。汉度河自朔方以西至令居，往往通渠置田，官吏卒五六万人，稍蚕食，地接匈奴以北。

初，汉两将军大出围单于，所杀虏八九万，而汉士卒物故亦数万，汉马死者十余万。匈奴虽病，远去，而汉亦马少，无以复往。匈奴用赵信之计，遣使于汉，好辞请和亲。天子下其议，或言和亲，或言遂臣之。丞相长史任敞曰："匈奴新破，困，宜可使为外臣，朝请于边。"汉使任敞于单于。单于闻敞计，大怒，留之不遣。先是汉亦有所降匈奴使者，单于亦辄留汉使相当。汉方复收士马，会骠骑将军去病死，于是汉久不北击胡。

数岁，伊稚斜单于立十三年死，子乌维立为单于。是

岁，汉元鼎三年也。乌维单于立，而汉天子始出巡郡县。其后汉方南诛两越，不击匈奴，匈奴亦不侵入边。

乌维单于立三年，汉已灭南越，遣故太仆贺将万五千骑出九原二千余里，至浮苴井而还，不见匈奴一人。汉又遣故从骠侯赵破奴万余骑出令居数千里，至匈河水而还，亦不见匈奴一人。

是时天子巡边，至朔方，勒兵十八万骑以见武节，而使郭吉风告单于。郭吉既至匈奴，匈奴主客问所使，郭吉礼卑言好，曰："吾见单于而口言。"单于见吉，吉曰："南越王头已悬于汉北阙。今单于即能前与汉战，天子自将兵待边；单于即不能，即南面而臣于汉。何徒远走，亡匿于幕北寒苦无水草之地，毋为也。"语卒，而单于大怒，立斩主客见者，而留郭吉不归，迁之北海上。而单于终不肯为寇于汉边，休养息士马，习射猎，数使使于汉，好辞甘言求请和亲。

武帝元鼎三年。乌维单于即位，汉朝天子开始出行巡视郡县。这之后汉朝正向南诛灭两越，没有攻打匈奴，匈奴也不侵入汉朝边境。

乌维单于即位三年，汉朝已经灭了南越，就派原太仆公孙贺率领一万五千名骑兵兵出九原两千多里，到达浮苴井才返回，没看到一个匈奴人。汉朝又派原从骠侯赵破奴率领一万多骑兵兵出令居，长驱几千里到达匈河水后返回，也没有见到一个匈奴人。

这时天子巡视边境，到达朔方，统率十八万骑兵以显示军威，又派郭吉委婉地告诉单于。郭吉到达匈奴后，匈奴主客询问他出使任务，郭吉谦卑有礼说好话，说："我见到单于再亲口对他说。"单于接见了郭吉，郭吉说："南越王的人头已经悬挂在汉朝的北阙之上。如今单于如果前去与汉军交战，天子将亲自领兵在边境上等待你；单于如果不去，那就应当面朝南方而臣服于汉朝。何必白白地向远处逃去，逃匿在漠北苦寒不生长水草的地方，这样无所作为啊。"话一说完单于就非常愤怒，立即斩了那个带郭吉进见的主客，又扣留郭吉，不让他返回，把他迁到北海边。而单于也终究不肯到汉朝边境去侵扰抢掠，他休兵养马，练习射猎，多次派使者去汉朝，用好言好语请求和亲。

汉朝派王乌等人前去窥探匈奴的情况。匈奴法令规定，汉朝使者如果不放下符节、用墨黥面就不得进入毡帐。王乌是北地人，熟悉匈奴习俗，就放下符节，用墨黥面，得以进入毡帐。单于喜欢他，佯装用好话做出许诺，派遣太子到汉朝做人质，以求得和亲。

汉朝派杨信去匈奴。这时汉朝向东攻取了秽貉、朝鲜，将其设为郡，并在西边设置了酒泉郡来隔绝匈奴与羌人的交通要道。汉朝又向西沟通月氏、大夏，还把公主嫁给乌孙王为妻，以分化在西方支持匈奴的势力。又向北增广田地，直到将胘靁作为边塞，而匈奴始终不敢对此说什么。这年，翕侯赵信死去，汉朝的当权者以为匈奴已经衰弱，可使他们臣服于汉。杨信为人刚直倔强，一向不是显贵的大臣，单于不亲近他。单于想召他入帐，他却不肯放下符节，单于于是坐在毡帐外接见杨信。杨信见到单于后，劝说道："如果想和亲，就把单于太子送去汉朝做人质。"单于说："这不是以前的和约。以前的和约规定，汉朝经常派公主来匈奴，并送来一定等级的缯絮和食物，以此和亲，而匈奴也不去侵扰汉朝边境。如今竟想违反古时候的和约，让我的太子去做人质，那就没有和亲的希望了。"匈奴惯例，看见汉朝使者不是宫中宠臣，而是儒生，就认为他是

汉使王乌等窥匈奴。匈奴法，汉使非去节而以墨黥其面者不得入穹庐。王乌，北地人，习胡俗，去其节，黥面，得入穹庐。单于爱之，详许甘言，为遣其太子入汉为质，以求和亲。

汉使杨信于匈奴。是时汉东拔秽貉、朝鲜以为郡，而西置酒泉郡以鬲绝胡与羌通之路。汉又西通月氏、大夏，又以公主妻乌孙王，以分匈奴西方之援国。又北益广田至胘靁为塞，而匈奴终不敢以为言。是岁，翕侯信死，汉用事者以匈奴为已弱，可臣从也。杨信为人刚直屈强，素非贵臣，单于不亲。单于欲召入，不肯去节，单于乃坐穹庐外见杨信。杨信既见单于，说曰："即欲和亲，以单于太子为质于汉。"单于曰："非故约。故约，汉常遣翁主，给缯絮食物有品，以和亲，而匈奴亦不扰边。今乃欲反古，令吾太子为质，无几矣。"匈奴俗，见汉使非中贵人，其儒先，以为欲说，折其辩；其少年，以为欲刺，折其气。每汉使入

匈奴,匈奴辄报偿。汉留匈奴使,匈奴亦留汉使,必得当乃肯止。

杨信既归,汉使王乌,而单于复谄以甘言,欲多得汉财物,绐谓王乌曰:"吾欲入汉见天子,面相约为兄弟。"王乌归报汉,汉为单于筑邸于长安。匈奴曰:"非得汉贵人使,吾不与诚语。"匈奴使其贵人至汉,病,汉予药,欲愈之,不幸而死。而汉使路充国佩二千石印绶往使,因送其丧,厚葬直数千金,曰"此汉贵人也"。单于以为汉杀吾贵使者,乃留路充国不归。诸所言者,单于特空绐王乌,殊无意入汉及遣太子来质。于是匈奴数使奇兵侵犯边。汉乃拜郭昌为拔胡将军,及浞野侯屯朔方以东,备胡。路充国留匈奴三岁,单于死。

乌维单于立十岁而死,子乌师庐立为单于。年少,号为

来游说的,便驳斥他的辩辞;如果是少年,就认为他是来刺探情况的,便要挫败他的气势。每次汉朝使者到匈奴,匈奴动辄给予报偿。汉朝扣留匈奴使者,匈奴也扣留汉朝使者,一定要使双方扣留人数相当才罢休。

杨信回朝后,汉朝派王乌出使匈奴,而单于又用好话巴结他,想多获得汉朝的财物,哄骗王乌说:"我想去汉朝见天子,当面相互缔约结为兄弟。"王乌返回上报朝廷,汉朝为单于在长安修筑了官邸。匈奴说:"不见到汉朝尊贵的人来出使,我不同他讲实话。"匈奴派他们尊贵的人到达汉朝,生了病,汉朝给他药吃,想治愈他,但不幸病死了。汉朝使者路充国佩带二千石级的印信前往出使匈奴,顺便给匈奴使者送丧,厚葬他所花的费用价值几千金,路充国自称"是汉朝的贵人"。单于以为汉朝杀了他们尊贵的使者,于是扣留路充国,不让他回汉。而单于所说的那些话,只是诓骗王乌的空话,完全没有到汉朝拜见天子及派太子做人质的意思。于是匈奴多次派奇兵侵犯汉朝边境。汉朝就任郭昌为拔胡将军,与浞野侯在朔方以东屯兵,防备匈奴。路充国被扣留在匈奴三年,单于死去。

乌维单于即位十年后死去,他的儿子乌师庐被立为单于。乌师庐年少,被称为

儿单于。这年是汉武帝元封六年。自此之后，单于更向西北迁移，左方军队直面云中郡，右方军队直面酒泉郡和敦煌郡。

儿单于即位，汉朝派两位使者，一位去吊唁单于，一位去吊唁右贤王，想以此来离间匈奴。使者进入匈奴，匈奴人把他们全都送到单于那里。单于发怒把汉朝使者全部扣留。前后有十几批汉朝使者被扣留在匈奴，而匈奴使者来到汉朝，汉朝也动辄扣留，数量相当。

这年，汉朝派贰师将军李广利向西讨伐大宛，并让因杅将军公孙敖修筑受降城。这年冬天，匈奴下大雪，牲畜大多挨饿受冻而死。儿单于年少，喜好杀伐，国人多心有不安。左大都尉想杀掉单于，派人暗中告诉汉朝说："我想杀掉单于投降汉朝，汉朝遥远，如果能派兵来迎我，我就行动。"起初汉朝听到这个消息，就修筑了受降城，但左大都尉还是认为遥远。

第二年春天，汉朝派浞野侯赵破奴带领二万多骑兵兵出朔方郡西北两千多里，约定到达浚稽山接应后回师。浞野侯到达约定的地点后返回，左大都尉想杀掉单于却被发觉，单于杀了他，发动左方军队攻打浞野侯。浞野侯行军中俘获杀戮匈奴几千人。浞野侯领兵返回，没到受降城，距其四百里的地方，匈奴的八万骑兵包围了他。浞野侯夜间独自出去找水，匈奴暗中

儿单于。是岁元封六年也。自此之后，单于益西北，左方兵直云中，右方直酒泉、燉煌郡。

儿单于立，汉使两使者，一吊单于，一吊右贤王，欲以乖其国。使者入匈奴，匈奴悉将致单于。单于怒而尽留汉使。汉使留匈奴者前后十余辈，而匈奴使来，汉亦辄留相当。

是岁，汉使贰师将军广利西伐大宛，而令因杅将军敖筑受降城。其冬，匈奴大雨雪，畜多饥寒死。儿单于年少，好杀伐，国人多不安。左大都尉欲杀单于，使人间告汉曰："我欲杀单于降汉，汉远，即兵来迎我，我即发。"初，汉闻此言，故筑受降城，犹以为远。

其明年春，汉使浞野侯破奴将二万余骑出朔方西北二千余里，期至浚稽山而还。浞野侯既至期而还，左大都尉欲发而觉，单于诛之，发左方兵击浞野。浞野侯行捕首虏得数千人。还，未至受降城四百里，匈奴兵八万骑围之。浞野侯夜自出求水，匈奴间捕生得浞野

侯，因急击其军。军中郭纵为护，维王为渠，相与谋曰："及诸校尉畏亡将军而诛之，莫相劝归。"军遂没于匈奴。匈奴儿单于大喜，遂遣奇兵攻受降城。不能下，乃寇入边而去。其明年，单于欲自攻受降城，未至，病死。

儿单于立三岁而死。子年少，匈奴乃立其季父乌维单于弟右贤王呴犁湖为单于。是岁太初三年也。

呴犁湖单于立，汉使光禄徐自为出五原塞数百里，远者千余里，筑城鄣列亭至庐朐，而使游击将军韩说、长平侯卫伉屯其旁，使强弩都尉路博德筑居延泽上。其秋，匈奴大入定襄、云中，杀略数千人，败数二千石而去，行破坏光禄所筑城列亭鄣。又使右贤王入酒泉、张掖，略数千人。会任文击救，尽复失所得而去。是岁，贰师将军破大宛，斩其王而还。匈奴欲遮之，不能至。其冬，欲攻受降城，会单于病死。呴犁湖单于立一岁死。匈奴乃立其弟左大都尉且鞮侯为单于。

追捕，活捉了浞野侯，趁机急攻他的军队。汉军中郭纵担任护军，维王担任匈奴降兵的头领，互相谋划说："趁着众校尉害怕失掉将军而被朝廷诛杀，不要劝说大家回朝。"汉军于是陷没在匈奴中。匈奴儿单于非常高兴，就派奇兵攻打受降城。没能攻下，于是侵入边境后离去。第二年，单于想亲自攻打受降城，还没到，就病死了。

儿单于即位三年后死去。他的儿子年少，匈奴就立他的叔父乌维单于的弟弟右贤王呴犁湖为单于。这年是汉武帝太初三年。

呴犁湖单于即位后，汉朝派光禄勋徐自为兵出五原塞几百里，最远到达一千多里，修筑城堡和哨所，直到庐朐，并派游击将军韩说、长平侯卫伉在这些地方附近屯兵，派强弩都尉路博德在居延泽边修筑城堡。这年秋天，匈奴大举侵入定襄、云中，杀戮劫掠几千人，打败几名二千石级的官员才离开，行军时破坏了光禄勋徐自为修筑的城堡和哨所。匈奴又派右贤王侵入酒泉、张掖，掠走几千人。正遇上汉朝将军任文截击相救，匈奴又全部失去了所得到的东西而离去。这年，贰师将军攻破大宛，杀了大宛王后返回。匈奴想截击贰师将军，没能追上。这年冬天，匈奴想攻打受降城，恰巧单于病死。呴犁湖单于即位一年后死去。匈奴于是立他的弟弟左大都尉且鞮侯为单于。

汉朝诛灭大宛国后,威震境外之国。天子想最终困住匈奴,就下诏说:"高祖皇帝留给我平城的忧患,高后当政时单于来信所言极为悖理叛逆。从前齐襄公报九世之仇,《春秋》大加赞美。"这年是汉武帝太初四年。

且鞮侯单于即位后,把不肯投降匈奴的汉朝使者全部放回。路充国等人得以返回汉朝。单于刚即位,害怕汉朝袭击他,就自称说:"我是儿子辈,怎敢与汉天子相比!汉天子是我的长辈。"汉朝派中郎将苏武送给单于丰厚的礼物。单于越发骄横,礼节越来越不恭敬,不是汉朝所希望的。第二年,浞野侯赵破奴得以逃离匈奴,回到汉朝。

第二年,汉朝派贰师将军李广利率领三万骑兵出酒泉,在天山攻打右贤王,杀死和俘虏匈奴一万多人后返回。匈奴大举围攻贰师将军,贰师将军差点没能逃脱。汉军兵众和物资损失了十分之六七。汉朝又派因杅将军公孙敖兵出西河郡,与强弩都尉在涿涂山会合,一无所获。朝廷又派骑都尉李陵率领步兵和骑兵五千人,兵出居延向北一千多里,与单于遭遇,两军交战,李陵的军队杀死击伤匈奴一万多人,兵器和粮草用尽,李陵想脱困而回,但匈奴包围了李陵,李陵投降了匈奴,他的军队便

汉既诛大宛,威震外国。天子意欲遂困胡,乃下诏曰:"高皇帝遗朕平城之忧,高后时单于书绝悖逆。昔齐襄公复九世之仇,《春秋》大之。"是岁太初四年也。

且鞮侯单于既立,尽归汉使之不降者。路充国等得归。单于初立,恐汉袭之,乃自谓:"我儿子,安敢望汉天子!汉天子,我丈人行也。"汉遣中郎将苏武厚币赂遗单于。单于益骄,礼甚倨,非汉所望也。其明年,浞野侯破奴得亡归汉。

其明年,汉使贰师将军广利以三万骑出酒泉,击右贤王于天山,得胡首虏万余级而还。匈奴大围贰师将军,几不脱。汉兵物故什六七。汉复使因杅将军敖出西河,与强弩都尉会涿涂山,毋所得。又使骑都尉李陵将步骑五千人,出居延北千余里,与单于会,合战,陵所杀伤万余人,兵及食尽,欲解归,匈奴围陵,陵降匈奴,其兵遂没,得还者四百人。单

于乃贵陵，以其女妻之。

后二岁，复使贰师将军将六万骑，步兵十万，出朔方。强弩都尉路博德将万余人，与贰师会。游击将军说将步骑三万人，出五原。因杅将军敖将万骑、步兵三万人，出雁门。匈奴闻，悉远其累重于余吾水北，而单于以十万骑待水南，与贰师将军接战。贰师乃解而引归，与单于连战十余日。贰师闻其家以巫蛊族灭，因并众降匈奴，得来还千人一两人耳。游击说无所得。因杅敖与左贤王战，不利，引归。是岁汉兵之出击匈奴者不得言功多少，功不得御。有诏捕太医令随但，言贰师将军家室族灭，使广利得降匈奴。

太史公曰：孔氏著《春秋》，隐、桓之间则章，至定、哀之际则微，为其切当世之文而罔褒，忌讳之辞也。世俗之言匈奴者，患其徼一时

覆没了，得以生还的有四百人。单于于是尊宠李陵，把他的女儿嫁给李陵为妻。

两年后，汉朝又派贰师将军率领六万骑兵和十万步兵，兵出朔方郡。强弩都尉路博德率领一万多人，与贰师将军会合。游击将军韩说率领步兵和骑兵三万人，兵出五原。因杅将军公孙敖率领一万骑兵和三万步兵，兵出雁门。匈奴听说后，就把他们厚重的物品全部远远地转运到余吾水以北，而单于率领十万骑兵在余吾水以南等候，与贰师将军交战。贰师将军于是摆脱敌军，领兵而还，与单于连战十多天。贰师将军听说他的家族因犯巫蛊之罪而被灭族，因此就合并军队投降了匈奴，他的军队得以返回汉朝的，一千人中只有一两人而已。游击将军韩说一无所获。因杅将军公孙敖与左贤王交战，形势不利，领兵撤退。这年汉军中出击匈奴的人不得谈论功劳多少，因为他们的功劳不能与损失相抵。皇帝下诏逮捕太医令随但，因为是他说贰师将军的家室被灭了族，致使李广利投降匈奴。

太史公说：孔子著《春秋》，对鲁隐公与鲁桓公之间的事记载得显著明白，到了鲁定公和鲁哀公时期的事就记载得隐晦含蓄，因为那是涉及当世的文辞，不能直言褒贬，所以用了忌讳的言辞。世俗之人

谈论匈奴，其祸患就在于他们想侥幸获得一时的权势，因而致力于谄媚献言，发表他们片面的观点，却不考虑敌我的实际情况；将帅们倚仗着中原土地的广大，士气雄壮，人主也根据这些来决策，所以建立的功业并不广远。尧虽然贤能，兴功立业也没能成功，到夏禹之后，九州才得以安宁。况且想要振兴圣王的传统，只在于选择任用将相啊！只在于选择任用将相啊！

之权，而务谄纳其说，以便偏指，不参彼己；将率席中国广大，气奋，人主因以决策，是以建功不深。尧虽贤，兴事业不成，得禹而九州宁。且欲兴圣统，唯在择任将相哉！唯在择任将相哉！

史记卷一百一十一
列传第五十一

卫青　霍去病　公孙贺　李息　公孙敖　李沮　李蔡　张次公　苏建
赵信　张骞　赵食其　曹襄　韩说　郭昌　荀彘　路博德　赵破奴

卫青

大将军卫青是平阳人。他的父亲郑季做小吏，在平阳侯家供事，与平阳侯的婢仆卫媪通奸，生下了卫青。卫青的同母哥哥是卫家长子，而同母姐姐卫子夫在平阳公主家得到天子宠幸，所以就假冒姓卫。卫青，字仲卿。卫长子改字为长君。长君的母亲是卫媪。卫媪的长女叫卫孺，次女叫少儿，三女就是卫子夫。后来卫子夫的弟弟步、广都假冒姓卫。

卫青做平阳侯家的仆人，年少时回到他的父亲郑季那里，他父亲让他放羊。郑季嫡妻生的儿子们都把他当作奴仆对待，不把他当作兄弟。卫青曾经与人到过甘泉宫的居室，有个受钳刑的犯人给卫青相面说："你是个贵人，做官可到封侯。"卫青笑道："我是奴仆生下的儿子，能不挨打受骂就心满意足了，怎么会有封侯的事呢！"

卫青长大后，做了平阳侯家的骑兵，跟随平阳公主。建元二年春天，卫青的姐

大将军卫青者，平阳人也。其父郑季，为吏，给事平阳侯家，与侯妾卫媪通，生青。青同母兄卫长子，而姊卫子夫自平阳公主家得幸天子，故冒姓为卫氏。字仲卿。长子更字长君。长君母号为卫媪。媪长女卫孺，次女少儿，次女即子夫。后子夫男弟步、广皆冒卫氏。

青为侯家人，少时归其父，其父使牧羊。先母之子皆奴畜之，不以为兄弟数。青尝从入至甘泉居室，有一钳徒相青曰："贵人也，官至封侯。"青笑曰："人奴之生，得毋笞骂即足矣，安得封侯事乎！"

青壮，为侯家骑，从平阳主。建元二年春，青姊子夫得入宫

2221

幸上。皇后,堂邑大长公主女也,无子,妒。大长公主闻卫子夫幸,有身,妒之,乃使人捕青。青时给事建章,未知名。大长公主执囚青,欲杀之。其友骑郎公孙敖与壮士往篡取之,以故得不死。上闻,乃召青为建章监,侍中,及同母昆弟贵,赏赐数日间累千金。孺为太仆公孙贺妻。少儿故与陈掌通,上召贵掌。公孙敖由此益贵。子夫为夫人。青为大中大夫。

元光六年,青为车骑将军,击匈奴,出上谷;太仆公孙贺为轻车将军,出云中;大中大夫公孙敖为骑将军,出代郡;卫尉李广为骁骑将军,出雁门:军各万骑。青至笼城,斩首虏数百。骑将军敖亡七千骑;卫尉李广为虏所得,得脱归:皆当斩,赎为庶人。贺亦无功。

元朔元年春,卫夫人有男,立为皇后。其秋,青为车骑将军,出雁门,三万骑击匈奴,斩首虏数千人。明年,匈奴入杀辽

姐卫子夫得以入宫受到皇上的宠幸。皇后是堂邑大长公主的女儿,没有生儿子,心怀嫉妒。大长公主听说卫子夫受到武帝宠幸,怀有身孕,嫉妒她,于是派人抓捕了卫青。卫青当时在建章宫供职,还不出名。大长公主逮捕囚禁了卫青,想杀了他。卫青的朋友骑郎公孙敖与一些壮士前去把他抢了出来,因此卫青才没有死。皇上听说此事,就把卫青召来做了建章监,加侍中官衔,连同他的同母兄弟也显贵,皇上给他们的赏赐,几天就累积有千金。卫孺做了太仆公孙贺的妻子。卫少儿原先与陈掌私通,皇上便召来陈掌,使他显贵。公孙敖由此更加显贵。卫子夫做了夫人。卫青做了大中大夫。

元光六年,卫青做车骑将军,北击匈奴,兵出上谷;太仆公孙贺做轻车将军,兵出云中;大中大夫公孙敖做骑将军,兵出代郡;卫尉李广做骁骑将军,兵出雁门:每军各领一万骑兵。卫青领军到达笼城,斩杀敌军几百人。骑将军公孙敖损失七千骑兵;卫尉李广被匈奴俘虏,但得以逃回:他们都应当被处斩,最后缴纳赎金免于一死,被贬为庶人。公孙贺也没有战功。

元朔元年春天,卫夫人生下男孩,被立为皇后。这年秋天,卫青做车骑将军,兵出雁门,率领三万骑兵攻打匈奴,斩杀敌军几千人。第二年,匈奴入边杀死辽西

太守，掳掠渔阳郡两千多人，击败韩安国的军队。汉朝命令将军李息攻击匈奴，兵出代郡；命令车骑将军卫青兵出云中以西直达高阙。最终汉朝夺取了河南地区，直到陇西，捕获敌人几千人，牲畜几十万头，赶跑了白羊王和楼烦王。汉朝就将河南地区设为朔方郡。把三千八百户分封给卫青做长平侯。卫青的校尉苏建立有军功，就把一千一百户封给苏建做平陵侯，派苏建修筑朔方城。卫青的校尉张次公立有军功，被封为岸头侯。天子说："匈奴违逆天理，悖乱人伦，欺凌长辈，虐待老人，专以盗窃为务，欺诈各个蛮夷国家，策划阴谋，凭借他们的武力，多次入边为害，所以朝廷才兴兵遣将，以征讨他们的罪恶。《诗经》上不是说吗，'征伐猃狁，直到太原''出征的战车隆隆，去修筑那朔方城'。如今车骑将军卫青渡过西河，到达高阙，俘获斩杀敌军二千三百人，缴获全部战车、辎重、牲畜和财产作为战利品，已经被封为列侯，于是向西平定河南地区，巡行榆谿旧时要塞，越过梓领，架设北河之桥，征讨蒲泥，攻破符离，斩杀敌人的轻捷精锐士兵，捕获敌人的探子三千零七十一人，抓到活口对其进行审问，得知他们的聚居地所在，赶回马、牛、羊一百多万头，得以保全大军，顺利还朝，朝廷增封卫青食邑三千户。"第二年，匈奴入边塞杀死代

西太守，虏略渔阳二千余人，败韩将军军。汉令将军李息击之，出代；令车骑将军青出云中以西至高阙。遂略河南地，至于陇西，捕首虏数千，畜数十万，走白羊、楼烦王。遂以河南地为朔方郡。以三千八百户封青为长平侯。青校尉苏建有功，以千一百户封建为平陵侯，使建筑朔方城。青校尉张次公有功，封为岸头侯。天子曰："匈奴逆天理，乱人伦，暴长虐老，以盗窃为务，行诈诸蛮夷，造谋藉兵，数为边害，故兴师遣将，以征厥罪。《诗》不云乎，'薄伐猃狁，至于太原'，'出车彭彭，城彼朔方'。今车骑将军青度西河至高阙，获首虏二千三百级，车辎畜产毕收为卤，已封为列侯，遂西定河南地，按榆谿旧塞，绝梓领，梁北河，讨蒲泥，破符离，斩轻锐之卒，捕伏听者三千七十一级，执讯获丑，驱马牛羊百有余万，全甲兵而还，益封青三千户。"其明年，匈奴入杀代郡太守友，入略雁门千余人。其明年，匈奴大入代、

定襄、上郡，杀略汉数千人。

其明年，元朔之五年春，汉令车骑将军青将三万骑，出高阙；卫尉苏建为游击将军，左内史李沮为强弩将军，太仆公孙贺为骑将军，代相李蔡为轻车将军，皆领属车骑将军，俱出朔方；大行李息、岸头侯张次公为将军，出右北平：咸击匈奴。匈奴右贤王当卫青等兵，以为汉兵不能至此，饮醉。汉兵夜至，围右贤王，右贤王惊，夜逃，独与其爱妾一人壮骑数百驰，溃围北去。汉轻骑校尉郭成等逐数百里，不及，得右贤裨王十余人，众男女万五千余人，畜数十百万，于是引兵而还。至塞，天子使使者持大将军印，即军中拜车骑将军青为大将军，诸将皆以兵属大将军，大将军立号而归。

天子曰："大将军青躬率戎士，师大捷，获匈奴王十有余人，益封青六千户。"而封青子伉为宜春侯，青子不疑为阴安侯，青子登为发干侯。青

郡太守共友，侵入雁门，掳掠一千多人。第二年，匈奴大举侵入代郡、定襄、上郡，斩杀掳掠汉朝百姓几千人。

第二年，即元朔五年春天，汉朝命令车骑将军卫青率领三万骑兵兵出高阙；卫尉苏建为游击将军，左内史李沮为强弩将军，太仆公孙贺为骑将军，代国丞相李蔡为轻车将军，都隶属车骑将军统领，一起从朔方出兵；又命令大行李息、岸头侯张次公担任将军，兵出右北平：命他们共同攻打匈奴。匈奴右贤王面对卫青等各路大军，认为汉军无法到达这里，便饮酒大醉。汉军夜晚到达，包围了右贤王，右贤王大惊，连夜逃跑，只与他的一个爱妾和几百名精壮骑兵疾驰突围，向北逃去。汉军轻骑校尉郭成等人追逐几百里，没有追上，捕获右贤王的小王十多人，男女民众一万五千多人，牲畜有几十万乃至上百万头，于是领兵而还。到达边塞，天子派使者手持大将军印，就在军中任命车骑将军卫青为大将军，其他将军都率兵归大将军统领，大将军确立名号后回京。

天子说："大将军卫青亲率大军攻杀，军队大捷，虏获匈奴王十多人，增封卫青食邑六千户。"又封卫青的儿子卫伉为宜春侯，卫青的儿子卫不疑为阴安侯，卫青的儿子卫登为发干侯。卫青坚决辞谢说：

"我侥幸能在行伍之间做官，仰赖陛下的神灵，才使军队大捷，这都是各位校尉奋力征战的功劳。陛下已施恩加封我。我的儿子还在襁褓之中，没有劳苦之功，皇上施恩割地封他们三人为侯，这并非我在行伍之间做官，用来鼓励将士奋力征战的本意啊！卫伉等三人怎敢接受封赏呢！"

天子说："我并没有忘却各位校尉的功劳，现在本就要考虑赏赐他们。"于是下诏给御史说："护军都尉公孙敖三次跟随大将军攻打匈奴，一直监护各军，又率领一校人马，俘获匈奴小王，把一千五百户封给公孙敖为合骑侯。都尉韩说跟随大将军出兵窳浑，攻到匈奴右贤王的王庭，在大将军麾下奋战搏杀，捕获匈奴小王，把一千三百户封给韩说为龙额侯。骑将军公孙贺跟随大将军捕获匈奴小王，把一千三百户封给公孙贺为南窌侯。轻车将军李蔡两次跟随大将军俘获匈奴小王，把一千六百户封给李蔡为乐安侯。校尉李朔、校尉赵不虞、校尉公孙戎奴，各自三次跟随大将军捕获匈奴小王，把一千三百户封给李朔为涉轵侯，把一千三百户封给赵不虞为随成侯，把一千三百户封给公孙戎奴为从平侯。将军李沮、李息及校尉豆如意都有功劳，赐给关内侯的爵位，各食邑三百户。"这年秋天，匈奴侵入代郡，杀死都尉朱英。

固谢曰："臣幸得待罪行间，赖陛下神灵，军大捷，皆诸校尉力战之功也。陛下幸已益封臣青。臣青子在襁褓中，未有勤劳，上幸列地封为三侯，非臣待罪行间所以劝士力战之意也。伉等三人何敢受封！"

天子曰："我非忘诸校尉功也，今固且图之。"乃诏御史曰："护军都尉公孙敖三从大将军击匈奴，常护军，傅校获王，以千五百户封敖为合骑侯。都尉韩说从大将军出窳浑，至匈奴右贤王庭，为麾下搏战获王，以千三百户封说为龙额侯。骑将军公孙贺从大将军获王，以千三百户封贺为南窌侯。轻车将军李蔡再从大将军获王，以千六百户封蔡为乐安侯。校尉李朔、校尉赵不虞、校尉公孙戎奴，各三从大将军获王，以千三百户封朔为涉轵侯，以千三百户封不虞为随成侯，以千三百户封戎奴为从平侯。将军李沮、李息及校尉豆如意有功，赐爵关内侯，食邑各三百户。"其秋，匈奴入代，杀都尉朱英。

其明年春，大将军青出定襄，合骑侯敖为中将军，太仆贺为左将军，翕侯赵信为前将军，卫尉苏建为右将军，郎中令李广为后将军，右内史李沮为强弩将军，咸属大将军，斩首数千级而还。月余，悉复出定襄击匈奴，斩首虏万余人。右将军建、前将军信并军三千余骑，独逢单于兵，与战一日余，汉兵且尽。前将军故胡人，降为翕侯，见急，匈奴诱之，遂将其余骑可八百，奔降单于。右将军苏建尽亡其军，独以身得亡去，自归大将军。大将军问其罪正闳、长史安、议郎周霸等："建当云何？"霸曰："自大将军出，未尝斩裨将。今建弃军，可斩以明将军之威。"闳、安曰："不然。兵法'小敌之坚，大敌之禽也'。今建以数千当单于数万，力战一日余，士尽，不敢有二心，自归。自归而斩之，是示后无反意也。不当斩。"大将军曰："青幸得以肺腑待罪行间，不患无威，而霸说我以明威，甚失臣意。且使臣职虽当斩将，

第二年春天，大将军卫青兵出定襄，合骑侯公孙敖做中将军，太仆公孙贺为左将军，翕侯赵信为前将军，卫尉苏建为右将军，郎中令李广为后将军，右内史李沮为强弩将军，全都隶属于大将军，斩杀几千敌军后而回师。一个多月后，全部再次兵出定襄攻打匈奴，斩杀俘虏敌军一万多人。右将军苏建、前将军赵信会合人马共三千多骑兵，单独遭遇匈奴单于的军队，与敌军交战一天多，汉军将要全军覆没。前将军赵信原先是匈奴人，投降后被封为翕侯，见情势危急，匈奴又引诱他，于是率领他剩余的约八百骑兵奔降单于。右将军苏建的军队全军覆没，只有他自己独自脱身逃去，回到大将军那里。大将军向军正闳、长史安和议郎周霸等人询问苏建罪名："苏建当治什么罪？"周霸说："自大将军出征以来，未曾杀过副将。如今苏建丢弃军队独自回来，可将他斩杀以显示大将军的威严。"闳、安说："不对。兵法说'军队少的一方即使坚强拼搏，也要被军队多的一方消灭'。如今苏建凭借几千人马对抗单于几万人马，奋力战斗一天多，士兵全部牺牲，也不敢有二心，他主动归来。主动归来却将他斩杀，这是告诉战士以后如果失败了就不要返回的意思。不应当杀了苏建。"大将军说："我有幸以皇亲国戚的身份在行伍之间做官，不担

忧没有威严，而周霸劝我以此来显示威严，失去了我的本意。况且即使我的职权可以斩杀有罪的将领，以我的尊宠也不敢擅自在境外专权诛杀将官，我把情况详细上报给天子，让天子自己裁决，由此表现出身为人臣不敢专权，不也是可以的吗？"军吏都说："好"。于是把苏建囚禁起来送往皇帝的行宫。然后入塞休兵。

这一年，大将军姐姐的儿子霍去病十八岁，获得皇上的宠幸，担任天子侍中。他擅长骑马射箭，两次跟随大将军出征，受诏命给卫青做壮士，担任剽姚校尉，他与八百名轻捷勇猛的骑兵，径直抛开大军几百里奔袭匈奴，斩杀捕获的敌人超过其损失。于是天子说："剽姚校尉霍去病斩杀敌人二千零二十八人，其中包括相国、当户，斩杀单于祖父一辈的籍若侯产，生擒单于叔父罗姑比，他的功劳两次名冠全军，把一千六百户封给霍去病为冠军侯。上谷太守郝贤四次跟随大将军出征，捕杀敌军二千多人，把一千一百户封给郝贤为众利侯。"这一年，朝廷损失了两位将军的军队，翕侯逃亡，军功不多，所以大将军没有增加封赏。右将军苏建回朝，天子没有杀他，赦免了他的罪，让他缴纳赎金，把他贬为了庶人。

大将军回朝后被赐予千金。这时王夫

以臣之尊宠而不敢自擅专诛于境外，而具归天子，天子自裁之，于是以见为人臣不敢专权，不亦可乎？"军吏皆曰："善。"遂囚建诣行在所。入塞罢兵。

霍去病

是岁也，大将军姊子霍去病年十八，幸，为天子侍中。善骑射，再从大将军，受诏与壮士，为剽姚校尉，与轻勇骑八百直弃大军数百里赴利，斩捕首虏过当。于是天子曰："剽姚校尉去病斩首虏二千二十八级，及相国、当户，斩单于大父行籍若侯产，生捕季父罗姑比，再冠军，以千六百户封去病为冠军侯。上谷太守郝贤四从大将军，捕斩首虏二千余人，以千一百户封贤为众利侯。"是岁，失两将军军，亡翕侯，军功不多，故大将军不益封。右将军建至，天子不诛，赦其罪，赎为庶人。

大将军既还，赐千金。是

时王夫人方幸于上,甯乘说大将军曰:"将军所以功未甚多,身食万户,三子皆为侯者,徒以皇后故也。今王夫人幸而宗族未富贵,愿将军奉所赐千金为王夫人亲寿。"大将军乃以五百金为寿。天子闻之,问大将军,大将军以实言,上乃拜甯乘为东海都尉。

张骞从大将军,以尝使大夏,留匈奴中久,导军,知善水草处,军得以无饥渴,因前使绝国功,封骞博望侯。

冠军侯去病既侯三岁,元狩二年春,以冠军侯去病为骠骑将军,将万骑出陇西,有功。天子曰:"骠骑将军率戎士逾乌盭,讨遬濮,涉狐奴,历五王国,辎重人众慑慑者弗取,冀获单于子。转战六日,过焉支山千有余里,合短兵,杀折兰王,斩卢胡王,诛全甲,执浑邪王子及相国、都尉,首虏八千余级,收休屠祭天金人,益封去病二千户。"

其夏,骠骑将军与合骑侯敖俱出北地,异道;博望侯张

人正得到武帝的宠幸,甯乘劝说大将军道:"将军之所以功劳不是很多,却自身食邑万户,三个儿子都受封为侯,只是出于皇后的缘故。如今王夫人得到宠幸而她的宗族还没富贵,希望将军把皇帝所赐千金献给王夫人的双亲作为寿礼。"大将军于是拿出五百金作为寿礼。天子听说此事,询问大将军,大将军以实相告,皇上于是任命甯乘为东海都尉。

张骞跟随大将军出征,因为他曾经出使大夏,被扣留在匈奴那里很长时间,后来作为大军的向导,他熟知有水草的好地方,因而大军得以免受饥渴,加上他以前出使遥远国家的功劳,朝廷封张骞为博望侯。

冠军侯霍去病封侯三年后,元狩二年春天,朝廷任命冠军侯霍去病为骠骑将军,率领一万骑兵出陇西,立有战功。天子说:"骠骑将军率领战士越过乌盭山,征讨遬濮,渡过狐奴河,经过五个王国,不掠取慑服国家的物资和民众,只希望捕获单于的儿子。转战六天,越过焉支山一千多里,跟敌军短兵相接,杀折兰王,斩卢胡王,全歼敌军,擒获浑邪王的儿子和他的相国、都尉,杀敌八千多人,收取了休屠王的祭天金人,增封霍去病食邑两千户。"

这年夏天,骠骑将军与合骑侯公孙敖一起兵出北地,分道进军;博望侯张

骞、郎中令李广一起兵出右北平，分道进军：他们一起发兵攻打匈奴。郎中令率领四千骑兵先到，博望侯率领一万骑兵后到。匈奴左贤王率领几万名骑兵包围了郎中令，郎中令与敌人交战两天，军队死伤过半，所斩杀的敌军也超过了他们损失的人数。博望侯赶到，匈奴已领兵撤退。博望侯犯有行军滞留而贻误战机的罪行，应当处斩，后来缴纳赎金被贬为庶人。而骠骑将军兵出北地，已远远地深入匈奴，却与合骑侯走错了路，没能会合，骠骑将军越过居延到达祁连山，擒获了很多敌人。天子说："骠骑将军越过居延，于是经过小月氏，攻到祁连山，捕获酋涂王，集体投降的有两千五百人，斩杀敌军三万零二百人，俘获五个匈奴小王和五个小王的母亲，还有单于的正妻阏氏、王子共五十九人，相国、将军、当户、都尉六十三人，汉军大约损失十分之三，增封霍去病食邑五千户。赐予跟随霍去病到达小月氏的校尉们左庶长的爵位。鹰击司马赵破奴两次跟随骠骑将军出征，斩杀遬濮王，捕获稽沮王，千骑将抓到匈奴小王和小王的母亲各一人，王子以下四十一人，俘虏敌军三千三百三十人，先头部队俘虏敌军一千四百人，把一千五百户封给赵破奴为从骠侯。校尉句王高不识，跟随骠骑将军俘获呼于屠王和王子以下十一人，俘获敌

骞、郎中令李广俱出右北平，异道：皆击匈奴。郎中令将四千骑先至，博望侯将万骑在后至。匈奴左贤王将数万骑围郎中令，郎中令与战二日，死者过半，所杀亦过当。博望侯至，匈奴兵引去。博望侯坐行留，当斩，赎为庶人。而骠骑将军出北地，已遂深入，与合骑侯失道，不相得，骠骑将军逾居延至祁连山，捕首虏甚多。天子曰："骠骑将军逾居延，遂过小月氏，攻祁连山，得酋涂王，以众降者二千五百人，斩首虏三万二百级，获五王，五王母，单于阏氏、王子五十九人，相国、将军、当户、都尉六十三人，师大率减什三，益封去病五千户。赐校尉从至小月氏爵左庶长。鹰击司马破奴再从骠骑将军斩遬濮王，捕稽沮王，千骑将得王、王母各一人，王子以下四十一人，捕虏三千三百三十人，前行捕虏千四百人，以千五百户封破奴为从骠侯。校尉句王高不识，从骠骑将军捕呼于屠王王子以下十一人，捕虏千七百六十八

人，以千一百户封不识为宜冠侯。校尉仆多有功，封为煇渠侯。"合骑侯敖坐行留不与骠骑会，当斩，赎为庶人。诸宿将所将士马兵亦不如骠骑，骠骑所将常选，然亦敢深入，常与壮骑先其大军，军亦有天幸，未尝困绝也。然而诸宿将常坐留落不遇。由此骠骑日以亲贵，比大将军。

其秋，单于怒浑邪王居西方数为汉所破，亡数万人，以骠骑之兵也。单于怒，欲召诛浑邪王。浑邪王与休屠王等谋欲降汉，使人先要边。是时大行李息将城河上，得浑邪王使，即驰传以闻。天子闻之，于是恐其以诈降而袭边，乃令骠骑将军将兵往迎之。骠骑既渡河，与浑邪王众相望。浑邪王裨将见汉军而多欲不降者，颇遁去。骠骑乃驰入与浑邪王相见，斩其欲亡者八千人，遂独遣浑邪王乘传先诣行在所，尽将其众渡河，降者数万，号称

军一千七百六十八人，把一千一百户封给高不识为宜冠侯。校尉仆多立有战功，被封为煇渠侯。"合骑侯公孙敖因行军延滞而没能与骠骑将军会师，被判处斩，缴纳赎金后被贬为庶人。各位老将所率领的部队，兵员马匹乃至兵器也不如骠骑将军，骠骑将军所率领的经常是挑选的精兵，但他也敢于深入敌军，经常与精壮的骑兵跑到大军的前面，他的军队也有上天的眷顾，未曾遇过很大的困境。然而各位老将却经常因行军迟缓而坐失好的战机。从此以后骠骑将军日益得到皇上的亲近而更加显贵，比肩大将军。

这年秋天，单于恼怒浑邪王身处西方却多次被汉朝所击败，伤亡几万人，都是因为骠骑将军的军队。单于非常愤怒，想召来浑邪王将他杀死。浑邪王与休屠王等谋划想投降汉朝，派人先去边境迎候汉人。这时大行李息率兵在黄河岸边筑城，见到浑邪王的使者，立即命传车疾驰回朝报告天子。天子听说此事后，担心这时他们用诈降的手段来偷袭边境，就派骠骑将军率兵前去接应他们。骠骑将军渡过黄河后，与浑邪王的部队遥遥相望。浑邪王的副将见到汉军，大多不想投降，有些逃遁而去。骠骑将军于是驰入敌营与浑邪王相见，斩杀其中想逃走的士兵八千人，于是单独让浑邪王乘传车先到天子的行宫，他率领浑

邪王的全部人马渡过黄河，降者几万，号称十万。到达长安后，天子用来赏赐的钱就有几十万。封给浑邪王食邑一万户，封为漯阴侯。封他的小王呼毒尼为下摩侯，鹰庇为辉渠侯，禽梨为河綦侯，大当户铜离为常乐侯。于是天子嘉奖骠骑将军的功劳说："骠骑将军霍去病率领大军攻打匈奴西域浑邪王，浑邪王和他的部众相约全来投奔汉朝，骠骑将军率领大军拿军粮接济他们，并率领弓箭手一万多人，诛杀了想要逃亡的凶悍的人，斩杀敌军八千多人，降服异国之王三十二人，战士没有伤亡，十万之众全部诚心降服，将军仍然征战劳苦，因而使河塞地区几乎没有祸患，有幸得以永保安宁。把一千七百户增封给骠骑将军。"减少陇西、北地、上郡的一半戍卒，以减轻天下百姓的徭役负担。

过了不久，汉朝就把归降的匈奴人分别迁徙到边境五郡原先的边塞之外，但都在河南地区，并让他们按照他们原来的习俗生活，作为汉朝的属国。第二年，匈奴侵入右北平、定襄，杀死掳掠汉朝一千多人。

第二年，天子与各将领商议道："翕侯赵信替单于出谋划策，经常认为汉军不能越过大漠轻易驻留在那里，如今派大军出击，势必能得偿所愿。"这年是元狩四年。

元狩四年春天，皇上命大将军卫青、

十万。既至长安，天子所以赏赐者数十巨万。封浑邪王万户，为漯阴侯。封其裨王呼毒尼为下摩侯，鹰庇为辉渠侯，禽梨为河綦侯，大当户铜离为常乐侯。于是天子嘉骠骑之功曰："骠骑将军去病率师攻匈奴西域王浑邪，王及厥众萌咸相奔，率以军粮接食，并将控弦万有余人，诛猇駻，获首虏八千余级，降异国之王三十二人，战士不离伤，十万之众咸怀集服，仍与之劳，爰及河塞，庶几无患，幸既永绥矣。以千七百户益封骠骑将军。"减陇西、北地、上郡戍卒之半，以宽天下之繇。

居顷之，乃分徙降者边五郡故塞外，而皆在河南，因其故俗，为属国。其明年，匈奴入右北平、定襄，杀略汉千余人。

其明年，天子与诸将议曰："翕侯赵信为单于画计，常以为汉兵不能度幕轻留，今大发士卒，其势必得所欲。"是岁元狩四年也。

元狩四年春，上令大将军

青、骠骑将军去病将各五万骑，步兵转者踵军数十万，而敢力战深入之士皆属骠骑。骠骑始为出定襄，当单于。捕虏言单于东，乃更令骠骑出代郡，令大将军出定襄。郎中令为前将军，太仆为左将军，主爵赵食其为右将军，平阳侯襄为后将军，皆属大将军。兵即度幕，人马凡五万骑，与骠骑等咸击匈奴单于。赵信为单于谋曰："汉兵既度幕，人马罢，匈奴可坐收虏耳。"乃悉远北其辎重，皆以精兵待幕北。而适值大将军军出塞千余里，见单于兵陈而待，于是大将军令武刚车自环为营，而纵五千骑往当匈奴。匈奴亦纵可万骑。会日且入，大风起，沙砾击面，两军不相见，汉益纵左右翼绕单于。单于视汉兵多，而士马尚强，战而匈奴不利，薄莫，单于遂乘六骡，壮骑可数百，直冒汉围西北驰去。时已昏，汉匈奴相纷挐，杀伤大当。汉军左校捕虏，言单于未昏而去，汉军因发轻骑夜追之，大将军军因随其后。匈奴兵亦散走。迟明，

骠骑将军霍去病各率五万骑兵，步兵和转运物资跟随其后的人有几十万，而敢于力战深入敌军的士兵都隶属于骠骑将军。骠骑将军开始想兵出定襄，迎击单于。捕获的俘虏供说单于向东而去，于是改令骠骑将军兵出代郡，令大将军兵出定襄。郎中令为前将军，太仆为左将军，主爵赵食其为右将军，平阳侯曹襄为后将军，他们都隶属于大将军。汉军随即越过大漠，人马共五万骑兵，同骠骑将军等一起攻打匈奴单于。赵信替单于谋划说："汉军越过大漠后，人马疲困，匈奴可坐收俘虏了。"于是把他们的辎重全都运到遥远的北方，率领他们全部精锐部队在大漠以北等待汉军。而适逢大将军的军队开出塞外一千多里，看见单于的军队列阵等在那里，于是大将军令武刚车围成环形作为营垒，并派五千骑兵前去迎击匈奴。匈奴也派大约一万骑兵。恰好太阳将要落下，天空刮起大风，沙砾扑面，两军都看不清对方，汉军增派左右两翼包抄单于军。单于见汉军增多，而且兵马还很强大，继续交战对匈奴不利，傍晚时分，单于便乘六匹骡子所拉的车子，带精壮骑兵约几百人，径直冲开汉军的包围向西驰去。这时天已经黑了，汉军与匈奴人相互牵制，伤亡大抵相当。汉军左校尉捕获的俘虏说单于天还没黑就逃走了，汉军因此派出轻骑兵连夜追

击单于，大将军的军队也跟随其后。匈奴兵也四散而走。天快亮时，汉军已经行军二百多里，没有追到单于，却俘获斩杀敌军一万多人，于是到达了窴颜山赵信城，缴获匈奴屯积的粮草供给军队食用。汉军驻留一日而还，把城中的余粮全部烧掉才归来。

大将军在与单于会战时，前将军李广、右将军赵食其的部队另从东路进军，因迷失道路，延误了攻打单于的战机。大将军领兵撤退路过漠南，才遇到前将军和右将军。大将军想派使者回朝报告天子，就令长史按文书所列罪状去责问前将军李广，李广自杀。右将军回朝，被下交官吏处理，被判缴纳赎金贬为庶人。大将军的军队进入边塞，共斩获敌军一万九千人。

这时匈奴部众失去单于十多天，右谷蠡王听闻此事后，自立为单于。单于后来又得到了他的部众，右谷蠡王于是取消了自己单于的称号。

骠骑将军也率领五万骑兵，车辆辎重与大将军的军队相等，但没有副将。完全任用李敢等人为大校，充当副将，兵出代郡、右北平一千多里，遇到了左贤王的军队，所斩获敌军的功劳已经远超大将军。军队返回以后，天子说："骠骑将军霍去病率军出征，亲自率领所俘获的荤粥之士，携带少量物资，越过大漠，渡河破获章渠，又诛杀比车耆，转而攻击左大将，斩获敌

行二百余里，不得单于，颇捕斩首虏万余级，遂至窴颜山赵信城，得匈奴积粟食军。军留一日而还，悉烧其城余粟以归。

大将军之与单于会也，而前将军广、右将军食其军别从东道，或失道，后击单于。大将军引还，过幕南，乃得前将军、右将军。大将军欲使使归报，令长史簿责前将军广，广自杀。右将军至，下吏，赎为庶人。大将军军入塞，凡斩捕首虏万九千级。

是时匈奴众失单于十余日，右谷蠡王闻之，自立为单于。单于后得其众，右王乃去单于之号。

骠骑将军亦将五万骑，车重与大将军军等，而无裨将。悉以李敢等为大校，当裨将，出代、右北平千余里，直左方兵，所斩捕功已多大将军。军既还，天子曰："骠骑将军去病率师，躬将所获荤粥之士，约轻赍，绝大幕，涉获章渠，以诛比车耆，转击左大将，斩获旗鼓，

霍去病   2233

历涉离侯。济弓间,获屯头王、韩王等三人,将军、相国、当户、都尉八十三人,封狼居胥山,禅于姑衍,登临翰海。执卤获丑七万有四百四十三级,师率减什三,取食于敌,逴行殊远而粮不绝,以五千八百户益封骠骑将军。"右北平太守路博德属骠骑将军,会与城,不失期,从至梼余山,斩首捕虏二千七百级,以千六百户封博德为符离侯。北地都尉邢山从骠骑将军获王,以千二百户封山为义阳侯。故归义因淳王复陆支、楼专王伊即轩皆从骠骑将军有功,以千三百户封复陆支为壮侯,以千八百户封伊即轩为众利侯。从骠侯破奴、昌武侯安稽从骠骑有功,益封各三百户。校尉敢得旗鼓,为关内侯,食邑二百户。校尉自为爵大庶长。军吏卒为官,赏赐甚多。而大将军不得益封,军吏卒皆无封侯者。

两军之出塞,塞阅官及私马凡十四万匹,而复入塞者不满三万匹。乃益置大司马位,大将军、骠骑将军皆为大司马。

军旗鼓,翻越离侯山。渡过弓闾河,虏获屯头王、韩王等三人,将军、相国、当户、都尉八十三人,在狼居胥山祭天,在姑衍山祭地,登临翰海。共捕获俘虏和杀敌七万零四百四十三人,汉军损失十分之三,从敌军那里取得粮食,能远行到极远的地方而粮草没有断绝,把五千八百户增封给骠骑将军。"右北平太守路博德隶属于骠骑将军,在与城会师,没有错过日期,跟随骠骑将军到达梼余山,斩杀捕虏敌军二千七百人,把一千六百户封给路博德为符离侯。北地都尉邢山跟随骠骑将军擒获匈奴小王,把一千二百户封给邢山为义阳侯。原先归顺汉朝的匈奴因淳王复陆支、楼专王伊即轩都跟随骠骑将军出征,立有战功,把一千三百户封给复陆支为壮侯,把一千八百户封给伊即轩为众利侯。从骠侯赵破奴、昌武侯赵安稽跟随骠骑将军出征,立有战功,各增封三百户。校尉李敢夺得敌军旗鼓,封为关内侯,食邑二百户。校尉徐自为被赐予大庶长的爵位。军中吏卒被封为官,赏赐很多。而大将军没有得到加封,他的军中吏卒都没有封侯的。

卫青和霍去病所率领的两支大军出塞时,在边塞阅兵,官府和私人马匹共十四万匹,而再次入塞时马匹不足三万匹。于是朝廷增设大司马职位,大将军、骠骑将军都担任大司马。制定法令，令骠骑将军的官阶俸禄与大将军相等。自此以后，大将军卫青的权势日益减退，而骠骑将军日益显贵。凡大将军的老友和门客大多离开他而去侍奉骠骑将军，这些人动辄得到官爵，唯独任安不肯这样做。

骠骑将军为人寡言少语，不露声色，任气勇敢。天子曾经想教他孙武和吴起的兵法，他回答说："打仗只看方针策略如何就行了，不必学习古代兵法。"天子为他修建府第，让骠骑将军去看，他回答说："匈奴未灭，不考虑家中之事。"因此皇上更加看重喜欢他。然而他从年少时就担任侍中，得以显贵，不知体恤士兵。他率军出征时，天子派太官赠送他几十辆车的物资，待他回来后，辎重车剩余的许多粮和肉都被扔掉了，而士兵还有忍饥挨饿的。他在塞外打仗时，士兵缺少粮食，有的饿得站不起来，骠骑将军却还在划定场地踢球。他所做之事大多如此。大将军为人仁善退让，以宽和柔顺取悦皇上，但天下人没有称赞他的。

骠骑将军在元狩四年出兵后第三年，即元狩六年死去。天子哀悼他，征发边境五郡的铁甲军，从长安一直排列到茂陵，为他修造的坟墓外形很像祁连山。为他加谥号，结合他的勇武和开疆拓土之功称他为景桓侯。他的儿子霍嬗接替侯爵。霍嬗

定令，令骠骑将军秩禄与大将军等。自是之后，大将军青日退，而骠骑日益贵。举大将军故人门下多去事骠骑，辄得官爵，唯任安不肯。

骠骑将军为人少言不泄，有气敢任。天子尝欲教之孙、吴兵法，对曰："顾方略何如耳，不至学古兵法。"天子为治第，令骠骑视之，对曰："匈奴未灭，无以家为也。"由此上益重爱之。然少而侍中，贵，不省士。其从军，天子为遣太官赍数十乘，既还，重车余弃粱肉，而士有饥者。其在塞外，卒乏粮，或不能自振，而骠骑尚穿域蹋鞠。事多此类。大将军为人仁善退让，以和柔自媚于上，然天下未有称也。

骠骑将军自四年军后三年，元狩六年而卒。天子悼之，发属国玄甲军，陈自长安至茂陵，为冢象祁连山。谥之，并武与广地曰景桓侯。子嬗代侯。嬗少，字子侯，上爱之，幸其壮而将之。

居六岁，元封元年，嬗卒，谥哀侯。无子，绝，国除。

自骠骑将军死后，大将军长子宜春侯伉坐法失侯。后五岁，伉弟二人，阴安侯不疑及发干侯登皆坐酎金失侯。失侯后二岁，冠军侯国除。其后四年，大将军青卒，谥为烈侯。子伉代为长平侯。

自大将军围单于之后，十四年而卒，竟不复击匈奴者，以汉马少，而方南诛两越，东伐朝鲜，击羌、西南夷，以故久不伐胡。

大将军以其得尚平阳长公主故，长平侯伉代侯。六岁，坐法失侯。

左方两大将军及诸裨将名：

最大将军青，凡七出击匈奴，斩捕首虏五万余级。一与单于战，收河南地，遂置朔方郡，再益封，凡万二千八百户。封三子为侯，侯千三百户。并之，万五千七百户。其校尉裨将以从大将军侯者九人。其裨将及校尉已为将者十四人。为裨将

年幼，字子侯，皇上喜爱他，希望他长大以后拜他为将军。过了六年，即元封元年，霍嬗死去，谥号哀侯。他没有儿子，祭祀断绝，封国被废除。

自骠骑将军死后，大将军的长子宜春侯卫伉因犯罪失去了侯爵。五年后，卫伉的两个弟弟，阴安侯卫不疑以及发干侯卫登都因犯助祭金成色不足和分量不够之罪失去侯爵。失去侯爵后两年，冠军侯封国被废除。这以后四年，大将军卫青去世，谥号为烈侯。他的儿子卫伉代为长平侯。

自大将军围攻单于，到他十四年后去世，这期间汉朝始终再没攻打匈奴，是因为汉朝马少，而且正向南讨伐两越，向东征伐朝鲜，攻打羌人和西南夷，所以长时间没有征伐匈奴。

因大将军娶了平阳长公主的缘故，长平侯卫伉才得以接替侯爵。六年后，他因犯罪失掉了侯爵。

以下是两位大将军及各位副将的名单：

大将军卫青功勋总计，一共出击匈奴七次，斩获敌军五万多人。与单于交战一次，收复河南地区，于是设置了朔方郡，两次被加封，食邑共一万二千八百户。他的三个儿子被封为侯，每人受封一千三百户。合并起来，卫家共有一万五千七百户。他的校尉副将因跟随大将军出征有功而被封为侯的有九人。他的副将以及校尉已经

担任将军的有十四人。做副将的有个叫李广的，自有传记。没有传记的有：

将军公孙贺。公孙贺是义渠人，他的祖先是匈奴人。公孙贺的父亲公孙浑邪，在景帝时做平曲侯，因犯法失去侯爵。公孙贺在武帝当太子时做舍人。武帝即位八年，他以太仆身份做了轻车将军，驻军马邑。四年后，他以轻车将军的身份兵出云中。五年后，他以骑将军的身份跟随大将军出征，立有功劳，被封为南窌侯。一年后，他以左将军的身份两次跟随大将军兵出定襄，没有战功。四年后，他因助祭金成色不足和分量不够被夺去侯爵。八年后，他以浮沮将军的身份兵出五原，远征两千多里，没有战功。八年后，他以太仆的身份担任丞相，被封为葛绎侯。公孙贺七次做将军，出击匈奴没有大功，却两次被封侯，担任丞相。后来因为儿子公孙敬声与阳石公主通奸，又搞巫蛊之术，被灭族，没有留下后代。

将军李息，是郁郅人。早年为景帝效力。到武帝即位八年时，做了材官将军，驻军马邑；六年后，做将军，兵出代郡；三年后，做将军，跟随大将军兵出朔方：都没有战功。他共计三次做将军，这以后经常担任大行。

者曰李广，自有传。无传者曰：

公孙贺

将军公孙贺。贺，义渠人，其先胡种。贺父浑邪，景帝时为平曲侯，坐法失侯。贺，武帝为太子时舍人。武帝立八岁，以太仆为轻车将军，军马邑。后四岁，以轻车将军出云中。后五岁，以骑将军从大将军有功，封为南窌侯。后一岁，以左将军再从大将军出定襄，无功。后四岁，以坐酎金失侯。后八岁，以浮沮将军出五原二千余里，无功。后八岁，以太仆为丞相，封葛绎侯。贺七为将军，出击匈奴无大功，而再侯，为丞相。坐子敬声与阳石公主奸，为巫蛊，族灭，无后。

李息

将军李息，郁郅人。事景帝。至武帝立八岁，为材官将军，军马邑；后六岁，为将军，出代；后三岁，为将军，从大将军出朔方：皆无功。凡三为将军，其后常为大行。

公孙敖

将军公孙敖,义渠人。以郎事武帝。武帝立十二岁,为骑将军,出代,亡卒七千人,当斩,赎为庶人。后五岁,以校尉从大将军有功,封为合骑侯。后一岁,以中将军从大将军,再出定襄,无功。后二岁,以将军出北地,后骠骑期,当斩,赎为庶人。后二岁,以校尉从大将军,无功。后十四岁,以因杆将军筑受降城。七岁,复以因杆将军再出击匈奴,至余吾,亡士卒多,下吏,当斩,诈死,亡居民间五六岁。后发觉,复系。坐妻为巫蛊,族。凡四为将军,出击匈奴,一侯。

将军公孙敖,是义渠人。他以郎官的身份侍奉武帝。武帝即位十二年,他做了骑将军,兵出代郡,损失士兵七千人,应当被处斩,后来缴纳赎金被贬为庶人。五年后,他以校尉的身份跟随大将军出征,立有战功,被封为合骑侯。一年后,他以中将军的身份跟随大将军,两次兵出定襄,没有战功。两年后,他以将军身份兵出北地,延误了与骠骑将军会合的时间,应当被处斩,缴纳赎金后被贬为庶人。两年后,他以校尉的身份跟随大将军出征,没有战功。十四年后,他以因杆将军的身份修筑受降城。七年后,他又以因杆将军的身份两次出击匈奴,进军到余吾,士兵伤亡很多,他被下交给法官治罪,应当被处斩,他却诈死,逃匿在民间五六年。后来此事被发觉,又逮捕了他。他因他的妻子搞巫蛊之术被灭族。共计四次担任将军,出击匈奴,一次被封侯。

李沮

将军李沮,云中人。事景帝。武帝立十七岁,以左内史为强弩将军。后一岁,复为强弩将军。

将军李沮,是云中人。侍奉景帝。武帝即位十七年,他以左内史的身份做了强弩将军。一年后,又做了强弩将军。

李蔡

将军李蔡,成纪人也。事孝文帝、景帝、武帝。以轻车将军从大将军有功,封为乐安

将军李蔡,是成纪人。侍奉过孝文帝、景帝和武帝。他以轻车将军的身份跟随大将军出征,立有战功,被封为乐安侯。当

了丞相之后，因犯法而死。

将军张次公，是河东人。他以校尉的身份跟随大将军卫青出征，立有功劳，被封为岸头侯。这之后太后驾崩，他做了将军，驻军北军。一年后，他做将军，跟随大将军攻打匈奴。他两次担任将军，因犯法失去了侯爵。张次公的父亲张隆，是轻车军队中勇武的射手。因他擅长射箭，景帝就宠幸亲近他。

将军苏建，是杜陵人。他以校尉身份跟随大将军卫青出征，立有战功，被封为平陵侯，他以将军身份修筑朔方城。四年后，他担任游击将军，跟随大将军兵出朔方。一年后，他以右将军身份两次跟随大将军兵出定襄，翕侯逃亡，损兵折将，当斩，缴纳赎金后被贬为庶人。这以后他做了代郡太守，后来去世，他的坟墓在大犹乡。

将军赵信，他以匈奴相国的身份投降汉朝，做了翕侯。武帝即位十七年，他做了前将军，与单于交战，战败，投降了匈奴。

将军张骞，他以汉朝使者的身份沟通大夏，回朝后，担任校尉。他跟随大将军出征，立有战功，被封为博望侯。三年

侯。已为丞相，坐法死。

张次公

将军张次公，河东人。以校尉从卫将军青有功，封为岸头侯。其后太后崩，为将军，军北军。后一岁，为将军，从大将军。再为将军，坐法失侯。次公父隆，轻车武射也。以善射，景帝幸近之也。

苏建

将军苏建，杜陵人。以校尉从卫将军青，有功，为平陵侯，以将军筑朔方。后四岁，为游击将军，从大将军出朔方。后一岁，以右将军再从大将军出定襄，亡翕侯，失军，当斩，赎为庶人。其后为代郡太守，卒，冢在大犹乡。

赵信

将军赵信，以匈奴相国降，为翕侯。武帝立十七岁，为前将军，与单于战，败，降匈奴。

张骞

将军张骞，以使通大夏，还，为校尉。从大将军有功，封为博望侯。后三岁，为将军，出

右北平，失期，当斩，赎为庶
人。其后使通乌孙，为大行而卒，
冢在汉中。

赵食其

将军赵食其，祋祤人也。
武帝立二十二岁，以主爵为右
将军，从大将军出定襄，迷失道，
当斩，赎为庶人。

曹襄

将军曹襄，以平阳侯为后
将军，从大将军出定襄。襄，
曹参孙也。

韩说

将军韩说，弓高侯庶孙
也。以校尉从大将军有功，为
龙颔侯，坐酎金失侯。元鼎六年，
以待诏为横海将军，击东越有
功，为按道侯。以太初三年为
游击将军，屯于五原外列城。
为光禄勋，掘蛊太子宫，卫太
子杀之。

郭昌

将军郭昌，云中人也。以
校尉从大将军。元封四年，以
太中大夫为拔胡将军，屯朔方。
还击昆明，毋功，夺印。

后，他担任将军，兵出右北平，因延误了
军期，应当被处斩，缴纳赎金被贬为庶人。
这以后他作为使者出使乌孙，做大行时去
世，他的坟墓在汉中。

将军赵食其，是祋祤人。武帝即位
二十二年，他以主爵的身份做了右将军，
跟随大将军兵出定襄，因迷失道路延误了
军期，应当被处斩，缴纳赎金后被贬为庶人。

将军曹襄，他以平阳侯的身份担任后
将军，跟随大将军兵出定襄。曹襄是曹参
的孙子。

将军韩说，是弓高侯韩颓当的庶出孙
子。他以校尉的身份跟随大将军出征，立
有战功，被封为龙额侯，因所献助祭金成
色不足、分量不够被夺去了侯爵。元鼎六
年，他以待诏的身份做了横海将军，攻打
东越立有战功，被封为按道侯。他在太初
三年担任游击将军，屯兵于五原塞外的边
城。他后来担任光禄勋，因到太子宫挖掘
巫蛊罪证，被卫太子杀死。

将军郭昌，是云中人。他以校尉的身
份跟随大将军出征。元封四年，他以太中
大夫的身份做了拔胡将军，屯兵于朔方。
他后来还击昆明，没有战功，被夺印罢官。

将军荀彘，是太原广武人。他因善于驾车做了侍中，后来做了校尉，多次跟随大将军出征。在元封三年，他担任左将军去攻打朝鲜，没有功劳。逮捕楼船将军时因犯法被处死。

骠骑将军霍去病功勋总计，共六次出击匈奴，其中四次出击是以将军的身份，斩获敌军十一万多人。等到浑邪王率领几万部众归降后，就开拓了河西酒泉诸郡的土地，西方受匈奴的侵扰也日益减少。他四次被加封，获得食邑共一万五千一百户。他的校尉因有功被封为侯的有六人，而后做将军的有两人。

将军路博德，是平州人。他以右北平太守的身份跟随骠骑将军出征，立有战功，被封为符离侯。骠骑将军死后，路博德以卫尉的身份做了伏波将军，攻破南越，得到加封。这以后因犯法失去侯爵。后来做了强弩都尉，屯兵居延，后来去世。

将军赵破奴，原来是九原人。他曾经逃入匈奴，不久返回汉朝，做了骠骑将军的司马。兵出北地，经常立有功劳，被封为从骠侯。他因所献助祭金成色不足、分量不够被夺去了侯爵。一年后，他做了匈河将军，攻打匈奴直到匈河水，没有战

荀彘

将军荀彘，太原广武人。以御见，侍中，为校尉，数从大将军。以元封三年为左将军击朝鲜，毋功。以捕楼船将军坐法死。

最骠骑将军去病，凡六出击匈奴，其四出以将军，斩捕首虏十一万余级。及浑邪王以众降数万，遂开河西酒泉之地，西方益少胡寇。四益封，凡万五千一百户。其校吏有功为侯者凡六人，而后为将军二人。

路博德

将军路博德，平州人。以右北平太守从骠骑将军有功，为符离侯。骠骑死后，博德以卫尉为伏波将军，伐破南越，益封。其后坐法失侯。为强弩都尉，屯居延，卒。

赵破奴

将军赵破奴，故九原人。尝亡入匈奴，已而归汉，为骠骑将军司马。出北地时有功，封为从骠侯。坐酎金失侯。后一岁，为匈河将军，攻胡至匈河水，无功。后二岁，击虏楼

兰王，复封为浞野侯。后六岁，为浚稽将军，将二万骑击匈奴左贤王，左贤王与战，兵八万骑围破奴，破奴生为虏所得，遂没其军。居匈奴中四岁，复与其太子安国亡入汉。后坐巫蛊，族。

自卫氏兴，大将军青首封，其后枝属为五侯。凡二十四岁而五侯尽夺，卫氏无为侯者。

太史公曰：苏建语余曰："吾尝责大将军至尊重，而天下之贤大夫毋称焉，愿将军观古名将所招选择贤者，勉之哉。大将军谢曰：'自魏其、武安之厚宾客，天子常切齿。彼亲附士大夫，招贤绌不肖者，人主之柄也。人臣奉法遵职而已，何与招士！'"骠骑亦放此意，其为将如此。

功。两年后，他攻打并俘虏了楼兰王，又被封为浞野侯。六年后，他做了浚稽将军，率领两万骑兵攻打匈奴左贤王，左贤王与之交战，用八万骑兵围攻赵破奴，赵破奴被匈奴活捉，最终他的军队全部覆没。他在匈奴居留四年，又与太子安国逃入汉朝。他后来因巫蛊之事被灭族。

自卫氏兴起，大将军卫青首先被封侯，这以后他的子孙有五人被封侯。一共历经二十四年，而五个侯爵全被削夺，卫氏没有人再被封侯。

太史公说：苏建告诉我说："我曾经责备大将军卫青极为尊贵，而天下的贤士大夫没有称赞他的，希望将军能效法古代名将是如何选择贤人的，努力去做吧。大将军辞谢说：'自魏其侯和武安侯厚待宾客，天子常常切齿痛恨。那些亲附士大夫，招纳贤才，罢黜不肖者的事，是人主的权柄所在啊。身为人臣只是奉法尽职罢了，何必参与招贤纳士的事呢！'"骠骑将军也效仿这种思想，他们做将军便是如此。

史记卷一百一十二
列传第五十二

公孙弘　主父偃

丞相公孙弘是齐地淄川国薛县人，字季。他年少时做薛县狱官，犯了罪，被免官。他家中贫穷，就在海边放猪。四十多岁时，他才学习《春秋》各家学说。他赡养后母孝顺恭谨。

建元元年，天子刚刚即位，招选贤良文学之士。这时公孙弘六十岁了，以贤良的身份被征召为博士。他出使匈奴，回朝禀报，不合皇上的心意，皇上发怒，认为他无能，公孙弘就称病免官回家了。

元光五年，皇上下诏征召文学，淄川国又推举公孙弘。公孙弘向国人辞让道："我曾经西去京师接受过皇上的诏命，因无能而被罢官归来，希望更换推选的人。"国人坚决推举公孙弘，公孙弘就到了太常那里。太常让所征召的儒士各献对策，有一百多人，公孙弘的名次排在最末。太常把对策上奏给天子，天子把公孙弘的对策选为第一。皇上召他入朝拜见，见他形象壮美，封他为博士。这时汉朝正在开通到

公孙弘

丞相公孙弘者，齐菑川国薛县人也，字季。少时为薛狱吏，有罪，免。家贫，牧豕海上。年四十余，乃学《春秋》杂说。养后母孝谨。

建元元年，天子初即位，招贤良文学之士。是时弘年六十，征以贤良为博士。使匈奴，还报，不合上意，上怒，以为不能，弘乃病免归。

元光五年，有诏征文学，菑川国复推上公孙弘。弘让谢国人曰："臣已尝西应命，以不能罢归，愿更推选。"国人固推弘，弘至太常。太常令所征儒士各对策，百余人，弘第居下。策奏，天子擢弘对为第一。召入见，状貌甚丽，拜为博士。是时通西南夷道，置郡，巴蜀民苦之，诏使弘视之。还奏事，

盛毁西南夷无所用，上不听。

弘为人恢奇多闻，常称以为人主病不广大，人臣病不俭节。弘为布被，食不重肉。后母死，服丧三年。每朝会议，开陈其端，令人主自择，不肯面折庭争。于是天子察其行敦厚，辩论有余，习文法吏事，而又缘饰以儒术，上大说之。二岁中，至左内史。弘奏事，有不可，不庭辩之。尝与主爵都尉汲黯请间，汲黯先发之，弘推其后，天子常说，所言皆听，以此日益亲贵。尝与公卿约议，至上前，皆倍其约以顺上旨。汲黯庭诘弘曰："齐人多诈而无情实，始与臣等建此议，今皆倍之，不忠。"上问弘。弘谢曰："夫知臣者以臣为忠，不知臣者以臣为不忠。"上然弘言。左右幸臣每毁弘，上益厚遇之。

西南夷的道路，设置郡县，巴蜀百姓为之所苦，皇帝下诏派公孙弘前去视察。公孙弘回朝向皇上奏报此事，极力解释西南夷没有用处，皇上不听从。

公孙弘为人气度恢宏，见闻广博，经常说人主的弊病在于心胸不广大，大臣的弊病在于不节俭。公孙弘盖布被子，一顿饭不吃两个肉菜。后母死了，他服丧三年。每次上朝议事，他陈述事由，让天子自行抉择，不肯在朝廷上当面驳斥和争论。于是天子看他行为敦厚，辩论时留有余地，熟悉文书法令和官吏事务，而又用儒学加以润饰，皇上很喜欢他。两年之内，他官至左内史。公孙弘奏报事情，有认为不可行的，他也不当庭争辩。他曾经与主爵都尉汲黯请求在皇上闲暇时觐见，汲黯先提出问题，公孙弘随后就将其解释清楚，天子常常很高兴，对他说的话都听从，公孙弘因此日益亲贵。他曾经与公卿约定好商议的事情，到皇上面前，都违背他们的约定而顺从皇上的旨意。汲黯当庭诘问公孙弘道："齐人大多狡诈而没有真心实意，刚开始与我等一起提出这个建议，如今全都违背了，这是不忠。"皇上询问公孙弘。公孙弘谢罪说："了解我的人认为我忠心，不了解我的人认为我不忠。"皇上赞同公孙弘的说法。皇上身边的宠臣每次诋毁公孙弘，皇上就越加厚待他。

元朔三年，张欧被免官，朝廷任命公孙弘为御史大夫。这时朝廷正在开通西南夷，在东边设置沧海郡，北边修筑朔方郡城。公孙弘多次劝谏，认为这种行为会使中原疲惫不堪地去经营没有用处的地区，希望停止这些事。天子就派朱买臣等人以设置朔方郡的好处来责难公孙弘，提出十个问题，公孙弘一个也没答上来。公孙弘于是谢罪说："我是山东鄙陋的人，不知修筑朔方郡有这些好处，希望作罢开通西南夷和设置沧海郡的事而专门经营朔方郡。"皇上便答应了。

汲黯说："公孙弘位居三公，俸禄非常多，然而盖的却是布被，这是欺瞒别人啊。"皇上询问公孙弘。公孙弘谢罪说："有这事。九卿之中与我友善的人莫过于汲黯了，然而今天当庭诘责我，的确切中了我的毛病。作为三公却盖布被，确实是巧饰欺诈想以此沽名钓誉。况且我听说管仲在齐国为相，有三处住宅，奢侈程度比拟于国君，桓公任用他得以称霸，也是对上僭越国君。晏婴为相辅佐景公，一顿饭不吃两种以上的肉，妾不穿丝织衣物，齐国也得到大治，这是向下与百姓比较。如今我位居御史大夫，却盖布被，这样自九卿以下至小吏便没有差别，确实如汲黯所言。况且没有汲黯的忠诚，陛下怎能听到这些话呢。"天子认为他很谦让，更加厚待他了。

元朔三年，张欧免，以弘为御史大夫。是时通西南夷，东置沧海，北筑朔方之郡。弘数谏，以为罢敝中国以奉无用之地，愿罢之。于是天子乃使朱买臣等难弘置朔方之便，发十策，弘不得一。弘乃谢曰："山东鄙人，不知其便若是，愿罢西南夷、沧海而专奉朔方。"上乃许之。

汲黯曰："弘位在三公，奉禄甚多，然为布被，此诈也。"上问弘。弘谢曰："有之。夫九卿与臣善者无过黯，然今日庭诘弘，诚中弘之病。夫以三公为布被，诚饰诈欲以钓名。且臣闻管仲相齐，有三归，侈拟于君，桓公以霸，亦上僭于君。晏婴相景公，食不重肉，妾不衣丝，齐国亦治，此下比于民。今臣弘位为御史大夫，而为布被，自九卿以下至于小吏无差，诚如汲黯言。且无汲黯忠，陛下安得闻此言。"天子以为谦让，愈益厚之。卒以弘为丞相，封平津侯。

弘为人意忌，外宽内深。诸尝与弘有郤者，虽详与善，阴报其祸。杀主父偃，徙董仲舒于胶西，皆弘之力也。食一肉脱粟之饭，故人所善宾客仰衣食，弘奉禄皆以给之，家无所余。士亦以此贤之。

淮南、衡山谋反，治党与方急。弘病甚，自以为无功而封，位至丞相，宜佐明主填抚国家，使人由臣子之道。今诸侯有畔逆之计，此皆宰相奉职不称，恐窃病死，无以塞责。乃上书曰："臣闻天下之通道五，所以行之者三。曰君臣，父子，兄弟，夫妇，长幼之序，此五者天下之通道也。智，仁，勇，此三者天下之通德，所以行之者也。故曰'力行近乎仁，好问近乎智，知耻近乎勇'。知此三者，则知所以自治；知所以自治，然后知所以治人。天下未有不能自治而能治人者也，此百世不易之道也。今陛下躬行大孝，鉴三

最终任命公孙弘为丞相，封他为平津侯。

公孙弘为人猜忌多疑，外表宽宏大度，内心城府很深。那些曾与公孙弘有嫌隙的人，他虽佯装与他们友善，暗中却报复加害他们。杀死主父偃，把董仲舒迁徙到胶西，都是公孙弘所为。他每顿饭只吃一个肉菜和糙米饭，老朋友和与他所交好的宾客，都靠他供给衣食，公孙弘把俸禄全部用来供养他们，家里没有剩余的。士人也因此认为他贤良。

淮南王、衡山王谋反，朝廷惩治他们的党羽正紧急。公孙弘病重，自认为无功却被封侯，位至丞相，理应辅佐明主安抚国家，使人们遵循臣子之道。如今诸侯有叛逆的计谋，这都是担任丞相不称职的结果，他担心自己默默病死，没办法负责。于是上书说："我听说天下的常道有五种，施行这五种常道应具备三种美德。君臣、父子、兄弟、夫妇和长幼之序，这五项是天下的常道。智、仁、勇，这三种是天下的通德，是用来施行常道的。所以说'努力践行接近仁义，勤学好问接近智慧，知道廉耻接近勇敢'。懂得这三点，就知道如何自我约束；知道如何自我约束，然后就会知道如何治人。天下没有不能自我约束却能治人的，这是百世不变的道理。如今陛下亲行大孝，以三王为鉴，建立周朝那样的治国之道，兼备文王、武王的仁德，

鼓励贤才，给予俸禄，量才授予官职。如今我才疏学浅，没有汗马功劳，陛下特意将我从行伍之中提拔上来，封为列侯，位居三公。我的作为能力不足以与我的职位相称，又一向多病，恐怕我会先去葬身沟壑中，最终无法报答恩德，担负责任。我希望归还侯印，告老还乡，给贤者让路。"天子答复说："古代奖赏有功的人，褒扬有德的人，守住功业崇尚文治，遭逢祸患依靠武功，这个道理从来没有改变过。我从前勉强得以继承皇位，害怕不得安宁，只想同各位大臣共同治理天下，你应当知道这些想法。君子喜欢做善事而厌恶丑恶的事，你如果谨慎行事，可常常留在我的身边。你不幸罹患霜露风寒的病症，为什么忧虑治不好，竟然要上书归还侯印，告老还乡？这是在显示我的无德呀。如今朝中之事较少，你少些思虑，集中精神，用医药辅助治疗。"于是赐予他牛酒和杂帛等物，让他继续休假。过了几个月，公孙弘病情有好转，就上朝理事。

元狩二年，公孙弘病重，最终以丞相的身份去世。他的儿子公孙度继承了平津侯的爵位。公孙度做山阳太守十多年，因犯法失去了侯爵。

主父偃，是齐地临淄人。他一开始学习纵横家的学说，晚年才学习《易》《春秋》

王，建周道，兼文武，厉贤予禄，量能授官。今臣弘驽下之质，无汗马之劳，陛下过意擢臣弘卒伍之中，封为列侯，致位三公。臣弘行能不足以称，素有负薪之病，恐先狗马填沟壑，终无以报德塞责。愿归侯印，乞骸骨，避贤者路。"天子报曰："古者赏有功，褒有德，守成尚文，遭遇右武，未有易此者也。朕宿昔庶几获承尊位，惧不能宁，惟所与共为治者，君宜知之。盖君子善善恶恶，君若谨行，常在朕躬。君不幸罹霜露之病，何恙不已，乃上书归侯，乞骸骨？是章朕之不德也。今事少闲，君其省思虑，一精神，辅以医药。"因赐告牛酒杂帛。居数月，病有瘳，视事。

元狩二年，弘病，竟以丞相终。子度嗣为平津侯。度为山阳太守十余岁，坐法失侯。

主父偃

主父偃者，齐临菑人也。学长短纵横之术，晚乃学《易》

《春秋》、百家言。游齐诸生间，莫能厚遇也。齐诸儒生相与排摈，不容于齐。家贫，假贷无所得，乃北游燕、赵、中山，皆莫能厚遇，为客甚困。孝武元光元年中，以为诸侯莫足游者，乃西入关见卫将军。卫将军数言上，上不召。资用乏，留久，诸公宾客多厌之，乃上书阙下。朝奏，暮召入见。所言九事，其八事为律令，一事谏伐匈奴。其辞曰：

臣闻明主不恶切谏以博观，忠臣不敢避重诛以直谏，是故事无遗策而功流万世。今臣不敢隐忠避死以效愚计，愿陛下幸赦而少察之。

《司马法》曰："国虽大，好战必亡；天下虽平，忘战必危。天下既平，天子大凯，春蒐秋狝，诸侯春振旅，秋治兵，所以不忘战也。"且夫怒者逆德也，兵者凶器也，争者末节也。古之人君一怒必伏尸流血，

及诸子百家的学说。他游学于齐地儒生们之间，没有人肯厚待他。齐地的儒生们都排挤他，他无法在齐地容身。他家境贫寒，向人借钱也借不到，于是他向北到燕、赵、中山等国游学，都没人厚待他，作客他乡，非常困难。孝武帝元光元年时，他认为诸侯国都不值得去游学，于是西行入关，拜见卫将军。卫将军多次向皇上推荐他，皇上不召见他。他物资用度已经匮乏，居留很长时间了，王公及他们的宾客大都讨厌他，于是他向皇上上书。早晨上奏，傍晚被召入宫觐见。他所说的九件事，其中八件是律令方面的，另一件是劝谏征伐匈奴的。奏书写道：

我听说圣明的君主不厌恶深切的谏言而广泛观察，忠臣不敢逃避重重的惩罚而直言进谏，所以才使政事全无失策而功流万世。如今我不敢隐瞒忠心，逃避死亡来献出我愚笨的计策，希望陛下开恩赦免我的罪责，稍作明察。

《司马法》说："国家虽然强大，喜好战争必定会灭亡；天下虽然太平，忘记战争必定会危险。天下已经太平，天子演奏《大凯》之乐，春狩秋猎，诸侯在春天整顿军队，秋天修治武器，这是为了不忘战争啊。"况且发怒是违背仁德，兵器是凶器，争斗是卑下的品行。古代的君王一

发怒必然要伏尸流血，所以圣明的君主行事都非常慎重。那些致力于打仗取胜，穷兵黩武的人，没有不后悔的。从前秦始皇凭借战无不胜的威力，蚕食吞并交战的国家，统一天下，功绩与三代相齐。但他一心想征战，不肯罢休，想攻打匈奴，李斯劝谏说："不可。匈奴没有城郭居住，也没有堆积的财物可守，如同鸟儿高飞一样迁徙不定，很难制服他们。如果派轻兵深入，粮食必定断绝；如果运粮行军，物资沉重难运，也无济于事。获得他们的土地也无利可图，获得他们的百姓也不能役使他们让他们守城。取胜必然要杀死他们，这不是为民父母的做法。使中原疲惫，以攻打匈奴来大快人心，并非长久之计。"秦始皇不听，最终派蒙恬率兵攻打匈奴，开辟千里疆土，以黄河为国境。这些土地本是盐碱地，不生五谷。之后又征发天下成年男子去守北河。使军队十多年来在外征战，死者不可胜数，终究没能越过黄河北进。这难道是人马不足、武器装备不齐吗？这是形势不允许啊。他又让天下人急运粮草，从黄县、腄县、琅邪郡靠海的县城起运，转输到北河，大概运三十钟粮食才能运到一石。男子努力耕种也不能满足需要的粮饷，女子纺布织麻也不能满足需要的帷幕。百姓疲惫不堪，孤寡老弱得不到供养，道路上的死者随处可见，大概天下百

故圣王重行之。夫务战胜穷武事者，未有不悔者也。昔秦皇帝任战胜之威，蚕食天下，并吞战国，海内为一，功齐三代。务胜不休，欲攻匈奴，李斯谏曰："不可。夫匈奴无城郭之居，委积之守，迁徙鸟举，难得而制也。轻兵深入，粮食必绝；踵粮以行，重不及事。得其地不足以为利也，遇其民不可役而守也。胜必杀之，非民父母也。靡敝中国，快心匈奴，非长策也。"秦皇帝不听，遂使蒙恬将兵攻胡，辟地千里，以河为境。地固泽卤，不生五谷。然后发天下丁男以守北河。暴兵露师十有余年，死者不可胜数，终不能逾河而北。是岂人众不足，兵革不备哉？其势不可也。又使天下蜚刍挽粟，起于黄、腄、琅邪负海之郡，转输北河，率三十钟而致一石。男子疾耕不足于粮饷，女子纺绩不足于帷幕。百姓靡敝，孤寡老弱不能相养，道路死者相望，盖天下始畔秦也。

及至高皇帝定天下，略地于边，闻匈奴聚于代谷之外而欲击之。御史成进谏曰："不可。夫匈奴之性，兽聚而鸟散，从之如搏影。今以陛下盛德攻匈奴，臣窃危之。"高帝不听，遂北至于代谷，果有平城之围。高皇帝盖悔之甚，乃使刘敬往结和亲之约，然后天下忘干戈之事。故兵法曰"兴师十万，日费千金"。夫秦常积众暴兵数十万人，虽有覆军杀将系虏单于之功，亦适足以结怨深仇，不足以偿天下之费。夫上虚府库，下敝百姓，甘心于外国，非完事也。夫匈奴难得而制，非一世也。行盗侵驱，所以为业也，天性固然。上及虞、夏、殷、周，固弗程督，禽兽畜之，不属为人。夫上不观虞、夏、殷、周之统，而下循近世之失，此臣之所大忧，百姓之所疾苦也。且夫兵久则变生，事苦则虑易。乃使边境之民靡弊愁苦而有离心，将吏相疑而外市，故尉佗、章邯得以成其私也。夫秦政之所以不行者，权分乎二子，此

姓就是从这时开始反叛秦朝的。

等到高皇帝平定天下，攻打边境地区，听说匈奴聚集在代谷之外，就想攻打他们。御史成进谏说："不可。匈奴的习性如同走兽飞鸟的聚散，追赶他们犹如捕捉影子。如今凭借陛下的盛德去攻打匈奴，我私下认为这是危险的。"高帝不听，于是北上到达代谷，果然发生了平城之围。高皇帝大概是非常后悔的，就派刘敬前去与匈奴缔结和亲之约，这之后天下人才忘了兵戈之事。所以兵法说"发兵十万，一日耗费千金"。秦朝经常聚集民众和重兵达几十万人，虽然有歼灭敌军、斩杀敌将、俘获单于的军功，也恰恰足以与他们结下深仇大恨，不足以补偿天下所耗费的财物。在上使国库空虚，在下使百姓疲敝，却让外国感到快意，这并非完美的事。匈奴很难被制服，这不是一代人的事。他们之所以习惯横行驱驰，掠夺侵袭，是因为他们的天性本就如此。上溯到虞、夏、殷、周时代，本就不按制度来监督他们，将他们视作禽兽放纵，不将其视为人。向上不借鉴虞、夏、殷、周的传统，却向下遵循近世的失误做法，这是我最大的忧虑，也是百姓最深恶痛绝的事。况且战事持久就会生变，战事艰苦人心就会改变。最终会使边境的百姓疲敝愁苦而有背离的心思，使将军和官吏互相猜疑而与外人勾结，所以

尉佗、章邯才能谋取私利。秦朝的政令之所以行不通，是因为国家权力被这两人所分，这就是得与失的表现。所以《周书》说"国家安危在于所发布的政令，国家存亡在于所任用的人"。希望陛下仔细思考这个问题，对此稍加留意并深思熟虑。

这时，赵人徐乐、齐人严安一起上书陈述国家事务，各讲一事。徐乐说：

我听说天下的祸患在于土崩，不在于瓦解，从古到今都是一样的。什么是土崩？秦朝末年就是这样的。陈涉没有千乘国君的尊贵地位，也没有尺寸土地，自身也并不是王公大人和名门望族的后代，没有乡里人对他的赞誉，没有孔子、墨子、曾子的贤能，没有陶朱、猗顿的富有，然而他能在穷乡僻壤起事，挥舞着戟矛，袒臂大呼，天下人闻风响应，这是为什么呢？是因为百姓贫困而君主不加体恤，下面百姓怨恨而上面的人不知晓，社会的风俗已乱而国家的政事也不修治，这三点就是陈涉所利用的资本。这就叫作土崩。所以说天下的祸患在于土崩。什么叫瓦解？吴国、楚国、齐国、赵国的军事叛乱就是这样。七国阴谋反叛，行大逆不道之事，全都号称万乘之君，拥有带甲士兵几十万，声威足以管理好他们的封国，财富足以劝勉他

得失之效也。故《周书》曰"安危在出令，存亡在所用"。愿陛下详察之，少加意而熟虑焉。

是时赵人徐乐、齐人严安俱上书言世务，各一事。徐乐曰：

臣闻天下之患在于土崩，不在于瓦解，古今一也。何谓土崩？秦之末世是也。陈涉无千乘之尊，尺土之地，身非王公大人名族之后，无乡曲之誉，非有孔、墨、曾子之贤，陶朱、猗顿之富也，然起穷巷，奋棘矜，偏袒大呼而天下从风，此其故何也？由民困而主不恤，下怨而上不知，俗已乱而政不修，此三者陈涉之所以为资也。是之谓土崩。故曰天下之患在于土崩。何谓瓦解？吴、楚、齐、赵之兵是也。七国谋为大逆，号皆称万乘之君，带甲数十万，威足以严其境内，财足以劝其士民，然不能西攘尺寸之地而身为禽于中

原者，此其故何也？非权轻于匹夫而兵弱于陈涉也，当是之时，先帝之德泽未衰而安土乐俗之民众，故诸侯无境外之助。此之谓瓦解。故曰天下之患不在瓦解。由是观之，天下诚有土崩之势，虽布衣穷处之士或首恶而危海内，陈涉是也。况三晋之君或存乎！天下虽未有大治也，诚能无土崩之势，虽有强国劲兵不得旋踵而身为禽矣，吴、楚、齐、赵是也。况群臣百姓能为乱乎哉！此二体者，安危之明要也，贤主所留意而深察也。

间者关东五谷不登，年岁未复，民多穷困，重之以边境之事，推数循理而观之，则民且有不安其处者矣。不安故易动。易动者，土崩之势也。故贤主独观万化之原，明于安危之机，修之庙堂之上，而销未形之患。其要，期使天下无土崩之势而已矣。故虽有强国劲兵，陛下逐走兽，射蜚鸟，弘游燕之圃，淫纵恣之观，极驰

们封国的士民，但他们却不能向西夺得尺寸土地，自身却被中原所擒，这是为什么呢？并不是他们的权势比平民百姓轻而军队比陈涉弱，是因为当时先帝的德泽还没有衰减，而安于乡土的百姓很多，所以诸侯没有得到封国以外的援助。这就叫作瓦解。所以说天下的祸患不在于瓦解。由此看来，天下如果真有土崩的态势，即便是身处穷巷的平民百姓，如果有人首先发难也能危及海内，陈涉就是这样。何况或许还有三晋国君之类的人存在呢！天下即使没有大治，如果没有土崩的形势，即便有强国劲旅，也不会转瞬之间就被消灭，吴国、楚国、齐国、赵国就是这样。何况群臣百姓怎么能起来作乱呢！这两种情况，是国家安危的关键，这是贤明的君主所留意而深刻思考的。

近来关东五谷歉收，年景没有恢复，百姓大多穷困，加上边境的战事，如果按照事物的情势和常理来看，那么将要有不安于现状的百姓了。不安就容易出现动乱。容易出现动乱，就会有土崩的态势啊。所以贤明的君主能独自观察到万物变化的本原，明白国家安危的关键，在朝政上加以治理，就能消除还未成形的祸患。它的要领，是想方设法使天下不要出现土崩的态势罢了。所以即便有强国劲旅的威胁，陛下仍可以追逐走兽，射杀飞鸟，扩建宴游的园囿，

无节制地放纵游玩享乐，尽情地享受驰骋的乐趣，一切安然自若。金石丝竹的声音不绝于耳，帷帐中的情爱之事和俳优侏儒的笑声常在面前，天下也没有积存的忧患。名望何必像商汤、武王一样，风俗何必像周成王、周康王时那样美好呢！虽说如此，我私下认为陛下是天生的圣主，具有宽厚仁爱的资质，如果果真能以天下为己任，那么商汤、武王的名望也就不难得到，而成王、康王时的风俗也可以复现了。这两点做到了，然后就可以处在尊贵安逸的实际地位，在当世宣扬美誉，使天下的人亲近而征服四方蛮夷，遗留的恩德流传几代仍然隆盛不衰，面向南方，背靠屏风，收紧衣袖拜见王公大人，这是陛下所做的事情。我听说谋求王道不成，它最差的结果也足以使天下安定。天下安定，那么陛下还有什么求不到的，还有什么办不成的，还有什么不能降服的！

严安上书说：

我听说周朝统治天下，治世有三百多年，到成王、康王时达到鼎盛，刑罚被搁置四十多年而不用。周朝政治衰微，也有三百多年，所以五霸相继兴起。五霸，经常辅佐天子兴利除害，诛伐暴虐，禁止奸邪，匡扶天下，使天子得到尊重。五霸之

骋之乐，自若也。金石丝竹之声不绝于耳，帷帐之私俳优侏儒之笑不乏于前，而天下无宿忧。名何必汤、武，俗何必成、康！虽然，臣窃以为陛下天然之圣，宽仁之资，而诚以天下为务，则汤、武之名不难侔，而成、康之俗可复兴也。此二体者立，然后处尊安之实，扬名广誉于当世，亲天下而服四夷，余恩遗德为数世隆，南面负扆摄袂而揖王公，此陛下之所服也。臣闻图王不成，其敝足以安。安则陛下何求而不得，何为而不成，何征而不服乎哉！

严安上书曰：

臣闻周有天下，其治三百余岁，成、康其隆也，刑错四十余年而不用。及其衰也，亦三百余岁，故五伯更起。五伯者，常佐天子兴利除害，诛暴禁邪，匡正海内，以尊天子。

五伯既没，贤圣莫续，天子孤弱，号令不行。诸侯恣行，强陵弱，众暴寡，田常篡齐，六卿分晋，并为战国，此民之始苦也。于是强国务攻，弱国备守，合从连横，驰车击毂，介胄生虮虱，民无所告愬。

及至秦王，蚕食天下，并吞战国，称号曰皇帝，主海内之政，坏诸侯之城，销其兵，铸以为钟虡，示不复用。元元黎民得免于战国，逢明天子，人人自以为更生。向使秦缓其刑罚，薄赋敛，省繇役，贵仁义，贱权利，上笃厚，下智巧，变风易俗，化于海内，则世世必安矣。秦不行是风而循其故俗，为智巧权利者进，笃厚忠信者退；法严政峻，谄谀者众，日闻其美，意广心轶。欲肆威海外，乃使蒙恬将兵以北攻胡，辟地进境，戍于北河，蜚刍挽粟以随其后。又使尉佗屠睢将楼船之士南攻百越，使监禄凿渠运粮，深入越，越人遁逃。旷日持久，粮食绝乏，越人击之，秦兵大败。秦乃使尉

后，没有圣贤之人能接续他们，使天子处于孤立势弱的境地，号令不能推行。诸侯恣意行事，以强凌弱，以众欺寡，田常篡夺齐国政权，六卿瓜分晋国，形成了战国纷争的局面，这是百姓苦难的开始。于是强国致力于攻伐，弱国备战防守，出现合纵连横的策略，兵车往来相击，士兵的甲胄生满虮虱，百姓的苦难无处申诉。

等到秦王嬴政时，蚕食天下，吞并战国，号称皇帝，掌管天下政事，摧毁诸侯国的都城，销毁他们的兵器，熔铸成钟虡，以表示不再用兵动武。善良的百姓得以免于战争的祸患，遇到圣明的天子，人人自以为重获新生。假使秦朝能够减缓他们的刑罚，减省赋税和徭役，尊重仁义，轻视利益，在上崇尚忠厚，在下轻视变诈，移风易俗，教化海内，那么世世代代都会安宁了。秦朝不施行这样的风气，而是遵循旧有的风俗，让那些玩弄智巧、争权夺利的人得以进用，而那些忠厚诚信的人被斥退；法律森严，政令严峻，阿谀谄媚的人很多，皇帝天天听到他们的赞美言辞，于是志得意满。始皇帝想扬威于海外，于是派蒙恬率兵攻打北方的匈奴，开疆拓土，在北河戍守，又让百姓急运粮草紧随大军之后。又派尉佗、屠睢率领水军南攻百越，派监禄开渠运粮，深入越地，越人逃跑。战争旷日持久，粮食绝乏，越人攻击秦军，秦兵大败。秦

朝于是派尉佗率兵戍守越地。当时，秦朝在北方与匈奴结怨，在南方又同越人结仇，驻兵在外却没有用武之地，只能前进而不能后退。历经十多年，成年男子要披甲上阵，成年女子转运粮草，百姓苦不堪言，有的在路旁的树上上吊自杀，死去的人随处可见。等到秦皇帝驾崩，天下人大多起来反叛。陈胜、吴广在陈地举事，武臣、张耳在赵地举事，项梁在吴地举事，田儋在齐地举事，景驹在郢地举事，周市在魏地举事，韩广在燕地举事，穷山深谷，豪杰并起，不可胜数。但他们全都不是王公列侯的后代，也不是长官大吏。没有尺寸的权势，从乡里中兴起，手持戟矛，顺应时势而起事，不预先谋划就能同时起兵，不约定就能一同来会合，不断扩大土地，直到成为霸王，这是当时的教化使然啊。秦帝贵为天子，富有天下，却落得家世灭绝、无人祭祀，这是穷兵黩武所造成的祸患啊。所以周朝的败亡在于衰弱，秦朝的败亡在于强横，这是不会因时而变所造成的祸患。

如今皇上想招降南夷，使夜郎前来朝拜，降服羌、僰，攻略濊州，建立城邑，深入匈奴，烧毁他们的茏城，议政的人都赞美这件事。这是做大臣能得到的利益，并非对天下有利的长久之计。如今中原没有狗吠之惊，却受着远方备战的牵累，使国家疲敝，这不是养育百姓所应做的。无

佗将卒以戍越。当是时，秦祸北构于胡，南挂于越，宿兵无用之地，进而不得退。行十余年，丁男被甲，丁女转输，苦不聊生，自经于道树，死者相望。及秦皇帝崩，天下大叛。陈胜、吴广举陈，武臣、张耳举赵，项梁举吴，田儋举齐，景驹举郢，周市举魏，韩广举燕，穷山通谷豪士并起，不可胜载也。然皆非公侯之后，非长官之吏也。无尺寸之势，起闾巷，杖棘矜，应时而皆动，不谋而俱起，不约而同会，壤长地进，至于霸王，时教使然也。秦贵为天子，富有天下，灭世绝祀者，穷兵之祸也。故周失之弱，秦失之强，不变之患也。

今欲招南夷，朝夜郎，降羌僰，略濊州，建城邑，深入匈奴，燔其茏城，议者美之。此人臣之利也，非天下之长策也。今中国无狗吠之惊，而外累于远方之备，靡敝国家，非所以子民也。行无穷之欲，甘

心快意，结怨于匈奴，非所以安边也。祸结而不解，兵休而复起，近者愁苦，远者惊骇，非所以持久也。今天下锻甲砥剑，桥箭累弦，转输运粮，未见休时，此天下之所共忧也。夫兵久而变起，事烦而虑生。今外郡之地或几千里，列城数十，形束壤制，旁胁诸侯，非公室之利也。上观齐、晋之所以亡者，公室卑削，六卿大盛也；下观秦之所以灭者，严法刻深，欲大无穷也。今郡守之权，非特六卿之重也；地几千里，非特闾巷之资也；甲兵器械，非特棘矜之用也；以遭万世之变，则不可称讳也。

书奏天子，天子召见三人，谓曰："公等皆安在？何相见之晚也！"于是上乃拜主父偃、徐乐、严安为郎中。偃数见，上疏言事，诏拜偃为谒者，迁为中大夫。一岁中四迁偃。

偃说上曰："古者诸侯不过百里，强弱之形易制。今诸侯或连城数十，地方千里，缓

穷无尽放纵的欲望，使心意畅快，却与匈奴结怨，这不是安定边境的办法。结下祸患却不能消除，罢兵后而又再兴起，近者愁苦，远者惊骇，这绝非持久之计。如今天下锻造甲胄，磨砺刀剑，矫正箭杆，积累弓弦，输运粮草，看不到休止的时候，这是天下人所共同忧虑的事情。战争持久变故就会出现，事物繁杂疑虑就会产生。如今外郡之地有的将近几千里，列城几十座，以地理形势控制百姓，胁迫旁边的诸侯，这并非公室皇家的利益。往前追溯齐国、晋国之所以灭亡，就是因为公室皇家的势力衰微，而六卿的势力太强大；往后看秦朝之所以灭亡，就是因为刑法严酷，欲望大得无穷无尽。如今郡守的权力，不止六卿那样大；土地几千里，不止乡里那点资本；甲兵器械，不止戟矛柄那点用处；如果这些遭逢万世不遇的变局，那就不堪设想了。

奏书上呈天子，天子召见三人，对他们说："你们都在哪里啊？为什么我们相见得这么晚呢！"于是皇上就任命主父偃、徐乐、严安为郎中。主父偃多次觐见，上疏言事，皇上下诏任主父偃为谒者，升迁为中大夫。一年中四次升迁主父偃。

主父偃劝说皇上道："古代诸侯的土地不过百里，强弱的形势很容易被控制。如今诸侯有的城邑相连几十座，土地方圆

千里，天下形势宽缓时就容易骄横奢侈做出过分的事，形势危急时就会凭借强大的威势联合起来反叛朝廷。如今如果按照法律割削他们的土地，就会使他们萌生反叛之心，前段时间晁错就是如此。如今诸侯子弟有的多达十几个，而只是嫡长子世代继承，其余的虽然同是骨肉，却没有尺寸的封地，那么仁孝之道就得不到宣扬。希望陛下命令诸侯推广恩德，分封子弟，割让土地使他们为侯。这些子弟人人都高兴地得偿所愿，皇上表面是给他们施以恩德，实际上是分割了诸侯的国土，不必削夺封地就能逐渐削弱他们的势力。"于是皇上听从了他的计策。主父偃又劝说皇上道："茂陵初设县制，天下豪杰，兼并之家，聚众作乱的人，都可以迁徙到茂陵，对内是充实京师，对外是消除奸猾之徒，这就是所谓的不用诛杀就能消除祸患。"皇上又听从了他的计策。

尊立卫皇后，以及揭发燕王刘定国的阴谋之事，大概主父偃都有功劳。大臣都畏惧他的口才，贿赂和馈赠给他的钱财累计有千金之多。有人劝说主父偃道："你太专横了。"主父偃说："我结发游学四十多年，自己的志向得不到实现，父母不把我当儿子看，兄弟不肯收留我，宾客嫌弃我，我穷困的时日已经很久了。况且大丈夫在活着之时不能列五鼎而食，那么

则骄奢易为淫乱，急则阻其强而合从以逆京师。今以法割削之，则逆节萌起，前日晁错是也。今诸侯子弟或十数，而適嗣代立，余虽骨肉，无尺寸地封，则仁孝之道不宣。愿陛下令诸侯得推恩分子弟，以地侯之。彼人人喜得所愿，上以德施，实分其国，不削而稍弱矣。"于是上从其计。又说上曰："茂陵初立，天下豪桀并兼之家，乱众之民，皆可徙茂陵，内实京师，外销奸猾，此所谓不诛而害除。"上又从其计。

尊立卫皇后，及发燕王定国阴事，盖偃有功焉。大臣皆畏其口，赂遗累千金。人或说偃曰："太横矣。"主父曰："臣结发游学四十余年，身不得遂，亲不以为子，昆弟不收，宾客弃我，我厄日久矣。且丈夫生不五鼎食，死即五鼎烹耳。吾日暮途远，故倒行暴施之。"

偃盛言朔方地肥饶，外阻河，蒙恬城之以逐匈奴，内省转输戍漕，广中国，灭胡之本也。上览其说，下公卿议，皆言不便。公孙弘曰："秦时常发三十万众筑北河，终不可就，已而弃之。"主父偃盛言其便，上竟用主父计，立朔方郡。

元朔二年，主父言齐王内淫佚行僻，上拜主父为齐相。至齐，遍召昆弟宾客，散五百金予之，数之曰："始吾贫时，昆弟不我衣食，宾客不我内门；今吾相齐，诸君迎我或千里。吾与诸君绝矣，毋复入偃之门！"乃使人以王与姊奸事动王，王以为终不得脱罪，恐效燕王论死，乃自杀。有司以闻。

主父始为布衣时，尝游燕、赵，及其贵，发燕事。赵王恐其为国患，欲上书言其阴事，为偃居中，不敢发。及为

死了之后就用五鼎烹煮好了。我已经日暮途远，所以倒行逆施，横暴行事。"

主父偃盛赞朔方郡的土地肥沃富饶，对外有黄河的阻隔，蒙恬在这里筑城以驱逐匈奴，对内省去转运和戍守漕运的人力物力，这是扩大中原疆土，消灭匈奴的根本。皇上看完他的奏章，下交给公卿大臣商议，都说不利。公孙弘说："秦朝时曾经征发三十万人到北河筑城，最终也没有修成，不久就放弃了。"主父偃盛赞它的便利之处，皇上最终采纳了主父偃的计策，设立朔方郡。

元朔二年，主父偃向皇上讲了齐王在宫内荒淫邪僻的行为，皇上任命主父偃为齐国国相。到了齐国，主父偃遍召他的兄弟宾客，散发五百金给他们，数落他们说："当初我贫困时，兄弟不给我衣服食物，宾客不让我进门；如今我做了齐国国相，你们有人到千里之外迎接我。我与你们已经绝交了，请不要再进我主父偃的家门！"于是派人拿齐王与他姐姐通奸的事来触动齐王，齐王以为终究不能逃脱罪责，唯恐像燕王那样被论罪处死，就自杀了。主管官员将这件事上报给天子。

主父偃当初为平民时，曾经在燕地、赵地游学，等到他富贵后，揭发了燕王的阴私之事。赵王害怕他成为赵国的祸患，想上书陈述他的阴私之事，因为主父偃在

朝中做官，他不敢揭发。等到主父偃做了齐国国相，出了函谷关，他当即派人上书，告发主父偃收受诸侯的贿赂金，所以诸侯子弟中有很多人因此得到封侯。等到齐王自杀，皇上听说后非常愤怒，认为是主父偃威胁他自杀的，于是将他征召回京下交给官吏治罪。主父偃承认收受诸侯贿金，但确实没有威胁齐王使他自杀。皇上不想杀主父偃，这时公孙弘担任御史大夫，就对皇上说："齐王自杀没有后人，封国被废除为郡，归入朝廷，主父偃原本就是此事的罪魁祸首，陛下不杀主父偃，无法向天下人交代。"于是灭了主父偃的族。

主父偃正当显贵受宠时，宾客数以千计，等到他被灭族而死后，没有一人为他收尸，唯独洨县人孔车为他收尸并埋葬了他。天子后来听说了此事，认为孔车是个厚道的人。

太史公说：公孙弘的品行道德虽好，但他也是遇到了好时机。汉朝立国八十多年了，皇上刚刚崇尚儒学，招纳才德出众的人，以拓展儒家、墨家学说，公孙弘成为被选拔出来的魁首。主父偃在朝当权，诸王公都称誉他，等到他身败名裂，士人都争着说他的坏处。可悲啊！

太皇太后给大司徒和大司空下诏书

齐相，出关，即使人上书，告言主父偃受诸侯金，以故诸侯子弟多以得封者。及齐王自杀，上闻大怒，以为主父劫其王令自杀，乃征下吏治。主父服受诸侯金，实不劫王令自杀。上欲勿诛，是时公孙弘为御史大夫，乃言曰："齐王自杀无后，国除为郡，入汉，主父偃本首恶，陛下不诛主父偃，无以谢天下。"乃遂族主父偃。

主父方贵幸时，宾客以千数，及其族死，无一人收者，唯独洨孔车收葬之。天子后闻之，以为孔车长者也。

太史公曰：公孙弘行义虽修，然亦遇时。汉兴八十余年矣，上方乡文学，招俊乂，以广儒墨，弘为举首。主父偃当路，诸公皆誉之，及名败身诛，士争言其恶。悲夫！

太皇太后诏大司徒大司

主父偃

空：“盖闻治国之道，富民为始；富民之要，在于节俭。《孝经》曰‘安上治民，莫善于礼’。‘礼，与奢也，宁俭’。昔者管仲相齐桓，霸诸侯，有九合一匡之功，而仲尼谓之不知礼，以其奢泰侈拟于君故也。夏禹卑宫室，恶衣服，后圣不循。由此言之，治之盛也，德优矣，莫高于俭。俭化俗民，则尊卑之序得，而骨肉之恩亲，争讼之原息。斯乃家给人足，刑错之本也钦？可不务哉！夫三公者，百寮之率，万民之表也。未有树直表而得曲影者也。孔子不云乎，‘子率而正，孰敢不正’，‘举善而教不能则劝’。维汉兴以来，股肱宰臣身行俭约，轻财重义，较然著明，未有若故丞相平津侯公孙弘者也。位在丞相而为布被，脱粟之饭，不过一肉。故人所善宾客皆分奉禄以给之，无有所余。诚内自克约而外从制。汲黯诘之，乃闻于朝，此可谓减于制度而可施行者也。德优则行，否则止，与内奢泰而外为诡服以钓虚誉者殊科。以病乞

说：“听说治国之道，首先要使百姓富足；使百姓富足的关键，在于节俭。《孝经》说‘安定国家，治理百姓，没有比用礼更好的了’。‘礼，与其奢侈，不如节俭’。从前管仲在齐桓公时做齐国国相，称霸诸侯，有九合诸侯一匡天下的功绩，然而仲尼说他不知礼，这是他奢侈过度，比拟于国君的缘故。夏禹住低矮的房屋，穿粗劣的衣服，后代圣人却不遵循他的做法。由此而言，天下政治到鼎盛之时，德行优厚，没有高过节俭的。用节俭教化俗民，那么尊卑的次序就会形成，而骨肉间的恩义就会亲近，纷争诉讼的根源也会消除。这便是百姓家庭供养充足，废弃刑罚的根本吧？怎能不努力实践呢！三公，是百官的表率，万民的表率。没有树立起正直的表率却产生弯曲的影子的。孔子不是说过吗，‘你带头走正路，谁敢不走正路’，‘选用贤能的人，教育能力差的人就能使人们勉力做事’。汉朝建国以来，作为股肱之臣的宰相能躬行节俭，轻财重义，表现得非常突出的，没有像从前的丞相平津侯公孙弘的了。他位居丞相却盖着布被，吃着糙米饭，每餐不过一个肉菜。他对老朋友和他所喜欢的宾客，都分出自己的俸禄供给他们，没有剩余。这确实是从内心自我克制约束而在外表遵守制度。汲黯诘责他，此事才被皇上听说，这可以说是低于规定

标准，但却是可以施行的。德行优厚就去做，否则就停止不做，这与那些背地里奢侈无度而表面上假装节俭，以此来沽名钓誉的人不同。公孙弘因病辞官归家，孝武皇帝立即下诏说'奖赏有功的人，褒奖有德的人，喜欢做善事而厌恶丑恶的事，你应当知道这些。希望你少些思虑，保养精神，用医药辅助治疗'。恩准他续假，让他去治病，赏赐给他牛酒和杂帛等物。过了几个月，他病情好转，就上朝理事。到元狩二年，他最终在丞相的位子上得以善终。知臣者莫如君，这便是例证。公孙弘的儿子公孙度承袭爵位，后来做了山阳太守，因犯法失去侯爵。表彰道德大义，是为了要引导风俗，厉行教化，作为圣王的制度，这是不可变更的道理。赐予公孙弘子孙中可承袭爵位的人关内侯，食邑三百户，征召他们到公车门等待旨意，将姓名上报给尚书，我要亲自去授予他们爵位。"

班固称赞道：公孙弘、卜式、儿宽都有鸿雁渐渐飞升的羽翼，却受困在燕雀之中，远行到猪羊之间，如果不是遇到好的时机，又怎能获得公卿之位呢？这时期汉朝建国六十多年，海内安定，府库充实，但四方蛮夷尚未归服，制度多有缺漏，皇上正想举用文武之才，寻求他们还害怕来不及。就开始用蒲轮安车去迎接枚乘，见到主父偃叹息相见恨晚。群臣羡慕向往，

骸骨，孝武皇帝即制曰'赏有功，褒有德，善善恶恶，君宜知之。其省思虑，存精神，辅以医药'。赐告治病，牛酒杂帛。居数月，有瘳，视事。至元狩二年，竟以善终于相位。夫知臣莫若君，此其效也。弘子度嗣爵，后为山阳太守，坐法失侯。夫表德章义，所以率俗厉化，圣王之制，不易之道也。其赐弘后子孙之次当为后者爵关内侯，食邑三百户，征诣公车，上名尚书，朕亲临拜焉。"

班固称曰：公孙弘、卜式、儿宽皆以鸿渐之翼困于燕雀，远迹羊豕之间，非遇其时，焉能致此位乎？是时汉兴六十余载，海内乂安，府库充实，而四夷未宾，制度多阙，上方欲用文武，求之如弗及。始以蒲轮迎枚生，见主父而叹息。群臣慕向，异人并出。卜式试于

刍牧，弘羊擢于贾竖，卫青奋于奴仆，日䃅出于降虏，斯亦曩时版筑饭牛之朋矣。汉之得人，于兹为盛。儒雅则公孙弘、董仲舒、兒宽，笃行则石建、石庆，质直则汲黯、卜式，推贤则韩安国、郑当时，定令则赵禹、张汤，文章则司马迁、相如，滑稽则东方朔、枚皋，应对则严助、朱买臣，历数则唐都、落下闳，协律则李延年，运筹则桑弘羊，奉使则张骞、苏武，将帅则卫青、霍去病，受遗则霍光、金日䃅。其余不可胜纪。是以兴造功业，制度遗文，后世莫及。孝宣承统，纂修洪业，亦讲论六艺，招选茂异，而萧望之、梁丘贺、夏侯胜、韦玄成、严彭祖、尹更始以儒术进，刘向、王褒以文章显。将相则张安世、赵充国、魏相、邴吉、于定国、杜延年，治民则黄霸、王成、龚遂、郑弘、邵信臣、韩延寿、尹翁归、赵广汉之属，皆有功迹见述于后。累其名臣，亦其次也。

有异才的人一齐出现。卜式从割草放牧的人中被推举为官，桑弘羊从商人小子中被选拔出来，卫青在奴仆之中奋起，金日䃅从归降的俘虏中被选出，这些人也都是从前筑墙的傅说、喂牛的宁戚一类的人啊。汉朝得到的人才，以这一时期最盛。学问渊博之士有公孙弘、董仲舒、兒宽，踏实做事的人有石建、石庆，质朴正直的人有汲黯、卜式，推举贤能的有韩安国、郑当时，制定法令的有赵禹、张汤，善作文章的有司马迁、司马相如，言辞流利的有东方朔、枚皋，善于应对的有严助、朱买臣，善于天文历法的则有唐都、落下闳，懂得乐律的有李延年，善于筹划的有桑弘羊，奉命出使的有张骞、苏武，将帅有卫青、霍去病，接受遗诏辅助幼主的则有霍光、金日䃅。其余的人不可胜记。由此而创立的功业，制定的法规，遗留的条文，后世没有能赶得上的。孝宣帝继承大统，承修大业，也讲论《六艺》，招选优异的人才，而萧望之、梁丘贺、夏侯胜、韦玄成、严彭祖、尹更始因精通儒术进用，刘向、王褒凭着善写文章而显赫。将相有张安世、赵充国、魏相、邴吉、于定国、杜延年，治理民众的有黄霸、王成、龚遂、郑弘、邵信臣、韩延寿、尹翁归、赵广汉这些人，他们都有功勋事迹被后世记述。比较这些名臣的事迹，也仅次于武帝的时代。

史记卷一百一十三
列传第五十三

南越列传

南越王尉佗，是真定人，姓赵。秦朝时吞并天下后，攻略平定了杨越，将此地设置为桂林、南海和象郡，把被贬谪的百姓迁徙到这些地方，他们与越人杂居了十三年。尉佗，在秦朝时被任命为南海郡的龙川县令。到秦二世时，南海郡尉任嚣得病将要死去，召来龙川县令赵佗，对他说："听说陈胜等人作乱，秦朝暴虐无道，天下为之受苦，项羽、刘季、陈胜、吴广等所在的州郡各自同时兴兵聚众，如虎一般争夺天下，中原纷扰动乱，不知何时安宁，豪杰背叛秦朝，互相对立。南海郡偏僻遥远，我担心贼兵侵夺土地波及这里，我想兴兵断绝新道，自我防备，等待诸侯变乱，但赶上我病得很重。况且番禺背靠险要的山势，有南海作为阻隔，东西长几千里，又很得中原人相助，这样也能成为一州之主，可以立国。郡中长吏没有谁值得我与他商讨此事，所以召来你告诉你这件事。"当即就把文书交给赵佗，让他代行南海尉之职。任嚣死后，赵佗就向横浦、阳山、湟

南越王尉佗者，真定人也，姓赵氏。秦时已并天下，略定杨越，置桂林、南海、象郡，以谪徙民，与越杂处十三岁。佗，秦时用为南海龙川令。至二世时，南海尉任嚣病且死，召龙川令赵佗语曰："闻陈胜等作乱，秦为无道，天下苦之，项羽、刘季、陈胜、吴广等州郡各共兴军聚众，虎争天下，中国扰乱，未知所安，豪杰畔秦相立。南海僻远，吾恐盗兵侵地至此，吾欲兴兵绝新道，自备，待诸侯变，会病甚。且番禺负山险，阻南海，东西数千里，颇有中国人相辅，此亦一州之主也，可以立国。郡中长吏无足与言者，故召公告之。"即被佗书，行南海尉事。嚣死，佗即移檄告横浦、阳山、湟豁关曰："盗兵且至，急绝道聚兵自守！"

因稍以法诛秦所置长吏，以其党为假守。秦已破灭，佗即击并桂林、象郡，自立为南越武王。高帝已定天下，为中国劳苦，故释佗弗诛。汉十一年，遣陆贾因立佗为南越王，与剖符通使，和集百越，毋为南边患害，与长沙接境。

高后时，有司请禁南越关市铁器。佗曰："高帝立我，通使物，今高后听谗臣，别异蛮夷，隔绝器物，此必长沙王计也，欲倚中国，击灭南越而并王之，自为功也。"于是佗乃自尊号为南越武帝，发兵攻长沙边邑，败数县而去焉。高后遣将军隆虑侯灶往击之。会暑湿，士卒大疫，兵不能逾岭。岁余，高后崩，即罢兵。佗因此以兵威边，财物赂遗闽越、西瓯、骆，役属焉，东西万余里。乃乘黄屋左纛，称制，与中国侔。

及孝文帝元年，初镇抚天

溪关传布檄文说："贼兵将要到来，要抓紧断绝通道，集合军队自我守卫！"赵佗趁机按法律一个个诛杀了秦朝设置的官吏，而任用他的党羽为代理郡守。秦朝灭亡后，赵佗就攻打并兼并桂林和象郡，自立为南越武王。高帝平定天下后，由于中原百姓劳顿困苦，所以高祖放过赵佗没有诛杀他。汉十一年，朝廷派陆贾册立赵佗为南越王，与他剖分符节，往来使者，让他和睦团结百越，不要成为汉朝南边的祸害，南越边界与长沙接壤。

高后当政时期，有关官员请求禁止南越在关市交易铁器。赵佗说："高帝立我为王，有使者和商品往来，如今高后听信佞臣的谗言，把蛮夷列为异类，隔绝器物的流通，这一定是长沙王的诡计，他想倚仗中原，攻打消灭南越而一并统治，自己建立功劳。"于是赵佗就自加尊号，称为南越武帝，发兵攻打长沙边邑，打败几个县后离去。高后派将军隆虑侯周灶前去攻打南越。正值暑气炎热潮湿的气候，士兵大多患病，军队无法越过阳山岭。一年多后，高后崩逝，汉朝立即罢兵。赵佗因此凭借他的军队在边境扬威，用财物贿赂闽越、西瓯和骆，役使他们归属南越，他的领地东西长一万多里。于是赵佗乘坐黄屋左纛之车，自称皇帝，与中原相抗衡。

等到孝文帝元年，文帝刚刚平定天下，

就派使者告知诸侯和四方蛮夷，他从代国来京即位的意图，以昭示天子深厚的恩德。于是在真定为赵佗双亲的墓冢设置守墓的人家，每年按时供奉祭祀。召来他的堂兄弟，以尊贵的官职和丰厚的赏赐宠幸他们。天子诏命丞相陈平等人举荐可以出使南越的人，陈平说好時人陆贾，在先帝时熟悉出使南越的事。于是召来陆贾，任命他为太中大夫，让他前去出使，借机责备赵佗自立为帝，竟没派出一个使者向天子禀报。陆贾到了南越，南越王非常惊恐，就写信谢罪说："蛮夷大长老夫臣赵佗，从前高后隔绝歧视南越，我私下怀疑长沙王说我的谗言，又远远地听说高后诛灭全部赵佗宗族，挖掘烧毁先人的墓冢，因此自暴自弃，侵犯长沙边境。况且南方低下潮湿，在蛮夷中间，它东边的闽越有千人就称王了，它西边的西瓯和骆这样的裸体野蛮的国家也称了王。老臣妄图窃取皇帝尊号，只聊以自乐，岂敢把此事禀报天子呢！"于是叩头谢罪，希望永远做汉朝藩臣，遵奉进贡职责。于是他就在国中下令说："我听说两雄不能并立，两贤不可并存于世。皇帝，是贤明的天子。从今以后，去掉帝制以及黄屋左纛之车。"陆贾回朝禀报，孝文帝非常高兴。于是到孝景帝时，赵佗称臣，派人朝拜天子。然而南越王在他们国内仍窃用帝号，他派使者朝见天子时才称

下，使告诸侯四夷从代来即位意，喻盛德焉。乃为佗亲冢在真定，置守邑，岁时奉祀。召其从昆弟，尊官厚赐宠之。诏丞相陈平等举可使南越者，平言好時陆贾，先帝时习使南越。乃召贾以为太中大夫，往使，因让佗自立为帝，曾无一介之使报者。陆贾至南越，王甚恐，为书谢，称曰："蛮夷大长老夫臣佗，前日高后隔异南越，窃疑长沙王谗臣，又遥闻高后尽诛佗宗族，掘烧先人冢，以故自弃，犯长沙边境。且南方卑湿，蛮夷中间，其东闽越千人众号称王，其西西瓯、骆裸国亦称王。老臣妄窃帝号，聊以自娱，岂敢以闻天王哉！"乃顿首谢，愿长为藩臣，奉贡职。于是乃下令国中曰："吾闻两雄不俱立，两贤不并世。皇帝，贤天子也。自今以后，去帝制黄屋左纛。"陆贾还报，孝文帝大说。遂至孝景时，称臣使人朝请。然南越其居国，窃如故号名，其使天子，称王朝命如诸侯。至建元四年卒。

佗孙胡为南越王。此时闽越王郢兴兵击南越边邑，胡使人上书曰："两越俱为藩臣，毋得擅兴兵相攻击。今闽越兴兵侵臣，臣不敢兴兵，唯天子诏之。"于是天子多南越义，守职约，为兴师，遣两将军往讨闽越。兵未逾岭，闽越王弟馀善杀郢以降，于是罢兵。

天子使庄助往谕意南越王，胡顿首曰："天子乃为臣兴兵讨闽越，死无以报德！"遣太子婴齐入宿卫。谓助曰："国新被寇，使者行矣。胡方日夜装入见天子。"助去后，其大臣谏胡曰："汉兴兵诛郢，亦行以惊动南越。且先王昔言，事天子期无失礼，要之不可以说好语入见。入见则不得复归，亡国之势也。"于是胡称病，竟不入见。后十余岁，胡实病甚，太子婴齐请归。胡薨，谥为文王。

婴齐代立，即藏其先武帝玺。婴齐其入宿卫在长安时，

王，接受天子圣命如同诸侯。到建元四年，赵佗死去。

赵佗的孙子赵胡做南越王。此时闽越王郢兴兵攻打南越边城，赵胡派人上书天子说："南越和闽越都是汉朝藩臣，不能擅自兴兵相互攻击。如今闽越兴兵侵犯我，我不敢兴兵，唯有天子下诏处理此事。"于是天子赞扬南越很有忠义，恪守职责和盟约，为他出兵，派两位将军前去讨伐闽越。军队尚未越过阳山岭，闽越王的弟弟馀善杀了郢来投降，于是汉朝罢兵。

天子派庄助前去向南越王讲明朝廷的意思，赵胡磕头说："天子竟为我兴兵讨伐闽越，我死也无法报答圣恩！"就派太子婴齐入朝充当宿卫。他对庄助说："国家刚被敌人侵略，请使者先走吧。我正日夜整装准备入朝拜见天子。"庄助离开后，赵胡的大臣劝谏他道："汉朝兴兵诛杀郢，也是以这个行动警告南越。况且先王从前所说，侍奉天子只希望不要失礼，更重要的是不可以因为爱听使者的好话而入朝拜见天子。入朝拜见就无法再回来，这是亡国的形势啊。"于是赵胡称病，最终没有入朝拜见天子。这以后十多年，赵胡确实病重，太子婴齐请求归国。赵胡去世，谥号为文王。

婴齐代立为王，就把他祖先武帝的印玺藏了起来。婴齐在长安入宫做宿卫时，

婺了邯郸樛姓女子为妻，生下儿子赵兴。等到他即位，就向天子上书请求立樛氏为王后，赵兴为太子。汉朝多次派使者讽谕、劝告婴齐去朝见天子，婴齐还喜欢擅自杀生，恣意行事，害怕入朝拜见天子要被按汉朝法令处置，比照内地的诸侯，他就称病，始终不去入朝拜见天子。婴齐派儿子次公入宫做宿卫。婴齐去世后，谥号为明王。

太子赵兴代立为王，他的母亲为南越王太后。太后在未做婴齐姬妾时，曾经与霸陵人安国少季通奸。等到婴齐死后，元鼎四年，汉朝派安国少季前去晓谕南越王和太后，让他们入朝拜见天子，比照内地诸侯；命令辩士、谏大夫、终军等宣扬他的言辞，勇士魏臣等辅佐他的不足之处，卫尉路博德率军屯驻桂阳，等待使者。南越王年少，太后是中原人，曾经与安国少季通奸，安国少季此番出使，又与她通奸。南越国人大都知道此事，多不依附太后。太后担心发生变乱，也想倚仗汉朝的威势，多次劝南越王以及群臣请求归附汉朝。于是通过使者上书天子，请求比照内地诸侯，三年朝见天子一次，撤除边境的关卡。于是天子答应了他们的请求，赏赐南越丞相吕嘉银印，以及内史、中尉、大傅官印，其余官职由南越自行设置。废除原来的黥刑和劓刑，使用汉朝法律，比照内地诸侯。使者全都留下来镇抚南越。南

取邯郸樛氏女，生子兴。及即位，上书请立樛氏女为后，兴为嗣。汉数使使者风谕婴齐，婴齐尚乐擅杀生自恣，惧入见要用汉法，比内诸侯，固称病，遂不入见。遣子次公入宿卫。婴齐薨，谥为明王。

太子兴代立，其母为太后。太后自未为婴齐姬时，尝与霸陵人安国少季通。及婴齐薨后，元鼎四年，汉使安国少季往谕王、王太后以入朝，比内诸侯；令辩士谏大夫终军等宣其辞，勇士魏臣等辅其缺，卫尉路博德将兵屯桂阳，待使者。王年少，太后中国人也，尝与安国少季通，其使复私焉。国人颇知之，多不附太后。太后恐乱起，亦欲倚汉威，数劝王及群臣求内属。即因使者上书，请比内诸侯，三岁一朝，除边关。于是天子许之，赐其丞相吕嘉银印，及内史、中尉、太傅印，余得自置。除其故黥劓刑，用汉法，比内诸侯。使者皆留填抚之。王、王太后饬治行装重赍，为入朝具。

越王和太后整治行装和贵重财物，为入朝拜见天子做准备。

其相吕嘉年长矣，相三王，宗族官仕为长吏者七十余人，男尽尚王女，女尽嫁王子兄弟宗室，及苍梧秦王有连。其居国中甚重，越人信之，多为耳目者，得众心愈于王。王之上书，数谏止王，王弗听。有畔心，数称病不见汉使者。使者皆注意嘉，势未能诛。王、王太后亦恐嘉等先事发，乃置酒，介汉使者权，谋诛嘉等。使者皆东乡，太后南乡，王北乡，相嘉、大臣皆西乡，侍坐饮。嘉弟为将，将卒居宫外。酒行，太后谓嘉曰：“南越内属，国之利也，而相君苦不便者，何也？”以激怒使者。使者狐疑相杖，遂莫敢发。嘉见耳目非是，即起而出。太后怒，欲铍嘉以矛，王止太后。嘉遂出，分其弟兵就舍，称病，不肯见王及使者。乃阴与大臣作乱。王素无意诛嘉，嘉知之，以故数月不发。太后有淫行，国人不附，欲独诛嘉等，力又不能。

南越丞相吕嘉年龄很大了，辅佐过三位国王，他的宗族中当官做长吏的有七十多人，男的全部娶王的女儿为妻，女的全部嫁给王子及宗室子弟，他又同苍梧秦王联姻。他身居国中，权势很大，南越人都信任他，大多是他的耳目，在得民心方面超过了南越王。南越王向天子上书，他多次劝阻，南越王不听。吕嘉有背叛之心，多次称病不见汉朝使者。使者都注意到了他的言行，因碍于形势没有诛杀他。南越王和太后也怕吕嘉等人首先发难，就备办酒宴，想借助汉朝使者的权势，谋划杀死吕嘉等人。使者都面东而坐，太后朝南，南越王朝北，丞相吕嘉及大臣们都朝西，陪坐饮酒。吕嘉的弟弟担任将军，率兵在宫外守候。饮酒时，太后对吕嘉说：“南越归附汉朝，是国家的利益，而丞相您抱怨此事不利，是什么原因呢？”想以此激怒汉朝使者。使者犹豫不决，双方相持着，始终未敢发作。吕嘉见旁边的人不是自己的亲信，当即起身而出。太后非常愤怒，想用矛刺杀吕嘉，南越王阻止了太后。吕嘉于是出去了，分了他弟弟的一部分士兵回到住处，托辞有病，不肯见南越王和使者。于是暗中与大臣谋反作乱。南越王一直无意要诛杀吕嘉，吕嘉知道这点，所以过了几个月没有发难。太后有淫乱行为，国人不依附她，她想自己诛杀吕嘉等人，又力所不及。

天子听说吕嘉不听从南越王，南越王及王太后势孤力弱不能制服他，使者怯懦而没有决断的能力。又认为南越王和王太后已经归附汉朝，唯独吕嘉作乱，不值得兴师动众，想派庄参率领两千人前去出使南越。庄参说："如果为了通好而去，派几人就足够了；如果为了动武而去，两千人不足以做成大事。"推辞不去，天子就罢免了庄参。郏地壮士、原济北国相韩千秋奋然说道："就凭一个区区的南越，又有南越王和太后做内应，唯独丞相吕嘉为害作乱，我愿率领勇士二百人，一定能斩杀吕嘉回来禀报朝廷。"于是天子派韩千秋与王太后的弟弟樛乐率领两千人前去，进入南越边境。吕嘉等人便造反了，下令国中说："南越王年少。太后是中原人，又与使者淫乱，一心想归附汉朝，把先王的珍宝重器全都拿去进献给汉天子，来献媚汉天子，带走很多随从，走到长安，就把他们变卖给汉人做僮仆。她只想自己解脱获得一时的利益，从不顾及赵氏社稷，没有为后世永久之计做谋划。"就与他的弟弟率兵攻杀南越王、太后及汉朝使者。派人告知苍梧秦王以及他的各个郡县，立明王长子与南越妻子所生的儿子术阳侯

天子闻嘉不听王，王、王太后弱孤不能制，使者怯无决。又以为王、王太后已附汉，独吕嘉为乱，不足以兴兵，欲使庄参以二千人往使。参曰："以好往，数人足矣；以武往，二千人无足以为也。"辞不可，天子罢参也。郏壮士故济北相韩千秋奋曰："以区区之越，又有王、太后应，独相吕嘉为害，愿得勇士二百人，必斩嘉以报。"于是天子遣千秋与王太后弟樛乐将二千人往，入越境。吕嘉等乃遂反，下令国中曰："王年少。太后，中国人也，又与使者乱，专欲内属，尽持先王宝器入献天子以自媚，多从人，行至长安，虏卖以为僮仆。取自脱一时之利，无顾赵氏社稷、为万世虑计之意。"乃与其弟将卒攻杀王、太后及汉使者。遣人告苍梧秦王及其诸郡县，立明王长男越妻子术阳侯建德为王。而韩千秋兵入，破数小邑。其后越直开道给

食，未至番禺四十里，越以兵击千秋等，遂灭之。使人函封汉使者节置塞上，好为谩辞谢罪，发兵守要害处。于是天子曰：“韩千秋虽无成功，亦军锋之冠。”封其子延年为成安侯。樛乐，其姊为王太后，首愿属汉，封其子广德为龙亢侯。乃下赦曰：“天子微，诸侯力政，讥臣不讨贼。今吕嘉、建德等反，自立晏如，令罪人及江、淮以南楼船十万师往讨之。”

元鼎五年秋，卫尉路博德为伏波将军，出桂阳，下汇水；主爵都尉杨仆为楼船将军，出豫章，下横浦；故归义越侯二人为戈船、下厉将军，出零陵，或下离水，或抵苍梧；使驰义侯因巴蜀罪人，发夜郎兵，下牂柯江：咸会番禺。

元鼎六年冬，楼船将军将精卒先陷寻陕，破石门，得越船粟，因推而前，挫越锋，以数万人待伏波。伏波将军将罪

赵建德为南越王。而韩千秋的军队已进入南越，攻破几座小城。之后南越人径直让开道路，供给饮食，在离番禺不到四十里的地方，南越用兵攻打韩千秋等人，于是消灭了他们。派人用匣子封装好汉朝使者的符节，放置到边塞上，以花言巧语的谎话假意向汉朝谢罪，同时发兵据守要害之地。于是天子说：“韩千秋虽然没有成功，但也算是大军先锋之冠。”封他的儿子韩延年为成安侯。樛乐，她的姐姐是王太后，首先愿意归附汉朝，封樛乐的儿子樛广德为龙亢侯。于是发布赦令说：“天子力量微弱，诸侯相互征讨，讥讽大臣不去讨伐逆贼。如今吕嘉、赵建德等人造反，自立为王而安然自得，命令罪人以及江淮以南的十万水军前去讨伐他们。”

元鼎五年秋天，卫尉路博德担任伏波将军，兵出桂阳，直下汇水；主爵都尉杨仆为楼船将军，兵出豫章，直下横浦；原来归降汉朝被封为侯的两个南越人做戈船将军和下厉将军，兵出零陵，一军直下离水，一军直抵苍梧；派驰义侯利用巴蜀的罪人，征发夜郎军队，直下牂柯江：全部在番禺会师。

元鼎六年冬天，楼船将军率领精兵首先攻陷寻陕，攻破石门，缴获了南越的船只和粮草，趁势向前推进，挫败南越先锋部队，以几万大军等候伏波将军。伏波将

军率领罪人，路途遥远，恰巧误了会师日期，与楼船将军会师的才一千多人，于是一同前进。楼船将军在前，到达番禺。赵建德和吕嘉都据城守卫。楼船将军自己选择有利的地方，驻扎在东南面；伏波将军驻扎在西北面。这时正好是日暮时分，楼船将军击败了南越人，纵火烧城。南越人平时听说过伏波将军的威名，当时因正是日暮时分，不知他的军队有多少人。伏波将军于是安营扎寨，派使者招来投降的人，赐给他们印信，又放他们回去招降其他人。楼船将军极力攻击焚烧敌军，反而驱赶乱兵跑入伏波将军营中。黎明时分，城中敌军都投降了伏波将军。吕嘉和赵建德已连夜与他们的部属几百人逃入大海，乘船西去。伏波将军又询问已经投降的南越贵族，得知吕嘉的去向，派人去追捕他。他的原校尉司马苏弘因为抓捕到赵建德，被封为海常侯；南越郎官都稽抓到吕嘉，被封为临蔡侯。

苍梧王赵光，与南越王同姓，听说汉兵已到，便与南越揭阳县令定，主动安定地方，归附汉朝；南越桂林郡监居翁晓谕瓯骆归附汉朝。他们都被封为侯。戈船将军和下厉将军的军队以及驰义侯所征发的夜郎军队还没有到达，南越已经被平定了。于是在那里设置了九个郡。伏波将军增加了封邑。楼船将军的军队攻破了敌人坚固

人，道远，会期后，与楼船会，乃有千余人，遂俱进。楼船居前，至番禺。建德、嘉皆城守。楼船自择便处，居东南面；伏波居西北面。会暮，楼船攻败越人，纵火烧城。越素闻伏波名，日暮，不知其兵多少。伏波乃为营，遣使者招降者，赐印，复纵令相招。楼船力攻烧敌，反驱而入伏波营中。犁旦，城中皆降伏波。吕嘉、建德已夜与其属数百人亡入海，以船西去。伏波又因问所得降者贵人，以知吕嘉所之，遣人追之。以其故校尉司马苏弘得建德，封为海常侯；越郎都稽得嘉，封为临蔡侯。

苍梧王赵光者，越王同姓，闻汉兵至，及越揭阳令定自定属汉；越桂林监居翁谕瓯骆属汉。皆得为侯。戈船、下厉将军兵及驰义侯所发夜郎兵未下，南越已平矣。遂为九郡。伏波将军益封。楼船将军兵以陷坚为将梁侯。

的防守，被封为将梁侯。

自尉佗初王后，五世九十三岁而国亡焉。

从尉佗最初称南越王开始，传了五世，共九十三年后，南越国灭亡了。

太史公曰：尉佗之王，本由任嚣。遭汉初定，列为诸侯。隆虑离湿疫，佗得以益骄。闽越相攻，南越动摇。汉兵临境，婴齐入朝。其后亡国，征自樛女；吕嘉小忠，令佗无后。楼船从欲，怠傲失惑；伏波困穷，智虑愈殖，因祸为福。成败之转，譬若纠墨。

太史公说：尉佗当南越王，本是由于任嚣的提拔和劝说。适逢汉朝刚平定天下，他被列为诸侯。隆虑侯领兵讨伐南越，碰上湿热天气，士兵染病，尉佗便因此越发骄傲狂悖。瓯骆相互攻伐，南越国势动摇。汉朝大军临境，婴齐入朝觐见。这以后南越亡国，征始于婴齐娶了樛姓之女；吕嘉的小忠，使赵佗后继无人。楼船将军放纵欲望，怠惰狂傲，失心惑乱；伏波将军困窘不得志，智谋思虑却越来越多，因祸得福。成败的转换，如同纠正墨绳一样。

东越列传

闽越王无诸以及越东海王摇，他们的祖先都是越王勾践的后代，姓驺。秦吞并天下后，把他们都降为君长，将他们的地方设为闽中郡。等到诸侯背叛秦朝，无诸和摇率领越人归附鄱阳令吴芮，所谓鄱君，就是同诸侯灭秦的人。当时，项籍掌权号令诸侯，没有封无诸和摇为王，所以他们没有归附楚王。汉王攻打项籍，无诸和摇率领越人辅佐汉王。汉五年，朝廷又立无诸为闽越王，统治闽中郡的故地，建都东冶。孝惠帝三年，皇上列举高帝时越人的功劳，说闽君摇功劳最多，他的民众也愿意归附，于是立摇为东海王，建都东瓯，世俗称他为东瓯王。

这以后过了几代，到孝景帝三年，吴王刘濞造反，想让闽越随他一起反叛，闽越不肯采取行动，唯独东瓯跟随吴王造反。等到吴王被攻破，东瓯接受了汉朝的重金收买，在丹徒杀了吴王刘濞，因此他们都没有被诛杀，返回了自己的国家。

吴王的儿子刘子驹逃亡到闽越，怨恨

闽越王无诸及越东海王摇者，其先皆越王句践之后也，姓驺氏。秦已并天下，皆废为君长，以其地为闽中郡。及诸侯畔秦，无诸、摇率越归鄱阳令吴芮，所谓鄱君者也，从诸侯灭秦。当是之时，项籍主命，弗王，以故不附楚。汉击项籍，无诸、摇率越人佐汉。汉五年，复立无诸为闽越王，王闽中故地，都东冶。孝惠三年，举高帝时越功，曰闽君摇功多，其民便附，乃立摇为东海王，都东瓯，世俗号为东瓯王。

后数世，至孝景三年，吴王濞反，欲从闽越，闽越未肯行，独东瓯从吴。及吴破，东瓯受汉购，杀吴王丹徒，以故皆得不诛，归国。

吴王子子驹亡走闽越，怨

东瓯杀其父，常劝闽越击东瓯。至建元三年，闽越发兵围东瓯。东瓯食尽，困，且降，乃使人告急天子。天子问太尉田蚡，蚡对曰："越人相攻击，固其常，又数反覆，不足以烦中国往救也。自秦时弃弗属。"于是中大夫庄助诘蚡曰："特患力弗能救，德弗能覆；诚能，何故弃之？且秦举咸阳而弃之，何乃越也！今小国以穷困来告急天子，天子弗振，彼当安所告诉？又何以子万国乎？"上曰："太尉未足与计。吾初即位，不欲出虎符发兵郡国。"乃遣庄助以节发兵会稽。会稽太守欲距不为发兵，助乃斩一司马，谕意指，遂发兵浮海救东瓯。未至，闽越引兵而去。东瓯请举国徙中国，乃悉举众来，处江淮之间。

至建元六年，闽越击南越。南越守天子约，不敢擅发兵击，而以闻。上遣大行王恢出豫章，大农韩安国出会稽，皆为将军。兵未逾岭，闽越王郢发兵距

东瓯杀了他的父亲，经常劝闽越攻打东瓯。到建元三年，闽越发兵围攻东瓯。东瓯粮食吃尽，处于困境，将要投降，就派人向天子告急。天子询问太尉田蚡，田蚡回答说："越人互相攻击，本是常有的事，他们又反复无常，不值得烦劳中原前往援救。自秦朝时就抛弃他们，不将其视为属国。"于是中大夫庄助诘责田蚡道："只担心力量不足不能援救他们，恩德浅薄不能覆盖他们；如果真能做到，为什么要抛弃他们呢？况且秦朝连整个咸阳都抛弃了，何况是越人呢！如今小国在穷困时来向天子告急，天子不去援救，他们将去哪里诉苦求援呢？天子又如何能养育荫护万国子民呢？"皇上说："太尉不值得与之共商大计。我刚即位，不想拿出虎符征发郡国兵力。"于是派庄助拿着符节征发会稽的军队。会稽太守想拒不发兵，庄助就斩了一个司马，以晓谕天子的意旨，于是发兵乘船从海上援救东瓯。大军尚未到达，闽越领兵离去。东瓯请求举国上下全部迁徙到中原去，于是带着民众迁徙到中原，居住在江淮一带。

到建元六年，闽越攻打南越。南越遵守天子约定，不敢擅自发兵回击，而是将此事上报朝廷。皇上派大行令王恢兵出豫章，大农令韩安国兵出会稽，两人都担任将军。军队尚未越过阳山岭，闽越王郢发

兵据守险要对抗汉军。他的弟弟馀善就与国相和宗族的人商议说："大王因擅自发兵攻打南越，不请示天子，所以天子派兵来讨伐。如今汉军兵多势强，现在即使侥幸战胜他们，以后派来更多的军队，终究是国家灭亡才会停止。如今杀掉大王向天子谢罪。天子接受，就会罢兵，尚且可保一国完整；不接受，就力战到底；不能取胜，就逃入大海。"众人都说"好"。随即用短矛杀了他们的大王，派使者带着郢的人头送给大行王恢。大行说："我们来就是为了诛杀闽越王。如今闽越王人头在此，以示谢罪，不用打仗就清除祸患，没有比这更大的好处了。"于是各自停止进军，并告知大农将军，同时派使者捧着闽越王的人头飞驰上报天子。天子下诏让两位将军罢兵，说："闽越王郢等人首先作恶，唯独无诸的孙子繇君丑没有参与谋划。"于是派郎中将立繇君丑为越繇王，主持对闽越祖先的祭祀。

馀善杀了郢后，逞威横行国内，国民大多归附他，他暗中自立为王。繇王不能矫正他的民众坚持正道。天子听说此事后，认为不值得为馀善兴师动众，说："馀善多次与郢密谋作乱，而后他首先诛杀了郢，使汉军得以免受劳苦。"于是立馀善为东越王，与繇王并处。

到元鼎五年，南越造反，东越王馀善

险。其弟馀善乃与相、宗族谋曰："王以擅发兵击南越，不请，故天子兵来诛。今汉兵众强，今即幸胜之，后来益多，终灭国而止。今杀王以谢天子。天子听，罢兵，固一国完；不听，乃力战；不胜，即亡入海。"皆曰"善"。即鏦杀王，使使奉其头致大行。大行曰："所为来者诛王。今王头至，谢罪，不战而耘，利莫大焉。"乃以便宜案兵告大农军，而使使奉王头驰报天子。诏罢两将兵，曰："郢等首恶，独无诸孙繇君丑不与谋焉。"乃使郎中将立丑为越繇王，奉闽越先祭祀。

馀善已杀郢，威行于国，国民多属，窃自立为王。繇王不能矫其众持正。天子闻之，为馀善不足复兴师，曰："馀善数与郢谋乱，而后首诛郢，师得不劳。"因立馀善为东越王，与繇王并处。

至元鼎五年，南越反，东

越王馀善上书，请以卒八千人从楼船将军击吕嘉等。兵至揭扬，以海风波为解，不行，持两端，阴使南越。及汉破番禺，不至。是时楼船将军杨仆使使上书，愿便引兵击东越。上曰士卒劳倦，不许，罢兵，令诸校屯豫章梅岭待命。

元鼎六年秋，馀善闻楼船请诛之，汉兵临境，且往，乃遂反，发兵距汉道。号将军驺力等为"吞汉将军"，入白沙、武林、梅岭，杀汉三校尉。是时汉使大农张成、故山州侯齿将屯，弗敢击，却就便处，皆坐畏懦诛。

馀善刻"武帝"玺自立，诈其民，为妄言。天子遣横海将军韩说出句章，浮海从东方往；楼船将军杨仆出武林；中尉王温舒出梅岭；越侯为戈船、下濑将军，出若邪、白沙。元封元年冬，咸入东越。东越素发兵距险，使徇北将军守武林，败楼船军数校尉，杀长吏。楼船将军率钱唐辕终古斩徇北将军，为御儿侯。自兵未往。

上书，请求率领八千士兵跟随楼船将军攻打吕嘉等人。军队到达揭扬，以海上出现大风巨浪为借口，不向前行军，持观望的态度，暗中派使者与南越联系。等到汉军攻破番禺，东越军队还没到。这时楼船将军杨仆派使者上书，愿意乘便领兵攻打东越。皇上说士兵劳累疲倦，没有允许，罢兵，下令各校官屯兵于豫章梅岭待命。

元鼎六年秋天，馀善听说楼船将军请求诛灭他，汉军临近边境，将要攻来，于是他就反叛，发兵到汉军必经之路抵抗。给将军驺力等人加号为"吞汉将军"，攻入白沙、武林和梅岭，杀死汉军三个校尉。这时汉朝派大农令张成、原山州侯刘齿率兵屯守那里，不敢攻击东越军，退却到有利的地方，结果他们都因怯懦畏敌被杀。

馀善刻了"武帝"的印玺自立为皇帝，欺骗他的百姓，散布妄言。天子派横海将军韩说兵出句章，渡海从东方前往；楼船将军杨仆兵出武林；中尉王温舒兵出梅岭；任命两个被封为侯的越人分别担任戈船将军和下濑将军，兵出若邪、白沙。元封元年冬天，各路大军都进入东越。东越一直派兵据守在地势险要之处，让徇北将军驻守在武林，打败了楼船将军的几个校尉，杀死长吏。楼船将军率领钱唐人辕终古杀了徇北将军，被封为御儿侯。他自己没有率军前往。

原越衍侯吴阳在此之前留在汉朝，汉朝派他回去劝说馀善，馀善不听。等到横海将军先到东越，越衍侯吴阳就率领他邑中七百人反叛东越，在汉阳攻打东越的军队。他与建成侯敖及他的部下，与繇王居股商议说："馀善是首恶，挟持我们相从。如今汉军到来，兵多势强，设计杀掉馀善，自动归降汉军诸将，或许能侥幸脱罪。"于是便一起杀掉了馀善，率领他们的部众投降了横海将军，因此朝廷封繇王居股为东成侯，食邑万户；封建成侯敖为开陵侯；封越衍侯吴阳为北石侯；封横海将军韩说为案道侯；封横海校尉刘福为缭萦侯。刘福，是成阳共王的儿子，原先为海常侯，因犯法失去了侯爵。过去从军也没有战功，因为是宗室子弟而被封侯。其他诸将都没有战功，未受封赏。东越的将军多军，在汉军到达时，放弃他的军队前来归降，被封为无锡侯。

于是天子说东越地方狭小且多险阻之地，闽越强悍，多次反叛，于是下诏军吏将东越的民众全部迁徙到江淮一带。东越于是变成了空虚之地。

太史公说：越国虽然是蛮夷，他们的祖先难道曾经对民众有过很大的恩德吗，否则怎么能相传得如此久远呢！历经几代常为君王，勾践一度称霸诸侯。然而馀善

故越衍侯吴阳前在汉，汉使归谕馀善，馀善弗听。及横海将军先至，越衍侯吴阳以其邑七百人反，攻越军于汉阳。从建成侯敖，与其率从繇王居股谋曰："馀善首恶，劫守吾属。今汉兵至，众强，计杀馀善，自归诸将，傥幸得脱。"乃遂俱杀馀善，以其众降横海将军，故封繇王居股为东成侯，万户；封建成侯敖为开陵侯；封越衍侯吴阳为北石侯；封横海将军说为案道侯；封横海校尉福为缭萦侯。福者，成阳共王子，故为海常侯，坐法失侯。奋从军无功，以宗室故侯。诸将皆无成功，莫封。东越将多军，汉兵至，弃其军降，封为无锡侯。

于是天子曰东越狭多阻，闽越悍，数反覆，诏军吏皆将其民徙处江淮间。东越地遂虚。

太史公曰：越虽蛮夷，其先岂尝有大功德于民哉，何其久也！历数代常为君王，句践一称伯。然馀善至大逆，灭国

迁众，其先苗裔繇王居股等犹尚封为万户侯，由此知越世世为公侯矣。盖禹之余烈也。

竟做出大逆不道之事，使得国家灭亡，民众被迁移，他们祖先的后裔繇王居股等人还被封为万户侯，由此可知，东越世世代代都有做公侯的。这大概是大禹所留下的功业吧。

朝鲜列传

朝鲜王卫满，原来是燕国人。当初燕国全盛时，曾攻取真番和朝鲜使他们归属，在那里设置官吏，修筑城防要塞。秦国灭掉燕国后，朝鲜属于辽东郡以外的边界国家。汉朝兴起，因朝鲜地远难守，又修筑了辽东郡原来的关塞，一直到浿水为界，属燕国管辖。燕王卢绾造反，逃入匈奴，卫满流亡在外，聚集党徒一千多人，梳起椎形发髻，穿上蛮夷服装，向东走出塞外，渡过浿水，居住到原先秦国名为上下鄣的空旷地区，并逐渐役使真番、朝鲜蛮夷以及原先燕国和齐国流亡的人，称王统治他们，定都于王险。

恰逢孝惠帝、高后时天下刚刚平定，辽东太守就约定卫满为汉朝的外臣，保护塞外的蛮夷，不要让他们到边境骚扰侵夺；各蛮夷君长想入京朝见天子，不得禁止。这些约定上报朝廷，皇上答应了，因此卫满得以依靠兵威和财物侵略、招降辽东周边的小城，真番和临屯都来投降归附，他的领地达方圆几千里。

朝鲜王满者，故燕人也。自始全燕时尝略属真番、朝鲜，为置吏，筑鄣塞。秦灭燕，属辽东外徼。汉兴，为其远，难守，复修辽东故塞，至浿水为界，属燕。燕王卢绾反，入匈奴，满亡命，聚党千余人，魋结蛮夷服而东走出塞，渡浿水，居秦故空地上下鄣，稍役属真番、朝鲜蛮夷及故燕、齐亡命者王之，都王险。

会孝惠、高后时天下初定，辽东太守即约满为外臣，保塞外蛮夷，无使盗边；诸蛮夷君长欲入见天子，勿得禁止。以闻，上许之，以故满得兵威财物侵降其旁小邑，真番、临屯皆来服属，方数千里。

传子至孙右渠，所诱汉亡人滋多，又未尝入见；真番旁众国欲上书见天子，又拥阏不通。元封二年，汉使涉何谯谕右渠，终不肯奉诏。何去至界上，临浿水，使御刺杀送何者朝鲜裨王长，即渡，驰入塞，遂归报天子曰"杀朝鲜将"。上为其名美，即不诘，拜何为辽东东部都尉。朝鲜怨何，发兵袭攻杀何。

天子募罪人击朝鲜。其秋，遣楼船将军杨仆从齐浮渤海，兵五万人，左将军荀彘出辽东：讨右渠。右渠发兵距险。左将军卒正多率辽东兵先纵，败散，多还走，坐法斩。楼船将军将齐兵七千人先至王险。右渠城守，窥知楼船军少，即出城击楼船，楼船军败散走。将军杨仆失其众，遁山中十余日，稍求收散卒，复聚。左将军击朝鲜浿水西军，未能破自前。

天子为两将未有利，乃使

卫满将王位传给儿子，再传给孙子右渠，朝鲜所诱使来的汉朝流亡百姓日益增多，又未曾入京朝见天子；真番旁边的许多小国想上书请求朝见天子，但又堵塞不通。元封二年，汉朝派涉何责备和晓谕右渠，他们始终没有奉行诏令。涉何离开朝鲜到达边界，面对浿水，派驾车的车夫刺杀了护送涉何的朝鲜裨王长，随即渡河，疾驰进入关塞，于是回朝禀报天子说"杀了朝鲜的将军"。皇上因为他有杀死朝鲜将军的美名，就未加诘责，任命涉何为辽东东部都尉。朝鲜怨恨涉何，发兵突袭，攻杀了涉何。

天子招募犯罪的人去攻打朝鲜。这年秋天，派楼船将军杨仆从齐地乘船渡过渤海，领兵五万人，左将军荀彘兵出辽东。大军前去讨伐右渠。右渠发兵据守险要之地以对抗。左将军的卒正多率领辽东军队率先攻击敌人，结果兵败溃散，卒正多撤退逃跑，因触犯军法被斩首。楼船将军率领齐地士兵七千人率先到达王险城。右渠据城防守，探听到楼船将军军队少，随即出城攻打楼船将军，楼船将军的军队战败四散逃走。将军杨仆失去了他的军队，逃到山中躲了十多天，逐渐找回四散的士兵，又聚集到一起。左将军攻打朝鲜驻守浿水以西的军队，未能从前面攻破敌军。

天子因为两位将军未能取得胜利，就

派卫山凭借兵威前去晓谕右渠。右渠见了汉朝使者，磕头谢罪说："愿意归降，担心两位将军以欺诈手段杀我；如今见到代表诚信的使节，我请求归附投降。"就派太子入朝谢罪，献马五千匹，又向汉军馈送军粮。当时有一万多朝鲜民众，手持兵器，正要渡过浿水，汉朝使者和左将军怀疑他们叛变，说太子既然已经归附投降，应当命令朝鲜民众不要拿着兵器。太子也怀疑汉朝使者和左将军是想以欺诈手段杀掉自己，于是不再渡过浿水，又带领民众返回。卫山回朝禀报天子，天子诛杀了卫山。

左将军攻破浿水上的朝鲜军，才向前进军，到达王险城下，包围城的西北面。楼船将军也前去会师，驻军于城南。右渠于是坚守城池，几个月都没能攻下。

左将军平素在宫中侍奉皇上，很受宠幸，他所率领的燕、代地区的士兵强悍，靠着打了胜仗，军中士兵大多骄横。楼船将军率领齐地的士兵渡海作战，本就伤亡了很多；他们先前与右渠交战，被困受辱，士兵多有伤亡，士兵都恐惧，将官心中惭愧，他们包围右渠，经常采取缓和的战术。左将军加紧攻打敌城，朝鲜大臣就暗中寻找机会派人私下约定投降楼船将军，使者往来传话，尚未作出决定。左将军多次与楼船将军约定攻打时间，楼船将军想抓紧与朝鲜达成降约，就没有与左将军会合；

卫山因兵威往谕右渠。右渠见使者，顿首谢："愿降，恐两将诈杀臣；今见信节，请服降。"遣太子入谢，献马五千匹，及馈军粮。人众万余，持兵，方渡浿水，使者及左将军疑其为变，谓太子已服降，宜命人毋持兵。太子亦疑使者左将军诈杀之，遂不渡浿水，复引归。山还报天子，天子诛山。

左将军破浿水上军，乃前，至城下，围其西北。楼船亦往会，居城南。右渠遂坚守城，数月未能下。

左将军素侍中，幸，将燕代卒，悍，乘胜，军多骄。楼船将齐卒，入海，固已多败亡；其先与右渠战，困辱亡卒，卒皆恐，将心惭，其围右渠，常持和节。左将军急击之，朝鲜大臣乃阴间使人私约降楼船，往来言，尚未肯决。左将军数与楼船期战，楼船欲急就其约，不会；左将军亦使人求间郤降下朝鲜，朝鲜不肯，心附楼船：以故两将不相能。左将军心意楼船前有失军罪，今与朝鲜私善而又不降，疑其有反计，未敢发。天子曰："将率不能，前乃使卫山谕降右渠，右渠遣太子，山使不能划决，与左将军计相误，卒沮约。今两将围城，又乖异，以故久不决。"使济南太守公孙遂往正之，有便宜得以从事。

遂至，左将军曰："朝鲜当下久矣，不下者有状。"言楼船数期不会，具以素所意告遂，曰："今如此不取，恐为大害，非独楼船，又且与朝鲜共灭吾军。"遂亦以为然，而以节召楼船将军入左将军营计事，即命左将军麾下执捕楼船将军，并其军，以报天子。天子诛遂。

左将军已并两军，即急击朝鲜。朝鲜相路人、相韩

左将军也派人寻找机会让朝鲜投降，朝鲜不肯投降左将军，内心想归附楼船将军：所以两位将军之间不和。左将军心想楼船将军先前有失去军队的罪责，如今与朝鲜私下友善朝鲜却又不投降，怀疑他有造反的阴谋，还未敢发难。天子说："将帅无能，先前就派卫山去晓谕右渠归降，右渠派太子谢罪，使者卫山却不能专一果断处事，与左将军计议又互不协调出现失误，最终破坏了朝鲜投降的约定。如今两位将军围攻王险城，又相互背离，所以事情长时间不能得到解决。"就派济南太守公孙遂前去纠正他们的错误，如果合适就可以自行处理事务。

公孙遂到达军中，左将军说："朝鲜应当很早就被攻下了，但到现在还没有攻下是有原因的。"就说楼船将军多次不按约定会师，把他平时所怀疑的事全都告知公孙遂，说："如今这种情况下还不逮捕他，恐怕会成为大祸患，不仅仅是楼船将军这一支军队，他将要与朝鲜联合起来消灭我军。"公孙遂也认为他说得对，就用符节召楼船将军进入左将军大营议事，当即命令左将军的部下逮捕楼船将军，合并了他的军队，将此事上报天子。天子诛杀了公孙遂。

左将军合并两军之后，就加紧攻打朝鲜。朝鲜国相路人、国相韩阴、尼谿相参、

将军王唊互相商议说："一开始想投降楼船将军，楼船将军如今被捕，只有左将军率领两军，战事愈加紧急，恐怕不能再相持下去，大王又不肯投降。"韩阴、王唊和路人都逃亡归降汉朝。路人在半道上死去。元封三年夏天，尼谿相参便派人杀死朝鲜王右渠前来归降汉朝。王险城还没攻下，原先右渠的大臣成巳又造反，接着又攻打其他不造反的官吏。左将军派右渠的儿子长降、国相路人的儿子最去告谕他们的民众，诛杀成巳，因此最终平定了朝鲜，设为四郡。封尼谿相参为澅清侯，韩阴为荻苴侯，王唊为平州侯，长降为几侯。路最因父亲死去，很有功劳，被封为温阳侯。

左将军被征召到京城，因犯了争功而互相嫉妒、违背作战计划的罪行，被弃市处死。楼船将军也因犯了军队到达列口，应当等待左将军，却擅自抢先进军，致使伤亡众多的罪责，判处死刑，缴纳赎金之后，被贬为庶人。

太史公说：右渠依仗地势险固，国家因此断绝祭祀。涉何骗取功劳，成为战争爆发的开端。楼船将军为将心胸狭窄，以致遇到危难就遭受祸殃。他悔恨在番禺的失策，却反而被人怀疑。荀彘争功，与公孙遂都被诛杀。致使两军全都遭受困辱，将帅没有被封侯。

阴、尼谿相参、将军王唊相与谋曰："始欲降楼船，楼船今执，独左将军并将，战益急，恐不能与，王又不肯降。"阴、唊、路人皆亡降汉。路人道死。元封三年夏，尼谿相参乃使人杀朝鲜王右渠来降。王险城未下，故右渠之大臣成巳又反，复攻吏。左将军使右渠子长降、相路人之子最告谕其民，诛成巳，以故遂定朝鲜，为四郡。封参为澅清侯，阴为荻苴侯，唊为平州侯，长降为几侯。最以父死颇有功，为温阳侯。

左将军征至，坐争功相嫉，乖计，弃市。楼船将军亦坐兵至列口，当待左将军，擅先纵，失亡多，当诛，赎为庶人。

太史公曰：右渠负固，国以绝祀。涉何诬功，为兵发首。楼船将狭，及难离咎。悔失番禺，乃反见疑。荀彘争劳，与遂皆诛。两军俱辱，将率莫侯矣。

史记卷一百一十六
列传第五十六

西南夷列传

西南夷的君长多得数以十计，其中夜郎势力最大；西面靡莫之夷多得数以十计，其中滇国势力最大；自滇国以北的地方君长也多得数以十计，邛都势力最大：这些夷国人都结椎形发髻，耕种田地，聚居在城邑中。他们以外的地方，西边从同师以东，北至楪榆，名为嶲和昆明，他们那里的百姓都结发为辫，随放牧的牲畜到处迁徙，居无定所，没有君长，地方约有几千里。自嶲向东北，君长多得数以十计，其中徙、筰都势力最大；自筰都往东北，君长多得数以十计，其中冉、駹势力最大。他们的风俗有的是土著居民，有的是迁徙居民，在蜀郡的西面。自冉駹往东北，君长多得数以十计，其中白马势力最大，都是氐族之人。这些都是巴蜀西南以外的蛮夷国家。

当初楚威王时，派将军庄蹻领兵循长江而上，攻略巴蜀和黔中郡以西的地方。庄蹻，是从前楚庄王的后裔。庄蹻到达滇池，这里方圆三百里，旁边都是平地，肥沃富饶达几千里，凭借军队的威势平定了这里，

西南夷君长以什数，夜郎最大；其西靡莫之属以什数，滇最大；自滇以北君长以什数，邛都最大。此皆魋结，耕田，有邑聚。其外西自同师以东，北至楪榆，名为嶲、昆明，皆编发，随畜迁徙，毋常处，毋君长，地方可数千里。自嶲以东北，君长以什数，徙、筰都最大；自筰以东北，君长以什数，冉駹最大。其俗或土箸，或移徙，在蜀之西。自冉駹以东北，君长以什数，白马最大，皆氐类也。此皆巴蜀西南外蛮夷也。

始楚威王时，使将军庄蹻将兵循江上，略巴、黔中以西。庄蹻者，故楚庄王苗裔也。蹻至滇池，方三百里，旁平地，肥饶数千里，以兵威定

属楚。欲归报，会秦击夺楚巴、黔中郡，道塞不通，因还，以其众王滇，变服，从其俗以长之。秦时常频略通五尺道，诸此国颇置吏焉。十余岁，秦灭。及汉兴，皆弃此国而开蜀故徼。巴蜀民或窃出商贾，取其筰马、僰僮、髦牛，以此巴蜀殷富。

建元六年，大行王恢击东越，东越杀王郢以报。恢因兵威使番阳令唐蒙风指晓南越。南越食蒙蜀枸酱，蒙问所从来，曰："道西北牂柯，牂柯江广数里，出番禺城下。"蒙归至长安，问蜀贾人，贾人曰："独蜀出枸酱，多持窃出市夜郎。夜郎者，临牂柯江，江广百余步，足以行船。南越以财物役属夜郎，西至同师，然亦不能臣使也。"蒙乃上书说上曰："南越王黄屋左纛，地东西万余里，名为外臣，实一州主也。今以长沙、豫章往，水道多绝，难行。窃闻夜郎所有精兵，可得十余万，浮船牂柯江，

使它归属楚国。庄蹻想回楚禀报，适逢秦国攻夺楚国的巴蜀和黔中郡，道路阻塞不通，因而返回滇池，凭借他的军队在滇池称王，改变服式，顺应当地习俗，因此做了滇池的君长。秦朝时常频曾经大略地开通了五尺道，并在诸如此类的国家设置了一些官吏。十多年后，秦朝灭亡。等到汉朝建立，把这些国家全都抛弃而把蜀郡原来的边界当作关隘。巴蜀百姓有的偷着出关做买卖，换取筰国的马、僰国的僮仆和髦牛，因此巴蜀的人民殷实富有。

建元六年，大行王恢攻打东越，东越杀死东越王郢以回报汉朝。王恢凭借兵威派番阳县令唐蒙以朝廷意图暗示南越。南越拿蜀地出产的枸酱给唐蒙吃，唐蒙问是从什么地方得来的，南越人说："取道西北牂柯江而来，牂柯江宽有几里，从番禺城下流出"。唐蒙返回到长安，询问蜀地商人，商人说："只有蜀地出产枸酱，当地人多半拿着它偷偷到夜郎国去卖。夜郎国，临近牂柯江，江宽一百多步，足以行船。南越想以财物使夜郎归附而役使它，西至同师，但也不能使他们臣服。"唐蒙于是上书劝说皇上："南越王乘坐黄屋左纛之车，它的土地东西达一万多里，名义上是外臣，实际上是一州之主。如今从长沙、豫章前往，水路大多被阻绝，难以通行。我私下听说夜郎国所拥有的精兵，可

达十几万。乘船沿牂柯江而下，出其不意，这是制服南越的一个奇计。如果真能凭借汉朝的强大，巴蜀的富饶，打通前往夜郎的道路，在那里设官吏，是很容易的。"皇上答应了他。于是任命唐蒙为郎中将，领兵千人，负责粮草、辎重的一万多人，从巴蜀笮关进入夜郎，于是会见了夜郎侯多同。唐蒙优厚地赏赐他，并晓谕他汉朝的威德，约定在夜郎设置官吏，让他的儿子担任县令。夜郎旁边的小城镇都贪图汉朝的缯帛，认为汉朝来此道路险阻，终究不能占有此地，于是暂且听从唐蒙的约定。唐蒙回朝禀报，就把夜郎设置为犍为郡。征发巴蜀士兵修治道路，自僰直修到牂柯江。蜀郡人司马相如也进言说西夷的邛都和笮都可以设郡。就派司马相如以郎中将的身份前往西夷，明白地告诉当地人，都像南夷一样，为他们设置一个都尉、十几个县，归属于蜀郡。

当时，巴、蜀、广汉、汉中四郡开通西南夷的道路，戍卒转运物资和军饷。过了几年，道路没修通，士兵疲惫饥饿，遭受潮湿，死亡众多；西南夷又多次反叛，征发军队前往攻打，耗费财力人力，却徒劳无功。皇上为此事忧虑，派公孙弘前去视察访问。公孙弘回朝禀报，声称征伐不方便。等到公孙弘担任御史大夫，这时朝廷正在修筑朔方城以据守黄河驱逐胡人，

出其不意，此制越一奇也。诚以汉之强，巴蜀之饶，通夜郎道，为置吏，易甚。"上许之。乃拜蒙为郎中将，将千人，食重万余人，从巴蜀笮关入，遂见夜郎侯多同。蒙厚赐，喻以威德，约为置吏，使其子为令。夜郎旁小邑皆贪汉缯帛，以为汉道险，终不能有也，乃且听蒙约。还报，乃以为犍为郡。发巴蜀卒治道，自僰道指牂柯江。蜀人司马相如亦言西夷邛、笮可置郡。使相如以郎中将往喻，皆如南夷，为置一都尉，十余县，属蜀。

当是时，巴蜀四郡通西南夷道，戍转相饷。数岁，道不通，士罢饿离湿，死者甚众；西南夷又数反，发兵兴击，耗费无功。上患之，使公孙弘往视问焉。还对，言其不便。及弘为御史大夫，是时方筑朔方以据河逐胡，弘因数言西南夷害，可且罢，专力事匈奴。上罢西夷，独置

南夷夜郎两县一都尉，稍令犍
为自葆就。

及元狩元年，博望侯张骞
使大夏来，言居大夏时见蜀布、
邛竹杖，使问所从来，曰"从
东南身毒国，可数千里，得蜀
贾人市"。或闻邛西可二千里
有身毒国。骞因盛言大夏在汉
西南，慕中国，患匈奴隔其道，
诚通蜀，身毒国道便近，有利
无害。于是天子乃令王然于、
柏始昌、吕越人等，使间出西
夷西，指求身毒国。至滇，滇
王尝羌乃留，为求道西十余辈。
岁余，皆闭昆明，莫能通身毒国。

滇王与汉使者言曰："汉
孰与我大？"及夜郎侯亦然。
以道不通故，各自以为一州主，
不知汉广大。使者还，因盛言
滇大国，足事亲附。天子注意焉。

及至南越反，上使驰义侯
因犍为发南夷兵。且兰君恐远

公孙弘趁机多次陈说开发西南夷的害处，
可暂且作罢，集中力量对付匈奴。皇上作
罢西夷之事，只在南夷夜郎设置两县和一
个都尉，下令犍为郡自己保全，并逐渐完
善自己的郡县体制。

到元狩元年，博望侯张骞出使大夏归
来，说他居住在大夏时见到过蜀布和邛都
竹杖，让人询问从何处而来，他们说"从
东南边的身毒国，相距大约几千里，从蜀
地商人那里买到"。有人听说邛都以西大
约二千里有个身毒国。张骞趁机大谈大夏
在汉朝西南方，仰慕中原，忧患于匈奴隔
绝了他们的道路，如果真能开通蜀道，取
道身毒国既方便且近，对汉朝有利无害。
于是天子就令王然于、柏始昌、吕越人等人，
派他们寻找小路从西夷的西边出发，去寻
找身毒国。到达滇国，滇王尝羌就留下他
们，并为他们派出十多批到西边去寻找道
路的人。一年多后，这些人全被拦在了昆
明，没有人能通往身毒国。

滇王对汉朝使者说道："汉朝和我国
相比，哪个大？"到达夜郎侯那里他也提
出这样的问题。这都是出于道路不通的缘
故，各自以为是一州之主，不知汉朝的广大。
使者回朝，乘机大谈滇国是个大国，值得
让他们亲近和归附。天子对此事有所留意。

等到南越反叛，皇上派驰义侯通过犍
为郡里征发南夷军队。且兰君担心他的军

队远行之后，旁边国家会掳掠他的老弱百姓，于是与他的民众造反，杀了汉朝使者及犍为郡的太守。汉朝于是征发巴蜀罪人，由曾经攻打过南越的八个校尉率领，打败且兰。正逢南越已被攻破，汉朝八个校尉尚未沿江而下，就领兵而回，在行军途中诛灭了头兰。头兰，是经常阻隔汉朝通往滇国道路的国家。平定头兰之后，接着便平定南夷作为牂柯郡。夜郎侯起初倚仗南越，南越被灭后，正遇到汉军回师诛杀反叛之人，夜郎侯于是入京朝见。皇上封他为夜郎王。

南越被攻破之后，等到汉朝诛灭且兰、邛君，并且杀了筰侯，冉、骁全都震惊恐惧，都请求向汉朝称臣，设置官吏。于是朝廷把邛都设为越巂郡，把筰都设为沈犁郡，冉、骁设为汶山郡，广汉西边的白马设为武都郡。

皇上派王然于凭借攻破南越及诛灭南夷的兵威去委婉地劝告滇王入京朝见。滇王的军队有几万人，它的旁边东北方有劳浸和靡莫，都与滇王同姓，互相扶持，不肯听从。劳浸和靡莫多次侵犯汉朝使者和官兵。元封二年，天子征发巴蜀兵力攻灭了劳浸和靡莫，兵临滇地。滇王最先开始对汉朝怀有善意，因此没有被诛杀。滇王脱离了西南夷，举国归降，请求设置官吏，入京朝见。朝廷于是把那里设置为益州郡，

行，旁国虏其老弱，乃与其众反，杀使者及犍为太守。汉乃发巴蜀罪人尝击南越者八校尉击破之。会越已破，汉八校尉不下，即引兵还，行诛头兰。头兰，常隔滇道者也。已平头兰，遂平南夷为牂柯郡。夜郎侯始倚南越，南越已灭，会还诛反者，夜郎遂入朝。上以为夜郎王。

南越破后，及汉诛且兰、邛君，并杀筰侯，冉骁皆振恐，诸臣置吏。乃以邛都为越巂郡，筰都为沈犁郡，冉骁为汶山郡，广汉西白马为武都郡。

上使王然于以越破及诛南夷兵威风喻滇王入朝。滇王者，其众数万人，其旁东北有劳浸、靡莫，皆同姓相扶，未肯听。劳浸、靡莫数侵犯使者吏卒。元封二年，天子发巴蜀兵击灭劳浸、靡莫，以兵临滇。滇王始首善，以故弗诛。滇王离难西南夷，举国降，请置吏入朝。于是以为益州郡，赐滇王王印，

复长其民。

西南夷君长以百数，独夜郎、滇受王印。滇小邑，最宠焉。

太史公曰：楚之先岂有天禄哉？在周为文王师，封楚。及周之衰，地称五千里。秦灭诸侯，唯楚苗裔尚有滇王。汉诛西南夷，国多灭矣，唯滇复为宠王。然南夷之端，见枸酱番禺，大夏杖邛竹。西夷后揃，剽分二方，卒为七郡。

赐给滇王王印，仍然统治他的百姓。

西南夷的君长数以百计，唯独夜郎和滇国受封王印。滇是个小城，却最为受宠。

太史公说：楚国的祖先难道有上天赐予的禄位吗？在周朝时先祖就做过文王的老师，被封在楚地。等到周朝衰微时，楚国领土号称五千里。秦国灭亡诸侯，唯独楚王的后裔中尚有滇王一脉存在。汉朝诛灭西南夷，那里的国家大多都被灭了，唯独滇王又受宠被封为王。然而平定南夷的开端，是有人在番禺见到枸酱，在大夏见到邛县的竹杖。西夷后来被割裂，分割成西、南两部分，最终设为七郡。

司马相如

司马相如,是蜀郡成都人,字长卿。他年少时喜好读书,学习击剑,所以他父母给他取名犬子。司马相如完成学业后,仰慕蔺相如的为人,更名为相如。他凭借家财做了郎官,侍奉孝景帝,做了武骑常侍,但这并非他所爱好。恰逢景帝不喜好辞赋,这时梁孝王来京朝见,随从的游说之士齐郡人邹阳、淮阴人枚乘、吴县人庄忌先生等人,司马相如见后喜欢他们,因此称病辞官,游历居住在梁国。梁孝王让他与儒生们同住一舍,司马相如得以与儒生们和游说之士相处几年,于是著了《子虚之赋》。

正逢梁孝王去世,司马相如回家,而家中贫穷,没有什么能用来作为自己的职业。他平素与临邛县令王吉相友善,王吉说:"长卿你长期在外求官游历不顺心时,可以来我这里。"于是司马相如前往,住在临邛城下的都亭。临邛县令假装恭敬,每天都去拜访司马相如。司马相如起初还会见他,后来称病,派随从谢绝王

司马相如者,蜀郡成都人也,字长卿。少时好读书,学击剑,故其亲名之曰犬子。相如既学,慕蔺相如之为人,更名相如。以赀为郎,事孝景帝,为武骑常侍,非其好也。会景帝不好辞赋,是时梁孝王来朝,从游说之士齐人邹阳、淮阴枚乘、吴庄忌夫子之徒,相如见而说之,因病免,客游梁。梁孝王令与诸生同舍,相如得与诸生游士居,数岁,乃著《子虚之赋》。

会梁孝王卒,相如归,而家贫,无以自业。素与临邛令王吉相善,吉曰:"长卿久宦游不遂,而来过我。"于是相如往,舍都亭。临邛令缪为恭敬,日往朝相如。相如初尚见之,后称病,使从者谢吉,吉愈益谨肃。临邛中多富人,而

卓王孙家僮八百人，程郑亦数百人，二人乃相谓曰："令有贵客，为具召之。"并召令。令既至，卓氏客以百数。至日中，谒司马长卿，长卿谢病不能往，临邛令不敢尝食，自往迎相如。相如不得已，强往，一坐尽倾。酒酣，临邛令前奏琴曰："窃闻长卿好之，愿以自娱。"相如辞谢，为鼓一再行。是时卓王孙有女文君新寡，好音，故相如缪与令相重，而以琴心挑之。相如之临邛，从车骑，雍容闲雅甚都；及饮卓氏，弄琴，文君窃从户窥之，心悦而好之，恐不得当也。既罢，相如乃使人重赐文君侍者通殷勤。文君夜亡奔相如，相如乃与驰归成都。家居徒四壁立。卓王孙大怒曰："女至不材，我不忍杀，不分一钱也。"人或谓王孙，王孙终不听。文君久之不乐，曰："长卿第俱如临邛，从昆弟假贷犹足为生，何至自苦如此！"相如与俱之临邛，尽卖其车骑，买一酒舍酤酒，而令文君当炉。相如身自着犊鼻裈，与保庸杂作，涤器于市

吉，王吉愈加谨慎恭敬。临邛县中有很多富人，而卓王孙家中家奴就有八百人，程郑家也有几百人，两人就相互说："县令有贵客，我们备好酒宴请他。"一起邀请县令。县令到来之后，卓氏宾客数以百计。到了中午，去请司马相如，相如推托有病不能前往，临邛县令不敢进食，亲自前去迎接。司马相如不得已，勉强前往，满座宾客都倾身张望。饮酒正酣，临邛县令把琴捧到司马相如面前说："我私下听说长卿好弹琴，希望弹奏一曲以相娱乐。"相如辞谢一番，就弹奏了一两支曲子。这时卓王孙有个女儿卓文君，新近守寡，喜好音律，所以司马相如假装与县令互相敬重，却用琴声吸引她。司马相如到临邛时，有车马随从，举止雍容典雅，气度不凡；等后来到卓氏家中饮酒，抚琴时，卓文君偷偷从门缝间看他，心中高兴而喜欢他，唯恐配不上他。酒宴结束后，司马相如就派人重赏卓文君的侍者，以传达情意。卓文君在夜里逃出家门私会相如，相如就与她驰马奔回成都。家中空无一物，只有四面墙壁。卓王孙非常愤怒道："女儿极不成才，我不忍心杀她，但不分给她一个钱。"有人劝卓王孙，卓王孙始终不听。卓文君时间久了之后心中感到不高兴，说："长卿只管和我一起去临邛，向兄弟借贷也足以为生，何至于让自己受苦到如此地步呢！"

司马相如就与她一起前往临邛，变卖了他们所有的车马，买下一个酒店来卖酒，而让卓文君主持卖酒之事。相如自己身穿牛鼻围裙，与雇工们一起操作，在市集中洗涤酒器。卓王孙听说后感到耻辱，为此闭门不出。兄弟和长辈轮番来对卓王孙说："你有一儿两女，家中所缺的并不是钱财。如今卓文君既然已经嫁给了司马长卿，长卿本就厌倦游历的生活，虽然家贫，但他为人是足可以依托的，况且又是县令的客人，你为何偏偏像这样难为他们呢！"卓王孙不得已，分给卓文君家僮百人，金钱百万，以及她出嫁时的衣服、被褥和财物。卓文君就与司马相如返回成都，购买田宅，做了富人。

过了很久，蜀郡人杨得意担任狗监，侍奉皇上。皇上读到《子虚赋》而称赞它，说："我偏偏不能与此人生在同一个时代！"杨得意说："我的同乡人司马相如自称是他写的这篇赋。"皇上惊喜，于是召见询问司马相如。相如说："是这样的。然而这是写诸侯之事，不值一观。请让我为天子作游猎赋，赋写成之后进献给皇上。"皇上答应了，令尚书给他笔和木简。相如用"子虚"，即假设的话，用来夸耀楚国的美；"乌有先生"，即没有此事，来讲齐国诘难楚国；"无是公"，即没有此人，阐明天子的道理。所以凭空假

中。卓王孙闻而耻之，为杜门不出。昆弟诸公更谓王孙曰："有一男两女，所不足者非财也。今文君已失身于司马长卿，长卿故倦游，虽贫，其人材足依也，且又令客，独奈何相辱如此！"卓王孙不得已，分予文君僮百人，钱百万，及其嫁时衣被财物。文君乃与相如归成都，买田宅，为富人。

居久之，蜀人杨得意为狗监，侍上。上读《子虚赋》而善之，曰："朕独不得与此人同时哉！"得意曰："臣邑人司马相如自言为此赋。"上惊，乃召问相如。相如曰："有是。然此乃诸侯之事，未足观也。请为天子游猎赋，赋成奏之。"上许，令尚书给笔札。相如以"子虚"，虚言也，为楚称；"乌有先生"者，乌有此事也，为齐难；"无是公"者，无是人也，明天子之义。故空借此三

人为辞，以推天子诸侯之苑囿。其卒章归之于节俭，因以风谏。奏之天子，天子大说。其辞曰：

楚使子虚使于齐，齐王悉发境内之士，备车骑之众，与使者出田。田罢，子虚过诧乌有先生，而无是公在焉。坐定，乌有先生问曰："今日田乐乎？"子虚曰："乐。""获多乎？"曰："少。""然则何乐？"曰："仆乐齐王之欲夸仆以车骑之众，而仆对以云梦之事也。"曰："可得闻乎？"

子虚曰："可。王驾车千乘，选徒万骑，田于海滨。列卒满泽，罘罔弥山，掩兔辚鹿，射麋脚麟。骛于盐浦，割鲜染轮。射中获多，矜而自功。顾谓仆曰：'楚亦有平原广泽游猎之地饶乐若此者乎？楚王之猎何与寡人？'仆下车对曰：'臣，楚国之鄙人也，幸得宿卫十有余年，时从出游，游于后园，览于有无，然犹未能遍睹也，又恶足以言其外泽者乎！'齐王

借这三人写下言辞，用以推说天子和诸侯在苑囿游猎的情景。赋的末章主旨归结于节俭，借以讽谏天子。把赋进献给天子后，天子非常高兴。赋辞写道：

楚国派子虚出使齐国，齐王征发境内的所有士兵，准备了众多车马，与使者一同外出田猎。田猎结束后，子虚前去拜访乌有先生，夸耀此事，而无是公也在场。众人坐定，乌有先生问道："今天田猎快乐吗？"子虚说："快乐。"又问："捕获的猎物获多吗？"说："很少。"又问："既然如此，乐从何来呢？"回答说："我快乐的是齐王本想向我夸耀他的车马众多，而我以云梦之事来回答他。"乌有先生说："可以说给我听吗？"

子虚说："可以。齐王驾着千乘车马，选拔上万名骑士，到海滨游猎。排列的士兵布满了大泽，罗网布满山岭，罗网罩住野兔，车轮辗轧大鹿，射杀麋鹿，抓住麟脚。车骑驰骋于盐滩，割杀禽兽鲜血染红车轮。射中猎物收获很多，齐王骄傲地夸耀自己的功劳。齐王回头对我说：'楚国也有像这样的平原广泽可供游猎之地让人饶有乐趣吗？楚王游猎和我相比谁更壮观？'我下车回答说：'我，是楚国鄙陋的人，有幸得以担任宫中宿卫十多年，时常随从楚王出游，在后苑游猎，观览周围景色，

但还是不能遍览全部盛况，又怎么能足以谈论王都外面的大泽呢！'齐王说：'即使如此，还是请大略讲讲你的所见所闻吧！'

"我回答说：'是，是。我听说楚国有七个大泽，我曾经见过其中一个，没有见过其余的。我所见到的，大概只是其中特小的一个而已，名叫云梦。云梦，方圆九百里，那中间有山。那山盘回曲折，高耸险峻；山势险峻，参差不齐，日月或被完全遮蔽，或遮蔽一半；群山错落，重叠无序，直上青云；山坡倾斜连绵，下连江河。山上的土则有朱砂、石青、赭土、白垩、雌黄、白石英、锡矿、碧玉、金银，各种色彩炫烂耀眼，照耀灿烂似是龙鳞。山上的石则有赤玉、玫瑰宝石、琳、瑉、琨珸、瑊玏、玄厉、碝石、武夫。山以东则有蕙草花圃，生长有杜蘅、秋兰、白芷、杜若、射干、穹穷、菖蒲、江蓠、麋芜、甘蔗、芭蕉。山以南则有平原广泽，高低起伏，绵延不断，或低洼，或平坦，以大江为缘，以巫山为界。那里高峻干燥之处则生长着马蓝、形似燕麦的草，还有苞草、荔草、艾蒿、莎草和青薠。那里低湿之处则生长着藏、莨、蒹葭、东蔷、菰米、莲藕、菰芦、菴、䖤草，众多植物生长在那里，不能全部描绘出来。山以西则有涌动的泉眼清澈的池水，水波激荡，推移流动，水面上开放着荷花和菱花，水下隐匿着巨石和白沙。

曰：'虽然，略以子之所闻见而言之。'

"仆对曰：'唯唯。臣闻楚有七泽，尝见其一，未睹其余也。臣之所见，盖特其小小者耳，名曰云梦。云梦者，方九百里，其中有山焉。其山则盘纡茀郁，隆崇嵂崒；岑岩参差，日月蔽亏；交错纠纷，上干青云；罢池陂陁，下属江河。其土则丹青赭垩，雌黄白坿，锡碧金银，众色炫耀，照烂龙鳞。其石则赤玉玫瑰，琳瑉琨珸，瑊玏玄厉，碝石武夫。其东则有蕙圃衡兰，芷若射干，穹穷昌蒲，江蓠麋芜，诸蔗猼且。其南则有平原广泽，登降陁靡，案衍坛曼，缘以大江，限以巫山。其高燥则生葳薪苞荔，薛莎青薠。其卑湿则生藏莨蒹葭，东蔷雕胡，莲藕菰芦，菴闾轩芋，众物居之，不可胜图。其西则有涌泉清池，激水推移，外发芙蓉菱华，内隐巨石白沙。其中则有神龟蛟鼍，玳瑁鳖鼋。其北则有阴林巨树，楩楠豫章，桂椒木兰，檗离朱杨，樝梨梬栗，橘柚芬芳。其上则有赤猿蠷蝚，鹓鶵孔鸾，腾远射干。其下则有白虎玄豹，蟃蜒䝙犴，兕象野犀，穷奇獌狿。

"'于是乃使专诸之伦，手格此兽。楚王乃驾驯駮之驷，乘雕玉之舆，靡鱼须之桡旃，曳明月之珠旗，建干将之雄戟，左乌嗥之雕弓，右夏服之劲箭；阳子骖乘，纤阿为御；案节未舒，即陵狡兽，轥邛邛，蹴距虚，轶野马而辚騊駼，乘遗风而射游骐；倏眒凄浰，雷动熛至，星流霆击，弓不虚发，中必决眦，洞胸达腋，绝乎心系，获若雨兽，掩草蔽地。于是楚王乃弭节裴回，翱翔容与，览乎阴林，观壮士之暴怒，与猛兽之恐惧，徼㕙受诎，殚睹众物之变态。

那水中有神龟、蛟鼍、猪婆龙、玳瑁、鳖、鼋。山以北则有阴密的森林和巨大的树木，黄梗木、楠木、樟木、桂树、椒树、木兰、黄蘗树、山梨树、柽柳、山楂树、梨树、黑枣树、板栗树，还有芬芳的橘树和柚树。那树上则有赤猿、猕猴、鹓鶵、孔雀、凤鸾、腾远、射干。那树下则有白虎、黑豹、蟃蜒、䝙犴、兕象、野犀牛、穷奇、獌狿。

"'于是就派专诸之类的勇士，徒手格杀这些野兽。楚王就驾驭被驯服的杂交宝马，乘坐雕饰有美玉的车驾，挥动着用海鱼须装饰过的曲柄旒旌，摇曳着点缀有明月珍珠的旗帜，高举着干将铸造的三刃戟，左手拿着雕有花纹的乌嗥名弓，右手拿着夏羿箭囊中的强劲之箭：阳子伯乐在右边陪乘，纤阿驾驭着马车；车马缓慢前行，尚未驰骋，就已踏倒了狡猾的猛兽。车轮辗轧邛邛，贱踏距虚，冲击野马，用车轴头撞死騊駼，乘遗风千里马，射杀游荡的青骐；楚王车架迅疾异常，有如惊雷滚动，狂风袭来，似流星飞坠，如雷霆出击，弓不虚发，射中必定射裂禽兽的眼眶，或贯穿胸膛，直插腋下，使连着心脏的血管断裂。猎获的野兽多如雨下，掩盖了野草，遮蔽了大地。于是楚王才按辔徘徊，从容自得，观览阴山的森林，观赏壮士的暴怒和猛兽的恐惧，截获那些疲惫力竭的野兽，遍观各种动物变换的姿态。

"'于是郑国美女、艳丽姬妾，披着细软缯布制成的上衣，拖着麻布素绢做成的长裙，装点着纤细的罗绮，轻盈低垂着薄雾般的柔纱；裙幅褶皱重叠，线条婉曲多姿，纹理深曲好似溪谷；身穿修长的衣服，扬起裙摆，裙缘整齐美观，衣带飘扬，垂髻如燕；扶靠车舆，体态婀娜，走路时衣裙张起，发出噏呷萃蔡的响声，飘动的裙带下摩着兰花蕙草，上拂着饰有羽毛的车盖，发上杂缀着翡翠羽毛作为装饰，领下缠绕着美玉装饰的帽缨；缥缈忽忽，宛若神仙的样子。

"'于是楚王就与众多美女一起在蕙圃打猎，众人缓步而行，走上金堤，用网捕捉翡翠鸟，射杀鹨鸡，射出丝线小箭，拖着细丝缴线，射中白鹄，连着驾鹅，鸧鸹双双落下，黑鹤也中箭坠地。打猎倦怠之后，拨动游船，泛舟清池之上；划着画有鹢鸟的彩船，扬起桂木的船桨，张挂翠幔，撑起饰有羽毛的华盖，网捕玳瑁，钓取紫贝；敲打金鼓，吹起排箫，船夫高歌，声音悲嘶，水中虫鱼惊骇，洪波翻腾，泉水涌起，浪涛汇集，众石相击，硠硠礚礚，如若雷霆之声，声传几百里之外。

"'将要停止打猎的时候，敲响灵鼓，燃起烽火，车辆排列前行，骑兵归队，队伍接连不断，整整齐齐，成群而行。于是楚王就登上阳云之台，淡泊无为，清静自

"'于是郑女曼姬，被阿锡，揄纻缟，杂纤罗，垂雾縠；襞积褰绉，纤徐委曲，郁桡溪谷；衯衯裶裶，扬袘恤削，蜚纤垂髾；扶与猗靡，噏呷萃蔡，下摩兰蕙，上拂羽盖，错翡翠之威蕤，缪绕玉绥；缥乎忽忽，若神仙之仿佛。

"'于是乃相与獠于蕙圃，媻珊勃窣上金堤，掩翡翠，射鵕鸃，微矰出，纤缴施，弋白鹄，连驾鹅，双鸧下，玄鹤加。怠而后发，游于清池；浮文鹢，扬桂枻，张翠帷，建羽盖，罔玳瑁，钓紫贝；摐金鼓，吹鸣籁，榜人歌，声流喝，水虫骇，波鸿沸，涌泉起，奔扬会，礧石相击，硠硠礚礚，若雷霆之声，闻乎数百里之外。

"'将息獠者，击灵鼓，起烽燧，车案行，骑就队，纚乎淫淫，班乎裔裔。于是楚王乃登阳云之台，泊乎无为，澹

乎自持，勺药之和具而后御之。不若大王终日驰骋而不下舆，脟割轮淬，自以为娱。臣窃观之，齐殆不如。’于是王默然无以应仆也。”

乌有先生曰："是何言之过也！足下不远千里，来况齐国，王悉发境内之士，而备车骑之众，以出田，乃欲戮力致获，以娱左右也，何名为夸哉！问楚地之有无者，愿闻大国之风烈，先生之余论也。今足下不称楚王之德厚，而盛推云梦以为高，奢言淫乐而显侈靡，窃为足下不取也。必若所言，固非楚国之美也。有而言之，是章君之恶；无而言之，是害足下之信。章君之恶而伤私义，二者无一可，而先生行之，必且轻于齐而累于楚矣。且齐东陼巨海，南有琅邪，观乎成山，射乎之罘，浮勃澥，游孟诸，邪与肃慎为邻，右以汤谷为界，秋田乎青丘，傍偟乎海外，吞若云梦者八九，其于胸中曾不蒂芥。若乃倜傥瑰伟，异方殊类，珍怪鸟兽，万端鳞萃，充仞其中者，不可胜记，禹不能

持，待用勺药调和的食物备齐之后进献给楚王品尝。不像大王您终日驰骋不下车舆，切割鲜肉在轮间烤炙来吃，自以为乐。我私下考察，齐王您恐怕不如楚王。’于是齐王默然，没有什么可以用来应答我。"

乌有先生说："这话怎么说得如此过分呢！足下不远千里来访问齐国，齐王征发境内全部的士兵，准备了众多的车马，与你外出游猎，是想勠力同心猎获野兽，以使您感到快乐，怎能说是夸耀呢！询问楚国有没有大的游猎之地，是希望听到大国的美好教化和功业以及先生的高论。如今足下不称颂楚王的恩德深厚，却盛论云梦泽之事以故作高论，奢谈淫乐之事而彰显侈靡之风，我私下认为足下不该这样做。如果真如足下所言，那本来就不是楚国的美事。如果的确有这样的事，那就是在彰显国君的丑恶行径；如果没有这样的事您却说出来，就是在损害足下的信誉。彰显国君的丑恶和损害自己的信誉，二者没有一个是可取的，而先生这样做，必将被齐国所轻视而牵累楚国啊。况且齐国东临大海，南面有琅邪山，在成山观景，在之罘山狩猎，在渤海湾泛舟，在孟诸广泽游猎，东北与肃慎为邻，西面以汤谷为界，秋天到青丘打猎，在海外自由漫步，吞下像云梦一样的八九个大泽，他胸中也丝毫没有梗塞之感。至于那些超凡卓异之物，异域

奇类，珍鸟怪兽，万物聚集好似鱼鳞荟萃，充溢在其中，不可胜记，大禹也不能说出它的名字，契也不能计算它的数目。然而齐王身居诸侯之位，不敢轻言游戏之乐，苑囿之大；先生又是被以贵宾之礼相待的客人，所以齐王推辞而未作答复，又怎能说他是无言以对呢！"

名，契不能计。然在诸侯之位，不敢言游戏之乐，苑囿之大；先生又见客，是以王辞而不复，何为无用应哉！"

无是公从容地笑说："楚国有过失，齐国也并未从中得到什么教训。天子让诸侯纳贡，并非为了财物，而是为了让他们述职；封疆划界，并非为了防守抵御，而是为了禁止僭越的行为。如今齐国列为东方藩国，却向外私交肃慎，离弃封国，越出国界，漂洋过海，到青邱去狩猎，这在礼义上来说是不允许的。况且二位先生的言论，不致力于阐明君臣之义并匡正诸侯之礼，而只是争论游猎的快乐，苑囿的广大，想以奢侈争胜负，以荒淫争高低，这样做不可以使国君扬名，提高声誉，而恰恰足以贬低君王的名声和损害自己的信誉啊。

无是公听然而笑曰："楚则失矣，齐亦未为得也。夫使诸侯纳贡者，非为财币，所以述职也；封疆画界者，非为守御，所以禁淫也。今齐列为东藩，而外私肃慎，捐国逾限，越海而田，其于义故未可也。且二君之论，不务明君臣之义而正诸侯之礼，徒事争游猎之乐，苑囿之大，欲以奢侈相胜，荒淫相越，此不可以扬名发誉，而适足以贬君自损也。

"况且齐楚之事又哪里值得称道呢！你们没有看到那宏大壮丽的场面，难道没有听说过天子的上林苑吗？左有苍梧，右有西极，丹水流经它的南方，紫渊流经它的北方；霸水和浐水始终流淌于其中，泾水和渭水径流出入，酆水、鄗水、潦水、潏水，曲折宛转，在上林苑中回环盘旋。浩浩荡荡，八川分流，流经相背，姿态各异。

"且夫齐楚之事又焉足道邪！君未睹夫巨丽也，独不闻天子之上林乎？左苍梧，右西极，丹水更其南，紫渊径其北；终始霸浐，出入泾、渭；酆、鄗、潦、潏，纡余委蛇，经营乎其内。荡荡兮八川分流，相背而异态。东西南北，驰骛往来，出乎椒丘之阙，行乎洲淤之浦，径乎桂林之中，过乎泱莽之野。汩乎浑流，顺阿而下，赴隘陕之口。触穹石，激堆埼，沸乎暴怒，汹涌滂湃，泮浮滵汩，漏测泌涄，横流逆折，转腾潎洌，澎濞沆瀣，穹隆云挠，蜿灗胶戾，逾波趋浥，涖涖下濑，批岩冲壅，奔扬滞沛，临坻注壑，瀺灂霣坠，湛湛隐隐，砰磅訇礚，滈滈濎濎，浩溔鼎沸，驰波跳沫，汩㵸漂疾，悠远长怀，寂漻无声，肆乎永归。然后灏溔潢漾，安翔徐佪，翯乎滈滈，东注大湖，衍溢陂池。于是乎蛟龙赤螭，鮔鳣蜥离，鰅鳙鰬魠，禺禺鱮鲖，捷鳍擢尾，振鳞奋翼，潜处于深岩；鱼鳖欢声，万物众夥，明月珠子，玓瓑江靡，蜀石黄碝，水玉磊砢，磷磷烂烂，采色澔旰，丛积乎其中。鸿鹄鹔鸨，驾鹅鹥鸧，鸨鹍鸀目，烦鹜鹴鹕，鵁鸬鸥鸹，群浮乎其上。氾淫泛滥，随风澹淡，与波摇荡，掩薄草渚，唼喋菁藻，咀嚼菱藕。

东西南北，驰骛往来，在椒丘的岩阙处流出，流经砂石堆积的小洲，穿过桂林之中，流过广袤无垠的原野。水势迅疾盛大，顺着高丘奔腾而下，奔赴狭隘的山口。撞击巨石，激荡着曲岸高阜，水流涌起，暴怒异常，汹涌澎湃，水势盛大，水流迅疾，浪花激荡，汩汩作响，横流逆回，转折奔腾，潎洌作响，徐流不平之处，轰鸣作响，浪花回旋，卷曲如云，蜿蜒萦绕，后浪推击着前浪，流向深渊，下达滩涂，拍击崖堤，奔腾飞扬，迅疾涌流，临近小洲，注入沟壑，水势渐缓，水声渐细，有时潭深水大，水流激荡，砰然震响，如鼎中热水沸腾，水波急驰，泛起层层白沫，狂舞不止，有时水流迅猛急转，悠远长怀，寂寥无声，安然永归。然后无边无际的大水，回旋缓流，波光闪闪，奔向东方，注入大湖，溢满附近的池塘。于是，蛟龙、赤螭、鮔鳣、蜥离、鰅、鳙、鰬、魠，禺禺鱮鲖，扬鳍摇尾，振鳞奋翅，潜处于深渊岩谷之中；鱼鳖欢声，万物众多，明月珍珠，闪烁江畔，蜀石、黄碝、水玉，层层堆积，粼粼灿烂，光彩炫目，聚集水中。鸿鹄、鹔鸨、野鹅、鹥鸧、鸨鹍、鸀目、烦鹜、鹴鹕、鵁鸬鸥鸹，成群结队浮游于水上。任凭河水泛滥横流，鸟儿随风漂流，与水波上下摇荡，有时隐蔽在长着水草的沙洲上，口衔菁、藻，唼喋作响，咀嚼着菱、藕。

"于是高山挺拔耸立，巍峨高峻，林深树大，山岩险峻，高低不齐，九嵏山、巀嶭山、南山巍峨高耸、山岩奇险倾斜，状如甑锜，陡峭崎岖，水流贯穿溪谷，溪水曲折，流入沟渎，溪谷幽深，丘陵孤山，高高挺立，自成岛屿，山势起伏，忽高忽低，连绵不断，山坡倾斜，渐趋平坦，溪水缓缓流淌，四散于平坦的原野，一望千里，无处不被捣筑开拓。那里覆盖着绿蕙，覆盖着江蓠，糅以蘪芜，夹杂着流夷。结缕遍布，绿莎丛生，揭车、杜蘅、兰草、稿本、射干，茈姜、蘘荷，葴、橙、杜若、荪草、鲜枝、黄砾、蒋、芧、青薠，遍布大泽，蔓延在广大的原野之上，花草连绵不绝，广布繁衍，随风披靡，吐露芬芳，散发浓烈香味，郁郁菲菲，众香发越，沁人心脾，更使花香馥郁浓烈。

"于是观览四周，广泛欣赏，睁大眼睛观望也分辨不清，只见茫茫一片，恍恍惚惚，放眼望去，没有边际，仔细观察，广阔无涯。日出于东方池沼，落于西方陂池。它的南面在隆冬时依然草木生长，河水翻涌奔腾；野兽则有犤、旄、貘、犛，沈牛、麈、麋，赤首、圜题，穷奇、象、犀牛。它的北面在盛夏时也天寒地冻，撩起衣裳就可涉冰过河；野兽则有麒麟、角䚡、駼駥、橐驼，蛩蛩、驙騠，駃騠、驴、骡。

"于是离宫别馆，弥漫高山，横跨溪

"于是乎崇山岧岦，崔巍嵯峨，深林巨木，崭岩嵾嵯，九嵏、巀嶭，南山峨峨，岩陁甗锜，嶊崣崛崎，振溪通谷，蹇产沟渎，谽呀豁閜，阜陵别岛，崴磈嵔瘣，丘虚堀礨，隐辚郁𡾋，登降施靡，陂池貏豸，沈溶淫鬻，散涣夷陆，亭皋千里，靡不被筑。掩以绿蕙，被以江蓠，糅以蘪芜，杂以流夷。尃结缕，攒戾莎，揭车衡兰，稁本射干，茈姜蘘荷，葴橙若荪，鲜枝黄砾，蒋芧青薠，布濩闳泽，延曼太原，丽靡广衍，应风披靡，吐芳扬烈，郁郁斐斐，众香发越，肸蚃布写，晻薆咇勃。

"于是乎周览泛观，瞋盼轧沕，芒芒恍忽，视之无端，察之无崖。日出东沼，入于西陂。其南则隆冬生长，踊水跃波；兽则墉旄貘犛，沉牛麈麋，赤首圜题，穷奇象犀。其北则盛夏含冻裂地，涉冰揭河；兽则麒麟角䚡，駒駥橐驼，蛩蛩驙騠，駃騠驴骡。

"于是乎离宫别馆，弥山

跨谷，高廊四注，重坐曲阁，华榱璧珰，辇道纚属，步檑周流，长途中宿。夷嶏筑堂，累台增成，岩突洞房，俯杳眇而无见，仰攀橑而扪天，奔星更于闺闼，宛虹拖于楯轩。青虬蚴蟉于东箱，象舆婉蝉于西清，灵圄燕于闲观，偓佺之伦暴于南荣，醴泉涌于清室，通川过乎中庭。槃石裖崖，嶔岩倚倾，嵯峨礴磼，刻削峥嵘，玫瑰碧琳，珊瑚丛生，珉玉旁唐，玢豳文鳞，赤瑕驳荦，杂臿其间，垂绥琬琰，和氏出焉。

"于是乎卢橘夏孰，黄甘橙楱，枇杷橪柿，楟柰厚朴，梬枣杨梅，樱桃蒲陶，隐夫郁棣，榙㯷荔枝，罗乎后宫，列乎北园。贴丘陵，下平原，扬翠叶，杌紫茎，发红华，秀朱荣，煌煌扈扈，照曜钜野。沙棠栎槠，华氾檘栌，留落胥余，仁频并间，欃檀木兰，豫章女贞，长千仞，大连抱，夸条直畅，实叶葰茂，攒立丛倚，连卷累佹，

谷，高大的廊屋四周相连，双重的楼房阁道曲折相连，屋椽绘有花纹，瓦珰饰有碧玉，辇道相连不断，在长廊上周游，路途长远需中途停宿。削平高山，构筑殿堂，修建层层台榭，山岩底下是幽深的室屋，俯视而下，遥远而无所见，仰视天空，攀住屋椽可以触摸苍穹，流星划过宫中小门，弯曲的彩虹横挂于小窗栏杆之上。青虬蜿蜒于东厢，大象所驾车舆行驶于清净的西厢，灵圄众仙闲居于清闲馆舍，偓佺仙人在南檐下沐浴阳光，甘甜的泉水自净室涌出，涌动的河水流经中庭。河岸用巨石修砌，高深险峻，陡峭倾斜，山岩巍峨高耸，峥嵘奇特，似经工人刻削而成，玫瑰、碧琳、珊瑚丛生，珉玉旁大，玉石花纹有如鱼鳞，赤玉斑驳，纹采交错，杂插它们之间，垂绥、琬琰、和氏美玉都出自这里。

"于是卢橘在夏季成熟，黄柑、橙、楱、枇杷、橪、柿、楟、柰、厚朴、黑枣、杨梅、樱桃、葡萄、隐夫、郁李、棠棣、榙㯷、荔枝，罗列生长于后宫，排列种植于北园。延至丘陵，下及平原，扬起翠绿的枝叶，摇晃紫色的干茎，盛开着的红花，秀出朱荣，光彩繁盛，照耀广阔的原野。沙棠、栎、槠、桦、枫、银杏、黄栌、石榴、椰树、槟榔、棕榈、檀木、木兰、樟树、冬青，树高千仞，粗大的树干需几人合抱，低垂的枝条畅达舒展，果实和叶子硕大茂盛，有的聚集而立，

有的丛生相倚，树枝相连蜷曲，相互重叠，繁茂交错，高举横出，相依相扶，枝条下垂，四处伸展，落花飞扬，枝干繁茂高大，随风摇荡，婀娜多姿，风吹草木，凄清作响，如金石之声，似管籥之音。树木参差不齐，环绕后宫，众多草木，重重聚集，覆盖山野，沿着溪谷生长，顺坡而下直达低湿之处，放眼望去，无边无际，仔细探究，无穷无尽。

"于是乎黑猿和白色的雌猴，蜼貜、蛫鼠，蛭、蜩、蠷蟉，蜥胡、穀、蜎，都栖息于林间；长啸哀鸣，上下跳跃，交相往来，悬挂枝头，蹲卧树梢。它们在那里跨越无桥的水涧，穿越奇异的丛林，摇曳着下垂的枝条，或四散奔走，或杂乱相聚，烂漫于荒野，迁徙去远方。

"像这样的地方有千百处之多。可供嬉戏游乐往来，住宿的离宫，休憩的别馆，庖厨不用迁徙，后宫妃嫔不必移居，文武百官一应齐备。

"于是自秋至冬，天子校猎。乘坐象牙镂饰的车驾，驾着六条白玉雕饰的虬龙，拖着霓彩旌旗，挥舞着云旗，前面有蒙着兽皮的车驾开路，后面有导游之车护行；孙叔执辔驾车，卫公在右边陪乘，扈从横行，活动于四校之中。在森严的卤簿仪卫中敲起鼓来，捕猎者纵情出击，以江河为围栅，以泰山为望楼，车骑飞奔，隐天动地，猎手们四散开来，分别追逐自己的目

崔错癹骫，阬衡閜砢，垂条扶於，落英幡纚，纷容萧参，旖旎从风，浏莅芔吸，盖象金石之声，管籥之音。柴池茈虒，旋环后宫，杂遝累辑，被山缘谷，循坂下隰，视之无端，究之无穷。

"于是玄猿素雌，蜼貜飞鸓，蛭蜩蠷蟉，蜥胡穀蜎，栖息乎其间；长啸哀鸣，翩幡互经，夭蟜枝格，偃蹇杪颠。于是乎逾绝梁，腾殊榛，捷垂条，踔稀间，牢落陆离，烂曼远迁。

"若此辈者，数千百处。嬉游往来，宫宿馆舍，庖厨不徙，后宫不移，百官备具。

"于是乎背秋涉冬，天子校猎。乘镂象，六玉虬，拖霓旌，靡云旗，前皮轩，后道游；孙叔奉辔，卫公骖乘，扈从横行，出乎四校之中。鼓严簿，纵獠者，江河为阹，泰山为橹，车骑雷起，隐天动地，先后陆离，离散别追，淫淫裔裔，缘陵流泽，云布雨施。

"生貔豹，搏豺狼，手熊
罴，足野羊，蒙鹖苏，绔白虎，
被豳文，跨野马。陵三嵏之危，
下碛历之坻；径陵赴险，越壑
厉水。推蜚廉，弄解豸，格瑕蛤，
铤猛氏，胃騕裹，射封豕。箭
不苟害，解脰陷脑；弓不虚发，
应声而倒。于是乎乘舆弥节裴
回，翱翔往来，睨部曲之进退，
览将率之变态。然后浸潭促节，
倏夐远去，流离轻禽，蹴履狡
兽，辖白鹿，捷狡兔，轶赤电，
遗光耀，追怪物，出宇宙，弯
繁弱，满白羽，射游枭，栎蜚虡，
择肉后发，先中命处，弦矢分，
艺殪仆。

"然后扬节而上浮，陵惊
风，历骇飙，乘虚无，与神俱，
辚玄鹤，乱昆鸡，道孔鸾，促
鵔鸃，拂鹥鸟，捎凤皇，捷鸳雏，
掩焦明。

"道尽涂殚，回车而还。
招摇乎襄羊，降集乎北纮，率

标，他们沿着山岭，顺着大泽，如云雾密
布，骤雨倾注。

"生擒貔豹，搏击豺狼，徒手格杀熊罴，
脚踏野羊，猎者头戴鹖尾装饰的帽子，下
身穿绘有白虎图案的裤子，身披斑纹兽皮，
跨上野马。登上危耸的三成之山，走下崎
岖陡坡；直奔险峰，奔赴险境，越过沟壑，
渡过河水。排击蜚廉，捉弄獬豸，格杀瑕
蛤，刺杀猛氏，牵绊騕裹，射杀大猪。箭
不随意苟害，只要射出必中要害，射裂脖颈，
穿透大脑；弓不虚发，应声而倒。于是天
子乘着车驾，缓慢徘徊，自由遨游，斜视
着队伍的进退，观览着将帅们应变的神态。
然后，车驾渐渐加快，转瞬远去，用网捕
捉轻捷的飞禽，用脚践踏那狡猾的野兽，
用车轴冲杀白鹿，迅捷地捕获狡兔，速度
之快，超越赤色的闪电，把电光抛在身后，
追逐怪兽，超出宇宙，拉开繁弱良弓，张
满白羽之箭，射击游枭和蜚虡，选中肉肥
者发箭，命中之处正是先前所言，弓箭分
离，猎物中箭倒地。

"然后扬起旌节车架上浮，驾御疾风，
越过狂飙，乘虚无之气，与神灵一道，践
踏玄鹤，冲乱昆鸡，近前追捕孔雀和凤鸾，
捉取骏鸃，拂击鹥鸟，用竿击打凤凰，捕
获鸳雏、焦明。

"道尽途穷，才回车而还。逍遥徜徉，
降落在上林苑的极北之地，率然前行，忽

然间返回帝乡。踏上石关，经过封峦，路过鸤鹊，远望露寒，下抵棠梨宫，在宜春宫休息，向西驰至宣曲宫，在牛首池中划起饰有鹢鸟的船只，登上龙台观，掩映于细柳观中休息，观察勇士们的辛勤收获，平分猎手们捕获的猎物。至于步卒及车驾践踏碾轧死的，乘骑所踏死的，众人所踩死的，以及走投无路、疲惫不堪、惊惧匍匐、未遭刀伤就死去的野兽，尸横遍野，杂乱交错，填满坑谷，覆盖平原，弥漫大泽。

　　"于是游乐嬉戏，倦怠松懈下来，置酒于昊天之台，在寥廓空旷的屋宇演奏音乐；撞击千石大钟；竖起万石钟架；举起翠羽为饰的大旗，竖起灵鼍皮所制大鼓。奏起陶唐氏的舞乐，聆听葛天氏的歌曲，千人唱，万人和，山陵为之震动，山川沟谷为之荡起波漾。《巴俞》之舞，宋蔡之音，淮南的《于遮》，文成和颠地的民歌，众乐高举，轮番演奏，金鼓之声迭起，铿锵铛磬，惊心震耳。荆、吴、郑、卫之声，《韶》《濩》《武》《象》之乐，淫靡放纵之音，鄢郢之地舞姿缤纷，《激楚》之音高亢激越，俳优侏儒的表演，狄鞮的倡者，之所以能使耳目欢娱，内心快乐，是因为前有美妙动听的音乐，后有皮肤细嫩润泽的美人。

　　"像那仙女青琴、宓妃之类的美女，超凡脱俗，绝世无双，娴静高雅，粉黛妆饰，

乎直指，闉乎反乡。蹶石关，历封峦，过鸤鹊，望露寒，下棠梨，息宜春，西驰宣曲，濯鹢牛首，登龙台，掩细柳，观士大夫之勤略，钧猎者之所得获。徒车之所辚轹，乘骑之所蹂若，人民之所蹈躔，与其穷极倦䚊，惊惮慑伏，不被创刃而死者，佗佗籍籍，填坑满谷，掩平弥泽。

　　"于是乎游戏懈怠，置酒乎昊天之台，张乐乎镠辐之宇；撞千石之钟，立万石之钜；建翠华之旗，树灵鼍之鼓。奏陶唐氏之舞，听葛天氏之歌，千人唱，万人和，山陵为之震动，川谷为之荡波。《巴俞》宋蔡，淮南《于遮》，文成颠歌，族举递奏，金鼓迭起，铿铃铛磬，洞心骇耳。荆吴郑卫之声，《韶》《濩》《武》《象》之乐，阴淫案衍之音，鄢郢缤纷，《激楚》结风，俳优侏儒，狄鞮之倡，所以娱耳目而乐心意者，丽靡烂漫于前，靡曼美色于后。

　　"若夫青琴宓妃之徒，绝殊离俗，姣冶娴都，靓庄刻饬，

便嬛绰约，柔桡嬛嬛，斌媚姌
嫋，抴独茧之褕袘，眇阎易以
戌削，媥姺微徦，与世殊服；
芬香沤郁，酷烈淑郁；皓齿粲
烂，宜笑旳皪；长眉连娟，微
睇绵藐；色授魂与，心愉于侧。

"于是酒中乐酣，天子芒
然而思，似若有亡。曰：'嗟
乎，此泰奢侈！朕以览听余闲，
无事弃日，顺天道以杀伐，时
休息于此，恐后世靡丽，遂往
而不反，非所以为继嗣创业垂
统也。'于是乃解酒罢猎，而
命有司曰：'地可以垦辟，悉
为农郊，以赡萌隶；隤墙填堑，
使山泽之民得至焉。实陂池而
勿禁，虚宫观而勿仞。发仓廪
以振贫穷，补不足，恤鳏寡，
存孤独。出德号，省刑罚，改
制度，易服色，更正朔，与天
下为始。'

"于是历吉日以齐戒，袭
朝衣，乘法驾，建华旗，鸣玉鸾，
游乎六艺之囿，骛乎仁义之涂，
览观《春秋》之林，射《狸首》，
兼《驺虞》，弋玄鹤，建干戚，

刻画鬓发，身姿清丽绰约，婀娜柔美，妩
媚纤细，身穿独茧所制的罩衣，拖着衣袖，
长长的衣衫，整齐漂亮，婆娑飘舞，与世
人迥异；散发着浓郁的芳香，酷烈馥郁，
皓齿鲜亮，微露含笑，光洁动人；眉毛弯
曲修长，微微顾盼，眼神娇美；美色诱人，
心魂荡漾，欢心快乐地侍立于君王的一侧。

"于是酒宴过半，舞乐正酣之时，天
子茫然沉思，若有所失。说道：'唉，这
样太奢侈了！我在理政闲暇时，无事而虚
掷光阴，顺应天道，外出杀伐野兽，时常
在此休息，担心后世子孙奢侈淫靡，循此
而行，无法回头，这并非所谓的能继承帝位、
创立功业、流传后世的行为。'于是撤走
酒宴，不再游猎，而命令主管官员说：'凡
是可以垦辟的土地，全都改为农田，以供
养百姓属吏；推倒围墙，填平沟壑，让山
泽中的百姓来此谋生。陂池中满是捕捞者
也不加禁止，离宫别馆不再让人居住。打
开粮仓，赈济贫穷百姓，补助不足，抚恤
鳏寡，周济孤儿和老人。发布实施恩德的
号令，减轻刑罚，改革制度，更换服色，
变更历法，与全天下重新开始。'

"于是选择吉日来斋戒，穿上朝服，
乘坐天子的法驾，高举翠华旌旗，鸣响玉
饰鸾铃，游观于六艺之囿，奔驰于仁义的
大道上，观览《春秋》之林，射礼上高奏
《狸首》，连带《驺虞》乐章，射取玄鹤，

举起盾牌和战斧，车载旌旗，掩捕群《雅》，悲叹《伐檀》，为君子乐胥而快乐，在《礼》园中修整仪容，在《书》圃中翱翔，阐述《易经》之道，放走珍奇异兽，登上明堂，端坐于清庙之中，遍命群臣，尽奏朝政得失，四海之内，无不获得恩惠。当此之时，天下非常高兴，向着风教，听从政令，随着潮流，受到教化，恩德勃然复兴，归于仁义，刑罚废置不用，德政盛于三皇，功绩盖过五帝。如果是这样，游猎才是可喜之事。

"如果终日暴露身躯驰骋游猎，则劳神苦形，废弃车马的功用，损耗士兵的精力，耗费府库的资财，而没有宽德仁厚之恩，只顾自己独自享乐，不顾黎民百姓，忘却国家大政，而贪图野鸡野兔的猎获，这不是仁者所为。由此来看，齐楚之事，岂不是很悲哀吗？齐、楚两国土地不过方圆千里，而苑囿却占九百里，如果是这样，草木之野不能开垦为农田，而百姓没有粮食可吃。以诸侯的弱小，去享受万乘之君的奢侈，我担心百姓要遭受祸患。"

于是子虚、乌有二位先生愀然变色，怅然若失，退身离席说："鄙人本就见识浅陋，不知顾忌，今天才受到指教，谨遵教诲。"

赋成之后进献给天子，天子任命他为郎官。无是公所说天子上林苑的广大，山

载云罕，掩群《雅》，悲《伐檀》，乐乐胥，修容乎《礼》园，翱翔乎《书》圃，述《易》道，放怪兽，登明堂，坐清庙，恣群臣，奏得失，四海之内，靡不受获。于斯之时，天下大说，向风而听，随流而化，喟然兴道而迁义，刑错而不用，德隆乎三皇，功美于五帝。若此，故猎乃可喜也。

"若夫终日暴露驰骋，劳神苦形，罢车马之用，抏士卒之精，费府库之财，而无德厚之恩，务在独乐，不顾众庶，忘国家之政，而贪雉兔之获，则仁者不由也。从此观之，齐楚之事，岂不哀哉！地方不过千里，而囿居九百，是草木不得垦辟，而民无所食也。夫以诸侯之细，而乐万乘之所侈，仆恐百姓之被其尤也。"

于是二子愀然改容，超若自失，逡巡避席曰："鄙人固陋，不知忌讳，乃今日见教，谨闻命矣。"

赋奏，天子以为郎。无是公言天子上林广大，山谷水泉

万物，及子虚言楚云梦所有甚众，侈靡过其实，且非义理所尚，故删取其要，归正道而论之。

相如为郎数岁，会唐蒙使略通夜郎西僰中，发巴蜀吏卒千人，郡又多为发转漕万余人，用兴法诛其渠帅，巴蜀民大惊恐。上闻之，乃使相如责唐蒙等，因喻告巴蜀民以非上意。檄曰：

告巴蜀太守：蛮夷自擅不讨之日久矣，时侵犯边境，劳士大夫。陛下即位，存抚天下，辑安中国。然后兴师出兵，北征匈奴，单于怖骇，交臂受事，诎膝请和。康居西域，重译请朝，稽首来享。移师东指，闽越相诛。右吊番禺，太子入朝。南夷之君，西僰之长，常效贡职，不敢怠堕，延颈举踵，喁喁然皆争归义，欲为臣妾，道里辽远，山川阻深，不能自致。夫不顺者已诛，而为善者未赏，故遣中郎将往宾之，发巴蜀士民各五百人，以奉币帛，卫使者不然，靡有兵

谷泉水，万物皆备，以及子虚所说楚国云梦泽所有之物很多，奢侈淫靡，言过其实，而且并非是义理所崇尚的，所以删改提取其中要点，归之于正道而加以评论。

司马相如担任郎官几年，适逢唐蒙奉命攻掠和开通夜郎及其西面的僰中，征发巴蜀吏兵一千人，西郡又多为他征发一万多名水陆转运物资人员，又用战时法令诛杀了大帅，巴蜀地区的百姓大为惊恐。皇上听说此事后，就派司马相如责备唐蒙，趁机晓谕巴、蜀百姓，此事并非皇上本意。檄文道：

告知巴蜀的太守：蛮夷擅自主张，不服朝廷，已经很久没有征讨他们了，他们时常侵犯边境，使士大夫蒙受劳苦。陛下即位，安抚天下，使中原安宁和睦。然后兴师出兵，北征匈奴，使单于恐惧震惊，拱手臣服，屈膝求和。康居和西域，辗转翻译，请求朝觐，叩头进献。然后挥师直指东方，闽越之君被诛杀。后大军到番禺，他们的太子入朝。南夷之君，西僰之长，常常效力朝廷，贡献赋税，不敢懈怠，伸长脖颈，踮起脚跟，人人都景仰争相归附仁义，愿做汉朝的臣子，只是道路遥远，山川阻隔，不能亲自向天子致意。那些不顺从的已经被诛灭，做好事的人却尚未被封赏，所以派中郎将前来以礼相待，使他

们臣服，征发巴蜀两个地区的士民各五百人，以供奉馈赠的礼物，护卫使者，以防不测，并没有战争之事，也没有打仗的祸患。如今听说中郎将竟然动用战时法令，使巴蜀子弟惊惧，使年长的人忧患，西郡又擅自为中郎将转运粮草，这些都并非陛下之意。被征发应当前行的人，有的逃亡，有的自相残杀，这也不是为人臣子的节操。

那些边境郡县的士兵，听说烽烟燃起的消息，都持弓驰马，扛起武器奔向战场，个个流汗不止，唯恐落后，身触利刃，冒着流矢，义无反顾，从没想过掉转脚跟，人人心怀怒气，如报私仇。他们难道乐意赴死而厌恶生存，不是编入户籍的百姓，便与巴蜀百姓不是同一君主吗？他们只是思虑深远，救国家于危难之时，而乐于尽人臣的义务罢了！所以才有剖符封赐，分圭受爵，位居列侯，住在上等的住宅，他们临终之后可将显贵的谥号流传后世，将土地传给子孙，他们行事非常忠诚严肃，身居官位也非常安逸，名声流传，无穷无尽，功业卓著，永不泯灭。因此贤人和君子，在中原肝脑涂地，血液润泽野草也在所不辞。如今只是承担供奉币帛的差役到南夷，就自相残杀，有的逃亡，有的被诛杀，使得身死无名，谥号称为"至愚"，耻辱牵连到父母，为天下人耻笑。人的气度和胸怀的差距，难道不是很远吗？然而这并非

革之事，战斗之患。今闻其乃发军兴制，惊惧子弟，忧患长老，郡又擅为转粟运输，皆非陛下之意也。当行者或亡逃自贼杀，亦非人臣之节也。

夫边郡之士，闻烽举燧燔，皆摄弓而驰，荷兵而走，流汗相属，唯恐居后，触白刃，冒流矢，义不反顾，计不旋踵，人怀怒心，如报私仇。彼岂乐死恶生，非编列之民，而与巴蜀异主哉？计深虑远，急国家之难，而乐尽人臣之道也。故有剖符之封，析珪而爵，位为通侯，居列东第，终则遗显号于后世，传土地于子孙，行事甚忠敬，居位甚安佚，名声施于无穷，功烈著而不灭。是以贤人君子，肝脑涂中原，膏液润野草而不辞也。今奉币役至南夷，即自贼杀，或亡逃抵诛，身死无名，谥为至愚，耻及父母，为天下笑。人之度量相越，岂不远哉！然此非独行者之罪也，父兄之教不先，子弟之率不谨

也；寡廉鲜耻，而俗不长厚也。其被刑戮，不亦宜乎！

陛下患使者有司之若彼，悼不肖愚民之如此，故遣信使晓喻百姓以发卒之事，因数之以不忠死亡之罪，让三老孝弟以不教诲之过。方今田时，重烦百姓，已亲见近县，恐远所溪谷山泽之民不遍闻，檄到，亟下县道，使咸知陛下之意，唯毋忽也。

相如还报。唐蒙已略通夜郎，因通西南夷道，发巴、蜀、广汉卒，作者数万人。治道二岁，道不成，士卒多物故，费以巨万计。蜀民及汉用事者多言其不便。是时邛筰之君长闻南夷与汉通，得赏赐多，多欲愿为内臣妾，请吏，比南夷。天子问相如，相如曰："邛、筰、冉、駹者近蜀，道亦易通，秦时尝通为郡县，至汉兴而罢。今诚复通，为置郡县，愈于南夷。"

是应征之人的罪过，父亲兄长没有提前教育，没有给子弟做出严谨的表率；百姓寡廉少耻，世风也就不淳厚了。他们被判刑杀戮，不也是应该的吗？

陛下担心使者和有关官员也像那样，又哀伤不成器的愚民也会如此，所以派信使把征发士兵的事向百姓解释清楚，趁机责备他们不能忠于朝廷，自相残杀，或死或逃之罪，斥责三老和孝弟没能很好地履行教诲职责的过失。如今正是耕种时节，再次烦扰百姓，已经亲自面告附近县城的百姓，担心偏远的溪谷山泽之中的百姓不能全部听闻皇上的心声，檄文一到，亟须下发到县道，使他们全都知晓陛下的心意，希望不要忽视。

司马相如回朝上报。唐蒙已经打通了夜郎，趁机打通西南夷得道路，征发巴蜀、广汉的士兵，筑路的有几万人。修道两年，道路没有修成，士兵多有死亡，耗资数以万计。蜀地百姓以及汉朝当政者大多认为这么做没有好处。这时邛、筰的君长听说南夷与汉朝交往，得到的赏赐很多，大多都想做汉朝的臣子，请求比照南夷，在那里设置官吏。天子询问相如，相如说："邛、筰、冉、駹地区邻近蜀郡，道路也容易打通，秦朝时曾在那里设置郡县，至汉朝建国才废罢。如今真要再次打通，设置为郡县，它的价值胜过南夷。"天子认为他说得对，就封司马相如为中郎将，让他持节前往出使。副使王然于、壶充国、吕越人乘坐四乘传车，通过巴蜀官吏和币帛财物去贿赂西夷。到达蜀郡，蜀郡太守以及属官都到郊外迎接相如，县令背负着弩箭在前面开路，蜀人都以此为荣。于是卓王孙、临邛诸公都通过门客向相如敬献牛肉和美酒与他交好。卓王孙喟然长叹，自以为把女儿嫁给司马长卿太晚，就分给女儿丰厚的财产，与儿子等同。司马长卿便平定了西夷，邛、笮、冉、駹、斯榆的君长都请求做汉朝的臣子。他们撤除旧有边关，使关口扩大，西到沫水和若水，南到牂柯江，作为边界，开通零关道，在孙水上架桥，来沟通邛都。相如回朝报告天子，天子非常高兴。

相如出使西南夷时，蜀郡年长的人大都说开通西南夷没用处，即使是大臣也认为是这样。相如想劝谏天子，但自己的建议已经提出，不敢进谏，于是写了文章，假借与蜀郡父老交谈的口吻写成文辞，而自己诘难对方，以此讽谏天子，暂且借此宣扬自己出使的意图，让百姓知道天子之意。他的文章写道：

汉朝建国已经七十八年了，恩德隆盛，已传六代，国势威武昌盛，皇德深广，泽被众生，传扬于方外。于是令使者西征，

天子以为然，乃拜相如为中郎将，建节往使。副使王然于、壶充国、吕越人驰四乘之传，因巴蜀吏币物以赂西夷。至蜀，蜀太守以下郊迎，县令负弩矢先驱，蜀人以为宠。于是卓王孙、临邛诸公皆因门下献牛酒以交欢。卓王孙喟然而叹，自以得使女尚司马长卿晚，而厚分与其女财，与男等同。司马长卿便略定西夷，邛、笮、冉、駹、斯榆之君皆请为内臣。除边关，关益斥，西至沫、若水，南至牂柯为徼，通零关道，桥孙水以通邛都。还报天子，天子大说。

相如使时，蜀长老多言通西南夷不为用，唯大臣亦以为然。相如欲谏，业已建之，不敢，乃著书，籍以蜀父老为辞，而己诘难之，以风天子，且因宣其使指，令百姓知天子之意。其辞曰：

汉兴七十有八载，德茂存乎六世，威武纷纭，湛恩汪涉，群生澍濡，洋溢乎方外。

于是乃命使西征，随流而攘，风之所被，罔不披靡。因朝冄从駹，定筰存邛，略斯榆，举苞满，结轶还辕，东乡将报，至于蜀都。

耆老大夫荐绅先生之徒二十有七人，俨然造焉。辞毕，因进曰："盖闻天子之于夷狄也，其义羁縻勿绝而已。今罢三郡之士，通夜郎之涂，三年于兹，而功不竟，士卒劳倦，万民不赡，今又接以西夷，百姓力屈，恐不能卒业，此亦使者之累也，窃为左右患之。且夫邛、筰、西僰之与中国并也，历年兹多，不可记已。仁者不以德来，强者不以力并，意者其殆不可乎！今割齐民以附夷狄，弊所恃以事无用，鄙人固陋，不识所谓。"

使者曰："乌谓此邪？必若所云，则是蜀不变服而巴不化俗也。余尚恶闻若说？然斯事体大，固非观者之所觏也。余之行急，其详不可得闻已，请为大夫粗陈其略。

阻挡者顺应潮流而退，教化之风所到之处，无不望风披靡。因而使冄夷朝拜，駹夷服从，平定筰都，保存邛都，攻略斯榆，拿下苞满，车马络绎不绝地返回，一路向东，将要去禀报天子，到达蜀郡成都。

耆老、大夫、荐绅、先生等二十七人，严肃庄重地前来造访。寒暄完毕，他们趁机进言道："大概听说天子对于夷狄之人，意图只是牵制他们不使关系断绝而已。如今却使三郡士兵疲敝不堪，打通到夜郎的路，到今天三年，通道却还尚未完成，士兵劳累疲倦，万民生活很不富足，如今又接着开通西夷，百姓力竭，恐怕不能完成此项功业，这也是使者的负担了，我私下为您担忧。况且那邛、筰、西僰与中原并立，已历经多少年，记都记不清了。仁者不能用仁德使他们前来依附，强者不能用武力来吞并他们，想来这种做法是行不通的吧！如今却分割编户齐民的财物使夷狄获益，使汉朝所依赖的百姓疲惫，而去供奉那些无用的夷狄，鄙人见识浅陋，不知所言是否正确。"

使者说："怎能说这种话呢？若真如你所说，那么就是蜀郡的人不变换服饰而巴郡的人不变化风俗了。我时常讨厌听到这种说法。然而此事重大，本就不是旁观者所能看到的。我行程紧迫，这个详情不可能讲给你们听，请让我为大夫们粗略地陈述一番。

"大概世上必有非同寻常的人，然后才有非同寻常的事；有了非同寻常的事，然后才有非同寻常的功业。非同寻常，本是常人所感到奇异的。所以说非同寻常的事开始出现时，黎民百姓会惊惧；等到事情成功了，天下的人也就清平安乐了。

"从前洪水涌出，泛滥漫延，百姓上下迁徙，地面崎岖，不得安宁。夏后氏忧虑此事，就填塞洪水，排除阻塞物，疏通河道，分散洪水，赈济灾荒，使洪水向东流入大海，而天下永保安宁。当劳苦之时，难道只有百姓吗？夏后氏忧虑此事而心烦意乱，又亲身参加劳作，手脚结茧，身瘦无肉，皮肤磨得生不出汗毛。所以它美好的功业显扬于万世，声名流传至今。

"况且贤明的君主即位。难道只是委琐龌龊，拘泥于文辞，牵绊于世俗，遵循古训，研习经传，取悦于当世而已吗？他一定要有崇高宏伟的主张，创立基业，流传后世，以作为万世子孙遵循的榜样。所以要往来奔走做到兼容并包，而勤于思考使自己与天地并列。况且《诗经》中不是说：'普天之下，莫非王土；率土之滨，莫非王臣。'所以天地之内，八方之外，恩泽逐渐浸润漫延，如果有哪个生命没有受到恩泽的浸润，贤明的君主将视为耻辱。如今边疆之内，士大夫之流，全都获得了

"盖世必有非常之人，然后有非常之事；有非常之事，然后有非常之功。非常者，固常人之所异也。故曰非常之原，黎民惧焉；及臻厥成，天下晏如也。

"昔者鸿水浡出，泛滥衍溢，民人登降移徙，隘陕而不安。夏后氏戚之，乃堙鸿水，决江疏河，漉沉赡灾，东归之于海，而天下永宁。当斯之勤，岂唯民哉。心烦于虑而身亲其劳，躬腠无胈，肤不生毛。故休烈显乎无穷，声称浃乎于兹。

"且夫贤君之践位也。岂特委琐握龊，拘文牵俗，循诵习传，当世取说云尔哉！必将崇论闳议，创业垂统，为万世规。故驰骛乎兼容并包，而勤思乎参天贰地。且《诗》不云乎：'普天之下，莫非王土；率土之滨，莫非王臣。'是以六合之内，八方之外，浸浔衍溢，怀生之物有不浸润于泽者，贤君耻之。今封疆之内，冠带之伦，咸获嘉祉，靡有阙遗矣。

而夷狄殊俗之国，辽绝异党之地，舟舆不通，人迹罕至，政教未加，流风犹微。内之则犯义侵礼于边境，外之则邪行横作，放弑其上。君臣易位，尊卑失序，父兄不辜，幼孤为奴，系累号泣，内向而怨，曰'盖闻中国有至仁焉，德洋而恩普，物靡不得其所，今独曷为遗己'。举踵思慕，若枯旱之望雨。鷙夫为之垂涕，况乎上圣，又恶能已？故北出师以讨强胡，南驰使以诮劲越。四面风德，二方之君鳞集仰流，愿得受号者以亿计。故乃关沫、若，徼牂柯，镂零山，梁孙原。创道德之涂，垂仁义之统。将博恩广施，远抚长驾，使疏逖不闭，阻深暗昧得耀乎光明，以偃甲兵于此，而息诛伐于彼。遐迩一体，中外褆福，不亦康乎？夫拯民于沉溺，奉至尊之休德，反衰世之陵迟，继周氏之绝业，斯乃天子之急务也。百姓虽劳，又恶可以已哉？

欢乐幸福，没有缺失遗漏了。然而夷狄是与我们习俗不同的国家，是异族聚居的辽远之地，舟车不通，人迹罕至，政教没有施加到那里，社会风气尤为低下。接纳他们，他们便会在边境上做出触犯礼制之事，排斥他们，他们就会胡作非为，逐杀他的君主。君臣易位，尊卑失序，父亲兄长无辜被杀，幼儿和孤儿沦为奴仆，被拘禁者号啕大哭，内心对汉朝心生怨恨，说'听说中原有最仁德的君主，仁德盛大而恩泽普惠，万物都得其所，如今为何只单独遗弃我们'。踮起脚跟，思慕不已，就像干旱枯萎之时盼望下雨。凶暴的人也会为之落泪，何况皇上圣明，又怎能如此作罢呢？所以向北出兵以讨伐强大的胡人，疾驰向南派遣使者责备强劲的越国。向四方教化施德，西夷和南夷的君长如游鱼聚集，仰面迎向水流，愿意得到汉朝封号的人数以亿计。所以才以沫水、若水为关隘，以牂柯江为边界，凿通零山道，在孙水源头架起桥梁。开创道德的坦途，传扬仁义的传统。将要广施恩德，安抚和控制远方的百姓，使疏远者不被隔闭，使险阻幽深、隐晦不明的地方得以照耀光明，以偃息这里的战事，而停止那里的杀伐。远近一体，内外安康，不也是康乐的事吗？拯救人民于水深火热之中，奉行天子的美德，挽救衰世的颓败，承继周代断绝的功业，这才是天子的当务之急。百姓虽然劳苦，又怎么可以停止呢？

"况且帝王之事本来就没有不从忧劳开始，而以逸乐结束的。那么受命于天的征兆，也就在这忧劳逸乐之中了。刚好将要封禅泰山，祭祀梁父山之事，鸣响鸾铃，高扬音乐和颂歌，上比五帝，下超三皇。观者不见手指，听者未闻其声，犹如鹪明已在寥廓地翱翔，而张网的人还注视着薮泽。真是可悲啊！"

于是各位大夫茫然所失，忘却来意，也忘记原先所要进谏的言辞，喟然齐声称颂道："汉朝的美德的确使人信服啊！这是我所希望听到的。百姓虽然倦怠，就请让我们以身作则，为天下人做表率。"大夫们神情怅惘，退步移身，因而拖延片刻后才告辞而去。

之后有人上书告发司马相如出使之时收受别人的金钱，他因此失去官职。过了一年多，他又被召回任命为郎官。

司马相如口吃，却擅长写文章。他一直患有消渴病。他与卓文君结婚，财产丰足。他担任官职，不曾愿意与公卿大臣商讨国家大事，常推托有病而在家闲居，不追求高官爵。他时常跟随皇上到长杨宫狩猎，当时天子正好喜欢亲手击杀熊和猪，驰马追逐野兽，相如上疏劝谏皇上。疏中写道：

"且夫王事固未有不始于忧勤，而终于佚乐者也。然则受命之符，合在于此矣。方将增泰山之封，加梁父之事，鸣和鸾，扬乐颂，上咸五，下登三。观者未睹指，听者未闻音，犹鹪明已翔乎寥廓，而罗者犹视乎薮泽。悲夫！"

于是诸大夫芒然丧其所怀来而失厥所以进，喟然并称曰："允哉汉德，此鄙人之所愿闻也。百姓虽怠，请以身先之。"敞罔靡徙，因迁延而辞避。

其后人有上书言相如使时受金，失官。居岁余，复召为郎。

相如口吃而善著书。常有消渴疾。与卓氏婚，饶于财。其进仕宦，未尝肯与公卿国家之事，称病闲居，不慕官爵。常从上至长杨猎，是时天子方好自击熊彘，驰逐野兽，相如上疏谏之。其辞曰：

臣闻物有同类而殊能者，故力称乌获，捷言庆忌，勇期贲、育。臣之愚，窃以为人诚有之，兽亦宜然。今陛下好陵阻险，射猛兽，卒然遇轶材之兽，骇不存之地，犯属车之清尘，舆不及还辕，人不暇施巧，虽有乌获、逢蒙之伎，力不得用，枯木朽株尽为害矣。是胡越起于毂下，而羌夷接轸也，岂不殆哉！虽万全无患，然本非天子之所宜近也。

且夫清道而后行，中路而后驰，犹时有衔橛之变，而况涉乎蓬蒿，驰乎丘坟，前有利兽之乐而内无存变之意，其为祸也不亦难矣！夫轻万乘之重不以为安，而乐出于万有一危之涂以为娱，臣窃为陛下不取也。

盖明者远见于未萌而智者避危于无形，祸固多藏于隐微而发于人之所忽者也。故鄙谚曰"家累千金，坐不垂堂"。

我听说物有同类但能力却各不相同的，所以说到力大要称乌获，说到敏捷要推庆忌，说到勇猛要数孟贲和夏育。我愚笨，私下认为人真有这种情形，野兽也应该有。如今陛下喜欢登上险阻的地方射杀猛兽，突然遇到敏捷超群的野兽，在没有防备之时猛兽惊吓了你的马匹，冲撞了您的车驾和随从，乘驾来不及掉转车辕，人也无暇施展技巧，即使有乌获、逢蒙的技巧，力量却无法使用，枯木朽树全都成为祸害了。这就像是胡人和越人出现在车轮之下，而羌人和夷人紧跟其后啊，这岂不是很危险吗！即使万无一失，没有祸患，这本也不是天子应该接近的地方。

况且清除道路然后行走，选择道路中央然后驱驰，还有时发生马口衔铁断裂以及横木折断的事故，更何况在蓬蒿之中穿行，在废墟荒地上驱驰，前面有捕获野兽的快乐，而内心却无应付突然事故的准备，这样出现祸患也就不难了！看轻万乘之君的尊位，不以此为安乐，却出现在虽有万全准备但仍有一丝危险的道路上进行娱乐，我私下认为陛下的做法不可取。

大概明察之人能在事态未萌发之前有所发现，而聪明的人能在危害没有形成之时就避开它，祸患本就大多藏匿在隐蔽细微的地方，而发生在人们忽略的时候。所以俗谚说"家中积存千金，不坐屋檐之下"。此话虽然小，却可以说明大道理。我希望陛下留意详察。

皇上认为他说得对。回来路过宜春宫时，相如上奏词赋，来哀叹秦二世的行为过失。赋辞道：

登上倾斜漫长的山坡啊，一同走进巍峨重重的宫殿。临近曲江池边的堤岸和小洲啊，遥望高低起伏的南山。山岩高峻而空灵深远啊，溪谷通畅，豁然空阔。溪水急速长流而去啊，流入宽广平坦的水边高地。观赏各种树木的繁茂盛开啊，浏览竹林的茂密。向东边的土山奔驰而去啊，撩衣走过北面砂石上的急流。徘徊迟缓啊，历经此地凭吊秦二世。他立身行事不谨慎啊，终致亡国失权。听信谗言而不醒悟啊，使宗庙灭绝。呜呼哀哉！他的操行不端正啊，坟墓荒芜而没人修整啊，魂魄无处可归，也无人祭祀。飘逝到极远无边的地方，愈是久远愈是暗淡。同魍魉一样的精魂高高飞扬啊，飞经九天之上而永远长逝。呜呼哀哉！

相如被任命为孝文园令。天子赞美子虚之事后，相如见皇上喜好仙道，趁机说："上林苑之事算不上最美好的，还有更奢

此言虽小，可以喻大。臣愿陛下之留意幸察。

上善之。还过宜春宫，相如奏赋以哀二世行失也。其辞曰：

登陂陁之长阪兮，坌入曾宫之嵯峨。临曲江之隑州兮，望南山之参差。岩岩深山之窈窱兮，通谷豁兮谽谺。汨淢噏习以永逝兮，注平皋之广衍。观众树之塕薆兮，览竹林之榛榛。东驰土山兮，北揭石濑。弥节容与兮，历吊二世。持身不谨兮，亡国失埶。信谗不寤兮，宗庙灭绝。呜呼哀哉！操行之不得兮，坟墓芜秽而不修兮，魂无归而不食。夐邈绝而不齐兮，弥久远而愈休。精罔阆而飞扬兮，拾九天而永逝。呜呼哀哉！

相如拜为孝文园令。天子既美子虚之事，相如见上好仙道，因曰："上林之事未足美也，

尚有靡者。臣尝为《大人赋》，未就，请具而奏之。"相如以为列仙之传居山泽间，形容甚臞，此非帝王之仙意也，乃遂就《大人赋》。其辞曰：

世有大人兮，在于中州。宅弥万里兮，曾不足以少留。悲世俗之迫隘兮，朅轻举而远游。垂绛幡之素蜺兮，载云气而上浮。建格泽之长竿兮，总光耀之采旄。垂旬始以为帑兮，抴彗星而为髾。掉指桥以偃蹇兮，又旖旎以招摇。揽欃枪以为旌兮，靡屈虹而为绸。红杳渺以眩湣兮，猋风涌而云浮。驾应龙象舆之蠖略逶丽兮，骖赤螭青虬之蚴蟉蜿蜒。低卬夭蟜据以骄骜兮，诎折隆穷蠼以连卷。沛艾赳螑仡以佁儗兮，放散畔岸骧以孱颜。蹁跹蹭蹬容以委丽兮，绸缪偃蹇怵奐以梁倚。纠蓼叫奡蹙以艐路兮，薎蒙踊跃腾而狂趡。莅飒卉翕熛至电过兮，焕然雾除，霍然云消。

靡华丽的。我曾经作过《大人赋》，没写完，请让我写完上奏陛下。"司马相如认为各位神仙在传说中居住在山林沼泽之间，形体容貌很是清瘦，这些神仙并不符合帝王想成仙的本意，于是司马相如写成了《大人赋》。赋辞道：

世上有位大人啊，居住在中州。住宅弥漫万里啊，竟不足以使他稍作停留。悲叹世俗的胁迫困厄啊，便离世轻飞而一心远游。乘着赤幡和白色虹霓啊，载着云气上浮。竖起状如烟火的云气长竿啊，系着光耀的五彩旌旗。垂挂旬始星作为旌旗饰物啊，拖着彗星作为旌旗垂羽。旌旗随风舞动逶迤婉转啊，又旖旎招摇。揽取欃枪星作为旌旗，旗杆上缠绕弯曲的彩虹作为绸子。红光深远而又暗淡，狂飙翻涌，云气飘浮。驾着应龙、象车，像尺蠖一般逶迤前进啊，以赤螭、青虬作为骖乘蜿蜒蛇行。有时龙身屈曲起伏昂首腾飞，恣意奔驰啊，有时屈曲隆起，盘绕蜷缩。时而摇头伸颈起伏前进啊，时而举首不前；时而放任散漫，恣意横行啊，时而忽进忽退，摇目吐舌；如驱走飞翔的鸟儿左右相随啊，忽而掉头转身，犹如狡兔受到惊吓，又如房梁互相依靠。或缠绕喧嚣，或踏到路上，飞扬跳跃，向前狂奔。迅捷飞翔，相互追逐，疾如闪电啊，焕然雾气消除，霍然云气消散。

斜渡东极，登上北极啊，与仙人们结伴交游。走过曲折深远处再向右转啊，横渡飞泉，奔向正东。召来众仙加以挑选啊，安置众仙于瑶光之上。让五帝做向导啊，遣返太一，而让陵阳子明做侍从。左有玄冥之神，右有含雷之仙啊，前有陆离神，后有潏湟神。让征伯侨做小厮而役使羡门高啊，令岐伯掌管医方。命火神祝融警戒清道啊，清除恶气而后前行。集合我的车架有万乘之多啊，用五彩云霞织成车盖，竖起华丽旌旗。派句芒率领随行啊，我要前往南方游玩。

历经高山见到唐尧啊，路过九疑山拜访虞舜。车骑纷繁纵横交错啊，杂乱向前并行驰骋。骚扰相撞而混乱啊，大水无垠洋洋洒洒。群山聚拢啊，万物丛集茂盛，到处散布。径直驰入幽深隆隆的雷室啊，穿过突兀不平的鬼谷。遍览遥远的八纮之地，尽观四面蛮荒之野啊，渡过九江，越过五河。往来于炎火之山，浮于弱水之上啊，方舟横渡浮渚，涉过流沙河。忽然休憩于总极山，在泛滥的河水中嬉戏啊，让灵娲弹瑟，命冯夷起舞。这时天色昏暗不明啊，召来雷神屏翳，诛杀风伯，斩掉雨师。西望昆仑山，恍惚不明啊，径直驰向三危山。推开阊阖天门，闯进帝宫啊，载着玉女与她同归。登上阆风山而遥集啊，如乌鸟高飞而稍作休息。在阴山徘徊，回转飞

邪绝少阳而登太阴兮，与真人乎相求。互折窈窕以右转兮，横厉飞泉以正东。悉征灵圉而选之兮，部乘众神于瑶光。使五帝先导兮，反太一而后陵阳。左玄冥而右含雷兮，前陆离而后潏湟。厮征伯侨而役羡门兮，属岐伯使尚方。祝融惊而跸御兮，清雾气而后行。屯余车其万乘兮，绰云盖而树华旗。使句芒其将行兮，吾欲往乎南嬉。

历唐尧于崇山兮，过虞舜于九疑。纷湛湛其差错兮，杂遝胶葛以方驰。骚扰冲苁其相纷挐兮，滂濞泱轧洒以林离。钻罗列聚丛以茏茸兮，衍曼流烂坛以陆离。径入雷室之砰磷郁律兮，洞出鬼谷之崛礧嵬礨。遍览八纮而观四荒兮，朅渡九江而越五河。经营炎火而浮弱水兮，杭绝浮渚而涉流沙。奄息总极泛滥水嬉兮，使灵娲鼓瑟而舞冯夷。时若薆薆将混浊兮，召屏翳诛风伯而刑雨师。西望昆仑之轧沕洸忽兮，直径驰乎三危。排阊阖而入帝宫兮，载玉女而与之归。舒阆风而摇

集兮，亢乌腾而一止。低回阴山翔以纡曲兮，吾乃今目睹西王母皬然白首。载胜而穴处兮，亦幸有三足乌为之使。必长生若此而不死兮，虽济万世不足以喜。

回车朅来兮，绝道不周，会食幽都。呼吸沆瀣兮餐朝霞，噍咀芝英兮叽琼华。煔侵浔而高纵兮，纷鸿涌而上厉。贯列缺之倒景兮，涉丰隆之滂沛。驰游道而修降兮，骛遗雾而远逝。迫区中之隘陕兮，舒节出乎北垠。遗屯骑于玄阙兮，轶先驱于寒门。下峥嵘而无地兮，上寥廓而无天。视眩眠而无见兮，听惝恍而无闻。乘虚无而上假兮，超无友而独存。

相如既奏《大人之颂》，天子大说，飘飘有凌云之气，似游天地之间意。

相如既病免，家居茂陵。天子曰："司马相如病甚，可往后悉取其书；若不然，后失之矣。"使所忠往，而相如已死，家无书。问其妻，对曰：

翔啊，我才到今天目睹了满头白发的西王母。她佩戴玉胜，居于洞穴之中啊，也幸而有三足乌供她驱使。如果要像她一样长生不死啊，即使能活万世也不值得高兴。

回转车头归来啊，在不周山道路断绝，会餐于幽都。呼吸北方夜半之气，而餐食朝霞啊，咀嚼灵芝之花，稍食琼树之华。抬头仰望而身体渐渐高纵啊，纵然跳跃疾飞上天。穿过闪电的倒影啊，涉过丰隆洒布的滂沱大雨。驰骋游车和导车，从长空而降啊，抛开云雾疾驰远去。迫于世间的狭隘啊，舒缓行走在无边无际的北极。把屯骑遗留在北极之山啊，在寒门超越先驱。下界深远而不见大地啊，上界寥廓而不见天际。视觉炫目昏花而看不见东西啊，听觉恍惚而无所闻。乘虚无而上到达远处啊，超越虚无而独自存在。

司马相如进献《大人之颂》后，天子非常高兴，飘飘然有凌云之气概，好似遨游在天地之间的快意。

相如因病免官后，家住茂陵。天子说："司马相如病得厉害，可派人去把他的书全都取回来；如果不这样，日后就散失了。"就派所忠前往，而相如已经死了，家中无书。询问他的妻子，回答说："长卿本就不曾有书。他时时著书，时时又被人取走，因而家中空空如也。长卿没死时，写了一卷书，说有使者来求书时，就把它献上。再没有其他书。"他遗留下来的书札上写的是封禅之事，献给所忠。所忠把他的书札上奏天子，天子对这本书札感到惊异。这本书札写道：

远古之初，天生万民，经历列代君王，迄于秦朝。沿着近代君王的足迹，聆听远古君王的遗风美德。纷繁杂乱，其中被堙灭而没有称道者，不可胜数。接续《韶》《夏》，崇尚尊号美谥，大略可以称道的有七十二位君王。顺从善道而行没有不昌盛的，倒行逆施，失德行事，谁能长存？

轩辕之前，时间久远，详细情况不得而知。五帝和三皇之事记载于《六经》和传说之中，可以窥探大致情况。《书经》说"君王英明，大臣贤良"。据此而言，君王圣明没有超过唐尧的，大臣贤良没有比过后稷的。后稷创业于唐尧之时，公刘发迹于西戎，文王改革制度，使周室昌盛，治国大道始成，而后世子孙政绩虽然衰微，但千年以来并无怨恶之声，这难道不是善始善终吗？然而它之所以如此，并没有其他原因，只是谨慎地遵循前代先王的法则，严谨地垂教于后世子孙罢了。所以前人走过的轨迹平坦，容易遵循；恩德深广，容

"长卿固未尝有书也。时时著书，人又取去，即空居。长卿未死时，为一卷书，曰有使者来求书，奏之。无他书。"其遗札书言封禅事，奏所忠。忠奏其书，天子异之。其书曰：

伊上古之初肇，自昊穹兮生民，历撰列辟，以迄于秦。率迩者踵武，逖听者风声。纷纶葳蕤，堙灭而不称者，不可胜数也。续《昭》《夏》，崇号谥，略可道者七十有二君。罔若淑而不昌，畴逆失而能存？

轩辕之前，遐哉邈乎，其详不可得闻也。五三六经载籍之传，维见可观也。《书》曰"元首明哉，股肱良哉"。因斯以谈，君莫盛于唐尧，臣莫贤于后稷。后稷创业于唐，公刘发迹于西戎，文王改制，爰周郅隆，大行越成，而后陵夷衰微，千载无声，岂不善始善终哉。然无异端，慎所由于前，谨遗教于后耳。故轨迹夷易，易遵也；湛恩濛涌，易丰也；宪度著明，易则也；垂统理顺，易继也。

是以业隆于襁褓而崇冠于二后。揆厥所元，终都攸卒，未有殊尤绝迹可考于今者也。然犹蹑梁父，登泰山，建显号，施尊名。大汉之德，逢涌原泉，沕潏漫衍，旁魄四塞，云尃雾散，上畅九垓，下溯八埏。怀生之类沾濡浸润，协气横流，武节飘逝，迩陕游原，迥阔泳沬，首恶湮没，暗昧昭晢，昆虫凯泽，回首面内。然后囿驺虞之珍群，徼麋鹿之怪兽，巢一茎六穗于庖，牺双觡共抵之兽，获周余珍收龟于岐，招翠黄乘龙于沼。鬼神接灵圉，宾于闲馆。奇物谲诡，俶傥穷变。钦哉，符瑞臻兹，犹以为薄，不敢道封禅。盖周跃鱼陨杭，休之以燎，微夫斯之为符也，以登介丘，不亦恧乎！进让之道，其何爽与？

易丰足；法度显明，容易效法；垂统顺乎情理，容易继承。所以周公的功业隆盛于周成王时，而功德高过文王和武王。揆度他的开始，考察他的终结，并没有特别优异突出的功业可与当今汉朝相比。然而他们尚能走上梁父山，登上泰山，建立显贵的封号，施加尊名。大汉的恩德，如源泉般奔涌而出，广为散布，泽被四方属国，如云雾散布，上至九天，下达八方极远之地。一切生灵，全都浸润着它的恩泽，和合之气充溢横流，武威之节飘然远去，近者如同游于恩泽的源头，远者好似漂浮于恩泽的末流，首恶之徒全被湮没，暗昧之人沐浴光明，连昆虫万物都欢乐喜悦，掉转头来，面向中原。然后驺虞之类的珍禽聚在园囿，拦截麋鹿之类的怪兽，从庖厨中选择出一茎六穗的嘉禾以供祭祀，以双角分叉的神兽作为牺牲，在岐山获得周朝遗留的宝鼎和放养的神龟，在沼泽招来黄帝骑乘的神龙。鬼神迎接灵圉众神，在闲馆中待以宾客之礼。珍奇异物，诡谲奇特，奇异超凡，变化无穷。可钦可敬啊，符兆祥瑞全都来此，还认为自己功德微薄，不敢提封禅之事。大概周武王渡河之时，鱼儿跳跃落到船上，就以鱼儿燎祭上天，这算是很微小的符兆，但却因此登上泰山，不是太惭愧了吗？汉朝应当封禅却不封禅，两者相差何其遥远呢？

于是大司马进谏道："陛下以仁德抚育众生，以道义征讨不顺服者，华夏诸侯乐于进贡，各地蛮夷都执礼朝见，美德与往初的圣君相同，功业与他们并无二致，盛大的美德和顺融洽，符兆祥瑞变化万端，全都应期而至，不只是初次呈现。想来大概在泰山、梁父山设坛，是祈望陛下降临，加封尊号，与前代圣君比荣，上帝降恩积福，是想以成功荐告上天，陛下谦让而不肯封禅。断绝了上帝、泰山、梁父山三神的欢心，使王道礼仪缺失，群臣感到惭愧。有人说天道质朴暗昧，那珍奇的符兆本不可辞让；如果这样辞掉它，是使泰山没有做表记的机会，而梁父山也没有祭祀的希望了。如果古代帝王都是一时荣耀，毕世而灭绝，那么叙述者还有什么可以向后代称颂，怎么谈论七十二位君王之事呢？修明德行以使天赐符瑞，尊奉符瑞以行封禅之事，不算越礼。所以圣王不废封禅之礼，而是修明礼制，祭祀地神，谒告天神，在中岳刻石记功，以彰显至尊之位，发扬圣明的德行，显示尊号与殊荣，承受丰厚的福运，以浸泽黎民百姓。封禅之事多么伟大啊！是天下的壮观，王者的大业，不可以贬低。希望陛下成全此事。而后综合荐绅先生的道术，使他们获得日月余光绝炎的照耀，以施展才能做好政事，还要兼正天时、叙列人事以阐明封禅大义，校正润

于是大司马进曰："陛下仁育群生，义征不憓，诸夏乐贡，百蛮执赞，德侔往初，功无与二，休烈浃洽，符瑞众变，期应绍至，不特创见。意者泰山、梁父设坛场望幸，盖号以况荣，上帝垂恩储祉，将以荐成，陛下谦让而弗发也。挈三神之欢，缺王道之仪，群臣恧焉。或谓且天为质暗，珍符固不可辞；若然辞之，是泰山靡记而梁父靡几也。亦各并时而荣，咸济世而屈，说者尚何称于后，而云七十二君乎？夫修德以锡符，奉符以行事，不为进越。故圣王弗替，而修礼地祇，谒款天神，勒功中岳，以彰至尊，舒盛德，发号荣，受厚福，以浸黎民也。皇皇哉斯事！天下之壮观，王者之丕业，不可贬也。愿陛下全之。而后因杂荐绅先生之略术，使获耀日月之末光绝炎，以展采错事，犹兼正列其义，校饬厥文，作《春秋》一艺，将袭旧六为七，摅之无穷，俾万世得激清流，扬微波，蜚英声，腾茂实。前圣之所以永保鸿名而常为称首者用此，宜

命掌故悉奏其义而览焉。"

于是天子沛然改容，曰：
"愉乎，朕其试哉！"乃迁思
回虑，总公卿之议，询封禅之事，
诗大泽之博，广符瑞之富。乃
作颂曰：

自我天覆，云之油油。甘
露时雨，厥壤可游。滋液渗漉，
何生不育；嘉谷六穗，我穑曷蓄。

非唯雨之，又润泽之；非
唯濡之，泛尃濩之。万物熙熙，
怀而慕思。名山显位，望君之来。
君乎君乎，侯不迈哉！

般般之兽，乐我君囿；白
质黑章，其仪可喜；旼旼睦睦，
君子之能。盖闻其声，今观其来。
厥涂靡踪，天瑞之征。兹亦于舜，
虞氏以兴。

濯濯之麟，游彼灵畤。孟

色封禅文辞，作为《春秋》一经，将沿袭
旧有的六经而成为七经，以使之传至无穷，
使万世之后仍能以这股清流激劝忠义之士，
扬起微波，飞扬英华之声，传送茂盛的果实。
前代圣君之所以永保鸿名而常被为人们称
颂，就是因为举行了封禅之礼，应该命掌
故把封禅大义全部上奏陛下，以备御览。"

于是天子感动改变神色，说："好啊，
我试一下吧！"于是反复思虑，总结公卿
大臣的议论，询问封禅之事，以诗颂扬恩
泽的广博，推演符瑞的富饶。于是作颂道：

自我之下苍天覆地，云朵油然飘动。
普降甘露和及时雨，这片土地可以遨游。
滋润的雨水渗入地下，何种生物不能养
育；嘉禾一茎生出六穗，我收获的庄稼怎
么会不蓄积。

不只雨水普降，又润泽大地；不只沾
濡一处，而且广为散布。万物熙熙和乐，
怀恋而思慕。名山显扬尊位，祈盼圣君到
来。圣君啊圣君，为何还不行封禅之事！

纹彩斑斓的神兽，使我君的苑囿欢
乐；黑纹白底，它的仪表使人喜爱；和睦
恭敬，有如君子之态。昔日只听说它的名
声，如今看到它到来。来路没有踪迹，这
是天降祥瑞的征兆。此兽也在虞舜时出现，
虞氏因此得以兴旺。

肥美的白麟，在那灵畤中游荡。孟冬

十月，君王到郊外祭祀。白麟奔驰到君王车前，天帝因此降下享祉。三代之前，大概未曾有过。

宛屈伸展的黄龙，因天子兴德而腾升；彩色炫耀夺目，辉煌灿烂。天子向正南显面，接受朝见，使黎民百姓觉悟。据经传记载，说是受命为天下驾车。

天降符瑞已彰显他的功德，不必谆谆教诲。应当依类寄托，晓谕封禅之君。

翻阅经典由之可见，天人之际已经相交，上下相互启发而和谐。圣王之德，兢兢业业，小心谨慎。所以说"兴必虑衰，安必思危"。所以商汤和武王最为尊严，不失严肃恭敬的美德；舜在大典之时，仍观察反省失误和缺失：说的就是这个道理。

司马相如去世五年后，天子才开始祭祀后土。去世八年后终于先去祭祀中岳嵩山，封于泰山，到梁父山，封禅肃然山。

相如的其他著作，如《遗平陵侯书》《与五公子相难》《草木书》篇没有采录，采录了他在公卿中尤为著名的作品。

太史公说：《春秋》能推究到事物极隐微处，《易经》原本隐微却表现得浅显，《大雅》说的是王公大人却德及黎民百姓，《小雅》讥讽自己的得失，流言却能涉及

冬十月，君徂郊祀。驰我君舆，帝以享祉。三代之前，盖未尝有。

宛宛黄龙，兴德而升；采色炫耀，燷炳辉煌。正阳显见，觉寤黎烝。于传载之，云受命所乘。

厥之有章，不必谆谆。依类托寓，谕以封峦。

披艺观之，天人之际已交，上下相发允答。圣王之德，兢兢翼翼也。故曰"兴必虑衰，安必思危"。是以汤武至尊严，不失肃祗；舜在假典，顾省厥遗：此之谓也。

司马相如既卒五岁，天子始祭后土。八年而遂先礼中岳，封于太山，至梁父禅肃然。

相如他所著，若《遗平陵侯书》《与五公子相难》《草木书》篇不采，采其尤著公卿者云。

太史公曰：《春秋》推见至隐，《易》本隐之以显，《大雅》言王公大人而德逮黎庶，《小雅》讥小已之得失，其流

及上。所以言虽外殊，其合德一也。相如虽多虚辞滥说，然其要归引之节俭，此与《诗》之风谏何异。杨雄以为靡丽之赋，劝百风一，犹驰骋郑卫之声，曲终奏雅，不已亏乎？余采其语可论者著于篇。

到上位者。所以言辞虽然外表不同，但它们合乎道德的主张是一致的。司马相如虽然有很多虚辞滥说，但其中的主旨却归于节俭，这与《诗经》的讽谏有什么不同呢？杨雄认为那是奢靡浮华的辞赋，鼓励助长多而讽谏规劝少，就像大肆演奏淫靡的郑、卫之声，结束时稍加演奏雅乐，不是太有损初衷了吗？我采录他言语中可以论述的，写在这篇文章中。

史记卷一百一十八
列传第五十八

淮南厉王刘长　淮南王刘安　衡山王刘赐

淮南厉王刘长

淮南厉王刘长是高祖的小儿子，他的母亲是原赵王张敖的美人。高祖八年，高祖从东垣县经过赵国，赵王献给他美人。厉王的母亲受到高祖宠幸，有了身孕。赵王张敖不敢让她住在宫内，就为她修筑外宫让她居住。等到贯高等人在柏人县谋反的事被发觉，一并逮捕了赵王治罪，将赵王的母亲、兄弟、美人尽数收捕，将他们囚禁在河内郡。厉王母亲也被囚禁，她告诉狱吏说："我受到皇上宠幸，有了身孕。"狱吏把听到的禀报了皇上，皇上正迁怒于赵王，没有理会厉王的母亲。厉王母亲的弟弟赵兼通过辟阳侯告知吕后，吕后嫉妒，不肯去求情，辟阳侯没有强力相争。等到厉王的母亲生下厉王后，心中怨恨，就自杀了。狱吏捧着厉王献给皇上，皇上后悔，命令吕后做他的养母，并在真定安葬厉王的母亲。真定，是厉王母亲的家乡，她父祖世代居住的县。

高祖十一年七月，淮南王黥布谋反，

淮南厉王刘长

淮南厉王长者，高祖少子也，其母故赵王张敖美人。高祖八年，从东垣过赵，赵王献之美人。厉王母得幸焉，有身。赵王敖弗敢内官，为筑外官而舍之。及贯高等谋反柏人事发觉，并逮治王，尽收捕王母兄弟美人，系之河内。厉王母亦系，告吏曰："得幸上，有身。"吏以闻上，上方怒赵王，未理厉王母。厉王母弟赵兼因辟阳侯言吕后，吕后妒，弗肯白，辟阳侯不强争。及厉王母已生厉王，恚，即自杀。吏奉厉王诣上，上悔，令吕后母之，而葬厉王母真定。真定，厉王母之家在焉，父世县也。

高祖十一年七月，淮南王

黥布反，立子长为淮南王，王黥布故地，凡四郡。上自将兵击灭布，厉王遂即位。厉王蚤失母，常附吕后，孝惠、吕后时以故得幸无患害，而常心怨辟阳侯，弗敢发。及孝文帝初即位，淮南王自以为最亲，骄蹇，数不奉法。上以亲故，常宽赦之。三年，入朝。甚横。从上入苑囿猎，与上同车，常谓上"大兄"。厉王有材力，力能扛鼎，乃往请辟阳侯。辟阳侯出见之，即自袖铁椎椎辟阳侯，令从者魏敬刭之。厉王乃驰走阙下，肉袒谢曰："臣母不当坐赵事，其时辟阳侯力能得之吕后，弗争，罪一也。赵王如意子母无罪，吕后杀之，辟阳侯弗争，罪二也。吕后王诸吕，欲以危刘氏，辟阳侯弗争，罪三也。臣谨为天下诛贼臣辟阳侯，报母之仇，谨伏阙下请罪。"孝文伤其志，为亲故，弗治，赦厉王。当是时，薄太后及太子诸大臣皆惮厉王，厉王以此归国益骄恣，不用汉法，出入称警跸，称制，自为法令，拟于天子。

高祖立儿子刘长为淮南王，统治黥布旧地，总共四郡。皇上亲自领兵击灭黥布，于是厉王即淮南王位。厉王早年失去母亲，经常依附于吕后，孝惠帝和吕后当政时，他才因此有幸免遭祸患，然而他时常心中怨恨辟阳侯，但不敢发作。等到孝文帝刚即位，淮南王自认为与皇上最亲，骄横不逊，多次不奉守法律。皇上出于亲情，经常宽赦他。文帝三年，淮南王入京朝拜，态度很是骄横。他跟随皇上到苑囿打猎，与皇上同乘一车，经常称呼皇上为"大哥"。厉王有才智和勇力，力气大得能举鼎，于是前往请求面见辟阳侯。辟阳侯出来见他，他便立即取出袖中的铁锤捶击辟阳侯，命令随从魏敬割断辟阳侯的脖子。厉王于是骑马奔驰到宫门，裸身谢罪道："我母亲不应当被赵王谋反的事连坐，那时辟阳侯如果能竭力相救就能得到吕后的帮助，但他没有力争，这是罪行一。赵王如意母子没有罪，吕后杀了他们，辟阳侯没有力争劝阻，这是罪行二。吕后封吕氏为王，想以此危害刘氏天下，辟阳侯没有挺身抗争，这是罪行三。我为天下人诛杀贼臣辟阳侯，报母亲的仇，恭谨地跪伏在宫门下请罪。"孝文帝哀悯他的心志，出于亲情的缘故，没有治罪，赦免了厉王。当时，薄太后及太子和各位大臣都畏惧厉王，厉王因此返回封国后日益骄纵恣肆，不行用汉朝法令，出入时称为警跸，称自己的命令为"制"，自己制定法令，比拟于天子。

文帝六年，厉王命令男子但等七十人与棘蒲侯柴武的太子柴奇密谋，以四十辆大货车在谷口县谋反，派人出使闽越、匈奴。事情被朝廷发觉，朝廷治谋反之人的罪，派使者召淮南王入京。淮南王到达长安。

"丞相臣张仓、典客臣冯敬、行御史大夫事宗正臣逸、廷尉贺、备盗贼中尉臣福冒死进言：'淮南王刘长废弃先帝法令，不听从天子诏令，居处不遵法度，制做天子所乘的黄屋盖乘舆，出入比拟于天子，擅自制定法令，不行用汉朝的法令。至于他所设置的官吏，任命他的郎中春做丞相，聚集收留诸侯国的人以及有罪逃亡的人，把他们藏匿起来安置住所，为他们治理家室，赐给他们财物、爵位、俸禄和田宅，爵位有的做到关内侯，奉以二千石官职，给他们所不应得的，是想让他们能为自己做事。大夫但和有罪失官的开章等七十人与棘蒲侯的太子柴奇谋反，想要危害宗庙社稷。他们派开章暗中告知刘长，与他谋划派人联络闽越及匈奴发动他们的军队。开章去淮南见刘长，刘长多次与他坐谈宴饮，给他置办家室娶妻，用二千石的俸禄尊奉他。开章派人告诉但，说事情已经对淮南王说过。春派使者通报但等人。朝中官吏觉知晓此事，派长安县尉奇

六年，令男子但等七十人与棘蒲侯柴武太子奇谋，以輂车四十乘反谷口，令人使闽越、匈奴。事觉，治之，使使召淮南王。淮南王至长安。

"丞相臣张仓、典客臣冯敬行御史大夫事、宗正臣逸、廷尉臣贺、备盗贼中尉臣福昧死言：淮南王长废先帝法，不听天子诏，居处无度，为黄屋盖乘舆，出入拟于天子，擅为法令，不用汉法及所置吏，以其郎中春为丞相，聚收汉诸侯人及有罪亡者，匿与居，为治家室，赐其财物爵禄田宅，爵或至关内侯，奉以二千石，所不当得，欲以有为。大夫但、士五开章等七十人与棘蒲侯太子奇谋反，欲以危宗庙社稷。使开章阴告长，与谋使闽越及匈奴发其兵。开章之淮南见长，长数与坐语饮食，为家室娶妇，以二千石俸奉之。开章使人告但，已言之王。春使使报但等。吏觉知，使长安尉奇等往捕开章。长匿不予，与

故中尉简忌谋，杀以闭口。为棺椁衣衾，葬之肥陵邑，谩吏曰'不知安在'。又详聚土，树表其上，曰'开章死，埋此下'。及长身自贼杀无罪者一人；令吏论杀无罪者六人；为亡命弃市罪诈捕命者以除罪；擅罪人，罪人无告劾系治城旦春以上十四人；赦免罪人，死罪十八人，城旦春以下五十八人；赐人爵关内侯以下九十四人。前日长病，陛下忧苦之，使使者赐书、枣脯。长不欲受赐，不肯见拜使者。南海民处庐江界中者反，淮南吏卒击之。陛下以淮南民贫苦，遣使者赐长帛五千匹，以赐吏卒劳苦者。长不欲受赐，谩言曰'无劳苦者'。南海民王织上书献璧皇帝，忌擅燔其书，不以闻。吏请召治忌，长不遣，谩言曰'忌病'。春又请长，愿入见，长怒曰'女欲离我自附汉'。长当弃市，臣请论如法。"

制曰："朕不忍致法于王，

等人前往抓捕开章。刘长藏匿开章不肯交出，与原中尉简忌密谋，杀了他灭口。为他置办棺椁衣衾，把开章安葬在肥陵邑，欺瞒朝廷官吏说"不知道人在哪里"。又佯装堆土筑坟，在坟上竖立标志，说"开章死了，埋这下面"。至于刘长还亲手杀过无罪者一人；命令官吏论罪杀死无罪者六人；为逃亡在外的死刑犯做作假，抓捕没有逃亡的犯人为他们抵罪；擅自加罪于人，被强加有罪的人无处申告，拘押判处城旦、春刑以上的十四人；擅自赦免罪人，赦免死罪的有十八人，赦免城旦、春刑以下的有五十八人；赐封他人爵位关内侯以下的九十四人。从前刘长生病，陛下为他忧劳烦苦，派使者赐给他书信和枣脯。刘长不想接受赏赐，不肯见拜使者。庐江界内的南海民众造反，淮南郡的官兵攻打他们。陛下体恤淮南民众贫苦，派使者赏赐给刘长五千匹布帛，用以赏赐官兵中辛劳穷苦的人。刘长不想接受赏赐，谎称说'没有劳苦的人'。南海平民王织上书给皇上敬献璧玉，简忌擅自烧毁王织的文书，不去上报。官吏请求召来简忌治罪，刘长不让他去，谎称说"简忌有病"。春又请求刘长，希望进去拜见，刘长非常愤怒道'你想离开我自己去归附汉廷'。刘长罪当斩首示众，我等请求依法论处。"

皇上下诏说："我不忍心依法处置淮

南王,你们与列侯和二千石级的官吏商议。"

"臣仓、臣敬、臣逸、臣福、臣贺冒死进言:我等与列侯和二千石级官员臣婴等四十三人商议,大家都说'刘长不遵奉法度,不听从天子诏令,竟然暗中集聚党徒以及谋反的人,厚待豢养亡命之徒,想要凭此有所举动'。我等商议应依法论处。"

皇上下诏说:"我不忍心依法处置淮南王,你们赦免刘长死罪,废掉他不再让他为王。"

"臣仓等人冒死进言:刘长犯有该死大罪,陛下不忍心依法处置,施恩赦免,废掉他不再为王。我请求把他安置到蜀郡严道邛崃山的邮亭去,派他的儿子、母亲随行同居,县署为他修筑家室,供给他粮食、柴、菜、盐、豆豉及炊食器具和席子、垫子。我等冒死请求,请布告天下人。"

皇上下诏说:"朝廷俸禄给刘长肉每天五斤,酒二斗。命令原先得到过宠幸的美人、才人十人随行同居。其他都准奏。"

朝廷将与刘长同谋的人尽数诛杀。于是便打发走淮南王,用辎车载运,命令各县依次传送。这时袁盎劝谏皇上说:"皇上一向骄纵淮南王,没有给他设置刚直的太傅和丞相,所以才到了如今的地步。况且淮南王为人刚烈,如今猛烈地摧折他,我担心他会突然身染雾露风寒而病死,陛下将会有杀害弟弟的名声,怎么办呢!"

其与列侯二千石议。"

"臣仓、臣敬、臣逸、臣福、臣贺昧死言:臣谨与列侯吏二千石臣婴等四十三人议,皆曰'长不奉法度,不听天子诏,乃阴聚徒党及谋反者,厚养亡命,欲以有为'。臣等议论如法。"

制曰:"朕不忍致法于王,其赦长死罪,废勿王。"

"臣仓等昧死言:长有大死罪,陛下不忍致法,幸赦,废勿王。臣请处蜀郡严道邛邮,遣其子母从居,县为筑盖家室,皆廪食给薪菜盐豉炊食器席蓐。臣等昧死请,请布告天下。"

制曰:"计食长给肉日五斤,酒二斗。令故美人才人得幸者十人从居。他可。"

尽诛所与谋者。于是乃遣淮南王,载以辎车,令县以次传。是时袁盎谏上曰:"上素骄淮南王,弗为置严傅相,以故至此。且淮南王为人刚,今暴摧折之,臣恐卒逢雾露病死,陛下为有杀弟之名,奈何!"
上曰:"吾特苦之耳,今复

之。"县传淮南王者皆不敢发车封。淮南王乃谓侍者曰："谁谓乃公勇者？吾安能勇！吾以骄故不闻吾过至此。人生一世间，安能邑邑如此！"乃不食死。至雍，雍令发封，以死闻。上哭甚悲，谓袁盎曰："吾不听公言，卒亡淮南王。"盎曰："不可奈何，愿陛下自宽。"上曰："为之奈何？"盎曰："独斩丞相、御史以谢天下乃可。"上即令丞相、御史逮考诸县传送淮南王不发封馈侍者，皆弃市。乃以列侯葬淮南王于雍，守冢三十户。

孝文八年，上怜淮南王，淮南王有子四人，皆七八岁，乃封子安为阜陵侯，子勃为安阳侯，子赐为阳周侯，子良为东成侯。

孝文十二年，民有作歌歌淮南厉王曰："一尺布，尚可缝；一斗粟，尚可舂。兄弟二人不能相容。"上闻之，乃叹曰："尧舜放逐骨肉，周公杀管蔡，天下称圣。何者？不以

皇上说："我特意让他吃点苦头罢了，日后再让他回来。"各县传送淮南王的人都不敢打开囚车的封门。淮南王就对侍从说："谁说你老子我是勇猛的人？我哪里还能勇猛！我因骄纵没能听到自己的过失，以致如此。人生一世，怎能忍受如此愁闷！"于是绝食而死。到了雍县，雍县县令打开封门，把刘长的死讯上报天子。皇上哭得很是伤心，对袁盎说："我不听你的话，最终导致淮南王死去。"袁盎说："这也没有办法，希望陛下自己想开。"皇上问："这事怎么办呢？"袁盎说："只有斩杀丞相、御史来向天下谢罪才行。"皇上就命令丞相、御史逮捕拷问沿途各县传送淮南王不开囚车送饭的人，将他们都杀死示众。用列侯的礼节将淮南王安葬在雍地，安置三十户人家守冢。

孝文帝八年，皇上怜悯淮南王，淮南王有四个儿子，都七八岁，就封他的儿子刘安为阜陵侯，儿子刘勃为安阳侯，儿子刘赐为阳周侯，儿子刘良为东成侯。

孝文帝十二年，民间有人作歌歌唱淮南厉王说："一尺布，还可缝；一斗粟，还能舂。兄弟二人不能相容。"皇上听了歌谣，就叹息说："尧舜放逐骨肉，周公杀管叔、蔡叔，天下称他们是圣人。为什么呢？因为他们不因私利而损害公家利益。

天下人难道认为我是贪图淮南王的封地吗？"于是迁封城阳王去统领淮南王旧地，而追谥淮南王为厉王，又按诸侯礼仪设置陵园。

孝文帝十六年，迁封淮南王刘喜再次返回故地城阳。皇上怜悯淮南厉王废弃法度，图谋不轨，使自己失去封国早早死去，就封立他的三个儿子：阜陵侯刘安为淮南王，安阳侯刘勃为衡山王，阳周侯刘赐为庐江王，都又获得厉王在位时的封地，三人分治。东城侯刘良此前已经死了，没有后代。

孝景帝三年，吴、楚等七国反叛，吴国使者到淮南，淮南王想发兵响应他们。他的国相说："大王如果一定想发兵响应吴国，我愿意做将领。"淮南王就把军队交给了他。淮南国相领兵后，就据城防守，不听淮南王的命令而心向汉朝；汉朝也派曲城侯领兵救援淮南：淮南国因此得以保全。吴国使者到庐江，庐江王没有响应，却派使者与越国往来。吴国使者到衡山，衡山王坚守城池没有二心。孝景帝四年，吴国、楚国已被灭，衡山王入朝，皇上认为他坚贞忠信，就慰劳他说："南方低热潮湿。"迁封衡山王到济北为王，以此褒奖他。等到他去世，就赐封谥号为贞王。庐江王封国边境临近越国，多次派使者与他相交，因此被迁封为衡山王，统领江北。淮南王的封地依然如故。

私害公。天下岂以我为贪淮南王地邪？"乃徙城阳王王淮南故地，而追尊谥淮南王为厉王，置园复如诸侯仪。

孝文十六年，徙淮南王喜复故城阳。上怜淮南厉王废法不轨，自使失国蚤死，乃立其三子：阜陵侯安为淮南王，安阳侯勃为衡山王，阳周侯赐为庐江王，皆复得厉王时地，参分之。东城侯良前薨，无后也。

孝景三年，吴楚七国反，吴使者至淮南，淮南王欲发兵应之。其相曰："大王必欲发兵应吴，臣愿为将。"王乃属相兵。淮南相已将兵，因城守，不听王而为汉；汉亦使曲城侯将兵救淮南，淮南以故得完。吴使者至庐江，庐江王弗应，而往来使越。吴使者至衡山，衡山王坚守无二心。孝景四年，吴楚已破，衡山王朝，上以为贞信，乃劳苦之曰："南方卑湿。"徙衡山王王济北，所以褒之。及薨，遂赐谥为贞王。庐江王边越，数使使相交，故徙为衡山王，王江北。淮南王如故。

淮南王刘安

淮南王安为人好读书鼓琴，不喜弋猎狗马驰骋，亦欲以行阴德拊循百姓，流誉天下。时时怨望厉王死，时欲畔逆，未有因也。及建元二年，淮南王入朝。素善武安侯，武安侯时为太尉，乃逆王霸上，与王语曰："方今上无太子，大王亲高皇帝孙，行仁义，天下莫不闻。即宫车一日晏驾，非大王当谁立者！"淮南王大喜，厚遗武安侯金财物。阴结宾客，拊循百姓，为畔逆事。建元六年，彗星见，淮南王心怪之。或说王曰："先吴军起时，彗星出长数尺，然尚流血千里。今彗星长竟天，天下兵当大起。"王心以为上无太子，天下有变，诸侯并争，愈益治器械攻战具，积金钱赂遗郡国诸侯游士奇材。诸辨士为方略者，妄作妖言，谄谀王，王喜，多赐金钱，而谋反滋甚。

淮南王有女陵，慧，有口辩。王爱陵，常多予金钱，为中诇长安，约结上左右。元朔三年，上赐淮南王几杖，不朝。

淮南王刘安为人好读书弹琴，不喜欢驰骋射猎，玩弄狗马，也想通过暗中施行恩德来抚慰百姓，使声誉流传天下。他时时怨恨厉王之死，时常想反叛谋逆，但没有机会。等到建元二年，淮南王入朝。他一向与武安侯交好，武安侯当时做太尉，于是在霸上迎接淮南王，对淮南王说："如今皇上没有太子，大王您是高皇帝的亲孙，施行仁义，天下无人不知。假如皇上一旦驾崩，不是大王那应当是谁即位呢！"淮南王非常高兴，厚赠武安侯金银财物。暗中结交宾客，抚慰百姓，谋划叛逆之事。建元六年，彗星出现，淮南王心中怪异。有人劝说淮南王道："先前吴军起兵时，彗星出现长几尺，然而还是流血千里。如今彗星长贯满天，天下应当大起兵祸。"淮南王心中认为皇上没有太子，如果天下有变，诸侯将群起纷争，便越发加紧修治兵器和攻战器械，积聚金银钱财贿赂郡国诸侯、游说士人以及天下奇才。很多能言善辩之士为他谋划方略，编造妖言，阿谀奉承淮南王，淮南王高兴，就赏赐给他们丰厚的金钱，而谋反的心思更加强烈。

淮南王有个女儿刘陵，聪慧有口才。淮南王喜爱刘陵，经常给她很多金钱，让她在长安侦察朝中情况，结交皇上身边侍从。元朔三年，皇上赏赐给淮南王几案手杖，不用朝见。淮南王王后名叫荼，淮南王很宠幸她。王后生太子刘迁，刘迁娶王太后的外孙脩成君的女儿为妃。淮南王为谋反准备器具，害怕太子妃知道后向朝中泄露此事，于是与太子密谋，让他假装不爱她，三个月不和她同席共寝。淮南王于是佯装对太子生气，关起太子让他与妃子同居三个月，太子始终不亲近妃子。妃子请求离去，淮南王于是上书致歉，把她送回去。王后荼、太子刘迁及女儿刘陵都受到淮南王宠爱，独揽国政，侵夺百姓田宅，胡乱拘捕加罪无辜的人。

元朔五年，太子学习用剑，自以为无人能比，听说郎中雷被剑术精巧，就召来与他较量。雷被一再辞让，失手误伤太子。太子非常愤怒，雷被惊恐。此时有想要从军的人总是投奔汉朝，雷被就希望从军攻打匈奴。太子刘迁多次向淮南王说雷被的坏话，淮南王派郎中令罢免了他的官职，想以此警告后人。雷被于是逃亡到长安，上书朝廷自我辩白。皇上下诏将此事交给廷尉和河南郡审理。河南郡决定逮捕淮南王太子，淮南王和王后计议想不遣送太子，就地发兵造反，计划没有确定，十多天没能定下来。适逢有诏令下达，要就地审讯太子。当时，淮南国相恼怒寿春县丞稽留不发出逮捕太子的命令，弹劾他不敬之罪。淮南王因此请求国相不要追究此事，国相

淮南王王后荼，王爱幸之。王后生太子迁，迁取王皇太后外孙脩成君女为妃。王谋为反具，畏太子妃知而内泄事，乃与太子谋，令诈弗爱，三月不同席。王乃详为怒太子，闭太子使与妃同内三月，太子终不近妃。妃求去，王乃上书谢归去之。王后荼、太子迁及女陵得爱幸王，擅国权，侵夺民田宅，妄致系人。

元朔五年，太子学用剑，自以为人莫及，闻郎中雷被巧，乃召与戏。被一再辞让，误中太子。太子怒，被恐。此时有欲从军者辄诣京师，被即愿奋击匈奴。太子迁数恶被于王，王使郎中令斥免，欲以禁后，被遂亡至长安，上书自明。诏下其事廷尉、河南。河南治，逮淮南太子，王、王后计欲无遣太子，遂发兵反，计犹豫，十余日未定。会有诏，即讯太子。当是时，淮南相怒寿春丞留太子逮不遣，劾不敬。王以请相，相弗听。王使人上书告相，事下廷尉治。踪迹连王，王使

人候伺汉公卿，公卿请逮捕治王。王恐事发，太子迁谋曰："汉使即逮王，王令人衣卫士衣，持戟居庭中，王旁有非是，则刺杀之，臣亦使人刺杀淮南中尉，乃举兵，未晚。"是时上不许公卿请，而遣汉中尉宏即讯验王。王闻汉使来，即如太子谋计。汉中尉至，王视其颜色和，讯王以斥雷被事耳，王自度无何，不发。中尉还，以闻。公卿治者曰："淮南王安拥阏奋击匈奴者雷被等，废格明诏，当弃市。"诏弗许。公卿请废勿王，诏弗许。公卿请削五县，诏削二县。使中尉宏赦淮南王罪，罚以削地。中尉入淮南界，宣言赦王。王初闻汉公卿请诛之，未知得削地，闻汉使来，恐其捕之，乃与太子谋刺之如前计。及中尉至，即贺王，王以故不发。其后自伤曰："吾行仁义见削，甚耻之。"然淮南王削地之后，其为反谋益甚。诸使道从长安来，为妄妖言，言上无男，汉不治，即喜；即言汉廷治，有男，王怒，以为妄言、非也。

没有听从。淮南王派人上书控告国相，朝廷将此事下交廷尉审理。行踪牵连到淮南王，淮南王派人刺探汉廷公卿大臣的意见，公卿大臣请求逮捕淮南王治罪。淮南王害怕事发，太子刘迁谋划说："汉朝使者如果逮捕大王，大王命人穿上卫士衣服，持戟站在庭院之中，大王身旁如果有不测之事发生，就刺杀他们，我也派人刺杀淮南中尉，进而举兵起事，时间也不晚。"这时皇上没有答应公卿大臣的请求，而是派遣汉朝中尉殷宏前去就地讯问查验淮南王。淮南王听说汉朝使者前来，就按太子的计谋做了准备。汉朝中尉到达后，淮南王看他和颜悦色，只是讯问淮南王罢斥雷被的事而已，淮南王自己揣度不会被定什么罪，便没有动手。中尉还朝，将情况上奏。公卿大臣中负责办案的人说："淮南王刘安阻挠雷被希望从军奋击匈奴等行径，废弃朝廷的明文诏令，应当斩杀示众。"皇上下诏不允许。公卿大臣请求废掉封国不再为王，皇上下诏不允许。公卿大臣请求削夺他五个县的封地，皇上下诏削夺两个县。派中尉殷宏前去赦免淮南王的罪责，而罚以削减封地。中尉进入淮南国，宣布赦免淮南王。淮南王起初听说汉朝公卿大臣请求诛杀他，不知道得以削地代罚，听闻汉朝使者前来，唯恐他来逮捕自己，就与太子密谋刺杀他，按先前的计谋行事。等到中尉到达，当即祝贺淮南王，淮南王因此没有发作。之后自我感伤说："我行仁义之事却被削地，这真是太耻辱了。"然而淮南王被削减封地之后，他密谋反叛之心更加厉害。大凡使者从长安远道而来，胡乱编造妖言，说皇上没有儿子，汉朝很不安定，淮南王听到便高兴；而如果说汉朝大治，皇上有儿子，淮南王便非常愤怒，认为是胡言乱语，不是真的。

淮南王日夜与伍被、左吴等人查看地图，部署兵力从何处攻入。淮南王说："皇上没有太子，一旦皇上驾崩，朝廷大臣一定征召胶东王，要不就是常山王，诸侯纷争，我能不准备吗？况且我是高祖亲孙子，亲身推行仁义，陛下待我恩厚，我能忍受他；陛下去世之后，我岂能北面称臣去侍奉那些小子呢！"

淮南王坐在东宫，召见伍被，想与他谋划，说："将军上殿。"伍被怅然道："皇上宽赦大王，大王又怎能说这种亡国的话呢！我听说伍子胥劝谏吴王，吴王没有采用，就说'我如今能看见麋鹿在姑苏台上游荡了'。如今我也看见宫中遍生荆棘，露水沾湿衣服了。"淮南王非常愤怒，拘禁了伍被的父母，囚禁了三个月。又召见伍被说："将军答应我吗？"伍被说："不，我只是来为大王筹划而已。我听说听力好的人能在无声时听到动静，视力好的人能

王日夜与伍被、左吴等案《舆地图》，部署兵所从入。王曰："上无太子，宫车即晏驾，廷臣必征胶东王，不即常山王，诸侯并争，吾可以无备乎！且吾高祖孙，亲行仁义，陛下遇我厚，吾能忍之；万世之后，吾宁能北面臣事竖子乎！"

王坐东宫，召伍被与谋，曰："将军上。"被怅然曰："上宽赦大王，王复安得此亡国之语乎！臣闻子胥谏吴王，吴王不用，乃曰'臣今见麋鹿游姑苏之台也'。今臣亦见宫中生荆棘，露沾衣也。"王怒，系伍被父母，囚之三月。复召曰："将军许寡人乎？"被曰："不，直来为大王画耳。臣闻聪者听于无声，明者见于未形，故圣

人万举万全。昔文王一动而功显于千世，列为三代，此所谓因天心以动作者也，故海内不期而随。此千岁之可见者。夫百年之秦，近世之吴楚，亦足以喻国家之存亡矣。臣不敢避子胥之诛，愿大王毋为吴王之听。

"昔秦绝圣人之道，杀术士，燔《诗》《书》，弃礼义，尚诈力，任刑罚，转负海之粟致之西河。当是之时，男子疾耕不足于糟糠，女子纺绩不足于盖形。遣蒙恬筑长城，东西数千里，暴兵露师常数十万，死者不可胜数，僵尸千里，流血顷亩，百姓力竭，欲为乱者十家而五。又使徐福入海求神异物，还为伪辞曰：'臣见海中大神，言曰："汝西皇之使邪？"臣答曰："然。""汝何求？"曰："愿请延年益寿药。"神曰："汝秦王之礼薄，得观而不得取。"即从臣东南至蓬莱山，见芝成宫阙，有使者铜色而龙形，光上照天。于是臣再拜问曰："宜何资以

在未成形时看见征兆，所以圣人行事总是万无一失。从前文王一个举动就能功显千世，列为三代，这就是所谓顺应天意以行动的结果，因此四海之内的人都不约而同地追随他。这是千年前可见之事。百年前的秦朝，近代的吴楚两国，也足以说明国家存亡的道理了。我不敢逃避伍子胥被诛杀的厄运，希望大王不要像吴王那样不听忠言。

"从前秦朝弃绝圣人之道，残杀术士，焚烧《诗》《书》，废弃礼义，崇尚伪诈和暴力，任用刑罚，转运海滨的谷粟送到西河。当时，男子奋力耕作却连糟糠也不足以吃饱肚子，女子纺麻织布却衣不蔽体。秦王派遣蒙恬修筑长城，东西长几千里地，驻守在外的军队常常有几十万，死者不可胜数，僵硬的尸体倒伏千里，流血千顷万亩，百姓气力耗尽，想造反作乱的人十家有五家。秦王又派徐福入海访求神仙异物，徐福归来编造谎话说：'我见到海中大神，他问道："你是西方皇帝的使者吗？"我回答说："是的。"他又问："你来寻求何物？"我答："希望求得延年益寿的仙药。"神说："你们秦王的礼物菲薄，仙药可以观看但不能取走。"当即带我向东南行至蓬莱山，看见了用灵芝筑成的宫殿，有使者肤色如铜，身形似龙，光辉上耀，映照天空。于是我拜了两拜问道："应当

用什么物资来敬献呢？"海神说："献上良家童男和童女及百工的技艺，就可以得到仙药了。'"秦始皇帝非常高兴，遣发童男童女三千人，供给五谷种子以及各种工匠前往东海。徐福寻得平原广泽，便留住在那里自立为王不再回朝。于是百姓悲痛思念亲人，想造反作乱的人十家有六家。秦王又派尉佗越过五岭攻打百越。尉佗知道中原已经疲累到极点了，就留居百越自称为王不再回朝，派人上书，请求朝廷征集没有夫家的女子三万人，来为士兵缝补衣裳。秦始皇帝同意给他一万五千人。于是百姓离心瓦解，想造反作乱的人十家有七家。宾客对高皇帝说：'时机到了。'高皇帝说：'等等看，圣人当在东南方起事。'不到一年，陈胜吴广就起兵发难了。高皇帝在丰沛起事，一发倡议天下不约而同响应的人不可胜数。这就是所谓利用别人的过失窥伺到好时机，趁秦朝将亡之时举事。百姓期望他，犹如干旱时盼望下雨，所以他能起身于行伍之中而被立为天子，功业超过三王，恩德流传后世，无穷无尽。

"如今大王只看到高皇帝得天下的容易，却唯独看不见近代吴楚的灭亡吗？那吴王被赐号为刘氏祭酒，又不必入京朝见，统领四郡民众，地方几千里，在国内可自行冶铜铸造钱币，在东方可烧煮海水制盐，溯江而上可采江陵木材制造大船，一船所

献？"海神曰："以令名男子若振女与百工之事，即得之矣。'"秦皇帝大说，遣振男女三千人，资之五谷种种百工而行。徐福得平原广泽，止王不来。于是百姓悲痛相思，欲为乱者十家而六。又使尉佗逾五岭攻百越。尉佗知中国劳极，止王不来，使人上书，求女无夫家者三万人，以为士卒衣补。秦皇帝可其万五千人。于是百姓离心瓦解，欲为乱者十家而七。客谓高皇帝曰：'时可矣。'高皇帝曰：'待之，圣人当起东南间。'不一年，陈胜吴广发矣。高皇始于丰沛，一倡天下不期而响应者不可胜数也。此所谓蹈瑕候间，因秦之亡而动者也。百姓愿之，若旱之望雨，故起于行陈之中而立为天子，功高三王，德传无穷。

"今大王见高皇帝得天下之易也，独不观近世之吴楚乎？夫吴王赐号为刘氏祭酒，复不朝，王四郡之众，地方数千里，内铸消铜以为钱，东煮海水以为盐，上取江陵木以为

船，一船之载当中国数十两车，国富民众。行珠玉金帛赂诸侯宗室大臣，独窦氏不与。计定谋成，举兵而西。破于大梁，败于狐父，奔走而东，至于丹徒，越人禽之，身死绝祀，为天下笑。夫以吴越之众，不能成功者何？诚逆天道而不知时也。

"方今大王之兵众不能十分吴楚之一，天下安宁有万倍于秦之时，愿大王从臣之计。大王不从臣之计，今见大王事必不成而语先泄也。臣闻微子过故国而悲，于是作《麦秀》之歌，是痛纣之不用王子比干也。故《孟子》曰'纣贵为天子，死曾不若匹夫'。是纣先自绝于天下久矣，非死之日而天下去之。今臣亦窃悲大王弃千乘之君，必且赐绝命之书，为群臣先，死于东宫也。"于是王气怨结而不扬，涕满匡而横流，即起，历阶而去。

王有孽子不害，最长，王弗爱，王、王后、太子皆不以为子兄数。不害有子建，材高有气，常怨望太子不省其父；又怨时诸侯皆得分子弟为侯，

载相当于中原几十辆车的运输量，国家富足，百姓众多。拿珠玉金帛行贿诸侯、宗室及朝中大臣，唯独不给窦氏。计谋确定之后，吴王举兵向西。在大梁被击破，在狐父兵败，吴王向东奔逃，到了丹徒，为越人所擒，最后身死国绝，被天下人耻笑。凭吴越那么多的军队都不能成功，为什么呢？实在是违背天道而不知时势的缘故啊。

"如今大王兵力还不及吴楚的十分之一，天下安宁比秦朝时好过万倍，希望大王听从我的意见。大王如果不听从我的意见，如今见大王商量的事必定不能成功，这些话还会被泄露出去。我听说微子经过故国时心中悲伤，于是作《麦秀之歌》，这是哀痛纣王不采用王子比干的意见。所以《孟子》说'纣王贵为天子，死时竟不如匹夫'。这是因为纣王先自绝于天下人已经很久了，并非到临死之日天下人才背弃他。如今我也暗自悲哀大王如果抛弃千乘之君的尊位，朝廷必将赐绝命书，比群臣先死于东宫了。"于是淮南王怨愤之气郁结于胸，神情不振，热泪盈眶而涕泗横流，当即起身，跨过石阶而去。

淮南王有个庶子刘不害，最年长，淮南王不喜爱他，大王、王后及太子都不把他视为儿子或兄长。刘不害有个儿子刘建，才高负气，时常怨恨太子不来问候自己的父亲；又埋怨当时诸侯王都能分封子弟为

侯，而淮南王只有两个儿子，一个当了太子，唯独刘建的父亲不得封侯。刘建暗中结交他人，想告倒太子，让他的父亲取而代之。太子知道此事后，多次拘捕并鞭笞拷打刘建。刘建深知太子的阴谋是想杀汉廷中尉，就派与自己私交很好的寿春人庄芷在元朔六年向天子上书说："良药苦口利于病，忠言逆耳利于行。如今淮南王之孙刘建，才能高超，淮南王王后荼和荼的儿子太子刘迁时常妒忌迫害刘建。刘建父亲刘不害无罪，他们擅自多次拘捕，想杀了他。如今刘建在，可召他前来问讯，他知晓淮南王的全部阴谋。"奏书上交，皇上把此事下交廷尉，廷尉又下交给河南郡审理。

这时原辟阳侯的孙子审卿与丞相公孙弘交好，怨恨淮南厉王杀死自己的祖父，就极力编织淮南王的罪状报告公孙弘，公孙弘于是怀疑淮南王有叛逆的阴谋，就深入追究彻查此案。河南郡审问刘建，他的供词牵引出淮南王太子及其党羽。淮南王担忧此事，想发兵举事，询问伍被说："汉朝天下是大治还是大乱？"伍被说："天下大治。"淮南王心中不高兴，对伍被说："您凭什么说天下大治呢？"伍被说："我私下观察朝廷的政事，君臣的礼义，父子间的亲爱，夫妇间的区别，长幼间的秩序，全都合乎它的道理，皇上的举措遵循古代治国之道，风俗纲纪没有缺失。

而淮南独二子，一为太子，建父独不得为侯。建阴结交，欲告败太子，以其父代之。太子知之，数捕系而榜笞建。建具知太子之谋欲杀汉中尉，即使所善寿春庄芷以元朔六年上书于天子曰："毒药苦于口利于病，忠言逆于耳利于行。今淮南王孙建，材能高，淮南王王后荼、荼子太子迁常疾害建。建父不害无罪，擅数捕系，欲杀之。今建在，可征问，具知淮南阴事。"书闻，上以其事下廷尉，廷尉下河南治。

是时故辟阳侯孙审卿善丞相公孙弘，怨淮南厉王杀其大父，乃深购淮南事于弘，弘乃疑淮南有畔逆计谋，深穷治其狱。河南治建，辞引淮南太子及党与。淮南王患之，欲发，问伍被曰："汉廷治乱？"伍被曰："天下治。"王意不说，谓伍被曰："公何以言天下治也？"被曰："被窃观朝廷之政，君臣之义，父子之亲，夫妇之别，长幼之序，皆得其理，上之举错遵古之道，风俗纪纲未有所缺也。重装富贾，周流天下，道无不通，故交易之道行。南越宾服，羌僰入献，东瓯入降，广长榆，开朔方，匈奴折翅伤翼，失援不振。虽未及古太平之时，然犹为治也。"王怒，被谢死罪。

王又谓被曰："山东即有兵，汉必使大将军将而制山东，公以为大将军何如人也？"被曰："被所善者黄义，从大将军击匈奴，还，告被曰：'大将军遇士大夫有礼，于士卒有恩，众皆乐为之用。骑上下山若蜚，材干绝人。'被以为材能如此，数将习兵，未易当也。及谒者曹梁使长安来，言大将军号令明，当敌勇敢，常为士卒先。休舍，穿井未通，须士卒尽得水，乃敢饮。军罢，卒尽已度河，乃度。皇太后所赐金帛，尽以赐军吏。虽古名将弗过也。"王默然。

淮南王见建已征治，恐国阴事且觉，欲发，被又以为难，乃复问被曰："公以为吴兴兵是邪非也？"被曰："以为非也。吴王至富贵也，举事不当，身

满载货物的富商周流天下，道路无所不通，所以交易之道畅行。南越宾服，羌僰入朝进献，东瓯入汉归降，拓广长榆要塞，开辟朔方郡，使匈奴折翅伤翼，失去援助而萎靡不振。虽然没有达到古代太平盛世之时，但也算是天下大治了。"淮南王非常愤怒，伍被以死罪相谢。

淮南王又对伍被说："崤山以东如果发生兵事，汉朝一定会派大将军领兵压制崤山以东，您认为大将军是个什么样的人？"伍被说："我所交好的黄义，跟随大将军攻打匈奴，返回后，他告诉我说：'大将军对待士大夫彬彬有礼，对士兵有恩，众人都乐于为他所用。他骑马上下山岗疾驰如飞，才干超过他人。'我认为他有如此才能，多次领兵熟悉战事，不易抵挡。谒者曹梁出使长安归来，说大将军号令严明，作战勇敢，经常身先士卒。安营扎寨休息，掘井未通，必须先让士兵都喝上水，他才敢喝。撤兵时，士兵全都过河之后，他才过河。他把皇太后所赐金帛全都赏赐给军吏。即使古代名将也无法超过他。"淮南王听后沉默了。

淮南王见刘建已被征召审问，害怕国中阴谋将被发觉，想举兵发难，伍被又认为很难成事，于是他又问伍被说："您认为吴国兴兵作乱是对还是错？"伍被说："我认为错了。吴王富贵至极，举事不当，

身死丹徒，身首异处，殃及子孙，无人幸存。我听说吴王后悔至极。希望大王深思熟虑，不要如吴王一样做后悔的事。"淮南王说："男子汉甘愿赴死只是一句话的事而已。况且吴王哪里懂得造反，让汉军将领一天有四十多人通过成皋。如今我命令楼缓首先扼住成皋关口，命令周被攻下颍川后率兵阻塞辕辕、伊阙的通道，命令陈定征发南阳的军队把守武关。河南太守只剩有洛阳而已，有什么值得担忧的，尽管这北面还有临晋关、河东郡、上党郡与河内郡、赵国。人们说'阻绝成皋关口，天下将不能相通'。占据三川之险，召集崤山以东的军队，如此举事，您认为怎么样？"伍被说："我看到了它的灾殃，没有看到它的福分。"淮南王说："左吴、赵贤、朱骄如都认为有福分，九成会成功，唯独您认为有祸无福，为什么呢？"伍被说："大王宠信的群臣中平素能役使众人的，都在上次的案件中被下诏狱了，剩余的没有可用的人。"淮南王说："陈胜、吴广无立锥之地，聚集千人，在大泽乡起事，奋臂大呼而天下响应，向西到达戏时军队已有一百二十万人。如今我国虽小，然而能从军的可达十几万人，并非是一些被迫戍边的乌合之众，所拿的也不是木弩和戟柄，您为何说有祸无福呢？"伍被说："从前秦朝暴虐无道，残害天下。兴建万乘车驾，

死丹徒，头足异处，子孙无遗类。臣闻吴王悔之甚。愿王孰虑之，无为吴王之所悔。"王曰："男子之所死者一言耳。且吴何知反，汉将一日过成皋者四十余人。今我令楼缓先要成皋之口，周被下颍川兵塞辕辕、伊阙之道，陈定发南阳兵守武关。河南太守独有雒阳耳，何足忧。然此北尚有临晋关、河东、上党与河内、赵国。人言曰'绝成皋之口，天下不通'。据三川之险，招山东之兵，举事如此，公以为何如？"被曰："臣见其祸，未见其福也。"王曰："左吴、赵贤、朱骄如皆以为有福，什事九成，公独以为有祸无福，何也？"被曰："大王之群臣近幸素能使众者，皆前系诏狱，余无可用者。"王曰："陈胜、吴广无立锥之地，千人之聚，起于大泽，奋臂大呼而天下响应，西至于戏而兵百二十万。今吾国虽小，然而胜兵者可得十余万，非直適戍之众，钑凿棘矜也，公何以言有祸无福？"被曰："往者秦为无道，残贼天下。兴万乘之驾，

作阿房之官，收太半之赋，发闾左之戍，父不宁子，兄不便弟，政苛刑峻，天下熬然若焦，民皆引领而望，倾耳而听，悲号仰天，叩心而怨上，故陈胜大呼，天下响应。当今陛下临制天下，一齐海内，泛爱蒸庶，布德施惠。口虽未言，声疾雷霆，令虽未出，化驰如神，心有所怀，威动万里，下之应上，犹影响也。而大将军材能不特章邯、杨熊也。大王以陈胜、吴广谕之，被以为过矣。"

王曰："苟如公言，不可徼幸邪？"被曰："被有愚计。"王曰："奈何？"被曰："当今诸侯无异心，百姓无怨气。朔方之郡田地广，水草美，民徙者不足以实其地。臣之愚计，可伪为丞相御史请书，徙郡国豪杰任侠及有耐罪以上，赦令除其罪，产五十万以上者，皆徙其家属朔方之郡，益发甲卒，急其会日。又伪为左右都司空上林中都官诏狱逮书，以逮诸侯太子幸臣。如此则民怨，诸侯惧，即使辩武随而说之，傥

营建阿房宫，征收百姓大半收入作为赋税，征发闾左不该服役的人去戍守边疆，父亲不能保护儿子安宁，兄长不能保护弟弟安逸生活，政令苛刻，刑罚严峻，天下人忍受煎熬就像在火上烧灼一样，百姓都伸颈盼望，侧耳倾听，仰天悲号，捶胸顿足怨恨上位者，所以陈胜奋臂大呼，天下响应。当今陛下号令天下，一统海内，广泛爱护天下黎民，布德施惠。虽未开口，但声音疾如雷霆，政令虽然没有颁布，但教化奔驰如神，心有所怀，便威动万里，下民响应上主，犹如影子和回声一般。而大将军才能不是章邯、杨熊可比的。大王拿陈胜、吴广来自比，我认为不恰当。"

淮南王说："如果真如您所言，难道不可以侥幸成功吗？"伍被说："我有愚笨的计谋。"淮南王说："怎么办呢？"伍被说："当今诸侯对朝廷没有异心，百姓也没有怨气。朔方郡田地广阔，水草丰美，已迁徙的民众还不够充实那里。我的愚笨的计谋是，可以伪造丞相和御史的上书，迁徙各郡国的豪强、侠士以及被判处耐罪以上的犯人，下令赦免他们的罪责，那些家产在五十万以上的，都迁徙他们的家属到朔方郡，增派甲兵，督促他们如期到达。再伪造宗正府左右都司空、上林苑和京中各官府的诏狱文书，逮捕诸侯的太子以及宠幸的大臣。如此一来就会使民怨

四起，诸侯恐惧，立刻便派能言善辩的士人紧随而去游说他们，或许可以侥幸得到十分之一的成功机会吧？"淮南王说："此计可行。但虽然如此，我认为还不至于到这个地步。"

于是淮南王就令官奴入宫，伪造皇帝玉玺，丞相、御史、大将军、军吏、中二千石、都官令、县丞的官印，以及附近郡国中太守和都尉的官印，汉朝使节的法冠，想按照伍被的计策行事。派人伪装成罪犯向西逃去，为大将军和丞相做事；一旦发兵举事，就派人立即刺杀大将军卫青，再劝说丞相屈从，就如同揭掉盖布那么容易了。

淮南王想发动国中的军队，担心他们国相和二千石级官员不听命。淮南王就与伍被密谋，先杀掉国相和二千石级官员，伪造宫中失火，国相和二千石级官员救火，一到宫中就立即杀死他们。计谋尚未决定，又想派人身穿捕盗士兵的衣服，手持羽檄，从东方奔来，大呼"南越兵侵入边界了"，想借机发兵。于是派人到庐江、会稽实施假冒捕盗的计策，尚未发兵。淮南王询问伍被："我举兵向西，诸侯一定有响应我的；可万一无人响应，该怎么办呢？"伍被说："可向南收取衡山国来攻打庐江郡，占有寻阳船只，坚守下雉的城池，扼守九江江口，阻绝豫章湖口，以强弩临长江坚守，

可徼幸什得一乎？"王曰："此可也。虽然，吾以为不至若此。"

于是王乃令官奴入宫，作皇帝玺，丞相、御史、大将军、军吏、中二千石、都官令、丞印，及旁近郡太守、都尉印，汉使节法冠，欲如伍被计。使人伪得罪而西，事大将军、丞相；一日发兵，使人即刺杀大将军青，而说丞相下之，如发蒙耳。

王欲发国中兵，恐其相、二千石不听。王乃与伍被谋，先杀相、二千石，伪失火宫中，相、二千石救火，至即杀之。计未决，又欲令人衣求盗衣，持羽檄，从东方来，呼曰"南越兵入界"，欲因以发兵。乃使人至庐江、会稽为求盗，未发。王问伍被曰："吾举兵西乡，诸侯必有应我者；即无应，奈何？"被曰："南收衡山以击庐江，有寻阳之船，守下雉之城，结九江之浦，绝豫章之口，强弩临江而守，以禁南郡

之下，东收江都、会稽，南通
劲越，屈强江淮间，犹可得延
岁月之寿。"王曰："善，无
以易此。急则走越耳。"

于是廷尉以王孙建辞连淮
南王太子迁闻。上遣廷尉监因
拜淮南中尉，逮捕太子。至淮
南，淮南王闻，与太子谋召
相、二千石，欲杀而发兵。召
相，相至；内史以出为解。中
尉曰："臣受诏使，不得见
王。"王念独杀相而内史中尉
不来，无益也，即罢相。王犹
豫，计未决。太子念所坐者谋
刺汉中尉，所与谋者已死，以
为口绝，乃谓王曰："群臣可
用者皆前系，今无足与举事者。
王以非时发，恐无功，臣愿会
逮。"王亦偷欲休，即许太子。
太子即自到，不殊。伍被自诣吏，
因告与淮南王谋反，反踪迹具
如此。

吏因捕太子、王后，围王
宫，尽求捕王所与谋反宾客在

来禁止南郡的军队顺江而下，向东收取江
都、会稽，向南沟通强劲的南越，在江淮
之间屈伸自如，还可以拖延一些时日。"
淮南王说："好，没有比这更好的了。事
态危急就奔往越国。"

于是廷尉把淮南王的孙子刘建供词中
牵连淮南王太子刘迁的事上奏皇上。皇上
派廷尉监趁拜见淮南中尉的机会，逮捕太
子。廷尉监到达淮南国，淮南王听说后，
与太子密谋召见国相和二千石级官员，想
杀掉他们就发兵。召见国相，国相到了，
内史以外出为由没有来。中尉说："我正
在迎接皇上派来的使者，不能去见大王。"
淮南王心想只杀掉国相而内史和中尉没有
来，没有什么好处，就罢手没杀国相。淮
南王犹豫再三，计划还未确定。太子心想
自己所犯的罪责是谋刺汉朝中尉，而参与
密谋的人都已经死了，便认为活口都已被
灭，就对淮南王说："群臣中可用的人都
在先前被拘捕了，如今已没有能一起举事
的人。大王在时机不成熟时发兵，恐怕徒
劳无功，我愿去接受逮捕。"淮南王也想
苟且偷安，便答应了太子。太子当即自刭，
却没有死。伍被主动去见执法官吏，告发
自己与淮南王谋反之事，说了谋反的全部
情况如何如何。

官吏于是逮捕太子、王后，包围王宫，
全部搜查逮捕淮南王国中参与谋反的宾客，

把搜索得到的谋反器具上报了朝廷。皇上将此事下交给公卿大臣审理，所牵连出与淮南王谋反的列侯、二千石级官员、地方豪杰达几千人，都按他们的罪责轻重处以死刑。衡山王刘赐，是淮南王的弟弟，被判同罪应当收捕，负责办案的官员请求逮捕衡山王。天子说："诸侯王各以他们封国为本，不应当连坐。你们与诸侯王、列侯会聚丞相各大臣一起商议吧。"赵王刘彭祖、列侯臣让等四十三人商议，都说："淮南王刘安十分大逆不道，谋反的罪责明白无疑，应当处死。"胶西王臣刘端商议道："淮南王刘安废弃法度，行事邪恶，怀欺诈虚伪之心，以乱天下，荧惑百姓，背叛宗庙，妄作妖言。《春秋》说'臣子不可率众作乱，率众作乱就诛杀'。刘安的罪责重在率众作乱，谋反的形势已成定局。我刘端所见他伪造的文书、符节、印玺、地图及其他谋逆无道之事都已查验明白，极其大逆不道，应当依法处死。而论罪淮南国中二百石以上和与之相当的比秩官员，宗室宠幸之臣没有谋反，但不能教导淮南王的，都应当免去官职削夺爵位贬为士卒，不得再当官吏。其他不是官吏的，要交纳赎死金二斤八两。用以昭示刘安的罪行，使天下人都明确知晓为臣之道，不敢再有邪恶背叛之心。"丞相公孙弘、廷尉张汤等人将此议论上奏天子，天子派宗

国中者，索得反具以闻。上下公卿治，所连引与淮南王谋反列侯二千石豪杰数千人，皆以罪轻重受诛。衡山王赐，淮南王弟也，当坐收，有司请逮捕衡山王。天子曰："诸侯各以其国为本，不当相坐。与诸侯王列侯会肄丞相诸侯议。"赵王彭祖、列侯臣让等四十三人议，皆曰："淮南王安甚大逆无道，谋反明白，当伏诛。"胶西王臣端议曰："淮南王安废法行邪，怀诈伪心，以乱天下，荧惑百姓，倍畔宗庙，妄作妖言。《春秋》曰'臣无将，将而诛'。安罪重于将，谋反形已定。臣端所见其书节印图及他逆无道事验明白，甚大逆无道，当伏其法。而论国吏二百石以上及比者，宗室近幸臣不在法中者，不能相教，当皆免官削爵为士伍，毋得宦为吏。其非吏，他赎死金二斤八两。以章臣安之罪，使天下明知臣子之道，毋敢复有邪僻倍畔之意。"丞相弘、廷尉汤等以闻，天子使宗正以符节治王。未至，淮南王安自到杀。王后荼、太子迁诸所与

谋反者皆族。天子以伍被雅辞多引汉之美，欲勿诛。廷尉汤曰："被首为王画反谋，被罪无赦。"遂诛被。国除为九江郡。

衡山王刘赐

衡山王赐，王后乘舒生子三人，长男爽为太子，次男孝，次女无采。又姬徐来生子男女四人，美人厥姬生子二人。衡山王、淮南王兄弟相责望礼节，间不相能。衡山王闻淮南王作为畔逆反具，亦心结宾客以应之，恐为所并。

元光六年，衡山王入朝，其谒者卫庆有方术，欲上书事天子，王怒，故劾庆死罪，强榜服之。衡山内史以为非是，却其狱。王使人上书告内史，内史治，言王不直。王又数侵夺人田，坏人冢以为田。有司请逮治衡山王。天子不许，为置吏二百石以上。衡山王以此恚，与奚慈、张广昌谋，求能为兵法候星气者，日夜从容王密谋反事。

正持符节前去审判淮南王。尚未到达，淮南王刘安自刎而死。王后荼、太子刘迁和所有参与谋反的人都被灭族。天子因伍被劝阻淮南王时言词雅正多引述汉朝的美政，不想杀他。廷尉张汤说："伍被最先为淮南王策划反叛的计谋，伍被罪不可赦。"于是杀了伍被。淮南国被废除，改为九江郡。

衡山王刘赐，王后乘舒，生有三个子女，长子刘爽为太子，次子刘孝，次女刘无采。又有姬妾徐来生有子女四人，美人厥姬生有子女二人。衡山王和淮南王兄弟二人在礼节上互相责怪，关系疏远，不相和睦。衡山王听说淮南王制造用以叛逆谋反的器具，也悉心结交宾客以应对他，唯恐被他吞并。

元光六年，衡山王入朝，他的谒者卫庆懂得方术，想上书为天子效力，衡山王非常愤怒，故意弹劾卫庆犯了死罪，以严刑拷打使他服罪。衡山国内史认为卫庆没有罪，不受理此案。衡山王派人上书告发内史，内史被迫审理此案，直言衡山王理屈。衡山王又多次侵夺他人田产，毁坏他人的墓冢作为田地。有关官员请求逮捕衡山王治罪。天子不同意，给他安置二百石以上的官吏。衡山王因此怨恨，与奚慈、张广昌谋划，寻求谙熟兵法和观测星象的人，他们日夜怂恿衡山王密谋反叛的事。

王后乘舒死了，衡山王立徐来为王后。厥姬一并得到宠幸。两人互相嫉妒，厥姬就对太子说王后徐来的坏话："徐来指使婢女用蛊道杀死了太子母亲。"太子心中怨恨徐来。徐来的哥哥来到衡山国，太子与他饮酒，用刀刺伤了王后的哥哥。王后怨恨恼怒，多次向衡山王说太子的坏话。太子的妹妹刘无采，出嫁后被休返回娘家，与奴仆通奸，又与宾客通奸。太子多次责备无采，无采发怒，不与太子往来。王后听说此事后，就善待无采。无采和二哥刘孝年少时就失去母亲，便依附王后，王后就故意爱护他们，与他们一起诋毁太子，衡山王因此多次鞭笞太子。元朔四年中，有人刺伤王后的继母，衡山王怀疑是太子派人刺伤了她，就鞭笞太子。后来衡山王患病，太子时常称病不去侍奉。刘孝、王后和刘无采都说太子的坏话："太子其实没病，自称有病，而且面有喜色。"衡山王非常愤怒，想废掉太子，立他的弟弟刘孝为太子。王后知道衡山王决意废掉太子，就又想一并废掉刘孝。王后有个侍女擅长跳舞，衡山王宠幸她，王后想让侍女与刘孝淫乱以玷污陷害他，想一并废掉兄弟二人而立自己的儿子刘广为太子。

太子刘爽知道了她的诡计，心想王后多次诋毁自己不肯罢休，想与她淫乱以堵住她的嘴。王后饮酒，太子上前敬酒祝寿，

王后乘舒死，立徐来为王后。厥姬俱幸。两人相妒，厥姬乃恶王后徐来于太子曰："徐来使婢蛊道杀太子母。"太子心怨徐来。徐来兄至衡山，太子与饮，以刀刺伤王后兄。王后怨怒，数毁恶太子于王。太子女弟无采，嫁弃归，与奴奸，又与客奸。太子数让无采，无采怒，不与太子通。王后闻之，即善遇无采。无采及中兄孝少失母，附王后，王后以计爱之，与共毁太子，王以故数击笞太子。元朔四年中，人有贼伤王后假母者，王疑太子使人伤之，笞太子。后王病，太子时称病不侍。孝、王后、无采恶太子："太子实不病，自言病，有喜色。"王大怒，欲废太子，立其弟孝。王后知王决废太子，又欲并废孝。王后有侍者，善舞，王幸之，王后欲令侍者与孝乱以污之，欲并废兄弟而立其子广代太子。

太子爽知之，念后数恶己无已时，欲与乱以止其口。王后饮，太子前为寿，因据王后股，

求与王后卧。王后怒，以告王。王乃召，欲缚而笞之。太子知王常欲废己立其弟孝，乃谓王曰：“孝与王御者奸，无采与奴奸，王强食，请上书。”即倍王去。王使人止之，莫能禁，乃自驾追捕太子。太子妄恶言，王械系太子宫中。孝日益亲幸。王奇孝材能，乃佩之王印，号曰将军，令居外宅，多给金钱，招致宾客。宾客来者，微知淮南、衡山有逆计，日夜从容劝之。王乃使孝客江都人救赫、陈喜作辌车镞矢，刻天子玺、将相军吏印。王日夜求壮士如周丘等，数称引吴楚反时计画，以约束。衡山王非敢效淮南王求即天子位，畏淮南起并其国，以为淮南已西，发兵定江淮之间而有之，望如是。

元朔五年秋，衡山王当朝，六年过淮南，淮南王乃昆弟语，除前郤，约束反具。衡山王即上书谢病，上赐书不朝。

趁势坐在了王后大腿上，请求与王后同睡。王后非常愤怒，将此事告诉了衡山王。衡山王于是召来太子，想捆绑起来鞭笞他。太子知道衡山王常想废掉自己而立他的弟弟刘孝，就对衡山王说：“刘孝与大王宠幸的侍女通奸，无采与奴仆通奸，大王强打精神多吃点吧，我要上书朝廷。”随即背对衡山王离去。衡山王派人制止他，没人能制止，于是亲自驾车追捕太子。太子乱讲坏话，衡山王用镣铐把太子拘禁在宫中。刘孝日益受到亲近和宠爱。衡山王很惊异刘孝的才能，就让他佩带王印，号称将军，让他居住在宫外的住宅，给他许多金钱，让他招揽宾客。前来的宾客，暗中知道淮南王和衡山王有谋逆的计划，就日夜鼓动劝说他。衡山王于是派刘孝的宾客江都人救赫、陈喜制造战车、箭矢，刻天子玉玺以及将相军吏的官印。衡山王日夜寻求像周丘等人一样的壮士，多次援用吴楚反叛时的计划，让他们照着执行。衡山王不敢仿效淮南王谋求登上天子之位，而是害怕淮南王起事吞并他的国家，认为淮南王西进之后，发兵平定江淮之间的土地而占有它，期望如此。

元朔五年秋天，衡山王当入朝，元朔六年经过淮南国，淮南王就说了一些兄弟之间的话，消除前嫌，约定共同制造谋反的器具。衡山王便上书推托有病，皇上赐诏书允许他不来入朝。

元朔六年中，衡山王派人上书请求废掉太子刘爽，立刘孝为太子。刘爽闻讯，当即派与自己友善的白嬴去长安上书，说刘孝制造战车和箭矢，与衡山王的侍女通奸，想以此来败坏刘孝的名声。白嬴到长安，还没上书，官吏逮捕了他，因他与淮南王谋反之事有牵连。衡山王听说刘爽派白嬴去上书，唯恐他说出国中的阴私之事，就上书反告太子刘爽犯大逆不道之罪，应斩首示众。此事下交沛郡审理。元狩元年冬天，负责办案的公卿大臣让沛郡搜捕参与淮南王谋反的人，没抓到，在衡山王的儿子刘孝家中抓到陈喜。官吏弹劾刘孝带头藏匿陈喜。刘孝认为陈喜平素多次与衡山王计议谋反，害怕他告发此事，听说法律规定事先自首的人可免除他的罪责，又怀疑太子派白嬴上书告发谋反的事，就先去自首，告发参与谋反的人救赫、陈喜等人。廷尉查处验证属实，公卿大臣请求逮捕衡山王，治他的罪。天子说："不要逮捕他。"派遣中尉司马安、大行令李息前去就地讯问衡山王，衡山王具实作了回答。官吏都包围王宫将其看守起来。中尉和大行令还朝，将情况上奏，公卿大臣请求派宗正和大行令与沛郡府联合审理衡山王。衡山王听说后，就自刭而死。刘孝事先自首谋反的事，朝廷免除他的罪责；但因犯与衡山王侍女

元朔六年中，衡山王使人上书请废太子爽，立孝为太子。爽闻，即使所善白嬴之长安上书，言孝作辎车镞矢，与王御者奸，欲以败孝。白嬴至长安，未及上书，吏捕嬴，以淮南事系。王闻爽使白嬴上书，恐言国阴事，即上书反告太子爽所为不道弃市罪事。事下沛郡治。元狩元年冬，有司公卿下沛郡求捕所与淮南谋反者未得，得陈喜于衡山王子孝家。吏劾孝首匿喜。孝以为陈喜雅数与王计谋反，恐其发之，闻律先自告除其罪，又疑太子使白嬴上书发其事，即先自告，告所与谋反者救赫、陈喜等。廷尉治验，公卿请逮捕衡山王治之。天子曰："勿捕。"遣中尉安、大行息即问王，王具以情实对。吏皆围王宫而守之。中尉、大行还，以闻，公卿请遣宗正、大行与沛郡杂治王。王闻，即自刭杀。孝先自告反，除其罪；坐与王御婢奸，弃市。王后徐来亦坐蛊杀前王后乘舒，及太子爽坐王告不孝，皆弃市。诸

与衡山王谋反者皆族。国除为
衡山郡。

通奸之罪，被斩杀示众。王后徐来也因借
巫蛊谋杀前王后乘舒，还有太子刘爽被衡
山王控告不孝，都被斩杀示众。所有参与
衡山王谋反的人都被灭族。衡山国被废除，
改为衡山郡。

太史公曰：《诗》之所谓
"戎狄是膺，荆舒是惩"，信
哉是言也。淮南、衡山亲为骨肉，
疆土千里，列为诸侯，不务遵
蕃臣职以承辅天子，而专挟邪
僻之计，谋为畔逆，仍父子再
亡国，各不终其身，为天下笑。
此非独王过也，亦其俗薄，臣
下渐靡使然也。夫荆楚僄勇轻
悍，好作乱，乃自古记之矣。

太史公说：《诗经》上所说的"抗击
戎狄，惩治荆舒"，这话可信啊。淮南王
和衡山王是亲近的骨肉，疆土千里，列为
诸侯，不致力于遵守藩臣的职责去辅助
天子，而一心怀着邪恶的心思，图谋叛逆，
致使父子相继两次亡国，都没有得到善终，
被天下人耻笑。这并不只是为王的过错，
也是当地民俗浅薄，臣子逐渐受影响所致。
荆楚之人凶悍勇猛，喜好作乱，这是自古
就有记载的了。

史记卷一百一十九
列传第五十九

循吏列传

孙叔敖　子产　公仪休　石奢　李离

太史公说：法令是用以教导民众的，刑罚是用以禁止奸邪的。文法与刑律不完备，善良的百姓依然心存戒惧，自我修省，那是因为为官者未曾违乱纲纪。官吏如果能奉公尽职，依理办事，也可以治理得好，何必要用威严的刑法呢？

孙叔敖，是楚国的处士。虞丘把他举荐给楚庄王以接替自己的职务。三个月以后担任楚国国相，施行教化，引导民众，上下和合，世俗盛美，政令宽缓有禁则止，官吏没有奸邪，民间也没有盗贼兴起。秋冬之际就鼓励民众进山采伐，春夏之时趁河水上涨将木材运出山外，使百姓各自获得谋生的便利之路，百姓都生活得安乐。

庄王认为楚币太轻，就把小币改为大币，百姓使用起来很不方便，都放弃了自己的本业。管理市场的长官对楚国国相说："市场混乱，百姓无人安心在那里交易，

太史公曰：法令所以导民也，刑罚所以禁奸也。文武不备，良民惧然身修者，官未曾乱也。奉职循理，亦可以为治，何必威严哉？

孙叔敖

孙叔敖者，楚之处士也。虞丘相进之于楚庄王以自代也。三月为楚相，施教导民，上下和合，世俗盛美，政缓禁止，吏无奸邪，盗贼不起。秋冬则劝民山采，春夏以水，各得其所便，民皆乐其生。

庄王以为币轻，更以小为大，百姓不便，皆去其业。市令言之相曰："市乱，民莫安其处，次行不定。"相曰："如

此几何顷乎？”市令曰：“三
月顷。”相曰：“罢，吾今令
之复矣。”后五日，朝，相言
之王曰：“前日更币，以为轻。
今市令来言曰‘市乱，民莫安
其处，次行之不定’。臣请遂
令复如故。”王许之，下令三
日而市复如故。

楚民俗好庳车，王以为
庳车不便马，欲下令使高之。
相曰：“令数下，民不知所
从，不可。王必欲高车，臣请
教闾里使高其梱。乘车者皆君
子，君子不能数下车。”王许之。
居半岁，民悉自高其车。

此不教而民从其化，近者
视而效之，远者四面望而法之。
故三得相而不喜，知其材自得
之也；三去相而不悔，知非己
之罪也。

子产

子产者，郑之列大夫也。
郑昭君之时，以所爱徐挚为
相，国乱，上下不亲，父子不

秩序很不安定。”楚国国相说：“这种情
况有多久了？”市令说：“已经有三个月
了。”楚国国相说：“罢了，我如今就让
市场恢复原样。”五天后上朝时，楚国国
相对楚庄王说：“前段时间更改钱币，认
为旧币太轻。如今市令来报告说‘市场混乱，
百姓无人安心在那里交易，秩序很不安定’。
我请求下令恢复旧币制。”庄王答应了他，
命令下达三天后市场恢复如故。

楚国百姓喜好坐矮车，楚王认为矮车
不便于驾马，想下令把矮车改高。楚国国
相说：“政令多次下达，使百姓无所适从，
不可行。大王一定想把车改高，我请求让
乡里加高他们的门槛。乘车的人都是君子，
君子不会为过门槛而频繁下车。”楚王答
应了他。过了半年，百姓们全都自动加高
了他们的车子。

这就是孙叔敖不用下令教导而使百姓
自然顺从他的教化，近处的人看到他的言
行就效仿他，远处的人四处观望看到别人
的变化后也效法他。所以孙叔敖三次得到
相位而不沾沾自喜，知道这是凭自己的才
能获得的；三次离开相位也并不懊悔，知
道这并非自己的过错。

子产，是郑国的大夫。郑昭君的时候，
任命他所喜欢的徐挚为相，国政混乱，上
下不相亲，父子不和睦。大宫子期向昭君

进言，任命子产为相。子产担任相国一年，浪荡子弟不再轻狂嬉戏，头发斑白的老人不必手提负重，儿童也不用耕田犁地。担任相国两年，市场上买卖公平，不定高价。担任相国三年，夜不闭户，路不拾遗。担任相国四年，农田用具不必带回家中。担任相国五年，男子无须服兵役，办丧期间不用法令也能大治。子产治理郑国二十六年后去世，青壮年号啕大哭，老人像孩子一样啼哭，说："子产离开我们去世啦！百姓将依靠谁呢？"

公仪休，是鲁国博士。因才优而品第高做了鲁国国相。他奉守法度，依理行事，无所变更，百官自觉端正品行。他让为官的人不与下民争夺利益，得到很多利益的人不得牟取小利。

有位客人送给国相鱼，国相不肯接受。客人说："听说您爱吃鱼，送您鱼，为什么不接受呢？"国相说："正因为爱吃鱼，所以我不能接受。如今身为国相，我能自己买鱼吃；现在如果接受你的鱼而被免官，谁还会再给我送鱼呢？所以我不能接受。"

公仪休吃蔬菜感到美味，就拔掉自家园中的葵菜扔掉了。看见自家的织布好，就赶紧把家中妻子赶出门去，烧了织机，说："难道想让农夫和织妇无法卖掉他们的货物吗？"

和。大宫子期言之君，以子产为相。为相一年，竖子不戏狎，斑白不提挈，僮子不犁畔。二年，市不豫贾。三年，门不夜关，道不拾遗。四年，田器不归。五年，士无尺籍，丧期不令而治。治郑二十六年而死，丁壮号哭，老人儿啼，曰："子产去我死乎！民将安归？"

公仪休

公仪休者，鲁博士也。以高弟为鲁相。奉法循理，无所变更，百官自正。使食禄者不得与下民争利，受大者不得取小。

客有遗相鱼者，相不受。客曰："闻君嗜鱼，遗君鱼，何故不受也？"相曰："以嗜鱼，故不受也。今为相，能自给鱼；今受鱼而免，谁复给我鱼者？吾故不受也。"

食茹而美，拔其园葵而弃之。见其家织布好，而疾出其家妇，燔其机，云"欲令农士工女安所雠其货乎"？

石奢

石奢者，楚昭王相也。坚直廉正，无所阿避。行县，道有杀人者，相追之，乃其父也。纵其父而还自系焉。使人言之王曰："杀人者，臣之父也。夫以父立政，不孝也；废法纵罪，非忠也：臣罪当死。"王曰："追而不及，不当伏罪，子其治事矣。"石奢曰："不私其父，非孝子也；不奉主法，非忠臣也。王赦其罪，上惠也；伏诛而死，臣职也。"遂不受令，自刭而死。

李离

李离者，晋文公之理也。过听杀人，自拘当死。文公曰："官有贵贱，罚有轻重。下吏有过，非子之罪也。"李离曰："臣居官为长，不与吏让位；受禄为多，不与下分利。今过听杀人，傅其罪下吏，非所闻也。"辞不受令。文公曰："子则自以为有罪，寡人亦有罪邪？"李离曰："理有法，失刑则刑，失死则死。公以臣能听微决疑，故使为理。今过听

石奢，是楚昭王的国相。坚直廉正，从不阿谀逢迎、逃避事情。他巡行属县，遇到路上有杀人犯，国相追捕凶手，竟是他的父亲。他放走他的父亲而返回把自己囚禁起来。派人对昭王说："杀人的人，是我的父亲。如果以惩治父亲来树立政绩，是不孝；如果废弃法度纵容罪犯，是不忠：我罪该处死。"昭王说："追捕凶手却没抓到，不应伏罪，您还是去治理政事吧。"石奢说："不袒护自己的父亲，不是孝子；不奉行君主法令，不是忠臣。大王赦免我的罪责，是主上的恩惠；伏诛而死，是我的职责。"于是不接受赦令，自刭而死。

李离，是晋文公的法官。因错听错信而误杀了人，就把自己拘禁起来判处死罪。文公说："官有贵贱，罚有轻重。手下的官吏有过失，并非你的罪责啊。"李离说："我担任的官职是长官，没给下属让位；我接受的俸禄多，也没给下属分利。如今因错听错信而误杀了人，却把罪责推诿给下属官吏，从没听说过这种道理。"推辞不肯接受赦令。文公说："你如果自认为有罪，那我也有罪吗？"李离说："法官断案自有法令，因过失使人受刑就要自己受刑，因过失使人死亡自己也要偿命。您

因我能听察微理，决断疑案，所以让我做法官。如今我因错听错信而误杀了人，罪当处死。"于是不接受赦令，伏剑自刎而死。

太史公说：孙叔敖口出一言，郢都市场就恢复如故。子产病死，郑国百姓号啕大哭。公仪先生看见织布好就把家中的妻子赶出门去。石奢放走父亲自杀而死，楚昭王得以树立威名。李离因错判杀人而伏剑自杀，晋文公得以整肃国法。

杀人，罪当死。"遂不受令，伏剑而死。

太史公曰：孙叔敖出一言，郢市复。子产病死，郑民号哭。公仪子见好布而家妇逐。石奢纵父而死，楚昭名立。李离过杀而伏剑，晋文以正国法。

史记卷一百二十
列传第六十

汲黯 郑当时

汲黯

汲黯字长孺，濮阳人。他的祖先受古卫国国君宠爱。到汲黯时是第七代，世代担任卿大夫。汲黯靠父亲的保举，在孝景帝时担任太子洗马，因为人严威而被人敬畏。孝景帝驾崩，太子即位，汲黯担任谒者。东越人相互攻打，皇上派汲黯前往视察东越。未到东越，只到吴地便返回，禀报说："东越人相互攻击，本是他们民俗使然，不值得烦劳天子的使臣前往过问。"河内失火，蔓延烧及一千多户人家，皇上派汲黯前去视察火情。他回来禀报说："普通人家失火，房屋毗邻，火势蔓延开去，不值得担忧。我路过河南时，河南贫民受水旱灾害的有一万多家，有的父子相食，我自作主张用符节发放了河南郡官仓的储粮以赈济贫民。我请求归还符节，承受假传圣旨的罪责。"皇上认为他贤能，宽赦了他，调任他为荥阳令。汲黯耻于当县令，就称病归乡。皇上听说后，就召来他拜为中大夫。由于多次向皇上直言诤谏，他无法久留朝

汲黯字长孺，濮阳人也。其先有宠于古之卫君。至黯十世，世为卿大夫。黯以父任，孝景时为太子洗马，以庄见惮。孝景帝崩，太子即位，黯为谒者。东越相攻，上使黯往视之。不至，至吴而还，报曰："越人相攻，固其俗然，不足以辱天子之使。"河内失火，延烧千余家，上使黯往视之。还报曰："家人失火，屋比延烧，不足忧也。臣过河南，河南贫人伤水旱万余家，或父子相食。臣谨以便宜，持节发河南仓粟以振贫民。臣请归节，伏矫制之罪。"上贤而释之，迁为荥阳令。黯耻为令，病归田里。上闻，乃召拜为中大夫。以数切谏，不得久留内，迁为东海太守。黯学黄老之言，治官理民，

好清静，择丞史而任之。其治，责大指而已，不苛小。黯多病，卧闺阁内不出。岁余，东海大治，称之。上闻，召以为主爵都尉，列于九卿。治务在无为而已，弘大体，不拘文法。

黯为人性倨，少礼，面折，不能容人之过。合己者善待之，不合己者不能忍见，士亦以此不附焉。然好学，游侠，任气节，内行修洁，好直谏，数犯主之颜色，常慕傅柏、袁盎之为人也。善灌夫、郑当时及宗正刘弃。亦以数直谏，不得久居位。

当是时，太后弟武安侯蚡为丞相，中二千石来拜谒，蚡不为礼。然黯见蚡未尝拜，常揖之。天子方招文学儒者，上曰吾欲云云，黯对曰："陛下内多欲而外施仁义，奈何欲效唐虞之治乎！"上默然，怒，变色而罢朝。公卿皆为黯惧。上退，谓左右曰："甚矣，汲黯之戆也！"群臣或数黯，黯

内，就调任他为东海太守。汲黯学习黄老学说，治官理民喜好清静，挑选郡丞和史书将政事委托给他们。他治理政事，只是督查下属按大原则行事而已，不苛求小节。汲黯多病，常常躺在卧室内不出门。理政一年多，东海治理得很好。人们都称赞他。皇上听说后，征召他为主爵都尉，位列九卿。他治理政务力求无为而治，只注重主要原则，不拘泥于法令条文。

汲黯为人性情傲慢，不讲礼数，当面指责人，不能容忍他人的过失。与自己性情相合的，就善待他；与自己不合的，就不耐心接见，士人也因此不依附他。然而他喜好学习，行侠仗义，注重志气节操，居家时品行美好纯正，喜欢直言劝谏，多次触犯皇上龙颜，一直仰慕傅柏、袁盎的为人。他与灌夫、郑当时及宗正刘弃交好。也因多次直言劝谏，不能久居官位。

当时，太后的弟弟武安侯田蚡担任丞相，其中二千石级官员前来拜谒他，田蚡不去还礼。然而汲黯求见田蚡时未曾行跪拜礼仪，经常只是拱手作揖。天子正在招揽文学儒生，皇上说我想如何如何，汲黯回答说："陛下内心有很多欲望却表面上施行仁义，又怎么能效仿唐尧虞舜的治国之道呢！"皇上沉默，心中恼怒，脸色一变就罢朝了。公卿大臣都为汲黯感到害怕。皇上退朝后，对身边侍从说："汲黯诚恳

耿直得也太过分了！"群臣中有人数落汲黯，汲黯说："天子设置公卿和辅弼大臣，难道是让他们屈从取容、阿谀逢迎，陷君主于不义吗？况且我已身居其位，纵然爱惜自己的身体，但如果有辱朝廷该怎么办呢！"

汲黯多病，抱病将满三个月，皇上多次赐他休假养病，始终不能痊愈。最后病得厉害时，庄助替他请假。皇上说："汲黯是怎样的人呢？"庄助说："让汲黯任职为官，没有过人之处。然而他辅佐年少的君主，一定能坚守职责，无法以利益驱使他，即使是自称孟贲、夏育的人也不能撼夺他的意志。"皇上说："是的。古代就有辅弼社稷的忠臣，至于汲黯，就跟他们很接近了。"

大将军卫青入侍宫中，皇上蹲在厕所中接见他。丞相公孙弘在皇上闲暇时觐见，皇上有时不戴帽子。到了汲黯觐见的时候，皇上不戴好帽子不会接见他。皇上曾坐在武帐中，汲黯上前奏事，皇上没戴帽子，望见汲黯，就躲避到帐中，派人代为批准他的奏章。他觐见皇上受到尊敬礼遇到了如此程度。

张汤刚刚凭借更定律令做了廷尉，汲黯在皇上面前多次质问指责张汤，说："您身为正卿，上不能发扬先帝的功业，下不能抑制天下人的邪念，安国富民，使监狱空无罪犯，二者你没有一样能做成。做若

曰："天子置公卿辅弼之臣，宁令从谀承意，陷主于不义乎？且已在其位，纵爱身，奈辱朝廷何！"

黯多病，病且满三月，上常赐告者数，终不愈。最后病，庄助为请告。上曰："汲黯何如人哉？"助曰："使黯任职居官，无以逾人。然至其辅少主，守城深坚，招之不来，麾之不去。虽自谓贲育亦不能夺之矣。"上曰："然。古有社稷之臣，至如黯，近之矣。"

大将军青侍中，上踞厕而视之。丞相弘燕见，上或时不冠。至如黯见，上不冠不见也。上尝坐武帐中，黯前奏事，上不冠，望见黯，避帐中，使人可其奏。其见敬礼如此。

张汤方以更定律令为廷尉，黯数质责汤于上前，曰："公为正卿，上不能褒先帝之功业，下不能抑天下之邪心，安国富民，使囹圄空虚，二者无一焉。

非苦就行，放析就功，何乃取高皇帝约束纷更之为？公以此无种矣。"黯时与汤论议，汤辩常在文深小苛，黯伉厉守高不能屈，忿发骂曰："天下谓刀笔吏不可以为公卿，果然。必汤也，令天下重足而立，侧目而视矣！"

是时，汉方征匈奴，招怀四夷。黯务少事，乘上间，常言与胡和亲，无起兵。上方向儒术，尊公孙弘。及事益多，吏民巧弄。上分别文法，汤等数奏决谳以幸。而黯常毁儒，面触弘等徒怀诈饰智以阿人主取容，而刀笔吏专深文巧诋，陷人于罪，使不得反其真，以胜为功。上愈益贵弘、汤，弘、汤深心疾黯，唯天子亦不说也，欲诛之以事。弘为丞相，乃言上曰："右内史界部中多贵人宗室，难治，非素重臣不能任，请徙黯为右内史。"为右内史数岁，官事不废。

大将军青既益尊，姊为皇

干错误的事来成就自己的德行，恣意破坏朝廷律令来实现自己的功名，为何竟把高皇帝定下来的规章制度也乱改一气呢？您这样做会断子绝孙的。"汲黯时常与张汤争辩，张汤争辩时经常深究条文，苛求细节；汲黯则伉直严厉，志气高昂，不被屈服，愤怒地骂道："天下人说刀笔小吏不可以做公卿，果然如此。一定按张汤的方法行事，就会使天下人重足而立，侧目而视了。"

当时，汉朝正在征讨匈奴，招抚四夷。汲黯务求朝廷少事，趁皇上空闲，经常进言与匈奴和亲，不要起兵征讨。皇上正倾心于儒术，尊用公孙弘。等到政事增多，官吏百姓取巧弄法。皇上才分条别律，张汤等人多次进奏所判决的案件，因此受到宠信。而汲黯经常诋毁儒学，当面抨击公孙弘等人内怀奸诈而外显智巧来阿谀主上取得欢心，而刀笔小吏专门深究律条，巧言诋毁，构陷他人有罪，使事实真相不得昭示，以压倒别人作为功劳。皇上更加倚重公孙弘和张汤，公孙弘、张汤内心深处嫉恨汲黯，就连天子也不喜欢他，想借故杀了他。公孙弘担任丞相，就向皇上进言道："右内史管辖内有很多贵族皇亲，难以治理，不是平素的重臣不能胜任，请调任汲黯为右内史。"汲黯担任右内史多年，公事从未荒废过。

大将军卫青更加显贵后，他的姐姐做

了皇后，但汲黯仍与他行平等的礼节。有人劝汲黯说："天子想让群臣都居于大将军之下，大将军更受尊重，你不可以不拜他。"汲黯说："大将军因为有拱手作揖的客人，反而不受敬重了吗？"大将军听说后，愈加觉得汲黯贤良，多次向他请教国家朝廷中的疑难之事，对待汲黯超过平素所结交的人。

淮南王谋反，畏惧汲黯，说："他喜好直言进谏，守节死义，很难用不正当的事情诱惑他。至于劝说丞相公孙弘，就如同掀开蒙布、振落树叶一样容易了。"

天子多次征讨匈奴，创下功绩后，汲黯的言论更加不被采用。

当初汲黯位列九卿，而公孙弘、张汤只是小吏。等到公孙弘、张汤逐渐显贵，与汲黯同居高位，汲黯又责难诋毁公孙弘、张汤等人。不久公孙弘官至丞相，封为列侯；张汤官至御史大夫；从前汲黯手下的丞相、书史都与汲黯同级，有的被尊崇重用还超过了他。汲黯心地狭窄，不可能没有一点怨言，朝见皇上，上前进言说："陛下使用群臣就像堆柴草一样，后来的堆在上面。"皇上沉默。之后汲黯退下，皇上说："人果然不可以没有修养，看汲黯的话，他愚笨耿直得更过分了。"

过了不久，匈奴浑邪王率众来降，汉朝征发二万乘车辆去迎接。官府没钱，就

后，然黯与亢礼。人或说黯曰："自天子欲群臣下大将军，大将军尊重益贵，君不可以不拜。"黯曰："夫以大将军有揖客，反不重邪？"大将军闻，愈贤黯，数请问国家朝廷所疑，遇黯过于平生。

淮南王谋反，惮黯，曰："好直谏，守节死义，难惑以非。至如说丞相弘，如发蒙振落耳。"

天子既数征匈奴有功，黯之言益不用。

始黯列为九卿，而公孙弘、张汤为小吏。及弘、汤稍益贵，与黯同位，黯又非毁弘、汤等。已而弘至丞相，封为侯；汤至御史大夫；故黯时丞相史皆与黯同列，或尊用过之。黯褊心，不能无少望，见上，前言曰："陛下用群臣如积薪耳，后来者居上。"上默然。有间，黯罢，上曰："人果不可以无学，观黯之言也日益甚。"

居无何，匈奴浑邪王率众来降，汉发车二万乘。县官无钱，

从民贳马。民或匿马，马不具。上怒，欲斩长安令。黯曰：“长安令无罪，独斩黯，民乃肯出马。且匈奴畔其主而降汉，汉徐以县次传之，何至令天下骚动，罢弊中国而以事夷狄之人乎！”上默然。及浑邪至，贾人与市者，坐当死者五百余人。黯请间，见高门，曰：“夫匈奴攻当路塞，绝和亲，中国兴兵诛之，死伤者不可胜计，而费以巨万百数。臣愚以为陛下得胡人皆以为奴婢，以赐从军死事者家；所卤获，因予之；以谢天下之苦，塞百姓之心。今纵不能，浑邪率数万之众来降，虚府库赏赐，发良民侍养，譬若奉骄子。愚民安知市买长安中物而文吏绳以为阑出财物于边关乎？陛下纵不能得匈奴之资以谢天下，又以微文杀无知者五百余人，是所谓‘庇其叶而伤其枝’者也，臣窃为陛下不取也。”上默然，不许，曰：“吾久不闻汲黯之言，今又复妄发矣。”后数月，黯坐小法，会赦免官。于是黯隐于田园。

向百姓借马。有人把马藏匿起来，马匹不够。皇上非常愤怒，要斩长安令。汲黯说：“长安令无罪，只有斩了我，人民才肯献出马匹。况且匈奴背叛他们的君主而降汉，汉朝可以慢慢地让沿途各县准备车马把他们依次接运过来，何至于让天下骚动，使中原疲于奔命而去为夷狄之人效力呢！”皇上沉默不语。等到浑邪王到达，商人因与匈奴人做生意，犯法被判死罪的有五百多人。汲黯请得被接见的机会，在高门殿见到皇上，说：“匈奴攻打汉朝的当路要塞，断绝和亲，中原兴兵诛灭他们，死伤者不可胜计，而且耗费的物资数以百万计。我愚笨，认为陛下得到胡人，应该把他们都作为奴婢赐给从军战死的家属；所虏获的财物，也应该顺势都赐予他们，以告谢天下人的劳苦，满足百姓的心愿。如今纵使不能这么做，浑邪王率领几万部众来投降，也不能搬空府库去赏赐他们，征发善良的百姓去侍养他们，如同奉养宠儿一般。无知的百姓哪里知道让匈奴人买卖长安城里的物品会被死抠法律条文的执法官视为非法走私货物出关而判罪呢？陛下纵使不能得到匈奴的物资来慰劳天下人，又用苛严的律令杀死无知的百姓五百多人，这就是所谓‘庇护树叶而伤害树枝’的做法，我私下认为陛下此举是不可取的。”皇上沉默不语，没有听从，说：“我很久没听到汲黯的话了，如今他又胡乱发议论了。"
几个月后，汲黯犯了小罪，恰逢大赦只是
被免官。于是汲黯归隐田园了。

　　过了几年，赶上改铸五铢钱，很多百
姓盗铸钱币，楚地尤其严重。皇上认为淮
阳郡是楚地的郊外，于是征召汲黯，拜他
为淮阳太守。汲黯伏地辞谢不肯受印，朝
廷多次下诏强迫给他，然后才奉诏。皇上
下诏召见汲黯，汲黯向皇上哭泣道："我
自以为将要身死填入沟壑，不会再见到陛
下，没想到陛下再次收用我。我常患贱
病，体力难以胜任郡中之事，我希望做中
郎，出入宫禁之中，拾遗补阙，这是我的
愿望。"皇上说："你是看不上淮阳郡守
的职位吗？我现在就可以召你回来。只是
淮阳郡官民关系不融洽，我只能借助你的
威望，躺着那里就可以得到治理了。"汲
黯辞行后，去拜访大行令李息，说："我
被弃置在外郡，不能参与朝廷议政。可是
御史大夫张汤智谋足以抗拒别人的谏言，
奸诈足以文过饰非，务求机巧奸佞的语言，
强辩挑剔的言辞，不肯秉正为天下人说话，
专门阿谀主上之意。主上心中所不想要的，
他就跟着诋毁；主上心中所想要的，他就
跟着赞誉。喜好兴起事端，搬弄法律条文，
内怀奸诈以迎合主上心意，外用害人的官
吏增加自己的威势。您位居九卿，如果不
提早进言皇上，您将与他一起受到惩罚

　　居数年，会更五铢钱，民
多盗铸钱，楚地尤甚。上以为
淮阳楚地之郊，乃召拜黯为淮
阳太守。黯伏谢不受印，诏数
强予，然后奉诏。诏召见黯，
黯为上泣曰："臣自以为填沟
壑，不复见陛下，不意陛下复
收用之。臣常有狗马病，力不
能任郡事，臣愿为中郎，出入
禁闼，补过拾遗，臣之愿也。"
上曰："君薄淮阳邪？吾今召
君矣。顾淮阳吏民不相得，吾
徒得君之重，卧而治之。"黯
既辞行，过大行李息，曰："黯
弃居郡，不得与朝廷议也。然
御史大夫张汤智足以拒谏，诈
足以饰非，务巧佞之语，辩数
之辞，非肯正为天下言，专阿
主意。主意所不欲，因而毁
之；主意所欲，因而誉之。好
兴事，舞文法，内怀诈以御主
心，外挟贼吏以为威重。公列
九卿，不早言之，公与之俱受
其僇矣。"息畏汤，终不敢言。
黯居郡如故治，淮阳政清。后

张汤果败，上闻黯与息言，抵息罪。令黯以诸侯相秩居淮阳。七岁而卒。

卒后，上以黯故，官其弟汲仁至九卿，子汲偃至诸侯相。黯姑姊子司马安亦少与黯为太子洗马。安文深，巧善宦，官四至九卿，以河南太守卒。昆弟以安故，同时至二千石者十人。濮阳段宏始事盖侯信，信任宏，宏亦再至九卿。然卫人仕者皆严惮汲黯，出其下。

郑当时

郑当时者，字庄，陈人也。其先郑君尝为项籍将；籍死，已而属汉。高祖令诸故项籍臣名籍，郑君独不奉诏。诏尽拜名籍者为大夫，而逐郑君。郑君死孝文时。

郑庄以任侠自喜，脱张羽于厄，声闻梁楚之间。孝景时，为太子舍人。每五日洗沐，常置驿马长安诸郊，存诸故人，请谢宾客，夜以继日，至其明

了。"李息害怕张汤，始终不敢进言。汲黯身居郡守治理政事依旧如故，使淮阳政治清明。后来张汤果然身败，皇上听说汲黯对李息说过那番话，判李息有罪。命汲黯享受诸侯国相的俸禄在淮阳为官。他在七年后去世。

汲黯死后，皇上出于汲黯的缘故，给他的弟弟汲仁加官至九卿，儿子汲偃加官至诸侯国相。汲黯姑母的儿子司马安年少时也与汲黯同为太子洗马。司马安玩弄法律条文，巧于为官，官位四次升迁做到九卿，在河南太守任上去世。他的兄弟因为司马安的关系，同时官至二千石级的有十人。濮阳人段宏当初侍奉盖侯王信，王信保举段宏，段宏也两次官至九卿。然而卫人做官的都很敬畏汲黯，甘居他之下。

郑当时，字庄，陈县人。他的祖先郑君曾经做项籍的将领；项籍死后不久，他归附汉朝。高祖下令让所有项籍原来的臣子直呼项籍的名字，唯独郑君不奉诏而行。高祖下诏把所有直呼项籍名讳的人拜为大夫，而赶走了郑君。郑君死于孝文帝在位时。

郑庄因行侠仗义而扬扬自得，因在危难时解救张羽，声名传遍梁楚之间。孝景帝时，他担任太子舍人。每五日休假一次，经常在长安四郊设置驿马，心里想着各位故人，邀请拜谢宾客，夜以继日，通宵达

旦，经常担心有所疏漏。郑庄喜好黄老之道，他仰慕长者就像唯恐见不到人家一样。他年少时官职卑微，但他交游的知心朋友都是他祖父一辈的天下名士。武帝即位，郑庄逐渐升为鲁国中尉、济南郡太守和江都国相，直到以九卿的身份担任右内史。因为武安侯、魏其侯廷议之事，他被贬官为詹事，又调任大农令。

郑庄担任高官，告诫门吏说："有客人来，无论贵贱都不能让他们留在门口等候。"他和客人行宾主的礼节，以高贵的身份居客人下位。郑庄廉洁，又不营治自己的产业，仰赖俸禄和赏赐来供给各位宾朋。然而他所馈赠的，不过是用竹器盛的一些食物。每逢上朝等候皇上的时候，言谈中未曾不称道天下的忠厚长者。他推荐士人和属下的丞史时，都说得饶有兴味，经常推荐他们说比自己贤能。他没有直呼过属吏的名字，与属官谈话时，就像唯恐伤害他们一样。他听到别人的有益之言，就进奏给皇上，唯恐有所拖延。崤山以东的士人都因此称颂郑庄。

郑庄被派去视察黄河决口，他自己请求给予五天时间整治行装。皇上说："我听说'郑庄出行，千里不带粮'，为什么还请求整治行装呢？"然而郑庄在朝中，经常附和顺从皇上的心意，不敢明示是非主张。到了晚年，汉朝征讨匈奴，招抚四方

旦，常恐不遍。庄好黄老之言，其慕长者如恐不见。年少官薄，然其游知交皆其大父行，天下有名之士也。武帝立，庄稍迁为鲁中尉、济南太守、江都相，至九卿为右内史。以武安侯、魏其时议，贬秩为詹事，迁为大农令。

庄为大吏，诫门下："客至，无贵贱无留门者。"执宾主之礼，以其贵下人。庄廉，又不治其产业，仰奉赐以给诸公。然其馈遗人，不过算器食。每朝，候上之间，说未尝不言天下之长者。其推毂士及官属丞史，诚有味其言之也，常引以为贤己。未尝名吏，与官属言，若恐伤之。闻人之善言，进之上，唯恐后。山东士诸公以此翕然称郑庄。

郑庄使视决河，自请治行五日。上曰："吾闻'郑庄行，千里不赍粮'，请治行者何也？"然郑庄在朝，常趋和承意，不敢甚引当否。及晚节，汉征匈奴，招四夷，天下费多，财

用益匮。庄任人宾客为大农僦
人,多逋负。司马安为淮阳太守,
发其事,庄以此陷罪,赎为庶人。
顷之,守长史。上以为老,以
庄为汝南太守。数岁,以官卒。

郑庄、汲黯始列为九卿,廉,
内行修洁。此两人中废,家贫,
宾客益落。及居郡,卒后家无
余赀财。庄兄弟子孙以庄故,
至二千石六七人焉。

太史公曰:夫以汲、郑之
贤,有势则宾客十倍,无势则
否,况众人乎!下邽翟公有言,
始翟公为廷尉,宾客阗门;及
废,门外可设雀罗。翟公复为
廷尉,宾客欲往,翟公乃大署
其门曰:"一死一生,乃知交
情;一贫一富,乃知交态;一
贵一贱,交情乃见。"汲、郑
亦云,悲夫!

夷狄,天下耗费很多,财产用度日益匮乏。
郑庄推荐的宾客替大司农承办运输,亏空
很多款项。司马安担任淮阳太守,揭发此事,
郑庄因此获罪,被贬为庶民。不久,他又
做了丞相长史。皇上认为他年老,任命他
为汝南太守。几年后,他在任上去世。

郑庄、汲黯当初位列九卿,为政清廉,
赋闲居家时品行美好纯正。这两人中途都
被罢官,家境清贫,宾客也日益散去。等
到他做了郡守,死后家里没有剩余的钱财。
郑庄的兄弟子孙因郑庄的关系官至二千石
级的有六七人。

太史公说:凭着汲黯、郑庄的贤能,
有权势时宾客能有十倍,没有权势时则
相反,何况众人呢!下邽人翟公说过,当
初翟公任职廷尉,宾客盈门;等他被免官,
门外冷清得可以设网捕雀。翟公再次担任
廷尉,宾客想要前去祝贺,翟公就在他家
门上大大写道:"两个人一死一生,才知
道彼此的交情。两个人一贫一富,才知道
交往的情形。两个人一贵一贱,交情才显
现出来。"汲黯、郑庄也是如此,可悲啊!

史记卷一百二十一
列传第六十一

儒林列传

公孙弘　申公　辕固生　韩婴　伏胜　兒宽　高堂生　徐生（等）
商瞿（等）　董仲舒　胡毋生　江生　褚大　殷忠　吕步舒

太史公说：我读朝廷选拔学官所考的法规，读到广开勉励学官之路时，未曾不放下书而慨叹。说：唉！周王室衰微而《关雎》出现，周幽王、周厉王统治衰微而礼崩乐坏，诸侯恣意横行，政令由强国颁布。所以孔子担忧王道废弛而邪道兴起，于是编定《诗》《书》，修订恢复礼乐。去齐国听到《韶》乐，三月品尝不出肉的美味。自卫国返回鲁国，然后校正音乐，《雅》《颂》各得其所。由于世道混乱污浊而无人起用他，因此仲尼求见七十多个国君都没有得到知遇，他说："如果有用我的，满一个月就可以治理好国政了"。鲁国西郊有人猎获麒麟，孔子说："我的主张不能实现了。"所以他借助鲁国的历史记录撰写《春秋》，把它当作王法。因它文辞精深并寓意博大，后世很多学者记录学习它。

自孔子死后，他的七十多名弟子分散

太史公曰：余读功令，至于广厉学官之路，未尝不废书而叹也。曰：嗟乎！夫周室衰而《关雎》作，幽厉微而礼乐坏，诸侯恣行，政由强国。故孔子闵王路废而邪道兴，于是论次《诗》《书》，修起礼乐。适齐闻《韶》，三月不知肉味。自卫返鲁，然后乐正，《雅》《颂》各得其所。世以混浊莫能用，是以仲尼干七十余君无所遇，曰："苟有用我者，期月而已矣。"西狩获麟，曰："吾道穷矣。"故因史记作《春秋》，以当王法，以辞微而指博，后世学者多录焉。

自孔子卒后，七十子之徒

散游诸侯，大者为师傅卿相，小者友教士大夫，或隐而不见。故子路居卫，子张居陈，澹台子羽居楚，子夏居西河，子贡终于齐。如田子方、段干木、吴起、禽滑釐之属，皆受业于子夏之伦，为王者师。是时独魏文侯好学。后陵迟以至于始皇，天下并争于战国，儒术既绌焉，然齐、鲁之间，学者独不废也。于威、宣之际，孟子、荀卿之列，咸遵夫子之业而润色之，以学显于当世。

及至秦之季世，焚《诗》《书》，坑术士，六艺从此缺焉。陈涉之王也，而鲁诸儒持孔氏之礼器往归陈王。于是孔甲为陈涉博士，卒与涉俱死。陈涉起匹夫，驱瓦合適戍，旬月以王楚，不满半岁竟灭亡，其事至微浅，然而缙绅先生之徒负孔子礼器往委质为臣者，何也？以秦焚其业，积怨而发愤于陈王也。

及高皇帝诛项籍，举兵围鲁，鲁中诸儒尚讲诵习礼乐，弦歌之音不绝，岂非圣人之遗化，好礼乐之国哉？故孔子

交游诸侯，成就大的做了诸侯国君的师傅卿相，成就小的交结教导士大夫，有的隐居不出。所以子路居住在卫国，子张居住在陈国，澹台子羽居住在楚国，子夏居住在西河，子贡在齐国终老。像田子方、段干木、吴起、禽滑釐之类，都受业于子夏等人，成为国君的老师。当时只有魏文侯爱好儒学。后来儒学逐渐衰颓直到秦始皇时。战国时天下相争，儒学受到罢黜，但齐、鲁一带，学者没有废弃儒学。在齐威王、齐宣王时期，孟子、荀卿等人，都继承孔子的事业并加以润色，凭借学问显扬于当世。

等到秦朝末年，秦王焚烧《诗》《书》，坑杀儒生，六艺从此残缺。陈涉称王，而鲁地儒生们携带儒家礼器前去归顺陈王。于是孔甲做了陈涉的博士，最终与陈涉一起死了。陈涉平民起家，驱使被罚戍边的乌合之众，一个月就在楚地称了王，不满半年竟又灭亡，他的功业微薄，然而缙绅先生之类的人却背负儒家礼器前去委身称臣，为什么呢？因为秦朝烧毁了他们的学业，通过归顺陈王来发泄积怨啊。

等到高皇帝诛灭项籍，举兵围攻鲁国，鲁国中的儒生们还在讲诵经书演习礼乐，弦歌的声音不绝于耳，这难道不是圣人遗留的教化，喜好礼乐的国家吗？所以孔子

在陈国，说"回去吧！回去吧！我们乡里的青年人志向高远，斐然成章，不知如何教导他们才好"。齐、鲁一带对于文学的热爱，自古以来，这是他们的天性。所以汉朝兴起，然后儒生们才开始得以研究他们的经艺，讲习大射和乡饮的礼仪。叔孙通制定汉朝礼仪，因而做了太常官，那些与他一起制定礼仪的儒生弟子，都被首选为朝官，于是人们感叹儒学要复兴了。但天下还有战事，朝廷忙于平定四海，也无暇顾及兴办学校的事。孝惠帝、吕后当政时，公卿都是凭借武力建功的大臣。孝文帝逐渐征用儒生，然而孝文帝本质上更喜好刑名学说。等到孝景帝时，不任用儒生，而窦太后又喜好黄老之术，所以许多博士只是备官待诏，无人得以进身受用。

到当今皇上即位，赵绾、王臧等人深明儒学，而皇上也心中向往，于是招纳方正贤良文学等科士人。自此以后，讲《诗》的在鲁地有申培公，在齐地有辕固生，在燕地有韩太傅。讲《尚书》的有济南伏生。讲《礼》的有鲁地高堂生。讲《易》的有淄川田生。讲《春秋》的在齐、鲁两地有胡毋生，在赵地有董仲舒。等到窦太后崩逝，武安侯田蚡担任丞相，罢黜黄老、刑名等百家学说，延请文学儒生几百人，而公孙弘以精通《春秋》的平民身份而成为天子三公，被封为平津侯。天下学子对儒

在陈，曰："归与！归与！吾党之小子狂简，斐然成章，不知所以裁之。"夫齐、鲁之闲于文学，自古以来，其天性也。故汉兴，然后诸儒始得修其经艺，讲习大射乡饮之礼。叔孙通作汉礼仪，因为太常，诸生弟子共定者，咸为选首，于是喟然叹兴于学。然尚有干戈，平定四海，亦未暇遑庠序之事也。孝惠、吕后时，公卿皆武力有功之臣。孝文时颇征用，然孝文帝本好刑名之言。及至孝景，不任儒者，而窦太后又好黄老之术，故诸博士具官待问，未有进者。

及今上即位，赵绾、王臧之属明儒学，而上亦乡之，于是招方正贤良文学之士。自是之后，言《诗》于鲁则申培公，于齐则辕固生，于燕则韩太傅。言《尚书》自济南伏生。言《礼》自鲁高堂生。言《易》自菑川田生。言《春秋》于齐、鲁自胡毋生，于赵自董仲舒。及窦太后崩，武安侯田蚡为丞相，绌黄老、刑名百家之言，延文学儒者数百人，而公孙弘以《春

《秋》白衣为天子三公，封以平津侯。天下之学士靡然乡风矣。

公孙弘

公孙弘为学官，悼道之郁滞，乃请曰："丞相御史言：制曰：'盖闻导民以礼，风之以乐。婚姻者，居室之大伦也。今礼废乐崩，朕甚愍焉。故详延天下方正博闻之士，咸登诸朝。其令礼官劝学，讲议洽闻，兴礼，以为天下先。太常议，与博士弟子，崇乡里之化，以广贤材焉。'谨与太常臧、博士平等议曰：闻三代之道，乡里有教，夏曰校，殷曰序，周曰庠。其劝善也，显之朝廷；其惩恶也，加之刑罚。故教化之行也，建首善自京师始，由内及外。今陛下昭至德，开大明，配天地，本人伦，劝学修礼，崇化厉贤，以风四方，太平之原也。古者政教未洽，不备其礼，请因旧官而兴焉。为博士官置弟子五十人，复其身。太常择民年十八已上、仪状端正者，补博士弟子。郡、国、县、道、邑有好文学，敬长上，肃政教，顺乡里，出入不悖所闻者，

学靡然向风。

公孙弘担任学官，感伤儒生做官淹滞不能升迁，于是奏请说："丞相和御史说：诏书说：'听说为政者要以礼教导人民，用音乐教化。婚姻，是家庭最重要的伦理关系。如今礼废乐崩，我深感忧伤。所以大力延请天下正直博学的士人，都来入朝做官。我下令让礼官勉励人学习，讲论儒术使学识渊博，复兴礼仪，以此作为天下的表率。太常商议，给博士配备弟子，使乡里都崇尚教化，以广泛培养贤才。'我谨与太常臧、博士平等商议说：听说三代的做法是，乡里有教育的场所，夏代称校，殷代称序，周代称庠。他们勉励为善的人，使其在朝中显达扬名；他们惩治作恶的人，对其施加刑罚。所以教化的推行，要首先从京师开始树立榜样，由内推及到外。如今陛下昭明至上的恩德，阐明事理，德配天地，基于人伦，劝学修礼，崇尚教化，激励贤良，以此教化四方，这是太平之治的本原。古代政治教化不能周遍，礼制不完备，请求借助原有的官职来兴盛它。为博士官配置弟子五十人，免除他们的徭役赋税。让太常官选择民间年满十八岁以上相貌端正的人，补充为博士弟子。郡、国、县、道、邑有喜好学术，尊敬尊长，严守政教，

友爱乡里，出入言行不违背所学教诲的人，县令、侯国相、县长、县丞向上级郡守和诸侯王国相举荐，经过他谨慎考察认为可以的，应与上计吏同到太常处，接受教育如同博士弟子一样。这些博士弟子一年后都要考试，能精通一种经书以上的，补充文学掌故的官缺；其中成绩好名次高的可任命为郎中，由太常造册上奏。如果有优秀才能特别出众的，可随时将他的姓名上报。其中不努力学习才能低下的，以及不能通晓一种经学的人，则罢斥他，并惩罚举荐他们的不称职的官吏。我谨慎地领会诏书和法令所下达的内容，其明辨天道和人事的界限和相互关系，通古今之义，文辞雅正，文义深厚，布施恩德，很是美好。但小吏见识浅陋，不能透彻宣明其中深意，无法明白地将陛下的旨意晓喻天下。研究礼制，其次研治掌故，都由通晓文学礼仪的人为官，升迁停留在下位的人。请选择其中官秩二百石以上的人，以及百石以上能通晓一种经学的小吏，升补为左右内史、大行卒史；选择官秩一百石以下的，补任郡太守卒史：各郡定员二人，边郡定员一人。优先选用能讲诵大量经书的人，如果人数不足，就选择掌故补任中二千石级属吏，选用文学掌故补任郡国的属吏，将人员备齐。请把这些记入考选学官的法规。其他仍依照律令施行。"皇上批示说："可令、相、长、丞上属所二千石，二千石谨察可者，当与计偕，诣太常，得受业如弟子。一岁皆辄试，能通一艺以上，补文学掌故缺；其高弟可以为郎中者，太常籍奏。即有秀才异等，辄以名闻。其不事学若下材及不能通一艺，辄罢之，而请诸不称者罚。臣谨案诏书律令下者，明天人分际，通古今之义，文章尔雅，训辞深厚，恩施甚美。小吏浅闻，不能究宣，无以明布谕下。治礼次治掌故，以文学礼义为官，迁留滞。请选择其秩比二百石以上，及吏百石通一艺以上，补左右内史、大行卒史；比百石已下，补郡太守卒史：皆各二人，边郡一人。先用诵多者，若不足，乃择掌故补中二千石属，文学掌故补郡属，备员。请著功令。佗如律令。"制曰："可。"自此以来，则公卿大夫士吏斌斌多文学之士矣。

申公

申公者，鲁人也。高祖过鲁，申公以弟子从师入见高祖于鲁南宫。吕太后时，申公游学长安，与刘郢同师。已而郢为楚王，令申公傅其太子戊。戊不好学，疾申公。及王郢卒，戊立为楚王，胥靡申公。申公耻之，归鲁，退居家教，终身不出门，复谢绝宾客，独王命召之乃往。弟子自远方至受业者百余人。申公独以《诗》经为训以教，无传，疑者则阙不传。

兰陵王臧既受《诗》，以事孝景帝为太子少傅，免去。今上初即位，臧乃上书宿卫上，累迁，一岁中为郎中令。及代赵绾亦尝受《诗》申公，绾为御史大夫。绾、臧请天子，欲立明堂以朝诸侯，不能就其事，乃言师申公。于是天子使使束帛加璧安车驷马迎申公，弟子二人乘轺传从。至，见天子。天子问治乱之事，申公时已八十余，老，对曰："为治者不在多言，顾力行何如耳。"

申公是鲁国人。高祖经过鲁国，申公以弟子身份随从老师到鲁国南宫拜见高祖。吕太后时，申公在长安游学，与刘郢同一个老师。不久刘郢被封为楚王，让申公做他的太子刘戊的老师。刘戊不好学，憎恨申公。等到楚王刘郢去世，刘戊立为楚王，就禁锢了申公。申公感到耻辱，返回鲁国，隐居家中教书，终身不出门，又谢绝宾客，只有鲁王传令召见才前往。从远方来向他求学的弟子有一百多人。申公只对《诗经》的词义进行讲解来教学，没有阐发经义的著述，有疑惑的地方便空着不作讲授。

兰陵人王臧向申公学习《诗经》后，以此侍奉孝景帝，担任太子少傅，后来免官离去。当今皇上刚即位，王臧就上书请求宿卫皇上，不断得到升迁，一年中做到郎中令。而代国人赵绾也曾向申公学习《诗经》，赵绾任御史大夫。赵绾、王臧奏请天子，想要修建明堂来召集诸侯朝会，他们没能说服皇上办成此事，就举荐老师申公。于是天子派使者携带束帛玉璧驾着驷马安车迎请申公，弟子二人乘坐轻便马车随行。到了，拜见天子。天子向他询问治乱的事，申公当时已八十多岁，年老了，回答说："当政者不在于说得多，只看尽力把事情做得怎么样而已。"这时天子正喜好文词夸饰，见申公如此回答，沉默不语。但已经把他召来，就让他做了太中大夫，让他住在鲁邸，商议修建明堂的事。太皇窦太后喜好老子学说，不喜欢儒术，她找到赵绾、王臧的过失来责备皇上，皇上因此停止了修建明堂的事，把赵绾、王臧都交给法官论罪，后来他们都自杀了。申公也因患病免官返回鲁国，几年后去世。

申公弟子做博士的有十多人：孔安国官至临淮太守，周霸官至胶西内史，夏宽官至城阳内史，砀县人鲁赐官至东海太守，兰陵人缪生官至长沙内史，徐偃任胶西中尉，邹人阙门庆忌任胶东内史。他们治理官民都廉洁有节操，人们称赞他们好学。他的其他学官弟子品行虽不完备，但官至大夫、郎中、掌故的数以百计。后人讲述《诗经》虽有不同，但大多讲述的出自申公。

清河王太傅辕固生是齐国人。因研究《诗经》，孝景帝时任博士。他与黄生在景帝面前争论。黄生说："汤、武并非秉承天命而为天子，而是弑君篡位。"辕固生说："不对。桀、纣暴虐昏乱，天下民心都归向汤、武，汤、武顺应天下民心而诛杀桀、纣，桀、纣的百姓不为他们所役使而归顺汤、武，汤、武不得已才自立为

是时天子方好文词，见申公对，默然。然已招致，则以为太中大夫，舍鲁邸，议明堂事。太皇窦太后好老子言，不说儒术，得赵绾、王臧之过以让上，上因废明堂事，尽下赵绾、王臧吏，后皆自杀。申公亦疾免以归，数年卒。

弟子为博士者十余人：孔安国至临淮太守，周霸至胶西内史，夏宽至城阳内史，砀鲁赐至东海太守，兰陵缪生至长沙内史，徐偃为胶西中尉，邹人阙门庆忌为胶东内史。其治官民皆有廉节，称其好学。学官弟子行虽不备，而至于大夫、郎中、掌故以百数。言《诗》虽殊，多本于申公。

辕固生

清河王太傅辕固生者，齐人也。以治《诗》，孝景时为博士。与黄生争论景帝前。黄生曰："汤、武非受命，乃弑也。"辕固生曰："不然。夫桀、纣虐乱，天下之心皆归汤、武，汤、武与天下之心而诛桀、纣，桀、纣之民不为之使而归汤、

武，汤、武不得已而立，非受命为何？"黄生曰："冠虽敝，必加于首；履虽新，必关于足。何者？上下之分也。今桀、纣虽失道，然君上也；汤、武虽圣，臣下也。夫主有失行，臣下不能正言匡过以尊天子，反因过而诛之，代立践南面，非弑而何也？"辕固生曰："必若所云，是高帝代秦即天子之位，非邪？"于是景帝曰："食肉不食马肝，不为不知味；言学者无言汤、武受命，不为愚。"遂罢。是后学者莫敢明受命放杀者。

窦太后好《老子》书，召辕固生问《老子》书。固曰："此是家人言耳。"太后怒曰："安得司空城旦书乎？"乃使固入圈刺豕。景帝知太后怒而固直言无罪，乃假固利兵，下圈刺豕，正中其心，一刺，豕应手而倒。太后默然，无以复罪，罢之。居顷之，景帝以固为廉直，拜为清河王太傅。久之，病免。

今上初即位，复以贤良征固。诸谀儒多疾毁固，曰固老，

天子，不是秉承天命是什么呢？"黄生说："帽子虽破，一定会戴在头上；鞋子虽新，一定会穿在脚下。为什么呢？因为上下有别。如今桀、纣虽然无道，但他们也是君主；商汤、周武虽然圣明，但却是臣下。君主有过失行为，臣下不能以正言纠正过失来尊奉天子，反而因他有过失而诛杀他，取代他在南面自立为王，不是弑君是什么呢？"辕固生说："要像你所说，那高帝取代秦朝登上天子之位，也不对吗？"于是景帝说："吃肉不吃马肝，不算不知道肉的味道；谈学问的人不谈汤、武是否秉承天命即位，不算愚昧。"于是停止争论。这之后学者没人敢争论汤、武是受天命而立还是放逐弑杀桀、纣而立的问题了。

窦太后喜好《老子》一书，召来辕固生询问《老子》书中的问题。辕固生说："这只是普通人的言论罢了。"太后发怒说："哪里比得上像约束犯人似的儒家诗书呢？"于是派辕固生入圈刺杀猪。景帝知道太后发怒而辕固生直言无罪，于是借给辕固生锋利的兵器，下圈刺猪，正中猪心，一刺，猪应手而倒。太后沉默，无法再加罪于他，就此作罢。过了不久，景帝认为辕固生廉洁正直，任命他为清河王太傅。过了好久，他因病免官。

当今皇上刚即位，又以贤良的名义征召辕固生。那些阿谀奉承的儒生大多嫉妒

诋毁辕固生，说辕固生老了，皇上只好让他回家了。当时辕固生已经九十多岁了。辕固生被征召时，薛地人公孙弘也被征召，他斜着眼看辕固生。辕固生说："公孙先生，务必以正直的学问谏言，不要用邪曲的学说去迎合世俗！"自此以后，齐地讲论《诗经》都以辕固生的见解为本原。很多齐人因研究《诗经》而显贵，他们都是辕固生的弟子。

韩生，是燕人。孝文帝时任博士，景帝时任常山王太傅。韩生探求《诗经》的意旨而撰述《内外传》达几万字，书中语句与齐鲁两地有很大不同，但它们的主旨是一致的。淮南贲生受业于他。自此以后，燕赵两地讲论《诗经》的都依据韩生的说法。韩生的孙子韩商是当今皇上的博士。

伏生是济南人。从前是秦朝博士。孝文帝时，想寻求能研究《尚书》的人，天下没有。于是听说伏生能讲授，想召见他。这时伏生已九十多岁，年老了，不能行走，于是下令太常派掌故晁错前去向伏生受业。秦朝时焚书，伏生把书藏在墙壁里。这之后战乱四起，他四处流亡。汉朝平定天下，伏生寻求他的书，丢失了几十篇，只得到二十九篇，就用残存的书在齐鲁地区讲授。

罢归之。时固已九十余矣。固之征也，薛人公孙弘亦征，侧目而视固。固曰："公孙子，务正学以言，无曲学以阿世！"自是之后，齐言《诗》皆本辕固生也。诸齐人以《诗》显贵，皆固之弟子也。

韩婴

韩生者，燕人也。孝文帝时为博士，景帝时为常山王太傅。韩生推《诗》之意而为《内外传》数万言，其语颇与齐、鲁间殊，然其归一也。淮南贲生受之。自是之后，而燕、赵间言《诗》者由韩生。韩生孙商为今上博士。

伏胜

伏生者，济南人也。故为秦博士。孝文帝时，欲求能治《尚书》者，天下无有。乃闻伏生能治，欲召之。是时伏生年九十余，老，不能行，于是乃诏太常使掌故朝错往受之。秦时焚书，伏生壁藏之。其后兵大起，流亡，汉定，伏生求其书，亡数十篇，独得二十九篇，即以教于齐、鲁之间。学者由是颇能言《尚书》，诸山东大师无不涉《尚书》以教矣。

兒宽

伏生教济南张生及欧阳生，欧阳生教千乘兒宽。兒宽既通《尚书》，以文学应郡举，诣博士受业，受业孔安国。兒宽贫无资用，常为弟子都养，及时时间行佣赁，以给衣食。行常带经，止息则诵习之。以试第次，补廷尉史。是时张汤方乡学，以为奏谳掾。以古法议决疑大狱，而爱幸宽。宽为人温良，有廉智，自持，而善著书、书奏，敏于文，口不能发明也。汤以为长者，数称誉之。及汤为御史大夫，以兒宽为掾，荐之天子。天子见问，说之。张汤死后六年，兒宽位至御史大夫。九年而以官卒。宽在三公位，以和良承意从容得久，然无有所匡谏；于官，官属易之，不为尽力。张生亦为博士。而伏生孙以治《尚书》征，不能明也。

自此之后，鲁周霸、孔安

学者因此能讲解《尚书》，东方的大师学者无不研习《尚书》来教授。

伏生教济南张生和欧阳生，欧阳生教千乘人倪宽。倪宽精通《尚书》后，凭借文学参加郡中选举，到博士官门下受业，受业于孔安国。倪宽家贫没有日用资财，常为学生们做饭，还时常偷偷外出受雇做工，以供自己衣食所需。他行走时常常带着经书，休息时就诵读温习。按照考试的名次，他被补任廷尉史。这时张汤正爱好儒学，就让倪宽做了奏谳掾。他依据古法审议判决疑难大案，张汤因此宠信倪宽。倪宽为人温良，有廉洁的操守和聪敏的智慧，自身持重，而且善于著书、起草奏章，文思敏捷，但口笨不能阐述。张汤认为他是忠厚长者，多次称誉他。等到张汤任御史大夫，就让倪宽当掾吏，把他推荐给天子。天子召见询问他，很喜欢他。张汤死后六年，倪宽官至御史大夫，当官九年后在任上去世。倪宽身居三公之位，以谦和善良能秉承皇上心意从容办事得以官运久长，但他没有匡正劝谏过皇上的过失。在任上，属下官员轻视他，不为他效力。张生也做了博士。而伏生的孙子因研究《尚书》被征召，但他不能阐明其中经义。

自此以后，鲁人周霸、孔安国，洛阳

贾嘉，都很擅长讲解《尚书》的内容。孔家有古文《尚书》，而孔安国能用现在的文字来摹写讲读，因此兴起了自己的学派。散佚的《尚书》有十多篇，大概《尚书》篇目增多就是这时候的事了。

学者们大多讲解《礼经》，而鲁人高堂生的见解最接近本义。《礼经》本来在孔子时经书就不完整，等到秦朝焚书，经书散失的篇目更多，如今只有《士礼》，高堂生能讲解它。

鲁人徐生善于演习礼仪。孝文帝时，徐生凭借演习礼仪任礼官大夫。他传习礼仪给儿子直到孙子徐延、徐襄。徐襄天资善于演习礼仪，但不能通晓《礼经》；徐延稍懂一些《礼经》，但不精通。徐襄凭借演习礼仪担任汉朝礼官大夫，官至广陵内史。徐延及徐家弟子公户满意、桓生、单次，都曾担任汉朝礼官大夫。而瑕丘人萧奋因通晓《礼经》而担任淮阳太守。这之后能讲解《礼经》并能演习礼仪的人，都出自徐氏家族。

鲁国商瞿向孔子学习《易经》，孔子死后，商瞿传授《易经》，传六代到齐人田何这里，田何字子庄，而后汉朝建立。田何传给东武人王同子仲，子仲传给淄川

国，雒阳贾嘉，颇能言《尚书》事。孔氏有古文《尚书》，而安国以今文读之，因以起其家。逸《书》得十余篇，盖《尚书》滋多于是矣。

高堂生

诸学者多言《礼》，而鲁高堂生最本。《礼》固自孔子时而其经不具，及至秦焚书，书散亡益多，于今独有《士礼》，高堂生能言之。

徐生（等）

而鲁徐生善为容。孝文帝时，徐生以容为礼官大夫。传子至孙徐延、徐襄。襄，其天姿善为容，不能通《礼经》；延颇能，未善也。襄以容为汉礼官大夫，至广陵内史。延及徐氏弟子公户满意、桓生、单次，皆尝为汉礼官大夫。而瑕丘萧奋以《礼》为淮阳太守。是后能言《礼》为容者，由徐氏焉。

商瞿（等）

自鲁商瞿受《易》孔子，孔子卒，商瞿传《易》，六世至齐人田何，字子庄，而汉兴。田何传东武人王同子

仲，子仲传菑川人杨何。何以《易》，元光元年征，官至中大夫。齐人即墨成以《易》至城阳相。广川人孟但以《易》为太子门大夫。鲁人周霸，莒人衡胡，临菑人主父偃，皆以《易》至二千石。然要言《易》者本于田何之家。

董仲舒

董仲舒，广川人也。以治《春秋》，孝景时为博士。下帷讲诵，弟子传以久次相受业，或莫见其面。盖三年董仲舒不观于舍园，其精如此。进退容止，非礼不行，学士皆师尊之。今上即位，为江都相。以《春秋》灾异之变推阴阳所以错行，故求雨闭诸阳，纵诸阴，其止雨反是。行之一国，未尝不得所欲。中废为中大夫，居舍，著《灾异之记》。是时辽东高庙灾，主父偃疾之，取其书奏之天子。天子召诸生示其书，有刺讥。董仲舒弟子吕步舒不知其师书，以为下愚。于是下董仲舒吏，当死，诏赦之。于是董仲舒竟不敢复言灾异。

人杨何。杨何因通晓《易经》，元光元年被征召，官至中大夫。齐人即墨成因通晓《易经》官至城阳国相。广川人孟但因通晓《易经》任太子门大夫。鲁人周霸，莒人衡胡，临淄人主父偃，都因通晓《易经》官至二千石。但讲解《易经》的主要依据田何之家。

董仲舒，是广川人。因研究《春秋》，孝景帝时任博士。他居家讲诵，弟子之间依先后辗转传授学业，有的学生甚至没见过他的面。董仲舒大概有三年时间不到屋旁庭园观赏，他专心到如此程度。他的仪容举止没有不合礼仪的，学者都像对待老师一样尊崇他。当今皇上即位，他任江都国相。他依据《春秋》记载的自然灾害和特异现象的变化来推求阴阳交错演化的原因，所以求雨时关闭各种阳气，放出各种阴气，止雨时则与之相反。这种方法推行于诸侯国，没有不达到想要的效果的。他任官途中被贬为中大夫，居家撰写《灾异之记》。当时辽东高庙发生火灾，主父偃嫉恨他，将他的书上奏给天子。天子召集儒生展示他的书，书中有指责讥讽朝政的内容。董仲舒弟子吕步舒不知是自己老师的书，认为它愚蠢至极。于是把董仲舒交给法官论罪，判处死刑，皇上下诏赦免了他。于是董仲舒始终不敢再谈灾异之事。

董仲舒为人廉洁正直。当时朝廷正向外攘除四夷，公孙弘研究《春秋》不如董仲舒，而公孙弘善于迎合世俗用事，官至公卿。董仲舒认为公孙弘为人阿谀逢迎。公孙弘嫉恨他，就对皇上说："只有董仲舒可派去做胶西王的国相。"胶西王平日听说董仲舒有德行，也善待他。董仲舒怕任官时间久了会获罪，就称病免官居家。直到去世，他始终没有营治产业，以研究学问、著书立说为自己的事业。所以自汉朝建立这五代皇帝之间，只有董仲舒最为精通《春秋》而有名，他所传授的是公羊氏《春秋》。

胡毋生，是齐地人。孝景帝时任博士，因年老返归故里讲授《春秋》。齐地解说《春秋》的人大多受教于胡毋生，公孙弘也受过他很多教诲。

瑕丘人江生研究穀梁氏《春秋》。自公孙弘得到重用，他曾经研究比较穀梁学和公羊学的经义，最后采用了董仲舒的公羊氏学说。

董仲舒的弟子中有成就的人有：兰陵人褚大、广川人殷忠、温人吕步舒。褚大官至梁相。吕步舒官至长史，手持符节出

董仲舒为人廉直。是时方外攘四夷，公孙弘治《春秋》不如董仲舒，而弘希世用事，位至公卿。董仲舒以弘为从谀。弘疾之，乃言上曰："独董仲舒可使相胶西王。"胶西王素闻董仲舒有行，亦善待之。董仲舒恐久获罪，疾免居家。至卒，终不治产业，以修学著书为事。故汉兴至于五世之间，唯董仲舒名为明于《春秋》，其传公羊氏也。

胡毋生

胡毋生，齐人也。孝景时为博士，以老归教授。齐之言《春秋》者多受胡毋生，公孙弘亦颇受焉。

江生

瑕丘江生为《穀梁春秋》。自公孙弘得用，尝集比其义，卒用董仲舒。

褚大　殷忠　吕步舒

仲舒弟子遂者：兰陵褚大、广川殷忠、温吕步舒。褚大至梁相。步舒至长史，持节使决

淮南狱，于诸侯擅专断，不报，以《春秋》之义正之，天子皆以为是。弟子通者，至于命大夫；为郎、谒者、掌故者以百数。而董仲舒子及孙皆以学至大官。

使去判决淮南王谋反一案，对诸侯王敢于自行裁断，不上报请示，根据《春秋》大义公正断案，天子都认为很对。他的弟子中官运通达的，官至命大夫；担任郎官、谒者、掌故的数以百计。而董仲舒的儿子及孙子都因精通儒学做到了大官。

史记卷一百二十二
列传第六十二

酷吏列传

郅都　宁成　周阳由　赵禹　张汤　义纵　王温舒　尹齐
杨仆　减宣　杜周

孔子说："用政令引导人民，用刑法约束人民，人民只会免于犯罪但没有羞耻之心。用道德引导人民，用礼仪约束人民，人民会有羞耻之心而且走上正道。"老子说："上德不刻意表现出德，所以有德；下德不失去德，所以无德。法令越是严酷，盗贼越多。"太史公说：这些话说得对啊！法令是政治的工具，而不是把握政治清浊的根源。从前天下法网曾经很严密，可是奸邪诈伪的事情接连产生。它发展到最严重时，上下互相欺骗，以至于国家一蹶不振。那个时候，官吏的统治犹如抱薪救火、扬汤止沸，若非强势的人和严酷的法令，怎么能胜任而满意呢？他们认为那些谈论用道德治理的人是会失职的。所以说"审判诉讼，我与别人一样，一定也使人们不再发生诉讼的事"。"愚蠢浅陋的人听到谈论道德就会大笑"。这并非不真实

孔子曰："导之以政，齐之以刑，民免而无耻。导之以德，齐之以礼，有耻且格。"老氏称："上德不德，是以有德；下德不失德，是以无德。法令滋章，盗贼多有。"太史公曰：信哉是言也！法令者治之具，而非制治清浊之源也。昔天下之网尝密矣，然奸伪萌起，其极也，上下相遁，至于不振。当是之时，吏治若救火扬沸，非武健严酷，恶能胜其任而愉快乎！言道德者，溺其职矣。故曰"听讼，吾犹人也，必也使无讼乎"。"下士闻道大笑之"。非虚言也。汉兴，破觚而为圜，斫雕而为朴，网漏于吞舟之鱼，而吏治烝烝，

不至于奸，黎民艾安。由是观之，在彼不在此。

高后时，酷吏独有侯封，刻辘宗室，侵辱功臣。吕氏已败，遂夷侯封之家。孝景时，晁错以刻深颇用术辅其资，而七国之乱，发怒于错，错卒以被戮。其后有郅都、宁成之属。

郅都

郅都者，杨人也。以郎事孝文帝。孝景时，都为中郎将，敢直谏，面折大臣于朝。尝从入上林，贾姬如厕，野彘卒入厕。上目都，都不行。上欲自持兵救贾姬，都伏上前曰：“亡一姬复一姬进，天下所少宁贾姬等乎？陛下纵自轻，奈宗庙太后何！”上还，彘亦去。太后闻之，赐都金百斤，由此重郅都。

济南瞷氏宗人三百余家，豪猾，二千石莫能制，于是景帝乃拜都为济南太守。至则族

的话。汉朝兴起，破坏方形改为圆形，削去外部的雕饰而回归质朴，渔网可以漏掉吞舟的大鱼，而吏治纯厚，不至于有奸邪行为，百姓平安无事。由此看来，国家政治的美好在于道德而不在于严酷的法令。

高后当政时，酷吏只有侯封，苛刻，欺凌皇族，侵犯侮辱功臣。吕氏败亡后，朝廷就灭了侯封全族。孝景帝时，晁错为人苛刻严酷，多用权术展示他的才能，因而吴、楚等七国叛乱，朝廷就把愤怒发泄到晁错身上，晁错因此被杀。这以后有郅都、宁成之类的人。

郅都是杨县人。以郎官身份侍奉孝文帝。孝景帝时，郅都任中郎将，敢于直谏，在朝堂上当面指责大臣。他曾跟随皇上到上林苑，贾姬如厕，野猪突然跑入厕所。皇上用眼神示意郅都，郅都不肯行动。皇上想自己拿兵器去救贾姬，郅都跪在皇上面前说：“失去一个姬妾还会有另一个姬妾进宫，天下难道会缺少贾姬这样的人吗？陛下纵使看轻自己，宗庙和太后怎么办呢？”皇上返回，野猪也离去。太后听说了此事，赐给郅都黄金百斤，因此看重郅都。

济南瞷氏的宗族有三百多家，强横奸猾，两千石级的官员没人能制服他们，于是景帝就任命郅都为济南太守。郅都一到

济南就把瞯氏家族为首作恶的人全家都杀了，其余的人都吓得两腿发抖。过了一年多，济南郡路不拾遗。旁边十多个郡的太守畏惧郅都如畏惧上级官员一样。

郅都为人勇敢，有力气，公正廉洁，不拆看请求私事的信件，从不接受贿赂，从不接受请托。他经常自称说："我已背离父母来当官，本身就应当在官位上奉公尽职，坚守节操而死，终究不能顾念妻子儿女。"

郅都迁升为中尉。丞相条侯最尊贵而傲慢，而郅都见到他只是作揖。当时民风淳朴，百姓害怕犯罪都守法自重，而唯独郅都却首先施行严酷的刑法，执法不畏避皇亲权贵，列侯和皇族的人见到郅都都斜着眼睛看他，称他为"苍鹰"。

临江王被召到中尉府受审问，临江王想获得刀笔写信向皇上谢罪，而郅都下令不让官吏给他。魏其侯派人暗中把刀笔送给临江王。临江王写信向皇上谢罪后，就自杀了。窦太后听说此事，非常愤怒，以严重的法律条文中伤郅都，郅都被免官归家。孝景帝于是派使者持符节任命郅都为雁门太守，让他走近路去上任，得以独立处理政事。匈奴一向听说过郅都的气节，知道他在边境，因此领兵离去，一直到郅都去世都不靠近雁门关。匈奴甚至做了一个像郅都的木偶人，让骑兵们奔跑射击，

灭瞯氏首恶，余皆股栗。居岁余，郡中不拾遗。旁十余郡守畏都如大府。

都为人勇，有气力，公廉，不发私书，问遗无所受，请寄无所听。常自称曰："已倍亲而仕，身固当奉职死节官下，终不顾妻子矣。"

郅都迁为中尉。丞相条侯至贵倨也，而都揖丞相。是时民朴，畏罪自重，而都独先严酷，致行法不避贵戚，列侯宗室见都侧目而视，号曰"苍鹰"。

临江王征诣中尉府对簿，临江王欲得刀笔为书谢上，而都禁吏不予。魏其侯使人以间与临江王。临江王既为书谢上，因自杀。窦太后闻之，怒，以危法中都，都免归家。孝景帝乃使使持节拜都为雁门太守，而便道之官，得以便宜从事。匈奴素闻郅都节，居边，为引兵去，竟郅都死不近雁门。匈奴至为偶人象郅都，令骑驰射，莫能中，见惮如此。匈奴患之。

窦太后乃竟中都以汉法。景帝
曰："都忠臣。"欲释之。窦
太后曰："临江王独非忠臣
邪？"于是遂斩郅都。

宁成

宁成者，穰人也。以郎
谒者事景帝。好气，为人小
吏，必陵其长吏；为人上，操
下如束湿薪。滑贼任威。稍迁
至济南都尉，而郅都为守。始
前数都尉皆步入府，因吏谒守
如县令，其畏郅都如此。及成
往，直陵都出其上。都素闻其声，
于是善遇，与结欢。久之，郅
都死，后长安左右宗室多暴犯
法，于是上召宁成为中尉。其
治效郅都，其廉弗如，然宗室
豪桀皆人人惴恐。

武帝即位，徙为内史。外
戚多毁成之短，抵罪髡钳。是
时九卿罪死即死，少被刑，而
成极刑，自以为不复收，于是
解脱，诈刻传出关归家。称曰：
"仕不至二千石，贾不至千万，
安可比人乎！"乃贳贷买陂田

没有人能射中，匈奴害怕郅都到这个地步。
匈奴以郅都为忧。窦太后最终竟以汉朝法
律中伤郅都。景帝说："郅都是忠臣。"
想释放他。窦太后说："临江王难道不是
忠臣吗？"于是斩杀了郅都。

宁成是穰县人。他以郎官、谒者的身
份侍奉景帝。为人好胜，做人家的小官
时，一定要欺凌他的长官；做了人家的长
官，控制下属如同捆绑湿柴一样紧。他狡
猾凶残，任性使威。逐渐升到了济南都尉，
而郅都担任济南太守。在此之前的几个都
尉都是步行进入太守府，像县令一样经过
府吏传达然后见到太守，他们畏惧郅都就
像这个样子。等到宁成前来，径直越过郅
都走到他的上位。郅都平时听说他的名声，
于是好好地对待他，与他结为好友。过了
很久，郅都去世，后来长安附近皇族中人
有很多人暴虐犯法，于是皇上召来宁成任
命他为中尉。他的治理办法仿效郅都，廉
洁却不如郅都，但皇族豪强人人都恐惧不安。

武帝即位，宁成被迁升为内史。外戚
大多诋毁宁成的短处，他被判处髡钳之
刑。这时九卿犯罪该处死的就处死，很少
受一般的刑罚，而宁成却遭受极重的刑罚，
自认为朝廷不会再任用他，于是解开刑具，
私刻符信出关归家。他宣称："做官不到
二千石级，经商不到一千万钱，怎么能和

人相比呢?"于是借钱买了一千多顷山田,租给贫民,役使几千户人家。几年后,遇到大赦。他的产业已达到几千金,他为人行侠仗义,掌握着官吏的长短,出行时随从有几十人。他驱使百姓的威势比郡守还大。

周阳由,他的父亲赵兼以淮南王舅父的身份在周阳封侯,因此姓了周阳。周阳由以外戚身份被任为郎官,侍奉孝文帝和孝景帝。景帝时,周阳由担任郡守。武帝即位,官吏的作风还是遵循法度,谨慎行事,然而周阳由在二千石级的官员中最为暴虐残酷,骄横放纵。他喜欢的人,他就徇私枉法使其活命;他所憎恶的人,就歪曲法令想办法诛杀。他所在的郡,他就一定要夷灭这个郡的豪强。他担任太守,视都尉如同县令。他担任都尉,必定欺凌太守,侵夺他的权力。他与汲黯都是褊狭的人,司马安善于用法令条文害人,同在二千石官员的行列,他们与周阳由同车时未曾敢和他均分坐垫以及同伏车栏。

周阳由后来担任河东都尉,当时与太守胜屠公争权,互相告发对方犯罪。胜屠公被判罪,他坚守道义不肯受刑,自杀,而周阳由被斩首示众。

自宁成、周阳由以后,政府事务更加繁多,百姓以巧诈手段对付法令,大多数官吏治理政事都像宁成、周阳由一样了。

千余顷,假贫民,役使数千家。数年,会赦。致产数千金,为任侠,持吏长短,出从数十骑。其使民威重于郡守。

周阳由

周阳由者,其父赵兼以淮南王舅父侯周阳,故因姓周阳氏。由以宗家任为郎,事孝文及景帝。景帝时,由为郡守。武帝即位,吏治尚循谨甚,然由居二千石中,最为暴酷骄恣。所爱者,挠法活之;所憎者,曲法诛灭之。所居郡,必夷其豪。为守,视都尉如令;为都尉,必陵太守,夺之治。与汲黯俱为忮,司马安之文恶,俱在二千石列,同车未尝敢均茵伏。

由后为河东都尉,时与其守胜屠公争权,相告言罪。胜屠公当抵罪,义不受刑,自杀,而由弃市。

自宁成、周阳由之后,事益多,民巧法,大抵吏之治类多成、由等矣。

赵禹　张汤

赵禹者，斄人。以佐史补中都官，用廉为令史，事太尉亚夫。亚夫为丞相，禹为丞相史，府中皆称其廉平。然亚夫弗任，曰："极知禹无害，然文深，不可以居大府。"今上时，禹以刀笔吏积劳，稍迁为御史。上以为能，至太中大夫。与张汤论定诸律令，作见知，吏传得相监司。用法益刻，盖自此始。

张汤者，杜人也。其父为长安丞。出，汤为儿守舍。还而鼠盗肉，其父怒，笞汤。汤掘窟得盗鼠及余肉，劾鼠掠治，传爱书，讯鞫论报，并取鼠与肉，具狱磔堂下。其父见之，视其文辞如老狱吏，大惊，遂使书狱。父死后，汤为长安吏，久之。

周阳侯始为诸卿时，尝系长安，汤倾身为之。及出为侯，大与汤交，遍见汤贵人。汤给事内史，为宁成掾，以汤为无害，

赵禹是斄县人。他以佐史身份补任京城的官员，因为廉洁而担任令史，在太尉周亚夫手下做事。周亚夫为丞相，赵禹为丞相史，丞相府中都称赞赵禹廉洁公平。然而周亚夫不重用他，说："我深知赵禹的才干无人能比，但他执法严酷苛刻，不可让他在大的府衙里当官。"武帝在位时，赵禹因从事文案工作而积累功劳，逐渐迁升为御史。皇上认为他能干，提升他至太中大夫。他与张汤编定各种律令，制作"见知法"，使官吏互相监视，互相检举。法律越发严酷，大概就是从这时开始的。

张汤是杜县人。他的父亲担任长安县丞，有一次出门，张汤作为小孩在家看守。回家后发现老鼠偷了肉，他的父亲很愤怒，鞭打张汤。张汤掘开鼠洞捉到偷肉的老鼠和剩余的肉，就举报老鼠的罪行，拷打审问，记录审问过程，反复审问，追究罪行上报判决，并取来老鼠和剩余的肉，最后当堂定案把老鼠分尸处死。他的父亲见此情景，看他那判决文辞如同老练的狱吏所写，非常惊讶，于是让他学习刑狱律文。父亲死后，张汤任长安吏，做了很久。

周阳侯开始做诸卿时，曾经被关押在长安，张汤倾尽全力保护他。等到周阳侯出狱封了侯，与张汤交往密切，带张汤遍交当朝权贵。张汤在内史任职，做宁成的

属官，宁成因为张汤才干出众，就把他推荐给大的官府，张汤被调升为茂陵尉，主持修建陵墓的工程。

武安侯担任丞相，征召张汤为内史，常向天子推荐他，朝廷补任他为御史，让他处理案件。张汤治办陈皇后巫蛊一案，深究其同党。于是皇上认为他能干，他逐渐迁升到太中大夫。与赵禹共同制定各种律令，务求苛刻严峻，约束在任官吏。不久赵禹迁升为中尉，又升为少府，而张汤任廷尉，两人交好，张汤以对待兄长的礼节对待赵禹。赵禹为人廉洁傲慢，做官以来，家中没有食客。公卿前去拜访，赵禹始终不回访答谢，务求断绝同好友和宾客的来往，只是一心一意处理政务。看到供词符合法令条文就取来，也不复核。私下追查下属官员的隐秘罪行。张汤为人狡诈，善施手段控制别人。开始做小官时，就侵吞他人财物，与长安富商田甲、鱼翁叔之流私下勾结。等到位列九卿，便结交天下名士，自己内心虽与他们不合，但表面上却装出仰慕他们。

这时皇上正心向儒学，张汤判决大案，就想附会儒家学说，于是请博士弟子研究《尚书》《春秋》以补任廷尉史，评判法律的可疑之处。每次奏呈疑难案件，必定预先给皇上分析事情的原委，皇上认为对的，就接受并记录下来作为判案的法规，

言大府，调为茂陵尉，治方中。

武安侯为丞相，征汤为史，时荐言之天子，补御史，使案事。治陈皇后蛊狱，深竟党与。于是上以为能，稍迁至太中大夫。与赵禹共定诸律令，务在深文，拘守职之吏。已而赵禹迁为中尉，徙为少府，而张汤为廷尉，两人交欢，而兄事禹。禹为人廉倨。为吏以来，舍毋食客。公卿相造请禹，禹终不报谢，务在绝知友宾客之请，孤立行一意而已。见文法辄取，亦不覆案，求官属阴罪。汤为人多诈，舞智以御人。始为小吏，乾没，与长安富贾田甲、鱼翁叔之属交私。及列九卿，收接天下名士大夫，己心内虽不合，然阳浮慕之。

是时上方乡文学，汤决大狱，欲傅古义，乃请博士弟子治《尚书》《春秋》补廷尉史，亭疑法。奏谳疑事，必豫先为上分别其原，上所是，受而著谳决法廷尉絜令，扬主之明。

奏事即遣，汤应谢，乡上意所便，必引正、监、掾史贤者，曰："固为臣议，如上责臣，臣弗用，愚抵于此。"罪常释。间即奏事，上善之，曰："臣非知为此奏，乃正、监、掾史某为之。"其欲荐吏，扬人之善蔽人之过如此。所治即上意所欲罪，予监史深祸者；即上意所欲释，与监史轻平者。所治即豪，必舞文巧诋；即下户羸弱，时口言，虽文致法，上财察。于是往往释汤所言。汤至于大吏，内行修也。通宾客饮食，于故人子弟为吏及贫昆弟，调护之尤厚。其造请诸公，不避寒暑。是以汤虽文深意忌不专平，然得此声誉。而刻深吏多为爪牙用者，依于文学之士。丞相弘数称其美。及治淮南、衡山、江都反狱，皆穷根本。严助及伍被，上欲释之。汤争曰："伍被本画反谋，而助亲幸出入禁闼爪牙臣，乃交私诸侯，如此弗诛，后不可治。"于是上可论之。其治狱所排大臣自为功，多此类。于是汤益尊任，迁为御史大夫。

以廷尉的名义加以宣布，颂扬皇上的圣明。奏事遭受谴责，张汤就认错谢罪，顺着皇上的心意，一定举出正、监、掾史中的贤人，说："他们本向我提议过，就像皇上谴责我那样，我没有采用，结果出现这种错误。"他的罪经常被赦免。有时向皇上奏事，皇上认为好，他就说："我并不知道这个奏议，是正、监、掾史某人所写的。"他想推荐官吏，表扬他人的好处、掩蔽他人的过失就是这样。他所审理的案件如果是皇上想加罪的，就交给执法严酷的监史去办理；如果是皇上想赦免的，就交给执法轻而公平的监史去办理。如果处置的是豪强，就必定舞文弄墨巧妙地进行诬陷；如果处置的是无权无势的平民百姓，有时就口头向皇上陈述，即使按法令应当判刑，也请皇上明察裁定。于是皇上往往宽释张汤所说的这些人。张汤做到大官，自身修养好。与宾客交往，一起喝酒吃饭，对故人子弟及贫穷的兄弟照顾得尤其优厚。他去拜访各公卿，能不避寒暑。所以张汤虽然执法严酷，内心嫉妒，办事不公平，却有这样的好名声。那些执法严酷的官吏都被他任用为属吏，依附儒学之士。丞相公孙弘多次称赞他的美德。后来张汤处理淮南王、衡山王、江都王谋反的案件，都能穷追到底。严助和伍被，皇上想宽释他们。张汤争辩说："伍被本就是策划谋反的人，而严助是皇上亲身宠幸能出入宫廷禁门的护卫之臣，竟然这样私下结交诸侯，不杀他们，以后就不好治理臣下了。"于是皇上同意对他们的判决。他处理案件排挤大臣，自己邀功，大多如此。于是张汤更加受到尊宠和信任，被迁升为御史大夫。

浑邪王等人投降时，汉朝正大举兴兵讨伐匈奴，山东也发生水旱，贫民流徙，都依靠官府供给食物，官府仓库空虚。于是张汤奉承皇上旨意，请求铸造白金和五铢钱，垄断天下盐铁经营权，打压富商大贾，发布告缗令，铲除兼并豪强家族，玩弄法律条文巧言诬陷，来辅助法律的推行。张汤每次上朝奏事，谈论国家财用情况，一直谈到傍晚，天子忘记吃饭。丞相无事可做，天下的事都由张汤决断。百姓无法安心生活，骚动不宁，官府兴办的事情，不能获得利益，贪官污吏一齐侵夺盗窃，于是彻底以法惩办他们。自公卿以下直到庶民，都指责张汤。张汤曾经患病，天子亲自前去看望他，他的尊贵达到如此地步。

匈奴来汉朝请求和亲，群臣在皇上面前议论。博士狄山说："和亲有利。"皇上问他为什么，狄山说："兵是凶器，不可轻易多次动用。高帝想讨伐匈奴，被围困在平城，于是与匈奴和亲。孝惠帝、高后当政时，天下安乐。等到孝文帝想征讨匈奴，北边骚扰不宁，百姓受战争之苦。

会浑邪等降，汉大兴兵伐匈奴，山东水旱，贫民流徙，皆仰给县官，县官空虚。于是丞上指，请造白金及五铢钱，笼天下盐铁，排富商大贾，出告缗令，锄豪强并兼之家，舞文巧诋以辅法。汤每朝奏事，语国家用，日晏，天子忘食。丞相取充位，天下事皆决于汤。百姓不安其生，骚动，县官所兴，未获其利，奸吏并侵渔，于是痛绳以罪。则自公卿以下，至于庶人，咸指汤。汤尝病，天子至自视病，其隆贵如此。

匈奴来请和亲，群臣议上前。博士狄山曰："和亲便。"上问其便，山曰："兵者凶器，未易数动。高帝欲伐匈奴，大困平城，乃遂结和亲。孝惠、高后时，天下安乐。及孝文帝欲事匈奴，北边萧然苦兵矣。孝景时，吴、楚七国反，景帝往来两宫间，寒心者数月。吴、楚已破，竟景帝不言兵，天下富实。今自陛下举兵击匈奴，中国以空虚，边民大困贫。由此观之，不如和亲。"上问汤，汤曰："此愚儒，无知。"狄山曰："臣固愚忠，若御史大夫汤乃诈忠。若汤之治淮南、江都，以深文痛诋诸侯，别疏骨肉，使蕃臣不自安。臣固知汤之为诈忠。"于是上作色曰："吾使生居一郡，能无使虏入盗乎？"曰："不能。"曰："居一县？"对曰："不能。"复曰："居一障间？"山自度辩穷且下吏，曰："能。"于是上遣山乘鄣。至月余，匈奴斩山头而去。自是以后，群臣震慑。

汤之客田甲，虽贾人，有贤操。始汤为小吏时，与钱通，及汤为大吏，甲所以责汤行义过失，亦有烈士风。

汤为御史大夫七岁，败。

河东人李文尝与汤有郤，已而为御史中丞，惠，数从中文书事有可以伤汤者，不能

孝景帝在位时，吴、楚等七国反叛，景帝往来于两宫之间，好几个月忧心。吴楚破败后，景帝终生不再谈论战事，天下得以富实。如今自陛下举兵攻打匈奴，国内空虚，边境百姓极为困苦。由此看来，不如和亲。"皇上问张汤，张汤说："这是愚儒，无知。"狄山说："我固然愚忠，像御史大夫张汤却是诈忠。像张汤处理淮南王、江都王的案件，以严苛律令放肆地诋毁诸侯，离间骨肉亲情，使藩臣不能自安。我本来就知道张汤是诈忠。"于是皇上变了脸色说："我派你守一个郡，你能不让匈奴入侵抢掠吗？"狄山说："不能。"皇上说："驻守一个县呢？"狄山回答说："不能。"皇上又说："驻守边塞的一个城堡呢？"狄山自己估计如果辩辞穷尽将被交给法官治罪，说："能。"于是皇上派遣狄山保卫边塞城堡。到那儿一个多月，匈奴斩下狄山的人头离去。自此以后，群臣震惊恐惧。

张汤的宾客田甲，虽是商人，但有贤良的节操。当初张汤做小官时，二人以钱财相交，等到张汤做了大官，田甲责备张汤品行道义的过失，很有义士的风范。

张汤担任御史大夫七年后垮台。

河东人李文曾与张汤有嫌隙，后来李文做了御史中丞，心中怨恨张汤，多次从宫中文书里寻找可以中伤张汤的事情，不

放过一件。张汤有个喜爱的下属叫鲁谒居，知道张汤对此愤愤不平，派人以谋反向皇上告发李文的坏事。这事交给张汤处理，张汤处理判决杀了李文，而张汤心里知道是鲁谒居做的。皇上问道："说李文谋反是怎么回事？"张汤佯装惊讶地说："这大概是李文的故人怨恨他。"鲁谒居病卧在乡里平民家中，张汤亲自前往探望，为鲁谒居按摩脚。赵国人以冶炼铸造为业，赵王多次和朝廷派来主管铸铁的官员打官司，张汤经常打击赵王。赵王也在搜寻张汤的隐秘之事。鲁谒居曾经检举赵王，赵王怨恨他，并上书告发："张汤是大臣，他的下属鲁谒居有病，张汤竟然给他按摩脚，我怀疑他们一起做了大坏事。"这事交给廷尉处理。鲁谒居病死，事情牵连到他的弟弟，他的弟弟被拘禁在导官署。张汤也到导官署审理别的囚犯，见到鲁谒居的弟弟，想暗中帮他，却假装不理他。鲁谒居的弟弟不知道情况，怨恨张汤，派人上书告发张汤与鲁谒居有阴谋，举报张汤与鲁谒居诬告李文。这事交给减宣处理。减宣曾经与张汤有嫌隙，等他接到此案，就彻底追查此事，还没有来得及上奏。正巧有人偷挖了汉文帝陵园里的殉葬钱，丞相庄青翟上朝，与张汤约定一同去谢罪，到皇上面前，张汤心想只有丞相四季巡视陵园，丞相应当谢罪，与自己没关系，不

为地。汤有所爱史鲁谒居，知汤不平，使人上蜚变告文奸事，事下汤，汤治论杀文，而汤心知谒居为之。上问曰："言变事纵迹安起？"汤详惊曰："此殆文故人怨之。"谒居病卧闾里主人，汤自往视疾，为谒居摩足。赵国以冶铸为业，王数讼铁官事，汤常排赵王。赵王求汤阴事。谒居尝案赵王，赵王怨之，并上书告："汤，大臣也，史谒居有病，汤至为摩足，疑与为大奸。"事下廷尉。谒居病死，事连其弟，弟系导官。汤亦治他囚导官，见谒居弟，欲阴为之，而详不省。谒居弟弗知，怨汤，使人上书告，汤与谒居谋共变告李文。事下减宣。宣尝与汤有邻，及得此事，穷竟其事，未奏也。会人有盗发孝文园瘗钱，丞相青翟朝，与汤约俱谢，至前，汤念独丞相以四时行园，当谢，汤无与也，不谢。丞相谢，上使御史案其事。汤欲致其文丞相见知，丞相患之。三长史皆害汤，欲陷之。

始，长史朱买臣，会稽人也。读《春秋》。庄助使人言买臣，买臣以《楚辞》与助俱幸，侍中，为太中大夫，用事；而汤乃为小吏，跪伏使买臣等前。已而汤为廷尉，治淮南狱，排挤庄助，买臣固心望。及汤为御史大夫，买臣以会稽守为主爵都尉，列于九卿。数年，坐法废，守长史，见汤，汤坐床上，丞史遇买臣弗为礼。买臣楚士，深怨，常欲死之。王朝，齐人也。以术至右内史。边通，学长短，刚暴强人也，官再至济南相。故皆居汤右，已而失官，守长史，诎体于汤。汤数行丞相事，知此三长史素贵，常凌折之。以故三长史合谋曰："始汤约与君谢，已而卖君；今欲劾君以宗庙事，此欲代君耳。吾知汤阴事。"使吏捕案汤左田信等，曰汤且欲奏请，信辄先知之，居物致富，与汤分之，及他奸事。事辞颇闻。上问汤曰："吾

肯谢罪。丞相谢罪后，皇上派御史查办此事。张汤想按法律条文判丞相明知故纵之罪，丞相为此事忧虑。丞相手下三个长史都忌恨张汤，想陷害他。

起初，长史朱买臣是会稽人，学习过《春秋》。庄助派人向皇上推荐朱买臣，朱买臣因熟读《楚辞》而与庄助一起得到武帝的宠幸，得以近身侍奉武帝，又担任太中大夫，当权用事。而张汤当时才任小官，在朱买臣等人面前伏跪听候差遣。不久张汤任廷尉，办理淮南王案件，排挤庄助，朱买臣心中本就怨恨张汤。等到张汤任御史大夫，朱买臣从会稽太守的职位上调任主爵都尉，位列九卿。几年后，朱买臣因犯法被罢官，任长史，去拜见张汤，张汤坐床上，他的丞史遇到朱买臣不以礼相待。朱买臣是楚地士人，非常恨张汤，常想置他于死地。王朝是齐地人，凭儒家学说做了右内史。边通，学习长短纵横之术，是个强横的人。做过两次济南王的丞相。从前他们都官居张汤之上，但不久丢官，任长史，对张汤行屈体跪拜之礼。张汤多次代行丞相事务，知道这三个长史原来地位很高，就经常欺辱压制他们。因此三位长史合谋向丞相说："起初张汤约定与你一起向皇上谢罪，不久就出卖你；如今又想以宗庙的事弹劾你，这是想取代你的职位。我们知道张汤的隐秘的事。"丞相派属吏

逮捕并审理张汤身边的侍从田信等人，他们说张汤要向皇上奏请的政事，田信都预先知道，然后囤积物资，发财致富，与张汤分赃，还说了其他坏事。有关这些事的供词被皇上听说了，皇上问张汤说："我所要做的事，商人都预先知道，更囤积起那些货物，这好像是有人把我的想法告诉了他们一样。"张汤不肯谢罪。张汤又佯装惊讶地说："确实像是这样。"减宣也上奏张汤与鲁谒居的犯法之事。天子果然以为张汤心怀奸诈当面欺骗君主，派八批使者按记录在案的罪名审问张汤。张汤自己说没有此事，不服。于是皇上派赵禹审问张汤。赵禹到了，责备张汤说："你为何不知本分呢？你办理的案件中被夷灭的家族有多少人呢？如今人家状告你都有证据，天子不想将你下狱，想让你自己了结，何必多此一举对质答辩呢？"张汤于是写信谢罪说："我没有尺寸的功劳，起初只是文书小吏，陛下宠幸我让我位列三公，我无法推卸罪责，然而谋划陷害张汤犯罪的，是三位长史。"于是自杀。

张汤死后，家产价值不过五百金，都是所获的俸禄和赏赐，没有其他产业。他的兄弟和儿子们想厚葬张汤，张汤母亲说："张汤是天子大臣，被恶言诬陷而死，为何厚葬呢？"用牛车载着，有棺无椁。天子听说此事，说："没有这样的母亲不

所为，贾人辄先知之，益居其物，是类有以吾谋告之者。"汤不谢。汤又详惊曰："固宜有。"减宣亦奏谒居等事。天子果以汤怀诈面欺，使使八辈簿责汤。汤具自道无此，不服。于是上使赵禹责汤。禹至，让汤曰："君何不知分也。君所治夷灭者几何人矣？今人言君皆有状，天子重致君狱，欲令君自为计，何多以对簿为？"汤乃为书谢曰："汤无尺寸功，起刀笔吏，陛下幸致为三公，无以塞责。然谋陷汤罪者，三长史也。"遂自杀。

汤死，家产直不过五百金，皆所得奉赐，无他业。昆弟诸子欲厚葬汤，汤母曰："汤为天子大臣，被污恶言而死，何厚葬乎！"载以牛车，有棺无椁。天子闻之，曰："非此母

不能生此子。"乃尽案诛三长史。丞相青翟自杀。出田信。上惜汤，稍迁其子安世。

赵禹中废，已而为廷尉。始条侯以为禹贼深，弗任。及禹为少府，比九卿。禹酷急，至晚节，事益多，吏务为严峻，而禹治加缓，而名为平。王温舒等后起，治酷于禹。禹以老，徙为燕相。数岁，乱悖有罪，免归。后汤十余年，以寿卒于家。

义纵

义纵者，河东人也。为少年时，尝与张次公俱攻剽为群盗。纵有姊姁，以医幸王太后。王太后问："有子兄弟为官者乎？"姊曰："有弟无行，不可。"太后乃告上，拜义姁弟纵为中郎，补上党郡中令。治敢行，少蕴藉，县无逋事，举为第一。迁为长陵及长安令，直法行治，不避贵戚。以捕案太后外孙脩成君子仲，上以为能，迁为河内都尉。至则族灭其豪穰氏之属，河内道不拾遗。而张次公亦为郎，以勇悍从军，

能生出这样的儿子。"于是穷究此案杀了三个长史。丞相庄青翟自杀。释放了田信。皇上可怜张汤，慢慢提拔了他的儿子张安世。

赵禹中途被罢官，不久又担任廷尉。最初条侯以为赵禹残酷狠毒，没有任用他。等到赵禹做了少府，比于九卿。赵禹做事严酷急躁，到了晚年，政事愈加繁多，官吏致力于施行严刑峻法，而赵禹却处事轻缓，有执法平和的名声。王温舒等后起的官员，执法比赵禹严酷。赵禹因年老，迁任燕国丞相。几年后，犯有昏乱悖逆的罪行，被免官回乡。在张汤死后十多年，在家中寿终正寝。

义纵，是河东人。在少年时，曾经与张次公一起抢劫，结为强盗团伙。义纵有个姐姐叫义姁，凭借医术得到王太后宠幸。王太后问："你有儿子或兄弟当官的吗？"他姐姐说："有个弟弟没有品行，不能当官。"王太后就告诉皇上，任义姁的弟弟义纵为中郎，又补任上党郡中的一个县令。他敢行暴政而缺乏舒缓的气度，县里没有百姓逃亡的案件，被推举为第一。义纵迁升为长陵令和长安令，依法办事，不避贵族皇亲。因逮捕审讯太后外孙脩成君的儿子仲，皇上认为他贤能，迁升他为河内都尉。他到任后就把穰氏之类的豪强都灭了族，河内郡道不拾遗。而张次公也做了郎

官，因勇猛强悍从军，敢深入敌军，有功劳，被封为岸头侯。

宁成在家闲居，皇上想任他为郡守。御史大夫公孙弘说："我在山东当小官时，宁成任济南都尉，他处理政事如狼牧羊。不可让宁成治理百姓。"皇上就任宁成为关都尉。一年多后，关东的官吏察看郡国出入关口的人，都扬言说："宁可见到在喂奶的母老虎，也不想遇到宁成发怒。"义纵自河内迁升为南阳太守，听说宁成家住南阳，等到义纵到达南阳关口，宁成侧身送迎，但是义纵盛气凌人，没有回礼。一到郡府，义纵就查办宁氏的罪行，让宁氏家族家破人亡。宁成被判有罪，与孔氏、暴氏等人都逃亡去了，南阳官吏百姓叠脚而行，谨慎恐惧。而平氏朱彊、杜衍、杜周都是义纵的得力属官，得到任用，升为廷史。汉朝军队多次从定襄出兵，定襄官吏百姓受到扰乱而民风败坏，于是调遣义纵任定襄太守。义纵到任后，捕抓定襄狱中犯有重罪但没戴刑具的犯人二百多人，以及他们私自入狱探监的宾客兄弟也有二百多人。义纵一概将他们拘捕治罪，罪名是"为死罪囚犯卸下刑具"。这天共上报杀了四百多人。这以后郡中的人都不寒而栗，郡中的刁民都来帮助郡吏处理政事。

当时赵禹、张汤因执法严苛而位列九卿，但是他们的治理方式还算宽松，都以

敢深入，有功，为岸头侯。

宁成家居，上欲以为郡守。御史大夫弘曰："臣居山东为小吏时，宁成为济南都尉，其治如狼牧羊。成不可使治民。"上乃拜成为关都尉。岁余，关东吏隶郡国出入关者，号曰："宁见乳虎，无值宁成之怒。"义纵自河内迁为南阳太守，闻宁成家居南阳，及纵至关，宁成侧行送迎，然纵气盛，弗为礼。至郡，遂案宁氏，尽破碎其家。成坐有罪，及孔、暴之属皆奔亡，南阳吏民重足一迹。而平氏朱彊、杜衍杜周为纵牙爪之吏，任用，迁为廷史。军数出定襄，定襄吏民乱败，于是徙纵为定襄太守。纵至，掩定襄狱中重罪轻系二百余人，及宾客昆弟私入相视亦二百余人。纵一捕鞠，曰"为死罪解脱"。是日皆报杀四百余人。其后郡中不寒而栗，猾民佐吏为治。

是时赵禹、张汤以深刻为九卿矣，然其治尚宽，辅法而行，

而纵以鹰击毛挚为治。后会五铢钱白金起，民为奸，京师尤甚。乃以纵为右内史，王温舒为中尉。温舒至恶，其所为不先言纵，纵必以气凌之，败坏其功。其治，所诛杀甚多，然取为小治，奸益不胜，直指始出矣。吏之治以斩杀缚束为务，阎奉以恶用矣。纵廉，其治放郅都。上幸鼎湖，病久，已而卒起幸甘泉，道多不治。上怒曰："纵以我为不复行此道乎？"嗛之。至冬，杨可方受告缗，纵以为此乱民，部吏捕其为可使者。天子闻，使杜式治，以为废格沮事，弃纵市。后一岁，张汤亦死。

法律为依据行事，而义纵以严酷凶悍的手段治理政事。后来赶上使用五铢钱和白金，民众铸造伪钱，京城尤其严重。于是朝廷任义纵为右内史，王温舒为中尉。王温舒极为凶恶，他所做的事如果不预先告知义纵，义纵必定以骄横的气焰凌辱他，破坏他所干的事业。义纵治理政事，所诛杀的人很多，然而只能取得小的治理成效，奸邪的事愈加不能制止，绣衣直指开始出现了。官吏治事当时以斩杀和捆缚为要务，阎奉因狠毒被任用。义纵廉洁，他治理政事仿效郅都。皇上驾幸鼎湖，病了很久，后来突然起驾临幸甘泉宫，大多道路没有修整。皇上发怒说："义纵以为我不再走这条路了吗？"恼恨义纵。到了冬天，杨可正领命主持处理告缗案件，义纵认为这将会扰乱百姓，部署官吏逮捕为杨可出去办事的人。天子听说了，派杜式去处理，认为义纵这是阻拦公务，将义纵处死示众。一年后，张汤也死了。

王温舒　尹齐　杨仆

王温舒者，阳陵人也。少时椎埋为奸。已而试补县亭长，数废。为吏，以治狱至廷史。事张汤，迁为御史。督盗贼，杀伤甚多，稍迁至广平都尉。择郡中豪敢任吏十余人，以为爪牙，皆把其阴重罪，而纵使

王温舒，是阳陵人。他年轻时做盗墓等坏事。不久被试用补任县里的亭长，多次被免职。做官以后，因善于处理案件被升为廷史。为张汤效力，升为御史。督捕盗贼，杀伤的人很多，逐渐迁升为广平都尉。他选择郡中大胆果敢的十多人任为官吏，作为他的爪牙，都掌握他们每个人

的隐秘的重大罪行，而放任他们督捕盗贼。如果有人捕获盗贼使王温舒心意得到满足，此人即便有百种罪状，也不会受到法律制裁；如果因有所回避不尽力，就用他过去所犯的罪行杀死他，也灭掉他的家族。出于这个缘故，齐地、赵地郊野的盗贼不敢靠近广平，广平有了道不拾遗的名声。皇上听说后，迁升王温舒为河内太守。

王温舒原先在广平时，就知道河内所有豪强奸猾的人家，他前往那里，在九月到达。他下令郡府准备私马五十匹，从河内到长安设置了驿站，就像在广平时一样部署官吏，逮捕捉拿郡中豪强奸猾的人，郡中豪强奸猾连坐的有一千多家。他上书请旨，请求将罪大者灭族，罪小者处死，家中财物全部没收抵偿赃物。奏书送走不过两三天，就得到可以执行的批复。案件判决上报，竟至流血十多里。河内人都奇怪王温舒的奏书批复神速。到十二月末，郡中没人敢说话，没人敢夜里行走，郊野没有引起狗吠的盗贼。少数没被抓到的罪犯，逃到附近的郡国，等把他们追捕回来，正好是春天，王温舒跺脚叹息说："唉！让冬季再延长一个月，就足够我办完事了！"他喜好杀伐、施行淫威而不爱惜人就像这样。皇上听说后，认为他有才能，升他为中尉。他治理政事又效仿河内的办法，调来有名的祸害和奸猾的官吏与

督盗贼，快其意所欲得，此人虽有百罪，弗法；即有避，因其事夷之，亦灭宗。以其故齐、赵之郊盗贼不敢近广平，广平声为道不拾遗。上闻，迁为河内太守。

素居广平时，皆知河内豪奸之家，及往，九月而至。令郡具私马五十匹，为驿自河内至长安，部吏如居广平时方略，捕郡中豪猾，郡中豪猾相连坐千余家。上书请，大者至族，小者乃死，家尽没入偿臧。奏行不过二三日，得可事。论报，至流血十余里。河内皆怪其奏，以为神速。尽十二月，郡中毋声，毋敢夜行，野无犬吠之盗。其颇不得失，之旁郡国，黎来，会春，温舒顿足叹曰："嗟乎！令冬月益展一月，足吾事矣！"其好杀伐行威不爱人如此。天子闻之，以为能，迁为中尉。其治复放河内，徙诸名祸猾吏与从事，河内则杨皆、麻戊，关中杨赣、成信等。义纵为内史，惮未敢恣治。及纵死，张汤败后，

徒为廷尉，而尹齐为中尉。

尹齐者，东郡茌平人。以
刀笔稍迁至御史。事张汤，张
汤数称以为廉武，使督盗贼，
所斩伐不避贵戚。迁为关内都
尉，声甚于宁成。上以为能，
迁为中尉，吏民益凋敝。尹齐
木强少文，豪恶吏伏匿而善吏
不能为治，以故事多废，抵罪。
上复徙温舒为中尉，而杨仆以
严酷为主爵都尉。

杨仆者，宜阳人也。以千
夫为吏。河南守案举以为能，
迁为御史，使督盗贼关东。治
放尹齐，以为敢挚行。稍迁至
主爵都尉，列九卿。天子以为能。
南越反，拜为楼船将军，有功，
封将梁侯。为荀彘所缚。居久之，
病死。

而温舒复为中尉。为人少
文，居廷惛惛不辩，至于中尉
则心开。督盗贼，素习关中
俗，知豪恶吏，豪恶吏尽复为用，

他共事，河内有杨皆、麻戊，关中有杨赣、
成信等。义纵为内史，王温舒忌惮他，不
敢恣意处理政事。等到义纵死去，张汤垮
台后，王温舒改任廷尉，而尹齐担任中尉。

尹齐，是东郡茌平人，以文书小吏
逐渐升到御史。在张汤手下做事，张汤
多次称赞他廉洁勇武，派他督捕盗贼，他
斩杀人时不避权贵皇亲。朝廷升他为关内
都尉，他的名声超过宁成。皇上认为他有
才能，升他为中尉，而官吏百姓更加困苦。
尹齐为人质朴倔强，不会文饰，强悍凶恶
的官吏隐匿起来而良善的官吏不能治理好
政事，所以政事大多荒废，尹齐因此被判
了罪。皇上又调任王温舒为中尉，而杨仆
凭借行事严酷做了主爵都尉。

杨仆，是宜阳人，以千夫身份做了小吏。
河南太守考察推举他，认为他有才能，他
升任御史，被派到关东督捕盗贼。他治理
政事效仿尹齐，被认为做事果敢凶猛。逐
渐升为主爵都尉，位列九卿。天子认为他
有才能。南越反叛，任他为楼船将军，立
有功劳，封为将梁侯。后被荀彘所捕。过
了很久，他得病而死。

而王温舒又担任中尉。他为人不会文
饰，在朝廷上为人昏聩，不辨是非，到后
来当了中尉才心智明朗。他督捕盗贼，平
素熟悉关中习俗，知道当地的豪强恶吏，

豪强恶吏都重新为他所用，为他出谋划策。官吏严苛侦察，盗贼和恶少投书到检举箱告发违法之人，设置伯格长以督察盗贼。王温舒为人谄媚，善于巴结有权势的人；如果是没有权势的人，就将其视为奴仆。有权势的人家，即使所犯奸邪之事多如山也不去触犯；没有权势的人家，就是贵戚也必定要侵辱。他玩弄法令条文巧言诋毁小户奸猾的人来警告豪强。他做中尉处理政事就是这样。对奸猾的人穷究罪责，大多都被打的皮肉糜烂死在狱中，被判有罪的没有一个能走出监狱。他的得力属吏就像戴着帽子的猛虎。于是在中尉管辖区域内中等以下奸猾的人都隐伏不出，有权势的都宣扬他的名声，称赞他的治绩。治理了几年，他的属官大多凭借权势而富有。

王温舒攻打东越回来后，议事时有天子不满意的地方，被判小罪免官。这时天子正想修建通天台而没有人主持，王温舒请求核查中尉部下逃避兵役的人，得到几万人去修建。皇上很高兴，任他为少府。又改任他为右内史，他处理政事像从前一样，奸邪之事稍被禁止。后来他又犯法丢掉官职。又被任命为右辅，代行中尉的事务，处理政事同从前的做法一样。

一年多后，正赶上汉朝发兵讨伐大宛，下诏征召豪强官吏，王温舒藏匿他的属吏华成，后来有人以谋反罪告发王温舒收受

为方略。吏苛察，盗贼恶少年投缿购告言奸，置伯格长以牧司奸盗贼。温舒为人谄，善事有埶者；即无埶者，视之如奴。有埶家，虽有奸如山，弗犯；无埶者，贵戚必侵辱。舞文巧诋下户之猾，以焄大豪。其治中尉如此。奸猾穷治，大抵尽靡烂狱中，行论无出者。其爪牙吏虎而冠。于是中尉部中中猾以下皆伏，有势者为游声誉，称治。治数岁，其吏多以权富。

温舒击东越还，议有不中意者，坐小法抵罪免。是时天子方欲作通天台而未有人，温舒请覆中尉脱卒，得数万人作。上说，拜为少府。徙为右内史，治如其故，奸邪少禁。坐法失官。复为右辅，行中尉事，如故操。

岁余，会宛军发，诏征豪吏，温舒匿其吏华成，及人有变告温舒受员骑钱，他奸利事，

罪至族，自杀。其时两弟及两婚家亦各自坐他罪而族。光禄徐自为曰："悲夫！夫古有三族，而王温舒罪至同时而五族乎！"

温舒死，家直累千金。后数岁，尹齐亦以淮阳都尉病死，家直不满五十金。所诛灭淮阳甚多，及死，仇家欲烧其尸，尸亡去归葬。

自温舒等以恶为治，而郡守、都尉、诸侯二千石欲为治者，其治大抵尽放温舒，而吏民益轻犯法，盗贼滋起。南阳有梅免、白政，楚有殷中、杜少，齐有徐勃，燕、赵之间有坚卢、范生之属。大群至数千人，擅自号，攻城邑，取库兵，释死罪，缚辱郡太守、都尉，杀二千石，为檄告县趣具食；小群以百数，掠卤乡里者不可胜数也。于是天子始使御史中丞、丞相长史督之。犹弗能禁也，乃使光禄大夫范昆、诸辅都尉及故九卿张德等衣绣衣，持节，虎符发兵以兴击，斩首大部或至万余级，及以法诛通饮食，坐连诸

在员骑兵的赃款和其他的坏事，罪行严重到应当灭族，他就自杀了。那时他的两个弟弟及两个姻亲家族也各自犯了其他罪而被灭族。光禄勋徐自为说："可悲啊！古代有灭三族的事，而王温舒的罪竟至同时被诛灭五族！"

王温舒死后，家产累计价值有一千金。几年后，尹齐也在淮阳都尉任上病死，家产不足五十金。他所诛杀的淮阳人很多，等到他死了，仇家想烧他的尸体，家属就偷偷把他的尸体运回去安葬了。

自王温舒等人用凶恶的手段治理政事，郡守、都尉、诸侯和二千石级官员想治理好政事的，他们治理的办法大多都效仿王温舒，而官吏百姓更加看轻犯法，盗贼滋生四起。南阳有梅免、白政，楚地有殷中、杜少，齐地有徐勃，燕、赵之间有坚卢、范生等人。大的团伙有几千人，擅自建号，攻打城邑，夺取府库兵器，释放死囚，捆缚侮辱郡守、都尉，杀死二千石级官员，发布檄文催促各县为他们准备食物；小的团伙有几百人，抢劫乡村的不可胜数。于是天子开始派御史中丞、丞相长史督办剿灭他们。但还是不能禁绝，就派光禄大夫范昆、三辅各个都尉和原九卿张德等人穿着绣衣，拿着符节和虎符，发兵攻打他们，有的大的团伙被斩首一万多人，还有按法律杀死那些给作乱者提供饮食的人，连坐

到其他郡，多的达几千人被诛杀。几年后，才逐渐抓到他们的首领。分散的士兵逃跑了，又聚集一群阻断山川，一般都群居，对他们无可奈何。于是朝廷颁行"沉命法"，说群盗兴起而官吏没发觉，或发觉却没有抓捕到规定的数额，二千石以下至小吏负责这事的都要处死。这以后小吏怕被诛杀，即使有盗贼也不敢上报，害怕不能抓到，被处罚累及上级官府，上级官府也让他们不要上报。所以盗贼越来越多，上下互相隐瞒，舞弄文辞来逃避法律制裁。

减宣是杨县人。因当佐史干得出众被调到河东郡守府任职。将军卫青派人到河东买马，见减宣能力出众，上报给皇上，征召他为大厩丞。他当官做事公平，逐渐迁升为御史及御史中丞。朝廷派他去处理主父偃和淮南王造反的案件，他就以此用隐微的条文深究诬陷，被杀死的人有很多，他被称赞为敢于判决疑难案件。他多次被废又多次被起用，担任御史及御史中丞差不多有二十年。王温舒被免去中尉，而减宣任左内史。他管理米盐之事，大事小事都要亲自经手，亲自安排县中各具体部门的财产器物，县令、县丞等官吏不能擅自改动，严酷地用重法来管制他们。他当官多年，其他各郡都只办了些小事，唯独减宣能从小事做到大事，他凭借自己的能力

郡，甚者数千人。数岁，乃颇得其渠率。散卒失亡，复聚党阻山川者，往往而群居，无可奈何。于是作"沉命法"，曰群盗起不发觉，发觉而捕弗满品者，二千石以下至小吏主者皆死。其后小吏畏诛，虽有盗不敢发，恐不能得，坐课累府，府亦使其不言。故盗贼寖多，上下相为匿，以文辞避法焉。

减宣

减宣者，杨人也。以佐史无害给事河东守府。卫将军青使买马河东，见宣无害，言上，征为大厩丞。官事辨，稍迁至御史及中丞。使治主父偃及治淮南反狱，所以微文深诋杀者甚众，称为敢决疑。数废数起，为御史及中丞者几二十岁。王温舒免中尉，而宣为左内史。其治米盐，事大小皆关其手，自部署县名曹实物，官吏令丞不得擅摇，痛以重法绳之。居官数年，一切郡中为小治辨，然独宣以小致大，能因力行之，难以为经。中废。为右扶风。坐怨成信，信亡藏上

林中，宣使郿令格杀信，吏卒格信时，射中上林苑门，宣下吏诋罪，以为大逆，当族，自杀。而杜周任用。

杜周

杜周者，南阳杜衍人。义纵为南阳守，以为爪牙，举为廷尉史。事张汤，汤数言其无害，至御史。使案边失亡，所论杀甚众。奏事中上意，任用，与减宣相编，更为中丞十余岁。

其治与宣相放，然重迟，外宽，内深次骨。宣为左内史，周为廷尉，其治大放张汤而善候伺。上所欲挤者，因而陷之；上所欲释者，久系待问而微见其冤状。客有让周曰："君为天子决平，不循三尺法，专以人主意指为狱。狱者固如是乎？"周曰："三尺安出哉？前主所是著为律，后主所是疏为令，当时为是，何古之法乎！"

至周为廷尉，诏狱亦益多

加以推行，但难以当作常规。中途被罢官，后任右扶风。因为怨恨成信，成信逃走藏匿于上林苑中，减宣派郿县县令击杀成信，吏卒拼斗击杀成信时，箭射中上林苑的门，减宣被交给法官判罪，认为他大逆不道，应当灭族，减宣就自杀了。而杜周获得任用。

杜周，是南阳杜衍人。义纵担任南阳太守，把杜周当作得力助手，举荐他当廷尉史。在张汤手下做事，张汤多次说到杜周能干无人可比，被升为御史。朝廷派他查办边境士兵逃亡的事情，被他判决死刑的人有很多。他上奏事情合乎皇上的心意，被任用，与减宣交替任御史中丞十多年。

他治理政事与减宣相仿，但处事慎重，决断迟缓，外表宽松，内心却非常严苛。减宣任左内史，杜周任廷尉，他治理政事大多效仿张汤，而善于揣测皇上的意图。皇上所要排挤的，就趁机陷害；皇上所要宽释的，就长期关押待审并暗中显露他的冤情。门客中有人责备杜周说："您为天子决断公平，不遵循三尺法律，专门凭着人主的意旨来断案。法官本来就是这样的吗？"杜周说："三尺法律怎么出来的呢？从前的国君认为是对的就写成法律，后来的国君认为是对的就记为法令，当时合适的就是正确的，哪有什么古代法律呢！"

等到杜周做了廷尉，皇上命令他办的

案子更多了。二千石级官员被拘捕的新旧相连，不下一百多人。郡府一级送交廷尉办的案件，一年达一千多个。奏章所报大的案子要牵连逮捕几百人，小的案子也有几十人；远的几千里，近的几百里。会审时，官吏就责令犯人按照奏章上所说的招供，不服从的人，就用刑具拷打他们。于是人们听说有逮捕人的消息都逃跑藏匿起来。案件久的经过几次赦免，十多年后还会被告发，大多数人都是以大逆不道以上的罪名被诬陷的。廷尉及中都官奉诏办案所逮捕的人有六七万，属官处理增加的又有十万多人。

杜周中途被罢官，后来担任执金吾，追捕盗贼，逮捕查办桑弘羊、卫皇后兄弟的儿子，用法严苛，天子认为他尽职无私，迁升他为御史大夫。他家有两个儿子，分别在河内和河南任太守。他们治理政事残暴酷烈都比王温舒等人更厉害。杜周当初被征召为廷史时，只有一匹马，而且配具不全；等他长时间在位，到位列三公时，子孙都做了高官，家中钱财累积已有好几万了。

太史公说：从郅都到杜周十人，这些人都以酷烈闻名。但郅都刚烈正直，援引是非，为国家有益的重大原则而争论。张汤因为懂得观察皇上的脸色，皇上与他

矣。二千石系者新故相因，不减百余人。郡吏大府举之廷尉，一岁至千余章。章大者连逮证案数百，小者数十人；远者数千，近者数百里。会狱，吏因责如章告劾，不服，以笞掠定之。于是闻有逮，皆亡匿。狱久者至更数赦十有余岁而相告言，大抵尽诋以不道，以上廷尉及中都官，诏狱逮至六七万人，吏所增加十万余人。

周中废，后为执金吾，逐盗，捕治桑弘羊、卫皇后昆弟子刻深，天子以为尽力无私，迁为御史大夫。家两子，夹河为守。其治暴酷皆甚于王温舒等矣。杜周初征为廷史，有一马，且不全；及身久任事，至三公列，子孙尊官，家訾累数巨万矣。

太史公曰：自郅都、杜周十人者，此皆以酷烈为声。然郅都伉直，引是非，争天下大体。张汤以知阴阳，人主与俱

上下，时数辩当否，国家赖其便。赵禹时据法守正。杜周从谀，以少言为重。自张汤死后，网密，多诋严，官事寖以耗废。九卿碌碌奉其官，救过不赡，何暇论绳墨之外乎！然此十人中，其廉者足以为仪表，其污者足以为戒，方略教导，禁奸止邪，一切亦皆彬彬质有其文武焉。虽惨酷，斯称其位矣。至若蜀守冯当暴挫，广汉李贞擅磔人，东郡弥仆锯项，天水骆璧推咸，河东褚广妄杀，京兆无忌、冯翊殷周蝮鸷，水衡阎奉朴击卖请，何足数哉！何足数哉！

上下配合，当时多次辩论国家大事的得失，国家依赖他而获益。赵禹时常依据法律守护正道。杜周则阿谀奉承，以少说话为重。自张汤死后，法网严密，办案大多严酷，政事逐渐败坏荒废。九卿碌碌无为守着自己的官职，补救过失尚且来不及，哪有时间研究法律之外的事呢！但这十人中，那些廉洁的足以成为表率，那些污浊的足够使人引以为戒，但他们处理政事，教化人民，惩治恶人，一切也都恩威并施，文武并用。执法虽然惨酷，但这与他们的职位相符合。至于像蜀郡太守冯当凶暴摧残他人，广汉郡李贞擅自肢解他人，东郡弥仆锯断他人脖子，天水骆璧严刑逼供认罪，河东褚广妄杀人命，京兆无忌、冯翊殷周凶狠如蛇鹰，水衡都尉阎奉打杀犯人出钱请托这些，哪里值得说呢！哪里值得说呢！

史记卷一百二十三
列传第六十三

大宛列传

大宛国这个地方，是被张骞发现的。张骞，是汉中人。建元年间任郎官。当时天子询问投降的匈奴人，都说匈奴打败了月氏王，用他的头颅当饮酒的器皿，月氏遁逃并且经常怨恨匈奴，但没有人与他们共同攻打匈奴。汉朝正想兴起战事灭掉胡人，听到这话，因此想与月氏互派使者。但去月氏的途中必须经过匈奴中间，于是招募能够出使的人。张骞以郎官的身份应募，出使月氏，与堂邑氏人匈奴奴隶甘父一起出陇西。经过匈奴时，匈奴人抓到了他们，移送给单于。单于留下他们，说："月氏在我们的北边，汉朝怎能派使者前去呢？我想出使越国，汉朝肯答应我吗？"扣留张骞十多年，给他娶妻，生了孩子，但张骞所持汉朝使者的符节没有丢失。

居留匈奴期间，匈奴对他的看管逐渐宽松，张骞趁机与他的随从逃向月氏。向西走了几十天到达大宛。大宛听说汉朝财物富饶，想通使但不能成功，见到张骞很高兴，问道："你想到哪里去？"张骞说：

大宛之迹，见自张骞。张骞，汉中人。建元中为郎。是时天子问匈奴降者，皆言匈奴破月氏王，以其头为饮器，月氏遁逃而常怨仇匈奴，无与共击之。汉方欲事灭胡，闻此言，因欲通使。道必更匈奴中，乃募能使者。骞以郎应募，使月氏，与堂邑氏胡奴甘父俱出陇西。经匈奴，匈奴得之，传诣单于。单于留之，曰："月氏在吾北，汉何以得往使？吾欲使越，汉肯听我乎？"留骞十余岁，与妻，有子，然骞持汉节不失。

居匈奴中，益宽，骞因与其属亡，乡月氏西走数十日，至大宛。大宛闻汉之饶财，欲通不得，见骞，喜，问曰："若欲何之？"骞曰："为汉使月氏，而为匈奴所闭道。今亡，唯王使人导送我。诚得至，反汉，汉之赂遗王财物不可胜言。"大宛以为然，遣骞，为发导绎，抵康居，康居传致大月氏。大月氏王已为胡所杀，立其太子为王。既臣大夏而居，地肥饶，少寇，志安乐，又自以远汉，殊无报胡之心。骞从月氏至大夏，竟不能得月氏要领。

留岁余，还。并南山，欲从羌中归，复为匈奴所得。留岁余，单于死，左谷蠡王攻其太子自立，国内乱，骞与胡妻及堂邑父俱亡归汉。汉拜骞为太中大夫，堂邑父为奉使君。

骞为人强力，宽大信人，蛮夷爱之。堂邑父故胡人，善射，穷急射禽兽给食。初，骞行时百余人，去十三岁，唯二人得还。

骞身所至者大宛、大月氏、大夏、康居，而传闻其旁大国五六，具为天子言之。曰：

大宛在匈奴西南，在汉正

"为汉朝出使月氏，却被匈奴拦住去路。如今逃出，希望大王派人带我去。如果能到达月氏，返回汉朝，汉朝赠送给大王的财物是说不完的。"大宛觉得有理，于是遣送张骞，为他派了向导和翻译，抵达康居。康居把他转送到大月氏。大月氏王已被匈奴人所杀，立了他的太子为王。月氏征服大夏后，就在那里安顿下来，土地肥美富饶，不怎么受侵犯，人心安乐，又自以为远离汉朝，完全没有向匈奴报仇的心意。张骞从月氏到达大夏，终究没有得到月氏人的明确态度。

张骞留居一年多返回，沿着南山想从羌人居住的地方回国，又被匈奴抓住了。留居一年多，单于死了，左谷蠡王攻打他们的太子，自立为单于，国内大乱，张骞与他的匈奴妻子及堂邑父一起逃回汉朝。汉朝任命张骞为太中大夫，堂邑父为奉使君。

张骞为人坚强有毅力，是个宽厚诚实的人，蛮夷之人都喜欢他。堂邑父原是匈奴人，善于射箭，穷困危急时射杀禽兽作为食物。最初，张骞出发时有一百多人，离开了十三年，只有他们二人得以返回。

张骞亲身所到的有大宛、大月氏、大夏、康居，而传说这些国家的旁边还有五六个大国，他都一一向天子陈述了情况。说：

大宛在匈奴的西南方，在汉朝的正

西方，距离汉朝大约一万里。那里的风俗是定居一处，耕种田地，种植稻子和小麦。出产葡萄酒。有很多好马，马出汗如血，它们的祖先是天马之子。有城郭和房屋。它所管辖的城邑大小有七十多座，民众大约有几十万。大宛的兵器是弓和矛，人们骑马射箭。它的北边则是康居，西边则是大月氏，西南则是大夏，东北则是乌孙，东边则是扞罙、于阗。于阗的西边，河水都向西流，注入西海；于阗东边的河水都向东流，注入盐泽。盐泽的水潜入地下流淌，它的南边则是黄河的源头，黄河水由此流出。当地多产玉石，黄河水流入中原。而楼兰、姑师的城邑都有城郭，靠近盐泽。盐泽距离长安大约五千里。匈奴的右方处于盐泽以东，直到陇西长城，南边与羌人居住的地方接壤，阻隔了通往汉朝的道路。

乌孙在大宛东北大约二千里，是个游牧的国家，随着放牧牲畜而迁徙，与匈奴的习俗相同。那里拉弓射箭的兵卒有几万人，勇敢善战。他们原先归服匈奴，等到强盛后，就只名义上从属匈奴，不肯前去朝会匈奴了。

康居在大宛西北大约二千里，是个游牧的国家，与月氏的习俗大多相同。拉弓射箭的兵卒有八九万人。与大宛是邻国。国家小，南边被迫侍奉月氏，东边被迫侍奉匈奴。

西，去汉可万里。其俗土著，耕田，田稻麦。有蒲陶酒。多善马，马汗血，其先天马子也。有城郭屋室。其属邑大小七十余城，众可数十万。其兵弓矛骑射。其北则康居，西则大月氏，西南则大夏，东北则乌孙，东则扞罙、于阗。于阗之西，则水皆西流，注西海；其东水东流，注盐泽。盐泽潜行地下，其南则河源出焉。多玉石，河注中国。而楼兰、姑师邑有城郭，临盐泽。盐泽去长安可五千里。匈奴右方居盐泽以东，至陇西长城，南接羌，鬲汉道焉。

乌孙在大宛东北可二千里，行国，随畜，与匈奴同俗。控弦者数万，敢战。故服匈奴，及盛，取其羁属，不肯往朝会焉。

康居在大宛西北可二千里，行国，与月氏大同俗。控弦者八九万人。与大宛邻国。国小，南羁事月氏，东羁事匈奴。

奄蔡在康居西北可二千里，行国，与康居大同俗。控弦者十余万。临大泽，无崖，盖乃北海云。

大月氏在大宛西可二三千里，居妫水北。其南则大夏，西则安息，北则康居。行国也，随畜移徙，与匈奴同俗。控弦者可一二十万。故时强，轻匈奴。及冒顿立，攻破月氏，至匈奴老上单于，杀月氏王，以其头为饮器。始月氏居敦煌、祁连间，及为匈奴所败，乃远去，过宛，西击大夏而臣之，遂都妫水北，为王庭。其余小众不能去者，保南山羌，号小月氏。

安息在大月氏西可数千里。其俗土著，耕田，田稻麦，蒲陶酒。城邑如大宛。其属小大数百城，地方数千里，最为大国。临妫水，有市，民商贾用车及船，行旁国或数千里。以银为钱，钱如其王面，王死辄更钱，效王面焉。画革旁行以为书记。其西则条枝，北有奄蔡、黎轩。

奄蔡在康居西北大约二千里，是个游牧的国家，与康居的习俗大多相同。拉弓射箭的兵卒有十多万人。临近大泽，无边无岸，大概就是北海。

大月氏在大宛西边大约二三千里，处于妫水之北。它的南边则是大夏，西边则是安息，北边则是康居。大月氏是个游牧的国家，随着放牧牲畜而迁徙，与匈奴的习俗相同。拉弓射箭的兵卒大约有一二十万人。从前强大时，轻视匈奴。等到冒顿即位，攻破月氏。到了匈奴老上单于在位时，杀死月氏王，用他的头颅做饮酒的器皿。起初月氏居住在敦煌、祁连山之间，等到被匈奴打败，才远离，经过大宛，向西攻打大夏而使当地臣服，于是在妫水以北建都，修建王庭。其余一小部分不能离开的月氏人，保留了南山和羌人居住的地方，称为小月氏。

安息在大月氏西边大约几千里。那里的风俗是定居一处，耕种田地，种植稻子和小麦，出产葡萄酒。他们的城邑如同大宛。它所管辖的大小城邑有几百座，国土方圆几千里，是最大的国家。那里靠近妫水，有集市，人们经商用车和船装运货物，去附近的国家或几千里以外的地方。那里用银铸钱币，钱币铸成像他们国王容貌的样子，国王死去就更换钱币，这是因为要模仿新国王的面容。他们在皮革上画横作为文字记载。它的西边则是条枝，北边有奄蔡、黎轩。

条枝在安息西边几千里，临近西海。暑热潮湿。耕种田地，种植稻子。当地出产一种大鸟，它的蛋像酒瓮一样大。人口众多，往往有小君长，而安息役使管辖它们，把它当作外围国家。条枝国的人善于表演魔术。安息年长的老人传说条枝国有弱水、西王母，但未曾见过。

大夏在大宛西南二千多里的妫水南边。那里的风俗是定居，有城郭和房屋，与大宛的习俗相同。没有大王君长，往往各城邑设置小君长。大夏的军队软弱，害怕战争。人们善于做买卖。等到大月氏向西迁徙，打败了大夏，使整个大夏臣服。大夏民众很多，大约一百多万。它的都城叫蓝市城，有集市贩卖各种物品。它的东南有个身毒国。

张骞说："我在大夏时，见到过邛竹杖、蜀布。问道：'从哪儿得到的这些东西？'大夏国人说：'我们的商人到身毒国买来的。身毒在大夏东南大约几千里。那里的风俗是定居一处，大致与大夏相同，但地势低湿，天气炎热。身毒国的人民骑着大象打仗。身毒国临近大河。'以我估计，大夏距离汉朝一万二千里，处于汉朝西南。如今身毒国又处于大夏东南几千里

条枝在安息西数千里，临西海。暑湿。耕田，田稻。有大鸟，卵如瓮。人众甚多，往往有小君长，而安息役属之，以为外国。国善眩。安息长老传闻条枝有弱水、西王母，而未尝见。

大夏在大宛西南二千余里，妫水南。其俗土著，有城屋，与大宛同俗。无大君长，往往城邑置小长。其兵弱，畏战。善贾市。及大月氏西徙，攻败之，皆臣畜大夏。大夏民多，可百余万。其都曰蓝市城，有市贩贾诸物。其东南有身毒国。

骞曰："臣在大夏时，见邛竹杖、蜀布。问曰：'安得此？'大夏国人曰：'吾贾人往市之身毒。身毒在大夏东南可数千里。其俗土著，大与大夏同，而卑湿暑热云。其人民乘象以战。其国临大水焉。'以骞度之，大夏去汉万二千里，居汉西南。今身毒国又居大夏

东南数千里，有蜀物，此其去蜀不远矣。今使大夏，从羌中，险，羌人恶之；少北，则为匈奴所得；从蜀宜径，又无寇。"天子既闻大宛及大夏、安息之属皆大国，多奇物，土著，颇与中国同业，而兵弱，贵汉财物；其北有大月氏、康居之属，兵强，可以赂遗设利朝也。且诚得而以义属之，则广地万里，重九译，致殊俗，威德遍于四海。天子欣然，以骞言为然，乃令骞因蜀犍为发间使，四道并出：出駹，出冉，出徙，出邛、僰，皆各行一二千里。其北方闭氏、筰，南方闭巂、昆明。昆明之属无君长，善寇盗，辄杀略汉使，终莫得通。然闻其西可千余里有乘象国，名曰滇越，而蜀贾奸出物者或至焉，于是汉以求大夏道始通滇国。初，汉欲通西南夷，费多，道不通，罢之。及张骞言可以通大夏，乃复事西南夷。

的地方，有蜀地的产物，这就说明它离蜀地不远了。如今出使大夏，从羌人居住的地方经过，地势险要，羌人厌恶这样做；稍微向北走，则会被匈奴俘获；从蜀地前往应是直路，又没有贼寇。"天子得知大宛及大夏、安息之类都是大国，出产很多奇珍异物，人民定居一处，与汉朝人的生活很相似，但军队软弱，看重汉朝的财物；它们的北边有大月氏、康居之类的国家，军队强大，可以馈赠财物、给予好处来使它们朝拜天子。而且果真能得到它们，并用道义使它们归属，那么就可以扩展万里土地，经过重重翻译，招来不同风俗的人民，使天子的威德遍及四海。天子心中高兴，认为张骞说得对，便命令张骞从蜀地的犍为郡派遣秘密使者，分四路同时出发：一路从駹出发，一路从冉出发，一路从徙出发，一路从邛、僰出发，都各自行走一二千里。其中北方一路被氏、筰截留，南方一路被巂、昆明截留。昆明之类的国家没有君长，善于抢劫偷盗，时常杀死和掠夺汉朝使者，最终没人能通过。但听说它的西边大约一千多里有骑象的国家，名叫滇越，而蜀地偷运物品出境的商人有的到过那里，于是汉朝为寻找通往大夏的道路而开始与滇国沟通。当初，汉朝想打通西南夷，花费很多，道路不通，就作罢了。等到张骞说可以通往大夏，于是又重新从事打通西南夷的计划。

张骞以校尉身份跟随大将军攻打匈奴，他知道有水草的地方，军队不会困乏，于是封张骞为博望侯。这年是元朔六年。第二年，张骞担任卫尉，与李将军一同从右北平出发攻打匈奴。匈奴围困李将军，军队丢失伤亡很多；而张骞耽误期限应当斩首，用钱赎罪后被贬为庶民。这年汉朝派骠骑将军霍去病打败匈奴西域几万人，到达祁连山。第二年，浑邪王率领他的百姓归降了汉朝，而金城、河西以西及南山到盐泽一带空空的没有匈奴人了。匈奴有时派侦察兵来，但兵力很稀少。这之后两年，汉朝把单于打跑赶到了大漠以北。

之后天子多次询问张骞大夏等国的事。张骞已经失去了侯爵，趁机进言说："我住在匈奴时，听说乌孙王叫昆莫，昆莫的父亲，是匈奴西边小国的君主。匈奴攻打杀了他的父亲，而昆莫出生后，被遗弃到野外。乌鸦衔着肉飞到他身上，狼跑去为他哺乳。单于感到奇怪，以为他是神，就收养他长大。等到壮年，让他领兵，多次立功，单于又把他父亲的子民给予昆莫，让他长期驻守西域。昆莫收养他的子民，攻打旁边的小城邑，拉弓射箭的士兵有几万人，演习作战。单于死后，昆莫就率领他的民众远迁，保持中立，不肯朝会匈奴。匈奴派遣一支奇兵攻打他，没有获胜，

骞以校尉从大将军击匈奴，知水草处，军得以不乏，乃封骞为博望侯。是岁元朔六年也。其明年，骞为卫尉，与李将军俱出右北平击匈奴。匈奴围李将军，军失亡多；而骞后期当斩，赎为庶人。是岁汉遣骠骑破匈奴西域数万人，至祁连山。其明年，浑邪王率其民降汉，而金城、河西西并南山至盐泽空无匈奴。匈奴时有候者到，而希矣。其后二年，汉击走单于于幕北。

是后天子数问骞大夏之属。骞既失侯，因言曰："臣居匈奴中，闻乌孙王号昆莫，昆莫之父，匈奴西边小国也。匈奴攻杀其父，而昆莫生，弃于野。乌嗛肉蜚其上，狼往乳之。单于怪以为神，而收长之。及壮，使将兵，数有功，单于复以其父之民予昆莫，令长守于西域。昆莫收养其民，攻旁小邑，控弦数万，习攻战。单于死，昆莫乃率其众远徙，中立，不肯朝会匈奴。匈奴遣奇兵击，不胜，以为神而远之，因羁属之，不

大攻。今单于新困于汉，而故
浑邪地空无人。蛮夷俗贪汉财
物，今诚以此时而厚币赂乌孙，
招以益东，居故浑邪之地，与
汉结昆弟，其势宜听，听则是
断匈奴右臂也。既连乌孙，自
其西大夏之属皆可招来而为外
臣。"天子以为然，拜骞为
中郎将，将三百人，马各二
匹，牛羊以万数，赍金币帛直
数千巨万，多持节副使，道可使，
使遗之他旁国。

骞既至乌孙，乌孙王昆莫
见汉使如单于礼，骞大惭。知
蛮夷贪，乃曰："天子致赐，
王不拜则还赐。"昆莫起拜赐，
其他如故。骞谕使指曰："乌
孙能东居浑邪地，则汉遣翁主
为昆莫夫人。"乌孙国分，王老，
而远汉，未知其大小，素服属
匈奴日久矣，且又近之，其大
臣皆畏胡，不欲移徙，王不能
专制。骞不得其要领。昆莫有
十余子，其中子曰大禄，强，
善将众，将众别居万余骑。大
禄兄为太子，太子有子曰岑

认为昆莫是神而远离了他，趁机采取约束
控制的办法，不大举进攻。如今单于刚被
汉朝所困，而从前浑邪王的领地空无一人。
蛮夷的习俗是贪图汉朝财物，如今如果真
能在此时用丰厚的财物馈赠乌孙，招引他
再往东迁移，居住到以前浑邪王的土地，
与汉朝结为兄弟，根据这情势他应当会服
从，服从就是断了匈奴的右臂。联合乌孙后，
从它到西边的大夏等国都可招来作为外臣
属国。"天子认为他说得对，任命张骞为
中郎将，率领三百人，每人两匹马，牛羊
几万只，携带钱财布帛价值几千万，还有
很多持节副使，只要道路可通，就派他们
到旁边的国家去。

张骞到达乌孙后，乌孙王昆莫接见汉
朝使者如同对待单于的礼节一样。张骞非
常羞愧，知道蛮夷贪婪，就说："天子赏
赐礼物，大王不拜谢就退还所赐的物品。"
昆莫起身拜谢赏赐，其他和以前一样。张
骞告知了他出使的来意，说："乌孙如果
能向东迁居到浑邪王的土地，那么汉朝就
送一位公主做昆莫的夫人。"乌孙国家分
裂，国王年老，又远离汉朝，不知道它的
大小，一直臣服匈奴已经很久了，而且又
临近匈奴，乌孙的大臣都畏惧匈奴，不想
迁移，大王不能独自决定。张骞没有了解
昆莫的意图。昆莫有十多个儿子，其中有
个儿子叫大禄，强悍，善于领兵，他率领

一万多骑兵在别的地方居住。大禄的哥哥是太子，太子有个儿子叫岑娶，而太子早死。临死对他的父亲昆莫说："一定立岑娶为太子，不要让别人替代他。"昆莫哀伤并答应了他，最终立岑娶为太子。大禄愤怒自己没能取代太子，于是收罗他的很多兄弟，带领他们的民众反叛，谋划攻打岑娶和昆莫。昆莫年老，时常担心大禄杀了岑娶，就给岑娶一万多骑兵去别的地方居住，而昆莫有一万多骑兵用以自卫，国家民众一分为三，而大体上仍归属于昆莫，昆莫也因此不敢独自做主与张骞定约。

张骞于是分派副使出使大宛、康居、大月氏、大夏、安息、身毒、于阗、扜罙和各个旁边的国家。乌孙国派出向导和翻译送张骞返回，张骞与乌孙派出的使者几十人，马几十匹，回报答谢汉朝，趁机让他们窥视汉朝，知道汉朝的广大。

张骞返回到汉朝，被任命为大行，位列九卿。一年多后去世。

乌孙的使者看到汉朝人口众多、财物丰厚后，回去报告了他们的国王，乌孙国于是更加重视汉朝。此后一年多，张骞派去沟通大夏等国的使者大多都和所去国家的人一起返回汉朝，于是西北各国开始与汉朝有了交流。然而这是张骞开创的，之后出使前往西域的人都称颂博望侯，以此得到外国信任，外国也因此信任他们。

娶，而太子蚤死。临死谓其父昆莫曰："必以岑娶为太子，无令他人代之。"昆莫哀而许之，卒以岑娶为太子。大禄怒其不得代太子也，乃收其诸昆弟，将其众畔，谋攻岑娶及昆莫。昆莫老，常恐大禄杀岑娶，予岑娶万余骑别居，而昆莫有万余骑自备，国众分为三，而其大总取羁属昆莫，昆莫亦以此不敢专约于骞。

骞因分遣副使使大宛、康居、大月氏、大夏、安息、身毒、于阗、扜罙及诸旁国。乌孙发导译送骞还，骞与乌孙遣使数十人，马数十匹报谢，因令窥汉，知其广大。

骞还到，拜为大行，列于九卿。岁余，卒。

乌孙使既见汉人众富厚，归报其国，其国乃益重汉。其后岁余，骞所遣使通大夏之属者皆颇与其人俱来，于是西北国始通于汉矣。然张骞凿空，其后使往者皆称博望侯，以为质于外国，外国由此信之。

自博望侯骞死后，匈奴闻汉通乌孙，怒，欲击之。及汉使乌孙，若出其南，抵大宛、大月氏相属，乌孙乃恐，使使献马，愿得尚汉女翁主，为昆弟。天子问群臣议计，皆曰"必先纳聘，然后乃遣女"。初，天子发书《易》，云"神马当从西北来"。得乌孙马好，名曰"天马"。及得大宛汗血马，益壮，更名乌孙马曰"西极"，名大宛马曰"天马"云。而汉始筑令居以西，初置酒泉郡以通西北国。因益发使抵安息、奄蔡、黎轩、条枝、身毒国。而天子好宛马，使者相望于道。诸使外国一辈大者数百，少者百余人，人所赍操大放博望侯时。其后益习而衰少焉。汉率一岁中使多者十余，少者五六辈。远者八九岁，近者数岁而反。

是时汉既灭越，而蜀、西南夷皆震，请吏入朝。于是置益州、越巂、牂柯、沈黎、汶山郡，欲地接以前通大夏。乃遣使柏始昌、吕越人等岁十余辈，出此初郡抵大夏，皆复闭

自博望侯张骞死后，匈奴听说汉朝通使乌孙，愤怒，想攻打乌孙。等到汉朝出使乌孙，待从它的南边出去，接连到达大宛、大月氏等国，乌孙才感到恐惧，派使者向汉朝献马，希望能娶汉朝公主为妻，与汉朝结为兄弟。天子询问群臣的意见，都说："必须先让他们送上聘礼，然后才送女儿过去。"最初，天子用《易》占卜，卜辞说"神马应当从西北而来"。得到乌孙良马后，命名为"天马"。等得到大宛的汗血马，越发健壮，改名乌孙马为"西极"，命名大宛马为"天马"。而汉朝开始修筑令居以西的长城，初设酒泉郡用来沟通西北各国。接着加派使者抵达安息、奄蔡、黎轩、条枝、身毒国。而天子喜欢大宛马，因此出使大宛的使者在路上彼此相望。出使外国的使者一批多的几百人，少的百余人，每人所携带的东西大体与博望侯时相同。那以后出使更加平常而人数渐少。汉朝大概一年派出的使者多的十几批，少的五六批。远的地方去八九年，近的地方几年就返回。

这时汉朝已经灭了南越，而蜀地、西南夷都震恐，请求汉朝派官吏管辖并入朝拜见天子。于是设置益州、越巂、牂柯、沈黎、汶山郡，想使土地连成一片向前通往大夏。于是一年内派遣使者柏始昌、吕越人等十几批，经过这些新设的郡抵达大

夏，都又被昆明所阻拦，使者被杀，钱物被抢，最终没能到达大夏。于是汉朝调遣三辅的犯人，再加上巴蜀士兵几万人，派遣郭昌、卫广两位将军前往昆明攻打阻拦汉朝使者的人，斩首和俘虏了几万人后离去。那以后朝廷派遣使者，昆明又进行抢杀，最终没能通过。朝廷便改道向北从酒泉抵达大夏，使者多了之后，外国不再对汉朝的布帛财物感到稀奇，也不再觉得这些物品贵重。

自从博望侯开辟通往外国的道路而尊贵，这以后跟随出使的官吏和士兵都争着上书说外国的奇物怪事和利害得失，请求出使。天子认为外国非常遥远，并非人人乐于前往，就听了他们的请求，赐予符节，招募官吏和百姓不问从何处来，为他们配备随行人员送他们出行，以扩大沟通外国的道路。出使归来不可能不出现侵吞财物，以及使者违背天子旨意的事情，天子认为他们熟悉出使西域的情况，就深究判他们重罪，以激怒他们让他们出钱赎罪，他们就会再次请求担任使者。求使的借口无穷无尽，而轻易犯法。那些官吏士兵也动不动就反复盛赞外国有的东西，说大话的人被授予使节，浮夸的人被任为副使，所以胡说八道没有品行的人都争相仿效他们。那些出使的人都是穷人子弟，把官府送给西域各国的礼物占为己有，想在外国低价

昆明，为所杀，夺币财，终莫能通至大夏焉。于是汉发三辅罪人，因巴蜀士数万人，遣两将军郭昌、卫广等往击昆明之遮汉使者，斩首虏数万人而去。其后遣使，昆明复为寇，竟莫能得通。而北道酒泉抵大夏，使者既多，而外国益厌汉币，不贵其物。

自博望侯开外国道以尊贵，其后从吏卒皆争上书言外国奇怪利害，求使。天子为其绝远，非人所乐往，听其言，予节，募吏民毋问所从来，为具备人众遣之，以广其道。来还不能毋侵盗币物，及使失指，天子为其习之，辄覆案致重罪，以激怒令赎，复求使。使端无穷，而轻犯法。其吏卒亦辄复盛推外国所有，言大者予节，言小者为副，故妄言无行之徒皆争效之。其使皆贫人子，私县官赍物，欲贱市以私其利外国。外国亦厌汉使人人有言轻重，度汉兵远不能至，而禁其食物以苦汉使。汉使乏绝积怨，至相攻击。而楼兰、姑师小国

耳，当空道，攻劫汉使王恢等尤甚。而匈奴奇兵时时遮击使西国者。使者争遍言外国灾害，皆有城邑，兵弱易击。于是天子以故遣从骠侯破奴将属国骑及郡兵数万，至匈河水，欲以击胡，胡皆去。其明年，击姑师，破奴与轻骑七百余先至，虏楼兰王，遂破姑师。因举兵威以困乌孙、大宛之属。还，封破奴为浞野侯。王恢数使，为楼兰所苦，言天子，天子发兵令恢佐破奴击破之，封恢为浩侯。于是酒泉列亭郭至玉门矣。

乌孙以千匹马聘汉女，汉遣宗室女江都翁主往妻乌孙，乌孙王昆莫以为右夫人。匈奴亦遣女妻昆莫，昆莫以为左夫人。昆莫曰"我老"，乃令其孙岑娶妻翁主。乌孙多马，其富人至有四五千匹马。

初，汉使至安息，安息王令将二万骑迎于东界。东界去

卖出牟取私利。外国也讨厌汉朝使者人人说话都轻重不实，他们估计汉朝军队远远不能到达，就断绝他们的食物使汉朝使者受苦。汉朝使者生活困乏，物资断绝因而产生积怨，以至于相互攻击。楼兰、姑师只是小国，正处于交通要道，攻击劫持汉朝使者王恢等尤为厉害。而匈奴奇兵时时拦击出使西域各国的汉朝使者。使者争相都说外国的危害，都有城邑，军队薄弱容易进攻。于是天子因此派遣从骠侯赵破奴率领属国骑兵及各郡士兵几万人，到达匈河水，想攻打匈奴人，匈奴人都离去。第二年，攻打姑师，赵破奴与轻骑兵七百多人先到，俘虏了楼兰王，便攻破姑师。乘着胜利的军威围困了乌孙、大宛等国。返回汉朝，朝廷封赵破奴为浞野侯。王恢多次出使，被楼兰害苦，禀报天子，天子发兵令王恢辅佐赵破奴击破楼兰，封王恢为浩侯。于是从酒泉修筑亭障直到玉门关。

乌孙用一千匹马聘娶汉女，汉朝派遣皇族女子江都翁主前去嫁给乌孙王为妻，乌孙王昆莫封她为右夫人。匈奴也派遣公主嫁给昆莫为妻，昆莫封她为左夫人。昆莫说"我年老了"，就令他的孙子岑娶公主为妻。乌孙盛产马，那里的富人竟有四五千匹马。

最初，汉朝使者到达安息，安息王命令率领二万骑兵到东部边界迎接。东部边

界距离王都几千里。行走到王都，要经过几十座城，人民相连，人口众多。汉朝使者返回，而后安息派使者随汉朝使者来观察汉朝的广大，把大鸟蛋和黎轩善变魔术的人献于汉朝。至于大宛西边的小国骥潜、大益，大宛东边的姑师、扞罙、苏薤等国，都跟随汉朝使者进献拜见天子。天子非常高兴。

汉朝使者极力探寻黄河的源头，黄河源头出自于阗，那里的山盛产玉石，采运回来，天子依据古代图书考查，将黄河发源的山命名为昆仑。

这时，皇上正多次到海边巡狩，于是每次都让外国宾客跟随，只要人多的城邑都要经过，散发财帛来赏赐他们，准备丰厚的礼物优厚地给予他们，以展示汉朝的富有。于是大规模举行角抵活动，演出奇戏，展出各种怪物，有很多聚集观看的人，进行赏赐，聚酒成池，挂肉成林，让外国客人遍观各仓库府藏的积蓄，观看汉朝的广大，使他们倾倒惊骇。等到增加那些魔术技艺后，角抵和奇戏每年都有新变化，这些技艺的越发兴盛，就从这时开始。

西北的外国使者换来换去。大宛以西，都自认为远离汉朝，还骄傲放纵，安逸自适，汉朝还不能以礼约束控制而驱使他们。从乌孙以西到安息，因为靠近匈奴，匈奴围困月氏，匈奴使者拿着单于的一封

王都数千里。行比至，过数十城，人民相属甚多。汉使还，而后发使随汉使来观汉广大，以大鸟卵及黎轩善眩人献于汉。及宛西小国骥潜、大益，宛东姑师、扞罙、苏薤之属，皆随汉使献见天子。天子大悦。

而汉使穷河源，河源出于阗，其山多玉石，采来，天子案古图书，名河所出山曰昆仑云。

是时上方数巡狩海上，乃悉从外国客，大都多人则过之，散财帛以赏赐，厚具以饶给之，以览示汉富厚焉。于是大觳抵，出奇戏诸怪物，多聚观者，行赏赐，酒池肉林，令外国客遍观各仓库府藏之积，见汉之广大，倾骇之。及加其眩者之工，而觳抵奇戏岁增变，甚盛益兴，自此始。

西北外国使，更来更去。宛以西，皆自以远，尚骄恣晏然，未可诎以礼羁縻而使也。自乌孙以西至安息，以近匈奴，匈奴困月氏也，匈奴使持单于一

信，则国国传送食，不敢留苦；及至汉使，非出币帛不得食，不市畜不得骑用。所以然者，远汉，而汉多财物，故必市乃得所欲，然以畏匈奴于汉使焉。宛左右以蒲陶为酒，富人藏酒至万余石，久者数十岁不败。俗嗜酒，马嗜苜蓿。汉使取其实来，于是天子始种苜蓿、蒲陶肥饶地。及天马多，外国使来众，则离宫别观旁尽种蒲陶、苜蓿极望。自大宛以西至安息国，虽颇异言，然大同俗，相知言。其人皆深眼，多须髯，善市贾，争分铢。俗贵女子，女子所言而丈夫乃决正。其地皆无丝漆，不知铸钱器。及汉使亡卒降，教铸作他兵器。得汉黄白金，辄以为器，不用为币。

而汉使者往既多，其少从率多进熟于天子，言曰："宛有善马在贰师城，匿不肯与汉使。"天子既好宛马，闻之甘心，使壮士车令等持千金及金马以请宛王贰师城善马。宛国

信，各国都得供给他食物，不敢阻留使他们受苦。至于汉朝使者，不拿出布帛财物就不能得到食物，不买牲口就得不到坐骑。之所以出现这种情况，就是因为远离汉朝，而汉朝财物多，所以一定要买才能得到想要的东西，但也是由于他们畏惧匈奴使者甚于畏惧汉朝使者。大宛旁边的国家都用葡萄造酒，富人藏酒多达一万多石，保存时间久的几十年不坏。当地风俗嗜好饮酒，马喜欢吃苜蓿。汉朝使者取回它们的种子，于是天子开始在肥沃的土地上种植苜蓿、葡萄。等到天马增多，外国使者来得多了，那离宫别苑旁边都种上了葡萄、苜蓿，一望无际。从大宛以西到安息，各国虽然语言不同，但风俗大致相同，彼此相互了解。那里的人都深眼窝，多胡须，善于经商，铢锱必争。当地风俗尊重女子，女子所说的话丈夫认为正确就决定依从。这些地方都没有丝和漆，不懂得铸钱和造器皿。等到汉朝使者的逃亡士兵投降了他们，教他们铸造兵器和其他器物。他们得到汉朝的黄金白银，常用来铸造器皿，不用来做钱币。

前往西域的汉朝使者增多以后，那些少年随从大多都把自己熟悉的情况向天子汇报，说道："大宛有好马在贰师城，藏匿起来不肯给汉朝使者。"天子既然喜欢大宛马，听了这话心里甜滋滋的，就派壮士车令等人拿千金及金马去请求大宛王换

贰师城的好马。大宛国已经有很多汉朝物品，人们相互商议说："汉朝离我们遥远，而经过盐泽来我国多有伤亡，从他们北边来有匈奴劫掠，从他们南边来缺乏水草。而且往往人烟断绝没有城邑，缺乏饮食的情况多。汉朝使者每批几百人前来，而经常因缺乏食物，死亡人数过半，这样怎么能派大军前来呢？对我们无可奈何。况且贰师马，是大宛的宝马。"于是不肯给汉朝使者。汉朝使者发怒，胡乱说话，用力击碎金马后离去。大宛贵族的人发怒说："汉朝使者太轻视我们！"遣送汉朝使者离去，命令他们东边的郁成国拦截攻杀汉朝使者，夺取他们的财物。于是天子非常愤怒。姚定汉等几位曾经出使过大宛的人说大宛兵力弱，如果真能凭不足三千人的汉朝军队，以强弓劲弩射击他们，就可以全部俘虏攻破大宛了。天子已曾派涅野侯攻打楼兰，通过先到楼兰的七百名骑兵，俘虏了楼兰王，所以认为姚定汉等人说得对，而且想封宠姬李氏家人为侯，任命李广利为贰师将军，调发属国的六千骑兵，以及各郡国的凶恶少年几万人，前去讨伐大宛。希望到贰师城获取好马，所以号称"贰师将军"。赵始成任军正，原来的浩侯王恢当军队的向导，而李哆任校尉，掌管军中大事。这年是太初元年。而关东蝗虫大作，向西飞到敦煌。

饶汉物，相与谋曰："汉去我远，而盐水中数败，出其北有胡寇，出其南乏水草。又且往往而绝邑，乏食者多。汉使数百人为辈来，而常乏食，死者过半，是安能致大军乎？无奈我何。且贰师马，宛宝马也。"遂不肯予汉使。汉使怒，妄言，椎金马而去。宛贵人怒曰："汉使至轻我！"遣汉使去，令其东边郁成遮攻，杀汉使，取其财物。于是天子大怒。诸尝使宛姚定汉等言宛兵弱，诚以汉兵不过三千人，强弩射之，即尽虏破宛矣。天子已尝使涅野侯攻楼兰，以七百骑先至，虏其王，以定汉等言为然，而欲侯宠姬李氏，拜李广利为贰师将军，发属国六千骑，及郡国恶少年数万人，以往伐宛。期至贰师城取善马，故号"贰师将军"。赵始成为军正，故浩侯王恢使导军，而李哆为校尉，制军事。是岁太初元年也。而关东蝗大起，蜚西至敦煌。

贰师将军军既西过盐水，当道小国恐，各坚城守，不肯给食。攻之不能下。下者得食，不下者数日则去。比至郁成，士至者不过数千，皆饥罢。攻郁成，郁成大破之，所杀伤甚众。贰师将军与哆、始成等计："至郁成尚不能举，况至其王都乎？"引兵而还。往来二岁。还至敦煌，士不过什一二。使使上书言："道远，多乏食，且士卒不患战，患饥。人少，不足以拔宛。愿且罢兵，益发而复往。"天子闻之，大怒，而使使遮玉门，曰："军有敢入者辄斩之！"贰师恐，因留敦煌。

其夏，汉亡浞野之兵二万余于匈奴。公卿及议者皆愿罢击宛军，专力攻胡。天子已业诛宛，宛小国而不能下，则大夏之属轻汉，而宛善马绝不来，乌孙、仑头易苦汉使矣，为外国笑。乃案言伐宛尤不便者邓光等，赦囚徒材官，益发恶少年及边骑，岁余而出敦煌者六万人，负私从者不与。牛十万，马三万余匹，驴、骡、

贰师将军的军队向西渡过盐水后，所路过的小国感到惊恐，各自坚守城堡，不肯供给食物。攻打它们不能攻下。攻下城来得到食物，攻不下来，几天内就得离去。等到达郁成，战士跟上来的不过几千人，都饥饿疲惫。攻打郁成，郁成军大破汉军，被杀伤很多人。贰师将军与李哆、赵始成等人计议："到达郁成尚且不能够攻下，何况到他们的王都呢？"带兵返回。往来经过两年。返回到敦煌，所剩士兵不足十分之一二。李广利派使者上书说："道路遥远，大多数时候缺乏食物，而且士兵不忧虑作战，只忧虑挨饿。人少，不足以攻取大宛。希望暂且撤兵，增派军队后再去讨伐。"天子听说后，非常愤怒，就派使者在玉门关阻拦，说军队有敢入玉门关的就斩首。贰师将军害怕，就留在了敦煌。

太初二年夏天，汉朝在匈奴损失了浞野侯的军队两万多人。公卿及议事大臣都希望撤回攻打大宛的军队，集中力量攻打匈奴。天子已经讨伐大宛，大宛是小国却不能攻下，那么大夏等国就会轻视汉朝，而大宛的好马也绝不会来，乌孙、仑头就会轻易使汉朝使者受苦，被外国耻笑。于是查办了说讨伐大宛非常不利的邓光等人，赦免囚犯和犯过罪的勇猛士兵，增派凶恶少年及边地骑兵，一年多内从敦煌出发的达六万人，这还不包括自带衣食随军参战

的人。牛十万头，马三万多匹，驴、骡、骆驼数以万计。携带了很多粮食，兵器弓弩都很齐备。天下骚动，相传奉命讨伐大宛的校尉共有五十多人。大宛王城中没有水井，都要汲取城外流进城内的水，于是汉朝军队就派遣水工改变他们城中水道，使城内无水。增派十八万甲兵戍守酒泉、张掖北边，设置居延、休屠两县来护卫酒泉。调发全国七种犯罪的人，载运干粮供给贰师将军。转运物资的车和人相互连接直到敦煌。又任命两个熟悉马匹的人做执驱校尉，准备攻破大宛后选取他们的良马。

于是贰师将军后来再次出征，士兵很多，而所到小国没有不迎接的，都拿出食物供给汉军。到达仑头，仑头国不肯投降，攻打几日，血洗仑头。自此向西，畅通无阻到达大宛王城，汉军到达的有三万人。大宛军队迎击汉军，汉军射箭击败宛军，宛军退入城中依靠城墙守卫。贰师将军的士兵想去攻打郁成，害怕军队滞留不进而让大宛愈加生发诡诈的事情，就先到达大宛，挖开他们的水源，改变水道，则大宛本来已经忧愁困危。包围大宛城，攻打四十多天，他的外城被攻坏，俘虏了大宛贵人中的勇将煎靡。大宛非常惊恐，退入内城。大宛的贵人们相互商议说："汉朝之所以攻打大宛，是因为大宛王毋寡藏匿良马而且杀了汉朝使者。如今杀了大宛

橐它以万数。多赍粮，兵弩甚设，天下骚动，传相奉伐宛，凡五十余校尉。宛王城中无井，皆汲城外流水，于是乃遣水工徙其城下水空以空其城。益发戍甲卒十八万酒泉、张掖北，置居延、休屠以卫酒泉。而发天下七科適，及载糒给贰师。转车人徒相连属至敦煌。而拜习马者二人为执驱校尉，备破宛择取其善马云。

于是贰师后复行，兵多，而所至小国莫不迎，出食给军。至仑头，仑头不下，攻数日，屠之。自此而西，平行至宛城，汉兵到者三万人。宛兵迎击汉兵，汉兵射败之，宛走入葆乘其城。贰师兵欲行攻郁成，恐留行而令宛益生诈，乃先至宛，决其水源，移之，则宛固已忧困。围其城，攻之四十余日，其外城坏，虏宛贵人勇将煎靡。宛大恐，走入中城。宛贵人相与谋曰："汉所为攻宛，以王毋寡匿善马而杀汉使。今杀王毋寡而出善马，汉兵宜解；即不解，乃力战而死，未晚也。"

宛贵人皆以为然，共杀其王毋寡，持其头遣贵人使贰师，约曰："汉毋攻我。我尽出善马，恣所取，而给汉军食。即不听，我尽杀善马，而康居之救且至。至，我居内，康居居外，与汉军战。汉军熟计之，何从？"是时康居候视汉兵，汉兵尚盛，不敢进。贰师与赵始成、李哆等计："闻宛城中新得秦人，知穿井，而其内食尚多。所为来，诛首恶者毋寡。毋寡头已至，如此而不许解兵，则坚守，而康居候汉罢而来救宛，破汉军必矣。"军吏皆以为然，许宛之约。宛乃出其善马，令汉自择之，而多出食食给汉军。汉军取其善马数十匹，中马以下牡牝三千余匹，而立宛贵人之故待遇汉使善者名昧蔡以为宛王，与盟而罢兵。终不得入中城。乃罢而引归。

初，贰师起敦煌西，以为

王毋寡而献出良马，汉朝军队应该会解围而去；如果不解围，就力战而死，也不晚。"大宛贵人们都认为这样做对，一起杀了他们的大王毋寡，拿着他的头派贵人来见贰师将军，约定说："汉军不攻打我们。我们献出全部良马，你们随意选取，并供给汉军食物。如果不答应，我们就将良马全部杀死，而且康居的援军将要到了。援兵赶到，我们的军队在城内，康居的军队在城外，与汉军交战。希望汉军仔细考虑，何去何从？"这时康居的侦察兵在窥视汉军情况，汉军还很强盛，不敢进攻。贰师将军与赵始成、李哆等人商议："听说大宛城中刚找到一个秦人，懂得挖井，而且他们城内粮食还很多。我们之所以来这里，是为了诛杀首恶毋寡。毋寡的头已在这里，这样如果不答应他们解围撤兵，他们就会坚守，而康居窥视到汉军疲惫时再来救援大宛，必然会大破汉军了。"军吏都认为说得对，答应了大宛的要求。大宛于是献出他们的良马，让汉军自己挑选，而且拿出很多食物供给汉军。汉军选取了他们的良马几十匹，中等以下的公马和母马三千多匹，又立大宛贵人中从前对待汉使很好的名叫昧蔡的人为大宛王，与他订立盟约而后撤兵。最终没能进入大宛内城，就撤军领兵回朝。

最初，贰师将军从敦煌向西出发，认

为人多，所经过的国家不供给食物，就把军队分为几支，从南北两路行进。校尉王申生、原鸿胪壶充国等一千多人，从另一条路到达郁成。郁成人坚守城池，不肯向汉军提供食物。王申生离开大军二百里，认为有所依仗而轻视郁成，责备郁成人。郁成人不肯拿出粮食，窥探得知王申生的军队日渐减少，在一天早晨派三千人攻打王申生的军队，杀死了王申生等人，军队大败，有几人逃脱，跑到贰师将军那里。贰师将军命令搜粟都尉上官桀前去攻破郁成。郁成王逃亡到康居，上官桀追到康居。康居听说汉军已经攻下大宛，于是献出郁成王给上官桀，上官桀命令四名骑兵捆缚郁成王押解到贰师将军那里。四人互相商议说："郁成王是汉朝所恨的人，如今活着将他送去，突然发生意外将会贻误大事。"想杀他，没人敢先动手。上邽骑士赵弟最年轻，拔剑砍他，斩了郁成王，带上他的人头。赵弟、上官桀等人追上了贰师将军。

当初，贰师将军后来再次出征，天子派使者告诉乌孙，多派兵与汉军合力攻打大宛。乌孙发动二千骑兵前往，徘徊观望，不肯进前。贰师将军东归，所路过的各小国听说大宛被攻破，都派自己的子弟随汉军入朝进贡，拜见天子，顺便留在汉朝做人质。贰师将军攻打大宛，军正赵始成奋

人多，道上国不能食，乃分为数军，从南北道。校尉王申生、故鸿胪壶充国等千余人，别到郁成。郁成城守，不肯给食其军。王申生去大军二百里，偾而轻之，责郁成。郁成食不肯出，窥知申生军日少，晨用三千人攻，戮杀申生等，军破，数人脱亡，走贰师。贰师令搜粟都尉上官桀往攻破郁成。郁成王亡走康居，桀追至康居。康居闻汉已破宛，乃出郁成王予桀，桀令四骑士缚守诣大将军。四人相谓曰："郁成王汉国所毒，今生将去，卒失大事。"欲杀，莫敢先击。上邽骑士赵弟最少，拔剑击之，斩郁成王，赍头。弟、桀等逐及大将军。

初，贰师后行，天子使使告乌孙，大发兵并力击宛。乌孙发二千骑往，持两端，不肯前。贰师将军之东，诸所过小国闻宛破，皆使其子弟从军入献，见天子，因以为质焉。贰师之伐宛也，而军正赵始成力

战，功最多；及上官桀敢深入，李哆为谋计，军入玉门者万余人，军马千余匹。贰师后行，军非乏食，战死不能多，而将吏贪，多不爱士卒，侵牟之，以此物故众。天子为万里而伐宛，不录过，封广利为海西侯。又封身斩郁成王者骑士赵弟为新時侯。军正赵始成为光禄大夫，上官桀为少府，李哆为上党太守。军官吏为九卿者三人，诸侯相、郡守、二千石者百余人，千石以下千余人。奋行者官过其望，以適过行者皆绌其劳。士卒赐直四万金。伐宛再反，凡四岁而得罢焉。

汉已伐宛，立昧蔡为宛王而去。岁余，宛贵人以为昧蔡善谀，使我国遇屠，乃相与杀昧蔡，立毋寡昆弟曰蝉封为宛王，而遣其子入质于汉。汉因使使赂赐以镇抚之。

而汉发使十余辈至宛西诸外国，求奇物，因风览以伐宛之威德。而敦煌置酒泉都尉；西至盐水，往往有亭。而仑头有田卒数百人，因置使者护田

力作战，功劳最多；等到上官桀敢于深入作战，李哆为他谋划计策，军队进入玉门关的有一万多人，战马一千多匹。贰师将军后来出征，军队并不是缺乏粮食，战死的人不算多，而将吏贪污，大多不爱惜士兵，侵吞军饷，因此死亡的人很多。天子因为他们到万里外讨伐大宛，不记他们的过失，封李广利为海西侯。又封亲自斩杀郁成王的骑士赵弟为新時侯。军正赵始成为光禄大夫，上官桀为少府，李哆为上党太守。军官中被升为九卿的有三人，诸侯相、郡守、二千石级的官员一百多人，千石级以下的官员一千多人。奋勇参军的人所得的官位超过他们的期望，因被罚罪而派去参战的人都被免罪也不计功劳。对士兵的赏赐价值四万金。两次攻打大宛，共四年时间才得以结束军事行动。

汉朝讨伐大宛后，立昧蔡为大宛王后离去。一年多后，大宛贵族认为昧蔡善于阿谀，使大宛遭受杀戮，于是相互谋划杀了昧蔡，立毋寡的兄弟名叫蝉封的人为大宛王，而派遣他的儿子去汉朝做人质。汉朝于是派使者赠送礼物对大宛加以安抚。

汉朝派了十几批使者到大宛以西的一些国家，寻求奇珍异物，趁机用考察的方式展示讨伐大宛的威德。汉朝在敦煌设置酒泉都尉，西达盐水，路上大多设有亭障。而仑头有屯田士兵几百人，趁机设置使者

保护田地，积蓄粮食，以供给出使外国的使者们。

太史公说：《禹本纪》说："黄河发源于昆仑。昆仑山高二千五百多里，是日月开始隐避和发出光明的地方。昆仑山上有醴泉、瑶池。"如今自张骞出使大夏之后，找到黄河的源头，从哪儿能看到《禹本纪》所说的昆仑呢？所以谈论九州山川，《尚书》的记载接近真实情况。至于《禹本纪》《山海经》所记载的怪物，我不敢讨论它们。

积粟，以给使外国者。

太史公曰：《禹本纪》言"河出昆仑。昆仑其高二千五百余里，日月所相避隐为光明也。其上有醴泉、瑶池"。今自张骞使大夏之后也，穷河源，恶睹《本纪》所谓昆崙者乎？故言九州山川，《尚书》近之矣。至《禹本纪》《山海经》所有怪物，余不敢言之也。

史记卷一百二十四
列传第六十四

游侠列传

朱家　郭解

　　韩非子说："儒家以文章扰乱法度，而侠士以武力触犯禁令。"这二者都被韩非讥讽，而儒生却多被世人所称扬。至于以权术取得宰相卿大夫的职位，辅助他的当世君主，功名都被记载于史书之中，本来没什么可说的。至于像季次、原宪，都是闾巷中人，读书并怀有特异的君子的德操，道义上不与当代世俗苟合，当代世俗的人也嘲笑他们。所以季次、原宪终生住在空荡荡的草屋之中，穿着粗布短衣连粗饭也吃不饱。他们死去已经过了四百多年，而他们的弟子却不知倦怠地怀念他们。如今的游侠，他们的行为虽不合于正义，但他们说出的话一定要守信奉行，行动了就一定要有结果，已经答应的一定信守承诺，不惜自己的身躯，去救助他人的困难，历经生死存亡后，却不夸耀自己的才能，羞于展示自己的功德，大概也有足以赞美的地方吧。

　　《韩子》曰："儒以文乱法，而侠以武犯禁。"二者皆讥，而学士多称于世云。至如以术取宰相卿大夫，辅翼其世主，功名俱著于春秋，固无可言者。及若季次、原宪，闾巷人也，读书怀独行君子之德，义不苟合当世，当世亦笑之。故季次、原宪终身空室蓬户，褐衣疏食不厌。死而已四百余年，而弟子志之不倦。今游侠，其行虽不轨于正义，然其言必信，其行必果，已诺必诚，不爱其躯，赴士之厄困，既已存亡死生矣，而不矜其能，羞伐其德，盖亦有足多者焉。

且缓急，人之所时有也。太史公曰：昔者虞舜窘于井廩，伊尹负于鼎俎，傅说匿于傅险，吕尚困于棘津，夷吾桎梏，百里饭牛，仲尼畏匡，菜色陈、蔡。此皆学士所谓有道仁人也，犹然遭此灾，况以中材而涉乱世之末流乎？其遇害何可胜道哉！

鄙人有言曰："何知仁义，已飨其利者为有德。"故伯夷丑周，饿死首阳山，而文、武不以其故贬王；跖、𫏋暴戾，其徒诵义无穷。由此观之，"窃钩者诛，窃国者侯，侯之门仁义存"，非虚言也。

今拘学或抱咫尺之义，久孤于世，岂若卑论侪俗，与世沉浮而取荣名哉！而布衣之徒，设取予然诺，千里诵义，为死不顾世，此亦有所长，非苟而已也。故士穷窘而得委命，此岂非人之所谓贤豪间者邪？诚使乡曲之侠，予季次、原宪比权量力，效功于当世，不同日而论矣。要以功见言信，侠客

况且危急的事情，人们是时常会遇到的。太史公说：从前虞舜修廪淘井时遇到危险，伊尹背着鼎俎做厨师，傅说藏身于傅险服苦役，吕尚受困于棘津，管夷吾戴脚镣手铐，百里奚喂牛，仲尼被困匡地，在陈、蔡饿得面如菜色。这些都是儒生所说的有道德的仁人，尚且遭遇这样的灾难，何况是中等才能而遭逢乱世的人呢？他们遇到的灾难怎能讲得完呢！

世人有这样的说法："何必知道什么是仁义，已经享受到他的利益就是有德。"所以伯夷以吃周粟为可耻，饿死在首阳山，而文王、武王的王者的声誉却不受其影响；盗跖、庄𫏋凶暴乖戾，他们的党徒却称颂他们道义无穷。由此看来，"偷衣带钩的人要被诛杀，窃取国家政权的人却被封侯，受封为侯的人就存有仁义了"，这并非虚言啊。

如今拘泥于所学的人有的抱有狭隘的道理，长期孤立于世，哪能比得上以低下的言论投合于世俗，随着世俗沉浮而取得荣耀名声呢！而平民百姓，重视取得与给予而作出承诺，千里颂扬正义，为正义而死也不顾世俗，这也是有长处的，并非随意就能做到的。所以士人在困窘时而得以委命给他们，这难道不是人们所说的贤能豪侠的人吗？果真让民间的游侠，与季次、原宪比较衡量权力和力量，和对当世的贡

献，是不能同日而语的啊。总之要从功效的显现和言必有信的方面来看，侠客的正义又怎么可以缺少呢！

古代平民中的侠客，不能获得而听到了。近代有延陵季子、孟尝君、春申君、平原君、信陵君这些人，都因是君王的亲属，凭借封地和卿相的雄厚财富，招揽天下的贤才，显名于诸侯，不能说不是贤才了。这就比如顺风呼喊，声音并非加快了，而是风势激荡的结果。至于身居闾巷的侠客，修行品行，磨砺名节，名声传遍天下，没有人不称赞他们贤能，这是难以做到的。然而儒家、墨家都排斥摈弃不予记载。自秦朝以前，平民中的侠客，湮灭不能见到，我对此深感遗憾。据我所听闻的，汉朝建立以来有朱家、田仲、王公、剧孟、郭解这些人，虽然时常触犯当代的法令，但他们个人践行道义廉洁谦让，有值得称赞的地方。名声不凭空树立，士人不凭空亲附。至于朋党豪强互相勾结，依仗财势役使穷人，凭借豪强暴力欺凌孤苦衰弱的人，纵容欲望，自我快活，游侠也认为这是可耻的。我哀伤世俗的人不能察知其中真意，却错误地把朱家、郭解等人与暴虐豪强之徒视为同类而一起嘲笑他们啊。

鲁国朱家，是与高祖同时代的人。鲁地人都以儒家学说进行教育，而朱家却因

之义又曷可少哉！

古布衣之侠，靡得而闻已。近世延陵、孟尝、春申、平原、信陵之徒，皆因王者亲属，藉于有土卿相之富厚，招天下贤者，显名诸侯，不可谓不贤者矣。比如顺风而呼，声非加疾，其势激也。至如闾巷之侠，修行砥名，声施于天下，莫不称贤，是为难耳。然儒、墨皆排摈不载。自秦以前，匹夫之侠，湮灭不见，余甚恨之。以余所闻，汉兴有朱家、田仲、王公、剧孟、郭解之徒，虽时扞当世之文罔，然其私义廉洁退让，有足称者。名不虚立，士不虚附。至如朋党宗强比周，设财役贫，豪暴侵凌孤弱，恣欲自快，游侠亦丑之。余悲世俗不察其意，而猥以朱家、郭解等令与暴豪之徒同类而共笑之也。

朱家

鲁朱家者，与高祖同时。鲁人皆以儒教，而朱家用侠

闻。所藏活豪士以百数，其余庸人不可胜言。然终不伐其能，歆其德，诸所尝施，唯恐见之。振人不赡，先从贫贱始。家无余财，衣不完采，食不重味，乘不过轺牛。专趋人之急，甚己之私。既阴脱季布将军之厄，及布尊贵，终身不见也。自关以东，莫不延颈愿交焉。

楚田仲以侠闻，喜剑，父事朱家，自以为行弗及。田仲已死，而雒阳有剧孟。周人以商贾为资，而剧孟以任侠显诸侯。吴、楚反时，条侯为太尉，乘传车将至河南，得剧孟，喜曰："吴、楚举大事而不求孟，吾知其无能为已矣。"天下骚动，宰相得之若得一敌国云。剧孟行大类朱家，而好博，多少年之戏。然剧孟母死，自远方送丧盖千乘。及剧孟死，家无余十金之财。而符离人王孟亦以侠称江、淮之间。

是时济南瞷氏、陈周庸亦

行侠闻名。朱家所隐藏而救活的豪杰人士数以百计，其余被救的普通人说也说不完。但他始终不夸耀自己的才能，不因自己所施的恩德欣喜。许多他曾经给予过施舍的人，他唯恐见到他们。救济不足以谋生的人，先从贫贱的人开始。家中没有闲余钱财，衣服朴素不全是彩色，食物没有第二道菜肴，乘坐的不过是小牛车。专门救人之所急，超过自己的私事。暗中使季布将军摆脱困厄后，等到季布尊贵，终身不肯与季布相见。自函谷关以东，没有人不伸长脖子希望与他结交的。

楚地的田仲因行侠而闻名，喜欢剑术，像服侍父亲那样侍奉朱家，自以为操行比不上朱家。田仲死后，洛阳有个叫剧孟的人。周地人以经商为生，而剧孟以行侠显名于诸侯。吴、楚等七国反叛时，条侯任太尉，乘坐驿车将要到达河南时，得到剧孟，高兴地说："吴、楚等七国发动叛乱而不求得剧孟帮助，我知道他们无所作为了。"天下动乱，宰相得到他就像得到一个势力相等的国家。剧孟的行为大体类似于朱家，而喜欢玩六博，大多是少年人的游戏。然而剧孟的母亲死了，从远方来送丧的大概有上千辆车子。等到剧孟死了，家中不足十金的余财。而符离人王孟也以行侠被人们称赞于长江、淮河之间。

当时济南的瞷氏，陈地的周庸也以豪

侠而闻名，景帝听说了他们，派使者将这类人全部诛杀了。这之后代郡的白氏、梁地的韩无辟、阳翟的薛兄、郏地的韩孺纷纷又出现了。

郭解，是轵县人，字翁伯，是善于给人相面的许负的外孙。郭解的父亲因为行侠，在孝文帝时被诛杀。郭解为人短小精悍，不喝酒。他年少时阴狠残忍，心中愤慨不快意时，亲手杀了很多人。他用自己的性命替朋友报仇，藏匿亡命之徒去违法抢劫，没事时就私铸钱币，掘坟盗墓，这种事本就不可胜数。但却能遇到上天保佑，在窘迫危急时经常能得以脱身，就像遇到了赦免。等到郭解年长，就改变自己的行为习惯，检点自己，以德报怨，多施恩于人而很少期望别人报答。但他自己喜欢行侠的念头愈加强烈了。救了别人的性命之后，却不夸耀自己的功劳，但他内心仍然阴狠残忍，还会和以前一样突然因小事而发作行凶。少年人仰慕他的行为，也总是为他报仇，不让他知道。郭解姐姐的儿子依仗郭解的威势，与别人饮酒，让人家干杯。别人不能再喝，他就强行给人家灌酒。那人发怒，拔刀刺杀了郭解姐姐的儿子，逃跑了。郭解的姐姐发怒说："以翁伯的义气，人家杀了我的儿子，凶手却捉不到。"就把她儿子的尸体丢弃在道上，

以豪闻，景帝闻之，使使尽诛此属。其后代诸白、梁韩无辟、阳翟薛兄、郏韩孺纷纷复出焉。

郭解

郭解，轵人也，字翁伯，善相人者许负外孙也。解父以任侠，孝文时诛死。解为人短小精悍，不饮酒。少时阴贼，慨不快意，身所杀甚众。以躯借交报仇，藏命作奸，剽攻不休，及铸钱掘冢，固不可胜数。适有天幸，窘急常得脱，若遇赦。及解年长，更折节为俭，以德报怨，厚施而薄望。然其自喜为侠益甚。既已振人之命，不矜其功，其阴贼著于心，卒发于睚眦如故云。而少年慕其行，亦辄为报仇，不使知也。解姊子负解之势，与人饮，使之嚼。非其任，强必灌之。人怒，拔刀刺杀解姊子，亡去。解姊怒曰："以翁伯之义，人杀吾子，贼不得。"弃其尸于道，弗葬，欲以辱解。解使人微知贼处。贼窘自归，具以实告解。解曰："公杀之固当，吾儿不直。"遂去其贼，罪其姊子，乃收而

葬之。诸公闻之，皆多解之义，益附焉。

解出入，人皆避之。有一人独箕倨视之，解遣人问其名姓。客欲杀之。解曰："居邑屋至不见敬，是吾德不修也，彼何罪！"乃阴属尉史曰："是人，吾所急也，至践更时脱之。"每至践更，数过，吏弗求。怪之，问其故，乃解使脱之。箕踞者乃肉袒谢罪。少年闻之，愈益慕解之行。

雒阳人有相仇者，邑中贤豪居间者以十数，终不听。客乃见郭解。解夜见仇家，仇家曲听解。解乃谓仇家曰："吾闻雒阳诸公在此间，多不听者。今子幸而听解，解奈何乃从他县夺人邑中贤大夫权乎！"乃夜去，不使人知，曰："且无用，

不埋葬，想以此羞辱郭解。郭解派人暗中探知凶手的去处。凶手窘迫自动归来，把实情全部告诉了郭解。郭解说："你杀他本就应该，我的外甥不正直。"于是放走了那凶手，把罪责归于他姐姐的儿子，于是收尸埋葬了他。人们听说此事后，都称赞郭解的义气，更加依附于他。

郭解每次出入，人们都躲避他。唯独有一人席地而坐，伸开两腿傲慢地看着他，郭解派人去问那人的姓名。门客想杀死那人。郭解说："居住在里邑之中竟至于不被人尊敬，这是我的德行修养不够啊，他有什么罪过！"于是暗中嘱咐尉史说："这个人是我最关心的，轮到他服役时请免除他的差役。"每次轮到他服役时，多次跳过去，县吏没有去找他。他觉得奇怪，询问其中的缘故，才知道是郭解使他免除了差役。席地而坐、伸开两腿的那个人就袒露身体去向郭解请罪。少年人听说此事后，更加仰慕郭解的品行。

洛阳人有相互结仇的，城中贤人豪杰居间调解的人数以十计，始终不听调解。门客们就来拜见郭解。郭解连夜去见结仇的人家，结仇的人家委屈地听从了郭解的劝告。郭解于是对结仇的人家说："我听说洛阳很多年老长者都居中调节，你们大多不听从。如今你们幸而听从了我的劝告，我怎么能从别的县跑来抢夺人家城邑中贤

能大夫的调节权呢！"于是连夜离去，不让人知道，说："暂且不要听我的调节，等到我离开后，让洛阳的豪杰居间调解，你们就听他们的。"

郭解执礼恭敬，不敢乘车进入他们县衙门的庭院。他到旁边的郡国，受人请托办事，事情可以解决的，就解决它；不能解决的，也使各方都满意，然后才敢吃饭饮酒。大家因此特别尊重他，争着为他效力。城中少年以及旁边临近县中的贤人豪杰，半夜上门拜访他的常常有十多辆车子，请求把郭解的门客带回到自家供养。

等到朝廷迁徙富豪人家去茂陵居住时，郭解家中贫困，不符合资产三百万的迁徙标准，但迁徙名单中有郭解，官吏害怕，不敢不让郭解迁徙。卫将军替郭解对皇上说："郭解家中贫困不符合迁徙标准。"皇上说："一个平民的权势竟能使将军为他说话，这说明他家不穷。"郭解家于是被迁徙了。人们为郭解送行出钱一千多万。轵县人杨季主的儿子任县掾，是他提名迁徙郭解。郭解哥哥的儿子砍掉了杨县掾的头。从此杨家和郭家结了仇。

郭解迁入关中，关中贤人豪杰知道与不知道郭解的，听到他的名声，都争相与郭解交好。郭解这人个子矮小，不喝酒，出门不曾骑过马。后来又杀死了杨季主。杨季主的家人上书，有人又在宫门下把告

待我去，令雒阳豪居其间，乃听之。"

解执恭敬，不敢乘车入其县廷。之旁郡国，为人请求事，事可出，出之；不可者，各厌其意，然后乃敢尝酒食。诸公以故严重之，争为用。邑中少年及旁近县贤豪，夜半过门常十余车，请得解客舍养之。

及徙豪富茂陵也，解家贫，不中资，吏恐，不敢不徙。卫将军为言："郭解家贫不中徙。"上曰："布衣权至使将军为言，此其家不贫。"解家遂徙。诸公送者出千余万。轵人杨季主子为县掾，举徙解。解兄子断杨掾头。由此杨氏与郭氏为仇。

解入关，关中贤豪知与不知，闻其声，争交欢解。解为人短小，不饮酒，出未尝有骑。已又杀杨季主。杨季主家上书，人又杀之阙下。上闻，乃下吏

捕解。解亡,置其母家室夏阳,身至临晋。临晋籍少公素不知解,解冒,因求出关。籍少公已出解,解转入太原,所过辄告主人家。吏逐之,迹至籍少公。少公自杀,口绝。久之,乃得解。穷治所犯,为解所杀,皆在赦前。轵有儒生侍使者坐,客誉郭解,生曰:"郭解专以奸犯公法,何谓贤!"解客闻,杀此生,断其舌。吏以此责解,解实不知杀者。杀者亦竟绝,莫知为谁。吏奏解无罪。御史大夫公孙弘议曰:"解布衣为任侠行权,以睚眦杀人,解虽弗知,此罪甚于解杀之。当大逆无道。"遂族郭解翁伯。

自是之后,为侠者极众,敖而无足数者。然关中长安樊仲子,槐里赵王孙,长陵高公子,西河郭公仲,太原卤公孺,临淮儿长卿,东阳田君孺,虽为侠而逡逡有退让君子之风。至若北道姚氏,西道诸杜,南道

状的人杀了。皇上听说了,就下令官吏逮捕郭解。郭解逃走,把他母亲和家室安置在夏阳,自己逃到临晋。临晋籍少公平素不认识郭解,郭解冒昧求见,乘机请求帮他出关。籍少公把郭解送出关后,郭解辗转来到了太原,他所过之处经常把自己的情况告诉店主人家。官吏追捕他,追踪到籍少公家。籍少公自杀,口供断绝。过了很久,才抓到郭解。深入追究郭解所犯罪行,被郭解所杀的,都在赦免令公布之前。轵县有个儒生陪侍使者闲坐,有门客赞誉郭解,儒生说:"郭解专门以奸诈触犯国法,为什么说他是贤人呢?"郭解的门客听了,杀了这个儒生,割断他的舌头。官吏拿此事责问郭解,郭解确实不知道杀人的是谁。杀人的人也最终失去踪迹,没有人知道是谁。官吏向皇帝上奏说郭解没有罪。御史大夫公孙弘议论说:"郭解以布衣的身份行侠弄权,因小事杀人,郭解虽然不知道,这个罪过比郭解杀人还严重。应当判大逆无道之罪。"最终诛杀了郭解全族。

自此以后,行侠的人特别多,但都傲慢无礼没有值得述说的。但关中长安的樊仲子、槐里的赵王孙、长陵的高公子、西河的郭公仲、太原的卤公孺、临淮的儿长卿、东阳的田君孺,虽然行侠却恭顺有谦让君子的风范。至于像北道的姚氏,西道的一些姓杜的,南道的仇景,东道的赵他、

羽公子，南阳的赵调等人，这些都是居处在民间的盗跖罢了，哪里值得称道呢！这些都是从前朱家那样的人引以为耻的。

太史公说：我看郭解，形态容貌比不上普通人，言语也没有可取之处。然而天下无论是贤人还是不成材的人，知道他与不知道他的人，都仰慕他的声名，谈论行侠的人都借郭解来提高自己的名声。谚语说："人以荣誉的名声作为容貌，难道会有穷尽的时候吗？"哎呀，可惜呀！

仇景，东道赵他、羽公子，南阳赵调之徒，此盗跖居民间者耳，曷足道哉！此乃乡者朱家之羞也。

太史公曰：吾视郭解，状貌不及中人，言语不足采者。然天下无贤与不肖，知与不知，皆慕其声，言侠者皆引以为名。谚曰："人貌荣名，岂有既乎！"於戏，惜哉！

史记卷一百二十五
列传第六十五

佞幸列传

邓通　韩嫣　李延年

谚语说"努力种田不如遇上好年景，好好做官不如遇上相合的君主"，这本就不是虚言。并不只是女子以美色献媚取宠，士人和宦官也有这种情况。

从前凭借美色得到宠幸的人有很多了。到了汉朝建立，高祖极为蛮横伉直，然而籍孺凭巧言谄媚得到宠幸；孝惠帝在位时有个闳孺。这两人并不是有才能，只是凭婉顺谄媚得以显贵受到宠幸，与皇上同卧同起，公卿大臣都要通过他们向皇上进上自己的说辞。所以孝惠帝在位时，郎官和侍中都戴用鵔鸃羽毛装饰的帽子，系着施有贝壳的腰带，涂脂抹粉，打扮成闳孺、籍孺这样的人。闳孺和籍孺两人把家迁到了安陵。

孝文帝时期的宫中宠臣，士人有邓通，宦官有赵同、北宫伯子。北宫伯子以宽厚爱人而成为德高望重的人；而赵同却以占

谚曰"力田不如逢年，善仕不如遇合"，固无虚言。非独女以色媚，而士宦亦有之。

昔以色幸者多矣。至汉兴，高祖至暴抗也，然籍孺以佞幸；孝惠时有闳孺。此两人非有材能，徒以婉佞贵幸，与上卧起，公卿皆因关说。故孝惠时郎侍中皆冠鵔鸃，贝带，傅脂粉，化闳、籍之属也。两人徒家安陵。

邓通

孝文时中宠臣，士人则邓通，宦者则赵同、北宫伯子。北宫伯子以爱人长者；而赵同

以星气幸，常为文帝参乘；邓通无伎能。邓通，蜀郡南安人也，以濯船为黄头郎。孝文帝梦欲上天，不能，有一黄头郎从后推之上天，顾见其衣裻带后穿。觉而之渐台，以梦中阴目求推者郎，即见邓通，其衣后穿，梦中所见也。召问其名姓，姓邓氏，名通，文帝说焉，尊幸之日异。通亦愿谨，不好外交，虽赐洗沐，不欲出。于是文帝赏赐通巨万以十数，官至上大夫。文帝时时如邓通家游戏。然邓通无他能，不能有所荐士，独自谨其身以媚上而已。上使善相者相通，曰当贫饿死。文帝曰："能富通者在我也。何谓贫乎？"于是赐邓通蜀严道铜山，得自铸钱，"邓氏钱"布天下。其富如此。

文帝尝病痈，邓通常为帝唶吮之。文帝不乐，从容问通曰："天下谁最爱我者乎？"通曰："宜莫如太子。"太子入问病，文帝使唶痈，唶痈而色难之。已而闻邓通常为帝唶吮之，心惭，由此怨通矣。及

星望气而受到宠幸，经常做文帝的陪乘；邓通没有技能。邓通，是蜀郡南安人，靠划船做了黄头郎。孝文帝做梦想上天，不能上，有一个黄头郎从后面推他上天，回头看那人衣服横腰位置的带子从后穿过。睡觉醒来前往渐台，按梦中所见暗自用眼睛寻求推他上天的黄头郎，随即见到了邓通，他的衣带从后穿过，正是梦中所见。召见询问他的姓名，姓邓，名通。文帝喜欢他，日益尊宠他。邓通也老实谨慎，不喜欢与外人交往，即使皇上赐他休假，他也不想外出。于是文帝赏赐邓通十多次共达上亿的钱财，官至上大夫。文帝时常到邓通家玩耍。然而邓通没有其他才能，不能推荐什么贤士，只是自身处事谨慎来谄媚皇上而已。皇上派善于相面的人给邓通相面，说他"应当会贫困饿死"。文帝说："能使邓通富有的人在于我，怎么能说他贫困呢？"于是把蜀郡严道的铜山赏赐给邓通，让他自己得以铸钱，"邓氏钱"流通天下。他的富有到了这种地步。

文帝曾经患了痈疽病，邓通经常为文帝吸吮脓血。文帝不高兴，故作随便地问邓通说："天下谁是最爱我的人呢？"邓通回答："应该没有谁比得上太子。"太子入宫看望病情，文帝让他吸吮脓血，太子虽然吸吮脓血但他脸上露出为难的表情。过后太子听说邓通经常为文帝吸吮脓

血，心中惭愧，由此怨恨邓通。等到文帝驾崩，景帝即位，邓通被免职，在家闲居。过了不久，有人告发邓通偷偷出去在边塞外铸钱。案子下交给司法官吏审问，审查确有此事，于是结案，没收邓通全部家产充公，还负债几万亿钱。长公主赐给邓通钱财，官吏就马上没收充公抵债，连一根簪子也不得戴在身上。于是长公主就派人借给他衣服食物。这时的邓通竟然没有一个"邓氏钱"，寄食在别人家直到死去。

孝景帝在位时，宫中没有宠臣，然而只有郎中令周文，即周仁，周仁受宠程度远超其他人，但也不是非常深厚。

当今天子宫中的宠臣，士人中有韩王信的子孙韩嫣，宦官中有李延年。韩嫣是弓高侯的庶孙。当今皇上做胶东王时，韩嫣与皇上一起学习相互友爱。等到皇上当了太子，更加亲近韩嫣。韩嫣擅长骑马射箭，善于谄媚。皇上即位，想发兵讨伐匈奴，而韩嫣首先练习胡人的兵器，因此愈加尊贵，官至上大夫，赏赐比拟于邓通。当时韩嫣经常与皇上同卧同起。江都王入宫朝见，皇上有诏，让韩嫣跟随自己到上林苑打猎。天子的车驾因清道还没有出发，就先派韩嫣乘坐副车，后面跟从着几十上百个骑兵，奔驰前往去观察野兽。江都王望见，以为是天子，便让随从的人躲避起

文帝崩，景帝立，邓通免，家居。居无何，人有告邓通盗出徼外铸钱，下吏验问，颇有之，遂竟案，尽没入邓通家，尚负责数巨万。长公主赐邓通，吏辄随没入之，一簪不得着身。于是长公主乃令假衣食。竟不得名一钱，寄死人家。

孝景帝时，中无宠臣，然独郎中令周文仁，仁宠最过庸，乃不甚笃。

韩嫣

今天子中宠臣，士人则韩王孙嫣，宦者则李延年。嫣者，弓高侯孽孙也。今上为胶东王时，嫣与上学书相爱。及上为太子，愈益亲嫣。嫣善骑射，善佞。上即位，欲事伐匈奴，而嫣先习胡兵，以故益尊贵，官至上大夫，赏赐拟于邓通。时嫣常与上卧起。江都王入朝，有诏得从入猎上林中。天子车驾跸道未行，而先使嫣乘副车，从数十百骑，鹜驰视兽。江都王望见，以为天子，辟从者，伏谒道傍。嫣驱不见。既

过，江都王怒，为皇太后泣曰：
"请得归国入宿卫，比韩嫣。"
太后由此嗛嫣。嫣侍上，出入
永巷不禁，以奸闻皇太后。皇
太后怒，使使赐嫣死。上为谢，
终不能得，嫣遂死。而案道侯
韩说，其弟也，亦佞幸。

李延年

李延年，中山人也。父母
及身兄弟及女，皆故倡也。延
年坐法腐，给事狗中。而平阳
公主言延年女弟善舞，上见，
心说之。及入永巷，而召贵延
年。延年善歌，为变新声，而
上方兴天地祠，欲造乐诗歌弦
之。延年善承意，弦次初诗。
其女弟亦幸，有子男。延年佩
二千石印，号协声律。与上卧
起，甚贵幸，埒如韩嫣也。久之，
寖与中人乱，出入骄恣。及其
女弟李夫人卒后，爱弛，则禽
诛延年昆弟也。

自是之后，内宠嬖臣大底
外戚之家，然不足数也。卫青、

来，在道旁趴伏拜见。韩嫣径直驱车而过
没有看见。过去以后，江都王很生气，对
皇太后哭泣说："请允许我归还封国入宫
做个宿卫，和韩嫣一样。"太后因此怀恨
韩嫣。韩嫣侍奉皇上，出入永巷不受禁止，
因他的奸情被皇太后听说了，皇太后发怒，
派使者将韩嫣赐死。皇上替他向太后谢罪，
最终不能得以赦免，韩嫣便自杀了。案道
侯韩说，是韩嫣的弟弟，也因谄媚获得宠幸。

李延年，是中山国人。父母和他以及
他的兄弟姐妹原来都是歌舞艺人。李延年
因为犯法被处以宫刑，在狗监任职。平阳
公主对武帝说李延年的妹妹善于舞蹈，皇
上召见，心里喜爱她。等到纳入后宫永
巷，就召见并宠幸李延年。延年擅长唱
歌，创作了新的歌曲，而皇上正在兴建天
地祠，想创作歌词配乐歌唱它。李延年善
于逢迎皇上的心意，配乐演唱了新创作的
歌词。他的妹妹也得到宠幸，生了个儿子。
李延年佩带二千石官职的印章，号称协声
律。与皇上同卧同起，非常尊贵受到宠幸，
等同于韩嫣。过了很久，延年逐渐和宫女
淫乱，出入皇宫骄横放纵。等到他的妹妹
李夫人去世后，皇上对他的宠爱衰减，于
是擒拿诛杀了李延年以及他的兄弟。

自此之后，宫内被皇上宠幸的臣子大
都是外戚家族，然而不值得说。卫青、霍

去病也因外戚的身份而尊贵并受到宠幸，但他们很能凭借才能使自己进取。

太史公说：受到宠爱或憎恶的时运太可怕了！从弥子瑕的行为，足以看出后代佞幸的的结局了，即使过了百代也是可以知道的啊。

霍去病亦以外戚贵幸，然颇用材能自进。

太史公曰：甚哉爱憎之时！弥子瑕之行，足以观后人佞幸矣，虽百世可知也。

滑稽列传

淳于髡　优孟　优旃

孔子说："六经对于治理国家的作用是相通的。《礼》用来规范人的言行，《乐》用来启发人们融洽和睦，《书》用来记述古时事迹，《诗》用来抒情达意，《易》用来窥测万物的神奇变化，《春秋》用来阐明道义。"太史公说：天道恢宏广大，难道不盛大吗？言谈委婉而又切中事理，也可以排解纷乱。

淳于髡，是齐国的一个入赘女婿。身高不足七尺，滑稽善辩，多次出使诸侯国，未曾受过屈辱。齐威王在位时喜欢说隐语，喜好荒淫无度地彻夜宴饮，沉溺酒中不理政事，把政事委托给卿大夫。百官荒淫混乱，诸侯都来吞并侵略，国家危亡就在旦夕之间，左右大臣没有谁敢劝谏的。淳于髡以隐语劝齐威王说："国中有只大鸟，落在大王的庭院中，三年不飞又不叫，大王知道这鸟是怎么回事吗？"齐威王说：

孔子曰："六艺于治一也。《礼》以节人，《乐》以发和，《书》以道事，《诗》以达意，《易》以神化，《春秋》以义。"太史公曰：天道恢恢，岂不大哉！谈言微中，亦可以解纷。

淳于髡

淳于髡者，齐之赘婿也。长不满七尺，滑稽多辩，数使诸侯，未尝屈辱。齐威王之时喜隐，好为淫乐长夜之饮，沉湎不治，委政卿大夫。百官荒乱，诸侯并侵，国且危亡，在于旦暮，左右莫敢谏。淳于髡说之以隐曰："国中有大鸟，止王之庭，三年不蜚又不鸣，王知此鸟何也？"王曰："此鸟不飞则已，一飞冲天；不鸣则已，一鸣惊人。"于是乃朝诸县令长七十二人，赏一人，诛一人，奋兵而出。诸侯振惊，皆还齐侵地。威行三十六年。语在《田完世家》中。

威王八年，楚大发兵加齐。齐王使淳于髡之赵请救兵，赍金百斤，车马十驷。淳于髡仰天大笑，冠缨索绝。王曰："先生少之乎？"髡曰："何敢！"王曰："笑岂有说乎？"髡曰："今者臣从东方来，见道傍有禳田者，操一豚蹄，酒一盂，祝曰：'瓯窭满篝，污邪满车，五谷蕃熟，穰穰满家。'臣见其所持者狭而所欲者奢，故笑之。"于是齐威王乃益赍黄金千溢，白璧十双，车马百驷。髡辞而行，至赵。赵王与之精兵十万，革车千乘。楚闻之，夜引兵而去。

威王大说，置酒后宫，召髡赐之酒。问曰："先生能饮几何而醉？"对曰："臣饮一斗亦醉，一石亦醉。"威王

"这鸟不飞则罢了，一飞就能冲天；不鸣叫就罢了，一鸣叫就会惊动到别人。"于是召见各县的县令、县长七十二人，奖赏一人，诛杀一人，整饬军队出兵。诸侯震惊，都归还了侵占的齐国土地。威势持续了三十六年。这些记载在《田完世家》中。

齐威王八年，楚国大举发兵侵犯齐国。齐王派淳于髡到赵国去请求救兵，携带礼物黄金百斤，四匹马所驾的车十辆。淳于髡仰天大笑，把系帽子的带子都笑断了。齐威王说："先生是认为礼物少了吗？"淳于髡说："怎么敢呢！"齐威王说："如此大笑难道有什么缘故吗？"淳于髡说："今天我从东方来时，看到路旁有为田地乞求福禳的，拿着一个猪蹄、一杯酒，祈祷说：'高地狭小地区收获的谷物装满筐笼，低田里收获的庄稼装满车辆，五谷繁茂丰熟，米粮堆满粮仓。'我看他们所拿的祭品少而所祈求的东西多，所以笑他们。"于是齐威王就把礼物增加到黄金千镒、白璧十双、驷马车一百辆。淳于髡告辞起程，到达赵国。赵王给他精兵十万，蒙着皮革的战车一千辆。楚国听说这个消息后，连夜领兵离去。

齐威王非常高兴，在后宫置办酒宴，召见淳于髡赐给他酒。齐威王问道："先生能喝多少才会醉？"淳于髡回答说："我喝一斗也醉，喝一石也醉。"齐威王说：

"先生喝一斗就醉，怎么能喝一石呢？其中的说法我可以听听吗？"淳于髡说："在大王的面前受到赐酒，执法官在旁，御史在后，我惊恐害怕低头伏地饮酒，不过一斗就醉了。如果双亲有贵客来家，我卷起衣袖，躬身小跪，在席前侍奉饮酒，客人不时赏我残酒，举杯上前敬酒祝寿，多次起身，喝不到二斗就醉了。如果朋友交游，很久没有相见，忽然相见，欢快地追述往事，相互倾诉私情，喝大约五六斗就醉了。至于乡里之间的聚会，男女杂坐，劝酒稽留，玩六博投壶的游戏，相引成对，握手言欢不被处罚，双目直视不被禁止，前有坠下的耳环，后有遗失的发簪，我私下乐于这样，喝大约八斗酒不过两三分醉意。日暮酒残，把残余的酒归并到一起，大家促膝而坐，男女同席，鞋子木屐交错相混，杯盘狼藉，堂上烛光已灭，主人留下我而去送客，解开绫罗短衣的衣襟，略微闻到香气，当时，我的心中最为欢畅，能喝一石。所以说酒喝到极点就会生乱，欢乐到极点就会生发悲痛；万事都是如此。"就是说任何事情不能做到极点，到了极点就会衰败，以此来讽谏齐威王。齐威王说："说得好。"于是停止了彻夜欢饮，任命淳于髡为接待诸侯宾客的礼官。齐王宗室置办酒宴，淳于髡常在旁作陪。

这以后一百多年，楚国有个优孟。

曰："先生饮一斗而醉，恶能饮一石哉！其说可得闻乎？"髡曰："赐酒大王之前，执法在傍，御史在后，髡恐惧俯伏而饮，不过一斗径醉矣。若亲有严客，髡卷韝鞠䞇，侍酒于前，时赐余沥，奉觞上寿，数起，饮不过二斗径醉矣。若朋友交游，久不相见，卒然相睹，欢然道故，私情相语，饮可五六斗径醉矣。若乃州闾之会，男女杂坐，行酒稽留，六博投壶，相引为曹，握手无罚，目眙不禁，前有堕珥，后有遗簪，髡窃乐此，饮可八斗而醉二参。日暮酒阑，合尊促坐，男女同席，履舄交错，杯盘狼藉，堂上烛灭，主人留髡而送客，罗襦襟解，微闻芗泽，当此之时，髡心最欢，能饮一石。故曰酒极则乱，乐极则悲；万事尽然。"言不可极，极之而衰，以讽谏焉。齐王曰："善。"乃罢长夜之饮，以髡为诸侯主客。宗室置酒，髡尝在侧。

其后百余年，楚有优孟。

优孟

优孟者,故楚之乐人也。长八尺,多辩,常以谈笑讽谏。楚庄王之时,有所爱马,衣以文绣,置之华屋之下,席以露床,啗以枣脯。马病肥死,使群臣丧之,欲以棺椁大夫礼葬之。左右争之,以为不可。王下令曰:"有敢以马谏者,罪至死。"优孟闻之,入殿门,仰天大哭。王惊而问其故。优孟曰:"马者王之所爱也,以楚国堂堂之大,何求不得,而以大夫礼葬之,薄,请以人君礼葬之。"王曰:"何如?"对曰:"臣请以雕玉为棺,文梓为椁,楩、枫、豫、章为题凑,发甲卒为穿圹,老弱负土,齐、赵陪位于前,韩、魏翼卫其后,庙食太牢,奉以万户之邑。诸侯闻之,皆知大王贱人而贵马也。"王曰:"寡人之过一至此乎!为之奈何?"优孟曰:"请为大王六畜葬之。以垄灶为椁,铜历为棺,赍以姜枣,荐以木兰,祭以粳稻,衣以火光,葬之于人腹肠。"于是王乃使以马属太官,无令天下久闻也。

优孟,是原来楚国的歌舞艺人。身高八尺,能言善辩,时常用谈笑的方式进谏。楚庄王时,有一匹他所喜爱的马,给它穿上锦绣衣服,把它安置在华丽的屋子里,睡在没有帷帐的床席上,用枣脯喂它。马因肥胖病而死,他让群臣给马办丧事,想用棺椁盛殓,以大夫的葬礼来安葬它。左右大臣争论此事,认为不可以这样。庄王下令说:"有敢拿葬马的事劝谏的,罪当至死。"优孟听说此事后,进入殿门,仰天大哭。庄王大惊而问他原因。优孟说:"马是大王的所爱,凭堂堂强大的楚国,有什么东西不能得到,而用大夫的礼仪来安葬它,太薄待了,请用人君的礼仪安葬它。"庄王说:"那怎么办呢?"优孟回答说:"我请求用雕花的美玉做棺材,用雕文的梓木做外椁,用楩、枫、豫、樟等贵重木材做护棺的题凑,派士兵挖掘墓穴,老人儿童背土筑坟,齐国、赵国的使臣在前面陪祭,韩国、魏国的使臣在它的后面护卫,建立祠庙,用猪、牛、羊的太牢加以祭祀,用万户的封邑来供奉它。诸侯听说这些后,都知道大王轻视人而重视马。"庄王说:"我的过失竟然到这种地步了吗?该怎么办呢?"优孟说:"请求替大王用处理六畜的方法来埋葬它。用土灶做外椁,铜锅做棺材,拿姜枣来调味,再加入木兰，用稻米作祭品，用火光做衣服，把它埋葬在人的肚肠中。"于是庄王就派人把马交给了主管膳食的太官，不让天下人长期传扬此事。

楚国国相孙叔敖知道优孟是位贤人，就善待他。孙叔敖患病将要死了，嘱咐他的儿子说："我死后，你一定贫困。你前去拜见优孟，说我是孙叔敖的儿子。"过了几年，孙叔敖的儿子穷困到靠背柴为生，碰见了优孟，与他交谈说："我是孙叔敖的儿子。父亲将要去世时，嘱咐我贫困时前去拜见优孟。"优孟说："你不要到远处去。"随即他就穿戴上孙叔敖的衣服帽子，模仿孙叔敖的言谈举止。一年多后，活像孙叔敖，楚王以及身边大臣无法分辨清楚。庄王设置酒宴，优孟上前祝寿。庄王大惊，以为孙叔敖复活了，想任命他为楚国国相。优孟说："请让我回去和妻子商量此事，三日后来就任楚国国相。"庄王答应了他。三日后，优孟又来了。庄王说："你妻子怎么说？"优孟说："我妻子说千万不要就任，楚国国相不值得去做。像孙叔敖做楚国国相，竭尽忠诚，为官廉洁来治理楚国，楚王得以称霸。如今死了，他的儿子没有立锥之地，贫困到靠背柴来维持自己的饮食。一定要像孙叔敖那样，还不如自杀。"接着唱道："居处在山中耕田很苦，难以得到食物。起身来

楚相孙叔敖知其贤人也，善待之。病且死，属其子曰："我死，汝必贫困。若往见优孟，言我孙叔敖之子也。"居数年，其子穷困负薪，逢优孟，与言曰："我，孙叔敖子也。父且死时，属我贫困往见优孟。"优孟曰："若无远有所之。"即为孙叔敖衣冠，抵掌谈语。岁余，像孙叔敖，楚王及左右不能别也。庄王置酒，优孟前为寿。庄王大惊，以为孙叔敖复生也，欲以为相。优孟曰："请归与妇计之，三日而为相。"庄王许之。三日后，优孟复来。王曰："妇言谓何？"孟曰："妇言慎无为，楚相不足为也。如孙叔敖之为楚相，尽忠为廉以治楚，楚王得以霸。今死，其子无立锥之地，贫困负薪以自饮食。必如孙叔敖，不如自杀。"因歌曰："山居耕田苦，难以得食。起而为吏，身贪鄙者余财，不顾耻辱。身死家室

富，又恐受赇枉法，为奸触大罪，身死而家灭。贪吏安可为也！念为廉吏，奉法守职，竟死不敢为非。廉吏安可为也！楚相孙叔敖持廉至死，方今妻子穷困负薪而食，不足为也！"于是庄王谢优孟，乃召孙叔敖子，封之寝丘四百户，以奉其祀。后十世不绝。此知可以言时矣。

其后二百余年，秦有优旃。

优旃

优旃者，秦倡侏儒也。善为笑言，然合于大道。秦始皇时，置酒而天雨，陛楯者皆沾寒。优旃见而哀之，谓之曰："汝欲休乎？"陛楯者皆曰："幸甚。"优旃曰："我即呼汝，汝疾应曰诺。"居有顷，殿上上寿呼万岁。优旃临槛大呼曰："陛楯郎！"郎曰："诺。"优旃曰："汝虽长，何益，幸雨立。我虽短也，幸休居。"于是始皇使陛楯者得半相代。

始皇尝议欲大苑囿，东至

做官，自身贪赃卑鄙的积有余财，不顾耻辱。身死之后家室富有，又恐惧受贿枉法，为非作歹，犯下大罪，身死而家族被灭。怎能做贪官呢？想做个清官，奉公守法，忠于职守，到死不敢做非法的事。怎能做清官呢？楚国国相孙叔敖坚守廉洁一直到死，现在妻儿穷困到靠背柴来糊口，不值得做啊！"于是庄王向优孟致歉，就召见孙叔敖的儿子，把寝丘的四百户封给他，以供他祭祀先人之用。此后十代没有断绝。优孟的这种才智可以说是抓住时机了。

这之后二百多年，秦国有个优旃。

优旃，是秦国的侏儒歌舞艺人。善于讲笑话，但所讲的都能合乎大道。秦始皇时，置办酒宴而天降大雨，殿阶下执楯的卫士全都淋雨受寒。优旃看见了可怜他们，对他们说："你们想休息吗？"殿阶下执楯的卫士都说："非常希望。"优旃说："假如我呼叫你们，你们赶快回应说诺。"过了一会儿，殿上向秦始皇祝寿高呼万岁。优旃靠近栏杆大喊道："殿阶下执楯的儿郎！"儿郎说："诺！"优旃说："你们虽然身材高大，但有什么好处？只有幸在雨中站立。我虽然矮小，有幸在屋里休息。"于是秦始皇就让殿阶下执楯的卫士减半轮流接替值班。

秦始皇曾经计划扩大园囿的范围，东

到函谷关，西到雍县、陈仓。优旃说："好。在里面多放养些禽兽，敌寇从东方来，命令麋鹿用角去顶他们就足够了。"秦始皇因此停止了扩大园囿的计划。

秦二世即位，又想用漆涂饰他的城墙。优旃说："好。皇上即使不说，我本来将要请求您这么做的。漆城墙虽然对于百姓来说愁苦耗费，但很美啊！把城墙漆得光亮明净，敌寇来了不能爬上来。只是想做成这件事，涂漆是很容易的罢了，只是要找一所大房子，把漆过的城墙放进去不能使它照到阳光就难办了。"于是秦二世笑了，出于这个原因停止了计划。过了不久，秦二世被杀死，优旃归顺汉朝，几年后死去。

太史公说：淳于髡仰天大笑，齐威王因此横行天下。优孟摇头唱歌，靠背柴为生的人得以受封。优旃靠近栏杆疾呼，殿阶下执楯的卫士得以减半轮休。这些难道不也很伟大吗！

褚先生说：我有幸得以研习经学做了郎官，而且喜欢读史传杂说之类的书。我也不谦让，又作了六则滑稽的故事，把它编写在下面。可以阅览表达意志，以便流传给后世好事者阅读，以发人遐想，动人听闻。把它附增在上面太史公三则滑稽故事的后面。

函谷关，西至雍、陈仓。优旃曰："善。多纵禽兽于其中，寇从东方来，令麋鹿触之足矣。"始皇以故辍止。

二世立，又欲漆其城。优旃曰："善。主上虽无言，臣固将请之。漆城虽于百姓愁费，然佳哉！漆城荡荡，寇来不能上。即欲就之，易为漆耳，顾难为荫室。"于是二世笑之，以其故止。居无何，二世杀死，优旃归汉，数年而卒。

太史公曰：淳于髡仰天大笑，齐威王横行。优孟摇头而歌，负薪者以封。优旃临槛疾呼，陛楯得以半更。岂不亦伟哉！

褚先生曰：臣幸得以经术为郎，而好读外家传语。窃不逊让，复作故事滑稽之语六章，编之于左。可以览观扬意，以示后世，好事者读之，以游心骇耳，以附益上方太史公之三章。

武帝时，有所幸倡郭舍人者，发言陈辞虽不合大道，然令人主和说。武帝少时，东武侯母常养帝，帝壮时，号之曰"大乳母"。率一月再朝。朝奏入，有诏使幸臣马游卿以帛五十匹赐乳母，又奉饮糒飧养乳母。乳母上书曰："某所有公田，愿得假倩之。"帝曰："乳母欲得之乎？"以赐乳母。乳母所言，未尝不听。有诏得令乳母乘车行驰道中。当此之时，公卿大臣皆敬重乳母。乳母家子孙奴从者横暴长安中，当道掣顿人车马，夺人衣服。闻于中，不忍致之法。有司请徙乳母家室处之于边。奏可。乳母当入至前，面见辞。乳母先见郭舍人，为下泣。舍人曰："即入见辞去，疾步数还顾。"乳母如其言，谢去，疾步数还顾。郭舍人疾言骂之曰："咄！老女子！何不疾行！陛下已壮矣，宁尚须汝乳而活邪？尚何还顾！"于是人主怜焉悲之，乃下诏止，无徙乳母，罚谪谮之者。

汉武帝时有个被宠幸的歌舞艺人郭舍人，他发言陈辞虽然不合乎大道理，但能使人主心情和悦。汉武帝年幼时，东武侯的母亲经常喂养汉武帝。汉武帝壮年时，称她为"大乳母"。乳母大概一个月入朝两次。她入朝的通报呈奏进去，必有诏命派宠幸的臣子游卿拿五十匹丝帛赐给乳母，又奉上酒食赡养乳母。乳母上书说："某地有公田，希望能把它借给我。"汉武帝说："乳母想得到它吗？"就把它赐给了乳母。乳母所说的话，汉武帝没有不听的。有诏命能让乳母乘车在御道中央行走。当时，公卿大臣都敬重乳母。乳母家中的子孙奴仆侍从等人在长安城中横行霸道，当街拦截他人的车马，抢夺别人的衣服。朝中听说了这些事情，汉武帝不忍心用法律来处罚乳母。主管官员请求迁徙乳母的家室，把他们安置到边疆去。皇上批奏同意。乳母应该入宫到汉武帝跟前面见辞行。乳母先去拜见郭舍人，对着他流泪哭泣。郭舍人说："立刻入宫朝见武帝辞别，快步退走却多次转回头看皇上。"乳母按照他的话，辞谢武帝离去，快步退走却多次转回头看。郭舍人大声地骂她说："呸！老女人！为什么不赶紧走！陛下已经长大了，难道还需要你的乳汁来养活吗？还为什么回头看！"于是武帝可怜她为她悲伤，就下诏令制止不要迁徙乳母，处罚了怀疑和诬陷她的人。

　　汉武帝时，齐地有位东方先生名朔，因为喜欢古代传记书籍，爱好儒家经术，广泛地阅读了诸子百家的著作。东方朔刚入长安，到公车府给皇上上书，共用了三千枚木简书写奏书。公车府命令两个人一起来抬他的奏书，刚好能抬得起它。皇上在佛寺阅读他的奏书，停止阅读时，就在那里做个记号，读了两个月才读完。皇上下诏任命东方朔为郎官，让他经常陪侍在皇上身旁。多次召到自己面前谈话，皇上没有不高兴的。皇上时常下诏赐给他在面前用餐。吃完饭，他把剩余的肉全都揣在怀里拿走，衣服都被弄脏了。皇上多次赐给他绸绢，他肩扛手提地离开。他仅用所赐的钱帛，迎娶长安城中年轻美貌的女子为妻。大多妻子娶过来一年光景就抛弃了，又重新再娶妻。所赐的钱财全都用在女人身上。皇上身边的郎官有一半称他为"狂人"。皇上听说此事后，说："假如东方朔行事没有这种行为，你们怎么能赶得上他呢！"东方朔任自己的儿子做郎官，又升为侍中的谒者，经常持符节出使各国。东方朔行走在殿中，郎官们对他说："人们都认为先生是狂人。"东方朔说："像我这样的人，就是所谓的在朝堂里隐居的人。古代的人，才在深山里避世隐居。"他时常坐在酒席中，喝酒正酣时，就靠在

　　武帝时，齐人有东方生名朔，以好古传书，爱经术，多所博观外家之语。朔初入长安，至公车上书，凡用三千奏牍。公车令两人共持举其书，仅然能胜之。人主从上方读之，止，辄乙其处，读之二月乃尽。诏拜以为郎，常在侧侍中。数召至前谈语，人主未尝不说也。时诏赐之食于前。饭已，尽怀其余肉持去，衣尽污。数赐缣帛，檐揭而去。徒用所赐钱帛，取少妇于长安中好女。率取妇一岁所者即弃去，更取妇。所赐钱财尽索之于女子。人主左右诸郎半呼之"狂人"。人主闻之，曰："令朔在事无为是行者，若等安能及之哉！"朔任其子为郎，又为侍谒者，常持节出使。朔行殿中，郎谓之曰："人皆以先生为狂。"朔曰："如朔等，所谓避世于朝廷间者也。古之人，乃避世于深山中。"时坐席中，酒酣，据地歌曰："陆沉于俗，避世金马门。宫殿中可以避世全身，何必深山之中，蒿庐之下。"金马门者，宦者

署门也，门傍有铜马，故谓之曰"金马门"。

时会聚宫下博士诸先生与论议，共难之曰："苏秦、张仪一当万乘之主，而都卿相之位，泽及后世。今子大夫修先王之术，慕圣人之义，讽诵《诗》《书》百家之言，不可胜数。著于竹帛，自以为海内无双，即可谓博闻辩智矣。然悉力尽忠以事圣帝，旷日持久，积数十年，官不过侍郎，位不过执戟，意者尚有遗行邪？其故何也？"东方生曰："是固非子之所能备也。彼一时也，此一时也，岂可同哉！夫张仪、苏秦之时，周室大坏，诸侯不朝，力政争权，相禽以兵，并为十二国，未有雌雄，得士者强，失士者亡，故说听行通，身处尊位，泽及后世，子孙长荣。今非然也。圣帝在上，德流天下，诸侯宾服，威振四夷，连四海之外以为席，安于覆盂，天下平均，合为一家，动发举事，

地上唱道："隐居于世俗中，避世于金马门。宫殿中就可以避世隐居，保全自身，何必去深山之中、茅庐之下？"金马门，是宦官的署门，门旁有铜马，所以称之为"金马门"。

当时正好朝廷召集学宫里的博士先生们参与议事，共同责难东方朔说："苏秦、张仪一遇到拥有万乘战车的君主，就都居于卿相的地位，恩泽流传后代。如今老先生您研究先王的治世方法，仰慕圣人的义理，诵读《诗》《书》以及诸子百家的言论，不可胜数。著书于竹简丝帛之上，自认为天下无双，就可以说是见闻广博聪明善辩了。然而您竭力尽忠来侍奉圣明的皇帝，旷日持久，积累几十年，官职不过是个侍郎，地位不过是个持戟的卫士，想来您还有不好的行为吧？这是什么原因呢？"东方先生说："这本来就不是你们所能完全了解的。彼一时此一时，岂能相提并论呢？那张仪、苏秦的时代，周王室十分衰败，诸侯不去朝拜，用武力征伐争夺权势，使用兵器相互擒斗，天下并为十二个诸侯国，势力不分雌雄，得到士人的就强大，失去士人的就衰亡，所以士人的建议能被听从而行得通，从而身居尊位，恩泽流传后世，子孙长享荣华。如今不是这样。圣明的皇帝在上执掌朝政，恩德流传天下，诸侯宾服，威震四方夷狄，把四海之外连在一起

好比席子，比倒放的盘盂还安稳，天下统一，合为一家，发动举事，犹如运转于手掌之中。贤与不贤，凭什么来辨别呢？如今凭着广大的天下，众多的士民，那些竭尽精力奔驰游说，进言献策如同车辐辏集到车毂一样的人不可胜数。他们竭力仰慕道义，却被衣食所困，有的找不到进身的门路。假如张仪、苏秦与我同生在当今的时代，他们连一个掌管旧制的小官都得不到，怎么敢奢望做常侍侍郎呢？古书上说：'天下没有灾害，即使有圣人，也无处施展他的才华；上下和睦同心，即使有贤能的人，也无处建功立业。'所以说时代不同事情也就不同。即便如此，怎么可以不努力修养自身呢？《诗》说：'在宫中敲钟，钟声可以传到宫外。''鹤在九折的水泽深处鸣叫，声音可以传到天上。'如果能修养自身，还担忧不会荣华吗？齐太公躬行仁义七十二年，遇到周文王，才得以施行他的主张，受封在齐地，七百年而不断绝。这就是士人之所以日夜孜孜不倦，研究学问，推行道义，从不敢停止的原因。如今世上的隐士，时代虽不用他们，却能超然独立，孑然独处，远观许由，近看接舆，谋略如同范蠡，忠诚堪比子胥。天下和平，以道义自持，缺少同道，本就是件平常的事。你们为何对我有疑虑呢！"于是各位先生沉默，无言以对。

犹如运之掌中。贤与不肖，何以异哉？方今以天下之大，士民之众，竭精驰说，并进辐凑者，不可胜数。悉力慕义，因于衣食，或失门户。使张仪、苏秦与仆并生于今之世，曾不能得掌故，安敢望常侍侍郎乎！传曰：'天下无害灾，虽有圣人，无所施其才；上下和同，虽有贤者，无所立功。'故曰时异则事异。虽然，安可以不务修身乎？《诗》曰：'鼓钟于宫，声闻于外。''鹤鸣九皋，声闻于天。'苟能修身，何患不荣！太公躬行仁义七十二年，逢文王，得行其说，封于齐，七百岁而不绝。此士之所以日夜孜孜，修学行道，不敢止也。今世之处士，时虽不用，崛然独立，块然独处，上观许由，下察接舆，策同范蠡，忠合子胥，天下和平，与义相扶，寡偶少徒，固其常也。子何疑于余哉！"于是诸先生默然无以应也。

建章宫后阁重栎中有物出焉，其状似麋。以闻，武帝往临视之。问左右群臣习事通经术者，莫能知。诏东方朔视之。朔曰："臣知之，愿赐美酒粱饭大飧臣，臣乃言。"诏曰："可。"已飧又曰："某所有公田、鱼池、蒲苇数顷，陛下以赐臣，臣朔乃言。"诏曰："可。"于是朔乃肯言，曰："所谓驺牙者也。远方当来归义，而驺牙先见。其齿前后若一，齐等无牙，故谓之驺牙。"其后一岁所，匈奴混邪王果将十万众来降汉。乃复赐东方生钱财甚多。

至老，朔且死时，谏曰："《诗》云'营营青蝇，止于蕃。恺悌君子，无信谗言。谗言罔极，交乱四国'。愿陛下远巧佞，退谗言。"帝曰："今顾东方朔多善言？"怪之。居无几何，朔果病死。传曰："鸟之将死，其鸣也哀；人之将死，其言也善。"此之谓也。

武帝时，大将军卫青者，卫后兄也，封为长平侯。从军

建章宫后阁的双重栏杆中有一只动物跑出来，它的样子像麋鹿。有人把消息报告了皇帝，武帝前去观看，询问左右群臣中熟悉事物通晓经学的人，没有谁知道是什么动物。下诏让东方朔来看。东方朔说："我知道它，希望赐美酒好饭让我饱餐一顿，我才说。"下诏说："可以。"吃饱喝足后又说："某地有公田、鱼池、蒲苇好几顷，陛下把它赐给我。我才说。"下诏说："可以。"于是东方朔才肯说，他说："这就是所谓的驺牙。远方之人当有来投诚的意向，驺牙会在此前先出现。它的牙齿前后一样，整齐无臼牙，所以称之为驺牙。"这之后过了一年左右，匈奴混邪王果然率领十万民众来归降汉朝。于是朝廷又赏赐东方先生很多钱财。

到了晚年，东方朔将要死时，进谏说："《诗》说：'飞来飞去的苍蝇，落在篱笆上。平易近人的君子，不要听信谗言。谗言没有止境，扰乱四方国家。'希望陛下远离巧言奸佞的人，斥退谗言。"汉武帝说："如今回头看东方朔是说了很多善言吗？"对此感到奇怪。过了没多久，东方朔果然病死。古书说："鸟儿将要死时，它的鸣叫也很悲哀；人将要死时，他的语言也很良善。"说的就是这个意思吧。

汉武帝时，大将军卫青是卫皇后的兄长，被封为长平侯。随从军队攻打匈奴，

到达余吾水边上才返回，斩杀敌人，捕抓俘虏，有功归来，下诏赐黄金千斤。大将军出了宫门，齐地人东郭先生以方士的身份在公车门待诏候命，当街挡住卫将军的乘车，拜谒说："希望能禀告一件事。"将军停在车前，东郭先生靠在车旁说："王夫人新近得到皇上的宠幸，家境贫困。如今将军得到黄金千斤，果真能把其中一半赐给王夫人的父母，皇上听说了这事一定欢喜。这就是所谓巧妙而便捷的计策啊。"卫将军感谢他说："先生幸亏告诉了我这便捷的计策，愿意遵从先生指教。"于是卫将军就把五百斤黄金作为赠给王夫人双亲的寿礼。王夫人把此事告诉了武帝。汉武帝说："大将军不懂得做这种事。"询问卫青从哪里得来的计策，回答说："接受了待诏候命的东郭先生的计策。"皇上下诏召见东郭先生，任命他为郡都尉。东郭先生长时间在公车府待诏候命，贫困饥寒，衣服破烂，鞋子也不完好。行走在雪中，鞋子有面无底，脚完全踩在地上。路上行人嘲笑他，东郭先生回应他们说："谁能穿鞋行走在雪中，让人看去，他的脚上面是鞋子，他的鞋子下面却像人的脚呢？"等到他被任为二千石级的官员，佩戴着青绶带走出宫门，去辞谢他的房主时，过去同他一起待诏候命的人，都分批在都城郊外为他饯行。一路荣华，立名当世。这就

击匈奴，至余吾水上而还，斩首捕虏，有功来归，诏赐金千斤。将军出宫门，齐人东郭先生以方士待诏公车，当道遮卫将军车，拜谒曰："愿白事。"将军止车前，东郭先生旁车言曰："王夫人新得幸于上，家贫。今将军得金千斤，诚以其半赐王夫人之亲，人主闻之必喜。此所谓奇策便计也。"卫将军谢之曰："先生幸告之以便计，请奉教。"于是卫将军乃以五百金为王夫人之亲寿。王夫人以闻武帝。帝曰："大将军不知为此。"问之安所受计策，对曰："受之待诏者东郭先生。"诏召东郭先生，拜以为郡都尉。东郭先生久待诏公车，贫困饥寒，衣敝，履不完。行雪中，履有上无下，足尽践地。道中人笑之，东郭先生应之曰："谁能履行雪中，令人视之，其上履也，其履下处乃似人足者乎？"及其拜为二千石，佩青缘出宫门，行谢主人。故所以同官待诏者，等比祖道于都门外。荣华道路，立名当世。此所谓衣褐怀宝者也。当

其贫困时，人莫省视；至其贵也，乃争附之。谚曰："相马失之瘦，相士失之贫。"其此之谓邪？

王夫人病甚，人主至自往问之曰："子当为王，欲安所置之？"对曰："愿居洛阳。"人主曰："不可。洛阳有武库、敖仓，当关口，天下咽喉。自先帝以来，传不为置王。然关东国莫大于齐，可以为齐王。"王夫人以手击头，呼"幸甚"。王夫人死，号曰"齐王太后薨"。

昔者，齐王使淳于髡献鹄于楚。出邑门，道飞其鹄，徒揭空笼，造诈成辞，往见楚王曰："齐王使臣来献鹄，过于水上，不忍鹄之渴，出而饮之，去我飞亡。吾欲刺腹绞颈而死，恐人之议吾王以鸟兽之故令士自伤杀也。鹄，毛物，多相类者，吾欲买而代之，是不信而欺吾王也。欲赴佗国奔亡，痛吾两主使不通。故来服过，叩头受罪大王。"楚王曰："善，齐王有信士若此哉！"厚赐之，

是所谓身穿粗布短衣却怀揣珍宝的人。当他贫困时，人们没有谁去看望他；等他富贵了，就争相去依附他。俗话说："相马因外表消瘦而错失良马，相士因生活贫穷而错失人才。"难道说的就是这种情况吗？

王夫人病重，皇上亲自前往问她说："你的儿子应当封王，想把他安置在哪里呢？"王夫人回答说："希望安居在洛阳。"皇上说："不可以。洛阳有武器库、储粮敖仓，位于交通关口，是天下的咽喉要道。自先帝以来，相传不在洛阳封王。不过关东一带的封国没有比齐国更大的，可以封为齐王。"王夫人用手拍击额头，欢呼道"太好了"。王夫人死后，号称"齐王太后薨逝"。

从前，齐王派淳于髡去楚国进献鹄鸟。出了都邑城门，半道上那只鹄鸟飞走了，他只好托着空笼子，编造了一篇假话，前去拜见楚王说："齐王派我来进献鹄鸟，从水上经过，不忍心鹄鸟干渴，放出它来喝水，它便离开我飞走了。我想刺腹或绞颈而死，又担心别人议论大王因鸟兽的缘故使士人自杀。鹄鸟，是有羽毛的动物，有很多相类似的，我想买一个代替它，但这是不诚信而欺骗我的大王。想奔赴别的国家逃亡，又痛惜我们两国君主之间的通使从此断绝。所以前来服罪，向大王叩头认罪。"楚王说："说得好。齐王

竟然有这样的忠信之士！"丰厚地赏赐了他，钱财比有鹄鸟时多了一倍。

汉武帝时，征召北海郡太守到皇帝行宫。有个执管文书的官吏王先生，自动请求与太守一同前往，并说："我对您有好处"。太守答应了他。太守府中的各位属吏、功曹禀告说："王先生嗜好饮酒，闲话多，务实少，恐怕不能与他一起前往。"太守说："先生想同行，不好忤逆他的意愿。"于是与他一同前往。走到皇宫下，在宫府门待诏候命。王先生只是揣着钱买酒，与卫队的长官投壶饮，酒每日喝醉，不去看望他的太守。太守入宫跪拜皇上。王先生对守门的郎官说："请替我喊我的太守到宫门口来让我跟他远远地说几句话。"守门郎官替他喊太守，太守出来，望见王先生。王先生说："天子假如问您用什么方法治理北海郡使那里没有盗贼，您用什么回答呢？"太守回答说："选择贤才，根据他们的才能分别任用，奖赏才能出众的，惩罚不成材的。"王先生说："像这样回答，是自我赞誉自我矜夸，不可以。希望您回答说，不是我的力量，完全是陛下神灵威武所带来的变化。"太守说："好。"召入宫中，到了殿下，皇上下诏令问他说："您用什么方法治理北海，使盗贼不敢泛起呢？"太守叩头回答说："不是我的力量，完全是陛下神灵威武所带来的变化。"汉

财倍鹄在也。

武帝时，征北海太守诣行在所。有文学卒史王先生者，自请与太守俱："吾有益于君，君许之。"诸府掾功曹白云："王先生嗜酒，多言少实，恐不可与俱。"太守曰："先生意欲行，不可逆。"遂与俱。行至宫下，待诏宫府门。王先生徒怀钱沽酒，与卫卒仆射饮，日醉，不视其太守。太守入跪拜。王先生谓户郎曰："幸为我呼吾君至门内遥语。"户郎为呼太守。太守来，望见王先生。王先生曰："天子即问君何以治北海令无盗贼，君对曰何哉？"对曰："选择贤材，各任之以其能，赏异等，罚不肖。"王先生曰："对如是，是自誉自伐功，不可也。愿君对言'非臣之力，尽陛下神灵威武所变化也'。"太守曰："诺。"召入，至于殿下，有诏问之曰："何于治北海，令盗贼不起？"叩头对言："非臣之力，尽陛下神灵威武之所变化也。"武帝大笑，曰："於

呼！安得长者之语而称之！安所受之？"对曰："受之文学卒史。"帝曰："今安在？"对曰："在宫府门外。"有诏召拜王先生为水衡丞，以北海太守为水衡都尉。传曰："美言可以市，尊行可以加人。君子相送以言，小人相送以财。"

魏文侯时，西门豹为邺令。豹往到邺，会长老，问之民所疾苦。长老曰："苦为河伯娶妇，以故贫。"豹问其故，对曰："邺三老、廷掾常岁赋敛百姓，收取其钱得数百万，用其二三十万为河伯娶妇，与祝巫共分其余钱持归。当其时，巫行视小家女好者，云是当为河伯妇，即娉取。洗沐之，为治新缯绮縠衣，闲居斋戒；为治斋宫河上，张缇绛帷，女居其中。为具牛酒饭食，行十余日。共粉饰之，如嫁女床席，令女居其上，浮之河中。始浮，行数十里乃没。其人家有好女者，恐大巫祝为河伯取之，以故多持女远逃亡。以故城中益空无人，又困贫，所从来久远矣。

武帝大笑，说："哎呀！哪里学的长者的话来称赞我！从什么地方听来的？"太守回答说："从执掌文书的官吏那听到。"汉武帝说："如今他在什么地方？"太守回答："在宫府门外。"皇上下诏召见任命王先生为水衡丞，让北海太守担任水衡都尉。古书说："美好的言辞可以出卖，高尚的品行可以加给他人。君子相互赠送美言，小人相互赠送钱财。"

魏文侯在位时，西门豹担任邺县县令。西门豹前往邺县，会见年长老者，询问当地民众感到疾苦的事情。年长老者说："苦于替河伯娶媳妇，出于这个缘故使得民众贫困。"西门豹询问其中原因，他们回答说："邺县的三老、廷掾常年向百姓征收赋税，收取百姓的钱财得到几百万，用其中的二三十万为河伯娶媳妇，与庙祝、巫婆共同瓜分其余的钱财拿回家。当给河伯娶媳妇时，巫婆四处巡视小户人家的女儿中长得漂亮的人，说是应当做河伯的媳妇，当即下聘娶走。给她洗头洗澡，为她缝制新的绸绢彩衣，让她独居斋戒；为她在黄河边上建造斋居的房子，挂上赤黄色的厚绢帷帐，让女子居住其中。给她准备牛肉酒食，折腾十几天。大家共同装饰船具，如同出嫁女的床席一样，让女子坐在船上面，使船具漂浮在河中。开始浮在水面，漂流几十里就沉没了。那些有漂亮女儿的人家，害怕大巫婆替河伯娶走他们的女儿，因此大多带着女儿远走逃亡。因此城中更加空虚无人，又贫困，这种情况从过去到现在已经很长时间了。民间俗话说'假如不替河伯娶媳妇，河伯就会发大水，淹死那里的百姓'。"西门豹说："等到替河伯娶媳妇时，希望三老、巫祝、父老们都去河边上送那女子时，也一定来告诉我，我也前去送那女子。"大家都说："好。"

到了那天，西门豹前往河边与大家相会。三老、官吏、豪绅、乡里的父老们都聚在一起，加上前往观看这事的百姓有二三千人。那个巫婆，是个老女人，年纪已有七十岁。跟从的女弟子有十几个，都穿丝绸单衣，立在大巫婆身后。西门豹说："叫河伯的媳妇出来，看她漂亮还是丑。"就将女子从帷帐中扶出，来到西门豹面前。西门豹看了她，回头对三老、巫祝、父老们说："这女子不漂亮，劳烦老仙姑替我到河中禀报河伯，更换寻求到漂亮的女子，后天送她来。"随即派吏卒一齐抱起老巫婆投进河中。过了一会儿，说："仙姑为什么去了这么久？弟子去催促她一下！"又把一个弟子投入河中。过了一会儿说："弟子为什么去了这么久？再派一人去催促她们！"又把一个弟子投入河中。总共投了三个弟子。西门豹说："巫婆和弟子都是女子，不会禀报事由，烦请三老替我

民人俗语曰'即不为河伯娶妇，水来漂没，溺其人民'云。"
西门豹曰："至为河伯娶妇时，愿三老、巫祝、父老送女河上，幸来告语之，吾亦往送女。"
皆曰："诺。"

至其时，西门豹往会之河上。三老、官属、豪长者、里父老皆会，以人民往观之者三二千人。其巫，老女子也，已年七十。从弟子女十人所，皆衣缯单衣，立大巫后。西门豹曰："呼河伯妇来，视其好丑。"即将女出帷中，来至前。豹视之，顾谓三老、巫祝、父老曰："是女子不好，烦大巫妪为入报河伯，得更求好女，后日送之。"即使吏卒共抱大巫妪投之河中。有顷，曰："巫妪何久也？弟子趣之！"复以弟子一人投河中。有顷，曰："弟子何久也？复使一人趣之！"复投一弟子河中。凡投三弟子。西门豹曰："巫妪弟子是女子也，不能白事，烦

三老为入白之。"复投三老河中。西门豹簪笔磬折，向河立待良久。长老、吏傍观者皆惊恐。西门豹顾曰："巫妪、三老不来还，奈之何？"欲复使廷掾与豪长者一人入趣之。皆叩头，叩头且破，额血流地，色如死灰。西门豹曰："诺，且留待之须臾。"须臾，豹曰："廷掾起矣。状河伯留客之久，若皆罢去归矣。"邺吏民大惊恐，从是以后，不敢复言为河伯娶妇。

西门豹即发民凿十二渠，引河水灌民田，田皆溉。当其时，民治渠少烦苦，不欲也。豹曰："民可以乐成，不可与虑始。今父老子弟虽患苦我，然百岁后期令父老子孙思我言。"至今皆得水利，民人以给足富。十二渠经绝驰道，到汉之立，而长吏以为十二渠桥绝驰道，相比近，不可。欲合渠水，且至驰道合三渠为一桥。邺民人父老不肯听长吏，以为西门君所为也，贤君之法式不可更也。长吏终听置之。故西门豹为邺令，名闻天下，泽流后世，无

进入河中禀报河伯。"又把三老投入河中。西门豹头插毛笔一样的簪子像石磬一样弯腰作揖，面对河水站立等待良久。长老、官吏和旁观者都惊恐万分。西门豹回头说："巫婆、三老不回来，该怎么办呢？"想再派廷掾与豪绅各一人入河中去催促他们。他们都叩头，把头都叩破了，额头上的血流在地上，面如死灰。西门豹说："好，暂且留下等待他们一会儿。"过了一会儿，西门豹说："廷掾起来吧。看样子河伯留客要很久，你们都作罢离开这里回家吧。"邺县的官吏和百姓都非常惊恐，从此以后，不敢再说替河伯娶媳妇了。

西门豹随即发动百姓开凿十二条水渠，引漳河水灌溉农田，农田都得到灌溉。当时，百姓对治理水渠有点烦苦，不想干。西门豹说："百姓可以乐享其成，不可与他们谋划事情的创始。如今父老子弟虽然认为我给他们带来劳苦，但百年后希望使父老子孙怀念我说的话。"直到现在都享受河渠引水带来的利益，百姓因此自给富足。十二条河渠横穿御道，到汉朝建立时，地方官吏认为十二条河渠上的桥梁截断了御道，相互挨得比较近，不行。想合并渠水，并且把流经御道的三条合并为一条，只架一桥。邺县百姓父老们不肯听从地方长官的安排，认为那是西门先生规划开凿的，贤良长官的法度不可更改。地方长官

终于听从了意见搁置了并渠的计划。所以西门豹做邺县县令，名闻天下，恩泽流传后世，没有断绝的时候，难道能说他不是贤良大夫吗？

古书上说："子产治理郑国，百姓不能欺骗他；宓子贱治理单父，百姓不忍心欺骗他；西门豹治理邺县，百姓不敢欺骗他。"这三人谁最贤能有才呢？懂得治理的人当然能辨别出来。

绝已时，几可谓非贤大夫哉！

传曰："子产治郑，民不能欺；子贱治单父，民不忍欺；西门豹治邺，民不敢欺。"三子之才能谁最贤哉？辨治者当能别之。

史记卷一百二十七
列传第六十七

日者列传

司马季主

自古承受天命才能称王，君王的兴起何尝不是用卜筮来听决于天命呢？这种情形在周朝尤为盛行，等到秦朝还可以看到。代王入朝即位，也是听任于占卜的。太卜官随着汉朝的兴起而出现。

司马季主，是楚国人。在长安东市占卜。

宋忠担任中大夫，贾谊担任博士，两人在同一天一起外出休假，在一起谈论争议，互相讲诵先王圣人的治国方法，广泛探究世道人情，相视而慨叹。贾谊说："我听说古代的圣人，不在朝廷为官，必定在卜者、医师的行列之中。如今我已经见识过三公九卿及朝中士大夫，都可以说了解了。试着到卜筮的行业中去看看他们的风采。"二人随即同车到市集去，在卜筮馆里游览。天刚下过雨，路上行人很少。司马季主闲坐着，三四个弟子在旁陪侍，正

自古受命而王，王者之兴何尝不以卜筮决于天命哉！其于周尤甚，及秦可见。代王之入，任于卜者。太卜之起，由汉兴而有。

司马季主

司马季主者，楚人也。卜于长安东市。

宋忠为中大夫，贾谊为博士，同日俱出洗沐，相从论议，诵易先王圣人之道术，究遍人情，相视而叹。贾谊曰："吾闻古之圣人，不居朝廷，必在卜医之中。今吾已见三公九卿朝士大夫，皆可知矣。试之卜数中以观采。"二人即同舆而之市，游于卜肆中。天新雨，道少人，司马季主闲坐，弟子三四人侍，方辩天地之道，日

月之运，阴阳吉凶之本。二大夫再拜谒。司马季主视其状貌，如类有知者，即礼之，使弟子延之坐。坐定，司马季主复理前语，分别天地之终始，日月星辰之纪，差次仁义之际，列吉凶之符，语数千言，莫不顺理。

宋忠、贾谊瞿然而悟，猎缨正襟危坐，曰："吾望先生之状，听先生之辞，小子窃观于世，未尝见也。今何居之卑，何行之污？"

司马季主捧腹大笑曰："观大夫类有道术者，今何言之陋也，何辞之野也！今夫子所贤者何也？所高者谁也？今何以卑污长者？"

二君曰："尊官厚禄，世之所高也，贤才处之。今所处非其地，故谓之卑。言不信，行不验，取不当，故谓之污。夫卜筮者，世俗之所贱简也。世皆言曰：'夫卜者多言夸严，以得人情；虚高人禄命，以说

在谈论天地间的道理，日月的运行情况，阴阳吉凶的本源。两位大夫向司马季主拜了两拜。司马季主看他们的容貌，好像是有知识的人，就给他们还礼，让弟子引他们就座。坐定以后，司马季主重新疏解前面讲的内容，分别天地的终止与起源，日月星辰的运行法则，区分仁义交接的差别关系，陈述列举吉凶的征兆，讲了几千句话，没有不顺理成章的。

宋忠、贾谊十分惊异而有所领悟，整理冠带，端正衣襟恭敬地坐着，说："我看先生的容貌，听先生的言辞，晚辈私下观察当今之世，未曾见过。如今为何处在这么卑微的地位，为何从事这么下贱的职业呢？"

司马季主捧腹大笑说："看二位大夫像是有学问的人，如今为何说话这般浅陋，言辞这么粗野呢？如今你们所认为的贤者是什么样的人呢？所认为高尚的是谁呢？如今为什么将有德的人说得这么卑下污浊呢？"

两位大夫说："高官厚禄，是世人所认为崇高的，贤能的人所处的那种地位。如今你所处的不是那种地位，所以说这是低微的。所说的话不真实，所做的事没效果，所取得的不正当，所以说这是污浊。卜筮，是世俗所轻视的。世人都说：'那些占卜的人多用夸大荒诞之词来迎合人情，虚假抬高人们的禄命来取悦人的心

意，随意编造灾祸来伤害人心，假借鬼神之言来骗光人财，贪求厚重的谢礼来满足自己的私欲。'这些是我们认为可耻的行径，所以说这是卑微污浊的。"

司马季主说："你们暂且安坐。你们见过披散着头发的童子吗？日月照着他们就活动，不照就停止活动，问他们日月有什么瑕疵，主什么吉凶，就不能回答出来。由此看来，能区分贤与不贤的人太少了。

"贤能的人行事，遵循正道直言劝谏，多次劝谏不被采纳就引退。他们称誉别人也不希望别人回报，厌恶他人也不顾他人怨恨，以便利国家和百姓为事业。所以官职不是自己能胜任的就不担任，俸禄不是自己的功劳就不接受。看到不正直的人，即使显贵也不尊敬他；看见品行不好的人，即使身份尊贵也不屈居其下。得到富贵不以为喜，失去富贵不以为憾；不是他的罪过，即使牵累受辱也不感到羞愧。

"如今你们所说的贤能的人，都是他们感到羞愧的人了。低眉弯腰地趋奉，巧佞诏媚地讲话；凭权势相勾结，以利益相诱导；结党营私排斥正人君子，来求得尊奉名誉，以享受国家的俸禄；谋求私利，歪曲君王法令，剥削农民；依仗官位逞威，借助法令钻营，谋求私利，逆行横暴：好像与手持利刃抢劫的人没有什么不同。刚任官时，竭力耍弄狡诈手段，粉饰虚假的

人志；擅言祸灾以伤人心，矫言鬼神以尽人财，厚求拜谢以私于己。'此吾之所耻，故谓之卑污也。"

司马季主曰："公且安坐。公见夫被发童子乎？日月照之则行，不照则止，问之日月疵瑕吉凶，则不能理。由是观之，能知别贤与不肖者寡矣。

"贤之行也，直道以正谏，三谏不听则退。其誉人也不望其报，恶人也不顾其怨，以便国家利众为务。故官非其任不处也，禄非其功不受也；见人不正，虽贵不敬也；见人有污，虽尊不下也；得不为喜，去不为恨；非其罪也，虽累辱而不愧也。

"今公所谓贤者，皆可为羞矣。卑疵而前，孅趋而言；相引以势，相导以利；比周宾正，以求尊誉，以受公奉；事私利，枉主法，猎农民；以官为威，以法为机，求利逆暴：譬无异于操白刃劫人者也。初试官时，倍力为巧诈，饰虚功，执空文以罔主上，用居上

为右；试官不让贤，陈功，见伪增实，以无为有，以少为多，以求便势尊位；食饮驱驰，从姬歌儿，不顾于亲，犯法害民，虚公家；此夫为盗不操矛弧者也，攻而不用弦刃者也，欺父母未有罪而弑君未伐者也。何以为高贤才乎？

"盗贼发不能禁，夷貊不服不能摄，奸邪起不能塞，官耗乱不能治，四时不和不能调，岁谷不孰不能适。才贤不为，是不忠也；才不贤而托官位，利上奉，妨贤者处，是窃位也；有人者进，有财者礼，是伪也。子独不见鸱枭之与凤皇翔乎？兰芷芎䓖弃于广野，蒿萧成林。使君子退而不显众，公等是也。

"述而不作，君子义也。今夫卜者，必法天地，象四时，顺于仁义，分策定卦，旋式正棋，然后言天地之利害，事之成败。昔先王之定国家，必先龟策日月，而后乃敢代；正时日，乃后入；家产子必先占吉

功劳，拿着一纸空文去欺罔主上，使用这些爬上高位；被委任官职后不让贤，看见假的说成实的，把没有说成有，把少说成多，以求得权势尊位；吃喝游玩，依从美姬歌女，不顾父母亲人，触犯法律危害人民，使公家空虚：这是那些做强盗却不拿利矛，攻击他人却不用刀箭，欺凌父母却未曾判罪，弑杀君主却未被讨伐的人。凭什么认为他们是高明贤才呢？

"盗贼发难却不能禁止，蛮夷不服从却不能震慑，奸邪兴起却不能遏止，为官损耗扰乱公家却不能整治，四时不调和却不能调节，年成不好却不能调济。有贤才却不从政，这是不忠；没有贤才却托身于官位，贪图皇上的俸禄，妨害贤者的地位，这是窃取官位；有关系的进用为官，有钱财的就受到礼遇，这是虚伪。你们难道没看见鸱枭与凤凰一起飞翔吗？兰芷芎䓖被遗弃在旷野，青蒿艾萧长成丛林，使君子隐退而不在众人中显露，你们这些人便是如此啊。

"论述而不创作，是君子的道义。如今那些占卜的人，必定效法天地，取象于四时变化，顺应仁义，分辨龟策，判定卦象，旋转栻盘，占卜作卦，然后解说天地的利害，人事的成败。从前先王安定国家，必定要先用龟策占卜日月，然后才敢代天理政；选准吉日，然后才进入殿堂；产下孩子必

定要先占卜吉凶，然后才养育他。自伏羲创作《八卦》，周文王演化出三百八十四爻，而后天下治理得很好。越王勾践仿照文王的《八卦》得以攻破敌国，称霸天下。由此说来，卜筮有什么对不起人的呢！

"况且那些卜筮的人，洒扫庭阶设置座位，端正他的冠带，然后才言说事情，这是有礼。解说后使鬼神或许因而享用祭品，忠臣因而侍奉他的君主，孝子因而赡养他的双亲，慈父因而抚养他的孩子，这是有道德的表现。而求卜的人出于道义花几十到上百钱，病人有的因此痊愈，将死的人有的因此生还，祸患有的因此避免，事情有的因此成功，嫁女娶妻有的因而得以生养：这些就是有德，难道只值几十到上百钱吗！这些就是老子所说的'有崇高德行的人不以有德自居，因此他才有德'。如今那些卜筮的人为他人带来的好处多却受人的酬谢少，老子的说法难道与这种情况有什么不同吗？

"庄子说：'君子内无饥寒的忧患，外无被抢劫掠夺的忧患，身居上位恭敬谨慎，身居下位不为害作乱，这是君子的处世之道。'如今那些卜筮的人所从事的职业，积蓄钱财没有成堆，储藏物资不用府库，迁徙远方不用辎车，背负的行装不沉重，停下来就使用他们没有穷尽的时候。拿着可以探索无穷尽的东西，遨游于无穷的世

凶，后乃有之。自伏羲作八卦，周文王演三百八十四爻而天下治。越王句践放文王八卦以破敌国，霸天下。由是言之，卜筮有何负哉！

"且夫卜筮者，扫除设坐，正其冠带，然后乃言事，此有礼也。言而鬼神或以飨，忠臣以事其上，孝子以养其亲，慈父以畜其子，此有德者也。而以义置数十百钱，病者或以愈，且死或以生，患或以免，事或以成，嫁子娶妇或以养生：此之为德，岂直数十百钱哉！此夫老子所谓'上德不德，是以有德'。今夫卜筮者利大而谢少，老子之云岂异于是乎？

"庄子曰：'君子内无饥寒之患，外无劫夺之忧，居上而敬，居下不为害，君子之道也。'今夫卜筮者之为业也，积之无委聚，藏之不用府库，徙之不用辎车，负装之不重，止而用之无尽索之时。持不尽索之物，游于无穷之世，

虽庄氏之行未能增于是也，子何故而云不可卜哉？天不足西北，星辰西北移；地不足东南，以海为池；日中必移，月满必亏；先王之道，乍存乍亡。公责卜者言必信，不亦惑乎！

"公见夫谈士辩人乎？虑事定计，必是人也，然不能以一言说人主意，故言必称先王，语必道上古；虑事定计，饰先王之成功，语其败害，以恐喜人主之志，以求其欲。多言夸严，莫大于此矣。然欲强国成功，尽忠于上，非此不立。今夫卜者，导惑教愚也。夫愚惑之人，岂能以一言而知之哉！言不厌多。

"故骐骥不能与罢驴为驷，而凤皇不与燕雀为群，而贤者亦不与不肖者同列。故君子处卑隐以辟众，自匿以辟伦，微见德顺以除群害，以明天性，助上养下，多其功利，不求尊誉。公之等喁喁者也，何知长者之道乎！"

界，即使是庄子的行为也不能比这些更好了，你们为什么说不可以卜筮呢？上天的西北不足，星辰向西北移；大地的东南不足，把大海作为水池；太阳到了中午必定向西移动，月亮圆满之后必定出现亏缺；先王之道，忽存忽亡。你们要求卜筮的人说的话一定信实，不也很糊涂吗！

"你们见过那些说客辩士吗？考虑事情制定计策，一定是这些人。然而他们不能用一句话就说中君主的心意，所以说的话必定托称先王，论述必定取法上古；考虑事情制定计策，夸饰先王的成功，论述他们败亡的危害，来使人主的心意或有所畏惧或有所喜悦，以求得他们的欲望。多说浮夸之辞，没有比这更厉害的了。然而如果想要强大国力成就功业，尽忠于君王，不这样不行。如今那些卜筮的人，是在解答迷惑，教化愚昧。那些愚昧迷惑的人，难道是能用一句话就使他们明白事理的吗？说话不要厌烦说得多。

"所以千里马不能与疲惫的驴同驾一车，而凤凰不与燕雀为伍，贤人也不与不贤的人同处一列。所以君子身处卑下不显眼的地位来避开大众，自我隐匿来避开世俗人伦，暗中观察道德的顺应情况来清除各种祸害，来彰明天赋本性，帮助上天养育百姓，增加他的功业利益，但不求取尊奉名誉。你们这些只是随声附和的人，哪里会知道有德之人的处事之道呢！"

宋忠、贾谊恍惚而若有所失，茫茫然面无人色，怅然闭口不能说话。于是整整衣装起身，拜了又拜后告辞。他们走路迟缓，出门仅能自己上车，伏在车前的横木上低着头，始终呼吸不顺畅。

过了三天，宋忠在殿门外见到贾谊，于是引着他避开众人相对交谈各自感叹说："道德越高越安全，权势越高越危险。身居显赫的地位，丧身将指日可待了。那卜筮虽然有不周密的地方，但不会被夺去口粮；为人主谋划如果不周密，便没有立身之处。这二者相差太远了，犹如朝天的冠帽和触地的鞋屦。这就是老子所说的'无名是万物的本原'啊。天地广阔无边，万物纷杂，熙熙攘攘，有的安稳，有的危险，没有人知道身处哪种境地。我与你，哪里能预知他们卜者的事呢！他们越长久越安稳，即使是庄子的义理与这也没有什么不同。"

过了很久，宋忠出使匈奴，没有到达就返回，被判了罪。而贾谊做梁怀王的太傅，梁怀王坠马而薨逝，贾谊绝食，含恨而死。这些都是追求华贵而丧身，断绝了根本的事例啊。

太史公说：古代卜筮的人之所以不被记载，是因为他们的事迹多不见于文献。到司马季主，我便将他的言行记述了下来。

宋忠、贾谊忽而自失，芒乎无色，怅然噤口不能言。于是摄衣而起，再拜而辞。行洋洋也，出门仅能自上车，伏轼低头，卒不能出气。

居三日，宋忠见贾谊于殿门外，乃相引屏语相谓自叹曰："道高益安，势高益危。居赫赫之势，失身且有日矣。夫卜而有不审，不见夺糈；为人主计而不审，身无所处。此相去远矣，犹天冠地屦也。此老子之所谓'无名者万物之始'也。天地旷旷，物之熙熙，或安或危，莫知居之。我与若，何足预彼哉！彼久而愈安，虽庄氏之义未有以异也。"

久之，宋忠使匈奴，不至而还，抵罪。而贾谊为梁怀王傅，王堕马薨，谊不食，毒恨而死。此务华绝根者也。

太史公曰：古者卜人所以不载者，多不见于篇。及至司马季主，余志而著之。

褚先生曰：臣为郎时，游观长安中，见卜筮之贤大夫，观其起居行步，坐起自动，誓正其衣冠而当乡人也，有君子之风。见性好解妇来卜，对之颜色严振，未尝见齿而笑也。从古以来，贤者避世，有居止薮泽者，有居民间闭口不言，有隐居卜筮间以全身者。夫司马季主者，楚贤大夫，游学长安，通《易经》，术黄帝、老子，博闻远见。观其对二大夫贵人之谈言，称引古明王圣人道，固非浅闻小数之能。及卜筮立名声千里者，各往往而在。传曰："富为上，贵次之；既贵各各学一伎能立其身。"黄直，大夫也；陈君夫，妇人也：以相马立名天下。齐张仲、曲成侯以善击刺学用剑，立名天下。留长孺以相彘立名。荥阳褚氏以相牛立名。能以伎能立名者甚多，皆有高世绝人之风，何可胜言。故曰："非其地，树之不生；非其意，教之不成。"夫家之教子孙，当视其所以好，好舍苟生活之道，因而成之。

褚先生说：我担任郎官时，在长安城中游览观察，看到做卜筮的贤士大夫，观察他们的起居行走，坐下起身都自然得体，必定端正自己的衣冠然后才去接待乡下人，有君子的风范。看到性情喜欢解疑的妇人来问卜，对待她们脸色严肃，未曾露齿而笑。自古以来，贤能的人逃避世俗，有的人居住在荒芜大泽，有的人居住在民间闭口不言，有的人隐居在卜筮者中间以保全自身。那个司马季主，是楚国的贤明大夫，在长安城中游学，精通《易经》，研习黄帝、老子之道，博闻远见。看他对两位大夫贵人的言谈，称引古代明王圣人的道理，本就不是见闻浅薄的小小术士的才能。至于以卜筮立业扬名千里的人，往往到处都有。传记上说："富足为上，尊贵次之；富贵以后各自还要学会一技之长以立身。"黄直，是位大夫；陈君夫，是个妇人：以擅长相马扬名于天下。齐国张仲、曲成侯以善于用剑击刺而扬名于天下。留长孺以相猪而扬名。荥阳的褚氏以相牛而扬名。靠技能扬名的人很多，都有高于世俗超越常人的风范，哪里能说得完呢。所以说："不是适宜它的土地，种了它也不会生长；不合他的心意，教育他也不会有所成就。"家庭教育子孙，应当看他们的爱好，爱好如果符合生活之道，就因势利导使他有所成就。所以说："建造住宅，命名子孙，足以观察士大夫；子孙有安身之所，可以说是贤人了。"

我任郎官时，与太卜待诏担任郎官的人在同一个衙署，他们说："孝武帝时，聚集起来占卜的人询问他们，某日可以娶媳妇吗？五行家说可以，堪舆家说不可以，建除家说不吉利，丛辰家说大凶，历家说小凶，天人家说小吉，太一家说大吉。各家争议辩论不能决定，将这种情况禀报了皇上。皇上下令说：'避开那些死凶忌讳，以五行家为主。'"于是人们采用五行家的意见。

故曰："制宅命子，足以观士；子有处所，可谓贤人。"

臣为郎时，与太卜待诏为郎者同署，言曰："孝武帝时，聚会占家问之，某日可取妇乎？五行家曰可，堪舆家曰不可，建除家曰不吉，丛辰家曰大凶，历家曰小凶，天人家曰小吉，太一家曰大吉。辩讼不决，以状闻。制曰：'避诸死忌，以五行为主。'"人取于五行者也。

史记卷一百二十八
列传第六十八

龟策列传

太史公说：自古圣明的君王将要建立国家承受天命，兴办事业，哪有不曾重用卜筮来助成善事的！唐尧、虞舜以前，已经不可记述。自三代兴起，都各有所依据的吉祥征兆。涂山的卜兆吉利从而使夏启世袭帝位，飞燕的卜兆吉顺所以殷朝兴起，百谷的筮兆吉祥所以周室称王。君王决定诸多疑难事，用卜筮加以参考，根据蓍草龟甲进行推断，这是不会改变的方法。

蛮、夷、氐、羌虽然没有君臣上下的秩序，但也有决断疑惑的占卜习俗。有的用金石，有的用草木，各国风俗不同。但都可以根据占卜决定战争攻伐，进军求胜。各自崇信卜筮的神灵，以预知未来的事情。

粗略听说夏、殷时期想占卜的人，就取蓍草龟甲，用完就丢弃它们，认为龟甲收藏久了就不灵了，蓍草用久了就不神了。到了周王室的卜官，却经常珍藏着蓍草龟甲。另外蓍草龟甲灵通的大小和使用的先后，各有所推崇，但使用蓍草龟甲的目的是相同的。有人认为圣明的君王遇到

太史公曰：自古圣王将建国受命，兴动事业，何尝不宝卜筮以助善！唐、虞以上，不可记已。自三代之兴，各据祯祥。涂山之兆从而夏启世，飞燕之卜顺故殷兴，百谷之筮吉故周王。王者决定诸疑，参以卜筮，断以蓍龟，不易之道也。

蛮、夷、氐、羌虽无君臣之序，亦有决疑之卜。或以金石，或以草木，国不同俗。然皆可以战伐攻击，推兵求胜。各信其神，以知来事。

略闻夏、殷欲卜者，乃取蓍龟，已则弃去之，以为龟藏则不灵，蓍久则不神。至周室之卜官，常宝藏蓍龟；又其大小先后，各有所尚，要其归等耳。或以为圣王遭事无不定，决疑无不见，其设稽神求

问之道者，以为后世衰微，愚不师智，人各自安，化分为百室，道散而无垠，故推归之至微，要絜于精神也。或以为昆虫之所长，圣人不能与争。其处吉凶，别然否，多中于人。至高祖时，因秦太卜官。天下始定，兵革未息。及孝惠享国日少，吕后女主，孝文、孝景因袭掌故，未遑讲试，虽父子畴官，世世相传，其精微深妙，多所遗失。至今上即位，博开艺能之路，悉延百端之学，通一伎之士咸得自效，绝伦超奇者为右，无所阿私，数年之间，太卜大集。会上欲击匈奴，西攘大宛，南收百越，卜筮至预见表象，先图其利。及猛将推锋执节，获胜于彼，而著龟时日亦有力于此。上尤加意，赏赐至或数千万。如丘子明之属，富溢贵宠，倾于朝廷。至以卜筮射蛊道，巫蛊时或颇中。素有眦睚不快，因公行诛，恣意所伤，以破族灭门者，不可胜数。百僚荡恐，皆曰龟策能言。后事觉奸穷，亦诛三族。

事情没有不能决定的，决断疑难没有不好的见解，他们之所以设置求神问卜的过程，是因为认为后代衰微，愚蠢的人不向聪明的人学习，人们各自安于现状，分化为百家，大道理散落于无垠之地，所以把事理推之于最微妙的境界，一切总归于精神。有人认为灵龟所擅长的，圣人不能与它相争。它处置吉凶，区别是非，大多比人准确。到了汉高祖时，沿袭秦朝制度设立太卜。天下刚刚平定，战争尚未止息。等到孝惠帝，他在位时间短，吕后是女主，孝文帝、孝景帝沿袭旧制，没来得及对卜筮深入研究试行。虽然父子都是畴官，世代相传，但其中精微深妙的东西，大多已经遗失。到了当今皇上即位，广开技艺才能之路，全面延续百家的学问，精通一种技能的人都能发挥自己的效能，技艺超群绝伦出奇的人身居上位，没有偏私，几年之间，太卜大量聚集。赶上皇上想北击匈奴，西攘大宛，南收百越，卜筮能预见事物的表象，事先谋划对自己有利的对策。等到猛将持节冲锋，在某地获胜，而用蓍草龟甲占卜时辰日子也对此大有帮助。皇上尤其更加重视卜筮，赏赐有时多至几千万钱。如丘子明等人，财富满溢，尊贵宠幸，压倒朝廷公卿。至于用卜筮推测巫蛊行为，巫蛊行为有时也很准确。平素与卜官稍有不快，卜官就趁机公报私仇，恣意迫害，因此被破族灭门的，不可胜数。百官惶恐不安，都奉承说龟甲蓍草能说话。后来卜官诬陷的事情被发觉，他们奸计用尽，也被灭了三族。

排列蓍草断定气数，灼烧龟甲观察征兆，变化无穷，因此要选择贤人并任用为卜官，这可以说是圣人对卜筮之事的重视吧！周公连卜三龟，而周武王病愈。纣王为政暴虐，用大龟甲也卜不到吉兆。晋文公将要稳定周襄王的王位，占卜得到黄帝战胜于阪泉的吉兆，最终受到周襄王彤弓的赏赐。晋献公贪恋骊姬的美色，占卜得出口象之兆，这场祸患竟然流传五代。楚灵王将要背叛周王室，占卜龟甲显示不吉祥，最终招致乾谿的败亡。龟兆在内应验出诚实不欺，而当时人在外能明察事物的表现，能不说这是两相吻合吗？君子认为那些轻视卜筮、不信神明的人，是惑乱；背弃人道、只信从祥瑞的人，鬼神得不到公正的对待。所以《尚书》记载了解决疑难的方法，五种见解而卜筮占其中两种，用五种占卜，信从其中多数的意见，表明虽有卜官但并不专信的道理。

我到江南，观察当地人行事，询问那里的长老，说龟活到千岁就能游动于莲叶之上，蓍草长满百条枝茎仍然共有一条根。另外龟蓍生长的地方，野兽中没有虎狼，草丛中没有毒螫。江边人家常常养龟，供给它饮食，认为它能帮人调节呼吸增加元

夫揲策定数，灼龟观兆，变化无穷，是以择贤而用占焉，可谓圣人重事者乎！周公卜三龟，而武王有瘳。纣为暴虐，而元龟不占。晋文将定襄王之位，卜得黄帝之兆，卒受彤弓之命。献公贪骊姬之色，卜而兆有口象，其祸竟流五世。楚灵将背周室，卜而龟逆，终被乾谿之败。兆应信诚于内，而时人明察见之于外，可不谓两合者哉！君子谓夫轻卜筮，无神明者，悖；背人道，信祯祥者，鬼神不得其正。故《书》建稽疑，五谋而卜筮居其二，五占从其多，明有而不专之道也。

余至江南，观其行事，问其长老，云龟千岁乃游莲叶之上，蓍百茎共一根。又其所生，兽无虎狼，草无毒螫。江傍家人常畜龟饮食之，以为能导引致气，有益于助衰养老，岂不

信哉!

气，有益于助人抗衰养老，这些话难道不可信吗!

褚先生曰：臣以通经术，受业博士，治《春秋》，以高第为郎，幸得宿卫，出入宫殿中十有余年。窃好《太史公传》。《太史公之传》曰："三王不同龟，四夷各异卜，然各以决吉凶。略窥其要，故作《龟策列传》。"臣往来长安中，求《龟策列传》不能得，故之大卜官，问掌故文学长老习事者，写取龟策卜事，编于下方。

褚先生说：我因为精通经学，受业于博士，研治《春秋》，以优异的成绩被任命为郎官，有幸得以在宫中做宿卫，出入宫殿中已有十多年了。我私下喜好《太史公传》。太史公的《传》说："夏、商、周三代君王占龟的方法不同，四方蛮夷占卜风俗各异，但各自都是以判断吉凶为目的。粗略考察它们的要旨，所以作了《龟策列传》。"我往来于长安城中，寻求《龟策列传》不能得到，所以去访求太卜官，询问掌故、史学官员中年岁大、知道事情多的人，记下了解到的龟策占卜的事，编在下面。

闻古五帝、三王发动举事，必先决蓍龟。传曰："下有伏灵，上有兔丝；上有捣蓍，下有神龟。"所谓伏灵者，在兔丝之下，状似飞鸟之形。新雨已，天清静无风，以夜捎兔丝去之，即以籥烛此地，烛之火灭，即记其处，以新布四丈环置之，明即掘取之，入四尺至七尺得矣，过七尺不可得。伏灵者，千岁松根也，食之不死。闻蓍生满百茎者，其下必有神龟守之，

听说古代五帝、三王出发办事，必须先用蓍草龟甲占卜来做决断。古代占卜书说："下面有伏灵，上面有菟丝；上面有丛蓍，下面有神龟。"所谓伏灵，生长在菟丝下面，形状像飞鸟。初春的雨过后，天气清静无风，趁着夜晚割去菟丝，随即用灯笼来照此地，一照此地火灭，就记下这个地方，用四丈新布把这个地方环绕围起来，天亮后就挖取伏灵，挖入四尺到七尺之间，就能得到了，超过七尺就不能得到。伏灵，就是千年松树的根，吃了它能长生不死。听说蓍草长满一百根枝茎时，它的

下面一定有神龟守护它，它的上面经常有青云笼罩它。古书说："天下和平，王道施行，蓍草的茎能长一丈，它的根丛能长满一百条枝茎。"当今世上寻取蓍草的人，不能合乎古代的法度，不能得到长满百茎长一丈的蓍草，取得八十茎以上，蓍长八尺的，就很难得了。人民喜好用卦的，取得长满六十茎以上，长满六尺的蓍草，就可以用了。古书记载说："能得到名龟的人，财物归于他，家中必定大富，能有千万钱。"第一种叫"北斗龟"，第二种叫"南辰龟"，第三种叫"五星龟"，第四种叫"八风龟"，第五种叫"二十八宿龟"，第六种叫"日月龟"，第七种叫"九州龟"，第八种叫"玉龟"：共计八种名龟。古书所画龟图中各有文字写在腹下，文字写明，这是某种龟。我只粗略记述它们的大概要旨，不画它们的图形。寻取这种龟不必满一尺二寸，民间百姓得到七八寸长的，可就是宝贝了。如今那些珠玉宝器，即使藏得再深，也必然透露出它的光芒，必然显现出它的神明，这说的和名龟到来则财富到来是一样的道理吧！所以美玉处于深山之中而树木就会润泽，深渊中生有珍珠而岸边草木就不枯裂，就是因为珍珠玉石将滋润加持于草木。明月之珠出产于江海，藏在蚌中，蛟龙伏在它上面。王者得到它，就可长久地享有天下，四方夷族宾服。能得到百茎

其上常有青云覆之。传曰："天下和平，王道得，而蓍茎长丈，其丛生满百茎。"方今世取蓍者，不能中古法度，不能得满百茎长丈者，取八十茎已上，蓍长八尺，即难得也。人民好用卦者，取满六十茎已上，长满六尺者，即可用矣。记曰："能得名龟者，财物归之，家必大富至千万。"一曰"北斗龟"，二曰"南辰龟"，三曰"五星龟"，四曰"八风龟"，五曰"二十八宿龟"，六曰"日月龟"，七曰"九州龟"，八曰"玉龟"：凡八名龟。龟图各有文在腹下，文云云者，此某之龟也。略记其大指，不写其图。取此龟不必满尺二寸，民人得长七八寸，可宝矣。今夫珠玉宝器，虽有所深藏，必见其光，必出其神明，其此之谓乎！故玉处于山而木润，渊生珠而岸不枯者，润泽之所加也。明月之珠出于江海，藏于蚌中，蚊龙伏之。王者得之，长有天下，四夷宾服。能得百茎蓍，并得其下龟以卜者，百言百当，足以决吉凶。

神龟出于江水中，庐江郡
常岁时生龟长尺二寸者二十枚
输太卜官，太卜官因以吉日剔
取其腹下甲。龟千岁乃满尺二
寸。王者发军行将，必钻龟庙
堂之上，以决吉凶。今高庙中
有龟室，藏内以为神宝。

传曰："取前足臑骨穿佩
之，取龟置室西北隅悬之，以
入深山大林中，不惑。"臣为
郎时，见《万毕·石朱方》，
传曰："有神龟在江南嘉林中。
嘉林者，兽无虎狼，鸟无鸱枭，
草无毒螫，野火不及，斧斤不
至，是为嘉林。龟在其中，常
巢于芳莲之上。左胁书文曰：
'甲子重光，得我者，匹夫为
人君，有土正，诸侯得我为帝
王。'求之于白蛇蟠杆林中者，
斋戒以待，凝然，状如有人来
告之，因以醮酒佗发，求之三
宿而得。"由是观之，岂不伟
哉！故龟可不敬与？

南方老人用龟支床足，行
二十余岁，老人死，移床，龟

的蓍草，并且得到它下面的神龟来占卜的
人，就能百问百应，足以决断吉凶。

神龟出自长江水中，庐江郡经常每
年按时把二十只身长一尺二寸的活龟送
给太卜官，太卜官就在吉日剔取龟腹的腹
甲。龟活一千岁才能长满一尺二寸。君王
调兵遣将，一定在庙堂之上钻凿龟甲来占
卜，以判定吉凶。如今高祖庙中有个龟室，
藏在其中视为神宝。

古书说："断取龟的前足臑骨穿起来
把它佩戴在身上，取来龟把它放在室内西
北角悬挂起来，这样进入深山老林中也不
会迷惑。"我做郎官时，看过《万毕·石
朱方》，书上说："在江南嘉林中有种神龟。
嘉林，猛兽中没有虎狼，飞鸟中没有鸱枭，
草丛中没有毒螫，野火烧不到，斧头砍不
着，这就是嘉林。龟在嘉林中，常在芳莲
上筑巢。龟的左胁上写着字说：'甲子重
光，得到我的人，普通人可为人君，成为
有封地的官长，诸侯得到我可成为帝王。'
在白蛇蟠杆林中寻求神龟的人，斋戒以后
来等待，恭恭敬敬的，样子就像有人来告
诉他消息一样，同时洒酒祈祷，披头散发
行礼，乞求三天三夜才能得到神龟。"由
此看来，这仪式难道不盛大吗！所以对龟
能不敬重吗？

南方有位老人用龟垫床腿，过了二十
多年，老人死去，移开床脚，龟还活着没死。

龟能行气导引调节呼吸。问的人说："龟如此神通，但太卜官得到活龟，为什么总是杀了剔取它的甲呢？"近代以来长江边上有人得到名龟，畜养它，家中因此大富。与别人商议，想把龟放了。有人教他杀掉龟不要放走，放了它家庭会破败。龟给他托梦说："送我到水中，不要杀我。"这家人最终杀了它。杀龟之后，主人身死，家中不利。百姓与君王处理事情的方法不同。百姓得到名龟，看样子好像不应当杀死。按以往古代故事来说，古代的明王圣主都把龟杀了用以占卜。

宋元王时得到一只龟，也是杀掉用了它。谨把此事连缀记述如下，让好事的人从中阅读参考吧。

宋元王二年，长江之神派神龟出使黄河，到达泉阳，渔夫豫且撒网得到神龟把它囚禁起来，放在笼中。半夜时，神龟托梦于宋元王说："我替长江之神出使黄河，而渔网挡住我的去路。泉阳豫且抓到了我，我不能离去。身处患难之中，没有谁可以求告。您有德义，所以来求告申诉。"元王惶恐而醒。于是召见博士卫平问他说："今晚我梦见一个男子，伸着脖子有长长的头，身穿黑色绣衣而乘着辎车，来托梦给我说：'我替长江之神出使黄河，而渔网挡住我的去路。泉阳豫且抓到了我，我不能离去。身处患难之中，没有谁可以求

尚生不死。龟能行气导引。问者曰："龟至神若此，然太卜官得生龟，何为辄杀取其甲乎？"近世江上人有得名龟，畜置之，家因大富。与人议，欲遣去。人教杀之勿遣，遣之破人家。龟见梦曰："送我水中，无杀吾也。"其家终杀之。杀之后，身死，家不利。人民与君王者异道。人民得名龟，其状类不宜杀也。以往古故事言之，古明王圣主皆杀而用之。

宋元王时得龟，亦杀而用之。谨连其事于左方，令好事者观择其中焉。

宋元王二年，江使神龟使于河，至于泉阳，渔者豫且举网得而囚之，置之笼中。夜半，龟来见梦于宋元王曰："我为江使于河，而幕网当吾路。泉阳豫且得我，我不能去。身在患中，莫可告语。王有德义，故来告诉。"元王惕然而悟。乃召博士卫平而问之曰："今寡人梦见一丈夫，延颈而长头，衣玄绣之衣而乘辎车，来见梦于寡人曰：'我为江使于河，而幕网当吾路。泉阳豫且得我，

我不能去。身在患中，莫可告语。王有德义，故来告诉。'是何物也？"卫平乃援式而起，仰天而视月之光，观斗所指，定日处乡。规矩为辅，副以权衡。四维已定，八卦相望。视其吉凶，介虫先见。乃对元王曰："今昔壬子，宿在牵牛。河水大会，鬼神相谋。汉正南北，江河固期，南风新至，江使先来。白云壅汉，万物尽留。斗柄指日，使者当囚。玄服而乘辎车，其名为龟。王急使人问而求之。"王曰："善。"

于是王乃使人驰而往问泉阳令曰："渔者几何家？名谁为豫且？豫且得龟，见梦于王，王故使我求之。"泉阳令乃使吏案籍视图，水上渔者五十五家，上流之庐，名为豫且。泉阳令曰："诺。"乃与使者驰而问豫且曰："今昔汝渔何得？"豫且曰："夜半时举网得龟。"使者曰："今龟安在？"曰："在笼中。"使者曰："王知子得龟，故使我求之。"豫

告。您有德义，所以来求告申诉。'这是什么东西呢？"卫平就拿起栻具起身，仰望天空察看月光，观测北斗星斗柄所指方向，推断太阳运行的方位。用规矩作为辅佐确定东、西方，辅以权衡确定南、北方。四维确定后，八卦相互对望。观察其中的吉凶预兆，首先显现龟的形状。于是对宋元王说："昨夜是壬子日，太阳运行至牵牛宿。正是黄河大水相会，鬼神谋谋的时候。天河正处于南北走向，长江和黄河之神原本有约，南风新到，长江之神的使者先来。白云壅塞天河，万物全被滞留。北斗星的斗柄指向太阳所在星官，长江之神的使者应当被囚禁了。身穿黑色绣衣而乘坐辎车的人，他的名字叫龟。大王赶紧派人去寻求它。"宋元王说："好。"

于是宋元王就派人飞驰前去询问泉阳县令说："渔民有多少家？谁的名字叫豫且？豫且得到一只龟，龟托梦给大王，所以大王派我来寻求它。"泉阳县令于是派县吏查阅户籍簿和地图，水上渔民有五十五家，上游有户人家，主人名叫豫且。泉阳县令说："好。"就与使者急驰前去询问豫且说："昨夜你捕鱼打到了什么？"豫且说："半夜时拉网捕得一只龟。"使者说："如今龟在哪里？"说："在笼中。"使者说："大王知道你捕得到了龟，所以派我来寻求龟。"豫且说："好。"就把

龟绑住从笼中取出，献给使者。

使者载龟而行，出了泉阳城门。这时正是白天但什么也看不清，风雨交加，天色昏暗犹如黑夜。云彩罩在上空，呈青黄五彩颜色；雷雨并起，风吹着车子前行。进入王宫端门，在东厢房觐见宋元王。龟身如流水，润泽有光。龟望见宋元王，伸长脖子向前爬行，爬行三步而停止，缩回脖子后退，又回到它的原处。宋元王见了对此感到奇怪，询问卫平说："龟见了我，伸长脖子向前爬行，在期望什么呢？缩回脖子而退到原处，这表示什么意思呢？"卫平回答说："龟在患难之中，整夜被囚禁，大王有德义，派人救活了它。如今伸长脖子向前爬行，是表示感谢，缩回脖子后退，是想尽快离去。"宋元王说："好啊！这龟神灵到如此地步，不可久留，赶快驾车送龟，不要让它耽误了期限。"

卫平回答说："龟是天下的宝物，先得到这龟的人能做天子，而且十言十中，十战十胜。龟生长在深渊，长在黄土。知晓上天之道，明了上古的大事。漫游三千年，不出它居住的地域。安静平和，从容端庄，行动自然，不用拙力。寿命超过天地，没有谁知道它寿命的极限。它随万物变化，随四时变色。居住时自我藏匿，趴伏着不吃东西。春天呈青色，夏天变黄色，秋天

且曰："诺。"即系龟而出之笼中，献使者。

使者载行，出于泉阳之门。正昼无见，风雨晦冥。云盖其上，五采青黄；雷雨并起，风将而行。入于端门，见于东箱。身如流水，润泽有光。望见元王，延颈而前，三步而止，缩颈而却，复其故处。元王见而怪之，问卫平曰："龟见寡人，延颈而前，以何望也？缩颈而复，是何当也？"卫平对曰："龟在患中，而终昔囚，王有德义，使人活之。今延颈而前，以当谢也，缩颈而却，欲亟去也。"元王曰："善哉！神至如此乎，不可久留；趣驾送龟，勿令失期。"

卫平对曰："龟者是天下之宝也，先得此龟者为天子，且十言十当，十战十胜。生于深渊，长于黄土。知天之道，明于上古。游三千岁，不出其域。安平静正，动不用力。寿蔽天地，莫知其极。与物变化，四时变色。居而自匿，伏而不食。春仓夏黄，秋白冬黑。明于阴阳，审于刑德。

先知利害，察于祸福。以言而当，以战而胜。王能宝之，诸侯尽服。王勿遣也，以安社稷。"

元王曰："龟甚神灵，降于上天，陷于深渊，在患难中，以我为贤。德厚而忠信，故来告寡人。寡人若不遣也，是渔者也。渔者利其肉，寡人贪其力，下为不仁，上为无德。君臣无礼，何从有福？寡人不忍，奈何勿遣！"

卫平对曰："不然。臣闻盛德不报，重寄不归；天与不受，天夺之宝。今龟周流天下，还复其所，上至苍天，下薄泥涂。还遍九州，未尝愧辱，无所稽留。今至泉阳，渔者辱而囚之。王虽遣之，江河必怒，务求报仇。自以为侵，因神与谋。淫雨不霁，水不可治。若为枯旱，风而扬埃，蝗虫暴生，百姓失时。王行仁义，其罚必来。此无佗故，其祟在龟。后虽悔之，岂有及哉！王勿遣也。"

元王慨然而叹曰："夫逆

呈白色，冬天变黑色。它明辨阴阳，审察刑德。它能预知利害，明察祸福。用它卜事必中，用它卜战必胜。大王如果能把他视为珍宝，诸侯都能降服。大王不要送走它，用它来安定国家。"

宋元王说："这龟非常神灵，从天而降，陷在深渊。在患难之中，认为我贤德，敦厚而忠信，所以来求告我。我如果不送走它，就成渔民了。渔民看重它的肉，我贪图它的神力，臣下不仁，君上无德。君臣无礼，从哪里来福运呢？我不忍心，怎么能不送走它呢！"

卫平回答说："不是这样的。我听说盛德不必回报，贵重的寄存物不必归还；上天赐予却不接受，上天将夺回它的宝物。如今这龟周游天下，还要再回归它的住所，上至苍天，下到大地。游遍九州，未曾受到愧辱，也没有什么地方稽留它。如今到达泉阳，渔民折辱并囚禁了它。大王即使放了它，长江、黄河之神必定发怒，务必谋求报仇。龟自认为受到侵犯，便与神合谋报复。连绵之雨不晴，洪水不能治理。或是制造干旱，大风扬尘，蝗虫暴生，百姓错失农时。大王施行仁义，然而天的惩罚必然降临。这没有其他原因，那祸祟就出在龟身上。以后即使后悔此事，难道还来得及吗？大王不要送走它。"

宋元王感慨叹息说："拦劫人家的使

者，破坏人家的计划，这不是残暴吗？夺取人家的东西，把它当作自己的宝物，这不是强横吗？我听说过，残暴得到的东西必定被残暴地夺去，强横取得的东西最后必定徒劳无功。桀、纣残暴强横，身死国亡。如今我听你的，这就没有了仁义的名声而有了残暴强横的行为。长江、黄河之神将成为商汤、周武，我成了夏桀、商纣。没看到它的好处，恐怕会遭受它的灾祸。我狐疑不决，怎能伺候好这个宝物，赶快驾车送龟，不要让它久留。"

卫平回答说："不是这样的，大王不要担忧它的祸患。天地之间，堆石为山。高耸而不倒塌，大地得以平安。所以说有的事物看似危险反而安全，有的看似很轻却不可移动；有的人忠实诚信却不如欺诈的人，有的面貌丑恶却适宜做大官，有的美貌佳丽却成为众人的祸患。不是神和圣人，没有谁能说清楚这些。春秋冬夏，有暑有寒。寒暑不调和，邪气相互侵袭。同一年中有不同季节，这是时令使然。所以让植物春天生出夏天成长，秋收冬藏。有时要行仁义，有时要用强力。强力有目标，仁义有时机。万物都是这样，不能完全探究。大王听我的，我请求详尽说完此事。天空生出五色，以辨别白天黑夜。大地生出五谷，以知晓植物的好坏。百姓没有人懂得辨别，与禽兽相似。居住在山谷

人之使，绝人之谋，是不暴乎？取人之有，以自为宝，是不强乎？寡人闻之，暴得者必暴亡，强取者必后无功。桀、纣暴强，身死国亡。今我听子，是无仁义之名而有暴强之道。江、河为汤、武，我为桀、纣。未见其利，恐离其咎。寡人狐疑，安事此宝，趣驾送龟，勿令久留。"

卫平对曰："不然，王其无患。天地之间，累石为山。高而不坏，地得为安。故云物或危而顾安，或轻而不可迁；人或忠信而不如诞谩，或丑恶而宜大官，或美好佳丽而为众人患。非神圣人，莫能尽言。春秋冬夏，或暑或寒。寒暑不和，贼气相奸。同岁异节，其时使然。故令春生夏长，秋收冬藏。或为仁义，或为暴强。暴强有乡，仁义有时。万物尽然，不可胜治。大王听臣，臣请悉言之。天出五色，以辨白黑。地生五谷，以知善恶。人民莫知辨也，与禽兽相若。谷居而穴处，不知田作。天下祸乱，阴阳相错。

匆匆疾疾，通而不相择。妖孽数见，传为单薄。圣人别其生，使无相获。禽兽有牝牡，置之山原；鸟有雌雄，布之林泽；有介之虫，置之溪谷。故牧人民，为之城郭，内经间术，外为阡陌。夫妻男女，赋之田宅，列其室屋。为之图籍，别其名族。立官置吏，劝以爵禄。衣以桑麻，养以五谷。耕之耰之，锄之耨之。口得所嗜，目得所美，身受其利。以是观之，非强不至。故曰田者不强，囷仓不盈；商贾不强，不得其赢；妇女不强，布帛不精；官御不强，其势不成；大将不强，卒不使令；侯王不强，没世无名。故云强者，事之始也，分之理也，物之纪也。所求于强，无不有也。王以为不然，王独不闻玉椟只雉，出于昆山；明月之珠，出于四海；镌石拌蚌，传卖于市：圣人得之，以为大宝。大宝所在，乃为天子。今王自以为暴，不如拌蚌于海也；自以为强，不过镌石于昆山也。取者无咎，宝者无患。今龟使来抵网，而遭渔者得之，见梦自言，是国之

洞穴，不懂得种田耕作。天下祸乱，阴阳相互错乱。匆匆忙忙，男女通婚不加选择。妖孽经常出现，传宗接代很是单薄。圣人区分万物生存的特点，使它们不相互侵害。禽兽有公母，把它们安置在山林原野；鸟有雄雌，把它们分布在树林水泽；有甲壳的生物，把它们安置在溪谷。所以管理百姓，就为他们修建城郭，城内划分街巷道路，城外开辟阡陌土地。夫妻男女，给他们田地住宅，排列他们的房屋。给他们建立户籍，区分他们的姓名宗族。设置官吏，用爵位俸禄予以勉励。穿衣种桑麻，养家糊口种五谷。耕田耰地，锄地除草。吃到想吃的东西，看到想看的东西，身受其利。由此看来，不用强力就达不到目的。所以说种田的不用强力，谷仓不满；商人不用强力，不能赢得他的利润；妇女不用强力，织的布帛就不精良；官吏不用强力，他的威势就形不成；大将不用强力，士兵就不听令；侯王不用强力，到死也没有名声。所以说强力，是事业的开始，是名分的道理，是万物的法则。用强力去追求，没有什么得不到。大王认为不是这样的，大王难道没听说过雕饰有野雉的玉匣，出自昆山；明月之珠，出于四海；凿镌玉石，剖取蚌珠，在街市上贩卖：圣人得到它们，当作大宝。大宝所归的人，就成为天子。如今大王自认为残暴，其实还不如从大海里剖取蚌珠

的;自认为强横,还赶不上凿镌昆山之石的人。凿取宝物并没有错,珍藏宝物也没有祸患。如今神龟使者触碰渔网,而遭渔民捕捞获得,托梦自我介绍,这是国家的宝物,大王有什么担忧的呢?"

宋元王说:"不是这样的。我听说过,谏诤是国家的福分,阿谀是国家的祸患。人主听信阿谀,是愚蠢迷惑。即便如此,祸患也不会无故降临,福运也不会随便到来。天地聚合元气,才能生出各种财富。阴阳有分界,不偏离四时,一年十二个月,以夏至或冬至为期。圣人明白这个道理,自身就没有灾难。贤明君王运用这个规律,人们就不敢欺骗。所以说福运的到来,是人自己创造的;灾祸的降临,是人自己造成的。祸与福同在,刑与德是一对。圣人观察它们,用来预知吉凶。桀、纣的时候,与上天争功,遏阻鬼神,使它们不能通显神灵。这本来已经是无道了,而谗谀之臣又多。夏桀有个谗谀的臣子,名叫赵梁。教桀做无道的事,怂恿他贪婪凶狠,把汤囚禁在夏台,杀死关龙逢。身边大臣怕死,在一旁苟且偷生阿谀奉承。国家危如累卵,都说无妨。赞美欢呼万岁,有的说国运未尽。蒙蔽桀的耳目,与他一起欺诈癫狂。商汤最终讨伐夏桀,使夏桀身死国亡。听信他谗谀的臣子,自身独受祸殃。《春秋》记载了这件事,使人至今不忘。

宝也,王何忧焉。"

元王曰:"不然。寡人闻之,谏者福也,谀者贼也。人主听谀,是愚惑也。虽然,祸不妄至,福不徒来。天地合气,以生百财。阴阳有分,不离四时,十有二月,日至为期。圣人彻焉,身乃无灾。明王用之,人莫敢欺。故云福之至也,人自生之;祸之至也,人自成之。祸与福同,刑与德双。圣人察之,以知吉凶。桀、纣之时,与天争功,拥遏鬼神,使不得通。是固已无道矣,谀臣有众。桀有谀臣,名曰赵梁。教为无道,劝以贪狼,系汤夏台,杀关龙逢。左右恐死,偷谀于傍。国危于累卵,皆曰无伤。称乐万岁,或曰未央。蔽其耳目,与之诈狂。汤卒伐桀,身死国亡。听其谀臣,身独受殃。春秋著之,至今不忘。纣有谀臣,名为左彊。夸而目巧,教为象郎。将至于天,又有玉床。犀玉之器,象箸而羹。圣人剖其心,壮士斩其胻。箕子恐死,被发佯狂。杀周太子历,囚文王昌。投之石室,将以昔至明。阴兢活之,与之俱亡。入于周地,得太公望。兴卒聚兵,与纣相攻。文王病死,载尸以行。太子发代将,号为武王。战于牧野,破之华山之阳。纣不胜,败而还走,围之象郎。自杀宣室,身死不葬。头悬车轸,四马曳行。寡人念其如此,肠如沸汤。是人皆富有天下而贵至天子,然而大傲。欲无猒时,举事而喜高,贪很而骄。不用忠信,听其谀臣,而为天下笑。今寡人之邦,居诸侯之间,曾不如秋毫。举事不当,又安亡逃!"

卫平对曰:"不然。河虽神贤,不如昆仑之山;江之源理,不如四海,而人尚夺取其宝,诸侯争之,兵革为起。小国见亡,大国危殆,杀人父兄,虏人妻子,

商纣有个谗谀的臣子,名叫左彊。浮夸不实而善于目测,教纣王建造象牙廊。高达云天,又安置了玉床。用犀牛角和美玉雕刻器物,用象牙筷子吃饭。圣人就剖开他的心,壮士就斩断他的小腿。箕子怕死,就披头散发佯装疯癫。杀死周太子历,囚禁文王姬昌。把文王投进石屋,打算从晚到早囚禁。阴兢救出文王,与他一起逃亡。逃入周地,得到太公望。发动士兵,聚集兵器,与纣王相互攻伐。文王病死,载着他的尸体前进。太子姬发代文王领兵,号称武王。在牧野交战,在华山之南大败商军。纣王不胜,兵败逃回,将他围困在象牙廊。纣王在宣室自杀,身死之后不得安葬。头被砍下悬挂在车梁上,四匹马拉着车子走。我想到桀、纣落到这个下场,肚子里像有沸水翻腾。这些人都曾经富有天下贵至天子,但是太傲慢。欲望没有满足的时候,办事好高骛远,贪婪狠毒而骄横。不任用忠诚信实的人,听信他阿谀的臣子,而被天下人耻笑。如今我的国家,处在诸侯之间,曾小得不如秋毫。办事如有不当,又怎能逃脱灭亡的下场呢!"

卫平回答说:"不是这样的。黄河虽然神灵贤明,不如昆仑山;长江水源通畅,不如四海,而人们尚且夺取它们的珍宝,诸侯争夺那些宝物,为此引起战争。小国被灭亡,大国遭遇危险,杀死人家的

父母兄弟，虏走人家的妻子儿女，割取国土，毁人宗庙，来争夺这些宝物。攻战争夺，这就是残暴强横。所以说用强暴夺取而用文理统治。不违背四时，必定使贤士亲近；顺应阴阳变化，鬼神也能被役使；与天地沟通，与天地为友。诸侯宾服，民众殷实欢喜。国家和百姓安宁，与社会一起除旧布新。商汤、周武这样做，于是取得天子之位。《春秋》记载了这件事，把它作为法则。大王不自称商汤、周武，而自比于夏桀、商纣。夏桀、商纣为政残暴强横，本就认为暴强才是常理。夏桀修建瓦屋，商纣修造象牙廊。征收丝帛当作燃料，一心劳民伤财。敛税没有限度，杀戮没有定规。杀了百姓的牲畜，拿熟皮做成袋子。用皮袋盛满牲畜的血，与别人一起悬挂起来用箭射它，与天帝争强。搅乱四时秩序，抢先在祭祀神鬼之前品尝鲜味。劝谏的人总是被处死，谗谀的人侍奉在身旁。圣人隐伏藏匿，百姓没有人出行。天气多次干旱，国家多有妖异。每年发生螟虫，五谷长不成熟。百姓不能安居，鬼神不能享用。大风天天刮，白昼犹如黑夜。日食和月食同时出现，熄灭无光。群星胡乱运行，全都没有秩序。由此看来，怎么能长久呢？即使没有商汤、周武，到时本就应当灭亡。所以商汤讨伐夏桀，武王伐纣，这是时势使然。于是成为天子，子孙世代相续；终

残国灭庙，以争此宝。战攻分争，是暴强也。故云取之以暴强而治以文理，无逆四时，必亲贤士；与阴阳化，鬼神为使；通于天地，与之为友。诸侯宾服，民众殷喜。邦家安宁，与世更始。汤、武行之，乃取天子；春秋著之，以为经纪。王不自称汤、武，而自比桀、纣。桀、纣为暴强也，固以为常。桀为瓦室，纣为象郎。征丝灼之，务以费氓。赋敛无度，杀戮无方。杀人六畜，以韦为囊。囊盛其血，与人县而射之，与天帝争强。逆乱四时，先百鬼尝。谏者辄死，谀者在傍。圣人伏匿，百姓莫行。天数枯旱，国多妖祥。螟虫岁生，五谷不成。民不安其处，鬼神不享。飘风日起，正昼晦冥。日月并蚀，灭息无光。列星奔乱，皆绝纪纲。以是观之，安得久长！虽无汤、武，时固当亡。故汤伐桀，武王克纣，其时使然。乃为天子，子孙续世；终身无咎，后世称之，至今不已。是皆当时而行，见事而强，乃能成其帝王。今龟，大宝也，为圣人使，传之贤王。不用手足，雷电将之；

风雨送之，流水行之。侯王有德，乃得当之。今王有德而当此宝，恐不敢受；王若遣之，宋必有咎。后虽悔之，亦无及已。"

元王大悦而喜。于是元王向日而谢，再拜而受。择日斋戒，甲乙最良。乃刑白雉，及与骊羊；以血灌龟，于坛中央。以刀剥之，身全不伤。脯酒礼之，横其腹肠。荆支卜之，必制其创。理达于理，文相错迎。使工占之，所言尽当。邦福重宝，闻于傍乡。杀牛取革，被郑之桐。草木毕分，化为甲兵。战胜攻取，莫如元王。元王之时，卫平相宋，宋国最强，龟之力也。

故云神至能见梦于元王，而不能自出渔者之笼；身能十言尽当，不能通使于河，还报于江；贤能令人战胜攻取，不能自解于刀锋，免剥刺之患；

身无灾，后世称赞他们，至今没有停止。这都是顺应时势行动，遇事而强横，才成就了他们的帝王之业。如今这神龟，是大宝，替圣人出使，传给贤明的君王。神龟不用手脚，雷电辅助它，风雨护送它，流水运载它。侯王有德，就应当得到它。如今大王有德应当得到此宝，却害怕不敢接受；大王如果送走它，宋国必有灾祸。以后即使后悔此事，也来不及了。"

宋元王非常高兴而欢喜。于是宋元王面向太阳拜谢，拜了两次后接受了神龟。选择吉日斋戒，甲乙两日最吉。于是杀了白雉以及黑羊，在祭坛中央，用它们的血浇灌神龟。用刀割剥神龟，龟甲没有损伤。用酒肉祭祀它，剔出龟的腹肠。用荆枝灼烧龟甲求兆，一定要形成它的兆纹。纹理能表达出道理，纹理交错。让卜官用它占卜，所说的都很恰当。国家藏有重宝，传到了邻国。杀牛取皮，蒙在郑国产的桐木上做成鼓。分别草木的全部特性，做成甲胄兵器。战胜攻取，没有谁比得上元王。元王之时，卫平任宋国国相，宋国最为强大，这都是龟的神力啊。

所以说龟的神力能达到托梦于元王，但不能自己逃出渔民的笼子。甲身能十言全中，但不能通使于黄河，还报于长江。本领大能使人战胜攻取，但不能使自己避开刀锋，免于被剥割的祸患。非凡聪明能预知未来，马上看出祸福，却不能让卫平不说话。预言事情没有不周全的，但到自身时却被捆绑挛屈；在当时不能趋利避害，贤能本领又有什么用呢！贤能的人有一定的常规，士人有一定的偶然。因此视力好也有看不见的东西，听力好也有听不到的声音。人即使本领再大，也不能同时左手画方，右手画圆；日月的光明，有时也会被浮云遮蔽。后羿号称擅长射箭，也有不如雄渠、蠭门的地方；大禹号称善辩多智，却不能胜过鬼神。地柱断折，天本就没有椽子，又怎能对人求全责备呢？孔子听说此事后说："神龟能知吉凶，而骨头中空干枯。太阳遍施仁德而君临天下，却受辱于三足金乌。月亮主施刑罚来辅佐太阳，却被蛤蟆吞食。刺猬被喜鹊凌辱，腾蛇之神却被蜈蚣所阻。竹子外面有节有理，中间直而空虚；松柏是百木之长，却被栽到门旁看守大门。日月星辰不能周全，所以有孤立空虚之时。黄金有疵，白玉有瑕。事情有所疾速，也有所徐缓。物品有所局限的地方，也有所依据的地方。网孔有所细密，也有所稀疏。人有可贵的地方，也有不如人的地方。怎么样才能合适呢？万物哪能十全十美呢？天尚且不能十全十美，所以世人盖房子，少放三块瓦来安放房栋，以对应上天不能十全十美。天下有高低等级之分，万事万物有所不全才得以生存发展啊。"

圣能先知巫见，而不能令卫平无言。言事百全，至身而挛；当时不利，又焉事贤！贤者有恒常，士有适然。是故明有所不见，听有所不闻；人虽贤，不能左画方，右画圆；日月之明，而时蔽于浮云。羿名善射，不如雄渠、蠭门；禹名为辩智，而不能胜鬼神。地柱折，天故毋椽，又奈何责人于全？孔子闻之曰："神龟知吉凶，而骨直空枯。日为德而君于天下，辱于三足之乌。月为刑而相佐，见食于虾蟆。猬辱于鹊，腾蛇之神而殆于即且。竹外有节理，中直空虚；松柏为百木长，而守门闾。日辰不全，故有孤虚。黄金有疵，白玉有瑕。事有所疾，亦有所徐。物有所拘，亦有所据。罔有所数，亦有所疏。人有所贵，亦有所不如。何可而适乎？物安可全乎？天尚不全，故世为屋，不成三瓦而陈之，以应之天。天下有阶，物不全乃生也。"

褚先生曰：渔者举网而得神龟，龟自见梦宋元王，元王召博士卫平告以梦龟状，平运式，定日月，分衡度，视吉凶，占龟与物色同，平谏王留神龟以为国重宝，美矣。古者筮必称龟者，以其令名，所从来久矣。余述而为传。

三月　二月　正月　十二月　十一月　中关内高外下　四月　首仰　足开　胎开　首俯大　五月　横吉　首俯大　六月　七月　八月　九月　十月

卜禁曰：子亥戌不可以卜及杀龟。日中如食已卜。暮昏龟之徼也，不可以卜。庚辛可以杀，及以钻之。常以月旦被龟，先以清水澡之，以卵被之，乃持龟而遂之，若常以为祖。人若已卜不中，皆被之以卵，东向立，灼以荆若刚木，土卵指之者三，持龟以卵周环之，祝曰："今日吉，谨以梁卵烐黄被去玉灵之不祥。"玉灵必信以诚，知万事之情，辩兆皆可占。不信不诚，则烧玉灵，扬其灰，以征后龟。其卜必北向，龟甲

褚先生说：渔夫拉网而获得神龟，神龟自己托梦见宋元王，元王召见博士卫平把梦见龟的情状告诉了他。卫平运转式具，测定日月位置，区分量度，观察吉凶，占卜得知神龟与推算的情景相同。卫平劝谏宋元王留下神龟把它作为国家的重宝，好事啊。古代卜筮必定称道龟，是因为龟有灵验的好名声，这是由来已久的了。我记述下来作为这篇传记。

三月　二月　正月　十二月　十一月　中关内高外下　四月首仰　足开　胎开　首俯大　五月　横吉　首俯大　六月　七月　八月　九月　十月

占卜的禁忌说：子时、亥时、戌时不可以占卜以及杀龟。中午如有日食要停止占卜。黄昏时龟兆不明，不可以占卜。庚日辛日可以杀龟，以及在龟甲上钻凿。经常在每月初一替龟洗涤，以被除不祥，先用清水给龟洗澡，再用鸡蛋在龟上摩擦为它祈祷，然后才拿龟去占卜，像这样就是用龟的通常做法。人们如果占卜后不灵验，都要用鸡蛋摩擦龟身以被除不祥，向东站立，用荆枝或硬木烧灼龟甲，用土捏成卵形来指龟三次，持龟用土卵环绕龟三圈，祈祷说："今日吉利，谨以梁米、鸡蛋、烐木、黄绢被去玉灵神龟的不祥。"玉灵神龟必定可信真诚，知道万事的情形，辨

明征兆都可占卜。如果占卜不守信不真诚，那就烧掉玉灵神龟，扬弃它的骨灰，以警告后来使用的龟。用龟占卜时必定面向北方，龟甲必须一尺二寸长。

占卜前先在燃烧荆枝的地方钻凿烧灼龟甲，中间钻凿完毕后，又灼烧龟甲头部，各灼烧三次；又再次灼烧钻凿的中部叫作"正身"；灼烧头部叫作"正足"，各灼烧三次。随即持龟绕燃烧荆枝的地方三周，祈祷说："借重玉灵夫子。夫子玉灵，荆枝灼烧您的心，让您能预知未来。您能上行于天，下行于渊，各种神灵著策，没有谁像您一样灵验。今天是吉日，做一次良好的占卜。某人想卜问某事，假如卜得吉兆就欢喜，不得吉兆就懊恼。假如得到吉兆，请向我显示长大的兆纹，首足收敛兆纹都对称上扬。不能得到吉兆，请向我显示曲折的兆纹，中间和外围兆纹不相互对应，首足的兆纹消失不见。"

用灵龟占卜祈祷说："借重灵龟，五巫五灵，不如神龟的灵验，预知人的死，预知人的生。某人做一次良好的占卜，某人想求得某物。假如能够得到，就显现兆头与兆足，兆象内外相应；假如不能得到，就让兆头仰起，兆足收敛，兆象内外自然垂下。就可得到占卜结果。"

为病人占卜时祈祷说："如今某人被疾病缠身。如果病死，兆首向上伸展，兆

必尺二寸。

卜先以造灼钻，钻中已，又灼龟首，各三；又复灼所钻中曰正身；灼首曰正足，各三。即以造三周龟，祝曰："假之玉灵夫子。夫子玉灵，荆灼而心，令而先知。而上行于天，下行于渊，诸灵数策，莫如汝信。今日良日，行一良贞。某欲卜某，即得而喜，不得而悔。即得，发乡我身长大，首足收人皆上偶。不得，发乡我身挫折，中外不相应，首足灭去。"

灵龟卜祝曰："假之灵龟，五巫五灵，不如神龟之灵，知人死，知人生。某身良贞，某欲求某物。即得也，头见足发，内外相应；即不得也，头仰足肣，内外自垂。可得占。"

卜占病者祝曰："今某病困。死，首上开，内外交骇，

身节折；不死，首仰足胗。"

卜病者祟曰："今病有祟无，呈无，祟有，呈兆有。中祟有内，外祟有外。"

卜系者出不出。不出，横吉安；若出，足开首仰有外。

卜求财物，其所当者。得，首仰足开，内外相应；即不得，呈兆首仰足胗。

卜有卖若买臣、妾、马、牛。得之，首仰足开，内外相应；不得，首仰足胗，呈兆若横吉安。

卜击盗聚若干人，在某所，今某将卒若干人，往击之。当胜，首仰足开身正，内自桥，外下；不胜，足胗首仰，身首内下外高。

卜求当行不行。行，首足开；不行，足胗首仰，若横吉安，安不行。

卜往击盗，当见不见。见，首仰足胗有外；不见，足开首仰。

纹内外交错，兆身纹路曲折；不病死，兆首仰起，兆足收敛。"

为病人占卜是否有鬼神作祟祈祷说："如今病人如有鬼神作祟兆象就不要呈现；如果没有鬼神作祟兆象就呈现出来。家中有鬼神作祟就呈现内兆，家外有鬼神作祟就呈现外兆。"

占卜被囚禁的人能否出狱。不能出狱，兆象为横吉安；假如能出狱，兆足分开，兆首仰起，兆象有外。

占卜求取财物，他是否能得到。能得到，兆首仰起，兆足分开，兆纹内外相应；假如不能得到，兆象呈现出首仰足敛的形状。

占卜买卖臣妾马牛的事。买卖得成，兆象为首仰足开，兆纹内外相应；不成，兆象为首仰足敛，呈现出的兆象如横吉安。

占卜追击聚集了若干人的强盗团伙，在某个地方，如今某人率领士兵若干人，前往追击他们。能够取胜，兆象为首仰足开身正，里面的兆纹自然高起，外面的低下；如果不能取胜，兆象为足敛首仰，身首内下外高。

占卜应不应该出行。能出行，兆象为首足张开；不能出行，兆象为足敛首仰，如同横吉安，安则不宜出行。

占卜前去攻击强盗，能否遇见。能遇见，兆象为首仰足敛有外；不能遇见，兆象为足开首仰。

占卜前往侦察强盗，能否遇见。能遇见，兆象为首仰足敛，敛胜有外；不能遇见，兆象为足开首仰。

占卜听说有强盗，来还是不来。来，兆象为外高内低，足敛首仰；不来，兆象为足开首仰，如同横吉安，强盗会在预期之后到来。

占卜升迁调动丢不丢官。丢官，兆象为足开有敛外首仰；不丢官，但因调动自己辞官，兆象就为足敛，呈现的兆象如同横吉安。

占卜当官是否吉利。吉利，呈现的兆象为身正，如同横吉安；不吉利，兆身节节曲折，首仰足开。

占卜居家是否吉利。吉利，呈现的兆象为身正，如同横吉安；不吉利，兆身节节曲折，首仰足开。

占卜年内庄稼能否成熟。成熟，兆象为首仰足开，内外自然高起，外面自然下垂；不成熟，兆象为足敛首仰有外。

占卜年内民间是否有瘟疫发生。有瘟疫，兆象为首仰足敛，身节有强外；没有瘟疫，兆象为身正首仰足开。

占卜年内是否有战争。没有战争，呈现的兆象如同横吉安；有战争，兆象为首仰足开，兆身作外强情状。

占卜求见贵人是否吉利。吉利，兆象为足开首仰，身正，内自高；不吉利，兆

卜往候盗，见不见。见，首仰足胊，胊胜有外；不见，足开首仰。

卜闻盗来不来。来，外高内下，足胊首仰；不来，足开首仰，若横吉安，期之自次。

卜迁徙去官不去。去，足开有胊外首仰；不去，自去，即足胊，呈兆若横吉安。

卜居官尚吉不。吉，呈兆身正，若横吉安；不吉，身节折，首仰足开。

卜居室家吉不吉。吉，呈兆身正，若横吉安；不吉，身节折，首仰足开。

卜岁中禾稼孰不孰。孰，首仰足开，内外自桥外自垂；不孰，足胊首仰有外。

卜岁中民疫不疫。疫，首仰足胊，身节有强外；不疫，身正首仰足开。

卜岁中有兵无兵。无兵，呈兆若横吉安；有兵，首仰足开，身作外强情。

卜见贵人吉不吉。吉，足开首仰，身正，内自桥；不吉，

首仰，身节折，足胎有外，若
无渔。

卜请谒于人得不得。得，
首仰足开，内自桥；不得，首
仰足胎有外。

卜追亡人当得不得。得，
首仰足胎，内外相应；不得，
首仰足开，若横吉安。

卜渔猎得不得。得，首仰
足开，内外相应；不得，足胎
首仰，若横吉安。

卜行遇盗不遇。遇，首仰
足开，身节折，外高内下；不遇，
呈兆。

卜天雨不雨。雨，首仰有
外，外高内下；不雨，首仰足开，
若横吉安。

卜天雨霁不霁。霁，呈兆
足开首仰；不霁，横吉。

命曰横吉安。以占病，病
甚者一日不死；不甚者卜日
瘳，不死。系者重罪不出，轻
罪环出；过一日不出，久毋伤
也。求财物、买臣妾马牛，一
日环得；过一日不得。行者不
行。来者环至；过食时不至，
不来。击盗不行，行不遇；闻
盗不来。徙官不徙。居官、家

象为首仰，兆身节节曲折，足敛有外，如
同内部空虚无物的样子。

占卜求见他人是否有收获。有收获，
兆象为首仰足开，内自高起；无收获，兆
象为首仰足敛有外。

占卜追捕逃犯能否抓到。抓到，兆象
为首仰足敛，内外相称；抓不到，兆象为
首仰足开，如同横吉安。

占卜捕鱼打猎是否有收获。有收获，
兆象为首仰足开，兆纹内外相称；无收获，
兆象为足敛首仰，如同横吉安。

占卜出行是否遇见强盗。遇见，兆象
为首仰足开，兆身节节曲折，外高内低；
不会遇见，兆象为呈兆。

占卜天是否下雨。下雨，兆象为首仰
有外，外高内低；不下雨，兆象为首仰足
开，如同横吉安。

卜问天下雨是否转晴。转晴，呈现的
兆象为足开首仰；不转晴，兆象为横吉。

兆象命名为"横吉安"。用它占卜病情，
病重的人一天之内不会死去；病情不重的
人在占卜当天就会痊愈，不会死去。被囚
禁的人犯是重罪不能出狱，是轻罪立即出
狱；过了一天不出狱，长期囚禁也不会有
伤害。求取财物、买臣妾牛马，一天内就
可很快获得；过了一天就不能获得。出行
的人不适宜出行。要来的人很快会来到；
如果过了吃饭时间还不来，就不会来了。

追击强盗的人不适宜出行，出行也不会与强盗相遇。听说强盗要来但不会来。问是否会调任官职，不会调任。在官任上、在家中都很吉利。年内庄稼不会成熟。民间是否会发生瘟疫，不会发生疾疫。年内是否会发生战争，不会发生战争。求见他人可以出行，不能成行就不会欢喜。拜谒他人不去就无所收获。追捕逃犯及捕鱼打猎，一无所获。出行不会遇见强盗。天会下雨吗？不会。会转晴吗？不会。

室皆吉。岁稼不孰。民疾疫无疾。岁中无兵。见人行，不行不喜。请谒人不行不得。追亡人、渔猎不得。行不遇盗。雨不雨。霁不霁。

兆象命名为"呈兆"。生病的人不会死。被囚禁的人可以出狱。要出行的人可以出行。要来的人会来。去市场买东西可以买到。追捕逃犯可以抓到，过了一天就不会抓到。占卜出行的人能否到达目的地，不能。

命曰呈兆。病者不死。系者出。行者行。来者来。市买得。追亡人得，过一日不得。问行者不到。

兆象命名为"柱彻"。占卜病情如果为此兆，病人不会死。被囚禁的人可以出狱。要出行的人可以出行。要来的人会来。去市场买东西买不到。忧愁的人不用忧愁。追捕逃犯不能抓到。

命曰柱彻。卜病不死。系者出。行者行。来者来。市买不得。忧者毋忧。追亡人不得。

兆象命名为"首仰足敛有内无外"。占卜病情，病重的人不会死。被囚禁的人可以释放。求取财物、买臣妾牛马不会获得。要出行的人听到传言不会出行。要来的人不会来。听说强盗要来但不会来。传言有人要来但不会来。听说要调任官职但不会调任。当官会有忧患。居在家中会多有灾难。年内庄稼会有中等收成。民间有

命曰首仰足胎有内无外。占病，病甚不死。系者解。求财物、买臣妾马牛，不得。行者闻言不行。来者不来。闻盗不来。闻言不至。徙官闻言不徙。居官有忧。居家多灾。岁稼中孰。民疾疫多病。岁中有兵，闻言不开。见贵人吉。请谒不

行，行不得善言。追亡人不得。渔猎不得。行不遇盗。雨不雨甚。霁不霁。故其莫字皆为首备。问之曰，备者仰也。故定以为仰。此私记也。

命曰首仰足肵有内无外。占病，病甚不死。系者不出。求财、买臣妾不得。行者不行。来者不来。击盗不见。闻盗来，内自惊，不来。徙官不徙。居官、家室吉。岁稼不孰。民疾疫有病甚。岁中无兵。见贵人吉。请谒、追亡人不得。亡财物，财物不出得。渔猎不得。行不遇盗。雨不雨。霁不霁。凶。

命曰呈兆首仰足肵。以占病，不死。系者未出。求财物、买臣妾马牛不得。行不行。来不来。击盗不相见。闻盗来不来。徙官不徙。居官久多忧。居家室不吉。岁稼不孰。

疾疫多病。年内有战争，但听到传言不会开战。求见贵人吉利。拜谒他人不宜前往，前往听不到好话。追捕逃犯抓不到。捕鱼打猎没有所获。出行不会遇见强盗。天会下雨但不会下得很大。天会转晴吗？不会。所以兆纹的形状都像"首备"的字形。询问卜官说，备就是仰。所以把它定为首仰。这是我私下记录的。

兆象命名为"首仰足敛有内无外"。占卜病情，病情严重却不会死去。被囚禁的人不会出狱。求取钱财、买臣妾马牛不会获得。想出行的人不宜出行。要来的人不会来。追击强盗不会遇见。听说强盗要来，自己的内心惊恐不安，强盗却不会来。是否会调迁官职，不会调迁。在官任上、在家中都吉利。年内庄稼不会成熟。民间有疾疫，有的病情严重。年内没有战争。求见贵人吉利。拜谒他人、追捕逃犯，将不能如愿。丢失财物，财物未被转移太远，能追获。捕鱼打猎一无所获。出行不会遇见强盗。天会下雨吗？不会。天会转晴吗？不会。凶。

兆象命名为"呈兆首仰足敛"。用它占卜病情，病人不会死去。被囚禁的人未能出狱。求取财物、买臣妾牛马不会获得。想出行的人不宜出行。要来的人不会来。追击强盗不会遇见。听说强盗要来但不会来。是否会调迁官职，不会调迁。做官时间久了会有忧愁。闲居在家不吉利。年内庄稼不会成熟。民间有病疫。年内没有战争。求见贵人不吉利。拜谒他人没有收获。捕鱼打猎收获很少。出行不会遇见强盗。天会下雨吗？不会。天会转晴吗？不会。不吉。

兆象命名为"呈兆首仰足开"。用它占卜病情，病重会死。被囚禁的人会出狱。求取财物、买臣妾牛马不会获得。想出行的人可以出行。要来的人会来。追击强盗但不会遇见强盗。听说强盗要来但不会来。是否会调迁官职，会调迁。做官时间不会长久。闲居在家不吉利。年内庄稼不会成熟。民间会有疾疫但是很少。年内无战争。求见贵人，不见吉利。拜谒他人、追捕逃犯、捕鱼打猎都无收获。出行会遇见强盗。天会下雨吗？不会。天会转晴。小吉。

兆象命名为"首仰足敛"。用它占卜病情，病人不会死。被囚禁的人时间长久，但不会受到伤害。求取财物、买臣妾牛马不会获得。要出行的人不宜出行。追击强盗的不宜前往。要来的人会来。听说强盗要来，会来。听说要调迁官职，但不会调迁。闲居在家不吉利。年内庄稼不会成熟。民间会发生疾疫但很少。年内无战争。求见贵人能见到。拜谒他人、追捕逃犯、捕鱼打猎都没有收获。出行会遇见强盗。天会下雨吗？不会。天会转晴吗？不会。吉。

兆象命名为"首仰足开有内"。用它

民病疫。岁中毋兵。见贵人不吉。请谒不得。渔猎得少。行不遇盗。雨不雨。霁不霁。不吉。

命曰呈兆首仰足开。以占病，病笃死。系囚出。求财物、买臣妾马牛不得。行者行。来者来。击盗不见盗。闻盗来不来。徙官徙。居官不久。居家室不吉。岁稼不孰。民疾疫有而少。岁中毋兵。见贵人不见吉。请谒、追亡人、渔猎不得。行遇盗。雨不雨。霁小吉。

命曰首仰足胗。以占病，不死。系者久，毋伤也。求财物、买臣妾马牛不得。行者不行。击盗不行。来者来。闻盗来。徙官闻言不徙。居家室不吉。岁稼不孰。民疾疫少。岁中毋兵。见贵人得见。请谒、追亡人、渔猎不得。行遇盗。雨不雨。霁不霁。吉。

命曰首仰足开有内。以占

病者，死。系者出。求财物、买臣妾马牛不得。行者行。来者来。击盗行不见盗。闻盗来不来。徙官徙。居官不久。居家室不吉。岁孰。民疾疫有而少。岁中毋兵。见贵人不吉。请谒、追亡人、渔猎不得。行不遇盗。雨霁。霁小吉，不霁吉。

命曰横吉内外自桥。以占病，卜日毋瘳死。系者毋罪出。求财物、买臣妾马牛得。行者行。来者来。击盗合交等。闻盗来来。徙官徙。居家室吉。岁孰。民疫无疾。岁中无兵。见贵人、请谒、追亡人、渔猎得。行遇盗。雨霁，雨霁大吉。

命曰横吉内外自吉。以占病，病者死。系不出。求财物、买臣妾马牛、追亡人、渔猎不得。行者不来。击盗不相见。闻盗不来。徙官徙。居官有忧。居家室、见贵人、请谒不吉。岁

占卜病情，病人会死。被囚禁的人可以出狱。求取财物、买臣妾牛马不会获得。要出行的人可以出行。要来的人会来到。追击强盗可以前往但不会遇见强盗。听说强盗要来但不会来。是否会调迁官职，会调迁。做官时间不会长久。闲居在家不吉利。年内庄稼会成熟。民间会发生疾疫但很少。年内没有战争。求见贵人不吉利。拜谒他人、追捕逃犯、捕鱼打猎都无收获。出行不会遇见强盗。天下雨会转晴吗？转晴小吉，不转晴吉利。

兆象命名为"横吉内外自桥"。用它占卜病情，病人在占卜当天会不愈而死。被囚禁的人会无罪释放。求取财物、买臣妾牛马不会获得。要出行的人可以出行。要来的人会来。追击强盗会与强盗交战，不分胜负。听说强盗要来，会来。是否会调迁官职，会调迁。闲居在家吉利。年内庄稼会成熟。民间无疾疫。年内没有战争。求见贵人、拜谒他人、追捕逃犯、捕鱼打猎会有收获。出行会遇见强盗。天会下雨转晴，下雨转晴大吉。

兆象命名为"横吉内外自吉"。用它占卜病情，病人会死。被囚禁的人不会出狱。求取财物、买臣妾牛马、追捕逃犯、捕鱼打猎都不会获得。出行的人不会来。追击强盗但不会遇见。听说强盗要来但不会来。是否会调迁官职，会调迁。做官会有忧愁。

闲居在家、求见贵人、拜谒他人都不吉利。年内庄稼不会成熟。民间会有疾疫。年内没有战争。出行不会遇见强盗。天会下雨吗？不会。天会转晴吗？不会。不吉。

兆象命名为"渔人"。用它占卜病人，病人病得很重，但不会死。被囚禁的人可以出狱。求取财物、买臣妾牛马、击杀强盗、拜谒他人、追捕逃犯、捕鱼打猎都有所获。要出行的人可以出行，还会来到。听说强盗要来，但不会来。是否会调任官职，不会调迁。闲居在家吉利。年内庄稼不会成熟。民间会发生疾疫。年内没有战争。求见贵人吉利。出行不会遇见强盗。天会下雨吗？不会下雨。天会转晴吗？不会转晴。吉利。

兆象命名为"首仰足肣内高外下"。用它占卜病情，病人病得很重，但不会死。被囚禁的人不会出狱。求取财物、买臣妾牛马、追捕逃犯、捕鱼打猎都有所收获。想出行的人不宜出行。要来的人会来。追击强盗会获胜。是否会调迁官职，不会调迁。做官的会有忧愁，但不会受伤害。闲居在家多有忧患疾病。年内庄稼会大丰收。民间会有疾疫。年内有战争，但不会殃及本地。求见贵人、拜谒他人都不吉利。出行会遇见强盗。天会下雨吗？不会下雨。天会转晴吗？不会转晴。吉利。

兆象命名为"横吉上有仰下有柱"。用它占卜病情，病人的病拖得久但不会死。

稼不孰。民疾疫。岁中无兵。行不遇盗。雨不雨。霁不霁。不吉。

命曰渔人。以占病者，病者甚，不死。系者出。求财物、买臣妾马牛、击盗、请谒、追亡人、渔猎得。行者行来。闻盗来不来。徙官不徙。居家室吉。岁稼不孰。民疾疫。岁中毋兵。见贵人吉。行不遇盗。雨不雨。霁不霁。吉。

命曰首仰足肣内高外下。以占病，病者甚，不死。系者不出。求财物、买臣妾马牛、追亡人、渔猎得。行不行。来者来。击盗胜。徙官不徙。居官有忧，无伤也。居家室多忧病。岁大孰。民疾疫。岁中有兵不至。见贵人、请谒不吉。行遇盗。雨不雨。霁不霁。吉。

命曰横吉上有仰下有柱。病久不死。系者不出。求财物、买臣妾马牛、追亡人、渔猎不得。行不行。来不来。击盗不行，行不见。闻盗来不来。徙官不徙。居家室、见贵人吉。岁大孰。民疾疫。岁中毋兵。行不遇盗。雨不雨。霁不霁。大吉。

命曰横吉榆仰。以占病，不死。系者不出。求财物、买臣妾马牛至不得。行不行。来不来。击盗不行，行不见。闻盗来不来。徙官不徙。居官、家室、见贵人吉。岁孰。岁中有疾役，毋兵。请谒、追亡人不得。渔猎至不得。行不得。行不遇盗。雨霁不霁。小吉。

命曰横吉下有柱。以占病，病甚不环有瘳无死。系者出。求财物、买臣妾马牛、请谒、追亡人、渔猎不得。行来不来。击盗不合。闻盗来来。徙官居官吉，不久。居家室不吉。岁不孰。民毋疾疫。岁中毋兵。

被囚禁的人不会出狱。求取财物、买臣妾牛马、追捕逃犯、捕鱼打猎都无所获。想出行的人不宜出行。要来的人不会来。追击强盗不宜前往，前往也不会遇见强盗。听说强盗要来但不会来。是否会调迁官职，不会调迁。闲居在家、拜谒贵人都吉利。年内庄稼会大丰收。民间有疾疫。年内没有战争。出行不会遇见强盗。天会下雨吗？不会下雨。天会转晴吗？不会转晴。大吉。

兆象命名为"横吉榆仰"。用它占卜病情，病人不会死。被囚禁的人不会出狱。求取财物、买臣妾牛马都无收获。要出行的人不宜出行。要来的人不会来。追击强盗不宜前往，前往也不会遇见强盗。听说强盗要来但不会来。是否会调迁官职，不会调迁。闲居在家、求见贵人都吉利。年内庄稼会成熟。年内民间有疾疫，没有战争。拜谒他人、追捕逃犯都没有所获。捕鱼打猎根本没有收获。出行无不会有收获。出行不会遇见强盗。天下雨会不会转晴，不会转晴。小吉。

兆象命名为"横吉下有柱"。用它占卜病情，病人病得很重，不能很快痊愈，但也不会死。被囚禁的人可以出狱。求取财物、买臣妾牛马、拜谒他人、追捕逃犯、捕鱼打猎都无所获。出行的人会不会来，不会来。追击强盗不会与强盗交战。听说强盗要来，强盗会来。调迁官职、做官都吉利，但不长久。闲居在家不吉利。年内庄稼不会成熟。民间没有疾疫。年内没有战争。求见贵人吉利。出行不会遇见强盗。天会下雨吗？不会。天会转晴。小吉。

兆象命名为"载所"。用它占卜病情，病人可以很快痊愈，不会死。被囚禁的人可以出狱。求取财物、买臣妾牛马、拜谒他人、追捕逃犯、捕鱼打猎都有收获。要出行的人可以出行。要来的人会来。追击强盗可以遇见，但不会交战。听说强盗要来，强盗会来。是否会调迁官职，会调迁。闲居在家会有忧患。求见贵人吉利。年内庄稼会成熟。民间没有疾疫。年内没有战争。出行不会遇见强盗。天会下雨吗？不会下雨。天会转晴吗？会转晴。吉利。

兆象命名为"根格"。用它占卜病情，病人不会死。被囚禁的人会待很久，但不会受到伤害。求取财物、买臣妾牛马、拜谒他人、追捕逃犯、捕鱼打猎都无所获。要出行的人不宜出行。要来的人不会来。追击强盗，强盗离去，不会与他们交战。听说强盗要来但不会来。是否会调迁官职，不会调迁。闲居在家吉利。年内庄稼会中等收成。民间有疾疫但不会死人。求见贵人但见不到。出行不会遇见强盗。天会下雨吗？不会下雨。大吉。

兆象命名为"首仰足敛外高内下"。占卜如果得此兆象，会有忧患，但不会有

见贵人吉。行不遇盗。雨不雨。霁。小吉。

命曰载所。以占病，环有瘳无死。系者出。求财物、买臣妾马牛、请谒、追亡人、渔猎得。行者行。来者来。击盗相见不相合。闻盗来来。徙官徙。居家室忧。见贵人吉。岁孰。民毋疾疫。岁中毋兵。行不遇盗。雨不雨。霁霁。吉。

命曰根格。以占病者，不死。系久毋伤。求财物、买臣妾马牛、请谒、追亡人、渔猎不得。行不行。来不来。击盗盗行不合。闻盗不来。徙官不徙。居家室吉。岁稼中。民疾疫无死。见贵人不得见。行不遇盗。雨不雨。大吉。

命曰首仰足胎外高内下。卜有忧，无伤也。行者不来。

病久死。求財物不得。見貴人者吉。

命曰外高内下。卜病不死，有祟。市買不得。居官家室不吉。行者不行。來者不來。系者久毋伤。吉。

命曰頭見足發有内外相應。以占病者，起。系者出。行者行。來者來。求財物得。吉。

命曰呈兆首仰足開。以占病，病甚死。系者出，有忧。求財物、買臣妾馬牛、請謁、追亡人、漁獵不得。行不行。來不來。击盗不合。聞盗來來。徙官、居官、家室不吉。歲惡。民疾疫無死。歲中毋兵。見貴人不吉。行不遇盗。雨不雨。霁。不吉。

命曰呈兆首仰足開外高内下。以占病，不死，有外祟。系者出，有忧。求財物、買臣妾馬牛，相見不會。行行。來聞言不來。击盗胜。聞盗來不來。徙官、居官、家室、見貴人不

伤害。出行的人不会来到。久病的人会死。求取财物不能得到。求见贵人吉利。

兆象命名为"外高内下"。占卜病情，病人不会死，有妖作祟。在市场上买不到东西。居官、在家都不吉利。要出行的人不宜出行。要来的人不会来。被囚禁的人关了很长时间，但不会受到伤害。吉利。

兆象命名为"头见足发有内外相应"。用它占卜病情，病人会有起色。被囚禁的人可以出狱。要出行的人可以出行。要来的人会来。求取财物可以得到。吉利。

兆象命名为"呈兆首仰足开"。用它占卜病情，病人会病重而死。被囚禁的人可以出狱，但有忧患。求取财物、买臣妾牛马、拜谒他人、追捕逃犯、捕鱼打猎都无所获。要出行的不宜出行。要来的不会来。追击强盗不会与强盗交战。听说强盗要来，强盗会来。调迁官职、做官、闲居在家都不吉利。年内收成不好。民间会有疾疫但不会死人。年内没有战争。求见贵人不吉利。出行不会遇见强盗。天会下雨吗？不会下雨。天会转晴。不吉利。

兆象命名为"呈兆首仰足开外高内下"。用它占卜病情，病人不会死，有外妖作祟。被囚禁的人可以出狱，但有忧患。求取财物、买臣妾牛马，能见到但不会成功。要出行的可出行。听说要来的人不会来到。追击强盗会胜利。听说强盗要来但

不会来。调迁官职、做官、闲居在家、求
见贵人都不吉利。年内庄稼中等收成。民
间有疾疫、有战争。拜谒他人、追捕逃犯、
捕鱼打猎都没有所获。听说有强盗就会遇
见强盗。天会下雨吗？不会下雨。天会转
晴。凶。

　　兆象命名为"首仰足敛身折内外相
应"。用它占卜病情，病人病情加重但
不会死。被囚禁的人会长期关押不能获释。
求取财物、买臣妾牛马、捕鱼打猎都无所获。
要出行的不宜出行。要来的人不会来。追
击强盗会取胜。听说强盗要来，强盗会来。
是否会调迁官职，不会调迁。做官、闲居
在家都不吉利。年内庄稼不会成熟。民间
有疾疫。年内有战争，但不会殃及本地。
求见贵人非常高兴。拜谒他人、追捕逃犯
都无所获。会遇见强盗。凶。

　　兆象命名为"内格外垂"。要出行的
人不适宜出行。要来的人不会来。病人会
死。被囚禁的人不会出狱。求取财物不会
得到。求见他人，不会见到。大吉。

　　兆象命名为"横吉内外相应自桥榆仰
上柱足敛"。用它占卜病情，病人病重但
不会死。被囚禁的人会关很久，但不会判罪。
求取财物、买臣妾牛马、拜谒他人、追捕
逃犯、捕鱼打猎都无所获。要出行的不宜
出行。要来的人不会来。做官、闲居在家、
求见贵人都吉利。是否会调迁官职，不会

吉。岁中。民疾疫有兵。请谒、
追亡人、渔猎不得。闻盗遇盗。
雨不雨。霁。凶。

　　命曰首仰足胅身折内外相
应。以占病，病甚不死。系者
久不出。求财物、买臣妾马
牛、渔猎不得。行不行。来不来。
击盗有用胜。闻盗来来。徙官
不徙。居官、家室不吉。岁不孰。
民疾疫。岁中有兵不至。见贵
人喜。请谒、追亡人不得。遇
盗凶。

　　命曰内格外垂。行者不行。
来者不来。病者死。系者不出。
求财物不得。见人不见。大吉。

　　命曰横吉内外相应自桥榆
仰上柱足胅。以占病，病甚不死。
系久，不抵罪。求财物、买臣
妾马牛、请谒、追亡人、渔猎，
不得。行不行。来不来。居官、
家室、见贵人，吉。徙官不徙。
岁不大孰。民疾疫有兵。有兵

不会。行遇盗。闻言不见。雨不雨。霁霁。大吉。

命曰头仰足肣内外自垂。卜忧病者甚，不死。居官不得居。行者行。来者不来。求财物不得。求人不得。吉。

命曰横吉下有柱。卜来者来。卜日即不至，未来。卜病者过一日毋瘳死。行者不行。求财物不得。系者出。

命曰横吉内外自举。以占病者，久不死。系者久不出。求财物得而少。行者不行。来者不来。见贵人见。吉。

命曰内高外下疾轻足发。求财物不得。行者行。病者有瘳。系者不出。来者来。见贵人不见。吉。

命曰外格。求财物不得。行者不行。来者不来。系者不出。不吉。病者死。求财物不得。见贵人见。吉。

调迁。年内庄稼不会大丰收。民间会有疾疫、有战争，有战争但不会遇上。出行会遇见强盗。听说有传言，但传言不会实现。天会下雨吗？不会下雨。天会转晴吗？会转晴。大吉。

兆象命名为"头仰足敛内外自垂"。占卜得此兆，人会忧愁而患病，病情虽重但不会死。做官的人做不成。要出行的人可以出行。要来的人不会来。求取财物不会得到。求人没有收获。吉利。

兆象命名为"横吉下有柱"。占卜得此兆，要来的人会来。若占卜当天未到，就不来了。占卜病情，病人过了一天还不痊愈就会死。要出行的人不适宜出行。求取财物不会得到。被囚禁的人可以出狱。

兆象命名为"横吉内外自举"。用它占卜病情，病人久病但不会死。被囚禁的人关押很长时间也不会出狱。求取财物能获得但很少。要出行的人不适宜出行。要来的人不来。求见贵人能够见到。吉利。

兆象命名为"内高外下疾轻足发"。求取财物不会得到。要出行人的可以出行。病人会痊愈。被囚禁的人不会出狱。要来的人会来。求见贵人见不到。吉利。

兆象命名为"外格"。求取财物不会得到。要出行的人不宜出行。要来的人不会来。被囚禁的人不会出狱。不吉利。病人会死。求取财物不会得到。求见贵人能够见到。吉利。

兆象命名为"内自举外来正足发"。要出行的人可以出行。要来的人会来。求取财物可以得到。病人久病但不会死。被囚禁的人不会出狱。求见贵人能够见到。吉利。

这个兆象是"横吉上柱外内自举足敛"。用它占卜有求必得。病人不会死。被囚禁的人不会受到伤害，但不能出狱。要出行的人不宜出行。要来的人不会来。求见他人不能见到。百事都吉利。

这个兆象是"横吉上柱外内自举柱足以作"。用它占卜有求必得。病重将死的人会很快痊愈。被囚禁拘留的人不会受到伤害，很快会出狱。要出行的人不适宜出行。要来的人不会来。求见他人不能见到。百事吉利。可以发兵。

这个兆象是"挺诈有外"。用它占卜有求不会有得。病人不会死，多次有好转。被囚禁的人因祸致罪。听说了传言但不会受到伤害。要出行的不宜出行。要来的人不会来。

这个兆象是"挺诈有内"。用它占卜有求不会有得。病人不会死，多次有好转。被囚禁的人因祸致罪要拘留，但不会受到伤害，可以出狱。要出行的人不适宜出行。要来的人不会来。求见他人不能见到。

这个兆象是"挺诈内外自举"。用它

命曰内自举外来正足发。行者行。来者来。求财物得。病者久不死。系者不出。见贵人见。吉。

此横吉上柱外内自举足胗。以卜有求得。病不死。系者毋伤，未出。行不行。来不来。见人不见。百事尽吉。

此横吉上柱外内自举柱足以作。以卜有求得。病死环起。系留毋伤，环出。行不行。来不来。见人不见。百事吉。可以举兵。

此挺诈有外。以卜有求不得。病不死，数起。系祸罪。闻言毋伤。行不行。来不来。

此挺诈有内。以卜有求不得。病不死，数起。系留祸罪无伤出。行不行。来者不来。见人不见。

此挺诈内外自举。以卜有

求得。病不死。系毋罪。行行。来来。田贾市、渔猎尽喜。

此狐狢。以卜有求不得。病死，难起。系留毋罪难出。可居宅。可娶妇嫁女。行不行。来不来。见人不见。有忧不忧。

此狐彻。以卜有求不得。病者死。系留有抵罪。行不行。来不来。见人不见。言语定。百事尽不吉。

此首俯足肣身节折。以卜有求不得。病者死。系留有罪。望行者不来。行行。来不来。见人不见。

此挺内外自垂。以卜有求不晦。病不死，难起。系留毋罪，难出。行不行。来不来。见人不见。不吉。

此横吉榆仰首俯。以卜有求难得。病难起，不死。系难出，毋伤也。可居家室，以娶妇嫁女。

占卜有求必得。病人不会死。被囚禁的人不会叛罪。要出行的可以出行。要来的人会来。耕田、做买卖、捕鱼、打猎都是喜事。

这个兆象是"狐狢"。用它占卜有求不会有得。病人会死，难有起色。被囚禁拘留的人不会判罪，但很难出狱。可以在家里居住。可以娶媳妇、嫁女儿。要出行的不适宜出行。要来的人不会来。求见他人不能见到。有忧愁的事但不值得忧愁。

这个兆象是"狐彻"。用它占卜有求不会有得。病人会死。被囚禁的人会留在狱中，要抵罪。要出行的人不宜出行。要来的人不会来。求见他人不能见到。讨论的事情会确定下来。百事都不吉利。

这个兆象是"首俯足敛身节折"。用它占卜有求不会有得。病人会死。被囚禁的人会留在狱中，会获罪。希望出行的人来但不会来。要出行的人可以出行。要来的人不会来。求见他人不能见到。

这个兆象是"挺内外自垂"。用它占卜所求的事不会晦暗不明。病人不会死，难有起色。被囚禁的人会留在狱中，不会判罪，但很难出狱。要出行的不适宜出行。要来的人不会来。求见他人不能见到。不吉利。

这个兆象是"横吉榆仰首俯"。用它占卜有求很难得到。病人难有起色，但不会死。被囚禁的人很难出狱，但不会受到伤害。可以在家里居住，可以娶媳妇、嫁女儿。

这个兆象是"横吉上柱载正身节折内外自举"。用它占卜病人，在占卜当天不会死，过了一天就会死。

这个兆象是"横吉上柱足敛内自举外自垂"。用它占卜病人，在占卜当天不会死，过了一天就会死。

"首俯足诈有外无内"。病人在龟占还没结束时，就立即死了。占卜的虽是小事，但损失会很大，一天之内不会死。

"首仰足敛"。用它占卜有求不会有得。被囚禁的人会判罪。人们的传言会使他惊恐，但不会受到伤害。要出行的人不适宜出行。求见他人不能见到。

大致来说："外"是指他人，"内"是指自我；有时"外"是指女人，"内"是指男人。"首俯"是忧患的意思。"大"是指兆身，"小"是指兆纹的细枝。大致的方法是，占卜病人，"足敛"的能活，"足开"的会死。占卜出行的人，"足开"的会来，"足敛"的不会来。占卜出行的人，"足敛"的不适宜出行，"足开"的可以出行。占卜所求，"足开"的有所得，"足敛"的无所得。占卜被囚禁的人，"足敛"的不会出狱，"足开"的会出狱。占卜病情，"足开"的会死，是因为出现了"内高而外下"的兆象。

此横吉上柱载正身节折内外自举。以卜病者，卜日不死，其一日乃死。

此横吉上柱足胻内自举外自垂。以卜病者，卜日不死，其一日乃死。

为人病首俯足诈有外无内。病者占龟未已，急死。卜轻失大，一日不死。

首仰足胻。以卜有求不得。以系有罪。人言语恐之毋伤。行不行。见人不见。

大论曰：外者人也，内者自我也；外者女也，内者男也。首俯者忧。大者身也，小者枝也。大法，病者，足胻者生，足开者死。行者，足开至，足胻者不至。行者，足胻不行，足开行。有求，足开得，足胻者不得。系者，足胻不出，开出。其卜病也，足开而死者，内高而外下也。

史记卷一百二十九
列传第六十九

货殖列传

《老子》说："天下大治的局面达到极盛的时候，邻近国家的百姓可以相互望见，鸡狗的叫声能相互听到，人民各自认为自己吃的食物最甘美，自己穿的衣服最漂亮，自己的风俗最安适，自己的职业快乐，直到老死也不相互往来。"一定把这些作为致力要做的事，近世以来除非堵塞人民的耳目，那是几乎无法实行的了。

太史公说：神农氏以前的事，我不知道。至于像《诗》《书》中所描述的虞夏以来的情况，是使耳目极享声色的美好，使嘴巴尝尽牲畜肉类的美味，身体安于闲逸快乐，而内心夸耀权势和才能的荣华。用这种风俗浸染百姓已经很久了，即使挨家挨户用精妙的言辞去劝说，终究不能感化他们。所以最好是顺应他们，其次是因势利导他们，再次是教诲他们，再次是整理约束他们，最差的办法是与他们相争。

关西地区富有木材、竹子、穀木、麻、旄牛、玉石；关东地区多出鱼、盐、漆、丝、音乐、美女；江南出产楠木、梓木、生姜、

《老子》曰："至治之极，邻国相望，鸡狗之声相闻，民各甘其食，美其服，安其俗，乐其业，至老死不相往来。"必用此为务，挽近世涂民耳目，则几无行矣。

太史公曰：夫神农以前，吾不知已。至若《诗》《书》所述虞、夏以来，耳目欲极声色之好，口欲穷刍豢之味，身安逸乐，而心夸矜执能之荣。使俗之渐民久矣，虽户说以眇论，终不能化。故善者因之，其次利道之，其次教诲之，其次整齐之，最下者与之争。

夫山西饶材、竹、穀、纑、旄、玉石；山东多鱼、盐、漆、丝、声色；江南出楠、梓、姜、桂、金、

锡、连、丹沙、犀、玳瑁、珠玑、齿革；龙门、碣石北多马、牛、羊、旃裘、筋角；铜、铁则千里往往山出棋置：此其大较也。皆中国人民所喜好，谣俗被服饮食、奉生送死之具也。故待农而食之，虞而出之，工而成之，商而通之。此宁有政教发征期会哉？人各任其能，竭其力，以得所欲。故物贱之征贵，贵之征贱，各劝其业，乐其事，若水之趋下，日夜无休时，不召而自来，不求而民出之。岂非道之所符，而自然之验邪？

《周书》曰："农不出则乏其食，工不出则乏其事，商不出则三宝绝，虞不出则财匮少。"财匮少而山泽不辟矣。此四者，民所衣食之原也。原大则饶，原小则鲜。上则富国，下则富家。贫富之道，莫之夺予，而巧者有余，拙者不足。故太公望封于营丘，地潟卤，人民

桂花、金、锡、铅、丹砂、犀牛、玳瑁、珠玑、象牙、皮革；龙门、碣石以北多产马、牛、羊、毛毡、皮裘、兽筋、兽角；铜、铁则往往在星罗棋布的千里大山中出产：这是物产的大致情况。都是中原人民所喜好的，是民间习俗穿戴饮食，养生送死所必备的。所以要依赖农民耕种以供给他们吃的，依赖虞人采伐出木材，依赖工匠制成物件，依赖商人流通货物。这些难道要有国家的政令与教化来征求约期聚集吗？人们各自发挥自己的才能，竭尽自己的力量，以得到自己所想要的东西。所以物品价格低贱时就到别的地方以高价销售，物品价格昂贵时就到价格低贱的地方买入，各自勉励从事自己的行业，乐于做好自己的事，如同水往低处流，日夜永无休止之时，不用召唤而自动前来，不用征求百姓自己就生产出来。这难道不是符合于道，顺应自然的验证吗？

《周书》说："农民不生产粮食，他们就会食物匮乏；工匠不制造物件，他们就会缺乏事做；商人不加以流通，粮食、器物、财富三宝就会断绝；虞人不开发山泽，财物就会匮乏。"财物匮乏，山泽也就不能开发了。这四个行业，是人民穿衣吃饭的来源。来源广阔就会富饶，来源窄小就会匮乏。它们对上能使国家富强，对下能使家庭富足。贫富的形成，没有谁能

剥夺或给予，而聪明的人就会有余，笨拙的人就会不足。所以太公望被封在营丘，那里的土地是盐碱地，百姓稀少，于是太公鼓励他们从事女红，使技巧达到极致，开通鱼盐贸易，于是其他地方的人和物都归附于他，像成串的铜钱和密集的车辐一样集聚前来。所以齐国生产的帽子、带子、衣服、鞋子销往天下，海滨与泰山之间的人都整好衣袖来齐国朝拜。这以后齐国中道衰落，管子修订整治太公的事业，设置管理物价的九个部门，于是齐桓公因此称霸，多次会盟诸侯，一匡天下；管子也修筑有三归台，位列陪臣，财富堪比各国国君。因此齐国富强到威王、宣王之时。

所以说："仓库充实而知晓礼节，衣食丰足而知晓荣辱。"礼仪产生于富有而废弃于贫穷。所以君子富有，就爱好施行自己的仁德；小人富有，就会把力气用在适当的地方。潭渊水深鱼就生在里面，山深野兽就前往那里，人富有仁义就会归附。富人得势愈加显赫，失势门客就不会去他的处所，因而也就不快乐。夷狄更加严重。谚语说："家有千金的子弟，犯法不在闹市处死。"这并不是空话。所以说："天下纷乱，都是为利而来；天下扰攘，都是为利而往。"有千乘战车的君王，有万户食邑的列侯，有百家封地的君子，尚且忧心贫困，更何况是被编入户籍的普通百姓呢？

寡，于是太公劝其女功，极技巧，通鱼盐，则人物归之，缲至而辐凑。故齐冠带衣履天下，海岱之间敛袂而往朝焉。其后齐中衰，管子修之，设轻重九府，则桓公以霸，九合诸侯，一匡天下；而管氏亦有三归，位在陪臣，富于列国之君。是以齐富强至于威、宣也。

故曰："仓廪实而知礼节，衣食足而知荣辱。"礼生于有而废于无。故君子富，好行其德；小人富，以适其力。渊深而鱼生之，山深而兽往之，人富而仁义附焉。富者得埶益彰，失埶则客无所之，以而不乐。夷狄益甚。谚曰："千金之子，不死于市。"此非空言也。故曰："天下熙熙，皆为利来；天下壤壤，皆为利往。"夫千乘之王，万家之侯，百室之君，尚犹患贫，而况匹夫编户之民乎！

昔者越王句践困于会稽之上，乃用范蠡、计然。计然曰："知斗则修备，时用则知物，二者形则万货之情可得而观已。故岁在金，穰；水，毁；木，饥；火，旱。旱则资舟，水则资车，物之理也。六岁穰，六岁旱，十二岁一大饥。夫粜，二十病农，九十病末。末病则财不出，农病则草不辟矣。上不过八十，下不减三十，则农末俱利，平粜齐物，关市不乏，治国之道也。积著之理，务完物，无息币。以物相贸，易腐败而食之货勿留，无敢居贵。论其有余不足，则知贵贱。贵上极则反贱，贱下极则反贵。贵出如粪土，贱取如珠玉。财币欲其行如流水。"修之十年，国富，厚赂战士，士赴矢石，如渴得饮，遂报强吴，观兵中国，称号"五霸"。

从前越王勾践被困在会稽山上，于是任用范蠡、计然。计然说："知道要战斗就要整修武备，知道要按时使用就要了解物品，二者对照那么各种货物的情况就可以看清楚了。所以岁星在金时，就丰收；岁星在水时，就破败；岁星在木时，就饥荒；岁星在火时，就干旱。干旱就储备舟船，水涝就储备车辆，这是事物发展的道理。六年丰收，六年干旱，十二年一次大饥荒。出售粮食，每斗二十钱就会使农民受损害，每斗九十钱就会使商人受损失。商人受损那么钱财就不流通，农民受损那么田地就不被开垦了。每斗最高不超过八十钱，最低下不少于三十钱，那么农民和商人都获利。平价出售粮食并调整物价，过关入市供应不缺乏，这是治理国家的道理。积聚储存的道理，致力于货物的完好，不要使用有利息的钱。用货物相贸易，容易腐败而可以吃的货物不要留，不敢囤积以求得高价。研究商品的有余或不足，就能知道它的贵贱。物价贵到极点就低贱，物价低贱到极点就会上涨。物价高要及时卖出，视如粪土；物价低廉要及时购取，视同珠玉。货物钱财要想周转流通就要像流水一样。"修治国事十年，国家富有强大，厚重地赏赐战士，战士奔向箭矢飞石，就像口渴获得饮水一样，最终向强大的吴国报了仇，在中原检阅军队，号称"五霸"之一。

范蠡雪洗会稽被困的耻辱后，就慨然长叹说："计然的策略有七条，越国用了其中五条就能得偿所愿。既然已经施行到治国上，我想用它来治家。"于是乘一叶扁舟，漂浮于江湖之上，改名换姓，去齐国改名叫鸱夷子皮，到陶地称为朱公。朱公认为陶地是天下的中心，与诸侯国四面相通，是货物交易的场所。于是治理产业，囤积居奇，与时逐利而不责求于他人。所以善于治理生意的人，能选择人才并把握时机。十九年当中三次赚得千金的钱财，两次分散给贫穷的朋友和疏远的兄弟。这就是所谓富有就爱好施行仁德了。后来范蠡年老力衰而听任子孙治家，子孙修治他的产业并有所发展，最终集聚到亿万家财。所以后世谈论富人时都称颂陶朱公。

子贡向仲尼学习后，离开到卫国做官，利用卖贵买贱的方法在曹国、鲁国之间经商，孔子七十个门徒中，端木赐最富有。原宪连糟糠也吃不饱，隐匿在贫穷的小巷。子贡乘坐四马相连的车子，携带束帛厚礼去拜访诸侯，所到之处，国君无不分庭与他抗礼。孔子的名声传扬于天下，是因为有子贡人前人后帮助他。这就是所谓得势后愈加显赫吧？

白圭，是周人。魏文侯在位时，李克致力于竭尽开发土地资源，而白圭乐于观察时势变化，所以别人抛弃货物时他收购，

范蠡既雪会稽之耻，乃喟然而叹曰："计然之策七，越用其五而得意。既已施于国，吾欲用之家。"乃乘扁舟浮于江湖，变名易姓，适齐为鸱夷子皮，之陶为朱公。朱公以为陶天下之中，诸侯四通，货物所交易也。乃治产积居，与时逐而不责于人。故善治生者，能择人而任时。十九年之中三致千金，再分散与贫交疏昆弟。此所谓富好行其德者也。后年衰老而听子孙，子孙修业而息之，遂至巨万。故言富者皆称陶朱公。

子赣既学于仲尼，退而仕于卫，废著鬻财于曹、鲁之间，七十子之徒，赐最为饶益。原宪不厌糟糠，匿于穷巷。子贡结驷连骑，束帛之币以聘享诸侯，所至，国君无不分庭与之抗礼。夫使孔子名布扬于天下者，子贡先后之也。此所谓得埶而益彰者乎？

白圭，周人也。当魏文侯时，李克务尽地力，而白圭乐观时变，故人弃我取，人取我

与。夫岁孰取谷，予之丝漆；茧出取帛絮，予之食。太阴在卯，穰；明岁衰恶。至午，旱；明岁美。至酉，穰；明岁衰恶。至子，大旱；明岁美，有水。至卯，积著率岁倍。欲长钱，取下谷；长石斗，取上种。能薄饮食，忍嗜欲，节衣服，与用事僮仆同苦乐，趋时若猛兽挚鸟之发。故曰："吾治生产，犹伊尹、吕尚之谋，孙吴用兵，商鞅行法是也。是故其智不足与权变，勇不足以决断，仁不能以取予，强不能有所守，虽欲学吾术，终不告之矣。"盖天下言治生祖白圭。白圭其有所试矣，能试有所长，非苟而已也。

猗顿用盬盐起，而邯郸郭纵以铁冶成业，与王者埒富。

乌氏倮畜牧，及众，斥卖，求奇缯物，间献遗戎王。戎王什倍其偿，与之畜，畜至用谷量马牛。秦始皇帝令倮比封君，以时与列臣朝请。而巴寡

别人收购货物时他卖出。年成丰熟时他收购谷物，卖出丝、漆；蚕破茧而出时他购进帛丝，售出粮食。太岁在卯位时，丰收；第二年转衰不好。太岁在午位时，干旱；第二年好转。太岁在酉位时，丰收；第二年转衰不好。太岁在子位时，大旱；第二年转好，有雨水。太岁在卯位时，囤积货物比往年多一倍。想增加钱财，就购进下等谷物；想增加谷物石斗的容量，就购进上等谷物。他能不讲究吃喝，忍住嗜欲，节俭衣服，与雇佣的奴仆同甘共苦，发现商机就像猛兽猛禽猎取食物那样迅捷。所以说："我治理生产，像伊尹、吕尚的谋略，孙子、吴起用兵，商鞅推行变法那样。因此一个人的智慧不足以随机应变，勇敢不足以做决断，仁德不能够正确取舍，强大不能够有所坚守，即使想学我的经商之术，我终究不会告诉他啊。"大概天下的人谈论治理生意都会效法白圭。白圭是有所尝试了，尝试而又有特长，并非随便就能做到的。

猗顿靠池盐起家，而邯郸的郭纵靠冶铁成就事业，与帝王同等富有。

乌氏倮经营畜牧业，等到牲畜繁殖众多时，就全部卖掉，来求购珍奇之物和丝织品，暗中献给戎王。戎王用十倍的物品偿还给他，给他牲畜，牲畜多得要以山谷为单位来计算牛马的数量。秦始皇帝诏

令乌氏倮地位与封君同列，按规定时间和诸大臣一起朝拜。而巴蜀的寡妇清，她的祖先得到朱砂矿，就独揽其利达好几代人，家产也多得不计其数。清，是个寡妇，能守住先人的家业，用钱财自我保护，不被别人侵犯。秦始皇帝认为她是贞妇就以宾客之礼待她，为她修筑了女怀清台。乌氏倮是边塞之人、畜牧之长，清是穷乡僻壤的寡妇，却能与拥有万乘兵车的国君分庭抗礼，名扬天下，难道不是因为富有吗？

汉朝建立，海内一统，开放关塞津梁，放松开采山泽的禁令，因此富商大贾通行天下，交易的货物没有什么不流通的，得到他们所想要的，便把豪杰、诸侯、强大家族迁徙到京师。

关中地区自汧、雍以东到黄河、华山，沃野千里，从虞夏施行贡赋时就把这里视为上等田地，而公刘迁居到邠地，周太王、王季居住在岐山，周文王修建丰邑，周武王修治镐京，所以那里的人民仍有先王时的遗风，喜好稼穑，种植五谷，以土地为重，不轻易为非作歹。等到秦文公、德公、缪公居处在雍城，地处陇蜀货物流通的要道而商贾云集。秦献公迁居到栎邑，栎邑向北可使戎狄退却，向东连通三晋，也有很多大商人。秦孝公、昭公修治咸阳，汉朝将此地作为都城，长安附近的许多陵墓，四方的人和物像车辐集中在车毂上一样一

妇清，其先得丹穴，而擅其利数世，家亦不訾。清，寡妇也，能守其业，用财自卫，不见侵犯。秦皇帝以为贞妇而客之，为筑女怀清台。夫倮鄙人牧长，清穷乡寡妇，礼抗万乘，名显天下，岂非以富邪？

汉兴，海内为一，开关梁，弛山泽之禁，是以富商大贾周流天下，交易之物莫不通，得其所欲，而徙豪杰、诸侯、强族于京师。

关中自汧、雍以东至河、华，膏壤沃野千里，自虞、夏之贡以为上田，而公刘适邠，太王、王季在岐，文王作丰，武王治镐，故其民犹有先王之遗风，好稼穑，殖五谷，地重，重为邪。及秦文、德、缪居雍，隙陇、蜀之货物而多贾。献公徙栎邑，栎邑北却戎翟，东通三晋，亦多大贾。孝、昭治咸阳，因以汉都，长安诸陵，四方辐凑并至而会，地小人众，故其民益玩巧而事末也。南则巴、蜀。巴、

蜀亦沃野，地饶巵、姜、丹沙、石、铜、铁、竹、木之器。南御滇僰，僰僮。西近邛、笮，笮马、旄牛。然四塞，栈道千里，无所不通，唯褒斜绾毂其口，以所多易所鲜。天水、陇西、北地、上郡与关中同俗，然西有羌中之利，北有戎翟之畜，畜牧为天下饶。然地亦穷险，唯京师要其道。故关中之地，于天下三分之一，而人众不过什三；然量其富，什居其六。

昔唐人都河东，殷人都河内，周人都河南。夫三河在天下之中，若鼎足，王者所更居也，建国各数百千岁。土地小狭，民人众，都国诸侯所聚会，故其俗纤俭习事。杨、平阳陈西贾秦、翟，北贾种、代。种、代，石北也，地边胡，数被寇。人民矜懻忮，好气，任侠为奸，不事农商。然迫近北夷，师旅亟往，中国委输时有奇羡。其民羯羠不均，自全晋

齐前来相聚，地少人多，所以那里的人民更加玩弄智巧而从事商业。南方则有巴郡、蜀郡。巴郡、蜀郡也是一片沃野，土地盛产栀子、生姜、朱砂、石、铜、铁、竹、木之类的器物。向南抵御滇、僰，僰地多出奴仆。西边临近邛、笮，笮地出产马、旄牛。然而四周闭塞，有栈道千里，与关中无处不通，唯有褒斜通道控扼它的关口，用多余的货物换取短缺的货物。天水、陇西、北地、上郡与关中习俗相同，然而西边有羌中的便利，北边有戎狄的牲畜，畜牧业居天下首位。然而土地贫瘠，地势险要，唯有京师控制着它的通道。所以关中的土地，占天下的三分之一，而人口不过十分之三，然而计量这里的财富，却占天下十分之六。

从前唐人定都河东，殷人定都河内，周人定都河南。河东、河内、河南这三河居于天下的中心，像鼎的三足，是帝王们更迭居住的地方，建国各有几百年乃至上千年。土地狭小，人口众多，是各国诸侯聚会的地方，所以当地民俗小气节俭，熟习世故。杨、平阳的百姓向西到秦、戎狄地区经商，向北到种、代地区经商。种、代地区，在石邑以北，边地靠近匈奴，多次遭受掠夺。百姓崇尚强横抗直，喜好争强斗胜，以扶弱抑强为己任，不从事农耕商业。然而靠近北夷，军队经常往来，中

原运来的物资时有剩余。那里的人民性如健羊强悍不安，从晋国没分裂的时候本已对他们的剽悍感到忧虑，而赵武灵王时使得他们更加变本加厉，他们的风俗仍带有赵国的遗风。所以杨、平阳的百姓驰逐这中间经营买卖，得到他们所想要的东西。温、轵地区的百姓向西到上党经商，向北到赵、中山地区经商。中山土地贫瘠，人口众多，还有沙丘纣王遗留下的殷人后代，民风急躁，仰赖投机取巧谋生。男人相聚游戏玩耍，慷慨悲歌，行动时就尾随用椎杀人抢劫，休息时就挖墓造假，私铸钱币，多有美色男子，去做倡优。女人则弹奏琴瑟，拖着鞋子，游走于权贵富豪之中献媚讨好，进入后宫，遍及诸侯之家。

　　然而邯郸也是漳水、黄河之间的一个都市。北面通燕、涿，南面有郑、卫。郑、卫风俗与赵国相类似，然而靠近梁、鲁，稍微庄重而有礼。卫君角从濮邑迁徙到野王，野王的风俗喜好争强斗胜，扶弱抑强，是卫国的遗风。

　　燕都也是勃海、碣石之间的一个都市。南通齐、赵，东北面与胡人交界。上谷到辽东，土地辽远，人民稀少，多遭侵犯，民俗大致与赵、代相类似，而百姓迅捷强悍，不喜欢思考。盛产鱼、盐、枣、栗。北面邻近乌桓、夫馀，东面处于控扼秽貉、朝鲜、真番的有利地位。洛阳向东可到齐、鲁地

之时固已患其僄悍，而武灵王益厉之，其谣俗犹有赵之风也。故杨、平阳陈掾其间，得所欲。温、轵西贾上党，北贾赵、中山。中山地薄人众，犹有沙丘纣淫地余民，民俗懁急，仰机利而食。丈夫相聚游戏，悲歌忼慨，起则相随椎剽，休则掘冢作巧奸冶，多美物，为倡优。女子则鼓鸣瑟，跕屣，游媚贵富，入后宫，遍诸侯。

　　然邯郸亦漳、河之间一都会也。北通燕、涿，南有郑、卫。郑、卫俗与赵相类，然近梁、鲁，微重而矜节。濮上之邑徙野王，野王好气任侠，卫之风也。

　　夫燕亦勃、碣之间一都会也。南通齐、赵，东北边胡。上谷至辽东，地踔远，人民希，数被寇，大与赵、代俗相类，而民雕捍少虑，有鱼、盐、枣、栗之饶。北邻乌桓、夫馀，东绾秽貉、朝鲜、真番之

利。洛阳东贾齐、鲁，南贾梁、楚。故泰山之阳则鲁，其阴则齐。齐带山海，膏壤千里，宜桑麻，人民多文绿、布、帛、鱼、盐。临菑亦海、岱之间一都会也。其俗宽缓阔达，而足智，好议论，地重，难动摇，怯于众斗，勇于持刺，故多劫人者，大国之风也。其中具五民。

而邹、鲁滨洙、泗，犹有周公遗风，俗好儒，备于礼，故其民龊龊。颇有桑麻之业，无林泽之饶。地小人众，俭啬，畏罪远邪。及其衰，好贾趋利，甚于周人。

夫自鸿沟以东，芒、砀以北，属钜野，此梁、宋也。陶、睢阳亦一都会也。昔尧作游成阳，舜渔于雷泽，汤止于亳。其俗犹有先王遗风，重厚多君子，好稼穑，虽无山川之饶，能恶衣食，致其蓄藏。

越、楚则有三俗。夫自淮北沛、陈、汝南、南郡，此西楚也。其俗剽轻，易发怒，地薄，寡于积聚。江陵故郢都，西通巫、

区经商，向南可到梁、楚地区经商。所以泰山的南面是鲁国，它的北边是齐国。齐地被山海环抱，膏腴之地方圆千里，适宜种植桑麻，那里的百姓大多生产彩绸、麻布、丝帛、鱼盐。临淄也是东海与泰山之间的一个都市。那里的民俗宽容阔达，而且足智多谋，喜好议论，看重土地，很难动摇，胆怯于聚众斗殴，勇于行刺，所以有很多抢劫的人，这是大国的风尚。这里士、农、商、工、贾五民俱全。

而邹、鲁地区濒临洙水、泗水，仍有周公的遗风，民俗喜好儒术，讲究礼仪，所以这里的人民小心拘谨。多有经营桑麻的产业，没有山林水泽的富饶资源。地少人多，人们节俭吝啬，害怕犯罪，远离邪恶。等到他们衰败时，喜好经商追逐财利，比周人还厉害。

自鸿沟以东，芒山、砀山以北，包括巨野，这是梁、宋地区。陶、睢阳也是一个都市。从前唐尧在成阳兴起，虞舜在雷泽捕鱼，商汤定都于亳地。这里的民俗还有先王的遗风，宽厚庄重，多有君子，爱好农事，虽然没有山林大川的富饶，却能节衣缩食，求得财富的积蓄。

越、楚地区则有三种风俗。自淮北沛郡到陈郡、汝南、南郡，这是西楚。这里的民俗剽悍轻捷，容易发怒，土地瘠薄，少有积蓄。江陵原是楚国郢都，西面通达

巫、巴地区，东面有云梦大泽的富饶。陈郡在楚、夏交界处，流通鱼盐之类的货物，这里的民众大多经商。徐、僮、取虑的民俗，则清廉苛严，重视自己的诺言。

彭城以东，东海、吴、广陵，这是东楚。这里的民俗与徐、僮一带相类似。朐、缯以北，民俗则与齐地相似；浙江以南的民俗则与越地相似。吴地自阖庐、春申君、吴王刘濞三人招徕天下喜好游说的子弟，东面有富饶的海盐，章山的铜矿，三江、五湖的便利，也是江东的一个都市。

衡山、九江、江南、豫章、长沙，这是南楚。这里的民俗大致类似于西楚。楚国失去郢都后迁到寿春，也是一个都市。而合肥连接南北河流，皮革、鲍鱼、木材汇聚在这里。与闽中、干越的习俗相混杂，所以南楚善于言辞，巧于言说，缺乏信用。江南地势低下潮湿，男子早死，盛产竹木。豫章出产黄金，长沙出产铅、锡，但矿藏量极为有限，开采所得不足以抵偿支出费用。九疑、苍梧以南至儋耳一带，与江南风俗大体相同，而与杨越相似较多。番禺也是那里的一个都市，珠玑、犀牛角、玳瑁、水果、葛布集于此地。

颍川、南阳，是夏朝人的居住地。夏人为政崇尚忠厚朴实，仍然有先王的遗风。颍川的人敦厚善良。秦朝末年，迁徙不法的百姓到南阳。南阳西通武关、郧关，

巴，东有云梦之饶。陈在楚夏之交，通鱼、盐之货，其民多贾。徐、僮、取虑，则清刻，矜己诺。

彭城以东，东海、吴、广陵，此东楚也。其俗类徐、僮。朐、缯以北，俗则齐。浙江南则越。夫吴自阖庐、春申、王濞三人招致天下之喜游子弟，东有海盐之饶，章山之铜，三江、五湖之利，亦江东一都会也。

衡山、九江、江南、豫章、长沙，是南楚也，其俗大类西楚。郢之后徙寿春，亦一都会也。而合肥受南北潮，皮革、鲍、木输会也。与闽中、干越杂俗，故南楚好辞，巧说少信。江南卑湿，丈夫早夭。多竹木。豫章出黄金，长沙出连、锡，然堇堇物之所有，取之不足以更费。九疑、苍梧以南至儋耳者，与江南大同俗，而杨越多焉。番禺亦其一都会也，珠玑、犀、玳瑁、果、布之凑。

颍川、南阳，夏人之居也。夏人政尚忠朴，犹有先王之遗风。颍川敦愿。秦末世，迁不轨之民于南阳。南阳西通武关、

郦关，东南受汉、江、淮。宛亦一都会也。俗杂好事，业多贾。其任侠，交通颍川，故至今谓之"夏人"。夫天下物所鲜所多，人民谣俗，山东食海盐，山西食盐卤，领南、沙北固往往出盐，大体如此矣。

总之，楚、越之地，地广人希，饭稻羹鱼，或火耕而水耨，果隋蠃蛤，不待贾而足，地埶饶食，无饥馑之患，以故呰窳偷生，无积聚而多贫。是故江、淮以南，无冻饿之人，亦无千金之家。沂、泗水以北，宜五谷、桑麻、六畜，地小人众，数被水旱之害，民好畜藏，故秦、夏、梁、鲁好农而重民。三河、宛、陈亦然，加以商贾。齐、赵设智巧，仰机利。燕、代田畜而事蚕。

由此观之，贤人深谋于廊庙，论议朝廷，守信死节隐居岩穴之士设为名高者安归乎？归于富厚也。是以廉吏久，久更富，廉贾归富。富者，人之情性，所不学而俱欲者也。故壮士在军，攻城先登，陷阵却敌，

东南面临汉水、长江、淮河。宛邑也是一个都市。民俗杂乱好事，大多以经商为业。这里的百姓以锄强扶弱为己任，与颍川相交往，所以至今被称之为"夏人"。天下物产有少有多，百姓风俗各异，山东吃海盐，山西吃池盐，岭南、沙北本就许多地方产盐，情况大体如此了。

总之，楚越地区，地广人稀，以稻米为主食，以鱼类为菜羹，有的地方刀耕火种，水耨除草，瓜果螺蛤，不用等商人售卖就能自给自足，地势适宜，食物丰足，没有饥馑的忧患，因此人们苟且偷生，没有积蓄，大多贫穷。因此江、淮以南，没有受冻挨饿的人，也没有千金资产的家庭。沂水、泗水以北，适宜种植五谷、桑麻，圈养六畜，地少人多，多次遭遇水旱灾害，人民喜好积蓄财物，所以秦、夏、梁、鲁地区爱好农事而重视劳力。三河、宛、陈地区也是这样，再加上经商贸易。齐、赵的民众开发智慧技巧，靠投机谋利。燕、代的居民种田畜牧并从事养蚕。

由此看来，贤人在庙堂深谋远虑，在朝廷之上争议辩论，诚实守信，那些死守节操隐居在岩穴中的士人设法抬高自己名望是要追求什么呢？是追求丰厚的财富啊。所以廉洁的官吏能长期做官，时间长久就更加富有，不贪财的商人就能致富。求富，是人的本性，不用学习而都会去追求想要

的东西。所以壮士在军中，攻城时抢先登城，冲锋陷阵击退却军，斩将夺旗，冒着箭矢石击前进，不避赴汤蹈火危难的，是被重赏所驱使。那些住在闾巷的少年，攻击剽掠用椎杀人埋尸，抢劫犯奸，盗掘坟墓，私铸钱币，伪托行侠，侵吞霸占，借助朋友图报私仇，暗中隐蔽追逐掠夺，不避法律禁令，往死路上跑如同快马奔驰，其实都是为了钱财而已。如今赵国的女子，郑国的舞姬，修饰容貌，弹奏鸣琴，挥动长袖，踩着舞鞋，用眼挑逗，用心勾引，外出不远千里，不分老少，招来男人，都是奔着富贵去的啊。游手好闲的公子，装饰帽子和佩剑，外出车马结对，也是为显示富贵的架子。渔夫猎人，起早贪黑，冒着雪霜，奔驰在深坑峡谷，不避猛兽的伤害，为了得到野味。赌博游戏，赛马驰逐，斗鸡走狗，争得面红耳赤，争相夸耀，一定要取胜的，是看重输钱啊。医生方士以及靠技艺谋生的人，焦思苦虑，极尽所能，是为了求得更多的报酬。官吏文士舞文弄法，私刻印章，伪造文书，不避刀锯诛杀，是陷没在了他人的贿赂馈赠之中。农、工、商贾、畜牧业，原本就是为了追求富贵增加财富。这样用尽智慧，竭尽所能地索求，终究会不遗余力地争夺财物了。

谚语说："百里之外不贩卖柴，千里之外不贩卖粮食。"在某地居住一年，可

斩将搴旗，前蒙矢石，不避汤火之难者，为重赏使也。其在闾巷少年，攻剽椎埋，劫人作奸，掘冢铸币，任侠并兼，借交报仇，篡逐幽隐，不避法禁，走死地如骛者，其实皆为财用耳。今夫赵女郑姬，设形容，揳鸣琴，揄长袂，蹑利屣，目挑心招，出不远千里，不择老少者，奔富厚也。游闲公子，饰冠剑，连车骑，亦为富贵容也。弋射渔猎，犯晨夜，冒霜雪，驰坑谷，不避猛兽之害，为得味也。博戏驰逐，斗鸡走狗，作色相矜，必争胜者，重失负也。医方诸食技术之人，焦神极能，为重糈也。吏士舞文弄法，刻章伪书，不避刀锯之诛者，没于赂遗也。农、工、商贾、畜长，固求富益货也。此有知尽能索耳，终不余力而让财矣。

谚曰："百里不贩樵，千里不贩籴。"居之一岁，种之

以谷；十岁，树之以木；百岁，来之以德。德者，人物之谓也。今有无秩禄之奉，爵邑之入，而乐与之比者，命曰"素封"。封者食租税，岁率户二百。千户之君则二十万，朝觐聘享出其中。庶民农、工、商贾，率亦岁万息二千，百万之家则二十万，而更徭租赋出其中。衣食之欲，恣所好美矣。故曰陆地牧马二百蹄，牛蹄角千，千足羊，泽中千足彘，水居千石鱼陂，山居千章之材——安邑千树枣；燕、秦千树栗；蜀、汉、江陵千树橘；淮北、常山已南，河、济之间千树萩；陈、夏千亩漆；齐、鲁千亩桑麻；渭川千亩竹；及名国万家之城，带郭千亩亩钟之田，若千亩卮茜，千畦姜、韭：此其人皆与千户侯等。然是富给之资也，不窥市井，不行异邑，坐而待收，身有处士之义而取给焉。若至家贫亲老，妻子软弱，岁时无以祭祀进醵，饮食被服不足以自通，如此不惭耻，则无所比矣。是以无财作力，少有斗智，既饶争时，此其大经也。今治

种植谷物；居住十年，可种植树木；居住百年，用仁德引来人。仁德，说的就是人才。如今有些没有官职俸禄或爵位封邑收入的人，生活享乐堪比有俸禄爵位的人，被叫作"素封"。有封邑的人享受租税，每年每户二百钱。有千户封邑的君主则有二十万钱，朝觐天子，聘享诸侯，祭祀馈赠都从中支出。庶民百姓如从事农、工、商贾，每年每一万钱获得利息二千，有一百万钱的人家可得获利二十万钱，而雇人服役和租税徭赋的费用都从中支出。吃穿的欲望，就能恣意享受自己喜欢的了。所以说陆地养马五十匹，养牛一百六七十头，养羊二百五十只，草泽中养猪二百五十头，水中占有年产鱼一千石的鱼塘，山中拥有千棵成材大树；安邑有千棵枣树，燕、秦有千棵栗子树，蜀、汉、江陵有千棵橘树，淮北、常山以南，黄河、济水之间有千棵楸树，陈、夏有千亩漆树，齐、鲁有千亩桑麻，渭川有千亩竹林，以及名扬国内的万户大都城，城郊有亩产一钟的千亩良田，近千亩的栀子、茜草，千畦生姜、韭菜：这样的人他的财富都可与千户侯相当。然而这是成为富足的资本，不用去市场察看，不到外地奔波，坐着等待收获，自身有处士的名义而取用丰足。至于家境贫穷，父母衰老，妻子儿女瘦弱，逢年过节没钱祭祀聚餐，吃喝穿盖不足以

自给，这样还不惭愧羞耻，那就没有什么可比拟的了。因此没钱只能出卖力气，稍有钱财就斗智取巧，等到富足后便逐时争利，这是它的基本法则。如今谋生不冒生命危险就能取得所需物品，那贤人就会勉励他。因此靠农耕致富为上，靠工商致富为次等，靠奸诈致富为最低下。没有隐居岩穴却有奇士的德行，而又长期贫贱，好谈仁义，也够羞耻的了。

　　凡是编入户籍的百姓，财富与别人相差十倍就会对他人低声下气，相差百倍就会畏惧人家，相差千倍就会被别人役使，相差万倍就会做人家的奴仆，这是事物的常理。以贫求富，务农不如做工，做工不如经商，刺绣文锦不如倚门卖笑。这里说的工商末业，是穷人致富的手段。交通发达的大都邑，每年要酿一千瓮酒，一千缸醋，一千甔浆，屠剥一千张牛、羊、猪皮，贩卖一千钟谷物，一千车柴草，总长千丈的船只，一千株木材，一万根竹竿，一百辆马车，一千辆牛车，一千件上漆木器，一千钧铜器，一千担原色木器、铁器及一千石栀子、茜草，七十六匹马，二百五十头牛，二千头羊、猪，一百个僮仆，一千斤筋角、丹砂，一千钧锦帛丝絮、细布，一千匹彩色丝绸，一千石粗布、皮革，一千斗漆，一千罐酒曲、盐、豆豉，一千斤鲐鱼、鲝鱼，一千石小杂鱼，一千钧咸

生不待危身取给，则贤人勉焉。是故本富为上，末富次之，奸富最下。无岩处奇士之行，而长贫贱，好语仁义，亦足羞也。

　　凡编户之民，富相什则卑下之，伯则畏惮之，千则役，万则仆，物之理也。夫用贫求富，农不如工，工不如商，刺绣文不如倚市门，此言末业贫者之资也。通邑大都，酤一岁千酿，醯酱千瓨，浆千甔，屠牛、羊、彘千皮，贩谷粜千钟，薪稿千车，船长千丈，木千章，竹竿万个，其轺车百乘，牛车千两，木器髤者千枚，铜器千钧，素木、铁器若卮、茜千石，马蹄躈千，牛千足，羊、彘千双，僮手指千，筋角、丹沙千斤，其帛、絮、细布千钧，文采千匹，榻布、皮革千石，漆千斗，糵曲、盐豉千荅，鲐、鲝千斤，鲰千石，鲍千钧，枣、栗千石者三之，狐、貂裘千皮，羔羊裘千石，旃席

千具，佗果菜千钟，子贷金钱千贯，节驵会，贪贾三之，廉贾五之，此亦比千乘之家，其大率也。佗杂业不中什二，则非吾财也。

请略道当世千里之中，贤人所以富者，令后世得以观择焉。

蜀卓氏之先，赵人也，用铁冶富。秦破赵，迁卓氏。卓氏见虏略，独夫妻推辇，行诣迁处。诸迁虏少有余财，争与吏，求近处，处葭萌。唯卓氏曰："此地狭薄。吾闻汶山之下，沃野，下有蹲鸱，至死不饥。民工于市，易贾。"乃求远迁。致之临邛，大喜，即铁山鼓铸，运筹策，倾滇蜀之民，富至僮千人。田池射猎之乐，拟于人君。

程郑，山东迁虏也，亦冶铸，贾椎髻之民，富埒卓氏，俱居临邛。

鱼，三千石枣子、栗子，一千张狐皮、貂皮，一千石羔羊皮裘，一千条毡毯，一千钟水果蔬菜，一千贯放贷资金，掮客出价，贪心的商人获利三分之一，不贪心的商人获利五分之一，这样的人也堪比有千乘兵车的家庭了，这是大致的情况。其他杂业利润不到十分之二，那就不是我所说的致富行业了。

请让我简略说说当代方圆千里之中，贤人之所以能致富的情况，以使后世的人得以观察选择。

蜀地卓氏的祖先，是赵国人，因冶铁致富。秦国攻破赵国，迁徙卓氏。卓氏被掳掠，只有夫妻二人推着车子，前往迁徙的地方。许多被迁徙掳掠的人稍微有多余钱财，就争相送给官吏，央求迁徙到近处，近处就是葭萌。唯独卓氏说："这地方狭小，土地贫瘠。我听说汶山之下，土地沃野，地里长着像蹲鸱似的大芋头，到死也不会挨饿。那里的百姓擅长做买卖，容易经商。"于是请求迁徙远处。结果被迁到了临邛，他们非常高兴，就在有铁矿的山里鼓风铸铁，运筹谋划，财富压倒滇蜀的居民，以至富有到僮仆多达千人。在田园池林尽享射猎之乐，和国君一样。

程郑，是从山东迁徙来的俘虏，也从事冶炼铸铁，常把铁制品卖给南越地区的居民，财富与卓氏相当，都居住在临邛。

宛邑孔氏的先祖，是大梁人，以冶铁为业。秦国讨伐魏国，将孔氏迁徙到南阳。他大规模鼓风冶炼铸造，规划开挖池塘，车马成群结队，游访诸侯，趁机开通经商发财的便利，博得了游闲公子乐善好施的美名。然而他赢利很多，超过施舍花费的那点钱，胜过吝啬小气的商人，家中财富多达几千金，所以南阳人经商都效法孔氏的雍容大度。

鲁人民俗节俭吝啬，而曹邴氏尤为突出，他以冶铁起家，财富达亿万。然而家中自父兄到子孙都遵守约定，俯首必拾，仰首必取。租赁放债经商遍及各郡国。邹、鲁地区因这个缘故有很多放弃读书而去追逐财利的人，是因为受了曹邴氏的影响。

齐地民俗是鄙视奴仆，而刀间却唯独重视他们。凶恶狡猾的奴仆，是人们所担忧的，唯有刀间收留他们，让他们追逐贩卖渔盐的利润。有的人乘坐成队的车马，结交郡守国相，并更加信任他们。刀间最终得到他们的帮助，发家致富财富达几千万钱。所以说"宁可不做官，甘愿做刀间的奴仆"，说的是刀间能使豪奴自己富足而又能替他竭尽其力。

周人原本就很吝啬，而师史尤为突出，他转运货物的车辆数以百计，经商遍及各郡国，无所不到。洛阳街市位居齐、秦、楚、赵四地的中心，穷人向富人家学做生

宛孔氏之先，梁人也，用铁冶为业。秦伐魏，迁孔氏南阳。大鼓铸，规陂池，连车骑，游诸侯，因通商贾之利，有游闲公子之赐与名。然其赢得过当，愈于纤啬，家致富数千金，故南阳行贾尽法孔氏之雍容。

鲁人俗俭啬，而曹邴氏尤甚，以铁冶起，富至巨万。然家自父兄子孙约，俯有拾，仰有取，贳贷行贾遍郡国。邹、鲁以其故多去文学而趋利者，以曹邴氏也。

齐俗贱奴虏，而刀间独爱贵之。桀黠奴，人之所患也，唯刀间收取，使之逐渔盐商贾之利，或连车骑，交守相，然愈益任之。终得其力，起富数千万。故曰"宁爵毋刀"，言其能使豪奴自饶而尽其力。

周人既纤，而师史尤甚，转毂以百数，贾郡国，无所不至。洛阳街居在齐、秦、楚、赵之中，贫人学事富家，相矜以久贾，

数过邑不入门，设任此等，故师史能致七千万。

宣曲任氏之先，为督道仓吏。秦之败也，豪杰皆争取金玉，而任氏独窖仓粟。楚、汉相距荥阳也，民不得耕种，米石至万，而豪杰金玉尽归任氏，任氏以此起富。富人争奢侈，而任氏折节为俭，力田畜。田畜人争取贱贾，任氏独取贵善。富者数世。然任公家约，非田畜所出弗衣食，公事不毕则身不得饮酒食肉。以此为闾里率，故富而主上重之。

塞之斥也，唯桥姚已致马千匹，牛倍之，羊万头，粟以万钟计。吴、楚七国兵起时，长安中列侯封君行从军旅，赍贷子钱，子钱家以为侯邑国在关东，关东成败未决，莫肯与。唯无盐氏出捐千金贷，其息什之。三月，吴、楚平。一岁之中，则无盐氏之息什倍，用此富埒关中。

关中富商大贾，大抵尽诸田，田啬、田兰。韦家栗氏，

意，以在外经商时间久而相互炫耀，多次路过城邑也不入家门。因为能任用这样的人，所以师史能致富达七千万钱。

宣曲任氏的先祖，是督道的仓吏。秦朝衰亡时，豪杰都争相夺取金玉，而任氏唯独用地窖储藏粮食。楚、汉两军相持于荥阳，百姓不能耕种，米价每石万钱，而豪杰们的金玉全都归于任氏，任氏因此发家致富。富人争相奢侈，任氏却降低自己的身份节俭持家，致力于农田畜牧。人们争相低价买进田地、牲畜，唯独任氏买价格高而好的。任氏富贵了几代人。然而任公家规约定，不是自家农田、畜牧生产的东西不穿不吃，公事没做完，那自身就不得喝酒吃肉。以此做乡里的表率，所以他富有而皇上也尊重他。

开拓边塞之际，只有桥姚已取得马一千匹，牛两千头，羊一万头，粮食用万钟来计算。吴楚七国起兵叛乱时，长安城中的列侯封君要随军出征，需借有息贷款，放贷的人认为列侯封君的食邑都在关东，关东战事胜负未决，没有人肯借贷。只有无盐氏拿出千金借贷，他的利息高达十倍。三个月后，吴楚叛军被平定。一年之中，无盐氏得到十倍于本金的利息，以此致富堪比关中富豪。

关中地区的富商大贾，大抵全都是田氏，如田啬、田兰。韦家的栗氏，安陵、

杜县的杜氏，家产也达亿万钱。

这些都是显赫有名尤其突出的人物。都不是有爵位封邑、俸禄收入或舞文弄法、作奸犯科而致富的，全是靠冒着被椎杀埋尸的风险去抓住时机，进退取舍，随机应变，获得属于他们的赢利。以工商末业致富，以农耕本业守财，以强有力的手段获取一切，以法律政令的方式维持下去，变化是有规律的，所以值得学习研究。至于像从事农耕、畜牧、手工、山林、渔猎、商贸的人，凭借权势和财利成为富豪，大的财富压倒一郡，中的压倒一县，小的压倒乡里，多得不可胜数。

精打细算、节俭勤劳，是谋生的正道，而想要致富的人必定出奇制胜。种田务农，是笨拙的行业，而秦扬凭借它富盖一州。盗墓，是犯法的事，而田叔以此起家。赌博游戏，是恶劣的行径，而桓发以此致富。行走叫卖，是大丈夫认为的卑贱行业，雍乐成却凭此致富。贩卖脂粉，是耻辱的行当，雍伯却凭此获得千金。卖浆水，是小本生意，张氏却凭此赚得一千万钱。磨刀，是浅薄的手艺，郅氏却靠它列鼎而食。卖羊肚干，是低微的行当，浊氏却凭此车马成群结队。医治马病，是浅薄的技术，张里家却凭此击钟而食。这些人都是能对所从事行业诚心专一而致富的。

由此看来，致富没有固定的行业，而

安陵、杜杜氏，亦巨万。

此其章章尤异者也。皆非有爵邑奉禄弄法犯奸而富，尽椎埋去就，与时俯仰，获其赢利，以末致财。用本守之，以武一切，用文持之，变化有概，故足术也。若至力农畜，工、虞、商贾，为权利以成富，大者倾郡，中者倾县，下者倾乡里者，不可胜数。

夫纤啬筋力，治生之正道也，而富者必用奇胜。田农，掘业，而秦扬以盖一州。掘冢，奸事也，而田叔以起。博戏，恶业也，而桓发用富。行贾，丈夫贱行也，而雍乐成以饶。贩脂，辱处也，而雍伯千金。卖浆，小业也，而张氏千万。洒削，薄技也，而郅氏鼎食。胃脯，简微耳，浊氏连骑。马医，浅方，张里击钟。此皆诚壹之所致。

由是观之，富无经业，则

货无常主，能者辐凑，不肖者瓦解。千金之家比一都之君，巨万者乃与王者同乐。岂所谓"素封"者邪？非也？

财货也没有固定的主人，有才能的人能聚集财富，没有才能的人能使财富瓦解。千金之家可以与一都之君比富，亿万富翁能与君王一样享乐。这难道就是所谓的"素封"者吗？不是这样吗？

史记卷一百三十
列传第七十

太史公自序

　　从前颛顼在位时，任命叫重的南正官掌管天文，叫黎的北正官掌管地理。唐尧、虞舜的时代，让重、黎的后代接续，又让他们掌管天文、地理，直到夏、商时期。所以重、黎氏世代掌管天文、地理。他们在周朝时，程伯休甫就是他们的后裔。到周宣王时，失去了他们的职守而被司马氏掌管。司马氏世代掌管周史。周惠王到周襄王之间，司马氏离开周王室到晋国去。晋国中军随会逃到了秦国，而司马氏迁居少梁。

　　自从司马氏离开周王室到晋国去，家族开始分散，有的在卫国，有的在赵国，有的在秦国。在卫国的，做了中山国的国相。在赵国的，以传授剑术的理论而显名于世，蒯聩就是他们的后代。在秦国的名叫司马错，曾经与张仪发生争论，于是秦惠王派司马错领兵讨伐蜀国，就攻下了，因此就让他做蜀地的郡守。司马错的孙子司马靳，效力于武安君白起。而少梁此时已经改名叫夏阳。司马靳与武安君坑杀了

　　昔在颛顼，命南正重以司天，北正黎以司地。唐、虞之际，绍重、黎之后，使复典之，至于夏、商，故重、黎氏世序天地。其在周，程伯休甫其后也。当周宣王时，失其守而为司马氏。司马氏世典周史。惠、襄之间，司马氏去周适晋。晋中军随会奔秦，而司马氏入少梁。

　　自司马氏去周适晋，分散，或在卫，或在赵，或在秦。其在卫者，相中山。在赵者，以传剑论显，蒯聩其后也。在秦者名错，与张仪争论，于是惠王使错将伐蜀，遂拔，因而守之。错孙靳，事武安君白起。而少梁更名曰夏阳。靳与武安君坑赵长平军，还而与之俱赐死杜邮，葬于华池。靳孙昌，昌

为秦主铁官，当始皇之时。蒯
聩玄孙卬为武信君将而徇朝歌。
诸侯之相王，王卬于殷。汉之
伐楚，卬归汉，以其地为河内郡。
昌生无泽，无泽为汉市长。无
泽生喜，喜为五大夫，卒，皆
葬高门。喜生谈，谈为太史公。

太史公学天官于唐都，受
《易》于杨何，习道论于黄
子。太史公仕于建元、元封之间，
愍学者之不达其意而师悖，乃
论六家之要指曰：

《易大传》："天下一致
而百虑，同归而殊涂。"夫阴阳、
儒、墨、名、法、道德，此务
为治者也，直所从言之异路，
有省不省耳。尝窃观阴阳之术，
大祥而众忌讳，使人拘而多所
畏；然其序四时之大顺，不可
失也。儒者博而寡要，劳而少
功，是以其事难尽从；然其序
君臣、父子之礼，列夫妇、长

赵国的长平驻军，返回后与武安君一起在杜邮被赐死，葬在华池。司马靳的孙子是司马昌，在秦始皇当政时期，司马昌是秦国主管冶铁的官员。蒯聩的玄孙司马卬作为武信君的部将而攻占过朝歌。诸侯争相称王时，司马卬在殷地称王。汉王攻打楚王时，司马卬归降汉王，汉把殷地设为河内郡。司马昌生下司马无泽，司马无泽任汉朝集市上的市长。司马无泽生下司马喜，司马喜封爵为五大夫，死后，都埋葬在高门。司马喜生下司马谈，司马谈担任太史公。

太史公在唐都那里学习天文，在杨何那里学习《易》，在黄子那里学习道家理论。太史公在建元至元封年间做官，他忧虑学者不能通晓各家学说的要义而所学悖谬，于是论述儒、墨、法、名、阴阳、道德六家的要旨说：

《易·系辞》："天下的人都一致但心思却有多种，目的相同而采取的途径不一样。"阴阳、儒、墨、名、法、道德，这些都是致力于治理天下的学派，只是它们所遵从的理论的途径不同，有的明白有的不明白罢了。我曾私下研究阴阳家的学术，它注重吉祥预兆而规定众多的忌讳，使人受到拘束而多有所畏惧；然而他们所排列四时运行的顺序不容忽视。儒家学说广博而缺乏要领，出力大而功效少，因此儒家的主张很难完全遵从；然而它所序列的君臣父子之间的礼仪，排列的夫妇长幼之间的分别不可更改。墨家俭省而难以遵守，因此墨家的主张不能完全采用；然而它加强农业生产，节约费用的主张，不可废弃。法家严酷而刻薄寡恩；然而它纠正君臣上下的名分，不可更改了。名家使人受到约束而容易失去真实性；然而它辩证名和实的关系，不能不考察。道家使人精神专一，行动合乎无形的道，使万物丰足。道家学术，是依据阴阳家的四时运行顺序，采纳儒、墨两家的长处，提炼名、法两家的要领，随着时势的发展，适应万物的变化，树立风俗，施行人事，没有不适宜的，主旨简约而容易操行，做事少而功效大。儒家则不是这样。儒家认为人主是天下人的表率，人主提倡而大臣应和，人主先行而大臣随从。这样就使人主劳累而大臣闲逸。至于大道的要旨，是舍去刚强贪欲，去掉聪明智慧，放弃这些而用权术。精神过度使用就会衰竭，身体过度劳累就会生病。身体和精神骚乱不安，还想与天地共长久，没有听说过。

阴阳家对四时、八位、十二度、二十四节气各有条规教令，顺应它就会昌盛，违逆它不是死就是灭亡。这未必是对的，所以说"使人受到拘束而多有所畏惧"。春生夏长，秋收冬藏，这是自然运行的法则，

幼之别，不可易也。墨者俭而难遵，是以其事不可遍循；然其强本节用，不可废也。法家严而少恩；然其正君臣上下之分，不可改矣。名家使人俭而善失真；然其正名实，不可不察也。道家使人精神专一，动合无形，赡足万物。其为术也，因阴阳之大顺，采儒、墨之善，撮名、法之要，与时迁移，应物变化，立俗施事，无所不宜，指约而易操，事少而功多。儒者则不然，以为人主天下之仪表也，主倡而臣和，主先而臣随，如此则主劳而臣逸。至于大道之要，去健羡，绌聪明，释此而任术。夫神大用则竭，形大劳则敝。形神骚动，欲与天地长久，非所闻也。

夫阴阳，四时、八位、十二度、二十四节各有教令，顺之者昌，逆之者不死则亡。未必然也，故曰"使人拘而多畏"。夫春生夏长，秋收冬藏，此天

道之大经也，弗顺则无以为天下纲纪，故曰"四时之大顺，不可失也"。

夫儒者以六艺为法。六艺经传以千万数，累世不能通其学，当年不能究其礼，故曰"博而寡要，劳而少功"。若夫列君臣、父子之礼，序夫妇、长幼之别，虽百家弗能易也。

墨者亦尚尧、舜道，言其德行曰："堂高三尺，土阶三等，茅茨不翦，采椽不刮。食土簋，啜土刑，粝粱之食，藜藿之羹。夏日葛衣，冬日鹿裘。"其送死，桐棺三寸，举音不尽其哀。教丧礼，必以此为万民之率。使天下法若此，则尊卑无别也。夫世异时移，事业不必同，故曰"俭而难遵"。要曰强本节用，则人给家足之道也。此墨子之所长，虽百家弗能废也。

法家不别亲疏，不殊贵贱，一断于法，则亲亲尊尊之恩绝矣。可以行一时之计，而不可长用也，故曰"严而少恩"。

不顺从它那么没有什么能成为天下的纲纪了，所以说"四时运行的顺序，不可丢失"。

儒家以"六艺"为法度。"六艺"的经文和传文数以千万计，几代人都不能精通它的学问，有生之年不能穷究其中的礼仪，所以说"广博而缺乏要领，出力大而功效少"。至于它序列的君臣父子之间的礼仪，排列的夫妇长幼之间的分别，即使诸子百家也不能改变。

墨家也崇尚尧舜之道，讲到他们的品德操行时说："殿堂高三尺，土阶有三层，苫盖屋顶的茅草芦苇也不修剪，采伐木头做椽也不刮削。吃饭用土盆，喝汤用土碗，吃粗米饭，喝藜藿做的羹。夏天穿葛布衣，冬天穿鹿皮裘。"他们送葬死者，桐木棺材厚为三寸，哭声不能抒发他们心中的悲痛。传教丧礼，必须以此作为万民的表率。使天下都像这样效法，那么尊卑就没什么分别了。时代不同，时间推移，人们的事业不必相同，所以说"俭省而难以遵守"。要旨是加强农业生产，节约费用，这就是家家户户丰衣足食的最佳途径了。这是墨子的长处，哪一家也不能废弃它。

法家不分亲疏，不分贵贱，一律依法决断，那么就使亲亲尊尊的恩爱关系断绝了。可以用它行一时之计，却不可以长时间使用，所以说"严酷而刻薄寡恩"。

至于它尊崇君主，使臣子卑下，明确名分职守不得相互逾越，也是任何一家不能更改的。

名家苛刻烦琐的考察纠缠不清，使人不能类推其中的真意，专用名称决断而失去了人情，所以说"使人受到约束而容易失去真实性"。至于它使名声与实际相符，参错交互不迷失，这是不能不考察的。

道家主张无为，又说无不为，其实很容易施行，但它的文辞幽深微妙很难理解。它的学术以虚无为根本，以顺乎自然为实用原则，没有固定的态势，没有长存的形态，所以能穷究万物的情状。不被事物制约于前，不被事物制约于后，所以能成为万物的主宰。无论有法没法，都要顺因时势成就功业；无论有度没度，都要顺因事物与其相合。所以说"圣人的思想不朽，是因为坚守时势的变化。虚无是道的常态，顺应时势是君主治世的纲领"。群臣一起来，使他们明确各自的职分。他们的实际情况符合他们的言行叫作端，实际情况不符合他们的言行叫作窾。不听信窾言，奸佞便不会产生，贤与不贤自然分明，白与黑便显露形态。关键在于想着运用这些原则罢了，什么事办不成呢！这样就合乎大道，一派混混冥冥的境界。光辉照耀天下，又返回无名状态。大凡人能生存是因为有精神，精神所寄托的是形体。精神过度使

若尊主卑臣，明分职不得相逾越，虽百家弗能改也。

名家苛察缴绕，使人不得反其意，专决于名而失人情，故曰"使人俭而善失真"。若夫控名责实，参伍不失，此不可不察也。

道家无为，又曰无不为，其实易行，其辞难知。其术以虚无为本，以因循为用，无成埶，无常形，故能究万物之情。不为物先，不为物后，故能为万物主。有法无法，因时为业；有度无度，因物与合。故曰："圣人不朽，时变是守。虚者道之常也，因者君之纲"也。群臣并至，使各自明也。其实中其声者谓之端，实不中其声者谓之窾。窾言不听，奸乃不生，贤不肖自分，白黑乃形。在所欲用耳，何事不成？乃合大道，混混冥冥。光耀天下，复反无名。凡人所生者神也，所托者形也。神大用则竭，形大劳则敝，形神离则死。死者不可复生，离者不可复反，故圣人重之。由是观之，神者生之本也，形者

生之具也。不先定其神形，而曰"我有以治天下"，何由哉？

太史公既掌天官，不治民。有子曰迁。

迁生龙门，耕牧河山之阳。年十岁则诵古文。二十而南游江、淮，上会稽，探禹穴，窥九疑，浮于沅、湘；北涉汶、泗，讲业齐、鲁之都，观孔子之遗风，乡射邹、峄；厄困鄱、薛、彭城，过梁、楚以归。于是迁仕为郎中，奉使西征巴、蜀以南，南略邛、笮、昆明，还报命。

是岁，天子始建汉家之封，而太史公留滞周南，不得与从事，故发愤且卒。而子迁适使反，见父于河洛之间。太史公执迁手而泣曰："余先周室之太史也。自上世尝显功名于虞、夏，典天官事。后世中衰，绝于予乎？汝复为太史，则续吾

用就会衰竭，身体过度劳累就会疲惫，形神分离就会死亡。死了就不可复生，分离就不能再返回，所以圣人重视形神。由此看来，精神是生命的本体，形体是生命的具体呈现。不先安定自己的形神，却说"我有治理天下的办法"，凭什么呢？

太史公掌管天文后，不管理民事。有个儿子叫司马迁。

司马迁生于龙门，在黄河之北、龙门山之南耕种放牧。十岁就能诵读古文。二十岁就向南游历长江、淮河地区，登上会稽山，探寻禹穴，窥察九疑山，泛舟于沅水、湘江之上；向北涉过汶水、泗水，在齐、鲁两地的都市讲学，考察孔子的遗风，在邹县、峄山参加乡射大礼；困厄于鄱县、薛县、彭城，经过梁、楚之地返回家乡。这时司马迁出仕做郎中，奉命出使向西征讨巴、蜀以南地区，向南攻略邛、笮、昆明，返回朝廷复命。

这年天子开始建立汉家天下的封禅制度，而太史公被滞留在周南，不能参与这件事，所以心中愤懑致病将死。而他的儿子司马迁适逢出使归来，在黄河、洛水之间拜见父亲。太史公拉着司马迁的手哭泣着说："我们的祖先是周朝的太史。曾在上古虞、夏的时代就显扬功名，掌管天文之事。后世中途衰落，将断绝在我手里吗？

你再度担任太史，就能接续我们祖先的事业了。如今天子继承千年大统，封禅于泰山，而我不能随行，这是命啊，是命啊！我死后，你一定要担任太史；做了太史，不要忘记我想要撰写的论著了。况且孝道首先是侍奉双亲，其次是事奉君主，最后是立身成名。扬名于后世，以显耀父母，这是最大的孝道啊。天下都称颂周公，说他能论述歌颂文王、武王的功德，宣扬周公、邵公的风尚，通达太王、王季的思虑，于是推及到公刘，来尊崇后稷。周幽王、周厉王之后，王道衰微，礼乐衰败，孔子编修旧有的典籍，起用被废弃的礼乐，论述《诗》《书》，作《春秋》，而学者至今都以它为准则。自鲁哀公十四年猎获麒麟以来四百多年，诸侯相互兼并，历史记载丢弃断绝。如今汉朝兴起，海内一统，明主贤君忠臣死义之士，我身为太史却没有论述记载，断绝了天下的修史传统，我深感惶恐，你一定要记着啊！"司马迁低头流泪说："我虽然不聪明，但我会详细编撰先人所整理的旧闻逸事，不敢有缺漏。"

太史公去世三年而后司马迁担任太史令，缀集史书以及国家在石室金匮的藏书。五年后正当太初元年，十一月甲子朔旦冬至，天文历法刚被更改，修建在明堂，诸神接受祭享。

太史公司马迁说："先人说过：'自

祖矣。今天子接千岁之统，封泰山，而余不得从行，是命也夫，命也夫！余死，汝必为太史；为太史，无忘吾所欲论著矣。且夫孝始于事亲，中于事君，终于立身。扬名于后世，以显父母，此孝之大者。夫天下称诵周公，言其能论歌文、武之德，宣周、邵之风，达太王、王季之思虑，爰及公刘，以尊后稷也。幽、厉之后，王道缺，礼乐衰，孔子修旧起废，论《诗》《书》，作《春秋》，则学者至今则之。自获麟以来四百有余岁，而诸侯相兼，史记放绝。今汉兴，海内一统，明主贤君忠臣死义之士，余为太史而弗论载，废天下之史文，余甚惧焉，汝其念哉！"迁俯首流涕曰："小子不敏，请悉论先人所次旧闻，弗敢阙。"

卒三岁而迁为太史令，䌷史记石室金匮之书。五年而当太初元年，十一月甲子朔旦冬至，天历始改，建于明堂，诸神受纪。

太史公曰："先人有言：

'自周公卒五百岁而有孔子。孔子卒后至于今五百岁，有能绍明世，正《易传》，继《春秋》，本《诗》《书》《礼》《乐》之际？'意在斯乎！意在斯乎！小子何敢让焉。"

上大夫壶遂曰："昔孔子何为而作《春秋》哉？"太史公曰："余闻董生曰：'周道衰废，孔子为鲁司寇，诸侯害之，大夫壅之。孔子知言之不用，道之不行也，是非二百四十二年之中，以为天下仪表，贬天子，退诸侯，讨大夫，以达王事而已矣。'子曰：'我欲载之空言，不如见之于行事之深切著明也。'夫《春秋》，上明三王之道，下辨人事之纪，别嫌疑，明是非，定犹豫，善善恶恶，贤贤贱不肖，存亡国，继绝世，补敝起废，王道之大者也。《易》著天地、阴阳、四时、五行，故长于变；《礼》经纪人伦，故长于行；《书》记先王之事，故长于政；《诗》记山川溪谷、禽兽草木、牝牡雌雄，故长于风；《乐》乐所以立，故长于和；《春秋》辩

周公死后五百年而有孔子。孔子死后到如今五百年，有能继承清明盛世，修正《易传》，接续《春秋》，遵奉《诗》《书》《礼》《乐》精义的人吗？'他的用意在于此吧，用意在于此吧！我怎敢推辞呢？"

上大夫壶遂说："从前孔子为什么要作《春秋》呢？"太史公说："我听董生说：'周王室衰败废弛，孔子担任鲁国司寇，诸侯嫉害他，大夫阻挠他。孔子知道自己的言论不被采用，治世的主张不能被施行，就把褒贬是非记载于二百四十二年的历史之中，作为天下的准则，贬抑天子，斥退诸侯，声讨大夫，想用这个达成王道而已。'孔子说：'我想记载一些空洞的言论，不如通过史实来说明而更加深刻鲜明。'《春秋》，向上阐明三王的治国之道，向下辨别人事的纲纪，辨别嫌疑，明断是非，论定犹豫不决的事，扬善斥恶，尊重贤能，鄙视庸人，保存灭亡的国家，接续断绝的祭祀，补救衰敝，振兴废弃的事业，这是最大的王道。《易》论著天地、阴阳、四时、五行，所以长于变通；《礼》规范人伦，所以长于行事；《书》记述先王的事迹，所以长于政事；《诗》记载山川溪谷、禽兽草木、牝牡雌雄，所以长于风俗；《乐》订立音乐的经典，所以长于和谐；《春秋》辨别是非，所以长于治理人民。因此

《礼》是用来节制约束人的，《乐》是用来启发人们和谐的，《书》是用来讲述政事的，《诗》是用来表情达意的，《易》是用来讲变化的，《春秋》是用来阐明道义的。平定乱世使它复归正道，没有比《春秋》更切近有效的了。

"《春秋》文字几万，其中旨意有几千条。万物的离散聚合都在《春秋》之中。在《春秋》之中，弑君的事件有三十六起，灭亡的国家有五十二个，诸侯出奔逃亡不能保存自己国家的数不胜数。考察其中的原因，都是失去了它们的仁义之本。所以《易》说'失之毫厘，差以千里'。所以说'臣子弑杀君主，儿子弑杀父亲，并非一朝一夕的缘故，它的发展演进已经很长时间了'。所以拥有国家的人不可以不知晓《春秋》，否则面前有谗佞小人也看不见，背后有乱臣贼子也不知道。做人家臣子的人不可以不知晓《春秋》，否则办事不知道怎么做合适，遭遇变故不知道灵活应付随时变化。做人君和人父却不通晓《春秋》大义，必定蒙受罪魁祸首的罪名。做人臣和人子却不通晓《春秋》大义，必定陷入篡位弑君被杀的境地，蒙受死罪的名声。其实他们都认为这是好事，做了却不知晓它的道义，被不切实际的话所包围却不敢推辞。不通晓礼义的要旨，以至于君不像君，臣不像臣，父不像父，子不像子。君不像君就会

是非，故长于治人。是故《礼》以节人，《乐》以发和，《书》以道事，《诗》以达意，《易》以道化，《春秋》以道义。拨乱世反之正，莫近于《春秋》。

"《春秋》文成数万，其指数千，万物之散聚皆在《春秋》。《春秋》之中，弑君三十六，亡国五十二，诸侯奔走不得保其社稷者不可胜数。察其所以，皆失其本已。故《易》曰'失之豪厘，差以千里'。故曰'臣弑君，子弑父，非一旦一夕之故也，其渐久矣'。故有国者不可以不知《春秋》，前有谗而弗见，后有贼而不知；为人臣者不可以不知《春秋》，守经事而不知其宜，遭变事而不知其权。为人君父而不通于《春秋》之义者，必蒙首恶之名；为人臣子而不通于《春秋》之义者，必陷篡弑之诛，死罪之名。其实皆以为善，为之不知其义，被之空言而不敢辞。夫不通礼义之旨，至于君不君，臣不臣，父不父，子不子。夫君不君则犯，臣不臣则诛，

父不父则无道，子不子则不孝。此四行者，天下之大过也。以天下之大过予之，则受而弗敢辞。故《春秋》者，礼义之大宗也。夫礼禁未然之前，法施已然之后；法之所为用者易见，而礼之所为禁者难知。"

壶遂曰："孔子之时，上无明君，下不得任用，故作《春秋》，垂空文以断礼义，当一王之法。今夫子上遇明天子，下得守职，万事既具，咸各序其宜，夫子所论，欲以何明？"

太史公曰："唯唯，否否，不然。余闻之先人曰：'伏羲至纯厚，作《易》八卦。尧、舜之盛，《尚书》载之，礼乐作焉。汤、武之隆，诗人歌之。《春秋》采善贬恶，推三代之德，褒周室，非独刺讥而已也。'汉兴以来，至明天子，获符瑞，封禅，改正朔，易服色，受命于穆清，泽流罔极，海外殊俗，重译款塞，请来献见者，不可胜道。臣下百官力诵圣德，犹不能宣尽其意。且士贤能而不

被冒犯，臣不像臣就会被诛杀，父不像父就会无道，子不像子就是不孝。这四种行为，是天下最大的过失。把天下最大的过失加在一个人身上，就只能接受而不敢推卸。所以《春秋》这部书，是礼义的根本。礼是在坏事发生之前禁绝，法是在坏事发生之后施行。法施行的作用显而易见，而礼禁绝的作用难以知晓。"

壶遂说："孔子的时候，上没有明君，下不能得到任用，所以创作《春秋》，流下空洞的史文来裁断礼义，当作一代帝王的法典。如今先生上遇圣明的天子，下得以做官任职，万事既已具备，全部各得其所，井然相宜，先生所论著，是想要阐明什么呢？"

太史公说："是是，不不，不是这样的。我听先人说过：'伏羲最为纯厚，作《易》《八卦》。尧、舜的强盛，《尚书》记载了它，礼乐在那时兴起。商汤、周武的隆盛，诗人歌颂了它。《春秋》扬善贬恶，推崇三代时的盛德，褒扬周王室，并不只是讽刺讥斥而已。'汉朝兴起以来，到当今圣明天子，获见符瑞，封禅泰山，改订历法，更换服色，受命于天，恩泽流布无边，海外不同风俗的国家，辗转翻译到边关叩响塞门，请求进献朝见的人不可胜数。臣下百官尽力颂扬圣德，仍不能完全表达出他们的心意。况且士人贤能而不被任用，

是人君的耻辱；君主明圣而功德不能被广泛传扬，是有关官员的过失。况且我曾经担任汉朝的官职，废弃明主盛德不予记载，埋没功臣、世家、贤大夫的功业不予记述，忘却先人的遗言，罪过没有比这更大的了。我所说的缀述旧事，只是整理有关人物的家世传记，并非所谓创作，而您拿它与《春秋》相比，就错了。"

于是论述编次那些史文。七年后太史公遭逢李陵之祸，被囚禁监狱。于是喟然长叹说："这是我的罪过啊！这是我的罪过啊！身体残毁没有用了！"退一步而深思说："《诗》《书》含意隐晦而言辞简约，是想表达他们的心志和思绪。从前西伯被拘禁在羑里，推演出《周易》；孔子困厄于陈蔡，作了《春秋》；屈原被放逐，著有《离骚》；左丘明失明，撰有《国语》；孙子的腿遭受膑刑，而论述兵法；吕不韦被贬蜀地，世上才流传《吕览》；韩非子被囚禁在秦国，著有《说难》《孤愤》；《诗》三百篇，大抵都是圣人贤士抒发愤懑时而作的。这些人都是心中郁闷积结，不能顺畅地表达自己的理想主张，所以才追述往事，思虑未来。"于是终于记述陶唐以来，到汉武帝获得麒麟为止的历史，从黄帝开始。

从前黄帝，以天为法，以地为则，颛顼、帝喾、尧、舜四位圣人遵循相继，各

用，有国者之耻；主上明圣而德不布闻，有司之过也。且余尝掌其官，废明圣盛德不载，灭功臣、世家、贤大夫之业不述，堕先人所言，罪莫大焉。余所谓述故事，整齐其世传，非所谓作也，而君比之于《春秋》，谬矣。"

于是论次其文。七年而太史公遭李陵之祸，幽于缧绁。乃喟然而叹曰："是余之罪也夫！是余之罪也夫！身毁不用矣。"退而深惟曰："夫《诗》《书》隐约者，欲遂其志之思也。昔西伯拘羑里，演《周易》；孔子厄陈蔡，作《春秋》；屈原放逐，著《离骚》；左丘失明，厥有《国语》；孙子膑脚，而论兵法；不韦迁蜀，世传《吕览》；韩非囚秦，《说难》《孤愤》；《诗》三百篇，大抵贤圣发愤之所为作也。此人皆意有所郁结，不得通其道也，故述往事，思来者。"于是卒述陶唐以来，至于麟止，自黄帝始。

维昔黄帝，法天则地，四圣遵序，各成法度；唐尧逊位，

虞舜不台；厥美帝功，万世载之。作《五帝本纪》第一。

维禹之功，九州攸同，光唐、虞际，德流苗裔；夏桀淫骄，乃放鸣条。作《夏本纪》第二。

维契作商，爰及成汤；太甲居桐，德盛阿衡；武丁得说，乃称高宗；帝辛湛湎，诸侯不享。作《殷本纪》第三。

维弃作稷，德盛西伯；武王牧野，实抚天下；幽、厉昏乱，既丧酆、镐；陵迟至赧，洛邑不祀。作《周本纪》第四。

维秦之先，伯翳佐禹；穆公思义，悼豪之旅；以人为殉，诗歌《黄鸟》；昭襄业帝。作《秦纪》第五。

始皇既立，并兼六国，销锋铸镰，维偃干革，尊号称帝，矜武任力；二世受运，子婴降虏。作《始皇本纪》第六。

秦失其道，豪桀并扰；项梁业之，子羽接之；杀庆救赵，诸侯立之；诛婴背怀，天下非之。作《项羽本纪》第七。

自形成法度；唐尧让位，虞舜不悦；这些帝王的美德丰功，万世传载它。作《五帝本纪》第一。

大禹治水的功业，使九州同享安宁，光耀唐、虞之际，恩德流传后世；夏桀淫奢骄横，于是被放逐鸣条。作《夏本纪》第二。

契建立商朝，传到成汤；太甲居住在桐地，阿衡功德隆盛；武丁得到傅说，才被称为高宗；帝辛沉湎无道，诸侯不再进贡。作《殷本纪》第三。

弃发明种谷，西伯时功德隆盛；武王在牧野伐纣，安抚天下；幽王、厉王昏乱无道，既已丧失酆、镐；衰落直至赧王，洛邑断绝了祭祀。作《周本纪》第四。

秦的祖先，伯翳辅佐大禹；穆公思慕大义，悼念在崤山牺牲的士兵；以人殉葬，诗人吟咏《黄鸟》；昭襄王奠定秦朝帝业。作《秦本纪》第五。

秦始皇即位，兼并六国，销毁兵器铸成钟镰，放倒兵器武备，尊号称为皇帝，耀武扬威，专凭暴力；秦二世承受国运，子婴投降做了俘虏。作《始皇本纪》第六。

秦朝丧失帝道，豪杰并起造反；项梁开始反秦大业，侄子项羽接续他的事业；杀死庆子冠军援救赵国，诸侯拥立他；诛杀子婴，背弃怀王，天下非议他。作《项羽本纪》第七。

项羽残暴酷虐，汉王建功施德；愤发于蜀、汉，回军平定三秦；诛灭项籍完成帝业，天下安宁，改革制度，移风易俗。作《高祖本纪》第八。

惠帝早逝，吕氏众人不得民心；尊崇加强吕禄、吕产的地位，诸侯图谋铲除他们；杀死赵隐王刘如意、赵幽王刘友，大臣犹疑恐惧，于是祸及吕氏宗族。作《吕太后本纪》第九。

汉朝初建，帝位继承人不明，迎立代王即位，天下归心；废除肉刑，开通关口津梁，广施恩惠，被称为太宗。作《孝文本纪》第十。

诸侯骄横恣意，吴王首先叛乱，朝廷发兵诛讨，叛乱七国先后伏罪，天下安定，太平殷实富足。作《孝景本纪》第十一。

汉朝兴建五世，隆盛于建元年间，对外攘除夷狄，对内修明法度，封禅泰山，修订历法，更换服色。作《今上本纪》第十二。

三代历史很久远了，年代不可考，大概取之于传世谱牒和旧闻，以这些为依据，从而略加推算，作《三代世表》第一。

幽王、厉王之后，周室衰微，诸侯专政，《春秋》有些未作记载；而谱牒只记大略，五霸更替盛衰，想考察周朝各诸侯世系的先后关系，作《十二诸侯年表》第二。

子羽暴虐，汉行功德；愤发蜀、汉，还定三秦；诛籍业帝，天下惟宁，改制易俗。作《高祖本纪》第八。

惠之早霣，诸吕不台；崇强禄、产，诸侯谋之；杀隐、幽友，大臣洞疑，遂及宗祸。作《吕太后本纪》第九。

汉既初兴，继嗣不明，迎王践祚，天下归心；蠲除肉刑，开通关梁，广恩博施，厥称太宗。作《孝文本纪》第十。

诸侯骄恣，吴首为乱，京师行诛，七国伏辜，天下翕然，大安殷富。作《孝景本纪》第十一。

汉兴五世，隆在建元，外攘夷狄，内修法度，封禅，改正朔，易服色。作《今上本纪》第十二。

维三代尚矣，年纪不可考，盖取之谱牒旧闻，本于兹，于是略推，作《三代世表》第一。

幽、厉之后，周室衰微，诸侯专政，《春秋》有所不纪；而谱牒经略，五霸更盛衰，欲睹周世相先后之意，作《十二诸侯年表》第二。

春秋之后，陪臣秉政，强国相王；以至于秦，卒并诸夏，灭封地，擅其号。作《六国年表》第三。

秦既暴虐，楚人发难，项氏遂乱，汉乃扶义征伐；八年之间，天下三嬗，事繁变众，故详著《秦楚之际月表》第四。

汉兴已来，至于太初百年，诸侯废立分削，谱纪不明，有司靡踵，强弱之原云以世。作《汉兴已来诸侯年表》第五。

维高祖元功，辅臣股肱，剖符而爵，泽流苗裔，忘其昭穆，或杀身陨国。作《高祖功臣侯者年表》第六。

惠景之间，维申功臣宗属爵邑，作《惠景间侯者年表》第七。

北讨强胡，南诛劲越，征伐夷蛮，武功爰列。作《建元以来侯者年表》第八。

诸侯既强，七国为从，子弟众多，无爵封邑，推恩行义，其埶销弱，德归京师。作《王子侯者年表》第九。

春秋之后，陪臣执政，强国之君争相称王；到了秦王嬴政，最终吞并华夏各国，灭除封地，擅自尊称皇帝称号。作《六国年表》第三。

秦朝残暴酷虐，楚人发难，项氏一族便叛乱，汉王于是仗义征伐；八年之间，天下三易其主，事情变故繁多，所以详细著述《秦楚之际月表》第四。

汉朝兴起以来，直到太初年这一百年间，诸侯废立分削的情况很多，谱书记载不明，主管官员也无法连续记载下去，根据诸侯的世系推知其强弱的缘由，作《汉兴已来诸侯年表》第五。

高祖始创帝业，辅佐他的股肱之臣，都剖符封爵，恩泽流传后世，有的忘记亲疏远近，分不出辈分，有的竟被杀身殒命封国废除。作《高祖功臣侯者年表》第六。

惠帝、景帝之间，增封功臣宗属的爵邑。作《惠景间侯者年表》第七。

向北征讨强悍的匈奴，向南诛灭强劲的越人，征伐蛮夷，不少人凭武功封侯。作《建元以来侯者年表》第八。

诸侯国强大，七国联合叛乱，诸侯王子弟众多，没有爵位封邑，朝廷下令推行恩义，分封诸侯的子弟为侯，致使王国势力削弱，而德义归于朝廷。作《王子侯者年表》第九。

国家有贤相良将，是百姓的师表。看到汉朝兴立以来将相名臣年表，对贤能的人就记载他的政绩，对不贤的人就彰扬他的劣迹。作《汉兴以来将相名臣年表》第十。

三代的礼制，各有所增减而不同，然而要领都在于切近人的性情，通达王道，所以礼制根据人的性情而制定礼仪，大体顺应古今的变化。作《礼书》第一。

音乐，是用来移风易俗的。自《雅》《颂》的乐声兴起，人们就已经喜好郑、卫之音，郑、卫之音已产生很久了。由人的情感而感发，就是远方异俗的人也会归附。参照《乐书》来论述自古以来的音乐。作《乐书》第二。

没有军队国家就不会强大，没有德政国家就不会昌盛，黄帝、商汤、周武因此而兴盛，夏桀、商纣、秦二世也因此而亡，怎么能对此不慎重呢？《司马法》已经产生很久了，太公、孙子、吴起、王子成甫能够继承并阐明它的意旨，以切合近世，极尽人事的变化。作《律书》第三。

律处于阴而治阳，历处于阳而治阴，律历交替相治，中间不容许丝毫差错。五家历法相互悖逆不同，只有太初元年所讨论的历法是较为准确的。作《历书》第四。

星象气数的书，大多掺杂有预兆吉凶、

国有贤相良将，民之师表也。维见汉兴以来将相名臣年表，贤者记其治，不贤者彰其事。作《汉兴以来将相名臣年表》第十。

维三代之礼，所损益各殊务，然要以近情性，通王道，故礼因人质为之节文，略协古今之变。作《礼书》第一。

乐者，所以移风易俗也。自《雅》《颂》声兴，则已好郑、卫之音，郑、卫之音所从来久矣。人情之所感，远俗则怀。比《乐书》以述来古，作《乐书》第二。

非兵不强，非德不昌，黄帝、汤、武以兴，桀、纣、二世以崩，可不慎欤？《司马法》所从来尚矣，太公、孙、吴、王子能绍而明之，切近世，极人变。作《律书》第三。

律居阴而治阳，历居阳而治阴，律历更相治，间不容翲忽。五家之文怫异，维太初之元论。作《历书》第四。

星气之书，多杂机祥，不

经；推其文，考其应，不殊。比集论其行事，验于轨度以次。作《天官书》第五。

受命而王，封禅之符罕用，用则万灵罔不禋祀。追本诸神名山大川礼，作《封禅书》第六。

维禹浚川，九州攸宁；爰及宣防，决渎通沟。作《河渠书》第七。

维币之行，以通农商；其极则玩巧，并兼兹殖，争于机利，去本趋末。作《平准书》以观事变，第八。

太伯避历，江蛮是适；文、武攸兴，古公王迹。阖庐弑僚，宾服荆楚；夫差克齐，子胥鸱夷；信嚭亲越，吴国既灭。嘉伯之让，作《吴世家》第一。

申、吕肖矣，尚父侧微，卒归西伯，文、武是师；功冠群公，缪权于幽；番番黄发，爰飨营丘。不背柯盟，桓公以昌，九合诸侯，霸功显彰。田、阚争宠，姜姓解亡。嘉父之谋，作《齐太公世家》第二。

求福去灾的内容，荒诞不经；推究他的文辞，考察它的应验，没什么不同。召集专人讨论星气运行之事，依次按星辰轨度加以验证，作《天官书》第五。

受命于天而成为帝王，封禅这样的符瑞之事不可轻易举行，如果举行，一切神灵没有不祭祀的。追溯祭祀名山大川诸神的典礼。作《封禅书》第六。

大禹疏通河川，九州安宁；等到建立宣防宫时，疏通河道沟渠。作《河渠书》第七。

钱币发行，是为沟通农商；它发展到极点就出现了玩弄智巧的弊端，兼并扩张，争相投机牟利，舍本逐末。作《平准书》来观察世事变化，第八。

太伯让位给季历，避居江南蛮夷之地；文王、武王得以振兴邦国，发展古公王业。阖庐弑杀吴王僚，降服荆楚；夫差战胜齐国，伍子胥被杀以皮袋盛尸抛江；听信伯嚭之言亲近越国，吴国被越国所灭。为赞许太伯让位的美德，作《吴世家》第一。

申、吕衰微了，尚父起身时微贱，最终投归西伯，做文王、武王之师；功劳位居群臣之首，善于暗中周密谋划；头发斑白，受封于营丘。不背弃柯地盟约，齐桓公得以昌盛，多次会盟诸侯，霸功显赫。田常与阚止争宠，姜姓瓦解灭亡。为赞许尚父的谋略，作《齐太公世家》第二。

无论诸侯是依顺还是违抗，周公都安抚他们；发愤宣扬文德，天下响应附和它；辅佐保护成王，诸侯以周天子为天下宗主。隐公、桓公时期经常发生非礼的事，这是为什么呢？三桓争强，鲁国于是不昌盛。为赞赏周公旦的《金滕》，作《周公世家》第三。

武王战胜殷纣，天下还没太平他便崩逝。成王年幼，管叔、蔡叔怀疑周公篡位，淮夷背叛他，于是召公以他的高德率先支持周公，安定团结王室，来使东方得以安宁。燕王哙禅位子之，造成国家祸乱。为赞赏《甘棠》诗篇，作《燕世家》第四。

管叔、蔡叔辅佐武庚，想要安定商朝旧地；等到周公旦摄政，二叔不享爵禄；杀死管叔鲜，放逐蔡叔度，周公主持盟誓；太任生十个儿子，周王室以宗族繁盛而强大。为赞许蔡仲悔过，作《管蔡世家》第五。

先王后代不绝，舜、禹很是高兴；他们功德美好清明，后代蒙受祖先功业。百世享受祭礼，到周朝封为陈国、杞国。楚国灭了它们，齐国田氏兴起。舜是什么样的人啊！作《陈杞世家》第六。

接纳殷商遗民，康叔受封开始有卫邑，周公以商朝乱德亡国来申饬他，写《酒诰》《梓材》来告诫他，等到卫公子朔出生，卫国倾危不宁；南子厌恶蒯聩，造成父子名分颠倒。周朝德政日益衰微，诸侯国日

依之违之，周公绥之；愤发文德，天下和之；辅翼成王，诸侯宗周。隐桓之际，是独何哉？三桓争强，鲁乃不昌。嘉旦《金滕》，作《周公世家》第三。

武王克纣，天下未协而崩。成王既幼，管、蔡疑之，淮夷叛之，于是召公率德，安集王室，以宁东土。燕哙之禅，乃成祸乱。嘉《甘棠》之诗，作《燕世家》第四。

管、蔡相武庚，将宁旧商；及旦摄政，二叔不飨；杀鲜放度，周公为盟；太姒十子，周以宗强。嘉仲悔过，作《管蔡世家》第五。

王后不绝，舜、禹是说；维德休明，苗裔蒙烈。百世享祀，爰周陈、杞。楚实灭之，齐田既起。舜何人哉！作《陈杞世家》第六。

收殷余民，叔封始邑，申以商乱，《酒》《材》是告，及朔之生，卫顷不宁；南子恶蒯聩，子父易名。周德卑微，战国既强，卫以小弱，角独后亡。

嘉彼《康诰》，作《卫世家》第七。

嗟箕子乎！嗟箕子乎！正言不用，乃反为奴。武庚既死，周封微子。襄公伤于泓，君子孰称。景公谦德，荧惑退行。剔成暴虐，宋乃灭亡。嘉微子问太师，作《宋世家》第八。

武王既崩，叔虞邑唐。君子讥名，卒灭武公。骊姬之爱，乱者五世；重耳不得意，乃能成霸。六卿专权，晋国以耗。嘉文公锡珪鬯，作《晋世家》第九。

重黎业之，吴回接之；殷之季世，粥子牒之。周用熊绎，熊渠是续。庄王之贤，乃复国陈；既赦郑伯，班师华元。怀王客死，兰咎屈原；好谀信谗，楚并于秦。嘉庄王之义，作《楚世家》第十。

少康之子，实宾南海，文身断发，鼋鳝与处，既守封禺，奉禹之祀。句践困彼，乃用种、蠡。嘉句践夷蛮能修其德，灭强吴以尊周室，作《越王句践世家》第十一。

桓公之东，太史是庸。及

益强盛，卫国因为弱小，国君角反而最后灭亡。赞赏那《康诰》，作《卫世家》第七。

可怜箕子啊！可怜箕子啊！正确的言论不被采纳，却反而成为奴仆。武庚死后，周朝封微子于宋。襄公在泓水之战受伤，君子称赞谁呢？景公有谦爱之德，荧惑为他退行。剔成残暴酷虐，宋国便灭亡。为赞美微子请教太师，作《宋世家》第八。

武王驾崩后，叔虞被封在唐邑。君子讥讽晋穆公为儿子取名的事，最终灭了武公。献公宠爱骊姬，造成五世之乱；重耳不得意，却能成就霸业。六卿专权，晋国因此衰亡。为赞美文公被天子赏赐珪鬯，作《晋世家》第九。

重黎创建功业，吴回接续它的事业；殷朝末年，粥子把它载入谱牒。周成王任用熊绎，熊渠接续。庄王贤明，又恢复陈国；赦免郑伯后，因华元之言班师回国。怀王客死秦国，子兰谗害屈原；楚王喜好阿谀听信谗言，楚国被秦国吞并。为赞美庄王的德义，作《楚世家》第十。

少康的儿子，封地濒临南海。文身断发，与鼋鳝相处，守在封禺山，主管大禹的祭祀。勾践受困于会稽，于是重用文种、范蠡。为赞美勾践身在蛮夷却能修明他的道德，灭掉强大的吴国来尊奉周王室，作《越王勾践世家》第十一。

桓公东迁，采用太史的言论。等到庄

公侵犯周土，割取庄稼，受到周王室臣民的非议。祭仲被迫结盟，郑国长期不昌盛。子产的仁政，后世称贤。三晋侵伐，郑国被纳入韩国。为赞美厉公接纳周惠王，作《郑世家》第十二。

只有骥骢骏马，才能彰显造父的名声。赵夙事奉献公，赵衰接续他的功业。辅佐文公尊奉周王室，终成晋国辅臣。襄子被困辱，于是擒获智伯。主父被围困，掏雀充饥被活活饿死。赵王迁邪僻淫乱，贬斥良将。为赞美赵鞅讨平周室之乱，作《赵世家》第十三。

毕万封爵于魏地，占卜的人预知他的后代必会昌盛。等到魏绛侮辱杨干，戎、翟与他媾和。文侯仰慕仁义，子夏做他的老师。惠王骄傲自大，齐、秦攻打他。既已怀疑信陵君，诸侯疏远魏国。最终灭亡大梁，魏王假做了厮养兵。为赞美魏武子辅佐晋文公成就霸业，作《魏世家》第十四。

韩厥善积阴德，赵武得以兴盛。延续已经断绝的祭祀，重立已经废弃的君主，晋人尊崇他。昭侯显耀诸侯，重用申子。怀疑韩非不信用，秦人攻袭韩国。为赞美韩厥辅佐晋君匡正周天子的功绩，作《韩世家》第十五。

完子避难，到齐国请求援救，暗施恩惠于民相继五世，齐人歌颂他。成子得到

侵周禾，王人是议。祭仲要盟，郑久不昌。子产之仁，绍世称贤。三晋侵伐，郑纳于韩。嘉厉公纳惠王，作《郑世家》第十二。

维骥、骢耳，乃章造父。赵夙事献，衰续厥绪。佐文尊王，卒为晋辅。襄子困辱，乃禽智伯。主父生缚，饿死探爵。王迁辟淫，良将是斥。嘉鞅讨周乱，作《赵世家》第十三。

毕万爵魏，卜人知之。及绛戮干，戎翟和之。文侯慕义，子夏师之。惠王自矜，齐、秦攻之。既疑信陵，诸侯罢之。卒亡大梁，王假厮之。嘉武佐晋文申霸道，作《魏世家》第十四。

韩厥阴德，赵武攸兴。绍绝立废，晋人宗之。昭侯显列，申子庸之。疑非不信，秦人袭之。嘉厥辅晋匡周天子之赋，作《韩世家》第十五。

完子避难，适齐为援，阴施五世，齐人歌之。成子得政，

田和为侯。王建动心，乃迁于共。嘉威、宣能拨浊世而独宗周，作《田敬仲完世家》第十六。

周室既衰，诸侯恣行。仲尼悼礼废乐崩，追修经术，以达王道，匡乱世反之于正，见其文辞，为天下制仪法，垂六艺之统纪于后世。作《孔子世家》第十七。

桀、纣失其道而汤、武作，周失其道而《春秋》作。秦失其政，而陈涉发迹，诸侯作难，风起云蒸，卒亡秦族。天下之端，自涉发难。作《陈涉世家》第十八。

成皋之台，薄氏始基。诎意适代，厥崇诸窦。栗姬偩贵，王氏乃遂。陈后太骄，卒尊子夫。嘉夫德若斯，作《外戚世家》第十九。

汉既谲谋，禽信于陈；越、荆剽轻，乃封弟交为楚王，爰都彭城，以强淮、泗，为汉宗藩。戊溺于邪，礼复绍之。嘉游辅祖，作《楚元王世家》第二十。

齐国政权，田和被封为侯。齐王建意志动摇，于是迁于共地。为赞美齐威王、齐宣王能拨开混浊乱世而独以周王室为宗，作《田敬仲完世家》第十六。

周王室衰微后，诸侯恣意而行。仲尼痛悼礼崩乐坏，追研经术，以通达王道，匡正乱世使之返于正道，看他的文辞，是为天下制定礼仪法度，留下《六艺》纲纪传给后世。作《孔子世家》第十七。

桀、纣丧失他们的道义而汤、武兴起，周朝失去它们的道义而《春秋》被创作出来。秦朝丧失它的道义，而陈涉发难，诸侯相继造反，风起云涌，最终灭了秦朝皇族。天下亡秦的开端，自陈涉发难而始。作《陈涉世家》第十八。

成皋台，是薄氏的肇基之地。窦太后被遣送到代国，才使窦氏家族显贵。栗姬依仗地位尊贵而骄横，王氏才得以遂愿。陈皇后太过骄横，最终使卫子夫尊贵。为赞美卫子夫德行如此之好，作《外戚世家》第十九。

汉高祖施设诡计后，在陈地擒拿韩信；越楚的百姓剽悍轻捷，就封弟弟刘交为楚王，在彭城建都，以强化对淮、泗地区的统治，作为汉朝的宗属藩国。刘戊沉溺于邪僻，刘礼又被封为楚王接续他。为赞美刘交辅佐高祖，作《楚元王世家》第二十。

高祖起兵反秦，刘贾参与其事；被黥布攻袭，丧失他的荆、吴之地。营陵侯激励吕后，于是被封为琅邪王；被祝午欺骗轻信齐王，前往齐国不得归返，就向西入关，遭逢迎立孝文帝之事，又获封为燕王。天下未定，刘贾、刘泽以高祖宗族的身份，成为汉朝藩国辅臣。作《荆燕世家》第二十一。

天下已经平定，高祖亲属不多；悼惠王先长大成人，镇守东土。哀王擅自兴兵，发怒而征讨吕氏众人，驷钧暴戾，朝廷不许立他为帝。厉王亲属内部淫乱，杀身之祸成于主父之手。为赞美刘肥是辅佐天子的股肱，作《齐悼惠王世家》第二十二。

楚人围困汉王于荥阳，相持三年；萧何镇抚山西，推算人口输送兵员，粮食供给不断，使百姓爱戴汉王，不乐意为楚王出力。作《萧相国世家》第二十三。

与韩信平定魏地，攻破赵国，攻取齐地，于是削弱楚王兵力。接替萧何为相国，不变化不革新，百姓得以安定。为赞美曹参不夸耀自己的功劳和才能，作《曹相国世家》第二十四。

在军中帐幕之中出谋划策，于无形之中克敌制胜。子房谋划克敌制胜之策，没有智巧的名声，没有勇敢的功劳，从容易

维祖师旅，刘贾是与；为布所袭，丧其荆、吴。营陵激吕，乃王琅邪；怵午信齐，往而不归，遂西入关，遭立孝文，获复王燕。天下未集，贾、泽以族，为汉藩辅。作《荆燕世家》第二十一。

天下已平，亲属既寡；悼惠先壮，实镇东土。哀王擅兴，发怒诸吕，驷钧暴戾，京师弗许。厉之内淫，祸成主父。嘉肥股肱，作《齐悼惠王世家》第二十二。

楚人围我荥阳，相守三年；萧何填抚山西，推计踵兵，给粮食不绝，使百姓爱汉，不乐为楚。作《萧相国世家》第二十三。

与信定魏，破赵拔齐，遂弱楚人。续何相国，不变不革，黎庶攸宁。嘉参不伐功矜能，作《曹相国世家》第二十四。

运筹帷幄之中，制胜于无形，子房计谋其事，无知名，无勇功，图难于易，为大于细。

作《留侯世家》第二十五。

六奇既用，诸侯宾从于汉；吕氏之事，平为本谋，终安宗庙，定社稷。作《陈丞相世家》第二十六。

诸吕为从，谋弱京师，而勃反经合于权；吴、楚之兵，亚夫驻于昌邑，以厄齐、赵，而出委以梁。作《绛侯世家》第二十七。

七国叛逆，蕃屏京师，唯梁为扞；偵爱矜功，几获于祸。嘉其能距吴、楚，作《梁孝王世家》第二十八。

五宗既王，亲属洽和，诸侯大小为藩，爰得其宜，僭拟之事稍衰贬矣。作《五宗世家》第二十九。

三子之王，文辞可观。作《三王世家》第三十。

末世争利，维彼奔义；让国饿死，天下称之。作《伯夷列传》第一。

晏子俭矣，夷吾则奢；齐桓以霸，景公以治。作《管晏列传》第二。

李耳无为自化，清净自

处图谋解决难事，从小处着手成就大事。作《留侯世家》第二十五。

六出奇计都被采用后，诸侯宾服于汉；消灭吕氏众人的事，陈平为主谋，终于使宗庙平安，社稷安定。作《陈丞相世家》第二十六。

吕氏众人勾结，图谋削弱皇室，而周勃在消灭吕氏众人的问题上违背常规切合权变；吴楚叛乱，周亚夫驻军于昌邑，以扼制齐、赵两国的军队，而放弃求助的梁王。作《绛侯世家》第二十七。

七国叛逆，保卫京师的重臣，唯有梁孝王抵御叛军；但他自恃宠爱夸耀功劳，几乎遭杀身之祸。为赞美他能抵抗吴、楚叛军，作《梁孝王世家》第二十八。

五宗封王以后，亲属融洽和睦，诸侯大小都为藩屏，各得其所，僭位自拟为天子的事逐渐减少。作《五宗世家》第二十九。

三位皇子被封为王，策文文辞典雅可观。作《三王世家》第三十。

末世争权夺利，唯伯夷、叔齐趋向仁义；让出君位，双双饿死，天下赞扬他们。作《伯夷列传》第一。

晏子俭朴，管夷吾则奢侈；齐桓公靠管仲称霸，齐景公靠晏子而国家大治。作《管晏列传》第二。

李耳清静无为，自然教化，清静寡欲，

使百姓自归于正道；韩非揣度事物情理，遵循时势和道理。作《老子韩非列传》第三。

自古称王的人都有《司马法》，穰苴能阐明它。作《司马穰苴列传》第四。

不是守信、廉洁、仁慈、勇敢的人就不能传授兵法论说剑术，与道相符，在内可以修身，在外可以应变，君子把这比作道德。作《孙子吴起列传》第五。

太子建遭遇谗言，祸及伍奢，伍尚去营救父亲，伍员逃奔吴国。作《伍子胥列传》第六。

孔子传述文德，弟子振兴大业，都成为师傅，崇尚仁德，激励行义。作《仲尼弟子列传》第七。

商鞅离开卫国到秦国，能阐明自己的治国之道，使秦孝公强大称霸，后世遵行他的法度。作《商君列传》第八。

天下担忧秦国连横将会贪得无厌，而苏秦能保全诸侯，约定合纵联盟来抑制秦国的贪婪强横。作《苏秦列传》第九。

六国合纵相亲后，张仪却能明了苏秦的合纵主张，又使诸侯的合纵联盟离散瓦解。作《张仪列传》第十。

秦国之所以向东侵伐，称雄诸侯，是靠着樗里、甘茂的计策。作《樗里甘茂列传》第十一。

席卷河山，围攻大梁，使诸侯缩手而

正；韩非揣事情，循执理。作《老子韩非列传》第三。

自古王者而有《司马法》，穰苴能申明之。作《司马穰苴列传》第四。

非信廉仁勇不能传兵论剑，与道同符，内可以治身，外可以应变，君子比德焉。作《孙子吴起列传》第五。

维建遇谗，爰及子奢，尚既匡父，伍员奔吴。作《伍子胥列传》第六。

孔氏述文，弟子兴业，咸为师傅，崇仁厉义。作《仲尼弟子列传》第七。

鞅去卫适秦，能明其术，强霸孝公，后世遵其法。作《商君列传》第八。

天下患衡秦毋餍，而苏子能存诸侯，约从以抑贪强。作《苏秦列传》第九。

六国既从亲，而张仪能明其说，复散解诸侯。作《张仪列传》第十。

秦所以东攘雄诸侯，樗里、甘茂之策。作《樗里甘茂列传》第十一。

苞河山，围大梁，使诸侯

敛手而事秦者，魏冉之功。作《穰侯列传》第十二。

向南攻下鄢城郢都，向北摧毁长平，最终围攻邯郸，武安君是主将；破楚灭赵，是王翦的计策。作《白起王翦列传》第十三。

南拔鄢郢，北摧长平，遂围邯郸，武安为率；破荆灭赵，王翦之计。作《白起王翦列传》第十三。

涉猎儒、墨的遗留文字，阐明礼义的纲纪，断绝梁惠王逐利的念头，列述往世的兴衰。作《孟子荀卿列传》第十四。

猎儒、墨之遗文，明礼义之统纪，绝惠王利端，列往世兴衰。作《孟子荀卿列传》第十四。

爱好宾客，喜欢士人，士人归附薛公，为齐国抵御楚、魏。作《孟尝君列传》第十五。

好客喜士，士归于薛，为齐扞楚魏。作《孟尝君列传》第十五。

以权横机变争得冯亭献出上党的土地，进入楚国来解邯郸之围，使他的国君又称雄于诸侯。作《平原君虞卿列传》第十六。

争冯亭以权，如楚以救邯郸之围，使其君复称于诸侯。作《平原君虞卿列传》第十六。

能以富贵身份尊重贫贱的人，自身贤能却能屈就平庸之下，唯有信陵君才能做到这些。作《魏公子列传》第十七。

能以富贵下贫贱，贤能诎于不肖，唯信陵君为能行之。作《魏公子列传》第十七。

以身家性命来救君主，最终逃离强大的秦国，使游说之士向南奔赴楚国，这是黄歇忠义所致。作《春申君列传》第十八。

以身徇君，遂脱强秦，使驰说之士南乡走楚者，黄歇之义。作《春申君列传》第十八。

能忍辱于魏齐，而在强大的秦国树立威信，推贤让位，二位先生都是如此。作《范雎蔡泽列传》第十九。

能忍诟于魏齐，而信威于强秦，推贤让位，二子有之。作《范雎蔡泽列传》第十九。

率先施行自己的谋略，联合五国军队，替弱小的燕国向强大的齐国报仇，雪洗了燕国先君的耻辱。作《乐毅列传》第二十。

率行其谋，连五国兵，为弱燕报强齐之雠，雪其先君之耻。作《乐毅列传》第二十。

能在强横的秦王面前陈说己意，却能对廉颇屈身谦让，来尽忠他的国君，二人都名重于诸侯。作《廉颇蔺相如列传》第二十一。

齐湣王丢失临淄而逃到莒城后，只有田单凭借即墨打败敌军驱逐骑劫，最终保全齐国的社稷。作《田单列传》第二十二。

能用巧妙的说辞解除围城之患，轻视爵位利禄，以满足自己的志趣为乐。作《鲁仲连邹阳列传》第二十三。

创作辞章以讽谏，联系类比来伸张正义，《离骚》有这样的作用。作《屈原贾生列传》第二十四。

为子楚结交，使各诸侯国文采斐然的士人争相入秦为秦国做事。作《吕不韦列传》第二十五。

曹沫现出匕首，使鲁国重获它失去的田地，也使齐君表明他的诚信；豫让守义没有二心。作《刺客列传》第二十六。

能阐明自己的谋划，顺应时势推尊秦国，最终使秦国得意于海内，李斯是主谋。作《李斯列传》第二十七。

为秦国开疆拓土，增加民众，向北击败匈奴，占据黄河作为要塞，凭借山岭为固垒，建立榆中。作《蒙恬列传》第二十八。

平定赵国要塞常山以扩张河内，削弱

能信意强秦，而屈体廉子，用徇其君，俱重于诸侯。作《廉颇蔺相如列传》第二十一。

湣王既失临淄而奔莒，唯田单用即墨破走骑劫，遂存齐社稷。作《田单列传》第二十二。

能设诡说解患于围城，轻爵禄，乐肆志。作《鲁仲连邹阳列传》第二十三。

作辞以讽谏，连类以争义，《离骚》有之。作《屈原贾生列传》第二十四。

结子楚亲，使诸侯之士斐然争入事秦。作《吕不韦列传》第二十五。

曹子匕首，鲁获其田，齐明其信；豫让义不为二心。作《刺客列传》第二十六。

能明其画，因时推秦，遂得意于海内，斯为谋首。作《李斯列传》第二十七。

为秦开地益众，北靡匈奴，据河为塞，因山为固，建榆中。作《蒙恬列传》第二十八。

填赵塞常山以广河内，弱

楚权，明汉王之信于天下。作《张耳陈馀列传》第二十九。

收西河、上党之兵，从至彭城；越之侵掠梁地以苦项羽。作《魏豹彭越列传》第三十。

以淮南叛楚归汉，汉用得大司马殷，卒破子羽于垓下。作《黥布列传》第三十一。

楚人迫我京、索，而信拔魏、赵，定燕、齐，使汉三分天下有其二，以灭项籍。作《淮阴侯列传》第三十二。

楚、汉相距巩、洛，而韩信为填颍川，卢绾绝籍粮饷。作《韩信卢绾列传》第三十三。

诸侯畔项王，唯齐连子羽城阳，汉得以间遂入彭城。作《田儋列传》第三十四。

攻城野战，获功归报，哙、商有力焉；非独鞭策，又与之脱难。作《樊郦列传》第三十五。

汉既初定，文理未明，苍为主计，整齐度量，序律历。作《张丞相列传》第三十六。

结言通使，约怀诸侯；诸侯咸亲，归汉为藩辅。作《郦生陆贾列传》第三十七。

楚王权势，在天下人面前彰明汉王的信义。作《张耳陈馀列传》第二十九。

收服西河、上党的军队，跟随汉王到达彭城；彭越侵掠梁地以困扰项羽。作《魏豹彭越列传》第三十。

献出淮南的土地背叛楚王归顺汉王，汉王利用他而得到大司马周殷，最终在垓下大破项羽。作《黥布列传》第三十一。

楚人把我军困迫在京、索一带，而韩信攻下魏、赵之地，平定燕、齐旧地，使三分天下汉王得其中之二，以消灭项籍。作《淮阴侯列传》第三十二。

楚、汉在巩、洛之间相对峙，而韩王信为汉镇守颍川，卢绾断绝项籍的粮饷。作《韩信卢绾列传》第三十三。

诸侯背叛项王，只有齐王在城阳牵制项羽，汉王得以乘机攻入彭城。作《田儋列传》第三十四。

攻取城池，野外作战，获得军功，返归禀报，樊哙、郦商出力最多，并非只为汉王执鞭策马，又常与汉王一起摆脱危难。作《樊郦列传》第三十五。

汉朝天下初定，文法律理未明，张苍担任主计，整理统一度量衡，编订律历。作《张丞相列传》第三十六。

以言辞订立盟约，互通使节，笼络诸侯；诸侯都来亲附，归顺汉朝成为藩属辅臣。作《郦生陆贾列传》第三十七。

想详细了解秦楚之际的事情，只有周缫最清楚，因为他经常跟随高祖，平定诸侯。作《傅靳蒯成列传》第三十八。

迁徙豪强大族，建都关中，与匈奴订立合约；明确朝廷礼节，排列宗庙仪法。作《刘敬叔孙通列传》第三十九。

能变刚强为柔顺，最终成为名臣；栾公不被威势胁迫而背叛旧主。作《季布栾布列传》第四十。

敢于冒犯龙颜进言，以实现自己的主张，不顾自身安危，为国家树立长远的谋划。作《袁盎晁错列传》第四十一。

遵守法度不失大节，称述古代贤人，增长君主的圣明。作《张释之冯唐列传》第四十二。

敦厚慈爱孝顺，言辞木讷，行事敏捷，致力于谦逊恭谨，是君子长者。作《万石张叔列传》第四十三。

恪守节操，诚恳正直，道义足以称为廉洁，行为足以激励贤能，委任要职不能以无礼的事使他屈服。作《田叔列传》第四十四。

扁鹊论医，为医家所尊崇，医术精明；后世遵循其法，不能改变，而仓公可谓是接近扁鹊了。作《扁鹊仓公列传》第四十五。

刘仲被削夺王爵，刘濞为吴王，适逢

欲详知秦、楚之事，维周缫常从高祖，平定诸侯。作《傅靳蒯成列传》第三十八。

徙强族，都关中，和约匈奴；明朝廷礼，次宗庙仪法。作《刘敬叔孙通列传》第三十九。

能摧刚作柔，卒为列臣；栾公不劫于埶而倍死。作《季布栾布列传》第四十。

敢犯颜色，以达主义；不顾其身，为国家树长画。作《袁盎晁错列传》第四十一。

守法不失大理，言古贤人，增主之明。作《张释之冯唐列传》第四十二。

敦厚慈孝，讷于言，敏于行，务在鞠躬，君子长者。作《万石张叔列传》第四十三。

守节切直，义足以言廉，行足以厉贤，任重权不可以非理挠。作《田叔列传》第四十四。

扁鹊言医，为方者宗，守数精明；后世循序，弗能易也，而仓公可谓近之矣。作《扁鹊仓公列传》第四十五。

维仲之省，厥濞王吴，遭

汉初定,以填抚江、淮之间。作《吴王濞列传》第四十六。

吴、楚为乱,宗属唯婴贤而喜士,士乡之,率师抗山东荥阳。作《魏其武安列传》第四十七。

智足以应近世之变,宽足用得人。作《韩长孺列传》第四十八。

勇于当敌,仁爱士卒,号令不烦,师徒乡之。作《李将军列传》第四十九。

自三代以来,匈奴常为中国患害;欲知强弱之时,设备征讨,作《匈奴列传》第五十。

直曲塞,广河南,破祁连,通西国,靡北胡。作《卫将军骠骑列传》第五十一。

大臣宗室以侈靡相高,唯弘用节衣食为百吏先。作《平津侯列传》第五十二。

汉既平中国,而佗能集杨越以保南藩,纳贡职。作《南越列传》第五十三。

吴之叛逆,瓯人斩濞,葆守封、禺为臣。作《东越列传》第五十四。

燕丹散乱辽间,满收其亡

汉朝天下初定,让他镇抚江、淮一带。作《吴王濞列传》第四十六。

吴楚叛乱,宗室亲属中唯有窦婴贤能而喜好结交士人,士人归附于他,他率军在山东荥阳抵抗叛军。作《魏其武安列传》第四十七。

智谋足以应对近世的事变,宽厚足以广纳人心。作《韩长孺列传》第四十八。

勇于抗敌,仁爱士兵,号令简明不烦,部下归向于他。作《李将军列传》第四十九。

自三代以来,匈奴常为中原的祸害;在知道它强弱的时候,设法戒备进行征讨,作《匈奴列传》第五十。

拓直曲折的边塞,扩张河南之地,攻破祁连,打通西域各国的道路,击败北方匈奴。作《卫将军骠骑列传》第五十一。

大臣和宗室以奢侈浪费互争高下,唯有公孙弘节衣缩食成为百官的表率。作《平津侯列传》第五十二。

汉朝既已平定中原,而赵佗能安抚杨越以保卫南方的藩属之地,纳贡尽职。作《南越列传》第五十三。

吴国叛逆,东瓯人斩杀刘濞,保卫封禺山,成为汉朝的藩属之臣。作《东越列传》第五十四。

燕太子丹部下败散逃到辽东地区,卫

满收留他流亡的百姓，聚集在海东，以安定真藩，保卫边塞而成为汉朝的塞外之臣。作《朝鲜列传》第五十五。

唐蒙出使，经略西南，互通夜郎，而邛、筰的君长请求做汉朝的内臣并接受朝廷所派的官吏。作《西南夷列传》第五十六。

《子虚赋》所载的事，《大人赋》的言辞，虽然词藻华丽过于夸张，但它的宗旨在于讽谕劝谏，归于无为而治。作《司马相如列传》第五十七。

黥布叛逆，高祖封儿子刘长做那里的国王，以镇守江、淮之南，安抚彪悍的楚地百姓。作《淮南衡山列传》第五十八。

奉行法律遵循情理的官吏，不自夸功劳贤能，百姓没有什么称赞，他也没有什么过失行为。作《循吏列传》第五十九。

端正衣冠立身朝廷，而群臣没有谁敢说虚浮的话，汲长孺庄重；喜好推荐贤人，称道长者，郑庄慷慨有节操。作《汲郑列传》第六十。

自孔子去世，京城没有谁重视学校教育，只有建元至元狩之间，文辞教育灿烂辉煌。作《儒林列传》第六十一。

百姓背弃本业而大多机巧诈伪，作奸犯科玩弄法律，善人不能施行感化，只有一律严厉制裁才能使他们得到整治。作《酷吏列传》第六十二。

汉朝与大夏互通使臣之后，而西方极

民，厥聚海东，以集真藩，葆塞为外臣。作《朝鲜列传》第五十五。

唐蒙使略通夜郎，而邛、筰之君请为内臣受吏。作《西南夷列传》第五十六。

《子虚》之事，《大人》赋说，靡丽多夸，然其指风谏，归于无为。作《司马相如列传》第五十七。

黥布叛逆，子长国之，以填江、淮之南，安剽楚庶民。作《淮南衡山列传》第五十八。

奉法循理之吏，不伐功矜能，百姓无称，亦无过行。作《循吏列传》第五十九。

正衣冠立于朝廷，而群臣莫敢言浮说，长孺矜焉；好荐人，称长者，壮有溉。作《汲郑列传》第六十。

自孔子卒，京师莫崇庠序，唯建元、元狩之间，文辞粲如也。作《儒林列传》第六十一。

民倍本多巧，奸轨弄法，善人不能化，唯一切严削为能齐之。作《酷吏列传》第六十二。

汉既通使大夏，而西极远

蛮，引领内乡，欲观中国。作《大宛列传》第六十三。

救人于厄，振人不赡，仁者有乎；不既信，不倍言，义者有取焉。作《游侠列传》第六十四。

夫事人君能说主耳目，和主颜色，而获亲近，非独色爱，能亦各有所长。作《佞幸列传》第六十五。

不流世俗，不争势利，上下无所凝滞，人莫之害，以道之用。作《滑稽列传》第六十六。

齐、楚、秦、赵为日者，各有俗所用。欲循观其大旨，作《日者列传》第六十七。

三王不同龟，四夷各异卜，然各以决吉凶。略窥其要，作《龟策列传》第六十八。

布衣匹夫之人，不害于政，不妨百姓，取与以时而息财富，智者有采焉。作《货殖列传》第六十九。

维我汉继五帝末流，接三代绝业。周道废，秦拨去古文，焚灭《诗》《书》，故明

远地方的蛮族，伸长脖子向往内地，想一观中国。作《大宛列传》第六十三。

救人于厄难，赈济人于贫困，仁者有此表现吧；不失去信用，不背弃诺言，在信义上有可取之处。作《游侠列传》第六十四。

事奉君主能使他耳目愉快，使他和颜悦色，而获得亲近，这并非只是以美色招人喜爱，技能也各有所长。作《佞幸列传》第六十五。

不顺从于世俗，不争权夺利，上下没有谁能阻碍，没有人能伤害他们，是因为道义被运用。作《滑稽列传》第六十六。

齐、楚、秦、赵四地占卜的人，各有不同风俗所用的方法。想总体上观察其中的要旨，作《日者列传》第六十七。

三代君王不用同样的占龟方法，四方蛮夷占卜的风俗各异，但各自用以卜筮判断吉凶。粗略考察其中的要旨，作《龟策列传》第六十八。

平民百姓这样的人，不危害政令，不妨碍百姓，按照时序买卖从而增加财富，在智慧方面也有可采用的地方。作《货殖列传》第六十九。

我大汉王朝继承五帝的遗风，接续三代断绝的事业。周朝王道废弛，秦朝毁弃古文，焚毁《诗》《书》，所以明堂、石

室、金匮、玉版图书典籍散失错乱。这时汉朝兴起，萧何修订法律，韩信申明兵法，张苍制定规章，叔孙通制定礼仪，于是文学儒士逐渐进用，《诗》《书》不断在各地被发现。自曹参举荐盖公讲述黄老之道，而贾生、晁错明了申不害、商君的学说，公孙弘凭借儒学显扬，百年之间，天下遗文古事无不汇集于太史公。太史公仍然父子相继执掌这个职务。说："哎呀！我的先人曾执掌这事，扬名于唐虞之时，到了周朝，又执掌这事，所以司马氏世代掌管天文。一直到我，谨记在心啊！谨记在心啊！"网罗天下散失的旧闻，帝王兴起的缘由，追究根源探察始终，考察它的兴盛，也观察它的衰亡，论述考察他们所做的事，简略推断三代，记录秦、汉，上记轩辕，下到如今，著有十二本纪，已经分类加以排列了。同时异世，年代差误不明，作了十表。礼乐增减，律历改变，兵法权谋，山川鬼神，天人关系，承接衰亡贯通改变，作了八书。二十八星宿环绕北辰，三十根车辐共用一毂，运行无穷，辅弼股肱之臣与此相配，忠正守信推行道法，以侍奉主上，作三十世家。扶持正义，倜傥不羁，不让自己失去时机，在天下立下功名，作七十列传。总计一百三十篇，五十二万六千五百字，称为《太史公书》。序述大略，来拾遗补充六艺，成就一家之

堂、石室、金匮、玉版图籍散乱。于是汉兴，萧何次律令，韩信申军法，张苍为章程，叔孙通定礼仪，则文学彬彬稍进，《诗》《书》往往间出矣。自曹参荐盖公言黄、老，而贾生、晁错明申、商，公孙弘以儒显，百年之间，天下遗文古事靡不毕集太史公。太史公仍父子相续纂其职。曰："於戏！余维先人尝掌斯事，显于唐、虞，至于周，复典之，故司马氏世主天官。至于余乎，钦念哉！钦念哉！"罔罗天下放失旧闻，王迹所兴，原始察终，见盛观衰，论考之行事。略推三代，录秦、汉，上记轩辕，下至于兹。著十二本纪，既科条之矣。并时异世，年差不明，作十表。礼乐损益，律历改易，兵权、山川、鬼神，天人之际，承敝通变，作八书。二十八宿环北辰，三十辐共一毂，运行无穷，辅拂股肱之臣配焉，忠信行道，以奉主上，作三十世家。扶义俶傥，不令己失时，立功名于天下，作七十列传。凡百三十篇，五十二万六千五百字，为

《太史公书》。序略，以拾遗补艺，成一家之言，厥协六经异传，整齐百家杂语，藏之名山，副在京师，俟后世圣人君子。第七十。

言，协调"六经"不同的传说，整齐百家杂说，正本藏在名山，副本留在京师，留待后世圣人君子。第七十。

太史公曰：余历述黄帝以来至太初而讫，百三十篇。

太史公说：我的记述自黄帝起，至太初而止，共有一百三十篇。

附录

《史记》的读法

俞樟华

　　司马迁是我国古代伟大的史学家、文学家和思想家，世界文化名人，他的《史记》是中国历史上第一部纪传体通史巨著，也是古代传记文学的开创之作，在历史和文学两个方面都取得了杰出的成就，所以被鲁迅先生誉为"史家之绝唱，无韵之离骚"。

　　司马迁的《史记》，分为本纪、世家、列传、书和表五体，五体之间互相配合，洪细兼收，包罗万象，它所包括的时间之长和记载的内容之广，都是前无古人的。从时间说，它上起黄帝，下迄汉武帝，记录了我国自有文字以来的三千余年的历史；从记载的地理范围说，它延伸到了今天我国的版图之外，西至中亚，北至大漠，南至越南，把历史编纂的时空经界，第一次扩大到了时人所知的实际范围；从记载的人物说，几乎涉及整个社会各阶层中不同类型的典型人物，举凡历代的帝王、贵族、大小官僚、政治家、军事家、文学家、思想家、经学家、说客、策士、刺客、游侠、隐士、豪强、商贾、医生、卜者、农民、俳优、妇女等，无所不有，无所不包；从记载的人类生活的各个方面说，如政治、经济、文化、法律、科技、建筑、军事、道德、宗教、民族、民俗、交通、地理、姓氏、文学、艺术等，也无所不包，无所不有。《史记》的内容如此丰富多彩，说明它已经不是一般意义的历史，而是一部具有百科全书性质的巨著。《史记》内容的宏富深广，使它成了我们今天研究古代各种各类专史的取之不尽、用之不竭的宝藏，也是每个中国人应该读、必须读的国学根柢书。

　　经典作品文本的解读，是理解作品的基础，也是研究作品的基础，一切作品的分析研究，都是以文本解读为依据的。《史记》作为一部经典名著，对其解读的历史已经有几千年了，但是对它的解读仍然处在进行时，永远不会停止，永远在路上。而且一代有一代的读者，就一代有一代的解读。每个读者见仁见智，都能根据自己的理解，读出其中属于自己的意思。不过经典的解读是不容易的，经典的解读要讲究方法，掌握了经典解读的基本方法，就能取得事半功倍的效果。这里准备结合《史记》有关篇章，用释义法、剖析法、致疑法、考证法、推测法、问题法、启示法等 7 种方法，来谈谈《史记》本文解读的方法。这些方法之间，或许有交叉重叠的地方，但是为了叙述的方便，姑且先这样分述。

第一，释义法。所谓释义法，就是把《史记》文本字面上的主要意思弄明白，内容包括字词的基本含义，人名、地名、职官、礼制、掌故的含义，以及文字的通假、真伪、脱衍、难字难句等。这里列举几种特殊情况：一是完全按照字面意思去理解，有时会不符合原义。如《伯夷列传》有“义不食周粟”的话，就字面理解，就是坚持道义不吃周王朝的东西。实际上不是这个意思，古代做官有俸禄，伯夷反对周武王灭纣，不愿到新朝为官拿俸禄，才表示“义不食周粟”。日本学者泷川资言在《史记会注考证》中引村尾元融的话说：“谓不仕周而食其禄也，非谓不食周地所生之粟也。”[1] 这样理解才符合本义。二是有些记载无法落实具体内容，只好付之阙如，不必斤斤计较。如《管晏列传》中，管仲说自己曾“三仕三见逐于君”和“三战三走”，因为《左传》等书不载，现在已经无法知道具体的事实如何，遇到这类情况，不妨直接看过了事，不必去追根溯源。三是《史记》写人叙事，有时用了一些渲染夸张的手法，如写蔺相如“因持璧却立，倚柱，怒发上冲冠”；樊哙勇闯鸿门宴时的“瞋目视项王，头发上指，目眦尽裂”；项羽大喝一声，“赤泉侯人马俱惊，辟易数里”等，一看就知道作者用了夸张手段，读者也不会产生误解。但是也有些文句，看起来像平常的叙事，实际上却也用了一定的夸张描写。如《魏公子列传》说：“当是时，诸侯以公子贤，多客，不敢加兵谋魏十余年。”而历史的真实是怎样的呢？清代郭嵩焘说：“按《魏世家》，安釐王元年，秦拔魏两城；二年，又拔二城；三年，

1 泷川资言：《史记会注考证》，上海：上海古籍出版社，2016。

拔四城；四年秦破魏，予秦南阳以和；九年，秦拔魏怀；十一年，秦拔魏郪丘；齐、楚攻魏，秦救之，魏王因欲伐韩求故地，信陵君谏；二十年，秦围邯郸，信陵君矫夺晋鄙军救赵。盖自魏安釐王立，无岁不有秦兵。是时秦益强，六国日益弱，而赵将楼昌攻魏几，廉颇攻魏房子又攻安阳。所谓'诸侯不敢加兵谋魏十余年'，是史公极意描写之笔，无事实也。"[2]郭嵩焘既看到所谓"诸侯不敢加兵"云云，与事实并不相符，又能看到这是司马迁对魏公子的极意描写，此时此刻，司马迁重在刻画人物，而不是在作信史。这样分析，比较接近司马迁作史的实际，对读者也有帮助。其实司马迁在这里已用了互见法，为了突出魏公子的形象，他在《魏公子列传》说"诸侯不敢加兵"云云，为了弥补这种夸饰失实，他又在《魏世家》中记载了频繁的战事，这正表明司马迁作史态度的严谨，比较好地处理了写史事和写人物的关系，而不应该视为自相矛盾。

第二，剖析法。《史记》文本的基本意思弄明白以后，就要开始对《史记》文本进行初步的剖析。不同的读者，会对《史记》文本做出不同的剖析；从不同的角度出发，也会对《史记》文本得出不同的结论。有些看起来明明白白的一段话，初看似乎没有什么问题了，但细细分析体会，才能深察其中的意蕴。比如刘邦打败项羽，当上皇帝以后，曾在与大臣探讨项羽为什么失败，自己为什么胜利时说过一段名言："夫运筹策帷帐之中，决胜于千里之外，吾不如子房。镇国家，抚百姓，给馈饷，不绝粮道，吾不如萧何。连百万之军，战必胜，攻必取，吾不如韩信。此三者，皆人杰也，吾能用之，此吾所以取天下也。项羽有一范增而不能用，此其所以为我擒也。"刘邦的话告诉我们，一是事业成败，用人是关键，刘邦善于用人而成功，项羽不会用人而失败，历史教训极为深刻；二是术业有专攻，尺有所短，寸有所长，每个人都有自己的长处，也有短处，会用人的人，就会用其长处，避其短处。张良善于出谋划策，萧何长于治理后勤，韩信打仗战无不胜，刘邦用他们的长处，充分发挥他们各自的能力，所以共同成就了一番伟业；三是用人要不拘一格，不分亲疏，萧何是刘邦早年的朋友和亲信，张良在反秦战争中代韩王辅助刘邦，献计献策，逐渐得到信任；

---

2 郭嵩焘：《史记札记》，北京：中华书局，2012。

韩信先为项羽部下，没有得到重用，转而投奔刘邦，开始也不获重视，发生了"萧何追韩信"的故事以后，在萧何的大力举荐下，刘邦才封他为大将军，结果韩信帮刘邦打下了半壁江山。因为刘邦用人海纳百川，注意五湖四海的人才，所以身边的能人大量聚集，最后终于取得了天下。刘邦的这番话，一方面总结了自己成就功业的经验，另一方面也透露了自己内心自信、自负、自喜、自得的心态，张良、萧何、韩信被誉为"人杰"，而这些人杰皆为其所用，皆为其掌控，刘邦觉得自己的本领显然胜过他们一筹，一种"善于将将"，舍我其谁的成功者的洋洋得意，溢于言表，但他的话听起来非常谦虚，仿佛都在赞美他人，其实用的是表扬与自我表扬相结合的说话技巧，其说话艺术之高与巧妙，实在令人佩服之至。所有这些，都需要好学深思，细细分析体会才能发现。

司马迁在写人时，常常喜欢在人物传记的开端，选一个意味深远的小故事来表现人物的个性特点，从这个小故事，我们往往可以看到它对这个人物以后一生事业成败的影响。如《商君列传》开头的描写：

商君者，卫之诸庶孽公子也，名鞅，姓公孙氏，其祖本姬姓也。鞅少好刑名之学，事魏相公叔座为中庶子。公叔座知其贤，未及进。会座病，魏惠王亲往问病，曰："公叔病有如不可讳，将奈社稷何？"公叔曰："座之中庶子公孙鞅，年虽少，有奇才，愿王举国而听之。"王嘿然。王且去，座屏人言曰："王即不听用鞅，必杀之，无令出境。"王许诺而去。公孙座召鞅谢曰："今者王问可以为相者，我言若，王色不许我。我方先君后臣，因谓王即弗用鞅，当杀之。王许我。汝可疾去矣，且见禽。"鞅曰："彼王不能用君之言任臣，又安能用君之言杀臣乎？"卒不去。惠王既去，而谓左右曰："公叔病甚，悲乎！欲令寡人以国听公孙鞅也，岂不悖哉！"

这是商鞅发迹前的一则轶事，它通过三个人物之间的对话，展示了各自不同的性格特点。公叔座作为一国之相，先公后私，是非分明，为国家着想，他推荐商鞅接替自己担任相位，颇有识贤之能，可惜不被魏惠王接受，以致错失了一位栋梁之才；从主人与门客的感情着眼，他又非常富有人情味，劝商鞅赶紧出逃，以免杀身之祸，一种关心、爱护之情溢于言表；更可贵的是，他把自己在魏王面前所说的两个主张毫不隐瞒地告诉了商鞅，并说明自己之所以这样做的原因，坦坦荡荡，真不愧宰相风度。推荐不成则建议杀掉商鞅，看似矛盾其实并不矛盾，而且正是这种矛盾之处，增强了人物形象的立体感。魏惠王去看望病中的公叔座，体现了君王对朝中重臣的深切关怀，出之真心真情，但是他关于公叔座万一不幸谁可接班的询问，则是有口无心，随便问问的，所以当公叔座一本正经地推荐商鞅时，他以"嘿然"的态度作答，并没有把这个合理的建议放在心上，其实心里是不以为然的，他许诺杀商鞅，也是应付而已，目的是为了照顾公叔座的颜面，并没有真的当一回事，所以出门时，才会对身边的大臣说公叔座是个老糊涂。从魏惠王的表现中，我们分明看到了一个胸无大志、目光短浅的昏庸君王形象：他一不问问清楚，商鞅究竟有何德何才，以致公叔座要破格提拔他来接自己的班；二是当面答应，转身就失信于人，与大臣之间缺乏一种互相信任、合力兴国的责任感；三是自作聪明，暗于识人，既不了解自己的宰相，也不了解商鞅，糊里糊涂地埋没了一个杰出的人才，商鞅如果不出走秦国，可能永远别想有出头之日，更何谈建立千古功业！这个故事的真正主角是商鞅，公叔座的推荐，补充说明了商鞅的非凡才干，为商鞅的出场作了很好的铺垫；魏惠王的既不用商鞅、也不杀商鞅，为商鞅以后有机会远走秦国施展才华埋下了伏笔；商鞅对魏惠王态度的分析，洞察入微，有理有据，表现出惊人的智慧和超常胆魄，如此冷静，这样镇静，这才是一个可以成大事的人！从人才学的角度说，这个故事讲的是如何识才、荐才和用才的问题，认识一个人不容易，认识了其人的才能，要推荐出去也不容易，人才要得到真正的任用，就更不容易。韩愈认为千里马常有，而伯乐不常有，其实伯乐也只有推荐权、建议权，而没有使用权的，执政者不听伯乐的意见，千里马照样会被闲置不用，商鞅不是有公叔座这位伯乐推荐了吗？不是照样没有用吗？环境养人啊！商鞅以后之所以要外流他国，不就是环境给逼出来的吗！

这个故事为了写出商鞅的性格特点，在艺术手法上也很讲究：一是运用了侧面描写和正面描写相结合的方法。文章开头交代了商鞅的姓氏、籍贯，这是《史记》传记写人的惯用方法。接下来即转入公叔座向魏惠王推荐商鞅的描写，借公叔座之口说出商鞅是个可以"举国而听之"的不可多得的人才，这比正面描写商鞅如何如何贤明能干的效果要好得多，同时还能给读者留下十分丰富的想象余地，又为下面在秦国变法图强作好了有力的铺垫；文章紧接着写商鞅不肯离开魏国逃命时，则又用了正面描写，这里强调的是商鞅的胆大心细，从容不迫。侧面描写的目的，是突出商鞅的贤才；正面描写的目的，则是表现商鞅与众不同的胆量和气度。两者相辅相成，相得益彰，从不同的侧面写出了商鞅的非凡之处。二是对话描写。这段文字基本上是由对话组成的，每个人的对话都非常符合人物的身份，也能表现出各自的性格特点。公叔座屏去身边的服侍人员才敢向魏王提出"王即不听用鞅，必杀之，无令出境"的建议，可见他言行的谨慎小心；但他转眼又把商鞅叫来，把先前不敢被人听见的话直截了当地告诉了商鞅，并急如星火地要商鞅立马出逃，前后反差很大，似乎不可理解，其实正是他为人做事的作风，一方面可以说是先公后私，公私分明，完全是在为国家考虑；另一方面，这也是他做人的圆滑之处，于公尽了心，于私还了情，叫你逃你不逃，被杀与我无关，叫你逃你逃不出魏王的手心，还是被抓住了，这也怪不得我，横竖与我无关，生死全凭你自己的造化。如此就可以脱身事外，不需承担丝毫责任。你看公叔座的算盘打得多么地精！商鞅的回答也很巧妙，属于智者的一种推理："彼王不能用君之言任臣，又安能用君之言杀臣乎？"这样平常，如此浅显的道理，聪明的公叔座在情急之机却没能参悟，身处"险境"的商鞅却不慌不忙，一语道破，商鞅的镇定、机智不就比公叔座要高出一筹了吗？不就很好地证明了公叔座的推荐是一种明智的推荐吗？不就说明了魏王不听信公叔座之言是一个大大的失误吗？阅读《史记》，学会深入分析的方法非常重要，否则就无法体会司马迁描写的意义，无法获得阅读后的快感和收获。

第三，致疑法。孟子曾经说过，"尽信书不如无书"。孟子的意思不是怀疑一切，而是认为任何一本书，即便是经典著作，也做不到十全十美，也会存在一些不足甚至错误。《史记》尽管是一部伟大的著作，但在记载历史人事时，也难免有疏漏抵牾之处，带着怀疑的眼光读书，不仅是读《史记》应该如此，读其他著作也该如此。用怀疑的态度读《史记》，不仅可以发现《史记》的优点，也可以发现《史记》的缺陷，不断提高自己的分析能力和鉴赏水平。这里举一个典型的例子，如《史记·伯夷列传》所记的历史，清代梁玉绳在《史记志疑》中竟然提出了10点怀疑，他说："《史》所载，俱非也。《孟子》谓夷、齐至周在文王为西伯之年，安得言归于文王卒后，其不可信一已。《书序》谓武王伐纣嗣位已十一年，即《周纪》亦有九年祭毕之语，毕乃文王墓地，安得言父死不葬，其不可信二已。《礼·大传》谓武王克商，然后追王三世，安得言祖征之始，便号文王，其不可信三已。东伐之时，伯夷归周已久，且与太公同处岐、丰，未有不知其事者，何以不沮于帷帐定计之初，而徒谏于干戈既出之日？其不可信四已。曰左右欲兵之，曰太公扶去之，武王之师不应无纪律若是。万或缓不及救，则彼杀比干，此杀夷、齐，不真若以暴易暴乎？其不可信五已。《正义》数首阳有五，前贤定夷、齐所隐为蒲坂之首阳，空山无食，采薇其常耳，独不思山亦周之山，薇亦周之薇，而但耻食周之粟，于义为不全，其不可信六已。《论语》称'饿于首阳之下'，未尝称饿死，孔子饿陈、蔡，灵辄饿翳桑，讵必皆至于死，且安知不于逃国之时饿首阳耶？其不可信七已。即云耻食周粟，亦止于不食稍禄，非绝粒也。《战国策·燕策》苏秦曰：'伯夷不肯为武王之臣，不受封侯。'《汉书·王贡两龚鲍传序》曰：'武王迁九鼎于洛邑，伯夷、叔齐薄之，不食其禄。'岂果不食而死欤？其不信八已。即云不食饿死，而歌非二子作也。诗遭秦火，轶诗甚多，乌识《采薇》为二子绝命之辞？况歌言西山，奈何以首阳当之？……其不可信九已。孔子称夷、齐无怨，而诗叹命衰，怨似不免；且其意虽不满于殪殷，而易暴之言甚戆，必不以加武王，其不可信十已。先儒多有议及者，词义繁芜，不能尽录，余故总揽而为此辨。"[3]从宋代开始，人们就怀疑《伯夷列传》记载的真实性。梁氏之论，或凭事实，或引他证，间也有推理，均有理有据，逻辑严密，主论确然可信，不容人再作怀疑。事实也真如此。《伯夷列传》的事迹本身，原不足为信，作品的价值不在它的真实性，而在它的思想性，这是司马迁别有用心之文，旨在借为伯夷立传之机，对不公之"天道"提出愤怒质疑，表现了作者不平则鸣的思想，所以事实虽有失真，但却并不损害作品的价值。当然梁氏的怀疑和考证，也不是无益的。《史记》被刘向、班固等人誉为"实录"

---

3 梁玉绳：《史记志疑》，北京：中华书局，1981。

之作，所记载的基本历史应该都是真实可信的，但是出于时间久远和材料缺乏等原因，有些人事无法弄得很清楚、记载得很严密，所以造成后代读者的疑问，这也是难免的。有的学者因为先秦文献中没有屈原的文字记载，而司马迁却在《史记》中写了屈原传，就怀疑历史上并无屈原之人，这种过度怀疑的读史态度，是不足取的，理应遭到批判。

第四，考证法。考证法与致疑法有密切的关系。有了疑问才需要考证，而考证的目的就是解除疑问。但并不是所有的疑问都需要考证、都可以考证的。因为考证需要翔实可靠的历史文献或实物作为证据，有些疑问因为找不到文献或实物的依据，只好存疑不问。而在进行考证时，也有两种情况，一是因为有充分的证据证明，所以经过考证解决了一些问题；二是虽然有一些证据，也经过了细致的考证，但是最后仍然无法定案，如司马迁的生卒年、《史记》亡篇缺补等。所以这两种情况，在《史记》考证中都是客观存在的。对《史记》所载人事的考证，由来已久，到清代达到高峰，取得了巨大成绩。比如《史记》在长期的流传、抄写、刻印过程中，在文字上出现了许多问题，各本之间，字句有多有少，有同有异，差别很大。其错脱讹衍、增改窜乱的情况也很严重，有的地方已经使人真假莫辨，不知所从。有时一字一句的不同，含义就完全两样，史实有了出入，这势必影响到对司马迁和《史记》思想的正确评价。为了澄本清源，归复旧观，清人花了大量的时间和精力来厘正《史记》文字上的错误。厘正文字，实为清人考证《史记》的重心所在，钱大昕的《二十二史考异·史记考异》、王念孙的《读书杂志·史记杂志》、梁玉绳的《史记志疑》、李慈铭的《史记札记》、张文虎的《校勘史记札记》，是这方面的代表作。他们考证《史记》文字，主要是指正其文字的衍、羡、误、脱、增、改、缺、疑、异、诞、倒及错简等方面的问题，大都讲得很有道理，可以帮助读者准确理解《史记》的文字，这里限于篇幅，就不一一举例，好在清人的著作具在，有兴趣的读者可以自己去看。总之，阅读《史记》，考证问题是一个绕不开的话题。有能力有水平的读者，可以尝试自己动手做一做这项工作，一般读者，可以参阅前贤今哲的研究论著。

第五，推测法。司马迁在《史记》中的写人叙事，表面看来写得非常详细具体，似乎一看就清楚明白，没有什么想象的空间了，其实不然。《史记》的叙事风格，后人还有"疏略""疏荡"的评价。也就是说，《史记》的叙事，其实还是留下了许多空白的或不明确的地方，需要读者通过自己的推测和想象把细节丰富和补充起来，所以，阅读《史记》，运用推测法也是一种必不可少的、非常重要的方法，否则，许多事情就得不到圆满的答案。比如《史记·平原君虞卿列传》所记载的"毛遂自荐"的故事，大家都是耳熟能详的。当时秦军围攻赵国国都邯郸，赵王派相国平原君带队去楚国请求援助，平原君准备挑选 20 名文武双全的门客一起出发，可结果只能挑选出 19 名，尚缺 1 人。这时毛遂就站出来自荐了。这里问题就来了，平原君出国求助之事，不说是十分机密，至少也不会弄得人人皆知。毛遂只是平原君门下一位默默无名的门客，在平原君家里待了 3 年，连平原君都不认识他，那么，他怎么能够这样及时地获知此事，并且知道还缺少 1 人的呢？我们就可以推测，毛遂尽管在当时默默无名，但是他是不甘心一辈子默默无名的，他有一颗时刻准备着的心，所以平时很注意观察和留意平原君的一切活动，并且很有心计地结交了平原君身边的人，一有风吹草动，就有人给他通风报信，他才能立马得到消息，并果断采取措施；如果这次负责挑选门客的负责人，就是毛遂平时交结的人，缺少 1 人也是他故意为之，这样就更合理了。自荐需要机会和勇气，也需要底气，毛遂终于得到平原君的允许，加入到了出使代表团，取得了第一步的成功机会。对于毛遂的加入，另外 19 位门客是不以为然的，但是到了楚国，当平原君与楚王的谈判陷入僵局时，这 19 位门客却一致推荐毛遂上，而毛遂上去后却真的完成了结盟的任务。那么，毛遂是怎样得到那 19 位门客的信任的呢？传中司马迁只写了这样一句话："毛遂比至楚，与十九人论议，十九人皆服。"司马迁没有交代毛遂与 19 位门客说了什么，19 位门客又佩服毛遂什么。这 19 位门客既然是平原君从众多门客中精心挑选出来的，自然各有自己的本事，有点自傲和看不起一般的人，也在情理之中。可是就是这样一批骄傲无比的人，最后都拜服于毛遂脚下，为什么呢？我们推测，毛遂在平时不仅很关注和了解平原君的情况，而且还对平原君身边的有本事有地位的重要门客，也非常关注和了解，做到心中有数，尽管在匆忙之间组团出国，他也能从容应付。毛遂知道这些人看不起他，不屑与他为伍，所以他利用出国在路上的时间，各个击破，与他们进行交谈、辩论，最终迫使他们"皆服"，赢得了他们的信任和佩服。可以说毛遂要让这些门客心服口服是不容易的，这更加证明毛遂平时对这些人的性格脾气、知识水平、能力强弱等有了充分的了解，做足了功课，所以在关键时刻发挥了作用，取得了很好的效果。因为司马迁记叙得比较简略，所以我们必须要用推测法加以补充还原，才能把其中的链条一一衔接起来，才能明白毛遂自荐成功的原因。推测法在阅读《史记》过程中的必要性，于此可见一斑。

第六，问题法。就是带着问题去读《史记》，这是梁启超在《要籍解题及其读法·史记读法》中大力提倡的方法。他认为，如果以研究著述体例及宗旨为目的去读《史记》，那么应该提高眼光，鸟瞰全书，不要拘泥于寻行数墨，也就是从大处着眼，不要被个别字句或事实所限，这样才能弄清司马迁的"成一家之言"的写作宗旨；如果以研究古代史迹为目的而去读《史记》，那么可以先用"观大略"的读法，将全书一气呵成浏览一过，再用自己的眼光寻出每个时代之关键要点所在，然后专门对这几个要点有关系的篇章进行精读，钩玄提要，得出结论；如果以研究司马迁的文章技术为目的而去读《史记》，那么应该先读《史记》十大文学名篇，即《项羽本纪》《信陵君列传》《廉颇蔺相如列传》《鲁仲连邹忌列传》《淮阴侯列传》《魏其武安侯列传》《李将军列传》《匈奴列传》《货殖列传》《太史公自序》，因为这些篇章"皆肃括宏深，实叙事文永远之模范"[4]。在《作文教学法》中，梁启超进一步发挥自己的观点，他指出，"记事文最难的莫如记战争，学会记战争，别的文自迎刃而解。"他觉得司马迁的《项羽本纪》是古代描写战争最杰出的篇章，比如篇中对钜鹿之战的描写，就十分精彩。他分析说，"此役主脑，全在项羽一人。项羽本来不是主将，因为他得了主将地位，才有这回战争。又因为这回战争是项羽立功名的初步，所以把他杀宋义一段写得眉飞色舞。这一战所关系如何重大和作战计划怎样，都从他口里说出，胜败关键，便跃然纸上。又这回战争形势是已经相持许久的，所以发端即将各军在空间的位置提清，以后小有变迁，随时补述。"这是战争开始

---

4 梁启超：《要籍解题及其读法》，长沙：岳麓书社，2010。

时的描写。接着是写战争进行过程中的情景，文章"专记项羽军动作，对于秦军，象纯立于被动地位，其余联军的无能，亦带写出。"最后是写战争结束以后的情景，"项羽由是始为诸侯上将军，诸侯皆属"一句，"写项羽个人的成功。下文叙章邯之降，为此战余波，表明秦之亡此战最有力。"[5] 这种描写战争的方法，是值得肯定和学习的。带着问题读《史记》，随着问题的大小，或选择全书阅读，或选择读某几篇，读者可以根据需要而定，特别是初读《史记》者，不必一口气读完《史记》，有选择的阅读倒是比较好的方法。

第七，启示法。我们今天读《史记》，一方面是为了了解历史，传承历史，另一方面，而且是更重要的方面，是为了吸收历史的经验教训，更好地做人做事。《史记》所记载的历史人事尽管离我们已经很远很远了，但是像指鹿为马的赵高、礼贤下士的魏公子、完璧归赵的蔺相如、负荆请罪的廉颇、纸上谈兵的赵括、义不帝秦的鲁仲连、卧薪尝胆的勾践、功成身退的范蠡、倒行逆施的伍子胥、脱颖而出的毛遂、奇货可居的吕不韦、焚书坑儒的秦始皇、破釜沉舟的项羽、豁达大度的刘邦、运筹帷幄的张良、厚重少文的周勃、家徒四壁的司马相如等人物，其实在现实生活中仍然是或多或少还是存在着的，至于具有热情、乐观、率直、冲动、莽撞、易怒、刚愎、暴躁、倔强、内向、沉静、谨慎、稳重、柔弱、敏感、脆弱、畏缩、顺从、多愁善感、胆小怕事等性格脾气的人，在司马迁笔下有，在我们现实生活中更是屡见不鲜的，我们读《史记》，就是与各色各样的人物打交道，使自己变得聪明起来，使自己能够把事情做得越来越好。所以说，阅读《史记》之后，一定要检查一下自己是不是从中感悟了什么，得到了什么启迪，如果什么感悟、什么启迪都没有，那么读《史记》就失去了一半的意义。

读《史记》应该得到什么启迪，怎样才能得到启迪，这是一个复杂的话题，在这里无法给予明确而统一的答案，因为不同的人读《史记》，随着经历、知识、水平等差异，各人会有各人的体会，就像所谓的"一千个读者就有一千个哈姆雷特"一样，这是无法一致的。这里我们以《史记·循吏列传》"公仪休拒鱼"的故事为例，谈点启示，希望读者诸君可以触类旁通，举一反三。我们今天强

5 梁启超：《作文教学法》//《饮冰室合集》，北京：中华书局，2015。

调干部的廉政建设，其实廉政教育可谓源远流长，廉政典型在古书中也在在可见，司马迁《史记·循吏列传》所载公仪休拒鱼的故事，大概是古代最早自觉拒绝贿赂的故事，公仪休是最早的廉洁自律的榜样。司马迁说："公仪休者，鲁博士也。以高弟为鲁相。奉法循理，无所变更，百官自正。使食禄者不得与下民争利，受大者不得取小。客有遗相鱼者，相不受。客曰：'闻君嗜鱼，遗君鱼，何故不受也？'相曰：'以嗜鱼，故不受也。今为相，能自给鱼；今受鱼而免，谁复给我鱼者？吾故不受也。'"

这个故事虽然简单，却能给人以诸多的启示。一是廉洁自律要从小事做起，从自己做起。一般来说，贪污受贿大多有一个由小到大、由少到多的过程，如果一开始就守住底线，就不会犯错，反之，小的方面破了戒，大的方面也就守不住；第一次不拒绝，第二次、第三次就会欲罢不能。所谓千里之堤毁于蚁穴，就是这个意思。二是主要领导的个人素质和自我约束十分重要。三是要防止被人"投其所好"，钻了空子。人都有七情六欲，难免有点嗜好，普通人的兴趣爱好不会被人利用，掌握一定权力的人的兴趣爱好，往往是求其办事的人千方百计想利用的地方。公仪休能在自己的爱好方面筑起一道防线，这是值得我们学习的。四是克服受贿的侥幸心理。人的侥幸心理时而作怪，这时应该学学公仪休，他没有因为"鱼"礼小而收下，也没有因为只有"你知我知"而收礼，而是担心因为收礼而罢官，罢了官就断了俸禄，断了俸禄就永远吃不上鱼了，警觉性如此之高，自然可以做到拒腐蚀，永不沾了。所以说，该不该收礼，还要像公仪休那样算一算成本账，不要因小失大，得不偿失，做悔不当初的事情。五是要敬畏法律。作为相国，很可能并不会因为吃了几条人家送的鱼而被免官，但是公仪休还是用"接受了别人送的鱼，就会被免官"的纪律来要求自己、约束自己，这样才能保证在利益和诱惑面前不动摇，不至于因为违法乱纪而翻船落马，这种时刻警惕，时刻自觉用法律约束自己的行为，至今都有示范借鉴意义。六是正确处理知足与欲望的关系。知足才能常乐，贪欲会使人陷入深渊。公仪休觉得自己的俸禄足够买鱼，有鱼吃生活也满足了，没有更高的欲望，不去贪图更多的"鱼"，作为相国，生活应该算是很简朴了。人的欲望是没有止境的，贪欲之门一旦打开，结果必然违法乱纪，最后害人害己，不可收拾。七是榜样的作用很重要。俗话说，火车跑得快，全靠车头带。公仪休作为相国，带头过简朴的生活，带头做到廉洁自律，必然影响官场风气和社会风气。八是拒绝贿赂也要讲点艺术。公仪休拒鱼，不仅表现了他拒腐蚀、永不沾的高贵品质，还体现了他拒收礼物的高明艺术，在诙谐幽默中做了说服教育工作。作为一个国相，吃几条朋友送的鱼，本不是非常严重的事，如果一本正经高调拒绝，似乎有沽名钓誉之嫌，所以事情虽小，处理起来不能不讲究一点技巧。公仪休采用轻松幽默的方式来处理此事，体现了很高的政治智慧，既拒绝了腐蚀、又团结教育了人，这种做法应该肯定，因为这样做，既不会使对方太尴尬、难堪，下不了台，也达到了拒绝礼物的目的，不至于伤了和气。公仪休作为相国，一定有许多事情可以记载，司马迁把他当作"循吏"，却只重点写了这样一个"拒鱼"的故事，应该是别有深意的。如果我们读了这个故事，都能够获得如此这般的启迪，那么，读《史记》的目的不就达到了吗！

以上所说，是阅读《史记》的一些最基本的方法，而读《史记》的方法并不限于此，比如评点法也是古人常用的方法，明代凌稚隆《史记评林》、茅坤《史记钞》、朱之蕃《百大家评注史记》和清代牛运震《史记评注》、吴见思《史记论文》、程余庆《史记集说》等都是这方面的代表作，初学者读一读古人对《史记》的评点，可以帮助自己加深对司马迁文章的理解。比较法也是一种很好的读书方法，如果把《史记》与先秦名著《春秋》《左传》《国语》《战国策》作比较阅读，可以看到司马迁对先秦史学的继承和发展；如果把《史记》与班固《汉书》比较阅读，可以看出两书的优劣短长；如果把《史记》与唐宋八大家的散文比较阅读，可以看出司马迁文章对后代散文的巨大影响。还有用阅读其他经典名著的方法来读《史记》，也不失为一种行之有效的方法。所谓他山之石、可以攻玉，说的就是这个道理。艺术是相通的，读书的方法大都也是相通的。世上本没有一种一成不变的读书方法，如果能够假借他人的读书方法来指导自己阅读《史记》，自然可以使自己更快更好地掌握读《史记》的方法，从而获得更多更好的收获。《史记》是一部有着无限魅力的文史巨著，只要好读、勤读、多读，无论哪个层次的读者，都是可以满载而归，受益匪浅的！